INHALT

Paul Sethe

DEUTSCHE GESCHICHTE IM LETZTEN JAHRHUNDERT

von 1848 bis 1960

Wilhelm Heyne Verlag
München

Genehmigte, ungekürzte, erweiterte Taschenbuchausgabe
Copyright © 1960 by Societäts-Verlag, Frankfurt/Main
Erarbeitung des wissenschaftlichen Anhangs:
Gerd Michael Herbig, München
Printed in Germany 1977
Umschlagfoto und Innenfotos: Preußischer Kulturbesitz, Berlin
und Ullstein Bilderdienst, Berlin
Umschlaggestaltung: Atelier Heinrichs, München
Gesamtherstellung: Presse-Druck Augsburg

ISBN 3—453—48029—5

VORWORT

Dieses Buch will sowenig wie die früheren historischen Bücher des Verfassers verleugnen, daß es von einem Journalisten geschrieben ist. Es will nicht in Wettbewerb mit den gelehrten Darstellungen treten, von denen wir zum Glück einige ausgezeichnete und auch für den Laien leicht lesbare Werke besitzen. Dies Buch ist vom Tag und nicht von der Forschung her geschrieben. Es ist entstanden aus vielen Gesprächen mit Menschen, die von dem staatlichen Geschehen unserer Tage angerührt sind und versuchen, sich ihnen von der jüngsten Vergangenheit aus zu nähern. Das Buch legt daher das Hauptgewicht auf jene Ereignisse, die in unserer Gegenwart immer wieder erörtert werden.

Der Verfasser weiß, daß ernsthafte Sachkenner nicht einverstanden sein werden mit dieser Art, sich mit der Vergangenheit auseinanderzusetzen. Sie mögen aber bedenken, daß es auch in der Geschichtsschreibung vielerlei Wege nach Rom, das heißt zu einer eindringenden Beschäftigung mit der Vergangenheit, gibt. Auch mögen die Zweifler erwägen, ob es nicht besser sei, die Annäherung an die Vergangenheit werde von jemandem vollzogen, der sich immer wieder in Demut vor den Tatsachen beugt, als von jemandem, der, eine gekürzte Taschenausgabe von Hegel neben sich, die Ereignisse der Geschichte in einen Rahmen vorgefaßter Ideen hineinpreßt, mögen sie dabei auch verstümmelt werden.

Im übrigen ist dieses Buch in seinem ganzen Umfang der gelehrten Forschung verpflichtet. Wenn nicht jeder Name, der zu nennen gewesen wäre, dabei erwähnt wurde, dann deshalb, weil der Sachkenner ihn doch sofort errät und weil eine Häufung dieser Namen die anderen Leser vielleicht mehr verwirren würde, als daß sie ihnen nützte. Ob es dem Verfasser gelungen ist, zu einem bescheidenen Teil auch eigene Überlegungen beizusteuern, möge der Leser entscheiden.

Ich widme dieses Buch dem Andenken meines verstorbenen akademischen Lehrers Fritz Kern. Oft genug habe ich es in seinen Seminaren erlebt, wie er auf temperamentvolle Weise Beziehungen von der fernen Vergangenheit zur Gegenwart herstellte. Die Verbindungslinien von Philipp II. August zu Briand zog er ebenso gern wie die von der mittelalterlichen Kaiserpolitik zum Grafen Berchtold. Zwischen seinen gelehrten Büchern schrieb er Leitartikel für Zeitungen, die glänzendsten, lebhaftesten, dem Tage nächsten, die man sich denken kann. Selten habe ich so lebendig die fruchtbare Wechselbeziehung erlebt, die zwischen Politik und Geschichte besteht. Ist es ein Wunder, daß ich, freilich von einer ganz anderen Seite her, auch immer wieder die Verzauberung spüre, die einen Gelehrten wie Fritz Kern so oft überwältigte?

Hamburg   *Paul Sethe*

ERSTES KAPITEL

ERHEBUNG UND RÜCKSCHRITT

Wer unter uns Gegenwartsdeutschen es vermöchte, sich in die vierziger Jahre des vergangenen Jahrhunderts zurückzuversetzen, und wer dann eine Reise quer durch Deutschland unternähme, würde es mit einem Gefühl wehmütigen Glücks tun. Von Kiel bis zum Brenner, von Königsberg bis Trier, von Beuthen bis Emden konnte man wandern, und man war immer in einem deutschen Lande. Manchmal waren freilich die Verhältnisse etwas verwickelt, und unser Reisender hätte Mühe, sie immer zu begreifen. Es konnte sein, daß man zwischen lauter Untertanen des Königs von Preußen, zwischen bewußten Preußen, aber auch bewußten Deutschen reiste und doch in einer Provinz, die dem Deutschen Bunde nicht angehörte. Auch konnte man unter lauter bewußten Deutschen leben und doch zwischen lauter Untertanen des Königs von Dänemark. Aber daß man durch Deutschland wanderte, auch wenn die Staatsrechtler anderes gelehrt hätten, wäre einem nicht zweifelhaft gewesen.

Wie vor fünfzig Jahren

Man lebte gewiß einfacher als heutzutage, aber doch auch wieder reichlicher als ein oder zwei Menschenalter vorher. Der Wohlstand war in einem Menschenalter ununterbrochenen Friedens und aufgehobener Zollschranken gewachsen. Das Dasein war vielfach eng, aber für viele – nicht für alle – Deutsche war die schlimmste Not gebannt. Für das Gefühl der Zufriedenheit ist nicht allein der Stand der Lebenshaltung das wichtigste, entscheidend ist die Überzeugung, man verbessere oder man verschlechtere sich. Viele, wahrscheinlich der größte Teil der Deutschen, hatte damals das Gefühl, das Dasein werde behaglicher und sicherer.

Das geistige Leben war immer noch von unerschöpflichem Reichtum. Freilich waren die ganz Großen in Weimar, in Wien und Berlin nun tot, aber ihr Erbe wirkte weiter. Es wurde heiß verehrt oder heiß umstritten, und in dem nun beginnenden „silbernen" Zeitalter des deutschen Geisteslebens gab es noch unzählige leuchtende Sterne am Himmel von Kunst, Weltweisheit und Wissenschaft. Ihr Leuchten dringt noch in spätere Geschlechter, und die Weltgeltung des deutschen Geistes war niemals größer als zu dieser Zeit.

In Staat und Verwaltung herrschten die Formen des aufgeklärten Absolutismus, die zu Ende des achtzehnten Jahrhunderts den geschichtlichen Fortschritt verkörpert hatten. Viele ernsthafte Deutsche waren stolz gewesen auf ihn, und seine segensreichen Wirkungen waren groß genug gewesen, alle revolutionären Neigungen, wie sie 1789 in Frankreich aufbrachen, im Keime zu ersticken.

In einigen süddeutschen Staaten gab es bereits Verfassungen mit gewissen Rechten für die Volksvertretung und einem bescheidenen innenpolitischen Leben. Gerade die beiden deutschen Großmächte aber (und in ihrem Gefolge auch viele der Mittel- und Kleinstaaten) wurden noch weiter in dem patriarchalischen Geist Maria Theresias und Friedrichs verwaltet. Das Beamtentum war im allgemeinen tüchtig und zuverlässig, in den oberen Rängen von einem wenn auch zahmen Liberalismus durchtränkt, pflichtgetreu und dem Fortschritt keineswegs verschlossen. Die Väter und Großväter des um 1845 lebenden Geschlechts hatten sich bei bescheidener Lebenshaltung in dieser Regierungsform ganz wohl gefühlt. Warum sollten es die Söhne und Enkel nicht tun?

Sie taten es nicht, wahrscheinlich aus dem simpelsten aller Gründe, daß nämlich die Zeit nicht stehengeblieben, sondern weitergeschritten war. Vieles erschien 1845 nicht mehr erträglich, obwohl es nicht viel anders war als 1785. Zwei Menschenalter hatten den Zeitgeist verändert.

Soziale Gärung

So hätte unser Wanderer bei seinen Reisen durch Deutschland immer wieder Zeugnisse des Unmuts, des Zornes, des Aufbegehrens, des Wunsches nach Veränderung gehört. Für die Geschichte am wenigsten bedeutsam waren dabei die Äußerungen der Verzweiflung in den Bezirken, in denen das nackte Elend herrschte. Sie gab es leider auch inmitten des allmählich sich hebenden Wohlstands. Tausende und aber Tausende etwa der Arbeiter in der Textilindustrie litten die schwerste Not. Aber nicht sie waren es, die 1848 die Zeichen der Erhebung gaben. Man darf sich nicht täuschen lassen durch örtliche Unruhen, wie sie 1844 unter den schlesischen Webern ausbrachen und wie sie Gerhart Hauptmann in einem großen und möglicherweise unsterblichen Drama auf die Bühne gebracht hat. Diese und ähnliche Hungerrevolten hatten kein anderes Ziel, als halbwegs erträgliche Lebensbedingungen für notleidende Menschen zu schaffen. Man wollte den Staat und die Mächtigen auf das eigene Elend aufmerksam machen. Aber man dachte nicht daran, den Staat umwälzen zu wollen oder sich gar gegen den König zu erheben. Wo den Aufständischen nur ein wenig menschliches Verständnis entgegengebracht wurde, waren sie beruhigt.

Die großen und erfolgreichen Revolutionen gehen gewöhnlich nicht von den ganz Armen, den in der Tiefe der Verzweiflung wohnenden Menschen, aus. Bei diesen ist die Kraft gebrochen, das Elend hat alles Feuer in ihrer Seele erstickt. Die drei Revolutionen der jüngsten deutschen Geschichte, die von 1848, die von 1918 und die von 1933, hatten alle zu Trägern nicht gänzlich Verelendete und Zerbrochene, sondern Schichten mit Selbstbewußtsein. Auch die Hungernden und Zertretenen im Deutschland der vierziger Jahre des vorigen Jahrhunderts sind für den Historiker zwar Gegenstand menschlichen Mitleids, auch wohl der Anklage gegen einen Staat und gegen eine soziale Schicht, die auf ihr Christentum stolz war und unchristliche Zustände duldete; aber sie müssen bei einer Betrachtung ausschalten, die nach den bewegenden Kräften des Umsturzes sucht.

Unser Reisender aber hätte Äußerungen des Unmuts, und zwar eines zornvollen, nach umwälzender Veränderung drängenden Unmuts in anderen Schichten vernehmen können. Da waren die Bauern, von denen viele tief unzufrieden damit waren, daß in ihrer Gegend die Bauernbefreiung auf halbem Wege stehengeblieben war, daß sie immer noch gutsherrliche Lasten zu tragen hatten und daß immer noch der Gutsherr zugleich ihr Richter war. Da waren die jüngeren Söhne der Bauern, die keinen Hof mehr fanden und fürchteten, in das ländliche Proletariat zu sinken. Da waren die Handwerker, die mit Mißmut das aufkommende Maschinenwesen sahen, von dem sie fürchteten, daß es sie brotlos machen würde. Da war die steigende Zahl der Gesellen, die stolz waren auf ihre handwerkliche Tüchtigkeit und von denen doch viele nicht hoffen konnten, eine selbständige Existenz zu gründen. Da war das aufstrebende Bürgertum, waren vor allem die zukünftigen Träger der höheren· geistigen Bildung, die Studenten, von einem starken und gewiß oft übertriebenen Selbstbewußtsein getragen und dennoch dazu verurteilt, immer wieder hinter Adeligen zurückzustehen. Da war überall gesellschaftliche Gärung, wie es denn kaum eine Zeit großer Umwälzungen im Staate gibt, wenn sich nicht lange schon sozialer Gärungsstoff angesammelt hat. Die ideellen Antriebe zum Umsturz allein genügen nicht.

Ohne Einheit

Aber eine Bewegung zum Umsturz entfaltet eine um so größere Macht, wenn sich in ihr gesellschaftliche Gärung und ideelle Antriebe verbinden. Unser Reisender hätte in diesen vierziger Jahren Äußerungen der Verdrossenheit nicht nur über die eigene Lage des Gesprächspartners oder seines Standes gehört. Er wäre oft genug auch leidenschaftlichem Zorn oder tiefer Trauer über die Lage des Vaterlands begegnet.

Die Französische Revolution hatte den Begriff der Nation mit einem Sinn voll glühenden Feuers erfüllt. In den Kämpfen gegen Napoleon war das

Feuer auf die Deutschen übergesprungen, geistige Bewegungen wie die der Romantik hatten erst dem Begriff des Volkes einen edleren und tieferen Sinn geben wollen – aber wo war das deutsche Vaterland? Noch immer war es zerspalten, noch immer sperrten Grenzpfähle mit fast vierzig verschiedenen Farbenzusammenstellungen die Deutschen voneinander ab. Gewiß, in Frankfurt in der Eschenheimer Gasse tagte der Deutsche Bundestag, eine Versammlung der Gesamtvertreter der deutschen Staaten; aber er verhinderte die deutsche Einheit mehr, als daß er sie verkörperte. Die Deutschen vergaßen ihm nicht, daß er sich am ehesten dann geschlossen gezeigt hatte, wenn es galt, junge und begeisterte Menschen in den Kerker zu werfen, die von einem großen und einigen Deutschland geträumt hatten, oder die Freiheit des Geistes oder der politischen Meinung zu ersticken, wo immer er konnte.

Wer ein Patriot war in diesem Deutschland der vierziger Jahre, kein preußischer oder österreichischer oder hessischer oder bayerischer oder Patriot reußisch-älterer Linie, sondern ein deutscher Patriot, der konnte nicht anders als tief unglücklich sein. Ein Jahrhundert später hätte mancher, der das Ideal des einigen Vaterlands in seiner Seele trug, gerne die Zustände dieses frühen neunzehnten Jahrhunderts zurückgewünscht. Wenn man das damals hätte wissen können, so hätte es vielleicht manchen Unmut gedämpft und beschwichtigt. Aber auch die klügsten Geister waren eben keine Propheten und konnten es nicht sein.

Fremde Völker

Unser Reisender, der durch die deutschen Gaue wanderte, hätte in den Grenzgegenden auch viele Beispiele dafür erlebt, wie unendlich schwer das deutsche Einheitsstreben zu erfüllen war, nicht nur wegen der allgemeinen menschlichen Schwäche und Unzulänglichkeit, sondern aus dem innersten Wesen der seltsamen und unglücklichen deutschen Entwicklung.

Da war etwa das Herzogtum Schleswig, im Süden von Deutschen, im Norden von Dänen bewohnt, nicht Mitglied des Deutschen Bundes, unter dem König von Dänemark als Herzog. Aber Schleswig war nach altem Staatsrecht mit Holstein untrennbar verbunden, und Holstein war ganz von Deutschen bewohnt, wieder mit dem König von Dänemark als Herzog, aber Mitglied des Deutschen Bundes und deshalb auch in der Eschenheimer Gasse vertreten. Da war das Herzogtum Limburg, noch aus alten Zeiten zu Deutschland und damit zum Deutschen Bunde gehörig, aber mit einem fremden Landesfürsten, dem König der Niederlande, dessen Gesandter nun neben dem des Königs von Dänemark in Frankfurt mit beriet. Da war das Großherzogtum Luxemburg, ebenfalls zu Deutschland gehörig und ebenfalls mit dem König der Niederlande als Landesherrn.

Im Südosten aber hätte unser Wanderer noch verworrenere Verhältnisse festgestellt. In Böhmen etwa, seit altersher zu Deutschland gehörig, wohnten im Kerngebiet Tschechen, während an den Rändern Deutsche siedelten. Im äußersten Süden des Bundes aber, in Tirol, lebten Italiener.

Tirol wie Böhmen hatten zum Landesherrn den Kaiser von Österreich, der sich als den vornehmsten der deutschen Fürsten betrachten durfte. Diese ganze österreichische Monarchie mußte in den Augen der Anhänger nationalstaatlicher Ideen als ein ungeheures und ungefüges Überbleibsel aus dem Mittelalter angesehen werden, mit seinen vielen Völkern, unter denen die Deutschen nur eine Minderheit waren, mit seiner staatsrechtlichen Trennung in einen westlichen, zum Deutschen Bund gehörigen Teil und einen östlichen und südlichen Teil, der einander im Wesen so weltenferne Gebiete wie das mailändische, das venezianische, das ungarische, kroatische, slowakische und galizische Gebiet umfaßte. Was sollte im Habsburgerreich die nationalstaatliche Idee?

Der große Staatsmann Metternich, vom Rhein nach Wien gekommen, der jetzt noch immer regierte, wurde von vielen jungen und glühenden Menschen gehaßt, weil er alles tat, die nationalen Regungen zu unterdrücken. Aber wenn er diesen Regungen freien Lauf gelassen hätte, so hätte er seine Pflichten gegen seine Wahlheimat verletzt, deren vornehmster Diener er war. Er mußte ein guter Europäer sein und mußte den nationalen Gedanken als finstere Barbarei verachten, weil eine andere, eine den neuen Gedanken aufgeschlossene Haltung den Staat hätte zerbrechen lassen. Das viele hundert Jahre alte, sehr stolze, mit hohem Ruhm bedeckte Reich der Habsburger hätte sich selber aufgegeben, wenn es nicht der neuen, der zukunftzeugenden nationalen Idee den Kampf bis zum Letzten angesagt hätte.

Metternich führte diesen Kampf klug und überlegt, hart, schonungslos und sogar grausam, aber er führte ihn ohne rechte Zuversicht. Er glaubte, kaum mehr erreichen zu können, als das Unheil aufzuhalten; daß es kommen werde, wurde auch ihm sichtbar. Er hielt dennoch aus, tapfer und furchtlos, in männlicher Resignation. Und manches von seinem Geist sprang dann später über auf den bedeutendsten seiner Nachfolger, auf den Fürsten Schwarzenberg.

Unser Wanderer von Flensburg bis Trient, von Königsberg bis Maastricht, von Brünn bis Emden mußte an den langen Grenzen Deutschlands überall Verwicklungen und Verwirrungen finden, in denen die Schicksale der kleinen und großen Völker wie in einem Knäuel ineinander verfilzt waren. Wir, die wir heute alle diese Verwicklungen aus der Schau von mehr als hundert Jahren übersehen, wissen auch, daß es den Stürmern und Drängern der nationalen Idee unmöglich sein mußte, diese Knäuel aufzurollen und alle die Vermengungen der Fragen und Forderungen reinlich zu lösen. Zwanzig Jahre später ist es einem Genie, Otto von Bismarck, nicht gelungen. Diese Menschen, deren Herz jetzt brannte vor Begeisterung für die Idee des großen und einigen Vaterlands und vor Trauer über seine Zerrissenheit, denen aber nicht nur die überlegene Kälte des Bismarckschen Verstandes, sondern auch jede Erfahrung im politischen Handeln fehlte, wie hätten denn sie die ungeheure Aufgabe lösen können?

Sicher ist nicht alles, was geschieht, so vernünftig, wie Hegel geglaubt hat. Aber man muß sich auch hüten, bei jedem Scheitern gleich die Schuld nur in menschlichem Versagen zu suchen. Wer eine Karte des Deutschen Bundes von 1840 mit seinen seltsamen, aus der Geschichte überkommenen, aber der Vernunft und dem Nationalgefühl widersprechenden Grenzen aufmerksam betrachtet, findet darin schon Gründe genug, daß die Revolution von 1848 scheitern mußte. Gewiß haben die Revolutionäre Fehler gemacht, die Fürsten nicht minder. Gleichwohl, die Aufgabe blieb mit den Mitteln der damaligen Zeit unlösbar.

Aber die Nachlebenden sind immer klüger. Die damals die Sehnsucht nach dem großen und einigen Deutschland als einen kostbaren Besitz in ihren Herzen trugen, waren nicht geneigt, die Schwierigkeiten als unüberwindlich anzusehen. Wer auch nur ein Jahr politisch gearbeitet hat, der weiß, wie von „Friktionen", von den Hemmnissen und Reibereien des Alltags, die schönsten Ideen zunichte gemacht werden können. Aber wie hätten die Professoren und Studenten, die Handwerker und die Gesellen das damals wissen sollen? Und noch gefährlicher und noch wirksamer als die Friktionen kann ein Erbe sein, das sich aus Jahrhunderten herüberschleppt und das noch weiterlebt und noch wirkt, wenn die einst bewegenden Kräfte schon im Erlöschen sind.

Aber wer damals daranging, eine neue und schönere Zukunft aufzubauen, sah das Erbe der Jahrhunderte als nicht so schwierig an. Er glaubte, wenn man die Fürstenmacht nur stürze, oder noch besser, wenn man die Fürsten nur zur Einsicht bringe, dann könne man mit dem schlimmen Vermächtnis alter dynastischer Politik schon fertig werden. So gingen die Deutschen in die neue Zeit, leidend unter dem Fluch der Zerrissenheit ihrer Nation, aber in gläubigem Vertrauen darauf, daß eine große Willensanstrengung lauterer und tapferer Herzen die Einheit bringen werde.

Ohne Freiheit

Wie sie unter der vielfältigen Spaltung ihres Volkes litten, so litten sie unter Druck, Polizeiherrschaft und Unfreiheit. Wer um 1840 ein Mann oder ein Jüngling war, dem konnte der aufgeklärte Absolutismus, unter dem der Großvater noch gern und willig gelebt hatte, schon deshalb nicht mehr genügen, weil inzwischen das ewige, immer im Menschen lebende, aber lange unterdrückte und verkümmerte Freiheitsgefühl eine starke Macht geworden war. Das deutsche Volk hatte den Sohn der Französischen Revolution, den Kaiser Napoleon, bekämpft, weil es nicht unter der Fremdherrschaft leben wollte. Aber die fortzeugende Idee der Revolution, die der Freiheit und Gleichheit, war in hundertfältigen Funken übergesprungen auf die Deutschen. Viele freilich sahen in England die Vorbilder und fanden hier Anregungen. Gleichviel, Freiheit war auch ihre Losung.

Die Beamten mochten noch so wohlmeinend und tüchtig sein; daß sie verwalteten ohne Zustimmung der Regierten, wurde immer mehr als eine Beleidigung der angeborenen Rechte des Menschen angesehen. Man stieß sich wund an der Zensur für die Presse und für Versammlungen, man sah mit Neid auf die westlichen Länder oder auf Großbritannien, und die gewiß nicht üppige Freiheit der süddeutschen und südwestdeutschen Länder galt den Österreichern und Preußen und Norddeutschen als ein Zeichen dafür, wie sehr man selber zurückgeblieben war, ohne es doch zu verdienen. Einheit und Freiheit, das waren die Schlachtrufe, mit denen ein neues Geschlecht gegen die Festungen der Vergangenheit anstürmte.

Eine Minderheit

War die ganze neue Generation mit ihrem Herzen dabei? Sicher nicht. Die Träger des verwandelten Lebensgefühls waren eine Minderheit. Das gebildete Bürgertum machte den Kern aus, die Jüngeren zuerst. Von Handwerkern und Großbürgern und einem kleinen Teil der Arbeiterschaft erhielten sie Unterstützung, die ganze Nation erfaßten sie nicht. Wohl konnte es ihnen gelingen, für kurze Wochen, beim Beginn der Revolution, auch die Massen mit fortzureißen. Im weiteren Verlauf der Ereignisse veränderte sich das Bild. Die Anhänglichkeit an den eigenen kleinen Staat, die Treue gegenüber dem angestammten Fürstenhaus – sie mochte engherzig, knechtisch und furchtsam oder auch liebenswert und aufrecht sein – bildeten einen mächtigen Damm in dem Strom der Bewegung, die auf Einheit und Freiheit zielte.

Die meisten Menschen aber dachten wie gewöhnlich auch diesmal an sich selber und die eigene wirtschaftliche und soziale Lage. Es kann in geschichtlichen Augenblicken des Rausches gelingen, sie über sich hinauswachsen zu lassen, sie in einen Sturm der Begeisterung, in eine Glut des Opferwillens hineinzusteigen. Auf die Dauer werden sie zu ihrer eigenen Natur zurückfinden.

Die Geschichte der deutschen Revolution von 1848 – die doch ein Ruhmesblatt unserer Geschichte bleibt – macht den Betrachter gefeit gegen die verächtlichen Urteile über die Wirtschaftswunderkinder der Bundesrepublik, die nur an ihren Wagen und ihre Ferienreisen dächten und in denen kein Feuer für eine große politische Aufgabe brenne. Das Feuer der großen Bewegung loderte 1848 für eine kurze Zeit, es erlosch bald, und die Masse fiel schnell in ihre gewöhnlichen Sorgen, Kümmernisse und Wünsche zurück.

Wer das Bild eines Volkes oder eines Zeitalters nach dem Bilde zeichnen will, das ihm die Masse bietet – die Masse der Reichen und Armen, der Vornehmen und der Bedrängten, der Gelehrten und der Ungebildeten –, der muß sich gründlich täuschen. Wer nach solchen Bildern ausschweifende Hoffnungen oder Befürchtungen für eine große Politik hegt, wird von Irrtum zu Irrtum taumeln. Immer sind es die Minderheiten, die Führungsschichten, die kleinen Scharen entschlossener und opferbereiter oder schwacher und selbstsüchtiger Menschen, die eine Zeit prägen. Die Geschichte der Revolution von 1848 wird geprägt von zwei Minderheiten: der des gebildeten und des mittleren Bürgertums mit ihrem starken und rührenden Glauben an Freiheit und Einheit und der anderen Minderheit der Fürsten, ihrer hohen Beamten und ihrer Offiziere, die dem Neuen feindlich gegenüberstanden. Daß es überhaupt jene Minderheit von idealistischen Menschen in der deutschen Führungsschicht gab, macht den Ruhm dieses Zeitalters aus.

In der deutschen Revolution von 1848 gelang es der Minderheit der Fürstenfreunde und der Einheitsfeinde, allmählich die Massen zu sich heranzuziehen, selten durch glänzende Reden, vor allem aber durch Tatkraft, durch den Aufruf an den natürlichen Sinn des Bürgers für Ordnung und nicht zuletzt dadurch, daß unter den Anhängern der Freiheit und der Einheit einige waren, deren Ausschreitungen die Massen der Bürger aufbrachten und verängstigten. Doch wäre es den Anhängern des Alten nicht gelungen, die Massen für sich zurückzugewinnen, wenn im Volke die neuen Ideen eine überwältigende und entflammende Macht gehabt hätten. Dann hätte die Nation wohl über die schlimmen Ausschreitungen hinweggesehen und sich um so begeisterter auf die Seite der gemäßigten, aber entschlossenen Verfechter des Neuen gestellt.

Das aber war nicht der Fall. In den vierziger Jahren konnte man sich vielleicht noch darüber täuschen, da die Gegner des alten Systems mächtig waren im gesprochenen und geschriebenen Wort und die Universitäten, die Bürgerversammlungen und die Literatur mit ihren Anklagen und Forderungen erfüllten. Im Verlauf der Revolution zeigte sich dann, wie wenig es ihnen gelungen war, die breiten Massen mit ihrem Geist zu erfüllen. Nicht das Volk stand 1848 auf – aber wann tut es das schon, vor allem, wann tut es das in Deutschland? –, sondern eine Minderheit stand auf und sah sich dann bald im Gefecht nicht nur mit den Regierungen und dem Militär, sondern vor allem viel einsamer, als sie das vorher gewußt hatte.

In diesem Winter 1847/48 gab es manche Anzeichen einer nach vorn drängenden Bewegung in den Staaten der deutschen Fürsten. In Norditalien erhoben sich die Anhänger eines geeinigten Italiens gegen die österreichische Herrschaft, in Deutschland wurde die Sprache der Freiheitsfreunde immer kühner. Am 12. Februar 1848 forderte der Abgeordnete Bassermann in der badischen Kammer ein gesamtdeutsches Parlament. Der Stoß war unmittelbar gerichtet auf den Bundestag, in dem die Gesandten der Regierungen saßen, die nach Herkunft, Erziehung und Dienststellung nur von einem lauen Gefühl für die Einheit erfüllt waren, da sie sich als Beauftragte der deutschen Teilfürsten fühlen mußten.

Ob dieses Brodeln schließlich aus eigener Kraft ausgebrochen wäre, ohne Zutun von außen die Revolution begonnen hätte, ist schwer zu entscheiden. Diesmal jedenfalls flog der Funke von jenseits der Grenzen in den aufgehäuften Zündstoff.

Am 24. Februar erhoben sich mittlere und kleine Bürger und Arbeiter in Paris gegen die Herrschaft des Großbürgertums, das sich unter dem Herrscher aus dem Hause der Orléans, dem König Ludwig Philipp, gesammelt hatte. Die vom politischen Leben ausgeschlossenen Stände wollten sich nicht länger zufriedengeben, sie bauten Barrikaden und schossen auf die Truppen, die zu ihrer Bekämpfung aufgeboten waren. Es zeigte sich, daß der König seiner Soldaten nicht mehr sicher sein konnte, und das war der Sieg der Revolution.

Einer herrschenden Klasse wurde die Macht genommen, weil ihre Herrschaft dem Zeitgeist nicht mehr entsprach, und andere Klassen traten die Herrschaft an. Wer über den Satz von Karl Marx spottet, daß alle Geschichte die Geschichte von Klassenkämpfen sei, und wer diesen Satz lebensfern, weltfremd, ja Ausdruck einer engen und materialistischen Gesinnung nennt, der darf nicht vergessen, daß Karl Marx und Friedrich Engels aufmerksame Zeugen der Pariser Vorgänge waren und leidenschaftlich Anteil an ihnen nahmen. Ganz so lebensfern war ihre These nicht; die Pariser Februarrevolution war wirklich ein siegreicher Klassenkampf. Nach dem Erfolg der Revolution gab es ein vielbestauntes Ereignis, das viele Bürger gerade deshalb sehr erschreckte, weil sie mit Recht in ihm einen in die Zukunft weisenden Vorgang sahen: In der neuen Regierung saß auch ein Arbeiter.

Schwarz-Rot-Gold in Frankfurt

Aber ob nun eine bisher machtlose Klasse oder ob eine Idee gesiegt hatte – gleichviel, die Welt hatte den Eindruck, daß in Frankreich endgültig das

Reich der Freiheit begonnen habe. Wenige Monate später waren die Blütenträume der Idealisten schon wieder verwelkt. Im Augenblick aber war der
Funke angefacht, und er sprang nach Deutschland hinüber. Es kam zu
Zusammenrottungen der Bevölkerung, eine ungeheure Erregung erfüllte
die Luft, die verwegensten Wünsche wurden öffentlich geäußert, die vielen
liberalen Beamten konnten endlich zeigen, wie sie dachten; und, was das
wichtigste war, die Regierungen wurden von schlotternder Angst gepackt.
„Wir lagen damals alle auf dem Bauche", sagte später einer, der es wissen
mußte: der König von Preußen.

Manche der einzelstaatlichen Herrscher ernannten liberale Minister, die
Fürstentreue mit Freiheitssinn zu vereinigen suchten. Viele Forderungen
wurden bewilligt, die vorher kalt abgelehnt worden waren. Sogar der Bundestag, die Verkörperung des Rückschritts, sank in die Knie. Nicht aus Überzeugung, sondern aus Furcht bestimmte er jetzt die Farben der deutschen Bewegung für Einheit und Freiheit, die Farben Schwarz-Rot-Gold, die ihm so
lange als das Symbol ruchloser und staatsgefährlicher Gesinnung erschienen
waren, zu den Farben des Bundes.

Ein Teil der Historiker führt merkwürdigerweise den Umschwung in der
Haltung des Bundestags darauf zurück, daß seine Mitglieder jetzt die An-
weisungen der neuen liberalen Regierungen der Einzelstaaten erhielten.
Nun arbeiteten die neu hinzukommenden Gesandten gewiß tatkräftig und
überzeugt in liberalem Sinne, aber der Anstoß zum Umschwung ging nicht
von ihnen, sondern von den Vertretern Österreichs und Preußens aus, in
denen damals noch die alten Gewalten herrschten. Sie waren nicht überzeugt,
sie zitterten nur.

Das Vorparlament

Im März 1848 ging über dem politischen Deutschland ein Frühlingshim-
mel auf, wie es ihn seit fünfunddreißig Jahren nicht mehr erlebt hatte. Von
diesem Gefühl waren auch die Männer erfüllt, die in Frankfurt am Main zu
einer Versammlung zusammenkamen, die den Namen Vorparlament erhielt, weil sie die Wahl des verfassunggebenden Parlaments vorbereiten
sollte. Die Männer kamen aus allen Teilen Deutschlands, vornehmlich aus
den politisch bewegten südlichen und südwestlichen Teilen. Sie hatten keinen Auftrag als ihren Willen, ihre Begeisterung und die etwas unklaren
Wünsche von Bürgern und Bauern. Sie beschlossen, daß nun auch die östlichen Provinzen Preußens und Schleswig in den Deutschen Bund aufgenommen werden sollten.

Sie beschlossen vor allem, daß aus allgemeinen Wahlen eine gesamtdeutsche Volksvertretung hervorgehen sollte. Als ihr Sitz wurde die alte
deutsche Krönungsstadt Frankfurt am Main bestimmt. Wo bisher der Bun-

destag die deutsche Einheit verzerrt und den Willen des Volkes unterdrückt hatte, sollten nun freie Männer aus dem Volke dem staatlichen Leben der Deutschen die Form geben.

Aber nicht jedes Mitglied des Vorparlaments traute der kommenden Nationalversammlung. Es gab neben der Mehrheit, die keinen völligen Bruch mit der Geschichte wollte, noch eine entschlossene Minderheit, deren Ziel der Umsturz bis zum Letzten war. Sie war republikanisch mit Leidenschaft. Damals wollten manche guten Bürger, die sich für die Republik erklärten, diesen Staat mit einem Fürsten an der Spitze; so wie mancher begeisterte Anhänger des Neuen unter Pressefreiheit die Freiheit verstand, Anzeigen in der Zeitung aufzugeben, ohne dafür bezahlen zu müssen. Das waren Zeugen einer im Grunde unstaatlichen Haltung, einer ganz aufs Private und Gemütliche eingestellten Geistesverfassung in den breiten Massen, die wohl mehr als die Torheiten der liberalen Führer erklärt, warum die Revolution schließlich gescheitert ist.

Aber Männer wie Friedrich Hecker und Struve waren entschlossene Republikaner. Sie und ihr Anhang stammten bezeichnenderweise aus dem deutschen Südwesten, wo die Monarchie nicht mit dem Ruhmesschimmer verklärt war, der die Fahnen der Habsburger, Hohenzollern und Wittelsbacher umgab. Als Hecker und Struve spürten, wohin der Weg der Revolution gehen würde, trennten sie sich von ihren bisherigen Kampfgenossen. Eben weil sie begriffen, daß sie nur eine Minderheit waren, wollten sie das Schicksal der Revolution nicht den freien Wahlen anvertrauen. Unter ihrer Führung erhoben sich in Süddeutschland an einigen Orten die Gesinnungsgenossen, verstärkt durch Vertriebene und Emigranten, die aus Frankreich herüberkamen. Der Aufstand war nicht im Volke verwurzelt, seine Kräfte waren schon deshalb zu schwach gegen das Militär, so wurde er schnell niedergeschlagen. Aber viele gute Bürger waren verdrossen und verängstigt über den Ausbruch einer Gesinnung, die ihnen nicht gefiel. Das wilde Gebaren der Hecker-Leute und namentlich der Emigranten stieß sie ab. Viele begannen sich zu fragen, ob nicht die alte Ordnung gewisse Vorzüge gehabt habe, wenn ihre Bekämpfer offensichtlich Freiheit und Zügellosigkeit verwechselten. Wir werden das Schauspiel noch öfters erleben: Die radikale Linke treibt den deutschen Bürger in die Arme der Reaktion.

Von diesem Frankfurter Vorparlament aber und vom Hecker-Putsch an waren die Revolutionäre uneins. Der deutsche Liberalismus, bei dem in diesem geschichtlichen Augenblick die stärkste Hoffnung für Einheit und Freiheit lag, hatte von nun an einen Zweifrontenkrieg zu führen, gegen die Reaktion und gegen die Demokraten. Dafür reichten seine Kräfte nicht aus.

In diesem Vorparlament zeigte sich den Nachlebenden auch zum ersten Male mit schroffer Deutlichkeit eine tödliche Schwäche des Liberalismus, die ihm damals kaum gefährlich geworden ist, die aber Jahrzehnt um Jahrzehnt weitergewirkt hat und in unseren Tagen sein Dasein als geformte staatliche Kraft bedroht: Er war den Bedrängnissen des vierten Standes gegenüber fremd. Der Liberalismus war die politische Anschauung des gebildeten und besitzenden Bürgertums, und er ist es bis heute geblieben. Wo aber die Massen der Millionen in den Staat drängen, die nichts besitzen als ihre Arbeitskraft und deren Schulbildung mit der Volksschule abgeschlossen ist, da gerät der Liberalismus in eine Vereinsamung, der er nicht gewachsen ist.

Im Vorparlament überließen es die Gemäßigten den Radikalen, sozialpolitische Anträge zu stellen, die den Arbeitern helfen wollten. So sollte den Arbeitslosen eine Unterstützung gegeben werden. Ein Teil dieser Anträge wurde schließlich angenommen, aber doch nicht, ohne daß die Ratlosigkeit der Liberalen zu erkennen gewesen wäre. Natürlich waren sie nicht hartherzig, aber sie waren für die Freiheit, gegen Eingriffe des Staates in die Wirtschaft, und damit vertrugen sich die Anträge schlecht. Einer ihrer Abgeordneten namens Römer machte zu einem sozialpolitischen Antrag des demokratischen Abgeordneten Venedey die Bemerkung, daß man in diesem Hause die Lage der Arbeiterschaft zu würdigen wisse, und er bitte die übrigen, sich zum Zeichen dieses Mitgefühls von ihren Plätzen zu erheben. Womit er glaubte, genug getan zu haben.

Aber so weise, wie wir Nachlebenden es ohne große Mühe sein können, waren die Zeitgenossen, von fiebrigem Atem der Revolution und noch immer von großen Hoffnungen erfüllt, natürlich nicht. Der Hecker-Putsch hatte sie erschreckt und manches Feuer erkalten lassen. Aber als dann die Nationalversammlung gewählt worden war und als am 18. Mai 1848 die Abgeordneten unter Glockengeläut in der Paulskirche zusammentrafen, ging noch einmal ein Gefühl der Beglückung und der Zuversicht durch Deutschland.

Hier müssen wir unsere Erzählung unterbrechen und uns den Ereignissen bei den beiden deutschen Großmächten zuwenden. Ohne die Kenntnis der Vorgänge in Wien und in Berlin ist das Auf und Nieder in der Paulskirche nicht zu verstehen.

Der Sturz Metternichs

Im März 1848 erhoben sich Bürger und Studenten in Ungarn gegen die Habsburger. Der madjarische Nationalismus wollte die deutsche Dynastie zunächst beschränken, später abschütteln. So wild war sein Ansturm, so schwach waren die Gegenkräfte, daß es ihm tatsächlich für mehr als ein Jahr gelang, ein unabhängiges Ungarn zu schaffen.

Wenige Tage darauf standen Bürger und Studenten in Wien auf. Der jahrzehntelang angestaute Unwille über Bedrückung und kleine Schikanen entlud sich. Barrikaden wurden gebaut, ein Gefecht mit dem Militär löste das andere ab, es gab Tote und Verwundete. Hier in Wien, wo die militärische Macht des Herrscherhauses stärker, wo auch die Anhänglichkeit an die Habsburger weiter verbreitet war als in Ungarn, hätte der Aufstand vielleicht in den ersten Tagen unterdrückt werden können. Aber der Hof kapitulierte.

Immer lauter wurden die Rufe der Aufrührer: „Nieder mit Metternich!" Abordnungen der Aufständischen beim Hofe forderten nicht nur Aufhebung der Zensur, Bildung einer Bürgerwehr, Bewaffnung der Studenten, sondern vor allem auch die Entlassung Metternichs. Sein Name war ein Sinnbild geworden für alles, was den aufstrebenden Kräften und der Jugend in Österreich verhaßt war. Der greise Staatskanzler selbst war müde und verbraucht. Schon aus hellsichtiger Einsicht in das Wesen geschichtlicher Strömungen war er längst davon überzeugt, daß er auf verlorenem Posten stand. Ein Jahr zuvor schon hatte er dem preußischen Gesandten in Rom schwermütig gesagt, die Krankheit dieses Zeitalters sei nicht vorübergehend, sondern tödlich. Er war nicht feige, er war bereit zu fechten; er wollte seinen Posten nicht vor einer drohenden Menge verlassen.

Aber der Hof, dem er fünfzig Jahre treu gedient hatte, ließ ihn fallen aus Angst, aus dem Gefühl der Ohnmacht, aus der Überzeugung, etwas Neues müsse geschehen. Gegen die Aufrührer hätte Metternich gefochten, gegen die Habsburger war er wehrlos. Er versuchte keine Überredung mehr, er war sofort bereit zurückzutreten; er verlangte nur, furchtlos, wie er war, daß er selber den Entschluß den Aufrührern bekanntgebe. Dabei sprach er die Worte voll prophetischen Klanges, die immerwährende Gültigkeit haben: „Ich trete der voraussichtlichen Behauptung entgegen, ich hätte die Monarchie mit mir davongetragen. Weder ich noch jemand anders hat Schultern stark genug, um eine Monarchie davonzutragen. Verschwinden Monarchien, so geschieht es, weil sie sich selbst aufgeben."

Als er kein Amt mehr auszuüben brauchte, hatte er das Recht zu fliehen. Er mußte es wohl, verhaßt, wie er war, wenn er sein Leben retten wollte. Es fand sich unter all den hundert Mitgliedern des hohen Adels, die ihm gestern noch schmeichelnd genaht waren, kaum einer, ihm zu helfen. Der Fürst Metternich war einer der reichsten Grundbesitzer des Reiches, hatte aber in diesem Augenblick nicht Geld genug, seine Reise ins Ausland zu bezahlen. Keiner seiner Standesgenossen gab es ihm, bis sich ein Bürgerlicher fand, Salomon Rothschild, der treu und selbstlos war. Als Metternich auf der Flucht durch Olmütz reisen wollte, dessen Erzbischof dem Fürsten seine ganze Laufbahn zu verdanken hatte, verbot ihm der Erzbischof das Betreten der Stadt. Schließlich erreichte Metternich auf Umwegen die Grenze und fand ein Asyl in London: dort, wohin so viele vor Metternichs Polizei geflüchtet waren.

Man müßte der Marquis Posa sein, wenn man die Standesgenossen und den Hof wegen ihrer Haltung gegenüber Metternich anklagen wollte. In den Stürmen denkt jeder (oder fast jeder) zuerst daran, seine eigene Haut zu retten. Dankbarkeit und Ritterlichkeit sind im privaten Bereich selten wie in der Politik. Wenn sie jemandem begegnen, so ist der hoch zu preisen wegen seines Glückes; ein Recht, sie zu erwarten, hat niemand. Wer es dennoch tut, sollte in einer Studierstube ethische Forderungen niederschreiben, aber er sollte sich nicht ins politische Getriebe mischen. Er würde hier nur Unheil anrichten.

Nationalitätenkampf in Österreich

Mit dem Sturze Metternichs war der Sieg der Revolution in Wien vorläufig entschieden. Die Bürgerwehr, die Studenten, in den späteren Monaten auch die Arbeiterwehren beherrschten die Hauptstadt, in der zunächst allenthalben Jubel und Begeisterung schien und in der sich dann von Woche zu Woche der brave Bürger immer mehr von dem lauten Treiben der Revolutionäre abgestoßen fühlte. Vorläufig aber war der Umsturz in vollem Gange, und das bedeutete in diesem Vielvölkerstaat nicht nur den Kampf der Revolutionäre gegen die Macht des Herrscherhauses und der Polizei, sondern auch den Kampf der Völker untereinander.

Die Klammer um die elf Nationalitäten war die Dynastie der Habsburger mit ihren Beamten und ihrem Heer gewesen. Wenn man ihre Macht zerbrach, mußten sich die Völker gegeneinanderkehren. Die begeisterten Anhänger des Neuen verehrten in diesem Reich den Gott des Jahrhunderts, die Nation, nicht weniger inbrünstig als in den übrigen europäischen Staaten auch. Jede der Nationalitäten wollte für sich ihr Recht, und gerade die lautesten Vorkämpfer kümmerten sich wenig um die Rechte der anderen. Da die historischen Länder der Monarchie, vor allem Böhmen und Ungarn, von verschiedenen Nationalitäten bewohnt wurden, da in Norditalien das Wort Befreiung zugleich den Sinn der Loslösung von der Herrschaft einer fremden Dynastie bedeutete, erfüllten die Zuckungen eines Kampfes aller Völker gegen alle Völker bald den ganzen weiten Bereich der Monarchie.

Es wäre ermüdend, wollte man in einem Buche wie diesem alle die Verzweigungen des vielfältigen Kampfes darstellen. Es muß hier genügen, sich des schaudervollen Anblicks ganz eingedenk zu sein, den das Habsburger-reich in diesem Jahr von 1848 auf 1849 bot: die Ungarn gegen Deutsche und Slawen, die Tschechen gegen die Deutschen, die Italiener gegen die Deutschen, die Kroaten und die Deutschen gegen die Ungarn, die Deut-schen gegen die Tschechen – es war ein heilloser Wirrwarr, die Donaumon-archie krachte in ihren Fugen, viele ihrer klügsten Bewohner rechneten schon mit dem Zusammenbruch und der Auflösung.

Wenn sich jetzt dem König Karl Albert in Turin – so, wie elf Jahre spä-ter – ein französisches Heer gegen die Österreicher zugesellt hätte, wenn die zerschmetternde Niederlage in Oberitalien für das österreichische Heer ge-folgt wäre, die Folgen hätten nach Wien, Prag, Preßburg und Ofenpest gestrahlt, das Ende des Habsburgerreiches wäre besiegelt gewesen.

Es kam nicht zu diesem Stoß, und die Donaumonarchie blieb bestehen. Dieser Kampf aller gegen alle dauerte mit geringen Unterbrechungen noch siebzig Jahre an bis zum Untergang des Reiches, wenn er auch nicht immer mit den Waffen geführt wurde.

In schneidendem Gegensatz zu diesem Bild, das uns die Tatsachen bieten, steht ein anderes, ein rosiges, ein verlockendes Bild, das uns ein Teil der gegenwärtigen Publizistik von der Donaumonarchie bietet. Wenn man ihr glauben wollte, dann wäre die Donaumonarchie eine Art von Modellfall für das künftige Europa gewesen. Und mit der romantischen Verklärung der Habsburger Monarchie verbindet sich die entrüstete Anklage gegen den preußischen Geist, vor allem gegen seinen Vertreter Bismarck, der, ange-steckt von der fragwürdigen Idee des Nationalstaats, nicht das ausreichende Verständnis für die universale und darum beispielgebende Bedeutung der Donaumonarchie gehabt und das Habsburgerreich aus Deutschland heraus-gedrängt habe, zum Unheil für alle.

Nun hätte wirklich die Donaumonarchie ein Modellfall für Europa sein können. Die Dynastie dachte nicht undeutsch, aber in ihr und den besten Köpfen ihrer Umgebung lebte das große und verpflichtende Gefühl der Universalität. Wenn sie der deutschen Sprache in der Verwaltung und im Heer eine Vorzugsstellung gönnte, so nur deshalb, weil sie um das große Reich eine Klammer haben wollte, nicht aber, um andere Nationen zu demütigen. Die Habsburger und ihre Regierungen waren immer sorgsam um den Ausgleich zwischen den Nationen bemüht, so, wie es eine kommende gesamteuropäische Regierung auch sein sollte.

Das Unglück war nur, daß in den Völkern der Monarchie nicht der gleiche Geist lebte. In das Preußentum ist der Nationalismus erst später eingezogen. Ursprünglich waren Preußentum und Nationalismus Feinde. Aber die Völ-ker der Habsburgermonarchie waren um 1848 längst von dem Gift ange-steckt, und es äußerte sich hier in besonders heftiger Weise. Die Vernünf-tigen dachten wohl daran, sich miteinander zu vertragen, aber wie selten haben die Vernünftigen zu bestimmen? Und wer bisher beherrscht war, wollte in Zukunft nicht nur frei sein, sondern selber herrschen.

Der tschechische Nationalismus

Der merkwürdigste der Nationalismen in der Donaumonarchie war der tschechische. Der deutsche, der ungarische, der polnische, der italienische Nationalismus reichten mit ihren Wurzeln tief in die Vergangenheit und konnten sich darauf berufen, daß von ihnen eine ununterbrochene Brücke zu großen Zeugnissen des Geistes und des Staates von früher her führte. Das tschechische Nationalgefühl war ein junges Geschöpf. Viele Jahrhunderte lang hatten in Böhmen Tschechen und Deutsche nebeneinander gelebt, sich als Bürger eines gemeinsamen Landes empfunden und gemeinsame Feinde gehabt. Die deutsche Sprache und die deutsche Kultur aber waren zwar langsam, doch scheinbar unwiderstehlich vorgedrungen. Um 1800 war Tschechisch die Sprache der unteren Stände, es schien zum Aussterben verurteilt.

Die Wende kam nicht von der Französischen Revolution, sondern von Deutschland her. Die böhmischen Sprachgesellschaften, von Deutschen geführt, wehrten die den Deutschen wie den Tschechen gemeinsame Gefahr der Überfremdung durch französische Einflüsse ab und halfen so zur Selbstbesinnung auch des Tschechentums. Im Gefolge von Herder und seiner tiefen Achtung vor dem Geist der Völker kamen dann auch die Tschechen, anfänglich sehr zu ihrer Verwunderung, zu einer neuen Schätzung ihres eigenen Volkstums. Um 1848 war es schon so weit, daß eine stolze und tiefsinnige nationaltschechische Geschichtsschreibung die Legenden über eine große tschechische Vergangenheit erzählte, wie sie in allen Völkern üblich sind. Sie hatte in zahlreichen Tschechen einen empfindlichen Nationalstolz erzeugt, der sich oft genug in Feindschaft gegen das Deutsche äußerte.

Das tschechische Nationalgefühl von 1848 war allerdings noch nicht in die Form nationalstaatlicher Wünsche gegossen. Die Tschechen wollten nicht, daß sich die Grenzen des Staates mit denen der Nation decken sollten. Hätten sie so gedacht, so hätten sie die Zerteilung des alten, historischen Landes Böhmen in einen deutschen und einen tschechischen Teil wünschen müssen, und es ist ebenso begreiflich wie vernünftig, daß sie diese unhistorische und unnatürliche Trennung nicht wünschten. Die Tschechen waren Anhänger eines großen österreichischen Reiches, aber eines Reiches mit freien Völkern innerhalb der österreichischen Grenzen. Die Rechnung war ganz einfach: In diesem frei gewordenen österreichischen Gesamtstaat wären die Slawen sehr stark und die Deutschen sehr schwach gewesen.

Der geistige Führer der Tschechen war der Geschichtsschreiber Franz

Palacky, der sich mit einem großen Aufwand an Gelehrsamkeit und einem noch größeren an Wunschträumen eifrig an der Formung der national-tschechischen Legende beteiligte. Er setzte es durch, daß in den tschechischen Teilen Böhmens nicht zur Frankfurter Nationalversammlung gewählt wurde, obwohl auch diese Teile Böhmens von alters her zum Deutschen Bunde gehörten.

Er war ein Feind der deutschen Einigung, aber er verschmähte es in seinen Plänen nicht, auch Teile Süd- und Ostdeutschlands in das künftige große Reich einzubeziehen. Das vermochte er mit seinem tschechischen Nationalismus und seinem allslawischen Gemeinsamkeitsgefühl zu vereinbaren; denn, so lehrte er, Dresden und Leipzig seien alte slawische Stätten, und die Deutschen seien nur widerrechtlich darin eingedrungen. Es war die Antwort auf solche Gedankengänge, wenn zwischen 1939 und 1945 in der Umgebung Hitlers gelehrt wurde, Prag sei eine Stätte alter deutscher Kultur, und es sei zu Recht, wenn es unter deutsche Oberhoheit gekommen sei.

Der Antrag Kudlich

In der österreichischen Hauptstadt tagte inzwischen der neugewählte Reichstag. Er sollte eine Verfassung schaffen, und es war klar, daß diese Aufgabe hier besonders schwierig war, da es nicht nur galt, die Volksrechte gegenüber Herrscherhaus und Adel durchzusetzen, sondern auch die Rechte der Völker gegeneinander abzuwägen.

Bevor der Reichstag an die entscheidenden und deshalb schwierigsten Teile seines Werkes gehen konnte, kam es in seiner Mitte zu einem Ereignis, das uns einen tiefen Blick in die Natur des Menschen tun läßt und uns mehr lehrt als die Beschreibung der Schlachten im Bürgerkrieg: Der deutsche Abgeordnete Kudlich, ein kluger und redlicher Mann, beantragte die Aufhebung der letzten bäuerlichen Lasten. Der Antrag wurde angenommen, und nun verließen die bäuerlichen Abgeordneten das Parlament, dessen Beratungen in ihren Augen für sie nun bedeutungslos waren.

Kudlich hat später bedauert, daß er den Antrag gestellt hatte. In der Tat mußte es in den Augen des Hofes die Revolution auf das empfindlichste schwächen, wenn er sah, daß der immer noch wichtigste Stand des Reiches seine Sache von der des Parlaments trennte. Geschickt wäre es gewesen, wie Kudlich später meinte, zuerst das eigentliche Verfassungswerk abzuschließen.

Aber mit solcher Taktik versucht man immer das Schicksal zu betrügen und das gelingt nicht. Auch die überlegtesten Schachzüge hätten die Tatsache nicht aus der Welt schaffen können, daß dem Volk die politische Freiheit nicht so wichtig war wie ihre eigenen Kümmernisse, im besten

Falle wie ihre sozialen Rechte. Gegen solche Tatsachen ist auch der leidenschaftlichste Freiheitswille einer Minderheit machtlos. Wer selber diesen Freiheitswillen in sich spürt, scheut es gewöhnlich, sich und anderen den Umstand einzugestehen, daß „das Volk" oft viel weniger von der Freiheit hält als seine Wortführer. Die Gefahren für die Freiheit kommen nicht allein von der Willkür der Fürsten und der Diktatoren. Die Gleichgültigkeit der Massen ist viel ernster zu nehmen, das haben die Dichter der Arbeitermarseillaise sehr deutlich gesehen. Aber wer sie später sang, hat zu selten darüber nachgedacht.

Dabei ist Gleichgültigkeit noch ein ziemlich günstiger Zustand. Häufig genug wird aus ihr eine tiefe Sehnsucht, gehorchen zu dürfen. Ohne sie hätten autoritätsbesessene Minister oder Generale kein so leichtes Spiel, wie sie es oft haben. Mit ihren Ränken und ihrer Willkür würden die Freunde der Freiheit noch fertig werden; sie geraten in eine verzweifelte Lage, wenn ihnen die Massen zu verstehen geben, daß ihnen Freiheit nur ein mäßiges Vergnügen bereitet.

Ausschreitungen in Wien

Der Auszug der bäuerlichen Abgeordneten mußte den Hof in der Überzeugung ermuntern, man könne am Ende mit der Revolution doch noch fertig werden. Inzwischen taten die Revolutionäre manches dazu, ihn noch weiter zu erbittern, außerdem aber das gutwillige Bürgertum, das selber keine Kraft zu eigenem Wollen und eigener Vertretung hatte, zu ängstigen und es in die Arme der Gegenrevolution zu treiben. Die Bürgerwehr und die bewaffneten Studenten, denen sich bald auch bewaffnete Arbeiterbataillone aus den Vorstädten zugesellten, wurden eine Beute wüster und wilder Agitation, unklarer republikanisch-radikalsozialistischer Ziele. Der Bürger sah mit einem Gemisch von Abscheu und Furcht auf die Männer mit den Kalabresern und den Stürmermützen. Die großartigen Redensarten dieser Männer mißfielen ihm immer mehr, und noch mehr mißfiel ihm, daß sie ein Regiment des Terrors aufzurichten begannen.

Das mittlere und kleine Bürgertum, das den Beginn der Revolution begrüßt und begeistert die schwarzrotgoldene Fahne aufgepflanzt hatte, wußte aus eigener Kraft nicht mit den Ausschreitungen fertig zu werden. Auch die Bürgerwehr half ihm nicht dabei. Der deutsche Bürger ist tapfer immer nur auf dem Schlachtfeld. Um so sehnsüchtiger begannen die Bürger ihre Blicke auf die Kräfte der alten Ordnung zu richten, deren Herrschaft ihnen allmählich in ein verklärtes Licht geriet und die ihnen auf jeden Fall lieber waren als die Ausschreitungen der neuen Machthaber. Als der Pöbel den Kriegsminister Latour, der streng nach den Gesetzen den Befehl zum Ausrücken von Truppen gegen die Ungarn angeordnet hatte, auf scheußliche Weise ermordete, war die Revolution in den Augen der meisten Wiener gerichtet.

Der Hof aber hatte schon vorher die Hauptstadt verlassen. Er war zuerst nach Innsbruck geflüchtet, dann nach Wien zurückgekehrt, später nach Olmütz gegangen, in dem berechtigten Vertrauen darauf, daß auf dem flachen Land und in den kleinen Städten kein Feld sei für umstürzlerische Gedanken. Seine Hoffnungen für die Zukunft aber setzte er nicht nur auf den kaisertreuen Sinn der Bauern und Kleinstädter, sondern vor allem auf das Militär. Die Augen des Hofes richteten sich auf den General Fürst Windischgrätz. Die Wende der Revolution kündigte sich an.

Windischgrätz siegt

Der Fürst war Statthalter in der böhmischen Hauptstadt Prag. Er war eine befehlsgewohnte Soldatengestalt von bezwingendem Wesen. In Prag hatte die äußerste Linke, die Schar der wütendsten Habsburgerfeinde, die Herrschaft an sich gerissen. Bei dem Versuch, die tobende Menge zu beruhigen, wurde dem Fürsten seine geliebte Frau auf dem Balkon erschossen. Er warf den Aufstand in kurzer Zeit nieder. Auf der Burg wehte die schwarzgelbe Fahne, Böhmen lag den Habsburgern zu Füßen, und auch viele Tschechen huldigten mit ehrlichem Herzen dem Bezwinger ihres Landes.

Dann erhielten er und der Statthalter von Kroatien, der Oberst Jellatschitsch, den Befehl zum Marsch auf Wien. Die Stadt verteidigte sich tapfer, und nicht ohne Ruhm gingen die schwarzrotgoldenen Fahnen herunter. Aber dem geschulten und gutbewaffneten Heer waren Bürger- und Studentenwehren nicht gewachsen. Daß in den Regimentern der beiden Generale des Kaisers vornehmlich Slawen dienten und daß sie nun gegen die Hauptstadt der Deutschen kämpften, beflügelte ihre Entschlossenheit.

Als die Eroberer in die unterworfene Stadt einzogen, stießen sie überall auf Jubel und Begeisterung. Die gestern noch auf den Wällen gegen sie gefochten hatten, bewarfen sie heute mit Blumen und fielen ihnen um den Hals. Fremde Beobachter sahen dem mit tiefer Verachtung zu. Für sie war der Wandel ein neuer Beweis des wankelmütigen Charakters der Massen. Aber so verächtlich waren die Wiener nicht, wie sie beurteilt wurden. Gewiß sind die Massen gerne bei dem Sieger, und es ist nur wenigen gegeben, sich mutig zur Sache des Unterlegenen zu bekennen. Aber Hunderttausende fühlten sich auch wirklich befreit.

Was in den letzten Monaten im Namen der entschiedenen Demokratie in Wien geherrscht hatte, war der nackte Schrecken. Unter einer Diktatur ist es auch für tapfere Menschen ratsam, ihre Gesinnung zu verbergen, wenn sie ihre Freiheit bewahren oder leben bleiben wollen; wir haben es inzwischen alle erfahren. Viele Wiener waren seit langem des ganzen radikalen Getriebes satt. Schon bevor die schwarzgelben Farben auf der Hofburg wieder aufgezogen wurden, hatten sie ihren Platz wieder in den Herzen der Wiener gefunden.

Windischgrätz räumte auf mit der „Rotzbubenwirtschaft", wie er sie verächtlich nannte. Die Standgerichte arbeiteten streng, aber nicht grausam. Nach jedem niedergeworfenen Aufstand müssen die Führer ihren Versuch mit dem Kopf büßen, das war 1848 nicht anders als sonst, und jeder Aufrührer muß das Wagnis in seine Berechnungen einbeziehen. Einem solchen Gericht fiel auch Robert Blum zum Opfer, eine der volkstümlichsten Gestalten der damaligen Zeit. Er stammte aus einer armen Kölner Familie, war Theaterdiener und Theaterkassierer gewesen, hatte sich selbst mit weitem Geist und eisernem Fleiß gebildet, war in Leipzig Buchhändler und Schriftsteller geworden, und die Sachsen hatten ihn zum Abgeordneten für die Paulskirche gewählt. Von dort war er zur Unterstützung der Aufständischen nach Wien gekommen, hatte ihren Mut mit zündenden Reden entflammt und als Kommandeur einer Batterie gekämpft. Am 6. November fiel er unter den Schüssen des Hinrichtungskommandos. Seine Berufung auf seine Eigenschaft als Abgeordneter der Paulskirche, die ihn unverletzlich hätte machen sollen, war nicht anerkannt worden. Er starb so tapfer, wie er gelebt hatte. Seine letzten Grüße galten dem freien Deutschland.

Sein Tod erregte ungeheures Aufsehen und erbitterte viele. Bis in die neueste Zeit spürt man die Zuneigung, die ihm die Geschichtsschreiber ebenso entgegenbringen, wie es seine Zeitgenossen taten. In ihm brannte die Flamme der Revolution, sie hatte alles verzehrt, was selbstisch in ihm war, er wollte nichts für sich und alles für die große Idee, und gerade darum konnte er so viele Herzen begeistern.

Aber unser Mitgefühl für ihn wird nicht nur geschwächt durch einen Blick auf das jahrtausendealte Recht der siegreichen Regierungsgewalt, die Führer des gescheiterten Aufstandes mit dem Schwerte zu verfolgen. Schlimmer für Blums Andenken sind die Züge der Hemmungslosigkeit und des Fanatismus in seinem Wirken. Er forderte einmal die Wiener auf, noch zweihundert führende Männer der Rechten zu „latourisieren", sie also ebenso scheußlich zu ermorden wie den gemeuchelten Minister. Mit solcher Sprache mehr noch als mit dem bewaffneten Aufruhr hatte er das moralische Recht verwirkt, sich auf die Unverletzlichkeit des Abgeordneten zu berufen.

Radetzky siegt

Während noch Windischgrätz seine Herrschaft in Prag aufrichtete, zeichnete sich bereits die Niederlage der Revolution in Italien ab. Die Habsburger hatten auch in Oberitalien gut und erfolgreich verwaltet. Sie hatten die Künste und Wissenschaften, Handel und Gewerbe gepflegt, und Mailand war unter ihrer Herrschaft zu einer der reichsten Städte Europas geworden. Aber ihr Wille, Oberitalien fester in den österreichischen Gesamtstaat einzuschmelzen, war nicht minder spürbar als ihr Wohlwollen. Jede freiheitliche Regung hatte Metternichs argwöhnische Polizei erstickt. So war auch hier der Habsburgerstaat in Widerspruch gegen das wachsende Nationalgefühl geraten. Im Frühling 1848 erhob es sich in ganz Italien, zwang auch den König von Neapel wie den Papst zu Zugeständnissen, vertrieb die Herzöge von Parma und Modena und führte den König Karl Albert von Sardinien-Piemont an die Seite der aufständischen Lombarden und der Venezianer.

Aber am 25. Juli schlug sie der alte Feldmarschall Radetzky bei Custozza aufs Haupt. Der König schloß Waffenstillstand. Als er im folgenden Frühjahr noch einmal angriff, diesmal in hoffnungsloser Lage, bei schon wiederhergestellter Regierungsgewalt in Mittel- und Süditalien, schlug ihn Radetzky zum zweitenmal, diesmal bei Novara. Karl Albert, ohnehin mehr aus mönchisch-soldatischem Pflichtgefühl als aus Begeisterung der nationalen Sache beigetreten, verzweifelte an der Kraft Italiens wie an seiner herrscherlichen Fähigkeit. Er überließ den Thron seinem glücklicheren Sohn Viktor Emanuel. Der Nachfolger nahm aus den Ereignissen die Lehre mit, daß der Kampf um die Freiheit Italiens nur gelingen werde, wenn Frankreich ihn unterstütze.

Paskiewitsch siegt

Noch war Ungarn in den Händen der Aufrührer. Hier hatten die Radikalen immer mehr gedrängt, das Band zum Hause Habsburg war zerschnitten worden. Den Oberbefehlshaber Grafen Lamberg traf das Schicksal Latours. Ludwig Kossuth hatte die republikanische Diktatur gegründet. Der Nationalismus, der die Herzen erhebt, aber auch verengt und sie zum Hochmut und zur Ungerechtigkeit verführt, hatte auch die Madjaren ergriffen. Frei sein wollten sie von der deutschen Dynastie, aber den Siebenbürgern, den Rumänen, den Kroaten, den Serben wollten sie keine Freiheit gewähren. In dem Ungarn, das vor ihren Augen stand, sollten die Madjaren über die anderen Nationalitäten Ungarns herrschen. Eben damit machten sie sich nicht nur die Habsburger, sondern auch die anderen Nationalitäten zu Feinden. Die Tapferkeit, die dieses stolze Volk stets in einem aussichtslosen Kampf auszeichnet und verführt, hieß sie an den Sieg über so viele Gegner glauben.

Die österreichischen Generale hatten schwere Kämpfe mit den Ungarn zu bestehen. Da sie nicht vorwärts kamen, griff die österreichische Regierung zu dem gefährlichen Hilfsmittel, den Zaren Nikolaus um Hilfe zu bitten. Der geschworene Hasser jeder Revolution, der starre und stolze Verfechter des Rechtes der Fürstenhäuser willfahrte gerne dem willkommenen Hilferuf. Von zwei Seiten bedrängt, gab der ungarische General Görgei seine Sache verloren. So tief war seine und seiner Landsleute Abneigung gegen die Habsburger, daß er sich nicht Haynau, sondern dem russischen General Paskiewitsch ergab (in der Kapitulation von Vilagos). Nun herrschte der Wille der Habsburger wieder in dem ganzen weiten Reich.

Schwarzenberg siegt

Eine Regierung, deren Soldaten im Bürgerkrieg siegreich gewesen sind, pflegt sich um die Wünsche von Abgeordneten nicht viel zu kümmern. Das mußte jetzt die Wiener Nationalversammlung spüren.

Der Fürst Windischgrätz hatte nach der Eroberung von Wien seinen Schwager, den Fürsten Schwarzenberg, als Ministerpräsidenten empfohlen, und man war seinem Rat gefolgt.

Damit trat der bedeutendste Politiker dieser Jahre in den Vordergrund. Schwarzenberg war nicht eben hoch gebildet, aber klug und vor allem tatkräftig, anders als der Rheinländer Metternich ganz in der österreichischen Überlieferung wurzelnd (obwohl aus reichsfürstlichem Geschlecht), vor allem beneidenswert durch die Festigkeit seiner politischen Anschauung. Er glaubte an Österreich, er wollte das Reich; aber er glaubte nicht nur nicht an Liberalismus und Volkssouveränität, sondern auch nicht an die Fähigkeiten seiner hochadeligen Standesgenossen. Die Klammern für das Reich sollten sein die Dynastie, das Heer, das Beamtentum und die Kirche, womit sich für ihn ganz folgerichtig eine Führungsverpflichtung und ein Führungsrecht der Deutschen in der Monarchie ergab.

Er war als Soldat ebenso wie als Diplomat ausgezeichnet, er war in diesen Jahrzehnten wahrscheinlich der einzige, der dem Genie Bismarcks halbwegs ebenbürtig war. Wenn er 1864 regiert hätte, wäre dem preußischen Ministerpräsidenten sein Spiel nicht so leicht geworden. Seine tiefe Schwäche lag darin, daß er den militärischen Sieg über die freiheitlichen und nationalen Ideen überschätzte und ihren zukunftzeugenden Wert nicht erkannte. Er vermochte den Gang der österreichischen Politik noch für lange Zeit nach seinem Tode zu bestimmen, aber auf die Dauer gesehen, mußte er scheitern.

In diesen Wintertagen des Jahres 1848 triumphierten seine Verhandlungskunst und die Entschlossenheit seines Willens. Er brachte es zuwege, daß der unfähige Kaiser Ferdinand abdankte und den Thron seinem achtzehn-jährigen Neffen Franz-Joseph überließ, in dessen enger, aber geschlossener Persönlichkeit Schwarzenberg manche Geistesverwandtschaft und mache herrscherlichen Fähigkeiten ahnte. Fast siebzig Jahre hat Franz Joseph dann noch regiert, mit seinem Leben ist die letzte Blüte der Großmachtstellung Österreichs verbunden. Ohne ihn hätte die Aufgabe Schwarzenbergs nicht gelöst werden können, seinem Reiche wieder eine bedeutende Stellung zu geben.

Den Reichstag behandelte Schwarzenberg zunächst mit einer Art von wohlwollender Gleichgültigkeit. Er verlegte ihn von dem unruhigen Wien in das stille Städtchen Kremsier, wo die Abgeordneten noch einige Monate tagen konnten und dabei erstaunlich gute Arbeit leisteten. Sie schufen eine Verfassung, die gemäßigt liberal war, die alten Kronländer erhielt, ihnen eine gewisse Selbstverwaltung gab und innerhalb ihrer Grenzen die Rechte der Nationalitäten schützte. Slawen und Deutsche hatten sich bereit gefun-den, einen Ausgleich ihrer Rechte zu verwirklichen – wenigstens auf dem Papier.

Ob dieser Sieg der politischen Vernunft den heilsamen Schrecken lange überdauert hätte, den Windischgrätzens siegreiche Bajonette in Prag und Wien verbreitet hatten, ist schwer zu sagen, weil die Verfassung nie ins Leben getreten ist. Ihr Geist war Schwarzenberg zuwider. Er wollte weder Liberalismus noch Föderalismus. Er fegte die Verfassung vom Tisch und erließ eine neue, die den alten einheitlich gesteuerten Beamtenstaat wieder-herstellte. Sie enthielt allerdings immer noch liberale Bestandteile, aber eben deshalb wurde auch sie nicht Wirklichkeit. Schwarzenberg hob sein eigenes Werk später wieder auf und regierte, wie nach seiner Meinung Österreich allein regiert werden konnte: straff, zentralistisch, absolutistisch.

Mit Staunen sah die Welt, die ein Jahr vorher Österreich schon aufgege-ben hatte, wie sich der tief geschwächte Körper dieses Staates wieder straffte, wieviel lebendiges Staatsgefühl noch in ihm war. Der Geist des Jahrhunderts war gegen ihn, und dem tiefer Blickenden blieben auch nach den Siegen der alten Ordnung die inneren Schwächen nicht verborgen. Aber so gewiß ein Staat von seiner Zukunft lebt, so lebt er auch von seiner Vergangenheit. Sieben Jahrhunderte waren nicht einfach auszutilgen. Es bedurfte noch einer so fortdauernden Zersetzung über Generationen hin-weg und schließlich der äußeren Katastrophe, bis er ganz zusammenbrach.

König Friedrich Wilhelm

Schon lange vor dem März 1848 hatten viele Freunde der deutschen Ein-heit ihren Blick auf Preußen gerichtet. Auch in den trüben Tagen der Reaktion war die Erinnerung an Stein und Scharnhorst nicht ganz verlorengegangen. Vor allem war sein Staatskörper unvergleichlich viel geschlossener als der österreichische. Dem nationalstaatlichen Denken der Zeit gab er nicht so viele Rätsel auf. Nur im Osten der Monarchie siedelten in größerer Zahl Fremdstämmige, sonst lebten in ihm nur Deutsche. Im Westen hatte er 1815 die Wacht gegenüber Frankreich bezogen, die von den Habsburgern gegen Metternichs klugen Rat verschmäht worden war. Er schien zur Führung des neuen, einigen Deutschland berufen.

In den vierziger Jahren dichtete Paul Pfizer in Württemberg, wo man im allgemeinen die Preußen nicht leiden mochte, die leidenschaftlichen Verse:

> „Adler Friedrichs des Großen,
> Gleich der Sonne decke du
> Die Verlaßnen, Heimatlosen
> Mit der goldenen Schwinge zu."

Wir werden noch sehen, ob es überhaupt in diesen Jahrzehnten die sachliche Möglichkeit gab, die Hoffnungen dieser Idealisten zu erfüllen, die nicht aus Liebe zu Preußen, sondern aus Anhänglichkeit an die gesamtdeutsche Idee bereit waren, sich unter die Fittiche des Adlers der Hohenzollern zu begeben. Aber wenn wirklich Preußen die historische Sendung hatte, Deutschland zu einigen, so war der König die am wenigsten geeignete Persönlichkeit dazu, sie zu erfüllen.

Friedrich Wilhelm der Vierte ist später von manchem Vorwurf gereinigt worden, der ihn früher getroffen hatte, und nicht ohne Rührung lesen wir, wie ihn zu seinen Lebzeiten bedeutende Männer verehrten und bewunderten. Er selber gehörte zu den bedeutendsten Geistern seiner Zeit, und sein Wollen war rein und lauter. Er hatte einen Blick für Menschen; den größten Staatsmann der Deutschen hat er erkannt und berufen.

Aber zur schöpferischen Politik fehlte ihm viel. Er wußte selten, was er wollte; wenn er etwas wollte, wollte er zuviel; er sah die allgemeinen Möglichkeiten seiner Zeit ebensowenig wie die Notwendigkeiten einer augenblicklichen Lage; er wollte Veränderung und Verbesserung, aber er bezog seine Vorstellungen aus einer Vergangenheit, die ihm die Romantik verklärt hatte; seine Kraft zu Entschlüssen war gering; zur innersten Wurzel seines Staates, der kühlen preußischen Staatsräson, fand er nicht leicht den Zugang. Man hat ihn den unpreußischsten aller Könige genannt.

Friedrich Wilhelm der Vierte träumte wie später sein Großneffe von den herrlichen Zeiten, in die er sein Volk führen werde. Das bedeutete in seinen Augen die Umwandlung des absoluten Königtums in eine ständische Monarchie. Der Fürst sollte noch immer herrschen, aber als Berater sollten ihm die Vertreter der Stände, vor allem die des hohen Adels, zur Seite stehen. Herzliche Liebe und Verträglichkeit von Fürsten, Herren und Untertanen sollten alle miteinander vereinigen, kein geschriebenes Stück Papier, keine Verfassung sollte sich zwischen ihn und seine Preußen drängen. Mitten im heraufkommenden Maschinenzeitalter, in den Stürmen der politischen Leidenschaft, inmitten der Rufe nach freien Wahlen und freier Presse suchte er die blaue Blume der Romantik.

Die Stunde Preußens

Als die Franzosen ihren König Ludwig Philipp verjagten, als in Deutschland das Brodeln der Revolution immer drohender wurde, als die Fürsten geschüttelt waren vor Angst um ihre Throne, da wäre wohl die Stunde Preußens gekommen. Was die Historiker heute sehen, ist nicht billige Hinterherweisheit, sondern das hätten wohl damals ein kluger und entschlossener König und seine Räte auch sehen können: daß jetzt Preußen die Führung Deutschlands ergreifen konnte.

Zwei Möglichkeiten boten sich an: Die eine war die, jetzt schon äußerste Entschlossenheit zu zeigen und nach Schwarzenbergs und Windischgrätzens Art zu regieren, die Revolution im Keime zu ersticken, die zitternden Fürsten um sich zu scharen und vor den Anhängern wie vor den Feinden des Neuen als festes Bollwerk der Ordnung dazustehen. Zum Lohn hätte der König die Kaiserkrone fordern dürfen, die Fürsten hätten sie ihm nicht verweigert.

Die zweite Möglichkeit war wohl die eigentlich in die Zukunft weisende. Vor Friedrich Wilhelm dem Vierten stand in diesen Frühlingstagen dieselbe geschichtliche Aufgabe, die sechzig Jahre zuvor vor Ludwig dem Sechzehnten gestanden hatte: sich mit allem zu verbünden, was gestaltende und schöpferische Kraft und gerecht und vernünftig war, sich so zum anerkannten Führer der Revolution zu machen, die ganze Begeisterung des Bürgertums und der Jugend zu verbinden mit der militärischen Macht Preußens, aber auch mit dem Zauber, der um die preußische Monarchie war, und so Deutschland Gesetze zu geben. Wieder wäre ihm das Kaisertum nicht zu rauben gewesen.

Friedrich Wilhelm wählte die dritte Möglichkeit: vor der Revolution zurückzuweichen, vor ihr zu kapitulieren und sich später von ihr zu trennen.

Aber jede Kritik an seinem Verhalten wird dadurch gelähmt, daß für ihn jenes Ziel der preußischen Führung in Deutschland überhaupt nicht bestand. Der Ehrgeiz, das Oberhaupt der Deutschen zu werden, war ihm fremd. Das lag nicht daran, daß in ihm jener eigentümliche preußische Stolz, dem jede Preisgabe alter preußischer Überlieferung auch zugunsten höherer Ehre widrig war, mächtig gewesen wäre. Diesen Stolz gab es damals in Preußen, aber nicht beim König.

Gerade weil sich sein reicherer Geist über das Preußische erhob und sehr deutsch dachte, wollte er die Deutschen nicht führen. Seine Vorstellungen vom deutschen Wesen und von der deutschen Staatlichkeit waren aus der Vergangenheit, noch dazu aus der mittelalterlichen Vergangenheit genährt. So war es für ihn natürlich, daß allein das Haus Habsburg die Deutschen führen dürfe. Den Kaiser von Österreich herabzudrücken, ihn aus Deutschland zu verjagen (oder gar, was in einer so verwirrten und gärenden Zeit wie dem Frühjahr 1848 im Bereich des Denkbaren gelegen hätte, den österreichischen Staat durch einen entschlossenen Angriff zu zertrümmern), das wäre ihm als Vergehen gegen den Geist deutscher Geschichte, als etwas Unehrenhaftes erschienen. Er war nicht Friedrich der Zweite und nicht Bismarck, er war Friedrich Wilhelm der Vierte.

Aber wenn er auch nicht jenes Gefühl kannte, das ein Historiker den preußischen Ehrgeiz zur Macht genannt hatte, so hätte er sich doch nicht der Revolution zu unterwerfen brauchen. Diese Kapitulation entsprang nicht mehr seinen Anschauungen, sondern seinem Charakter.

Revolution in Berlin

Auch in der preußischen Hauptstadt kam es vom 13. März an ähnlich wie in Wien und anderen Hauptstädten zu Aufläufen und Demonstrationen, auch zu Schießereien. Ehe sie noch gefährlich geworden waren, gab der König nach: Am 18. März kündigte er die Einberufung des Landtags an und versprach, für ein gesamtdeutsches Parlament einzutreten. Seine Versprechungen wären eine große politische Tat gewesen, hätte er sie ein halbes Jahr vorher gegeben und hätten Aufrichtigkeit und Entschlossenheit dahintergestanden. So waren sie nur ein Rückzug. Doch noch war nicht alles verloren. Da kam es zum Barrikadenkampf, zum Bürgerkrieg.

Als die Menge von dem Versprechen des Königs erfuhr, wurde sie von einem Gefühl des Jubels erfaßt, und sie strömte zum Schloß, dem nun wieder geliebten König dankbar zu huldigen. Aber im Schloßhof standen auch Soldaten, viele Soldaten, und nun war wieder Mißtrauen da, wo eine Stunde zuvor nur Glaube und Begeisterung gewesen war.

Das alte preußische Königtum war ein Heerkönigtum; Soldaten gehörten zu seinem Wesen. Eben darum empfanden die freiheitlichen Bürger die Uniform als etwas Fremdes und Feindliches. Die großartigen Versuche Scharnhorsts und Gneisenaus, die Idee der Freiheit mit der Idee des Soldatentums zu versöhnen, waren in den Jahrzehnten der engen Reaktion untergegangen. Die Uniform war wieder das Symbol des Rückschritts, des Absolutismus, der Unterdrückung freiheitlicher Bestrebungen geworden.

Daß die Deutschen oder auch nur die Preußen von Natur aus militärfrommer seien als andere Völker, ist ein Märchen, eine Angelegenheit der Propaganda. Der deutsche Militarismus, den es gegeben hat, ist als Ausdruck einer weit ins Volk reichenden Gesinnung ziemlich jungen Datums. Damals war er von den freiheitlichen Bürgern nicht nur ideell geschieden, sondern durch eine Mauer des Mißtrauens und der Feindschaft getrennt.

Als die Bürger vor dem Schloß die Soldaten sahen, riefen sie: „Weg mit dem Militär!" Zwischen ihnen und dem König sollten keine Soldaten stehen. Es gab ein Geschiebe und Gedränge, plötzlich fielen aus den Reihen der Soldaten zwei Schüsse, von denen hinterher niemand wußte, von wem und warum sie abgegeben worden waren. Wahrscheinlich war irgendein Soldat in seiner Aufregung ungeschickt gewesen. Die Menge stob auseinander in Angst und Wut, sie fühlte sich verraten, sie glaubte dem König nicht mehr, sie griff zu den Waffen.

Nun mußte gekämpft werden. Wäre Friedrich Wilhelm ein Staatsmann gewesen, so hätte er den Aufruhr niedergeschlagen und hätte dann um so treuer zu dem Patent vom 18. März gestanden. Der General von Prittwitz ging denn auch entschlossen gegen die Aufrührer vor. Aber Berlin ist groß, der Barrikaden waren viele, und der Kampf war nach damaligen Begriffen blutig. Das hatte der König nicht gewollt, der Gedanke des Bürgerkrieges war ihm ebenso unerträglich wie siebzig Jahre später seinem Großneffen. Auch war der General von Prittwitz selber nicht zuversichtlich. Die Vorgänge bei der Pariser Revolution vier Wochen vorher, als Truppen zu den Aufrührern übergegangen waren, lähmten ihn. Er fürchtete anscheinend die ansteckende Kraft der Revolution auf die Truppen, obwohl am Abend die meisten Barrikaden bereits gestürmt waren.

Der König befahl, sehr zum Mißvergnügen der meisten Offiziere, den Kampf abzubrechen. Der General von Prittwitz aber ging über den Befehl hinaus, er war wohl nicht der richtige Mann für einen solchen Kampf, er räumte nicht nur die eigentliche Stadt, sondern auch die Umgebung des Schlosses, und nun war der König wehrlos den Aufständischen ausgeliefert. Das war der Sieg der Revolution.

Eine ähnliche Lage hatte es wiederholt zu Beginn der Französischen Revolution gegeben. Die Berliner Aufrührer verhielten sich jetzt ebenso wie die Pariser am 20. Juni 1792: sie demütigten den König, aber sie tasteten seine Person nicht an. Er wurde gezwungen, vom Schloßfenster aus den Zug mit den gefallenen Barrikadenkämpfern anzusehen; als die Königin die blutigen Leichen sah, fiel sie in Ohnmacht. Bei dem Begräbnis der Soldaten, die für ihren König gefallen waren, sah man keinen König und keinen Kriegsminister.

Der König tat mehr, als ihm geheißen wurde: Am 20. März ritt er durch die Stadt, angetan mit einer Schärpe in den schwarzrotgoldenen Farben, die vor wenigen Wochen noch ihm und seinen fürstlichen Standesgenossen verhaßt gewesen waren, und er verkündete: „Preußen geht fortan in Deutschland auf!" Das gab dem alten preußischen Staat den Abschied, und es enthielt das Bekenntnis zu einem einheitlichen Deutschland, wie es den Liberalen vorschwebte.

Gegenrevolution in Preußen

So, wie der König geartet war, lag in dem Umritt und in dem Bekenntnis keine Heuchelei, sondern eine aufrichtige, freilich von dem Augenblick bestimmte Gesinnung. Aber die Zeiten änderten sich wieder, und dann kam im wesentlichen alles wie in Österreich: Die Aufständischen verscherzten sich manche Zuneigung durch wildes Gehabe, der Bürger wurde es müde, immer Wache zu stehen; die Revolutionäre mußten entdecken, daß sie gar nicht so stark waren, wie sie gehofft hatten; der König entdeckte, daß er viel stärker war, als er gefürchtet hatte; er vergaß seine Versprechungen; und damit kam alles, wie es in solchen Lagen kommen muß.

Friedrich Wilhelm fand auch seinen Schwarzenberg, der hier Graf Brandenburg hieß und sein Vetter war; er fand auch seinen Windischgrätz, freilich in der Schusterjungen-Ausgabe des Generals von Wrangel. Geschossen zu werden brauchte in Berlin nicht mehr soviel wie in Wien. Graf Brandenburg konnte die preußische Nationalversammlung nach der Provinzhauptstadt verlegen, und als sie den König zu sehr reizte, löste er sie einfach auf.

Dann erließ der König aus eigener Machtvollkommenheit eine Verfassung, die überraschenderweise sehr liberal war; so viel hatte er doch aus dem Umsturz gelernt. Später aber veränderte er sie willkürlich in konservativem Sinne. So hat sie bis 1918 gegolten.

In den Augen der Nachwelt war der böseste Zug bei der Neuordnung des Staates durch den König, daß er verfügte, es müsse nach dem Dreiklassenwahlrecht gewählt werden. Die männliche Bevölkerung wurde in drei Klassen eingeteilt, von denen in der ersten sehr wenige Reiche ebensoviele Abgeordnete zu wählen hatten wie die zahlreicheren, aber weniger Wohlhabenden in der zweiten und die große Masse der Besitzlosen in der dritten. Es war das unpreußischste Wahlrecht, das denkbar war, indem es nicht die Herkunft und Leistung, nicht Verdienst und Alter, nicht Kinderzahl oder Kriegsruhm, sondern das Geld zum Herren der Wahl machte. Es verdient deshalb die tiefe Verachtung, mit der spätere Geschlechter es bedachten. Es war die unerfreulichste Verbeugung, die Preußen vor dem heraufkommenden Geist des Kapitalismus machte.

Doch muß gerechterweise gesagt werden, daß in den ersten Jahrzehnten nach 1849 lebhafte Anteilnahme am politischen Geschehen vor allem beim Grundbesitz, beim besitzenden Bürgertum und bei der höheren Beamtenschaft zu finden war, jenen Ständen also, die durch das Klassenwahlrecht begünstigt waren. Es half zwar nicht, den eigentlichen Volkswillen, wohl aber die öffentliche Meinung auszudrücken. Auch entsprangen diesem Wahlrecht nicht immer nur willfährige und ängstliche Vertreter, sondern oft auch aufrechte Männer mit steifem Nacken. Der Bruder des Königs und sein Ministerpräsident Otto von Bismarck haben es in vielen Jahren spüren müssen.

Erst später, als sich auch die Besitzlosen, vor allem die Arbeiterschaft, um staatliche Dinge kümmerten, als sich ihre Zahl immer mehr erhöhte, wurde es offenbar, wie sehr dieses Wahlrecht die Reichen begünstigte und der Macht des Geldes den Vorzug vor der Macht des Volkes gab. Daß dieses Wahlrecht auch dann nicht beseitigt wurde, ist ein schlimmer Flecken auf der preußischen Geschichte.

Im Sommer 1849 jedenfalls war Preußen wieder ein geschlossener Staat des Königtums, des Adels, der Beamtenschaft und des Heeres geworden. Die kostbare Zeit freilich war verstrichen, in der ein solcher Staat Deutschland seine Gesetze hätte auferlegen können. Aber die Flamme der Revolution war hier ebenso erstickt wie in Österreich. Nur weil in den beiden deutschen Großmächten die alten Gewalten wieder die Herrschaft ergriffen hatten, konnten die Verhandlungen in der Paulskirche das tragische Ende nehmen, das sie gefunden haben.

Die Paulskirche

Das Frankfurter Parlament vereinigte in sich die Blüte der Nation. Die Bezeichnung „Professorenparlament" ist nur halb richtig. So viele glänzende Namen auch die deutsche Wissenschaft entsandt hatte, am zahlreichsten waren doch die Juristen aus Verwaltung, Gericht und Anwaltschaft im Parlament. Aber auch das übrige Bürgertum hatte angesehene Männer von lauterem Charakter und hoher Intelligenz und Bildung entsandt. Die Bauern freilich waren spärlich, die Arbeiter überhaupt nicht vertreten.

Mit der Technik des parlamentarischen Betriebes wurde man nicht recht fertig. So meldeten sich immer zu viele zum Wort. Aber dafür sind auch viele Reden auf allen Seiten des Hauses von großem Scharfsinn, bedeutendem Wissen und oft genug von hinreißendem Schwung gehalten worden, deren sich auch das britische Unterhaus zu dieser Zeit nicht hätte zu schämen brauchen. Es gibt Redegefechte, deren Wortlaut man noch heute mit klopfendem Herzen liest. Und mit Wehmut nimmt man zur Kenntnis, daß es in diesem Parlament fast niemals eine persönliche Beschimpfung gab.

Die Paulskirche stellte zunächst in monatelanger Arbeit die Grundrechte der Deutschen fest, nämlich ihre Rechte auf Persönlichkeit, auf Freiheit, auf Menschenwürde. Man hat die Nationalversammlung deshalb nachträg-

lich angeklagt, man hat gesagt, sie hätte zuerst den Sieg der Revolution vollenden sollen, anstatt staatsphilosophische Betrachtungen anzustellen. Aber
es war begreiflich, daß der Bürger, nachdem er sich solange gegen die
Übermacht der Fürsten und des Staates aufgebäumt hatte, nun seine Rechte
gesichert und abgegrenzt sehen wollte.

Auch war das Parlament nicht ganz tatenlos. Mit dem berühmten kühnen
Griff beendete der Präsident Heinrich von Gagern für einige Zeit alle
Auseinandersetzungen über die Zusammensetzung der gesamtdeutschen
Regierungsgewalt, indem er den österreichischen Erzherzog Johann zum
Reichsverweser, also zum vorläufigen Staatsoberhaupt vorschlug. Das Haus
nahm den klugen Antrag an, der den staatsrechtlichen leeren Raum füllte,
Österreich schmeichelte und in der Personenwahl wahrscheinlich nicht unglücklich war. Johann galt dem Neuen gegenüber als aufgeschlossen und
war volkstümlich, vor allem weil er, der Sprößling des vornehmsten Für-
stenhauses, eine einfache Posthalterstochter geheiratet hatte, der er gelegentlich empfahl, nicht allzu prunkvoll aufzutreten. Über seinen Charakter und
seine eigentlichen Absichten haben die Historiker viel gestritten und tun es
heute noch. Uns braucht das kaum zu kümmern, da sich doch bald zeigte,
daß Johann keine wirkliche Macht hatte. Aber das war nicht die Schuld
Gagerns und der Paulskirche, sondern der Verhältnisse, in denen die Einzelstaaten immer mehr erstarkten.

Das von Johann ernannte Reichsministerium hatte nichts zur Verfügung
als diese höchst ehrenvolle Bezeichnung. Seine Besoldung und die anderen
Unkosten wurden von der Stadt Frankfurt und von milden Stiftungen getragen. Eine Finanzhoheit hatte die Paulskirche nicht, und damit entbehrte
die werdende gesamtdeutsche Gemeinschaft eines der wesentlichsten Merk-
male der Staatlichkeit.

Das andere Kennzeichen, die militärische Macht, wollte das Reichsministerium schaffen, indem es anordnete, daß die Truppen dem Reichsverweser
zu huldigen hätten. Aber nur die Klein- und Mittelstaaten folgten der Anordnung, Österreich und Preußen wichen aus, ihre Soldaten sahen weiter
im Kaiser zu Wien und König zu Berlin ihre Obersten Kriegsherren. Damit
war der Paulskirche schon deutlich, wo die wirkliche Macht saß.

Malmö

Und dann kam die Woche nach Malmö, in der sich das Parlament wund
stieß an seiner Ohnmacht und mit Erschrecken spürte, wie begrenzt seine
Möglichkeiten waren und wie stark schon wieder die alten Gewalten. Der
leidenschaftliche Patriotismus stieß zusammen mit der rauhen Wirklichkeit
der Außenpolitik.

Schleswig hatte als Herzog den König von Dänemark. Es war im Norden zwar von Dänen bewohnt, im Süden aber, in dem größeren Teil des Landes, von Deutschen. Dazu war es nach altem Recht „up ewig ungedeelt" mit dem Herzogtum Holstein verbunden, das Mitglied des Deutschen Bundes war. So wollte die Revolution es einbeziehen in den Bund. Dänemark war aber nicht minder vom Fieber des Nationalismus geschüttelt als Deutsche oder Tschechen oder Ungarn oder Italiener oder Franzosen. So sollte Schleswig ein Teil der dänischen Gesamtmonarchie werden, was auch wieder ein Rechtsbruch war.

Darüber kam es zum Kriege, den preußische Truppen an der Seite der Schleswiger und Holsteiner im Auftrag des Bundes führten. Aber der König von Dänemark fand diplomatische Hilfe bei Großbritannien, Schweden und Rußland, die mit Unbehagen Deutschland sich an der wichtigen Stelle festsetzen sahen, wo sich Nord- und Ostsee beinahe berühren.

Vor ihrem diplomatischen Widerstand wich König Friedrich Wilhelm zurück. Ohnehin hatte er nicht gerne seine Truppen in einen Krieg für die Revolution gesandt. In Malmö schloß sein Abgesandter einen Waffenstillstand, der die provisorische Regierung aufhob. Die Gefahr war sichtbar, daß Schleswig-Holstein den Deutschen verlorenginge.

Das nationale Empfinden schäumte auf. Zu seinem Sprecher machte sich der Bonner, aus dem Hannoverschen stammende Abgeordnete Dahlmann, einer der Führer der gemäßigten Liberalen in der Paulskirche. Er beantragte, den Waffenstillstand zu verwerfen: „Dürfen wir unsere Laufbahn mit einem Bruch der heiligsten Zusagen beginnen?" (Auf der Linken: „Nein, nein, nein, nie!".) „Dürfen wir unsere Landsleute, unser eigenes deutsches Fleisch und Blut dem sicheren Verderben überliefern, der Rachsucht ihrer haßerfüllten dänischen Feinde? Unsere eigenen Landsleute dem Untergang zu überliefern, das ist es, wozu ich den Mut nicht habe, und ebendeshalb bin ich so mutig." (Anhaltender Beifall.) „Es ist dies keineswegs die isolierte schleswigsche Frage, welche soviel Strebungen, so vieles Ankämpfen gegen uns veranlaßt, es ist die deutsche Einheit. Diese neue deutsche Macht, welche, solange Deutschland besteht, noch nie erblickt war, die ihren Mittelpunkt hier in der Paulskirche hat und über welche das Vertrauen des ganzen deutschen Volkes wacht, sie soll von Anfang her in ihrem Aufkeimen beschnitten, sie soll, wenn es möglich wäre, nach allen Seiten hin zerfetzt und endlich zerbrochen werden. Unterwerfen wir uns bei der ersten Prüfung, welche uns naht, den Mächten des Auslands gegenüber kleinmütig bei dem Anfang, dann, meine Herren, werden Sie Ihr ehemals stolzes Haupt nie wieder erheben!" (Auf der Linken lebhaftes Bravo.) „Denken Sie an meine Worte: Nie!" (Wiederholter Beifall.) „Zwar gewiß nicht die Despotie, dessen bin ich sicher, wohl aber Anarchie wird in diesen Räumen herrschen und darüber hinaus, und die werden fallen, welche jetzt in ihrem

Wahne glaubten, sie triumphierten über uns!" (Lebhaftes Bravo auf der Linken, Bewegung.) „Ich habe gesprochen. Möge die Hand dessen walten, der die Beschlüsse der Menschen zu gerechten Entscheidungen zu leiten weiß!" (Von den Zentren, der Linken und den Galerien lebhafter, anhaltender Beifall.)

Die Rede riß die Mehrheit hin. Zu dem Eindruck der Worte kam die Erscheinung des Redners, seine hohe, etwas steife Gestalt mit Gesichtszügen, aus denen ein edles Feuer verhalten glühte. Die Paulskirche lehnte den Waffenstillstand ab, das Reichsministerium trat zurück, und der Führer der siegreichen Mehrheit wurde nach parlamentarischem Brauch aufgefordert, eine Regierung zu bilden.

Nach drei Tagen zeigte es sich, daß Dahlmann gescheitert war. Wie sollte auch er, ein Mann der gemäßigten Liberalen, das heißt in der Paulskirche der gemäßigten Rechten, zusammen mit der Linken eine Regierung bilden? Hier, bei der entschiedenen Demokratie, war die Empörung am größten darüber, daß sich der König von Preußen geweigert hatte, seine Soldaten weitermarschieren zu lassen. So gab Dahlmann seinen Auftrag zurück. Der Österreicher Schmerling bildete die neue Regierung, die Nationalversammlung aber billigte nun den Waffenstillstand, den sie kurz zuvor verworfen hatte. Ihr war klar geworden, daß ein Parlament nicht gleichzeitig gegen die Könige von Preußen, Großbritannien und Schweden und den Kaiser von Rußland angehen konnte.

Es hat an Spott über die Weltfremdheit Dahlmanns nicht gefehlt. Die Verkennung der Wirklichkeit durch einen Professor, „der alles weiß und nichts kann", bot ein dankbares Feld für die Kritiker bis in unsere Tage hinein. Aber der Spott steht uns schlecht an. Bismarck, ein Mann, dessen ungeheurer Wirklichkeitssinn bei jeder außenpolitischen Verwicklung sogleich Möglichkeiten und Grenzen erkannte, hätte wohl das Recht zum Hohn gehabt, aber nicht wir. In unseren Tagen haben wir noch ganz andere Beispiele von Weltfremdheit und von Verkennung außenpolitischer Möglichkeiten, von romantischen Wolkenkuckucksschwärmereien sogenannter Realpolitiker erlebt, nur daß sie nicht in so glänzendem Deutsch vorgebracht wurden wie von Dahlmann. Hätten wir unsere Irrtümer nur schon nach acht Tagen erkannt, wie stünden Deutschland und Europa heute da!

Man wird im Gegenteil sagen müssen: Indem die Paulskirche nicht länger als eine Woche an ihrem wahrlich begreiflichen Irrtum festhielt und sich dann besann, gab sie einen Beweis dafür, daß realpolitischer Sinn ihr nicht fremd war und bei größerer außenpolitischer Erfahrung noch gewachsen wäre.

Die Auseinandersetzung über den Waffenstillstand von Malmö wurde in den beiden Lagern der Paulskirche in glänzender Rede und Gegenrede, auf sittlicher Höhe, mit Ernst und Würde geführt. Aber da erhob sich der demokratisch-patriotische Pöbel in Frankfurt, richtete für kurze Zeit seine Herrschaft auf und bedrohte die Mitglieder der Paulskirche, die es gewagt hatten, für den Waffenstillstand einzutreten. Truppen mußten den Aufstand niederwerfen. Inzwischen waren zwei Anhänger des Waffenstillstands, die preußischen Abgeordneten Fürst Lichnowsky und General von Auerswald, feige ermordet worden. Latour in Wien, Graf Lamberg in Ofenpest, Auerswald und Lichnowsky in Frankfurt – jeder Mord war ein Schlag gegen die Revolution, geführt von ihren wildesten Anhängern.

Der freiheitlich gesinnte Bürger erschrak: das hatte er nicht gewollt. Der Hamburger Abgeordnete Rießer trennte in einer der glänzendsten Reden, die in der Paulskirche gehört worden sind, die Sache der Freiheit von ihren Befleckern; es gelang ihm, manche schlimme Wirkung wieder aufzuheben; ganz konnte auch er nicht wieder heilen, was verdorben war.

Großdeutsch und kleindeutsch

Schon hatte die Revolution kostbaren Boden verloren, als die Abgeordneten endlich darangingen, eine Verfassung zu schaffen. Und sofort erhob sich vor ihnen in ihrer ganzen Schwere die österreichische Frage. Was sollte mit dem Vielvölkerstaat in einem Reiche geschehen, das ein Reich der Deutschen sein sollte? Wer nationalstaatlich dachte, stand bald ratlos vor diesem mächtigen Block, der in seine Vorstellungen nicht hineinpaßte.

Wir, die wir durch das Fegefeuer des entfesselten Nationalismus gegangen sind und vor seiner Enge wie vor seiner Wildheit erschrecken, wir haben es heute leicht, zu sagen: Das Heilmittel wäre die Konföderation gewesen, ein lockerer Bund von Nationen mit einer Spitze, die gemeinsame auswärtige Politik und Zollpolitik betrieb. Solche Gedanken sind auch damals gelegentlich aufgetaucht, aber die meisten Liberalen und Demokraten konnten nicht so denken, weil sie nicht unsere Erfahrungen hatten und weil die Ideale des Jahrhunderts anders waren als unsere. Wir müssen hinzufügen: Auch die slawischen und madjarischen und italienischen Bewohner Österreichs dachten nicht daran. Am allerwenigsten dachte die österreichische Regierung daran.

Die Mehrheit der Paulskirche suchte einen Ausweg: Österreich sollte mit seinen deutschen Ländern in das werdende Reich eintreten, und die übrigen, die slawischen, madjarischen, italienischen sollten mit den deutschen Ländern der Monarchie nur durch Personalunion vertreten sein. Dafür stimmten auch die meisten österreichischen Abgeordneten. Das war ein Plan voller Folgerichtigkeit, zu dessen Verwirklichung aber leider das Einverständnis der österreichischen Regierung gehörte, das nicht zu bekommen war. Nicht nur Schwarzenberg, auch viele der deutschen Bewohner Österreichs wollten den Zusammenhang des Habsburgerreichs nicht zerreißen. Das Problem war nicht aufzulösen, es war nur zu zerhauen.

In der Auseinandersetzung mit Schwarzenberg wurde schmerzlich klar, daß, wer wirklich die Einheit wollte, sie nur ohne Österreich schaffen konnte. Gagern versuchte zu retten, was zu retten war. Die nichtösterreichischen Länder sollten sich zu einem engeren Bund zusammenschließen – wie es 1871 geschehen ist – und dann mit der Habsburgermonarchie einen weiteren, einen völkerrechtlichen Bund schließen.

Da wallten Zorn und Trauer bei den Deutschösterreichern auf: Wollte man sie aus dem großen Vaterland vertreiben? In Reden von einer Gewalt, die heute noch erschüttert, beschworen sie die norddeutschen Brüder, sie nicht zu verstoßen. Aber wie eine wirkliche Einheit zu schaffen wäre, wußten sie nicht zu sagen.

Bei dem Streit dieser Monate wurde es üblich, daß sich die Gegner Gagerns als Großdeutsche und seine Anhänger als Kleindeutsche bezeichneten. Die Namen sind an den Parteiungen hängengeblieben, aber sie sind ganz schief und irrig. Gewiß, es gab in Norddeutschland Kreise, wie den Abgeordneten Beseler, die mit unerträglichem Hochmut von den Österreichern als von Halbdeutschen sprachen und wohl nicht traurig gewesen wären, wenn sie ausschieden. Aber die Besten in der Paulskirche um Gagern versuchten gerade, großdeutsch zu handeln und die Österreicher beim Reich zu halten. Nur war die Aufgabe unlösbar; wenn sie es noch nicht war, machte Schwarzenberg sie dazu.

Schon die Erschießung Blums hatte die Kampfansage an die Paulskirche bedeutet. Kurz darauf forderte Schwarzenberg die Aufnahme des österreichischen Gesamtstaats in das Reich; und in unanfechtbarer, logischer Klarheit fügte er hinzu, daß es nicht zu einem Reichsparlament kommen dürfe. Damit bedrohte er eines der Ideale der Revolution. Sie hatte Volksrechte und nationale Einheit in einem Parlament verkörpert sehen wollen; wer ihr das nahm, wollte sie ihres Eigentlichen berauben.

Das Erbkaisertum

Schwarzenbergs Vorstoß brachte die Entscheidung. Jetzt ging ein Teil der bisherigen Gegner Gagerns, unter der Führung des badischen Abgeordneten Welcker, zu ihm über. Sie gaben ihre Zustimmung zur Verfassung und auch zu dem Wunsche Gagerns, das Staatsoberhaupt solle erblicher Kaiser sein. Jeder wußte, daß dies nur der König von Preußen sein konnte.

Noch hatte Gagern nicht die volle Mehrheit in diesem Wirrwarr der Meinungen, da wurde sie durch einen merkwürdigen Kompromiß gewonnen. Die Erbkaiserlichen, die bisher Gegner des allgemeinen Wahlrechts gewesen waren, stimmten ihm nun zu und gewannen damit einen Teil der Demokraten dazu, für die Verfassung zu stimmen. Nicht alle waren redlichen Herzens dabei. Auch in diesem jungen Parlament gab es schon die Kunst der Ränke und der hinterhältigen Berechnung; wenn man in die Verfassung möglichst viele Bestimmungen einbaute, die aus dem ideellen Bereich des linken Lagers kamen, so würde man es dem König des verhaßten preußischen Staates erschweren, sie anzunehmen – womit diese klugen Leute sicherlich recht hatten. Sie schätzten den König richtig ein, und die Tücke in diesen Überlegungen gewährt Friedrich Wilhelm mildernde Umstände für seine spätere Ablehnung.

Das Oberhaupt sollte erblich sein, es sollte auch einen Einspruch gegen Gesetze einlegen können. Das war das Zugeständnis an die Fürstenmacht und die Vergangenheit. Aber der Kaiser sollte in Frankfurt residieren, hier sollte ein verantwortliches Reichsministerium walten, und das Recht des Oberhaupts zum Einspruch sollte nur aufschiebende Wirkung haben. Zur Volksvertretung sollte jeder unbescholtene männliche Deutsche wählen dürfen. Das war das Zugeständnis an den Liberalismus, an die Forderung der Zukunft. Die Einheit Deutschlands war durch Kaiser und Volksvertretung verbürgt. Daß Deutschland aber aus vielen Einzelstaaten bestand, sollte seinen Eindruck finden in einem Staatenhaus, der Vertretung der Landesfürsten und der einzelstaatlichen Parlamente.

Die liberale Mehrheit wollte ursprünglich das allgemeine Wahlrecht nicht, sie wollte das Wahlrecht an die Selbständigen gebunden wissen. Ihre Haltung macht wieder deutlich, wie nützlich die Empfehlung von Marx und Engels ist, in der Geschichte den Kampf der Klassen zu sehen, und wie wenig sie für eine tiefere Erkenntnis ausreicht.

Das besitzende und gebildete Bürgertum, das die Paulskirche bestimmte, wollte eine Herrschaft auch in künftigen Volksvertretungen erhalten, und der Ausdruck des Willens waren ihre Wünsche zum Wahlrecht.

Aber mit Klassengesinnung allein läßt sich ihre Auffassung nicht erklären. Die gemäßigten Liberalen waren davon überzeugt, daß Gesittung und Freiheit leiden müßten, vielleicht zerstört würden, wenn die Massen der Besitzlosen und Ungebildeten zur Wahl drängten. Was an Zügellosigkeit und Gesetzwidrigkeit im letzten halben Jahr geschehen war, konnte ihr Grauen vor dem unbestimmten Schatten nur noch verstärken, der von der heraufkommenden Demokratie ausging.

Aus der Schau unseres Jahrhunderts erweisen sich ihre Besorgnisse als trügerisch. Die Besitzlosen haben menschliche und freiheitliche Gesinnung mindestens ebenso treu bewahrt wie die Schichten, auf die sich die Paulskirche stützte. Aber die Liberalen wollten auch nicht für immer die Besitzlosen ausschließen, sie hofften auf die allmählich wirkende Kraft der Erziehung durch Beispiel und eigene Tätigkeit, und vielleicht haben sie damit auch recht gehabt. Daß sie am Ende um der höheren Werte von Einheit und Freiheit willen darauf verzichteten, ihre Gegnerschaft gegen das allgemeine Wahlrecht durchzusetzen, beweist am stärksten, wie tief die großen Ideen in ihnen wurzelten. Mit der marxistischen Kennzeichnung der Klassengesinnung ist ihrer Haltung nicht beizukommen.

Die Verfassung war ein Ausdruck der Tatsache, daß es in Deutschland verschiedene Anschauungen und verschiedene Stufen von Macht gab. Sie versuchte einen Ausgleich zu finden. Hinterher ist es leicht zu sagen – wie es oft geschieht –, daß die Männer der Paulskirche die Unmöglichkeit des Beginnens hätten einsehen müssen, so viele einander widersprechende Grundsätze zu vereinigen. Was hätten sie tun sollen? Sie waren nach Frankfurt berufen worden, damit sie Deutschland eine freiheitliche Gesamtverfassung gäben. Gagern und seine Freunde taten das Äußerste an gutem Willen und kühler Einschätzung der Sachlage. Die Wahrheit ist wohl, daß die Aufgabe über Menschenkraft ging.

Mit der Verabschiedung der Verfassung war der Weg frei für die Wahl des Oberhaupts. So, wie sich die Dinge im Kampf mit Schwarzenberg entwickelt hatten, kam nur noch der König von Preußen in Frage. Mit 290 Stimmen bei 248 Enthaltungen wurde Friedrich Wilhelm der Vierte gewählt. Unter den Enthaltungen waren fast alle Stimmen der Österreicher. Kurz darauf berief Schwarzenberg die Untertanen seines Kaisers aus Frankfurt ab. Es war ganz deutlich: Wenn der König von Preußen den Ehrgeiz hatte, Kaiser zu werden, konnte er es nur ohne die Österreicher, wahrscheinlich im Kampf gegen ihren Kaiser.

Friedrich Wilhelm lehnt ab

Eine Abordnung der Paulskirche überbrachte dem König die Bitte, die Wahl anzunehmen. Unendlich oft ist sie getadelt worden, wieder wegen ihrer Weltfremdheit, daß sie im Ernst geglaubt habe, ein Mann wie Friedrich Wilhelm werde eine solche Krone annehmen. Aber wenn die Abgeordneten in Frankfurt weltfremd waren, dann waren es die Räte des Königs nicht minder. Die Umgebung Friedrich Wilhelms, auch sein Ministerpräsident wünschten von Herzen, er nehme an, sei es um der Erhöhung des Glanzes willen, der in Zukunft um die preußische Krone liegen würde, sei es aus gesamtdeutscher Gesinnung.

Friedrich Wilhelm freilich handelte dann, wie er nach seiner Gesinnung handeln mußte. Er wollte die Krone nicht, die „aus Dreck und Letten (gemeint sind Lettern) gebacken" war, er mochte den „Ludergeruch der Revolution" nicht, der um die Krone hing. Sein Hochmut wollte nicht anerkennen, daß in Wirklichkeit in dieser Revolution adelige Gesinnung und aufrechte Männlichkeit lebendig waren, mindestens soviel wie in den Gestalten seines romantisch verklärten Mittelalters.

Aber er handelte auch aus anderen und edleren Motiven als nur aus Anmaßung und Verblendung. Der Gedanke, daß es ein Deutschland ohne das herrliche Tirol geben könnte, war ihm unfaßbar; als Kaiser konnte er sich immer nur einen Habsburger, ein Mitglied aus dem ehrwürdigsten deutschen Fürstenhaus vorstellen. Schließlich bedrängte ihn die Möglichkeit außenpolitischer Verwicklungen, die er heraufdämmern sah und für die er mit Recht Preußen und seinen Herrscher für zu schwach hielt.

Der Aufstand 1849

Als der König die Krone ablehnte, war die Revolution zu Ende. Nun hatte sie kein klar erkennbares Ziel mehr. Auch die Preußen wurden nun abgerufen, der Rest, der nach Stuttgart mehr geflüchtet als übergesiedelt war, wurde vom Militär auseinandergetrieben.

Aber wieder wie im Vorjahr wollten die ganz Entschiedenen, die Radikalen, die Tatsache nicht wahrhaben, und wieder erhoben sie sich, diesmal nicht nur in der Südwestecke und in der Pfalz, sondern auch in Sachsen. Es entstand das Bild, das wir schon kennen: eine Minderheit, die im Namen der Freiheit herrscht, ein unklares Gemisch von Idealismus, Geltungssucht und Tyrannei, ein kurzer Kampf, das Auseinanderbrechen. Diesmal mußte auch preußisches Militär eingesetzt werden. Wo es marschierte, gab es keinen Aufruhr mehr. Es war ein tragischer Vorgang, in dem Soldaten des Königs von Preußen einen Aufruhr niederkämpften, der für ebendieselbe Rechtsverfassung ausgebrochen war, die ihren König erhöhen wollte. Aber ein halbes Jahr vorher hatte der Großherzog von Mecklenburg-Schwerin bereits voller Vergnügen dem König von Preußen einige kunstlose Verse mitgeteilt, die gerade gedichtet worden waren und die zum Schlusse lauteten: „Gegen Demokraten helfen nur Soldaten." Sie hatten dem König sehr gefallen, wie sie noch zwei Menschenalter später seinem Großneffen sehr gefielen, und jetzt wurden sie Wirklichkeit.

Von da an ist namentlich in der Südwestecke die alte Preußenfeindschaft noch erbitterter geworden. Die meisten Bürger aber empfanden offensichtlich den Einmarsch der Preußen als Erlösung, ähnlich wie die Wiener gedacht hatten, als die Truppen von Windischgrätz und Jellatschitsch in Wien eindrangen.

Wir besitzen von Henriette Feuerbach, der Mutter des Malers, Zeugnisse jenes Gefühls der Befreiung, das sie erfaßte, als sie und ihre Freunde in Freiburg die schwarzweißen Fahnen sahen. Sie würdigte das gesittete und freundliche Benehmen der preußischen Truppen. Solche Zeugnisse aber gingen im Bewußtsein der Bevölkerung unter angesichts der Tatsache, daß eine ursprünglich einmal geachtete und geliebte Bewegung von fremden Truppen unterdrückt worden war und daß viele der Führer nach dem Urteil der Standgerichte durch Pulver und Blei umkamen.

Olmütz

Wie recht aber Friedrich Wilhelm hatte, als er die Kaiserkrone ablehnte, erwies sich im folgenden Jahr. Als letzter bescheidener Rest der Hoffnungen auf die deutsche Einheit war ein Versuch geblieben, die norddeutschen Königreiche in einer Union unter der Führung Preußens zusammenzufassen. Aber Österreich schlug an sein Schwert, der Zar führte eine drohende Sprache. Da wichen die preußischen Unterhändler in Olmütz zurück. Der letzte schwache Funke der großen Bewegung erlosch.

Der Graf Brandenburg starb an gebrochenem Herzen. Sein Nachfolger Manteuffel mußte die Punktationen unterzeichnen, in denen Preußen auf die Unionspläne verzichtete und den alten Bundestag wieder anerkannte. Die tapferen Schleswig-Holsteiner wurden endgültig allein gelassen. Viele Preußen empfanden Olmütz als Schmach und Demütigung; der Name ist noch ein Jahrhundert durch die preußische Politik gegeistert; die Meinung war weit verbreitet, man hätte zu den Waffen greifen sollen.

In Wirklichkeit hatte die preußische Regierung getan, was jeder vernünftige Mann in seinem Privatleben tut und wie es die Politiker erst recht nicht anders halten sollten: Sie war zurückgewichen, als sie sah, daß ihr Recht, so unbezweifelbar es war, dennoch von stärkeren Mächten bestritten wurde. Am Ausgang eines Krieges hätte Preußen wahrscheinlich schlechter dagestanden als in Olmütz. Ein Politiker muß kühn sein können; aber wenn die Wahrscheinlichkeit groß ist, daß Kühnheit zur Niederlage führt, wird sie zur Tollkühnheit. Manteuffel war nicht tollkühn, und wenn sich Herr von Bethmann Hollweg 1914 in ähnlich gefahrdrohender Lage wie Manteuffel 1850 an das Beispiel des damaligen Ministerpräsidenten erinnert hätte, wäre dem Reich eine schwere Niederlage erspart geblieben.

Die Ursache des Scheiterns

Der Name Olmütz ist uns eine gute Hilfe dabei, wenn wir uns überlegen, warum die Revolution gescheitert ist. Am häufigsten hört man, die Frankfurter Professoren seien zu weltfremd gewesen. Wir haben gesehen, daß sie Fehler gemacht haben, daß das Maß ihrer Irrtümer aber weder besonders ungewöhnlich noch besonders verhängnisvoll war. Der weltfremdeste von allen Politikern des Sturmjahrs war der preußische König, der Politik nicht nach staatlichen Notwendigkeiten, sondern nach seinen Träumen und seinen romantischen Vorstellungen machte, die er aus einer mißverstandenen Vergangenheit zog.

Aber viel entscheidender als das Versagen der Paulskirche oder des Königs waren Umstände jenseits von menschlichem Verdienst und menschlichem Irrtum. Das Schlimme für die Paulskirche waren nicht einmal ihre Fehler, sondern der Gegensatz, der zwischen ihr und der wahren Volksmeinung bestand. Die Ideen von Freiheit und Einheit waren nicht so weit verbreitet und nicht so tief in den Herzen der Menschen lebendig, wie man dies in dem Aufschwung des März 1848 hatte glauben wollen.

Und wie ein ungeheurer Block, der weder mit Logik noch mit politischer Phantasie aufzuspalten war, ragte das Habsburgerreich in die Verfassungsberatungen hinein. Ein Stück Mittelalter stand vor den Abgeordneten. Sie konnten weder an ihm vorbeigehen noch es zersprengen. Alle anderen europäischen Herrscherhäuser hatten längst die Verbindungen gelöst, die früher die Staaten zu einer Ansammlung verschiedener Völker gemacht hatten. Nur für die Habsburger blieb die Frucht einer frühen Heiratspolitik bestehen. Damit war dem nationalstaatlichen Denken, das die Mitte dieses Jahrhunderts beherrschte, eine Aufgabe gestellt, die mit den Mitteln dieser Zeit nicht zu lösen war. Erst der völlige Zusammenbruch der Habsburgermonarchie hat siebzig Jahre später den Weg gezeigt.

Der Entschluß Friedrich Wilhelms, die Kaiserkrone abzulehnen, gerät damit in ein Zwielicht, was im Zusammenhang mit unserer Betrachtung bedeutet, daß er nicht ganz so töricht war, wie es auf den ersten Blick scheint. Anmaßung und Verworrenheit des Denkens waren an dieser Entscheidung beteiligt, aber die preußische Staatsräson war nicht ganz ausgeschaltet. Der König dachte auch an kommende Verwicklungen. Einem seiner Besucher, der ihm feurig riet, die Krone anzunehmen, antwortete er erregt, das Ersuchen hätte an Friedrich den Großen gerichtet werden müssen. Das Wort trifft den Kern. Was Gagern und die Seinen gebraucht hätten, wäre nicht nur der kühne Politiker, sondern auch der Feldherr Friedrich gewesen.

Denn Krieg hätte geführt werden müssen, und wahrscheinlich hätte ihn Preußen verloren. Es wäre schon schwer genug gewesen, gegen Österreich zu fechten. Das preußische Heer war noch nicht das Heer von Königgrätz; die Rüstung war unfertig, es gab keinen Moltke. Und was hätte Rußland getan? Zum mindesten hätte es einen scharfen diplomatischen Druck auf Preußen ausgeübt; die preußische Heerführung hätte – anders als 1866 – nicht wagen dürfen, die Ostgrenze zu entblößen.

Wären die Russen nach einer österreichischen Niederlage eingeschritten? Es gibt keine bestimmte Antwort. Gewiß ist nur, daß der Zar damals keine Einigung Deutschlands wünschte. Sie hätte seinem politischen Ideal schon deshalb nicht entsprochen, weil sie aus der verhaßten Revolution geboren worden wäre. Aber auch das russische Staatswohl, nicht zuletzt die Rücksicht auf das revolutionärer Ansteckungsgefahr ausgesetzte Polen, mußte das Einigungswerk von 1849 in den Augen der Petersburger Regierung verdächtig machen. Man sieht nicht, wie Preußen unter solchen Umständen den Kampf hätte bestehen können.

Einige Historiker freilich meinen, Europa hätte einen Kaiser Friedrich Wilhelm in Ruhe gelassen. Olmütz spricht nicht dafür. Österreich konnte eine vielhundertjährige Geschichte nicht schweigend verleugnen. Der mindestens diplomatischen Unterstützung Rußlands war es gewiß.

Aber auch im Westen standen Schatten. Zu Anfang der Revolution hatten Rußland und Frankreich miteinander verhandelt, wie man der Revolution in Deutschland entgegentreten könne. Nach dem Waffenstillstand von Malmö hörten die Verhandlungen auf, und manche Historiker haben daraus geschlossen, daß sich Frankreich mit der werdenden deutschen Einheit unter preußischer Führung abgefunden hätte. Aber als im Frühjahr 1849 vom deutschen Kaisertum die Rede war, geriet die öffentliche Meinung Frankreichs in stürmische Erregung, das Wort von der Rheingrenze fiel, in der Regierung wurde die deutsche Einigung als feuergefährlich hingestellt. Wenn jetzt die Deutsche Zeitung (in Mannheim, nicht in Berlin oder Potsdam) vom Schwerte Friedrichs des Großen sprach, das vielleicht wieder geführt werden müsse, so sprach sie nicht von ungefähr.

In Frankreich war eine Revolution des entschiedenen Liberalismus siegreich gewesen. Aber es heißt das Vertrauen in die Weltanschauung des Liberalismus sehr hoch steigern, wenn man annimmt, daß ein Staat, der seit dem Vertrag von Chambord 1552 bis zur Moskauer Konferenz 1948 alles getan hat, die deutsche Einheit zu schwächen oder zu verhindern, sich nun aus lauter Begeisterung für freiheitliche Ideen mit dieser deutschen Einheit abgefunden hätte.

Einzelne Historiker haben gemeint, man hätte eben den Franzosen ein Stück deutschen Landes geben sollen, wie es ein Jahrzehnt später auch Cavour getan habe. Daß man auf die Einverleibung Schleswigs hätte verzichten müssen, um den britischen Widerstand zu besänftigen, versteht sich für diese Historiker von selbst. Aber im Saarland oder in der Pfalz war die Anhänglichkeit an Deutschland unvergleichlich viel stärker als das italienische Nationalgefühl in Nizza und Savoyen. Sollte die deutsche Einheitsbewegung, geboren aus leidenschaftlicher Liebe zum gesamten Vaterland, damit beginnen, ein Stück deutschen Gebietes herauszureißen und wegzuschenken? So viel realpolitische Kühle wäre übermenschlich gewesen. Nicht einmal der Kabinettspolitiker Bismarck hat sich dazu bereit gefunden; wie hätte es eine große Volksbewegung tun können?

Erst von der außenpolitischen Lage her wird das Scheitern der Revolu-

Vorhergehende Seite: Die Nationalversammlung in der Frankfurter Paulskirche, 1848. (Holzschnitt aus der Zeit.)

Oben: König Friedrich Wilhelm IV. unterzeichnet am 23. 10. 1857 in Sanssouci die Regierungsübertragung, in Stellvertretung, an seinen Bruder, den Prinzen von Preußen.

Oben: Deutsch-Französischer Krieg 1870/71. Erste Begegnung Bismarcks mit Napoléon III. auf der Chaussee von Sedan nach Donchéry am 2. September 1870. (Holzschnitt nach einer Skizze von Camphausen.)

Linke Seite außen: Friedrich Wilhelm IV., König von Preußen. (Lithographie von Valentin Schertle nach einem Gemälde von Professor Krüger.)

Linke Seiten innen: Wilhelm I., Deutscher Kaiser und König von Preußen. (Porträt aus dem Jahre 1876, Holzschnitt nach einer Fotografie.)

Rechts: Fürst Otto von Bismarck. (Foto aus dem Jahre 1863.)

Die Kaiserproklamation im Spiegelsaal von Versailles am 18. Januar 1871. (Lithographie von Harwich nach Kaiser.)

tion zu einem tragischen Ereignis. Irrtümer, Fehler und ein übermächtiges Schicksal haben sich unauflöslich miteinander verbunden. Erst von der auswärtigen Lage von 1849 her gewinnt das spätere Werk Bismarcks seine richtige Stellung in unseren Augen. Er hat es verstanden, die Feinde der deutschen Einheitsbewegung entweder zu versöhnen oder sie nacheinander in drei unvermeidlichen Kriegen zu schlagen. Aber selbst seinem Genie wäre die deutsche Einigung 1849 kaum gelungen. Das übermächtige Schicksal hätte auch er nicht meistern können. Erst mußte der Krimkrieg kommen, erst mußten Österreich und Rußland miteinander verfeindet sein, ehe irgendein preußischer Minister darangehen konnte, das Werk der Paulskirche auf seine Weise zu Ende zu führen.

Selbstüberhebung

Die angebliche Weltfremdheit des Professorenparlaments enthüllt sich also als die Unmöglichkeit, mit dem Erbe des Mittelalters fertig zu werden, das in der Gestalt des österreichischen Vielvölkerstaats in das Zeitalter der Nationalitätenidee hereinragte. Gerade darum ist es nicht die oft getadelte Fremdheit der Abgeordneten gegenüber der Wirklichkeit, die uns heute bekümmert, wenn wir die stenografischen Protokolle über die Sitzungen in der Paulskirche nachlesen. Es sind andere für die Zukunft Unheil verheißende Züge, die uns erschrecken, weil wir ihre Wiederkehr selber noch erlebt haben.

Das eine Ideal der Paulskirche war die nationale Einheit. Alle Deutschen sollten zusammen in einem Staate wohnen. Wer den Gedanken zu Ende dachte, hätte Dänen, Polen, Italienern das gleiche Recht zubilligen müssen. Aber die Paulskirche befleckte ihre Ideale. Sie setzte plötzlich dem Recht der Nationalitäten das historische Recht, ja die Macht entgegen. Da die Südtiroler um Trient früher zum Deutschen Reich gehört hatten, sollten sie auch jetzt darin verbleiben, ob sie wollten oder nicht. Auch den Polen in Posen und den Dänen in Schleswig wollte man das Recht der freien Selbstbestimmung nicht geben. Die Grenzen waren gewiß schwer zu ziehen, aber es fehlte bei vielen Abgeordneten der Wille zum ehrlichen Ausgleich. Unversehens tauchte zwischen den Beschwörungen des sittlichen Rechts und der Freiheitsidee die Versicherung auf, Deutschland werde seine Macht schon zu gebrauchen wissen. Es war vor allem die Linke des Parlaments, bei der solche Worte häufig zu hören waren. Parteileidenschaft hat später Otto von Bismarck vorgeworfen, er habe die Macht über das Recht gestellt. Aber in der Paulskirche waren es seine späteren Gegner, die dem Naturrecht der Nationalitäten die Macht der Deutschen entgegensetzen wollten.

Die zweite Gefahr, die dem Nachlebenden in den Aussprachen der Paulskirche sichtbar wird, war der kriegerische Hochmut, die Selbstüberhebung, das übersteigerte Vertrauen auf die eigene militärische Kraft. Man darf gewiß die Männer der Paulskirche nicht tadeln, weil sie besser begriffen als ihre späteren Kritiker, daß es notwendig sein werde, die Waffen für ihre Ideale einzusetzen, und weil sie den Drohungen des Auslands entschlossen entgegentraten. Aber die Form, in der sie das aussprachen, war beängstigend.

Und wieder waren die schrillsten Töne auf der Linken zu hören. Heinrich Simon aus Breslau rief aus: „Möge es Rußland, möge es Frankreich, möge es England wagen, uns hineinzureden in unsere gerechte Sache. Wir wollen ihnen antworten mit eineinhalb Millionen bewaffneter Männer. Ich sage Ihnen, nicht Rußland, nicht Frankreich und nicht England werden es wagen, und ich will Ihnen sagen, warum. Deshalb, weil sie klug sind, weil sie wissen, daß, wenn sie einen ungerechten Angriff auf Deutschland unternehmen, dies eine solche nationale Erhebung herbeiführen würde, wie sie vielleicht die Welt noch nicht gesehen hat."

Man hörte noch schlimmere Töne: Das einige deutsche Volk sei ganz Europa überlegen; mit der Spitze des Schwertes könne es den Kampf gegen die ganze Welt gewinnen; Deutschland müsse erreichen, daß es gefürchtet werde; dann werde es die erste Macht der Welt werden. Der Demokrat Vogt bekannte sich zu dem Ehrgeiz, daß kein Kanonenschuß auf der Welt erschallen dürfe, ohne daß Deutschland dabei sei. Später sind Vogts Wünsche in Erfüllung gegangen, aber die Deutschen haben nicht viel Vergnügen daran gehabt.

Zu dem übersteigerten Nationalgefühl gesellte sich die Hoffnung des Umstürzlertums. Das Beispiel der Französischen Revolution verblendete gerade die Linke. Wenn erst die schwarzrotgoldene Fahne ihre Feuertaufe im Krieg erhalten habe, so werde sie allen Deutschen teuer werden. Karl Marx und Friedrich Engels riefen von draußen her zum heiligen Kreuzzug gegen das zaristische Rußland auf.

Dazwischen wurden unklare Hoffnungen laut, die Mündungen des Rheins wie sein Quellgebiet, aber auch Riga und Reval sollten wieder deutsch werden.

Schon in der politischen Dichtung des Vormärz waren ähnliche Stimmungen zu spüren gewesen, ein Beweis dafür, daß sie sich nicht auf die Schichten der eigentlichen Politiker beschränkten. Sie lassen sich im Deutschlandlied Hoffmann von Fallerslebens nachweisen. Das „Deutschland, Deutschland über alles" bedeutet nicht, wie eine fromme Legende unserer Tage es wahrhaben will, daß der Sänger des Liedes Deutschland über alles in der Welt liebte – was schon peinlich wäre –, sondern daß es stärker sei als alles andere, wenn es nur „brüderlich zum Schutz und Trutze" zusammenhalte. Der Demokrat Follen dichtete „Volk ans Gewehr". Er wäre sehr verwundert gewesen, wenn man ihm gesagt hätte, daß mit diesem Vers einmal ein

Sturmlied der Bewegung eines gewissen Diktators Adolf Hitler beginnen sollte.

Daß das „Volk" und vornehmlich die politische Linke in den Völkern immer friedlich seien und daß überschäumende Kriegslust zu den traurigen Vorrechten von Fürsten und Generalen gehöre, diese Meinung ist eine Erfindung unserer Zeit. Sie schließt von der Friedensliebe der Massen nach rückwärts. Das ist ein unhistorisches Verfahren.

Nach Malmö waren es die radikaldemokratischen Kreise, die leidenschaftlich die Fortsetzung des Krieges wünschten und den preußischen König verdammten, weil er dem Waffengang ein Ende gemacht hatte. In der Paulskirche war es ebenfalls die Linke, die am lautesten die Waffen der Fürsten und Könige klirren ließ. Diese selber, gewiß nicht pazifistisch gesinnt, hielten sich viel mehr zurück. Die eiserne Melodie, die von der Linken angeschlagen wurde, hörte man dann später von ganz anderen Kreisen. Das edle Gefühl der Liebe zum Vaterland war bei vielen damals schon verzerrt und entartet zum überheblichen und herrschsüchtigen Nationalismus.

Das Verdienst der Paulskirche

Aber es wäre ungerecht, wollte man die Paulskirche und die deutsche Revolution allein nach solchen dunklen Untertönen beurteilen. Auch sie hatte Flecken wie jedes menschliche Streben. Ihr Wesenszug war dennoch idealistisches Wollen, und es bleibt ein Unglück, daß dieser hochfliegende Idealismus gescheitert ist. Der Versuch war unternommen worden, von unten her, vom Volke her das freie und einige Reich zu bauen. Als er scheiterte, wurde unvermeidlich der Weg offen für einen anderen Versuch, das Reich von oben her zu schaffen. Das aber bedeutete, daß in ihm diejenigen Kräfte schwächer sein mußten, die aus dem Geist dieses Jahrhunderts geboren waren. Das war kein Glück für Deutschland.

Vergeblich aber ist die Revolution nicht gewesen. Die Erhebung für die Einheit hatte ein Beispiel gegeben, das weiter wirkte und immer mehr als verpflichtend erkannt wurde. Die Ideen waren besiegt, aber sie waren nicht tot, und sie erfüllten in den kommenden Jahrzehnten schließlich mehr Menschen als im Vormärz.

Die Paulskirche hatte in ihren Beratungen das lange unklar empfundene Ideal der Einheit endlich der Wirklichkeit der Dinge, der Macht der Fürsten und dem österreichischen Staate gegenübergestellt. Von nun an war es nicht mehr so leicht wie bisher, von der Einheit nur zu schwärmen. Wer in Zukunft von ihr sprach, mußte in sich die Verpflichtung fühlen, nach Wegen zu suchen, auf denen man das Ideal mit der Wirklichkeit versöhnen konnte.

Die Verfassung der Paulskirche war ein guter Anfang dafür. Manches von ihr ist nicht geblieben und konnte nicht bleiben, da die Macht der Fürsten zu stark war. Anderes aber hat bleibende Kraft behalten, es ist in Bismarcks Verfassung wieder auferstanden und hat bis 1918, zum Teil bis 1933 fortbestanden: der bundesstaatliche Aufbau, die preußische Führung, der erbliche Kaiser, Staatenhaus und Volkshaus, das allgemeine und gleiche Wahlrecht.

Die Männer der Paulskirche haben die leuchtende Flamme einer großen Idee über Deutschland aufleuchten lassen, und sie haben zugleich praktische Vorarbeit nicht für den Augenblick, aber für den einst kommenden Tag geleistet. Die erste gesamtdeutsche Volksvertretung brauchte sich ihrer Arbeit nicht zu schämen.

Auswanderung

Nach jedem vergeblichen Aufschwung folgt eine Abspannung der Geister, und um so leichter haben es dann die Mächtigen. Das Zeitalter der Reaktion, das nun begann, war schwerer zu ertragen als der Vormärz, weil die Hoffnung auf bessere Zeiten jetzt in vielen Herzen zerbrochen war. Es gibt keine schlimmere Anklage gegen die deutschen Regierungen nach 1850 als das Steigen der Auswanderung. Doppelt so viele Deutsche wie vorher verließen jetzt die Heimat für immer. Die meisten flohen wohl vor der wirtschaftlichen Not in ein Land, das ihnen Behagen, Wohlstand und Sicherheit versprach. Aber viele auch kehrten um der Freiheit willen dem Vaterland den Rücken und suchten das Ideal jenseits des Ozeans.

Es waren nicht die Schlechtesten, die Deutschland verlor, tatkräftige, entschlossene, zum Handeln bereite und aufrechte Menschen. Sie waren ein wertvoller Kräftezuschuß für die aufblühende amerikanische Nation; das alte Vaterland mußte sie schwer entbehren. Wie hätte sich das Deutschland um 1930 entwickelt, wenn die Nachkommen dieser Männer ihren freiheitlichen Geist und ihre Führungskräfte hätten wirken lassen können?

Schwarzenbergs letzte Jahre

In Österreich baute Schwarzenberg, oft im Widerstreit, im ganzen verbunden mit dem geistesverwandten Freiherrn von Kübeck, einem geadelten Schneiderssohn, den straffen Beamtenstaat weiter aus. Er war nicht ohne Wohlwollen für die Untertanen und förderte wieder ihre Wirtschaft und Wissenschaft.

Dennoch war dieser Staat dumpf und bedrückend. Der Wille zur Gleichmacherei bedrohte die Mannigfaltigkeit der Kronländer des weiten Reiches. Schwarzenberg fand eine kraftvolle Stütze in einem politischen Überläufer, dem früheren Demokraten Bach, der mit eiserner Entschlossenheit als Innenminister die Pläne des leitenden Ministers in die Wirklichkeit umsetzte.

Schwarzenberg hätte bei Olmütz lieber gefochten; ihm war das preußische Nachgeben nicht recht. Er war nicht großdeutsch aber großösterreichisch gesinnt, er wollte die Vormachtstellung des Vielvölkerstaats in Mitteleuropa, und nach einem militärischen Sieg über den Staat Friedrichs des Großen hätte, das sah er klar, Österreich sein Ziel erreicht gehabt.

Da Preußen biegsam ausgewichen war, griff er den alten Plan wieder auf, Österreich mit allen seinen deutschen und nichtdeutschen Ländern in den Bund hineinzuführen und seine Führungsstellung auf diplomatischem Wege zu sichern. Der Plan scheiterte wiederum, nicht nur am Widerspruch Preußens, sondern auch an der zornigen Warnung Rußlands und an dem wütenden Aufschrei Frankreichs. Für Schwarzenbergs Plan des Siebzigmillionenreiches gilt nichts anderes als für den Reichsplan der Erbkaiserlichen in der Paulskirche: Er hätte mit dem Schwerte in der Hand durchgesetzt werden müssen. Das Schwarzenbergsche Reich hätte eine neue, stärkere Großmacht in der Mitte Europas geschaffen, und das war mehr, als die Nachbarn ertragen hätten.

Von neuem verschob die geschmeidige Zähigkeit Schwarzenbergs die Ebene des Kampfes um die Vormachtstellung in Mitteleuropa. Nun verlangte er, daß die gesamte österreichische Monarchie in den Zollverein aufgenommen werde. Den hatte Preußen gegründet, die meisten nichtösterreichischen Staaten in Deutschland gehörten ihm an. Nun sollte die große Masse Österreichs hinzukommen. Sie hätte hier das Übergewicht gehabt. Eben das wollte Schwarzenberg, und der große Zollplan seines schwungvollen Handelsministers, des Elberfelders Bruck, war ihm der wirtschaftspolitische Hebel für sein außenpolitisches Streben (so wie ein Jahrhundert später die Montanunion für den Kanzler Adenauer).

Aber Schwarzenberg scheiterte auch diesmal. König Friedrich Wilhelm bewunderte Österreich und war immer bereit, ihm die politische Führungsstellung in ganz Deutschland zuzugestehen. Aber selbst unter ihm war die preußische Staatsräson zu stark, als daß sie den eigenen Vorrang im Zollverein hätte aufgeben mögen. Dazu kamen die wirtschaftlichen Bedenken: Österreich und das übrige Deutschland ergänzten einander nicht, wie das in Zollbündnissen der Fall sein muß. Es hätte wirtschaftlichen Krieg untereinander gegeben; Österreich war aus guten Gründen schutzzöllnerisch, Preußen aus ebenso guten Gründen freihändlerisch gesinnt.

So war der letzte Erfolg Schwarzenberg versagt geblieben, als ihn 1852 der tödliche Schlaganfall traf. Aber das Wesentliche war erreicht. In Österreich herrschte wieder ein klarer Wille von oben, in Deutschland war die Einigung unter preußischer Fahne vereitelt worden, der Kaiserstaat war wieder der angesehenste, ohne sein Wort konnte nichts Wichtiges geschehen. Daß sein Gesandter den Vorsitz in Frankfurt führte, erschien wieder ganz natürlich.

Kaiser Franz Joseph ernannte vorläufig keinen leitenden Beamten mehr. In dem Zweiundzwanzigjährigen lebte fürstliches Selbstbewußtsein genug. Er glaubte, selber regieren zu können, mit dem Rat der Minister und der Generale, aber im letzten aus eigenem Entschluß. Ohne Pathos, anders als der König in Berlin, ganz nüchtern, aber doch von der großen Würde des kaiserlichen Amts durchdrungen, pflichtgetreu und unermüdlich tätig, so setzte Franz Joseph das Werk seines bedeutendsten Ministers fort – bis ihm sieben Jahre später klar werden mußte, daß aller feste Wille im Innern nicht ausreicht, wenn sich in der Außenpolitik Fehlberechnungen und Irrtümer häufen. Schwarzenberg hätte in den außenpolitischen Verwicklungen die Geschäfte sicherer geführt als seine Nachfolger.

Die Kamarilla in Preußen

Auch in Preußen herrschten wieder die alten Gewalten. Da es sich um König Friedrich Wilhelm und nicht um Schwarzenberg und Franz Joseph handelte, bedeutete dies, daß wieder ehrliches Wollen und romantische Unklarheit einander durchdrangen.

Der aus Süddeutschland stammende Friedrich Stahl, ein getaufter Jude, gab jetzt der konservativen Staatsidee vom göttlichen Herrscherrecht das geschlossene System. Daß die Kirche miteinbezogen wurde, war für sein und seiner Freunde Denken selbstverständlich. So feierte Stahl den ,,Bund von Thron und Altar", ohne zu ahnen, daß mit dieser Vermischung die Kirche in eine gefährlichere Lage gebracht werden würde, als es die radikalen Demokraten je getan hätten.

Die liebsten Berater waren dem König die Brüder Gerlach – der Generaladjutant Ludwig und der Oberlandesgerichtspräsident Leopold –, beides bedeutende Männer von hoher Klugheit und sittlichem Verantwortungsbewußtsein, der Offizier Ludwig wohl härter und nüchterner im Denken als Leopold, beide aber von der Größe ihrer Grundsätze durchdrungen. Ihre Religiosität war echt, aber gerade darum war ihnen das Recht der Fürsten auf Herrschaft, die Pflicht der Untertanen zu gehorchen, fast ebenso heilig, weil sie dafür religiöse Wurzeln zu entdecken glaubten.

Ihre Überzeugung, daß sich auch staatliches Handeln nicht vom Boden des Rechts und der Wahrheit trennen dürfe, daß sie die Politik unter das Gebot des Gewissens stellten, erweckt noch heute unsere Zuneigung. Solche Überzeugungen werden auch immer wieder von der Geschichte bestätigt. Aber was ist Recht? Es gibt auch das Recht des Menschen auf Freiheit und auf Würde, und wie weit dieses Recht geht, darüber wäre man mit den Brüdern Gerlach schwer einig geworden. Es gibt auch das Recht eines Volkes auf Einheit, und wer es „Nationalitätenschwindel" nennt, wie es die Brüder Gerlach taten, versündigt sich.

Ihr Andenken wird heute wieder gefeiert. Sie erscheinen uns dennoch ganz fern, merkwürdig blaß und verblasen, peinlich irrational, also einfach unvernünftig und dazu ein wenig anmaßend in ihrer sicheren Überzeugung, immer genau zu wissen, was recht und nicht recht ist.

Einer ihrer Lieblingsschüler war der Gesandte beim Bundestag Otto von Bismarck, der sie aber öfters durch einen übermütigen Ton erschreckte, in dem er von Dynastien oder Revolutionen sprach. Wieviel bittere Stunden er sie noch kosten würde, ahnten sie damals nicht.

Preußen hatte nun eine Verfassung, und dem Wesen der verfassungsmäßig beschränkten Monarchie hätte es entsprochen, daß der König seine Berater vornehmlich in seinen Ministern suchte. Die Brüder Gerlach hätten eigentlich leitende Minister sein müssen. Aber sie fühlten, daß sie dazu nicht geeignet waren, was den König leider nicht so nachdenklich stimmte, wie es eigentlich hätte der Fall sein müssen. So waren sie mit allen ihren Titeln politisch nicht verantwortlich, und wenn ein König Unverantwortliche mehr befragt als Verantwortliche, so ist das ein böses Zeichen. Die Gerlachs und ihre Freunde wurden denn auch nach einem spanischen Wort die „Kamarilla" genannt, was soviel bedeutet, daß sie der König nicht in der klaren Luft der ministeriellen Verantwortlichkeit, sondern gleichsam im Dunkel befragte.

Manteuffel

Der Ministerpräsident Otto von Manteuffel hätte nicht so tüchtig sein müssen, wie er war, wenn er nicht immer wieder mit der Kamarilla zusammengestoßen wäre. Manteuffel war ganz und gar ein Bürokrat, schon im Äußeren, aber ein bedeutender und gelegentlich eindrucksvoller Vertreter dieser Gattung. Die ungerechten Zornesaufwallungen seines Königs trug er mit der gleichen Geduld wie dessen überströmende Beteuerungen von Anhänglichkeit und Zuneigung. Im Verkehr mit dem König und der Kamarilla zeigte er viel Würde, er hatte meistens ein richtiges Gefühl für das Notwendige; sein Unglück war, daß er es ohne Schwung tat.

Die Außenpolitik, der Lebensnerv jedes Staates, war bei ihm in guten Händen. Aber immer, wenn er auftrat und handelte, machte alles einen matten und ärmlichen Eindruck. Preußen war unter seiner Leitung weniger geachtet, als es der Stärke des Staates und der Klugheit seines ersten Ministers entsprach.

Wieviel Häkeleien es auch immer zwischen der Regierung und der Kamarilla gab, sie stimmten in den Grundauffassungen überein, und dazu gehörte die hohe Einschätzung des Wertes, den die Religion für den Staat hatte. Ob diese Überzeugung aus tiefem seelischem Bedürfnis, ob sie aus kühler Einschätzung der Staatsnotwendigkeiten kam, sie führte zu dem gleichen Ergebnis. Mit der Volksschule begann es, und mit der Aufpasserei auf den Lebenswandel des Beamten, mit argwöhnischer Überwachung der Mitglieder der guten Gesellschaft ging es weiter.

Aber die staatliche Aufsicht konnte den allgemeinen Vorgang nicht aufhalten, der in Jahrhunderten die Menschen von der Kirche weggeführt hatte. In ihrem Innern dachten die Staatsbürger weiter, was sie auch vorher gedacht hatten. Nur durften sie es nicht mehr offen sagen. Die Folge waren Enge, Verstellung, Gewissensdruck, Gesinnungsschnüffelei – alles Eigenschaften, die den besten Traditionen des preußischen Staates zuwiderliefen.

Nachträglich erscheint uns noch schlimmer als Manteuffels karge Seele und als der politische Druck die Heuchelei. In einem Staat, in dem soviel von Sittlichkeit und göttlichem Recht die Rede war, hätten andere Zustände herrschen müssen, wenn man die Aufrichtigkeit all dieser Beteuerungen glauben wollte. Immer wieder erschütterten Skandale die Luft. Die schlimmsten waren mit der Person des Berliner Polizeipräsidenten und Leiters der gesamten preußischen Polizei Hinckeldey verbunden. Er war wie so viele führende Beamte seiner Zeit ein befähigter und entschlossener Mann, er tat viel für Berlin, aber er mißachtete die Gesetze. Als er aber einmal ganz zum Diener des Gesetzes wurde und seine Pflicht über alle Standesrücksichten stellte, wurde ihm das zum Verhängnis. Die Spielhöllen waren eine Pest für Berlin. Hinckeldey hob eine aus, in der nur Adelige verkehrten. Von ihnen fühlte sich einer beleidigt. Anstatt in sich zu gehen, wie er es hätte tun müssen, wenn die Lehren der Gerlachs im Innern dieser Menschen gelebt hätten, forderte er Hinckeldey zum Zweikampf und erschoß ihn. Der Sieger in diesem höchst anrüchigen Duell aber wurde im Herrenhaus, wo die Blüte des preußischen Adels saß, von stürmischem Beifall empfangen.

Einige konservative Kreise hatten sich von der Starrheit und Unfruchtbarkeit losgemacht, die das Denken der Kamarilla wie der Regierung geprägt hatten. Sie scharten sich um das „Preußische Wochenblatt", von dem sie den Namen „Wochenblattspartei" erhielten. Ihr Führer war ein Abkömmling des alten Geschlechts der Hollwegs. Sein Vater hatte in das Bankhaus der Gebrüder Bethmann in Frankfurt hineingeheiratet und nannte sich seitdem Bethmann Hollweg. (Sein Enkel war der Reichskanzler unter dem letzten Kaiser.) Die Wochenblattspartei erkannte die neugeschaffene Verfassung ehrlich an. Weil sie das reine Selbstherrschertum für überholt hielt, lehnte sie sich lieber an die Westmächte als an das stockreaktionäre Rußland an. Zu ihr war ein Mann mit großen Zukunftsplänen gestoßen, der Thronfolger Prinz Wilhelm, der Bruder des Königs, der an seinem Hof in

Koblenz, wo er Generalgouverneur war, die liberalkonservative Fronde gegen seinen Bruder sammelte. Auch er war ein Feind Rußlands, weniger aber aus innerpolitischer Abneigung als aus seinem empfindlichen preußischen Stolz: Er konnte Olmütz nicht vergessen.

Der Prinz hatte 1848 als Führer der radikalreaktionären Kräfte gegolten, er hatte Berlin verlassen müssen, 1849 hatte er den Aufstand im Südwesten niedergeschlagen. Aber seine konservative Denkart war ohne Enge und sein gläubiges Christentum ohne Muffigkeit. Deshalb stieß er sich an dem Gewissensdruck, der in diesen Jahren vom Hof ausging, und deshalb vermochte er eine Brücke zu den Liberalen zu schlagen. Zum ersten Male leuchtete am Horizont jene große staatspolitische Hoffnung für Preußen auf, die sich am Beginn der „neuen Ära" zu verwirklichen schien.

Aufblühende Wirtschaft

In der stickigen Luft, die nach 1849 in Deutschland herrschte, gedieh ein Zweig des nationalen Lebens aufs beste, die Wirtschaft. Die Industrie machte immer neue Fortschritte. Am sichtbarsten war das auf den Weltausstellungen: 1851 in London trat sie noch bescheiden, fast nur beachtenswert auf; 1855 in Paris hatte sie sich schon als gelehrige Schülerin der bewunderten britischen Schwester erwiesen, und 1867 in Paris war sie noch mehr an das Vorbild herangerückt. 1853 wurde die erste große Bank für Handel und Industrie gegründet, die Darmstädter Bank. 1847 war die Hamburg-Amerika-Linie ins Leben gerufen worden, 1857 folgte der Norddeutsche Lloyd.

Johannes Miquel (1829–1901), bis vor kurzem noch Marxist, Kommunist, Atheist, jetzt ein aufgeklärter Liberaler, sagte ganz ungeschminkt, nun trete das wirtschaftliche Streben an die Stelle des Ideals. Viele Historiker haben aus solchen und ähnlichen Zeugnissen betrübt geschlossen, miquelsche Gesinnung sei überall bestimmend gewesen; aus der Verzweiflung über das Scheitern der Ideale von 1848 habe die Nation ihre Seele dem Gewinnstreben ausgeliefert.

Man kennt die Klagen über den schwindenden Idealismus und den zunehmenden Materialismus. Sie kehren zu allen Zeiten wieder. Die Menschen sind aber, wie die Völker, aus idealem und höchst irdischem Streben gemischt, und wenn sie einmal mehr jene, ein anderes Mal diese Seite dem Beschauer zukehren, so beweist das noch keine tiefgreifende Wandlung.

Die Wissenschaft

Tot waren die Ideen nicht, die die Revolution beherrscht hatten, die Ideen von der Herrschaft des Rechts und der Menschenwürde, von der Freiheit und der Einheit. Sie hatten freilich noch immer die alten Feinde.

Von Einheit und Freiheit wollte der österreichische Hochadel sowenig wissen wie die preußischen Junker. Das Beharren gerade der ostelbischen Adligen auf ihrem preußischen Stolz, ihre Sprödigkeit gegenüber dem Reichsgedanken und ihre hochmütige Feindschaft gegen alle liberalen Gedanken ist deshalb so bemerkenswert, weil es einer aus ihrer Mitte war, der schließlich im Bunde mit den Liberalen die deutsche Einheit schuf. Er war ein Außenseiter, ein Genie, das die Engen seines Standes sprengte.

Die treuen Hüter der großen Gedanken waren die Bürger, Handwerker, ihre Gesellen, Hochschullehrer und ihre Schüler. Zu Ende des Jahrzehnts konnten sie auch auf Turn- und Gesangsfesten ihre Gesinnung wieder offen bekennen. Die geistig-politische Führung übernahmen mehr noch als früher die Professoren. Die entschlossenste Gruppe unter ihnen vertrat ganz klar die kleindeutsche Lösung, die Einheit unter preußischer Führung.

Es waren bedeutende Gelehrte, aber manchmal scheint es, als habe die vorausschauende Vernunft in ihrer publizistischen Tätigkeit die Unbefangenheit ihrer Forschung gefährdet. Die Verhandlungen in der Paulskirche und der Streit mit Schwarzenberg hatten das politische Denken näher an die Wirklichkeit herangeführt. Die Gedanken über die Notwendigkeit preußischer Führung waren gerechtfertigt worden, die politischen Historiker machten sich zu ihrem Anwalt.

Für die Wissenschaft war das kein Gewinn. Diese Gelehrten haben unsere Erkenntnis von der Vergangenheit vielfach gefördert, aber sie taten ihr auch oft Gewalt an. Was in Preußen an dynastischer oder staatlicher Selbstsucht bestimmend gewesen war und was sich damit nicht besser und nicht schlechter als der habsburgische, wittelsbachische, wettinische, welfische Egoismus gezeigt hatte, lag unter einem Schleier. Die Vergangenheit dieses Staates erschien verklärt durch seine große Sendung. Die Hohenzollern waren in ihren Augen die Wegbereiter der Einigung. Dabei hatte sich doch niemand von ihnen als reiner Diener des kommenden Deutschland gefühlt außer Friedrich Wilhelm dem Vierten, diesem sehr unpreußischen Herrscher. Selbst das Künstlertum Heinrich von Treitschkes wurde durch diese Belastung mit vorgefaßten Meinungen gefährdet. Er schrieb so schön wie ein großer Dichter, aber wenn er auf den „bösen Metternich" und das „strahlende Hohenzollernauge" Friedrich Wilhelms des Dritten zu sprechen kommt, wird er unlesbar.

Ein anderer aus jenem Kreise der liberalen Politiker, ein wahrhaft genialer Schriftsteller, hat die Geschichte ähnlich vergewaltigt, ohne daß es uns so verletzt wie bei Treitschke, Droysen und ihresgleichen. Der Schleswiger Theodor Mommsen setzte seinen Haß gegen die Junker in eine funkelnde Schilderung des Untergangs der römischen Republik um. Der Leser gewinnt einen unvergeßlichen Eindruck von der staatlichen Unfähigkeit der sterbenden römischen Adelswelt, wobei notwendigerweise ihr Überwinder

Cäsar den vollen Strahlenglanz des großen Retters erhält. Wir wissen heute, daß die Entwicklung nicht ganz so einfach und durchsichtig war, wie Mommsen sie geschildert hat, aber das stört uns weniger, und wir lesen seine Römische Geschichte wie ein Heldenepos, hingerissen von der Größe des Kunstwerks. Römische Popularpartei und römische Aristokraten stehen uns nicht so nahe wie Österreich und Preußen, darum trifft uns die Verzerrung ihres Kampfes nicht so empfindlich.

Aber strenge, reine, nichts als die Wahrheit liebende Wissenschaft ist das eine sowenig wie das andere. Denkwürdig bleibt dieser Kreis von hochbegabten Männern, weil sich in ihnen kundtut, daß auch das ehrliche Streben nach Sachlichkeit überwältigt werden kann von der politischen Leidenschaft.

Wenn sie in die Zukunft schauten, dachten sie klarer. Von Droysen stammt die Voraussage, in hundert Jahren würden vier Mächte die Welt beherrschen: Großbritannien, die Vereinigten Staaten, Rußland und China. Die Geschichte vermag auch den Blick nach vorn zu schärfen, und ein Historiker braucht nicht immer ein rückwärts gewandter Prophet zu sein. Wir brauchen nicht neidisch auf den Franzosen Tocqueville zu schauen, wenn wir wissen wollen, wer vor hundert Jahren die Zukunft erahnt hat.

Droysen nahm Deutschland von den herrschenden Mächten des zwanzigsten Jahrhunderts aus. Überschätzung der Kraft des eigenen Volkes war ihm fremd. Das hinderte ihn nicht, mit schöner Leidenschaftlichkeit für die Einigung Deutschlands zu werben. Weder Droysen noch Treitschke war es vergönnt, ganz klar zu sehen, daß sich in einer großen europäischen Krise die künftige Führungsrolle Preußens bereits abzeichnete und daß Österreichs Stellung unaufhaltsam zu sinken begann.

Der Krimkrieg

Im Jahre 1853 schien dem Monarchen, der damals für den mächtigsten Fürsten Europas gehalten wurde, dem Zaren Nikolaus dem Ersten, die Zeit gekommen, jahrhundertealte Träume seines Volkes zu verwirklichen. Er verlangte von der Türkei, daß sie die russische Oberherrschaft über die Christen auf dem Balkan anerkenne. Hätte sich der Sultan gefügt, so wäre der russische Adler um Hunderte von Meilen näher an die Kirche der heiligen Sophia zu Konstantinopel gerückt. Aber der Sultan wehrte sich, es kam zum Krieg, und die Türkei fand in Großbritannien und Frankreich tatkräftige Verbündete für den Kampf, der vornehmlich im Schwarzen Meer und auf der Halbinsel Krim ausgefochten wurde.

Großbritannien handelte aus altererbtem Instinkt der Feindschaft gegen jede Macht, die sich zum Herrn des Festlands machen will. Es wollte auch nicht dulden, daß die Meerengen in russische Hände kämen und daß damit eines Tages der Weg nach Indien gefährdet werde.

Der Kaiser Napoleon, der in den Stürmen der Revolution mit Klugheit und Wagemut die Stufen des französischen Thrones erklommen hatte, konnte so einleuchtende Gründe nicht nennen. Er richtete seine Augen auf Belgien, die Pfalz, das Saargebiet; die Krim war ihm fern. Aber er war Franzose, und alle Franzosen litten unter der Erinnerung an den Wiener Kongreß. Das Bündnis der europäischen Großmächte, das dem französischen Staat damals den Frieden aufgezwungen hatte, war ein Alptraum für sie. Napoleon wollte die letzten Reste zersprengen. Auch glaubte er mit Recht, Freunde beim europäischen Liberalismus zu gewinnen, wenn er gegen den russischen Selbstherrscher focht.

Wir finden heute die Gründe künstlich, die damals zu einem Kriege führten. Was aber empfänden wir, wenn sich die Deutschen an jenem Kriege beteiligt hätten? Sie hatten darin noch weniger zu suchen als die Franzosen. Und trotzdem war es nahe daran, daß Deutsche auf Schlachtfelder marschiert wären, auf denen nicht um eine deutsche Sache gefochten wurde.

Der Kaiser Nikolaus blickte in seiner Bedrängnis auf den preußischen Schwager in Berlin und vor allem auf den österreichischen Kaiser. Nikolaus hatte Franz Joseph geholfen, die Ungarn niederzuzwingen. So nahm er an, Dankbarkeit müsse nun den Wiener Hof bestimmen, an seine Seite zu treten.

Österreichische Irrtümer

Fast wäre das Gegenteil eingetreten. Österreich sah mit Sorge die russische Macht im Vormarsch auf den Balkan, für den es selber ausgreifende Pläne hegte. Der Graf Buol, der nun in Wien die Außenpolitik leitete, hätte am liebsten an der Seite der Westmächte gefochten, um die Donaufürstentümer, das spätere Rumänien, zu gewinnen. So weit wollte Franz Joseph nicht gehen. Aber er war damit einverstanden, daß Österreich mobilisierte und ein starkes Heer an die Grenze legte. Mehr als die Hälfte der russischen Streitkräfte wurde dadurch festgelegt. So konnte es kommen, daß die übrigen russischen Truppen auf der Krim nach erbittertem Widerstand geschlagen wurden und Sewastopol aufgeben mußten.

Noch lieber als mit Rußland hätte Buol mit Preußen Krieg geführt. Er dachte an eine kriegerische Entwicklung, in die auch Preußen hineingezogen würde, und dann hätte er die Politik von Olmütz zu Ende geführt, Schlesien zurückgewonnen, Sachsen wiederhergestellt – und wohl das Rheinland den Franzosen überlassen. Ob es französisch oder deutsch war, das schien ihm gleichgültig.

Zu seinen Lebzeiten – und erst recht heute – ist Bismarck herbe getadelt, ein Räuber und Entfesseler von Bruderkriegen genannt worden, weil er 1866 Krieg gegen Österreich führte. Äußerungen wie die Schwarzenbergs nach Olmütz und Buols im Krimkrieg zeigen, wie schief moralische Verfemung dieser Art sein muß. Außerhalb des Streites der Meinungen aber sollte stehen, daß ein Staat das Recht auf die Führung Deutschlands verwirkte, wenn er bereit war, Koblenz, Aachen, Trier und Saarbrücken preiszugeben.

Als Sewastopol erstürmt war, mußte sich Rußland geschlagen bekennen. Der Zar Nikolaus war schon vorher aus Gram gestorben; sein Sohn Alexander der Zweite schloß den Frieden. Der Vertrag wurde auf einem Kongreß in Paris unterzeichnet. In der Wahl des Ortes kam zum Ausdruck, welcher Staat sich am ehesten als Sieger fühlen durfte. Rußland mußte einwilligen, daß es im Schwarzen Meer keine Flotte mehr unterhielt. Der Weg nach Süden war ihm verschlossen.

Aber zu den diplomatisch Besiegten gehörte auch Österreich. Die lange Mobilisierung war kostspielig gewesen, sie hatte die ohnehin geschwächten Staatsfinanzen noch mehr zerrüttet. Im neunzehnten Jahrhundert haben oft leere Kassen die österreichische Entschlußkraft gehemmt. Eine der Ursachen war der Krimkrieg. Und für alle seine Ausgaben hatte es nichts erreicht als die Verstimmung der Westmächte und die Erbitterung Rußlands. Es bekam keinen Gebietsfetzen.

Die Westmächte waren verdrossen, weil sie gehofft hatten, Österreich würde mit ihnen zusammen kämpfen. Diese Verstimmung ging wieder vorüber, die russische Empörung aber blieb. Rußland fühlte sich verraten. Es hatte auf Dankbarkeit gerechnet, weil es 1849 Habsburg in Ungarn verteidigt hatte, und statt dessen die österreichischen Bajonette an seiner Ostgrenze gesehen. Das vergaß es nicht.

Und wieder, wie 1848, schmerzte die empfindliche Stelle in Oberitalien. Piemont-Sardinien hatte an der Seite der Westmächte auf der Krim gefochten. Sein Beitrag war nicht groß, aber Cavour hatte erreicht, was er wollte: die Sympathie der Westmächte. Drei Jahre später wurde sie ihm sehr nützlich. Auf dem Pariser Kongreß führte sein Vertreter eine heftige Sprache gegen Österreichs Unterdrückungsmethoden. Das durfte er sich jetzt erlauben. Der russische Vertreter saß schweigend dabei. Wenige Jahre zuvor hätte er im Namen der Legitimität den sardinischen Vertreter zurechtgewiesen. Jetzt verkündete seine Zurückhaltung, daß Rußland Österreich den nationalrevolutionären Strömungen überlassen werde. Auf der Krim wurde gleichsam die Schlacht bei Königgrätz im voraus geschlagen, auf dem Pariser Friedenskongreß zeichnete sich das Schicksal ab, das Österreich aus Deutschland hinausdrängen sollte.

Buol und Franz Joseph hatten die Sache ihres Staates ungeschickt geführt. Aber auf dem Schatten Österreichs lag ein tragischer Zwang. Wenn es an der Seite der Westmächte gefochten und die Donaufürstentümer gewonnen hätte, so wären ihm die vielen Millionen Rumänen zu seinen Millionen Slawen, Madjaren und Deutschen kaum bekommen. An der Seite Rußlands zu fechten aber hätte bedeutet, den künftigen Rivalen auf den selber begehrten Balkan zu geleiten.

In einer solchen Lage wäre strenge Neutralität wahrscheinlich das Angemessenste gewesen. Rußland wäre ein wenig enttäuscht gewesen, aber es hätte sich nicht darüber beklagen können, daß sein halbes Heer am Pruth und am Dnjestr festgehalten wurde. Buol hat das nicht gesehen. Er war kein guter Minister für Deutschland, aber für Österreich war er es erst recht nicht.

Preußische Neutralität

Dem preußischen Staat ersparten ein gütiges Geschick und die Klugheit einiger Diplomaten ein ähnliches Schicksal. Wohl gab es auch hier eine Gruppe entschlossener Russenfreunde, „die Spreekosaken", namentlich unter dem gutsbesitzenden Adel. Die Brüder Gerlach waren dem Selbstherrschertum so anhänglich, daß sie Preußen am liebsten an der Seite Rußlands gesehen hätten, sei es mit den Waffen, sei es mit diplomatischer Unterstützung. Für die Brüder Gerlach stand es fest, daß Rußland nur eine gerechte Sache verfechten könne, weil es der Hort der Legitimität sei. Wenn man sie an ihr Christentum und an das Los der Christen unter dem Sultan erinnerte, so antworteten sie wohl, daß man eben in der Türkei eine christliche Herrschaft errichten sollte. Mit soviel Träumerei wollten sie Politik machen. Wenn sie ein Ministerium geführt hätten, das Unglück Preußens wäre nicht abzuwenden gewesen.

Die Liberalen waren noch entschlossener zum Krieg, allerdings in der anderen Richtung. Was in den Augen der Brüder Gerlach der Vorzug Rußlands war, das Selbstherrschertum, war in ihren Augen das Verbrechen, das zu bekämpfen einen Kreuzzug lohne.

Auch der Kriegsminister von Bonin schlug ans Schwert, unterstützt von dem Gesandten in London, dem Freunde Friedrich Wilhelms, Joachim von Bunsen. Sie standen jener liberal-konservativen Wochenblattspartei nahe, die, ähnlich wie die britische Politik, das russische Übergewicht in Europa brechen wollte. Eine wertvolle Verstärkung erhielten sie durch den Thronfolger, der glaubte, jetzt sei die Gelegenheit gekommen, die Scharte von Olmütz auszuwetzen. Er wollte nicht eigentlich Krieg, aber einen starken diplomatischen Druck auf Rußland, so daß es gezwungen wäre, zurückzuweichen. Damit wäre es, so redete sich Prinz Wilhelm ein, auch vor sich selber und vor dem eigenen ausschweifenden Ehrgeiz gerettet worden.

Die Stimme der kalten preußischen Staatsräson war nur in Frankfurt zu vernehmen. Unaufhörlich mahnte der preußische Gesandte dazu, weder auf konservative noch auf liberale Schalmeien zu hören, sondern allein das Staatswohl zu bedenken; Preußen habe in einem Krieg nur zu verlieren, aber nichts zu gewinnen. Weder die Türkei noch der Balkan gehe den preußischen Staat etwas an. Als Bismarck gefragt wurde, ob er in dieser Krise für Rußland oder für England sei, erwiderte er stolz: „Für Preußen."

Wie bei Olmütz, so vertrat auch Manteuffel schließlich die staatspolitische Vernunft. Am König hatte er nur eine schwankende Stütze. Wie gewöhnlich wollte Friedrich Wilhelm wieder einmal Dinge, die nicht miteinander zu vereinigen waren. Er liebte seinen Schwager in Petersburg und zürnte ihm, weil er eine ausgreifende Politik betrieb; er liebte das germanische England und tadelte es, weil es an der Seite der heidnischen Türken Krieg führte; er ging, wie Nikolaus spöttelte, jeden Abend als Russe ins Bett und stand als Engländer wieder auf.

Am Ende tat er doch, was er als Preuße tun mußte und was ihm Bismarck und Manteuffel rieten. Bonin und sogar sein Freund Bunsen wurden entlassen, Manteuffel erhielt die Erlaubnis zur Neutralitätspolitik. Aber freilich, jeder wußte, daß sie eine Politik der Verlegenheit war. Bismarck hatte eine starke und kühne Neutralität gewünscht, mit zweimal hunderttausend Mann an der oberschlesischen Grenze. Sie sollten Österreich und Rußland gleichermaßen deutlich machen, daß es noch ein starkes Preußen gebe, mit dem zu rechnen sei. Bei Manteuffel klang die Neutralität nüchtern und schwächlich, wofür freilich er die geringere und der König die größere Verantwortung trug. Am Ende des Krieges war Preußen noch weniger geachtet als vorher.

Immerhin, für die Dauer war nichts verdorben. Der russische Hof hätte es lieber gesehen, wenn Preußen an seiner Seite gefochten hätte, aber er hatte sich anders als gegenüber der österreichischen Regierung über keine drohende Haltung und kein schroffes Wort zu beklagen. So blieb in Petersburg keine dauernde Verstimmung zurück, und in den Augen des neuen Zaren war Preußen die einzige Großmacht, für die freundschaftliche Gesinnung zu zeigen sich lohnte. Damit war ein guter Grund gelegt, auf dem Bismarck später weiterbauen konnte.

Großbritannien erkannte freilich die preußische Haltung nicht als berechtigt an. Sie wurde in London als schwächlich verhöhnt. Gar zu gerne hätte man die preußischen Pickelhauben in den Krieg marschieren sehen. Eine Generation später wiederholte sich das Schauspiel, als Winston Churchills Vater Randolph die Reichsregierung mit ernsten Worten mahnte, in den Krieg gegen Rußland zu ziehen. Wieder eine Generation später klagte Großbritannien das Preußentum leidenschaftlich an, weil es immer wieder das unglückliche Europa in den Krieg geführt habe.

Propaganda und Geschichtswissenschaft sind geschworene Feinde. In jenen fünfziger Jahren jedenfalls waren die Preußen den Briten nicht kriegerisch genug. Sie mußten deshalb manche verletzende Bemerkung einstecken. Aber da kein britisches Lebensinteresse verletzt war, verklang die Verstimmung.

Indem Manteuffel und der König die heilvolle Entscheidung der Neutralität vollzogen, glaubten sie, nur für Preußen und die preußische Staatsräson zu handeln, doch sie verwirklichten damit zugleich ein Stück preußischer Führung in Deutschland. Die Klein- und Mittelstaaten hatten verwirrt und ratlos dem Kriege zugeschaut, sie wußten sich nicht recht zu entscheiden. Wäre Preußen an die Seite der Westmächte getreten, wie es eine mächtige Strömung im Land und in der Regierung gewollt hatte, die kleineren Staaten wären wohl gefolgt. So aber entschieden sie sich gleichfalls für die Neutralität. Das preußische, nicht das österreichische Beispiel war ihr Vorbild. Das System Schwarzenbergs, die Vorherrschaft Österreichs in Deutschland, zeigte die ersten Spuren der Aushöhlung.

ZWEITES KAPITEL

DIE REICHSGRÜNDUNG

Die Politik im Krimkrieg, wie Bismarck sie vorgeschlagen hatte, zeigt alle Wesenszüge eines kräftigen Selbstgefühls, klarer Erkennung der eigenen Interessen und einer großen Achtung vor der Wirklichkeit der staatlichen Dinge. Er wollte es nicht leiden, daß Wunschträume, innerpolitische Lehrmeinungen, Gefühle der Liebe oder Feindschaft in die kühle Wahrnehmung der eigenen Interessen eindrangen. Diese Politik war bereits ganz und gar, was später Bismarcksche Außenpolitik fast immer gewesen ist: eine Politik des Realismus.

Realismus

Sie kam nicht von ungefähr. Sie fand allerdings ihre Verkörperung in einem großen Staatsmann, nämlich Bismarck, und in einem bedeutenden, wenn auch gehemmten Diplomaten, nämlich Manteuffel. Man wäre hier versucht, mit Treitschke zu sagen, daß es Männer sind, die Geschichte machen, und daß die preußische Politik dieser Jahre das Werk zweier ausgezeichneter Persönlichkeiten gewesen sei, durch sie bestimmt und allein von ihnen abhängig. Aber wir wissen, daß großes Geschehen nicht in so einfachen Bahnen verläuft, daß es nicht allein von dem fast zufälligen Auftreten großer Männer bestimmt ist. Die vom Marxismus bestimmte Geschichtsphilosophie, die in der Geschichte den Gang großer Massenbewegungen und überpersönlicher Strömungen sieht, ist gewiß nicht weniger einseitig als Treitschkes Meinung. Die Wahrheit liegt in der Verbindung beider Anschauungen. Das ist keine besonders originelle Entdeckung, aber sie hat dafür den Vorzug, daß die unbefangene Betrachtung sie bestätigt.

Es eröffnet einen tiefen Blick in die vielfältigen Verflechtungen menschlichen Geistes, daß während des Krimkriegs der Realismus in der deutschen Philosophie und in der deutschen Dichtung seinen Durchbruch erlebte. Im Jahre 1854 veröffentlichte Karl Vogt seine Schrift „Köhlerglaube und Wissenschaft". Er lehrte darin, die Grenze höheren Denkens falle zusammen mit der sinnlichen Erfahrung. Hegel und Schelling wären erschrocken gewesen, hätten sie jemals einen solchen Satz gehört. Aber das Zeitalter, in dem sie geherrscht hatten, ging zu Ende, so, wie in der Dichtung die Romantik zu Ende ging. 1857 starb der letzte große Führer romantischer Dichtung, Joseph von Eichendorff. Ein Jahr später übergab der letzte große Führer romantischer Politik, Friedrich Wilhelm der Vierte, die Regierung seinem Bruder. Während des Krimkriegs aber erschienen die weithin leuchtenden Zeugnisse neuer Wirklichkeitskunst, Gustav Freytags „Soll und Haben", Gottfried Kellers „Leute von Seldwyla", Otto Ludwigs „Zwischen Himmel und Erde". In den fünfziger Jahren setzte in Berlin Adolph Menzel seine Entdeckung der malerischen Wirklichkeit fort. Dieses Zeitalter gehörte auch in der bildenden Kunst der Eroberung des Seienden.

Es gab auch äußerste Folgerungen, die uns heute erschrecken oder noch öfters langweilen. Jakob Moleschott im „Kreislauf des Lebens" und Ludwig Büchner in „Kraft und Stoff" leugneten die Wirksamkeit jeder Idee, führten das Leben auf die reine Materie zurück und begründeten damit einen flachen und ärmlichen Materialismus, der jahrzehntelang einen nicht geringen Teil der gebildeten Ungebildeten geistig bestimmte.

Diese Richtung verwarf auf eine den Deutschen ungewohnte Weise das Denken, das sich über alles erhob, was mit Händen zu greifen war. Um dieselbe Zeit grübelte im Britischen Museum zu London ein deutscher Emigrant, Karl Marx mit Namen, über die Grundlagen seines Systems, das von Hegel herrührte, ihn aber gleichsam umstülpte, und das darin gipfelte, daß Geschichte nicht den Kampf der Ideen, sondern den Wechsel von wirtschaftlichen Verhältnissen darstelle.

In der Bewegung, die jener deutsche Emigrant gründete, fehlte es wahrlich nicht an Idealismus. Freiheit, Gerechtigkeit und Menschenwürde waren ihre Hauptziele. Aber ausgegangen ist sie von einer starken, zu starken Überschätzung ökonomischer Verhältnisse. Jahrzehnte später hat Walther Rathenau scharfsinnig auf die Ursachen der geringen bauenden und schöpferischen Kraft der neuen gesellschaftlichen Bewegung hingewiesen. Er sah sie darin, daß Marx nicht eine Weltanschauung, sondern die Güterfrage in den Mittelpunkt seines Wirkens gestellt habe.

Schopenhauer

Aber man darf die Hinwendung des Zeitalters zur Wirklichkeit, ja zum platten Materialismus nicht überbewerten. Nicht sie allein bestimmte das Denken der Deutschen. Bei keinem Menschen und bei keinem Volke löst ein Zeitabschnitt schroff den anderen ab, immer verzahnen und verschlingen sich die Überlieferung und das Neue. Die Kirche behielt über Millionen von Menschen ihre Macht. Und während Hegel ins Gegenteil verkehrt schien und Schelling schon bald nach seinem Tod ins Dunkel der Nichtbeachtung gestoßen wurde, stieg leuchtend der Stern eines schon halbvergessenen Philosophen auf, dessen Metaphysik sich hoch über jede platte Auffassung der Wirklichkeit erhob. Im Jahre 1854 erschienen Frauenstädts

„Briefe über die Schopenhauersche Philosophie", die nach langer Verkennung den Durchbruch Schopenhauers zur großen Wirksamkeit besiegelten. Kurz vorher war ihm ein Sitz in der Berliner Akademie der Wissenschaften angetragen worden.

Wie die Dichter der Romantik suchte er Erlösung von irdischer Qual im Überirdischen. Er wurde der Philosoph des Mitleids und des Willens zur Erlösung durch den Willen zum Nichtsein. Der Welt, deren Schönheit Ludwig Feuerbach und Gottfried Keller freudetrunken gepriesen hatten, setzt er einen tiefen Pessimismus entgegen. Pessimismus und Mitleid werden in der zweiten Hälfte des Jahrhunderts als Unterströmung gegenüber der herrschenden Wirklichkeitsverehrung immer wieder spürbar.

Wagner

Im gleichen Jahr, in dem Frauenstädts Buch erschien, schrieb Richard Wagner einen begeisterten Brief an Schopenhauer und teilte ihm den Inhalt seiner Nibelungendichtung mit. Wagner, der letzte große Sprößling romantischer Musik und schon über sie hinausgewachsen, hatte in Schopenhauers Lehre das Mittel gefunden, den Empfindungen, die seit langem in ihm lebendig waren, die letzte Form zu geben. Ein Menschenalter später kündete das Erlösungsdrama „Parsifal" von der weltüberwindenden Kraft des Mitleids. Jetzt schon, in der Arbeit an den „Nibelungen", bekannte sich Wagner zu dem Willen, der das eigene Nicht-Dasein erstrebte. Zugleich wurde in der Verfluchung des Rheingolds eine Gesinnung versinnbildlicht, die dem Kapitalismus feindlich ist.

Doch über dem Willen Wotans zum Nicht-mehr-Sein in den „Nibelungen", über der Gebrochenheit der Stimmung (dem Erbe der Jungdeutschen vom Vormärz) steht heldische Größe. Die Fanfarenrufe übertönen fast die leiseren Töne der Weltmüdigkeit, und seit der dritten Symphonie Beethovens hatte man nicht mehr so heroische Klänge gehört wie im Siegfried-Motiv. Die Mitlebenden der fünfziger Jahre vernahmen sie noch nicht, aber der Meister, der jetzt an dem ungeheuren Werke schuf, gehörte doch zu ihnen.

Das Zeitalter ist nicht in die Schublade des Realismus, auch nicht in die des poetisch erhöhten und verklärten Realismus, zu pressen. So, wie das Mitleidsmotiv zu ihm gehört, so gehört auch zu ihm das Heldenmotiv. Auf den Nibelungenenkel wartete sehnsüchtig Emanuel Geibel, kein Großer, aber ein Fanfarenrufer für weitverbreitete Hoffnungen und Wünsche. Und wenn sich schließlich die riesenhafte, nur sich selber gleiche Gestalt Bismarcks nach viel Verkennung und Befehdung die Bewunderung der Deutschen erwarb, dann auch deshalb, weil er jene Hoffnungen auf das Heroisch-Geheimnisvolle erfüllte und befriedigte.

Wilhelm der Erste

Im Jahre 1857 waren die Zeichen einer Verkalkung der Gehirnarterien bei König Friedrich Wilhelm nicht mehr zu übersehen. Er ernannte den Bruder zum Stellvertreter. Ein Jahr später unterzeichnete FriedrichWilhelm die Urkunde, die ihm seine Gemahlin vorgelegt hatte und in der Wilhelm zum Regenten ernannt wurde. Der unglückliche König schrieb schweigend seinen Namen, dann brach er in Tränen aus. Als Prinzregent hatte Wilhelm das Recht, selbständige Entscheidungen zu treffen, während er sich bisher gewissenhaft daran gehalten hatte, im Geiste seines Bruders zu regieren. Wiederum drei Jahre später starb Friedrich Wilhelm, und sein Bruder bestieg als Wilhelm der Erste (1861 bis 1888) den Thron.

Er hatte lange im Schatten des reicher begabten Bruders gestanden und dessen geistige Überlegenheit willig anerkannt. Später wuchs in ihm das Selbstvertrauen, als er sah, daß die großen Vorzüge des Bruders nicht ausreichten, eine stetige, kraftvolle und erfolgreiche Regierung zu verbürgen. Er hörte nie auf, den Bruder zu bewundern, aber er wurde sich nun des Wertes der eigenen Gaben, des klaren Urteils, der Festigkeit des Willens, der Nüchternheit des Denkens stärker bewußt.

Prinz Wilhelm war einundsechzig Jahre alt, als er zur Führung der fünften europäischen Großmacht berufen wurde. Bisher hatte er sich vornehmlich als Offizier gefühlt. Der militärische Fachmann ersten Ranges, zugleich der Mann mit dem hochgespannten Ehrgefühl des ritterlichen Menschen ist er stets geblieben. Spät erst war er der Politik nähergetreten, zögernd erst, dann mit wachsendem Selbstbewußtsein und in deutlicher Loslösung von seinem Bruder. Er war konservativ und wollte es bleiben, aber er lehnte es ab, von der Vergangenheit alle Überlegungen bestimmen zu lassen. Die Reaktion war ihm tief zuwider, um des Staatswohls willen wie aus seelischem Empfinden.

Er war ein frommer Christ, und er rang oft mit seinem Gott im Gebet, aber Gewissensdruck auszuüben war ihm so unerträglich, wie ihn zu ertragen. Nie hätte er die Parlamentsherrschaft zugelassen, aber die Verfassung mit all ihren liberalen Bestandteilen erkannte er als einmal bestehend an und beschwor sie, entgegen dem Testament seines Bruders. In seinen Möglichkeiten schien es zu liegen, den Übergang vom Alten zum Neuen auf schonende Weise zu vollziehen.

Er war zum Führer, zum König berufen nicht nur durch seine Anschauungen, sondern auch durch seine Persönlichkeit, durch seine tiefsten Wesenszüge. Er fand die rechte Verbindung von Demut vor Gott, Bescheidenheit vor dem Menschen, Unbefangenheit gegenüber dem überlegenen Geist, Bewußtheit des eigenen Wertes und Verantwortung vor der königlichen Stellung. Wenn man sich entscheiden müßte, wen man ein Genie nennen sollte, ihn oder den Bruder, man würde ohne Zögern Friedrich Wilhelm nennen. Aber Wilhelm als Persönlichkeit war dennoch größer, weil er männlicher war. Jedes seiner Worte atmete Zuverlässigkeit, Würde, Willenskraft und Milde. Er war, nehmt alles nur in allem, der letzte König.

Da er fast dreißig Jahre den größten Staatsmann neben sich wirken ließ und da er ihn und seinen Eigenwillen so lange ertrug, ist sein Anteil an den Entscheidungen, ist auch seine Begabung oft verdunkelt worden. Er verfügte über die hohe Kunst, einen Bismarck und einen Moltke neidlos anzuerkennen und doch immer der Herr und König zu bleiben.

Er war nicht aus Stein. Wenn er auch neben Friedrich Wilhelm viel mehr als der Sohn des schlichten Friedrich Wilhelm des Dritten erscheint, so war er doch ungleich lebendiger ja feuriger als der Vater. Er war ein ausgezeichneter Redner, aber er war mehr. Er konnte auch kämpfen, mutig und immer zäh. Zweifel freilich stiegen oft auf, dann zögerte er und schrak vor dem Entschluß zurück. Schließlich wußte er sich doch zu entscheiden und dabei zu bleiben. Das jahrelange erbitterte Ringen mit der Volksvertretung, der öffentlichen Meinung, der eigenen Familie hätte der Bruder nicht ertragen. Er focht es aus.

Daß auch diesem Inneren tiefere Leidenschaften nicht fehlten, läßt uns seine Jugendromanze, die heiße Liebe zu der Prinzessin Elisabeth von Radziwill, ahnen. Die strengen Ebenbürtigkeitsgesetze der damaligen Fürstenhäuser verboten die Ehe, und er bezwang seine Leidenschaft, so, wie er im letzten immer die königliche Pflicht erfüllte, sich selber zu bezwingen. Aber die Wunde blieb.

Augusta

Er hatte die Prinzessin Augusta von Sachsen-Weimar geheiratet und damit eine Verbindung geschlossen, die manchem als glücklich erschien. Von dem Musenhofe wehte ein freierer und reicherer Hauch in den kargeren und strengeren Staat ein, der für ihn hätte eine Wohltat bedeuten können. Aber von diesem heilvollen Einfluß war dann wenig zu spüren. Dazu waren preußische Form und preußisches Wesen zu sehr gefestigt, dazu war Augusta auch nicht Persönlichkeit genug. Manche Möglichkeit verdarb sie sich durch Unverständnis und Hochmut. Sie lebte gern in Gegnerschaft zur Politik ihres Gatten, ihre Überzeugungen waren dabei nicht immer durchdacht. Manchmal schien sie liberal, manchmal klerikal zu sein, je nachdem, wer sich gerade mit Wilhelm stritt.

Am treffendsten hat ihre Art ein Schweizer Beobachter beschrieben: Wenn ihren Gatten das Schicksal getroffen hätte, dem ihr Enkel 1918 erlag, so wäre auch sie Wilhelm tapfer in die Fremde gefolgt, aber ganz anders als Auguste Viktoria, nicht ohne ihn spüren zu lassen, welches Opfer sie ihm bringe und um wieviel besser alles ausgegangen wäre, hätte man nur ihren Rat befolgt.

Da Wilhelm ein Mann von ausgeprägter Ritterlichkeit war, genoß sie zeitweilig eine gewisse politische Macht. Dem Ministerpräsidenten und Reichskanzler machte sie oft das Leben schwer, auf die Dauer freilich mußte sie den ungleichen Kampf verlieren.

Vielleicht wäre Augustas Macht über ihren Gatten und damit in der preußischen Politik stärker gewesen, wenn sich ihr Gatte tiefer vor ihrem Geist und ihrer Bildung gebeugt hätte. Er begriff, daß er ihr darin unterlegen war, aber er beneidete sie nicht darum, und er dachte auch nicht daran, ihr (oder sonst jemandem, der gebildeter war als er) nur deshalb einen größeren Einfluß auf die Regierung einzuräumen. Er hatte mit ansehen müssen, was sein geistvoller Bruder mit seinen großen Gaben als Herrscher angefangen hatte, und das Ergebnis hatte seine Meinung von dem Wert der Bildung beeinträchtigt und sein eigenes Selbstgefühl erhöht. Die Geschichte gibt ihm darin recht. „Der Charakter ist mehr als das Wissen." Die alte Weisheit des preußischen Generalstabs gilt nicht nur für Generalstäbler.

Augusta brachte es als Witwe fertig, von ihrem Gatten zu sagen: „Man sagt immer, er sei tapfer und treu gewesen. Aber Wilhelm war nicht treu, und tapfer war er auch nicht." In solcher Wendung hätte der König von seiner Gattin niemals zu anderen gesprochen, wahrscheinlich hätte er so nicht einmal gedacht. Die Kälte, mit der die Augusta über ihren Mann urteilte, läßt einen tiefen Blick in ihr Inneres tun, in die Spannungen ihres Verhältnisses zu ihrem Gatten, aber auch in die Bitterkeit, die sie nach den vielen Niederlagen empfinden mußte, die ihr der ungeliebte Mann zugefügt hatte.

Am größten war ihr Einfluß in den ersten Regierungsjahren. Sie war nicht unschuldig daran, daß diese Regierung mit einem Mißverständnis begann. Die eigentliche Ursache des Zwiespalts, in den Wilhelm zunächst mit sich selber geriet, lag freilich im Wesen und in der Vergangenheit des Sechzigjährigen.

Eine liberale Regierung

Er war seiner tiefsten Natur nach ein Mann der überkommenen Gewalten und des bestehenden Staates, von einem starken und selbstverständlichen Gefühl für das sittliche Recht der Macht der Krone, der Kirche, des Beamtentums, des Offizierkorps. Nicht umsonst hatte er 1849 den Aufstand im Badischen niedergeschlagen und dabei den Namen „Kartätschenprinz" erhalten. Die Verfassung mit ihren freiheitlichen Einrichtungen erkannte er ehrlich an, nicht weil sie seinen Anschauungen entsprach, sondern weil sie einmal bestand und nun aus dem Denken des Volkes und auch dem seinen nicht mehr zu entfernen war. Ein Mann des engherzigen Rückschritts war er nicht. Auch hoffte er, daß die Verfassung das Ansehen Preußens gegenüber dem an Menschen und Gütern reicheren Österreich stärken werde. Im Grunde seines Herzens aber blieb er der Mann der gottgewollten Überordnung des Herrschers und seiner Gefolgsleute über das Volk.

Sein starkes Gefühl für Recht und Wahrheit hatten ihn weiter nach links getrieben, als es seiner Natur entsprach. Die faulen Stellen im Staat unter der reaktionären Regierung, der Gewissensdruck, die Rechtsbrüche empörten ihn. Er wollte, daß konservativ, aber ehrenhaft und mit Achtung vor der Menschenwürde regiert werde. Als er diese Verbindung nicht fand, wurde er zum Gegner der Regierung. Dabei fand er sich unversehens in einer Bundesgenossenschaft, bei der ihm nicht wohl sein konnte.

Als Prinzregent hatte er das natürliche Bedürfnis, vor sich selber und aller Welt kundzutun, daß manches anders und besser werden sollte. So ernannte er zum Ministerpräsidenten einen Fürsten, der zufällig gemäßigt liberal war, seinen Sigmaringer Verwandten Karl Anton. Der berief nun seinerseits wieder Gesinnungsfreunde, darunter auch den Vertrauten Augustas, den Außenminister Schleinitz. Das Endergebnis war ein im wesentlichen gemäßigt liberales Kabinett mit zwei gemäßigt konservativen Einsprengseln. Das hatte der Prinzregent so nicht vorbedacht; er war nicht vertraut genug mit Vorgängen der inneren Politik. Ganz gegen seine Gewohnheit war er alsbald niedergeschlagen und voller Selbstvorwürfe.

Die Manteuffels

In militärischen Angelegenheiten fochten den Berufsoffizier, der jetzt an der Spitze des Staates stand, freilich keine Zweifel an. Zum Chef des Militärkabinetts machte Wilhelm den hochkonservativen und hochbegabten General Edwin von Manteuffel. Bei seiner Ernennung erbot sich der Prinzregent, die Schulden des Generals zu bezahlen, damit dieser in seiner Stellung einen freien Kopf behalte. Aber Manteuffel veräußerte und versetzte hastig seine letzten Besitztümer und bezahlte mit dem Erlös seine Schulden. In seinem Amt, so meinte er, werde er es oft nötig haben, dem König unbequeme Wahrheiten zu sagen, und da wollte er ihm nicht finanziell verpflichtet sein.

Dieser Manteuffelsche Zug findet seine Ergänzung durch das Verhalten des Vetters des Generals, des entlassenen Ministerpräsidenten Freiherrn Otto von Manteuffel. Der Prinzregent hatte sich vom System Manteuffel losgesagt, aber er verkannte nicht, daß der Gestürzte auf seine Weise ein treuer Staatsdiener, persönlich ehrenhaft und ein aufrechter Mann war. So wollte er ihn in den Grafenstand erheben und ihm ein Majorat übergeben. Aber Manteuffel lehnte ab. Er habe sein Amt im Dienste des Königs und des Vaterlands geführt, nicht um äußerer Ehren willen, und daran wolle er auch jetzt festhalten.

Man muß auch solche Züge kennen, um zu begreifen, wie Preußen geworden ist, aber auch, warum es soviel Zauber auf die Preußen und viele Nichtpreußen ausgeübt hat. Der Staat war oft beengend und bedrückend, er war nicht liebenswürdig, und der große Zug, den Großbritannien oder Österreich oder Frankreich in seinen besten Stunden zeigte, war in Preußen seltener zu finden. Aber Preußen war der Staat, in dem das Dienen größer geschrieben wurde als das Verdienen. Auch ist Kadavergehorsam nur eine Verzerrung des Preußentums. Zum Preußen gehören Befehlen und Gehorchen, aber auch der steife Nacken und der gerade Blick. So hat die preußische Staatsidee immer wieder auf männliche Naturen eine anziehende Wirkung ausgeübt.

Man hat die verführerische Kraft des Preußentums dadurch erklären wollen, daß es durch geniale Naturen wie Friedrich, Kleist und Bismarck verkörpert gewesen sei. Aber etwa die beiden Manteuffels (oder Yorck oder Harkort oder Schumacher) waren keine Genies, und dennoch geht auch von ihnen ein Hauch von eigentümlicher Poesie aus. Daß in unseren Tagen Hanseaten wie Curt Sieveking und Wilhelm Kaisen das „alte Preußen" gerecht gewürdigt haben, ist kein Zufall. Die strenge Poesie des Dienens für den Staat, der steife Nacken, die persönliche Sauberkeit waren in diesen republikanischen Stadtstaaten ebenso zu Hause wie im Königreich Preußen.

Daß der Prinzregent auf dem Gebiet, auf dem er etwas gelernt und jahrzehntelang mit eisernem Fleiß und großer Selbstzucht gearbeitet hatte, auf dem militärischen, wirklich etwas verstand, zeigte sich in seiner ersten Regierungshandlung: Er machte Helmuth von Moltke zum Chef des Generalstabs. Freilich, wer kannte damals schon den General von Moltke?

Moralische Eroberungen

Die Öffentlichkeit hielt sich an die Namen der Regierungsmitglieder und begrüßte voller Hoffnung die „Neue Ära". Der Prinzregent selber tat noch einiges, die Erwartungen seiner Untertanen zu erhöhen, indem er davon sprach, daß Preußen Hüter des Rechts sein müsse, was als eine Warnung gegen die kleinliche Tyrannei des hessischen Kurfürsten verstanden wurde. Vor allem aber nannte Wilhelm es eine der großen Notwendigkeiten, daß Preußen „moralische Eroberungen" in Deutschland machen müsse.

Das war die Sprache, die jeden Liberalen entzücken mußte. Sie rechtfertigte die Hoffnungen auf einen weiteren Ausbau der Freiheitsrechte. In dem Jubel überhörte man, daß der Prinzregent unzweideutig am Gottesgnadentum festhielt, darin seinem Bruder ausnahmsweise geistig verwandt.

Wilhelm war noch nicht lange Regent, als er vor die schwerste Verantwortung gestellt wurde, die ein Herrscher tragen kann, nämlich über Krieg oder Frieden zu entscheiden. Das kleine Sardinien-Piemont, der einzige italienische Staat, in dessen Regierung der nationale Gedanke lebendig war, strebte nach der Vereinigung mit den übrigen Provinzen Oberitaliens und geriet dadurch in Krieg mit Österreich. Aber klüger als Karl Albert hatte sich Viktor Emanuel der Hilfe Frankreichs versichert, und gegenüber dem vereinigten piemontesisch-französischen Heer erwies sich die österreichische Armee als nicht stark genug. Das außerösterreichische Deutschland stand vor der Frage, ob es nun auch zum Schwert greifen solle. Wenn es aber Krieg führte, an wessen Seite sollte es treten?

Uns Heutigen erscheint es schwer faßlich, daß so viele mächtige Kreise in den Regierungen und in der Öffentlichkeit vorschlagen konnten, gegen Frankreich Krieg zu führen, um mitzuhelfen, daß über Mailand, Verona und Venedig weiter die schwarzgelbe Fahne der Habsburger wehen sollte. Das war kein Ziel, die Knochen auch nur eines pommerschen oder schwäbischen Musketiers wert. Der Krieg wäre unsittlich und darum innerlich unwahrhaftig gewesen. In Deutschland wuchs längst die Bewegung zur deutschen Einheit, die Deutschen durften jetzt nicht mit den Waffen in der Hand einem anderen Volk die Einheit verwehren. Auch hätte ein Schlachtensieg die außenpolitische Lage der deutschen Staaten für lange Zeit schwer belastet. In unseren Tagen ist es üblich geworden, über die nationalstaatliche Idee zu spotten. Aber ob man sie anerkennt oder nicht, in Italien war sie eine Macht. Wer den Italienern ihre staatliche Einheit versagte, mußte mit ihrer erbitterten Feindschaft rechnen. Die Deutschen aber fanden aus vielfältigen Gründen der Geschichte und ihrer geographischen Lage auf ihren Wegen stets mißtrauische Beobachter. Es wäre töricht gewesen, wenn sie die Zahl ihrer Gegner noch vermehrt hätten.

Wer damals in Deutschland den Krieg an der Seite Österreichs befürchtete, wäre vielleicht nachdenklich geworden, wenn er gewußt hätte, warum die österreichische Armee an der oberitalienischen Front nicht stark genug war: Das österreichische Oberkommando beließ einen unverhältnismäßig großen Teil der Truppen im Hinterland zur Abwehr eines möglichen Aufstands der Bevölkerung. Die Spuren von 1848 schreckten noch immer.

Man hat gemeint, das Oberkommando sei zu vorsichtig gewesen, die nationale Idee sei nur in der Oberschicht lebendig gewesen, das kleine Bürgertum dagegen und die Bauern hätten sich mit der wohlwollenden österreichischen Herrschaft abgefunden. Entscheidend aber war, daß diese Oberschicht die Einheit Italiens wollte, daß sie sich entschlossen dafür einsetzte und daß sie im eigenen Volk, wenn auch nicht immer Unterstützung, so doch auch kaum Gegner fand.

Es ist eine der Grunderfahrungen der Geschichte, daß in Monarchien wie in Demokratien immer Minderheiten schließlich den Volkswillen formen, vorausgesetzt, daß sie ihr Ziel entschieden verfolgen und daß sie genügend Macht haben. An Hingabe und Opfermut fehlte es den italienischen Patrioten nicht, und ihre Macht bestand in ihrem Einfluß auf die Mehrheit der italienisch Sprechenden. Wer sie sich zu Feinden machte, machte sich Italien zum Feinde.

Nicht Italien allein. An der österreichischen Grenze mobilisierte Rußland; das durch das österreichische Verhalten im Krimkrieg tief verstimmte Zarenreich wollte keinen österreichischen Sieg. Auch damit mußte man in Berlin rechnen. Aber nach einem Jahrhundert ist man immer klüger als die Zeitgenossen. Gerade unter den Deutschen mit lebendigem Nationalgefühl war der Wunsch weit verbreitet, den Österreichern mit den Waffen zu helfen. Die alte Erinnerung daran, wie oft Frankreich in den letzten Jahrhunderten den Bestand des Reiches geschmälert hatte, verband sich mit dem neuerwachten Mißtrauen gegen Frankreich und den dritten Napoleon, den man im Verdacht hatte, er wolle sich des linken Rheinufers bemächtigen. Die Waffenbrüderschaft mit den Österreichern in den Franzosenkriegen der letzten Jahrhunderte war nicht vergessen. Besonders in Süddeutschland, wo man sich österreichischer Lebensweise und österreichischem Stamm enger verbunden fühlte, erschollen Rufe, jetzt sei es Zeit; die Befreiungskriege zu Ende zu führen. Nur ein Teil der Liberalen forderte um der Idee der Freiheit und des Rechtes der Nationen willen den Kampf an der Seite Piemonts.

In eine eigentümliche Lage sahen sich die Sozialisten versetzt. Für Marx und Engels im fernen London war der Franzosenkaiser der große Tyrann, der Verräter an der Demokratie, der Unterdrücker des Proletariats. Höchst scharfsinnig durchschauten sie seine Begeisterung für die nationalstaatliche Idee, sie erblickten dahinter sein unruhiges Streben nach der Rheingrenze. Sie hätten es am liebsten gesehen, wenn der sonst von ihnen gehaßte preußische Staat seine militärische Kraft voll entfaltet, gegen den Franzosenkaiser gewandt und damit die Weltrevolution vorangetrieben hätte.

Ganz anders dachte ein Mann, der in vielem ein Schüler von Marx war und den dieser doch fast so haßte wie den Kaiser Napoleon: Ferdinand Lassalle sah in Österreich den Hort der Reaktion, in seiner Herrschaft über Italien etwas Widernatürliches. Um des geschichtlichen Fortschritts, um der großen Aufgabe der Deutschen willen forderte er den Krieg an der Seite Italiens gegen Österreich. Dabei spielte er mit dem Gedanken, daß sich Preußen der großen geschichtlichen Aufgabe doch entziehen und damit sein Ansehen untergraben werde. Auch dieses wäre, in seinen Augen wenigstens, ein Schritt auf dem Wege zur allgemeinen Revolution gewesen.

Ob für oder gegen Österreich, die geistigen Führer der deutschen Arbeiterbewegung wollten den Krieg. Sie waren keine Pazifisten im Sinne des „Friedens um jeden Preis". Dieser Pazifismus ist eine Erfindung des Bürgertums und nur später von einem Teil der Sozialdemokratie übernommen worden. Wenn Marx, Lassalle, Lenin und Stalin ihn ablehnten, so handelten sie als gute Sozialisten.

In der Wiener Hofburg stritt man sich so heftig wie im übrigen Deutschland darum, ob Preußens Bundesgenossenschaft erwünscht sei. Franz Joseph ersehnte sie, er träumte von der Niederwerfung Frankreichs, der Rückführung der Bourbonen auf den Thron und von der Wiedervereinigung des Elsaß mit Deutschland. Was sein Großvater ein Menschenalter den preußischen Patrioten verweigert hatte, die Wiederherstellung der alten Grenze im Westen, wollte er nun verwirklichen – zu spät. Man mag darüber nachsinnen, welche Zukunft das Elsaß gefunden hätte, wenn nicht Bismarck, sondern ein Habsburger es wieder mit Deutschland vereint hätte. Jetzt blieb dieser Gedanke ein Traum. Denn wenn Franz Joseph auch einsichtsvoll genug war, die Rechtsstellung Preußens im Bunde zu verbessern, so weit wie Prinzregent Wilhelm wollte er nicht gehen, und daran mußte sein Plan des Bündnisses und des Sieges über Frankreich scheitern.

Der Minister, der zu Beginn der Krise von 1859 die auswärtige Politik des Donaureichs leitete, mußte die Gedanken seines kaiserlichen Herrn als Sentimentalität empfinden. In dem tirolischen Grafen Buol lebte die kaltblütige, nur auf die Erhöhung der Macht des deutschen Landesfürstentums gerichtete Selbstsucht des deutschen Teilstaatentums. Er war entschlossen, dem Kaiserstaat die Stellung in Mitteleuropa zurückzugewinnen, die er vor Friedrich dem Großen gehabt hatte. Arm in Arm mit Frankreich wollte er den preußischen Nebenbuhler niederwerfen und, wenn er schon auf Oberitalien verzichten mußte, dafür Schlesien zurückgewinnen, Sachsen wiederherstellen, die Rheinlande aber den Franzosen übergeben. Nationale Gewissenszweifel plagten ihn nicht. Aber er vermochte sich nicht durchzusetzen. Als dem Kaiser sichtbar wurde, wie sehr Buol dazu geholfen hatte, Österreich vereinsamen zu lassen, als zur französischen Feindschaft Drohungen aus Petersburg herüberdrangen und aus Berlin Zurückhaltung spürbar wurde, ersetzte der Kaiser Buol durch den Grafen Rechberg.

Preußen bleibt abseits

Der preußische Prinzregent hatte als Jüngling an der Seite der Österreicher gegen den ersten Franzosenkaiser gekämpft, er gehörte zu den vielen, die von geschichtlichen Erinnerungen und innerer Neigung an die Seite des Wiener Hofes gedrängt wurden. Aber er war auch ein Preuße, viel mehr als sein kranker Bruder, der ihn jetzt stürmisch bedrängte, die Waffen für Österreich zu ergreifen. In ihm war das ausschließlich preußische Staatsgefühl wohl nicht so mächtig wie in seinem Gesandten in Petersburg, der ihm unheimlich war und der ihn, anders als der Bruder, beschwor, nicht auf die Regungen der Gefühlsseligkeit zu lauschen. Gelegentlich sprach Otto von Bismarck auch davon, es sei am besten, gegen Österreich zu marschieren, die Grenzpfähle in die Tornister der Musketiere zu stecken und sie da einzurammen, wo es das preußische Staatsinteresse gebiete.

Solche Versuchung hätte der Prinzregent erschrocken und verstimmt abgelehnt. Er wollte wirklich Österreich helfen, er bot ihm die bewaffnete Vermittlung zur Wahrung des Besitzstandes an, er mobilisierte auch, er wäre bereit gewesen zu fechten; er verlangte nur eine Gegengabe: daß ihm der Oberbefehl über die Bundestruppen am Rhein übergeben werde. Das war nicht unbillig angesichts der Tatsache, daß österreichische Truppen am Rhein überhaupt nicht und die damals in ihrer Heeresverfassung rückständigen Truppen der Mittelstaaten erst spät am Rhein erscheinen konnten. Aber Österreich beharrte auf dem Oberbefehl des Bundes, und die Vorstellung, daß sich bayerische oder hessische Kommissare in preußische Befehlsverhältnisse einmischen könnten, war dem Prinzregenten unerträglich.

Der Kaiser von Österreich mußte in jenem Oberbefehl des Prinzregenten den Verzicht auf die überlieferte österreichische Stellung in Deutschland, er mußte in ihm die Weiterführung des Werks der Paulskirche sehen. Für ihn war nun wieder diese Vorstellung unerträglich. Dazu kamen falsche Gerüchte und unwahre Einflüsterungen, Preußen wünsche die Abtretung der Lombardei. Auch hatten den österreichischen Kaiser die Niederlagen bei Magenta und Solferino erschüttert. Ungünstige Nachrichten über die Kampfmoral der nichtdeutschen Truppenteile in seinem Heere, deren Ziele nicht weit entfernt waren von denen der Feinde auf dem Schlachtfeld, ängstigten ihn. So schloß er mit dem Kaiser der Franzosen den Vorfrieden von Villafranca, der die Lombardei Frankreich und damit Piemont auslieferte, Venedig aber bei Österreich ließ.

Man hat Franz Josephs Verhalten unzulänglich und fehlerhaft gefunden, aber seine Lage war von tragischer Zwangsläufigkeit. Nach der Überlieferung seines Reiches konnte er Oberitalien ebensowenig kampflos aufgeben wie die führende Stellung in Deutschland. Das Habsburgerreich ragte aus einer fernen Zeit fremd in dieses Jahrhundert mit seinen erwachten Nationen hinein, das war nicht seine Schuld, aber sein Schicksal. Auch ein staatsmännisches Genie hätte es nicht zu wandeln vermocht.

Was nach Villafranca in Italien geschah, gehört nur am Rande in den Zusammenhang dieses Buches und ist deshalb in drei Sätzen erzählt: Napoleons überschlauer Plan, in Italien einen Staatenbund zu gründen, seinen Verwandten einige Fürstenthrone und sich selbst die leitende Stellung zu besorgen, scheiterte völlig. Die kühne Staatskunst Cavours, die verwegene Tapferkeit Garibaldis und das Feuer der italienischen Patrioten schufen etwas Neues. Ein Jahr nach Villafranca war Viktor Emanuel König von Italien. Von den italienischen Provinzen lagen nur noch Venetien, Welschtirol und Rom außerhalb seiner Grenzen.

Damit war vollendet, was bei Magenta und Solferino begonnen hatte. Das geschichtliche Werk des Krimkriegs war fortgesetzt, die Verträge von 1815 waren noch mehr zerfetzt, der nationale Gedanke hatte triumphiert. Vor allem damit und nicht nur durch die Niederlagen auf dem Schlachtfeld war Österreich schwer getroffen. Ähnlich wie Rußland einige Jahre vorher büßte es jetzt an Ansehen ein. Aber Österreich war schwächer als Rußland und konnte den Rückzug schwerer verwinden.

Auf den ersten Blick gehörte Preußen zu den moralisch Geschlagenen. Es hatte seine Vermittlung, ja seine Waffenhilfe angeboten, und Österreich hatte sie verschmäht. Preußen war in die Lage des verschmähten Freiers geraten. Dazu waren die Freunde Österreichs und die Gegner Frankreichs voller Bitterkeit über das preußische Verhalten, in dem sie eine Schmach sahen. Selbst Heinrich von Gagern nannte das preußische Verhalten charakterlos.

Auch vor dem Ausland war das Ansehen Preußens geschwächt. Die „Times" spottete darüber, daß man nicht recht wisse, wie Preußen eine Großmacht sein wolle; auf dem Schlachtfeld jedenfalls, so höhnte das angesehene britische Blatt, sei Preußen nie zu finden. Wieder wie vier Jahre vorher und dreißig Jahre später fand es die öffentliche Meinung Großbritanniens unwürdig, daß in einem Konfliktfall eine preußische Regierung es verschmäht hatte, das Blut seiner und fremder Soldaten zu vergießen. Die Briten unserer Tage sind davon überzeugt, daß Preußen ein eroberungslüsterner und kriegliebender Staat gewesen sei. Wenn sie sich die Mühe machten, nachzulesen, wie verächtlich ihre Vorfahren die preußische Enthaltsamkeit vom Kriege gefunden haben, so würden sie gewiß erstaunt sein.

Aber der Zorn über Preußen und die Verachtung seiner Politik der Halbheit waren auf die Dauer nicht bestimmend für das Urteil der Zeitgenossen. Tief prägte sich die bleibende Lehre der italienischen Einigung ein: Ein norditalienischer Staat hatte, geführt von einem Minister der Krone, aber im Bunde mit der liberal-nationalen Bewegung, die Einheit erstritten. Der Vergleich mit Deutschland war mit den Händen zu greifen. Als Ausdruck neubelebter Hoffnungen auf die deutsche Einheit unter Führung Preußens wurde 1859 der Nationalverein gegründet. Er tat viel dafür, die damals allein mögliche Lösung des deutschen Strebens vorzubereiten. Damit wurde er zu einem Wegbereiter Bismarcks, so schroff seine Führer auch zu Anfang die Maßnahmen Bismarcks verurteilen mochten.

Seine Mitglieder sahen die große Aufgabe des Jahrhunderts wesentlich als eine Verpflichtung für ihre bürgerlichen und liberalen Standesgenossen. Höchstens adelige und fürstliche Bundesgenossen wurden anerkannt. Als der Antrag gestellt wurde, die Beitragszahlung in Raten zu erlauben und so auch Arbeitern die Mitgliedschaft zu gestatten, geriet die Leitung in große Verlegenheit. Sie half sich mit der Erklärung, die deutschen Arbeiter seien die geborenen Ehrenmitglieder des Vereins. So schwer ist es für Mitlebende, selbst wenn sie nach innerer Unbefangenheit streben, die großen Wandlungen zu erkennen. Dem Junker Bismarck läßt sich seine unlösbare Verwurzelung in seinem Stande mühelos nachweisen, aber von den bürgerlichen Politikern seiner Zeit gilt das nicht minder. Indem der nationale Liberalismus von Beginn an einen Trennungsstrich zum deutschen Proletariat zog, arbeitete er ahnungslos an seiner künftigen Entmachtung.

Heeresreform

Den Prinzregenten focht der herbe Tadel nicht an, den die meisten Deutschen gegen ihn erhoben. Er glaubte, recht gehandelt zu haben, und sein Selbstvertrauen blieb unerschüttert. Umgekehrt bestärkten ihn die Erfahrungen bei der preußischen Mobilisierung während des Krieges in Anschauungen, die er ganz selbständig schon lange gewonnen hatte. Für eine Reihe von Jahren wurde der Prinzregent (nach dem Tode seines Bruders 1861 König) Wilhelm wieder ganz zum ersten Offizier seines Staates.

Die Heeresstärke in Preußen war vor fast zwei Menschenaltern festgesetzt worden, als die Bevölkerungszahl um die Hälfte geringer gewesen war. Seitdem war die Zahl der Truppen teils aus Sparsamkeit, teils im Vertrauen auf die Fortdauer des Friedens nicht so stark erhöht worden, wie im Verhältnis zur Bevölkerungszahl nötig gewesen wäre. Ein großer Teil der Wehrfähigen wurde nicht ausgehoben.

Das hatte während der Krisen von 1850 und 1859 zu grotesken Ergebnissen geführt. Bärtige Familienmitglieder mußten Dienst tun und hätten im Ernstfall auf dem Schlachtfeld kämpfen müssen, während die junge Mannschaft zu Hause blieb. Schon allein deshalb war eine Änderung notwendig. Aber ein militärischer Fachmann wie Wilhelm handelte nicht nur aus Mitgefühl mit den älteren Leuten. Er wollte ein stärkeres Heer haben, das der wachsenden Bevölkerungszahl, aber auch den wachsenden außenpolitischen Gefahren besser entsprechen sollte. Mehr Rekruten sollten ausgehoben, neue Regimenter aufgestellt werden.

Sein Plan ging noch weiter. In den Freiheitskriegen hatte die Landwehr als halb selbständiger Heereskörper neben den Truppen der Linie gekämpft. In diesen älteren Männern, die im Zivilleben bereits eine gewisse Stellung gewonnen hatten, lebte ein eigentümliches Selbstbewußtsein, das mit dem

Selbstbewußtsein des Bürgerstands verschmolz. Seinen Ausdruck fand es in der freien Wahl der Landwehroffiziere. Das aufstrebende Bürgertum umgab die Landwehr mit dem Schimmer romantischer Verklärung. Ihre Leistungen in den Freiheitskriegen wurden höher bewertet, als strenge Vergleichsmaßstäbe es erlaubt hätten. Keinen aufrechten Bürger gab es, dem die Landwehr nicht teuer war. Aber wenn der Prinzregent die Schlagkraft des Heeres erhöhen wollte, konnte er an der Landwehr nicht vorbeigehen. Die eigentliche Linie und ihre erste Ergänzung, die Reserve, waren auch nach einer maßvollen Vermehrung der ausgehobenen Truppen nicht zahlreich genug. So wünschte Wilhelm, daß die jüngeren Jahrgänge der Landwehr zur Reserve stoßen und zusammen mit der Linie in den Reserveregimentern sofort ausrücken sollten, wenn der Ernstfall einträte.

Seine Beweggründe waren nicht nur militärischer Art. Wenn dem aufstrebenden Bürgertum die Landwehr besonders teuer war, so war sie gerade darum dem Herrscher besonders verdächtig. Er wollte ein unbedingt zuverlässiges, fest in der Hand der Offiziere und damit der Krone ruhendes Werkzeug. Wilhelm hatte Grund, die Landwehr in diesem Sinne mit einiger Sorge anzusehen. Beim Kampf gegen die Aufständischen 1848 hatten sich hier und da bei der Landwehr Schwanken und Zögern gezeigt. Das hatte er nicht vergessen. Nicht nur aus militärischen, sondern auch aus wohlerwogenen innerpolitischen Gründen wollte er die Landwehr schwächen.

Vom ersten Tag an war also die Heeresreform nicht allein eine Angelegenheit der Fachleute. Das Machtbewußtsein der Krone und das Machtbewußtsein des Bürgertums prallten aufeinander.

Gegnerschaft des Landtags

Als ein Kampf um die Frage, ob königliches oder Parlamentsheer, hat später Bismarck den Konflikt bezeichnet und damit dem Urteil auch der Nachlebenden die Losung gegeben. Noch heute sehen ihn Forschung und öffentliches Bewußtsein zumeist unter dieser Parole und zu Recht. Der Konflikt war tatsächlich ein Kampf darum, in welchem Maß es der Krone noch möglich war, ihre Macht aufrechtzuerhalten, ja auszubauen und zu verstärken.

Aber die Bedeutung der Auseinandersetzung ist damit nicht erschöpft. Der Fall liegt verwickelter. Sieht man in dem Konflikt nur das königliche gegen das parlamentarische Machtbewußtsein streiten, so stehen der König und Bismarck da als die großen Unzeitgemäßen. Dank dem herrischen Willen und der Verschlagenheit des einen großen Mannes wäre es dann noch einmal gelungen, die bestimmenden Ideen der Zeit zu überspielen. War es wirklich nur so?

Die Gegnerschaft des Parlaments gegen die Heeresreform war nicht aus Abneigung gegen das Militär geboren. Dieses Geschlecht, das aufgewachsen war in der Erinnerung an die Freiheitskriege, war dem Soldatentum von Herzen zugetan. Daß dieses seiner Würde bewußte Bürgertum die Abkehr vom Geiste Scharnhorsts, die Bevorzugung des Adels und die Herrschaft rückschrittlicher Gesinnung in den Linienregimentern beklagte und bekämpfte, war sein gutes Recht. Auch der Bürger aber sah mit Stolz und Vertrauen auf die schwarzweißen Fahnen zu Häupten der Soldaten.

Aber er blieb ein Bürger, das heißt sparsam, und ihm behagten die neun Millionen Taler nicht, die der Prinzregent für die Verstärkung forderte. Zur Heeresreform verhielt sich das Bürgertum im Grunde so wie jahrzehntelang vorher gegenüber der Landwehr. Es liebte die Landwehr, es verteidigte sie jetzt eifervoll, aber es hatte lange Zeit nicht genug dafür geopfert. Es hatte nicht gesehen, daß sein natürlicher Standesstolz durch hingebenden und treuen Dienst im Offizierskorps der Landwehr mächtig gefördert worden wäre. Je mehr fähige, pflichtbewußte, erfahrene, gründlich ausgebildete bürgerliche Offiziere die Landwehr hatte, um so selbstbewußter konnte dieser Stand in diesem preußischen Staate, wie er nun einmal war, neben das zumeist adelige Offizierkorps der Linie treten.

Aber Dienen war mühevoll, es kostete Zeit, es riß bei den Übungen den Offizier des Beurlaubtenstands immer wieder aus dem Geschäftsleben oder den Studien. So vernachlässigte das Bürgertum die militärische Einrichtung, die seinem Ideal entsprach. Und wie es bei der Landwehr nicht seine Zeit hatte opfern wollen, so wehrte es sich dagegen, bei einer Heeresreform sein Geld zu opfern. Auch wenn der einzelne Abgeordnete die Notwendigkeit eingesehen hätte, die Rufe der Steuerzahler, der Wähler nach Sparsamkeit klangen ihm doch immer wieder in den Ohren. Und darum hätte ein voller Sieg der Parlamentsmehrheit am Ende militärisch mehr bedeutet als nur den Verzicht des Königs auf seine Reformwünsche. Eine von Linksliberalen und Fortschrittlern beherrschte Regierung hätte ein weit schwächeres Heer aufgestellt, als es das Heer war, das bei Düppel, Königgrätz und Sedan gefochten hat.

Darum wird ein Urteil über den Konflikt nicht nur davon abhängig sein, ob man den Sieg der Krone aus innerpolitischen Gründen bedauert oder begrüßt. Es wird sich auch dadurch bestimmen lassen, wie man die Möglichkeiten preußischer Außenpolitik einschätzt. Wenn man glaubt, daß die deutsche Einheit auch auf friedlichem Wege hätte geschaffen werden können, dann wird man der Parlamentsmehrheit zuerkennen müssen, daß sie nicht nur in dem Sinne der inneren Entwicklung im Recht war. Dann stand auch das Recht der großen Geschichte auf ihrer Seite.

Der Glaube an die Möglichkeit, Deutschland könne nur auf dem Wege der moralischen Eroberungen geeinigt werden, gestützt durch eine entschlossene und geschmeidige Diplomatie, war nicht einfach weltfremd. Der vielleicht klügste deutsche Politiker jener Jahre, Otto von Bismarck, versuchte den friedlichen Ausgleich mit Österreich, und er erwog immer wieder, ob nicht Änderungen in der inneren Politik Frankreichs diesen Staat dazu bewegen könnten, sich mit der deutschen Einigung abzufinden.

Aber die geschichtliche Wirklichkeit hat gegen diese Wünsche entschieden. So wie in diesen Jahrhunderten die Einheit der Schweiz, Italiens und der Vereinigten Staaten mit den Waffen geschmiedet oder wiederhergestellt wurde, so ist auch die deutsche Einheit mit Hilfe eines starken Heeres geformt worden. Wir haben es nicht besser gehabt als andere Völker auch. Deshalb aber können die militärischen Anschauungen der preußischen Parlamentsmehrheit vor dem Geist der großen Geschichte nicht bestehen.

Das Ende der ,,Neuen Ära"

Da die liberale Regierung Hohenzollern den Kampf gegen die liberale Opposition nicht entschieden führen wollte oder konnte, trat sie zurück. Hohenzollern wurde durch den konservativen Fürsten Hohenlohe ersetzt. Die preußischen Liberalen hatten die erste liberale Regierung in Preußen gestürzt. Für einen Augenblick mag man darüber nachsinnen, wie sich die innere Zukunft unseres Vaterlands gewandelt hätte, wenn die Liberalen in dieser einen Frage, die dem Prinzregenten am Herzen lag, nachgegeben hätten. Man darf es für möglich halten, daß sich dann allmählich die inneren Zustände Preußens im freiheitlichen Sinne fortentwikkelt hätte. Dazu hätte freilich nicht nur viel Selbstbeherrschung und Weisheit beim Parlament, sondern auch der fortdauernde Wille des Herrschers gehört, seine Bedenken zu überwinden.

Je bitterer die Auseinandersetzung wurde, um so mehr verschärfte sich die Haltung des freiheitlichen Bürgertums. Die maßvolle Art der bisherigen liberalen Mehrheit genügte ihm nicht mehr, die neugegründete Fortschrittspartei focht heißer, stärker, leidenschaftlicher, und sie gewann mit einem Sprung die Mehrheit.

In diesem Kampf zerbrach das Bündnis zwischen Krone und gemäßigtem Liberalismus. Die Fortschrittspartei wollte, anders als die Altliberalen, eine Veränderung des ganzen Staatsgefüges. Die Altliberalen hatten sich im Sinne der Verfassung mit dem Gleichgewicht von Krone und Parlament abgefunden; die Fortschrittspartei wollte die mit Sicherheit erwartete Niederlage der Krone dazu benützen, das Parlament auf die Stellung des britischen Unterhauses oder der belgischen Kammer zu erhöhen, die Krone ebenso herabzudrücken. Fast sechzig Jahre später wurde ihr Wunsch erfüllt – für fünf kurze Wochen. In der Mitte des neunzehnten

Jahrhunderts aber zeigte es sich, daß die Monarchie stärker war, als die Anhänger des Parlamentarismus angenommen hatten.

Für einen kurzen Augenblick schien es, als sei über die Heeresreform noch eine Einigung möglich. Die Mehrheit des Landtags zügelte ihre Kampfesleidenschaft. Sie verzichtete vorläufig darauf, ihre letzten Ziele zu erreichen. Sie erklärte sich mit den Wünschen des Herrschers einverstanden, sie beharrte nur auf einer Forderung: Die dreijährige Dienstzeit sollte durch die zweijährige ersetzt werden. Sie glaubte sich das selber schuldig zu sein, sie glaubte auch, diese Forderung den Wünschen der meisten jungen Männer und nicht zuletzt dem Bedürfnis der Sparsamkeit schuldig zu sein.

Sie fand einen unerwarteten Verbündeten in dem hochkonservativen Kriegsminister von Roon, dem vornehmsten Berater des Königs bei der Heeresreform. Seine eigenen Vorschläge deckten sich nicht mit denen der Parlamentsmehrheit, aber mit der zweijährigen Dienstzeit gedachte er sich abzufinden. Auch mit ihr glaubte er tüchtige Soldaten ausbilden zu können. Zwei Weltkriege haben ihm später recht gegeben.

Abdankung?

Es war der ganz persönliche Entschluß des Königs, der die Einigung mit der Mehrheit scheitern ließ. Er war der Herr und blieb es, auch seinem Minister gegenüber. Er glaubte, anders als Roon, daß drei Jahre unerläßlich seien, nicht für den Gebrauch der Waffen und für die Bewegung im Gelände, aber für die innere Haltung des Soldaten, der erst in drei Jahren aus einem Zivilisten ein echter Soldat werden könne. Er verwarf auch Roons Vorschläge.

Aber Mutlosigkeit war angesichts des wachsenden Widerstands im Lande nun auch in die königlichen Reihen eingezogen. Der König glaubte, keinen Minister mehr finden zu können, der fähig und entschlossen gewesen wäre, das unveränderte Programm gegen die Parlamentsmehrheit zu verfechten und durchzusetzen. Nachgeben aber wollte er nicht, nicht aus Starrsinn, sondern weil ihm die Heeresreform eine Sache des innersten Gewissens war. So entwarf Wilhelm die Abdankungsurkunde.

Er besprach den Entschluß zum Thronverzicht mit seinem ältesten Sohn, der in liberaler Gesinnung aufgewachsen und mit einer liberalen britischen Prinzessin verheiratet war. Es war eine Stunde der großen Lockung für den Kronprinzen, der nicht ohne fürstliches Selbstgefühl war und in dem Glauben lebte, er könne sein Volk einer freien und glücklichen Zukunft entgegenführen. Aber Friedrich Wilhelm war zutiefst erschrocken über die Versuchung. Sein kindliches Gefühl war stärker als seine Lust zu herrschen. Er beschwor den Vater, fest zu bleiben – und reiste ab. So entzog er sich allen möglichen Verwicklungen und Verlockungen. Wie hätte der junge Kronprinz Friedrich um 1738 in ähnlicher Lage gehandelt?

Daß Friedrich Wilhelm die Macht ausschlug, die scheinbar zum Greifen nahe vor ihm lag, ist ihm oft verdacht worden. Man hat in seinem Verhalten den Ausdruck seiner eigenen Unentschlossenheit, aber auch der Weichheit des Liberalismus überhaupt gesehen. Man hat auch geglaubt, daß er und seine national-freiheitliche Gedankenwelt damals eine große und unwiederbringliche Stunde verpaßt hätten. Weich war Friedrich Wilhelm gewiß; daß die deutsche Geschichte eine andere Bahn genommen hätte, wenn er sich damals nicht gesträubt hätte, muß man bezweifeln.

So leicht trennt man sich nicht von der Macht, wenn man sie einmal besitzt und wenn man soviel Selbstgefühl und Instinkt zur Herrschaft hat, wie Wilhelm sie besaß. Auch wenn sich der Kronprinz bereit gefunden hätte, die Krone anzunehmen, so hätte sich der König gewiß noch einmal mit Roon und seinen anderen Vertrauten besprochen. Sie hätten ihn an seinem Portepee ergriffen, sie hätten nicht gezögert, ihm den einen Namen zu nennen, der verführerisch, unheimlich und leuchtend seit langem am Horizont der preußischen Regierung stand, und Wilhelm hätte es mit ihm versucht. Zurückgeblieben wären nichts als Argwohn und Verstimmung gegenüber dem Kronprinzen.

Bismarck

Gewiß aber hat die Abreise des Kronprinzen es erleichtert, daß sein Vater den Mann berief, den Friedrich Wilhelm am wenigsten schätzte. Otto von Bismarck weilte damals als Gesandter in Paris, als er die Depesche erhielt, die seine geplante Urlaubsreise nach Berlin beschleunigte und damit Geschichte machte: „Periculum in mora. Depêchez-vous! L'oncle de Maurice Henning. – Gefahr im Verzuge. Beeilen Sie sich! Der Onkel von Moritz Henning." (Moritz Henning von Blankenburg war der Neffe Roons.)

Unverzüglich reiste Bismarck nach Berlin. In Babelsberg hatte er am 22. September 1862 die Unterredung mit dem König, die Wilhelm wieder Mut fassen ließ. Zum erstenmal empfand der König Vertrauen zu dem dämonischen Mann an seiner Seite. Am folgenden Tage war Otto von Bismarck preußischer Ministerpräsident.

Der jetzt Siebenundvierzigjährige war als Sohn eines alten brandenburgischen Junkergeschlechts auf dem Gut Schönhausen geboren worden. In Göttingen und als Referendar hatte er sich juristische, als Gutsherr durch leidenschaftliches Lesen eine bedeutende historische Bildung erworben. Er liebte Beethoven und Shakespeare, alles, was hintergründig und tief ist. Im Landtag hatte er als Verfechter der königlichen und adeligen Rechte den

Abscheu der Liberalen, die Begeisterung der Konservativen und die Bewunderung Friedrich Wilhelms des Vierten gewonnen.

Otto von Bismarck hatte die Tochter einer tiefgläubigen Familie, Johanna von Puttkamer, geheiratet. Das Schreiben, in dem er um das Jawort ihres Vaters bat, und seine Briefe an seine Braut zählen zu den Denkmälern der deutschen Literatur, wie es denn keinen großen Künstler der Politik gegeben hat, der nicht auch ein Künstler der Sprache gewesen wäre.

Das Vertrauen Friedrich Wilhelms des Vierten hatte den jungen Abgeordneten auf den schwierigsten Posten der preußischen Diplomatie, auf den des Gesandten beim Bundestag zu Frankfurt am Main gesandt. Hier hatte sich in ihm die entscheidende Wandlung vollzogen. Er war aufgewachsen in der konservativen Tradition der Freundschaft mit Österreich, er hatte lange an ein freundschaftliches Zusammenarbeiten mit dem Habsburgerreich gedacht. In Frankfurt begriff Bismarck, daß Österreich unter Freundschaft Preußens Unterordnung verstand. Metternichs weise Politik war von seinen Nachfolgern verlassen worden. Aber um sich unterzuordnen dazu war Bismarck zu sehr Preuße und auch zu stolz.

So wurde seine Tätigkeit in Frankfurt ein unaufhörlicher, mit immer neuen Einfällen, mit Witz und Klugheit, auch mit Hochfahrenheit und Tücke geführter Kleinkrieg gegen den österreichischen Führungsanspruch. Sein Name war bald in der österreichischen Diplomatie gefürchtet und gehaßt, bei einigen ihrer Mitglieder auch bewundert. Aber langsam wuchs auch die Sorge bei seinen konservativen Freunden in Berlin. Sie witterten Verrat an heiligen Grundsätzen bei Meinungen, die in seinen Augen nichts als das Bekenntnis zur preußischen Staatsräson waren.

Realpolitik

In Dokumenten von unvergleichlichem sprachlichem Reiz, vor allem in seinen Briefen an einen der Führer des Hochkonservativismus, an seinen früheren Beschützer, Leopold von Gerlach, umriß Bismarck seine Erkenntnisse vor den Augen des erschrockenen Empfängers. Da in seinen Augen die Freundschaft mit Österreich Risse erhalten hatte, blickte er sich nach neuen Freunden für Preußen um. Er glaubte Möglichkeiten der Zusammenarbeit in Frankreich zu finden.

Aber in Paris regierte Ludwig Napoleon, der Thronräuber, der Revolutionär, der durch einen siegreichen Umsturz und durch die Vertreibung des gesetzmäßigen (oder beinahe gesetzmäßigen) Herrscherhauses an die Macht gekommen war, der sich durch eine Volksabstimmung in der Macht hatte bestätigen lassen. Das waren lauter Verbrechen gegen die geheiligten Grundsätze der preußischen Rechten. Wenn ein hoher preußischer Diplomat an Freundschaft mit dem Erben des Umsturzes dachte, so war er für die Brüder Gerlach ein Verlorener, ein Abtrünniger, ein Ungetreuer.

In ewig gültigen Sätzen warb Bismarck um die alten Freunde, beharrte er zugleich selbstbewußt auf dem Recht der reinen Staatsräson. Er versuchte deutlich zu machen, daß sich der Staatsmann in der auswärtigen Politik nicht zum Gefangenen innerpolitischer Zuneigungen und Feindschaften machen darf. Er wollte nicht aufhören, ein königstreuer Konservativer zu sein, aber an den schwarzweißen Grenzpfählen hörte für ihn diese Überzeugung auf, politisch zu wirken. „Meinen Sie ein auf Frankreich und seine Legitimität anzuwendendes Prinzip, so gestehe ich allerdings, daß ich dieses meinem preußischen Patriotismus vollständig unterordne; Frankreich interessiert mich nur soweit, als es auf die Lage meines Vaterlands reagiert, und wir können Politik nur mit dem Frankreich treiben, welches vorhanden ist, dieses aber aus den Kombinationen nicht ausschließen." Oder, als er von dem bourbonischen Thronanwärter in Frankreich spricht: „Ich kann als Romantiker eine Träne für sein Geschick haben, als Diplomat würde ich sein Diener sein, wenn ich Franzose wäre; so aber zählt mir Frankreich, ohne Rücksicht auf die jeweilige Person an der Spitze, nur als ein Stein – und als ein unvermeidlicher – in dem Schachspiel der Politik, einem Spiel, in welchem ich nur *meinem* Könige und *meinem* Lande zu dienen Beruf habe. Sympathien und Antipathien in betreff auswärtiger Mächte und Personen vermag ich vor meinem Pflichtgefühl im auswärtigen Dienste meines Landes nicht zu rechtfertigen, weder an mir noch an anderen; es ist darin der Embryo der Untreue gegen den Herrn oder das Land, dem man dient."

Das war die gleiche Gesinnung, die Bismarck später in einem Brief an Roon so umschrieb: „Ich bin meinem Fürsten treu bis in die Vendée, aber gegen alle anderen fühle ich in keinem Blutstropfen eine Spur von Verbindlichkeit, den Finger für sie zu rühren."

Bismarck war eine Natur von vulkanischer Leidenschaft. Daß gerade ein solcher Mann es ablehnte, auswärtige Politik vom Gefühl her zu betreiben, und daß er zur Grundlage die kalte Einschätzung der wirklichen Verhältnisse nahm, macht seine Größe aus. Die Gabe lag tief in seinem Wesen, sie war in Frankfurt nur weiterentwickelt worden. Im Grunde wandelte er gegenüber den Gerlachs und Roon nur ab, was er schon 1850 bei der Verteidigung des Vertrags von Olmütz in der Kammer ausgeführt hatte: „Die einzige Grundlage der Politik eines großen Staates ist der Egoismus und nicht die Romantik."

Seine konservativen Bundesgenossen hatten damals die Untertöne friderizianischer Staatsräson in seiner Rede überhört, weil er ein Abkommen verteidigte, das ihre Führer abgeschlossen hatten. In Frankfurt nun, auf einem großen diplomatischen Posten, bildete sich dieser Sinn für „Realpolitik" bis zur Vollkommenheit aus. Ein Liberaler, Herr von Rochau, hatte den Begriff geprägt; die Liberalen mußten nun erleben, daß ihn ein Junker mit Sinn und Leben erfüllte. Verstanden haben sie ihn lange ebensowenig wie die Konservativen.

Ein Biograph Bismarcks hat vor einem Menschenalter gemeint, die Unterordnung innerpolitischer Gefühle unter die Erfordernisse auswärtiger Politik sei damals so revolutionär gewesen, daß sie nicht so leicht habe verstanden werden können. Im zwanzigsten Jahrhundert dagegen sei Bismarcks Anschauung überall durchgedrungen. Wer mit offenen Ohren politische Auseinandersetzungen unserer Zeit anhört, wird daran zweifeln, daß dieser Historiker recht hat. Immer noch ist Bismarcks eigentliches Vermächtnis nicht erfüllt.

Gegen Österreich

In Frankfurt lernten seine Gesprächspartner auch eine andere Leidenschaft bei ihm kennen: seinen Willen, die Dinge rücksichtslos zu Ende zu denken und das Erkannte mit schneidender Deutlichkeit auszusprechen. Zu den Vorwürfen, die noch heute gegenüber Bismarck erhoben werden, gehört der der mangelnden Wahrheitsliebe. Er stützt sich auf solche Aussprüche wie den gegenüber dem Grafen Rechberg, der ihn fragte, warum Bismarck einen jungen Beamten aus der Gesandtschaft zurückgesandt habe, worauf ihm Bismarck antwortete: „Der Mann kann nicht lügen!" Aber der Diplomat, zu dem Bismarck so sprach, war selber ein Meister der Verschlagenheit, um nicht zu sagen, der mangelnden Wahrheitsliebe. Ihm gegenüber gewinnt der Satz Bismarcks das Wesen höchsten Übermuts, ja Freimuts.

In Wirklichkeit hat sich Bismarck gerade durch das offene Aussprechen einmal erkannter Überzeugungen oft genug bittere Feinde gemacht. Auf die Dauer freilich hat er damit mehr Respekt als Gegnerschaft erworben. Anders wäre es auch nicht möglich gewesen, daß er als Regierungschef allmählich das Vertrauen der europäischen Höfe erwarb und dann jahrzehntelang genoß.

Auch Bismarck war vielen Schwächen unterworfen, und als Diplomat hat er von dem Recht seines Standes, seine Gedanken zu verhüllen, immer wieder Gebrauch gemacht. Seine bedeutendsten Opfer waren sein eigener König und dann der Franzosenkaiser, dessen Träumereien über Bismarcksche Gefälligkeiten von seinem Gesprächspartner nicht nur nicht zerstört, sondern eher noch gefördert wurden. Wer aus solcher Haltung den Schluß zieht, Bismarck sei innerlich unwahrhaftig gewesen, verkennt das Wesen einer auf Dauer, nicht nur auf Augenblickserfolge zielenden Diplomatie.

In Frankfurt erschreckte er seine österreichischen Gesprächspartner durch solche Bemerkungen wie jene, daß, wenn Österreich Preußens berechtigte

Ansprüche nicht anerkenne und dann in einen Krieg verwickelt werde, es Preußen auf der Seite seiner Gegner finden werde. Einen Liberalen aber, Herrn von Unruh, machte er fassungslos. Zu ihm sagte Bismarck, der nicht ohne Schuld als reaktionär Verschriene, der einzige wertvolle Verbündete des preußischen Staates sei das deutsche Volk.

Babelsberg

Nicht jeder dieser Aussprüche kam dem König zu Ohren. Insgesamt aber hatte Bismarck ihm genügend Grund gegeben, ihn als verwegen, unberechenbar, aufbrausend, gewalttätig, von Dämonen getrieben anzusehen. Mehr als einmal hatten Männer, die dem König nahestanden, Bismarck als den kommenden Mann bezeichnet und seine Ernennung empfohlen. Immer war Wilhelm davor zurückgeschreckt. Und als er ihn an dem schicksalsvollen Septembertag in Babelsberg empfing, war der König – so dürfen wir annehmen – immer noch unschlüssig. Zum mindesten suchte er den gefährlichen Mann durch ein achtseitiges Regierungsprogramm zu fesseln, seiner Maßlosigkeit Schranken anzulegen.

Aber als die Unterredung im Arbeitszimmer des Königs und im Park beendet war, war weder von Abdankung noch von Bedingungen die Rede. Zum ersten Male bewies Bismarck hier die Meisterschaft in der Behandlung des Herrschers, die ihn dann sechsundzwanzig Jahre lang an der Macht gehalten hat. Auf Einzelheiten des vorgeschlagenen Programms ließ er sich nicht ein. In großartiger Sprache entwarf er das künftige Verhältnis der beiden zueinander: „In dieser Lage werde ich, selbst wenn Majestät mir Dinge befehlen sollten, die ich nicht für richtig hielte, Ihnen zwar diese meine Meinung offen entwickeln, aber wenn Sie auf der Ihrigen schließlich beharren, lieber mit dem König untergehen, als Eure Majestät im Kampfe mit der Majestät im Stich lassen."

Der mutige Vasall, der für und mit seinem Herrscher kämpft, wenn es sein muß, bis zum bitteren Ende: Solche Worte mußten das Herz eines Herrschers gefangennehmen, der gewiß oft voller Zweifel war, auf den aber der Aufruf an den kämpferischen Mut niemals ohne Wirkung blieb und der ein lebendiges Gefühl für die Treue hatte, die Herrn und Diener verbindet. Der König muß wie verzaubert gewesen sein. Als einen müden und fast gebrochenen Mann hatte ihn Bismarck getroffen, aufrecht, entschlossen und entscheidungsfroh ging der König aus dem Gespräch hervor.

Vom Programm aber, einem augenscheinlich gemäßigt liberal-konservativen Programm, war weiter nicht die Rede. Bismarck hatte es nicht brauchen können, es hätte ihn zu sehr eingeengt. Deshalb hatte er es gleichsam durch die Bekundung seiner Gefolgstreue überspielt. Dem König das eigene

1. Hzm. Schleswig
2. Hzm. Holstein
3. Lübeck
4. Hamburg
5. Bremen
6. Grhzm. Oldenburg
7. Kgr. Hannover

Deutschland 1815-1866
zur Zeit des Deutschen Bundes

8. Grhzm. Mecklenburg-Schwerin
9. Hzm. Lauenburg
10. Grhzm. Mecklenburg-Strelitz
11. Hzm. Anhalt
12. Hzm. Braunschweig
13. Lippe-Detmold, Schaumburg-Lippe, Kurhessen
14. Fsm. Waldeck
15. Kurfsm. Hessen und Hzm. Nassau
16. Grhzm. Hessen und fr. St. Frankfurt
17. Fsm. Lichtenberg
18. Thüring. Staaten
⊠ Grhzm. Baden
▨ Kgr. Württemberg
19. Grhzm. Luxemburg

Kgr. England

NORDSEE

Kgr. der Niederlande

Kgr. Belgien

Westfalen

Rheinprovinz

Schweiz
Sonderbund

Programm zu entwickeln, das er lange in seiner Brust trug, hatte er sorgfältig vermieden.

Wenn Wilhelm von scharfer Frontstellung gegen Österreich gehört hätte, wäre er tief erschrocken gewesen und hätte den Versucher von sich gewiesen. Indem ihm Bismarck seine eigensten Gedanken verschwieg, täuschte er ihn; das ist ein wahrer Kern in den moralischen Vorwürfen gegen ihn. Einen erfolgreichen Staatsmann zu finden, der in ähnlicher Lage anders gehandelt hätte, wird schwer möglich sein. Sicherlich war Bismarck schon an jenem Tag entschlossen gewesen, den König dahin zu bringen, wohin dieser nicht wollte.

Wenige Tage haben so viel Geschichte in unserem Lande gemacht wie dieser 22. September 1862. In ihm lag schon die Einigung Deutschlands, mindestens Kleindeutschlands beschlossen. In ihm lag aber auch beschlossen, daß sich die Einigung gegen den Geist der Zeit, gegen die Herrschaft des Parlaments vollziehen sollte. Und schließlich lag in ihm beschlossen, daß von diesem Tag an bis zu ihrem Untergang die preußische Monarchie noch mehr als früher ein Staat sein würde, in dem das Heer eine Sonderstellung innehatte.

Dem neuen Ministerpräsidenten war die Sachfrage der Heeresreform nicht wichtig, und gänzlich gleichgültig war ihm der Kampf um die dreijährige Dienstzeit. Er hatte den Augenblick und den Streit benutzt, um die Macht zu erhalten. Wenn der König die zweijährige Dienstzeit gegen den Wunsch des Parlaments verteidigt hätte, auch dann hätte Bismarck ihm zur Seite gestanden. Aber indem er nun diese Stufe des Kampfes um das Heer benutzte, um zur Regierung zu kommen, indem er keinen anderen Weg mehr sah, als den Willen des Königs zur Ausschaltung des Zivilen von den Kommandoverhältnissen im Heere zu dem seinen zu machen, erkannte er an, daß diesem Stand in diesem Staat ein Sonderrecht gebühre.

Blut und Eisen

Als Bismarck die Regierung übernahm, tat er es im Bewußtsein der vollen Größe der Schwierigkeiten und Gefahren, die ihn umgaben. Schon deshalb suchte er den Frieden mit der Parlamentsmehrheit. Als Symbol zeigte er ihr einen Ölzweig, und er versprach ein neues Haushaltsgesetz vorzulegen. Aber in dem Bestreben, die Kammer zu versöhnen, beging er einen Fehler, der für viele Menschen sein Andenken bis auf unsere Tage getrübt hat.

Der neue Ministerpräsident sprach im Haushaltsausschuß des Landtags. Er wußte, wofür ihn die meisten Männer vor ihm hielten: für einen preußischen Stockreaktionär, in dem kein Funke gesamtdeutschen Empfindens glühe. Bismarck wollte ihnen sagen, daß dies Bild falsch sei. Er wollte ihnen sagen, daß in ihm längst das Preußische und das Deutsche miteinander verschmolzen waren. Schließlich wollte er ihnen klarmachen, daß gerade ein starkes preußisches Heer notwendig sei, wenn die liberalen Träume von deutscher Einheit Wirklichkeit werden sollten.

Doch er sagte dies alles in der wie aus Erz gehauenen Form, die seinem Denken und Wesen gemäß war, die aber vor diesem Kreise, das heißt aber auch vor der Öffentlichkeit fehl am Platze war. „Nicht auf Preußens Liberalismus sieht Deutschland, sondern auf seine Macht ... Nicht durch Reden und Majoritätsbeschlüsse werden die großen Fragen der Zeit entschieden – das ist der große Fehler von 1848 gewesen –, sondern durch Blut und Eisen."

Dieser Satz enthält nicht den ganzen Bismarck. Diese reiche Natur erwog immer vielfältige Möglichkeiten. Bismarck hat drei siegreiche Kriege geführt, aber er hat auch lange Zeit versucht, sie zu vermeiden. Doch immer wieder brach auch, wie in dieser Sitzung, die Überzeugung durch, ohne Krieg sei die deutsche Einheit nicht zu gewinnen. Die Schweiz hatte ihren Sonderbundeskrieg hinter sich, in Italien war der Kanonendonner, der die Einheit gebracht hatte, eben erst verhallt, von Nordamerika dröhnte er noch herüber. Die Deutschen sollten es nicht besser haben als andere Völker, das ahnte Bismarck.

Er hätte jene Worte von Eisen und Blut dennoch nicht gesprochen, hätte er nicht gewußt, daß ähnliche Gedanken bei den Liberalen lebendig waren. In der Paulskirche waren sie häufig genug zu vernehmen gewesen, und viele Liberale bekannten sich auch jetzt zu ihnen. Was Bismarck der Mehrheit des Ausschusses hinwarf, war kein Fehdehandschuh, sondern das Angebot einer Versöhnung, eines Ausgleichs. Er bekannte sich zum gemeinsamen Ziel.

Aber es lag etwas in der messerscharfen Formulierung, was seine Hörer und später die Öffentlichkeit bis aufs Blut reizte. Die Liberalen schäumten, aber auch die konservativen Freunde Bismarcks waren beunruhigt. Das Gefühl für die deutsche Einheit war in ihnen lauer als bei den Liberalen. Wenn sie sich ein Zusammenrücken der deutschen Einzelstaaten vorstellten, dann nur durch freundschaftliches Übereinkommen der Regierungen, bei preußischer Eigenstaatlichkeit. Ganz gewiß sollten nicht Blut und Eisen der Kitt sein.

Die allgemeine Empörung erschreckte auch den König. Seine Umgebung tat viel, ihm klarzumachen, daß die Befürchtungen vor dem gewalttätigen Mann nur zu berechtigt gewesen seien. Das Abenteuer werde düster enden. Bismarck erkannte, daß sein Werk gefährdet war. Der König war in Baden-Baden zur Kur gewesen; wenn er jetzt heimkam und nach den Unterhaltungen mit Augusta nun noch den niederdrückenden Gesprächen mit den besorgten Politikern in Berlin ausgesetzt war, konnte alles verloren sein.

Ein König muß fechten

So fuhr er dem König bis Jüterbog entgegen, und im Zwiegespräch gelang ihm wieder seine alte verzaubernde Kunst, den andern zu ermutigen und zu stählen. Der König sagte ihm: „Ich sehe ganz genau voraus, wie das alles endigen wird. Da vor dem Opernplatz, unter meinem Fenster, wird man Ihnen den Kopf abschlagen, und etwas später mir."

Bismarck, ganz ruhig: „Et après, Sire?"

„Ja, après, dann sind wir tot ..."

Kein Shakespeare oder Schiller hätte diesen Dialog und den noch folgenden besser erfinden können. Wie hätte ein Minister von allgemeiner Klugheit und Menschenkenntnis geantwortet? Er hätte dem König zu beweisen versucht, daß alles nicht so schlimm sei, daß man nicht im siebzehnten Jahrhundert lebe, daß die Liberalen schwach und das preußische Heer in guten Händen sei und dergleichen mehr.

Aber Bismarck war kein Mann von durchschnittlicher Klugheit. Er erwiderte fest, sterben müsse man früher oder später, und anständiger könne man nicht umkommen. Ein König müsse fechten, wenn er vor der Geschichte ein König bleiben wolle. Indem Bismarck gar nicht versuchte, den König zu widerlegen, indem er Sterbenmüssen als notwendig und unvermeidlich, als dem Soldaten gemäß hinstellte, rief er alle schlummernden Tugenden des Königs, seine Tapferkeit und seine Treue für die Sache wach, erweckte er den preußischen Offizier wieder. Babelsberg wiederholte sich: Niedergeschlagen war der König gekommen, straff, entschlossen, kampfeslustig verließ er den Zug.

War es nur die allerfeinste und allergeschickteste Seelenkunde, die Berechnung durch den Meister der Taktik, die Bismarck so handeln ließ? Berechnung mag mitgespielt haben; aber Bismarck hätte nicht so sprechen können, wenn nicht in Babelsberg wirklich in ihm der märkische Gefolgsmann, wenn nicht bei Jüterbog wirklich in ihm der zum Fechten und notfalls zum Sterben bereite Kämpfer lebendig gewesen wäre. Bismarck konnte nur deshalb den König überzeugen, weil er fühlte, was er sagte. „Weil wir sterben müssen, sollen wir tapfer sein", das Wort des Freiherrn vom Stein hätte auch Bismarck sprechen können.

Die Lücke

Der Kampf mit der Parlamentsmehrheit ging weiter und zog sich noch vier lange Jahre hin. Die Fortschrittspartei wollte den Frieden nicht mit diesem Mann, und in Bismarck schwand schnell der Wille zur Versöhnung; die Kampfeslust war in ihm geweckt. Auch begriff er, daß er dem König dann am ehesten unentbehrlich wurde, wenn sich der Konflikt aufs äußerste zuspitzte, wenn es für den König keinen anderen Weg mehr gab, als sich durch ihn, den Entschlossenen, Beredten, Menschenkundigen, vertreten zu lassen.

Aus dem Konflikt um die Heeresreform wurde der Verfassungskonflikt. Die Mehrheit des Abgeordnetenhauses lehnte den Haushalt ab, in dem die Kosten für die Weiterführung der Heeresreform enthalten waren; das Herrenhaus nahm ihn an. Ein Haushaltsplan im Sinne der Verfassung war nicht zustande gekommen. Die Steuererhebungen hatten keine gesetzliche Grundlage mehr. Die Räder der Staatsmaschine schienen stillzustehen. Die Fortschrittspartei brannte darauf, daß der König nachgeben werde.

Aber der erste Berater des Königs war kein Mann, der vor einer Parlamentsmehrheit zurückwich. In der staatsrechtlichen Notlage, in die er geraten war, berief er sich auf die sogenannte Lückentheorie: In der Verfassung ist vorgesehen, daß es drei Träger der Gesetzgebung gibt: Regierung, Abgeordnetenhaus, Herrenhaus. Sie müssen sich einigen. Wenn sie sich aber nicht einigen? Für diesen Fall hat die Verfassung nichts vorgesehen, hier öffnet sich eine Lücke.

Die Regierung kann aber nicht die Staatsmaschine stillstehen lassen; sie muß die Gehälter der Beamten weiter bezahlen; sie kann die Eisenbahnen nicht stillegen; sie kann auch nicht die – mit vorläufiger Zustimmung des Parlaments – eingeleitete Heeresreform wieder rückgängig machen, ohne Preußen zum Gespött der ganzen Welt zu machen und den Staat schwer zu schädigen. In einer solchen Lage ist sie berechtigt, ja verpflichtet, die Steuern weiter zu erheben, wie sie nach dem letzten gültigen Haushaltsplan festgesetzt sind, in der zuversichtlichen Erwartung der nachträglichen Genehmigung durch das Parlament.

Bismarck hatte diese Theorie nicht künstlich während des Konfliktfalls geschaffen. Schon zwölf Jahre vorher hatte der König sie vertreten. Sie wird heute aber meistens fadenscheinig, von halsbrecherischer Logik, willkürlich und dem Geist der Verfassung widersprechend genannt. Es hat auch Staatsrechtslehrer gegeben, die sie verteidigt haben. Tatsache ist, daß modernes Verfassungsleben, auch in einer konstitutionellen Monarchie, an das Recht der Volksvertretung geknüpft ist, Ausgaben zu bewilligen oder abzulehnen. Bismarck hat diese Verbindung gewalttätig zerstört.

Tatsache ist auch, daß das Feuer, mit dem die Fortschrittler den Geist der Verfassung verteidigten, nicht rein und lauter brannte. Ihr Ziel war offenkundig, die Regierung zur Niederlage zu zwingen und auf den Trümmern der Regierung Bismarck, aber auch auf den Trümmern des Rechts der Krone die parlamentarische Monarchie nach britischem Muster aufzurichten. Damit handelten sie gegen den Geist der Verfassung. Einzelne Fortschrittler dachten auch an Revolution. Sie hüteten sich freilich, sie zu entfesseln; das Volk wäre ihnen nicht gefolgt.

Als Bismarck die Lückentheorie vor dem Abgeordnetenhaus begründete (am 27. Januar 1863), sagte er einige Sätze, die ihm noch am gleichen Tage von der Opposition so gedeutet wurden, als habe er die Macht vor das Recht gestellt. Bis in die Gegenwart hinein ist dieser Vorwurf wiederholt worden. Bismarck gab in Wirklichkeit nur wieder seinem für den Staatsmann unentbehrlichen, für die Wirkung in der Öffentlichkeit gefährlichen Hang nach, die Dinge zu Ende zu denken. Er legte dar, daß die Verfassung zu Kompromissen zwinge: „Wird der Kompromiß dadurch vereitelt, daß eine der beteiligten Gewalten ihre eigene Ansicht mit doktrinärem Absolutismus durchführen will, so wird die Reihe der Kompromisse unterbrochen, und an ihre Stelle treten Konflikte; und Konflikte, die das Staatsleben stillstehen zu lassen vermögen, werden zu Machtfragen; wer die Macht in Händen hat, geht dann in seinem Sinne vor, weil das Staatsleben auch nicht einen Augenblick stillstehen kann."

Die allgemeine Wahrheit dieser Worte konnte jeder der Abgeordneten im privaten Bereich erproben. Bei den Beziehungen der Menschen untereinander ereignet es sich oft, daß die Rechtsfrage zweifelhaft wird. Dann entscheidet der Stärkere, eine ebenso bittere wie unbestreitbare Tatsache. Die Menschen haben gelernt, einen Teil – aber nur einen Teil – der Kämpfe, die sich in solchen Lagen entwickeln, durch Gericht zu verhindern oder zu beenden. Wo es solche Gerichte nicht gibt, entscheidet im Leben der Bürger untereinander wie im staatlichen Leben die Macht.

Man kann Bismarck einen Pessimisten nennen, weil er diese Ansicht vertrat. In diesem Sinne wird man schwerlich einen großen Staatsmann finden, der kein Pessimist gewesen wäre. Unsittlich würde man Bismarcks Verhalten nur nennen dürfen, wenn er im Bewußtsein des Unrechts gehandelt hätte. Er glaubte jedoch, moralisch und juristisch im Recht zu sein, ebenso wie sein König und wie die gegnerische Parlamentsmehrheit.

Zwei Minderheiten

Diese Mehrheit war freilich überwältigend. Bei einer wichtigen Abstimmung fanden sich nur elf Abgeordnete auf der Seite der Regierung, mehr als dreihundert standen gegen sie. Nach einer mit allem erlaubten und unerlaubten Regierungsdruck abgehaltenen Neuwahl stieg einmal die Zahl der unbedingten Regierungsanhänger auf ganze 36 Stimmen. Solche Zahlen erwecken den Eindruck, die Regierung habe tyrannisch gegen die überwältigende Mehrheit des Volkes gehandelt und ihr schließlich diktatorisch ihren Willen aufgezwungen. Die Wirklichkeit sah anders aus.

Etwa drei Viertel der Bevölkerung machten von ihrem Wahlrecht keinen Gebrauch. Ihnen war der Verfassungskonflikt gleichgültig. Die Geschäfte gingen gut und von Jahr zu Jahr besser, es gab keine Arbeitslosigkeit. Nur so übrigens konnte Bismarck den Verfassungskonflikt durchhalten und die Ausgaben vornehmen, ohne höhere Steuern zu erheben, als sie vor dem Verfassungskonflikt bewilligt waren. Die Fortschrittler beklagten sich bitter über die Stumpfheit der Massen. Sie begriffen, wie sehr ihre Stellung dadurch geschwächt war, daß sie sich nur auf einen Teil des wohlhabenden Bürgertums und der Beamtenschaft, überhaupt nicht auf die Massen stützen konnten.

Von den rund 25 Prozent, die zur Wahlurne gingen, wählten etwa fünfzehn Prozent oppositionell, zehn Prozent regierungstreu. Die Konservativen waren also wohl schwächer als die Fortschrittler, aber an Zahl längst nicht so unterlegen, wie es im Parlament aussah. Daß die Freunde der Regierung im Abgeordnetenhaus eine so verschwindende Gruppe bildeten, lag am Mehrheitswahlrecht. Beim Verhältniswahlrecht hätten sie nicht elf oder dreißig, sondern etwa hundertvierzig Abgeordnete gezählt. Wie so oft im Leben der Völker kämpften Minderheiten gegeneinander. Die Fortschrittler stützten sich nur auf ein Siebentel der Bevölkerung. Hätte Bismarck wirklich das Volk gegen sich gehabt, auch er hätte sich nicht halten können.

Sybels Frage

Er hatte dabei nicht nur die staatliche Macht in diesem Staat noch ungebrochener monarchischer Autorität hinter sich, er stand in Wirklichkeit dem Herzen des Volkes näher als seine fortschrittlichen Gegner. In der Verbissenheit des Kampfes, die mit jedem Jahr noch wuchs und in der die Opposition um so leidenschaftlicher wurde, je mehr sie in ihrem großen Gegner den Rechtsbrecher, den Zerstörer staatlicher Sittlichkeit sehen mußte, wünschte sie schließlich die militärische Niederlage, nur um den Verhaßten endlich stürzen zu können. Ihre Rechnung war, daß ein von diesem Unmenschen befreites, den großen Ideen der Zeit sich neu weihendes Preußen dann auf dem Schlachtfeld siegen werde.

In der Kampfesglut war die Opposition nahe daran, den Bestand des Staates aufs Spiel zu setzen. Heinrich von Sybel, nicht viel später der begeisterte Geschichtsschreiber Bismarckscher Taten, fragte damals seine Krefelder Wähler: „Wenn die Franzosen das linke Rheinufer überschwemmen und ich votiere: auch jetzt noch keine Anleihen oder Kriegssteuer ohne Ministerwechsel – werde ich dann ein Mißtrauensvotum (durch die Wähler) erhalten?" Die Zuhörer, erbittert schon über die leise Möglichkeit einer Verständigung mit dem Verhaßten, riefen aus: „Sie erhalten ein tausendfaches Mißtrauensvotum, wenn Sie diesem Ministerium auch nur das Geringste bewilligen."

Das grenzte an Landesverrat, aber die Rufer hätten ihn in Wirklichkeit nicht begangen. In der Stunde der Gefahr scharten sie sich um die schwarzweißen Fahnen. Es gehört zu den Geheimnissen des Bismarckschen Erfolges, daß er dies im Innersten wußte, besser als Sybel, als die Rufer selber. Gegenüber dem Fanatismus der Gegnerschaft vertraute Bismarck auf die Elementartriebe der Vaterlandsliebe und auf den ererbten Preußengeist. Er tat es wieder nicht nur aus meisterhafter taktischer Berechnung, sondern weil er diese Elementartriebe in sich selber spürte.

Verfassungsbruch

Aber jene Sybelsche Frage und die Antwort der Krefelder Wähler machen sichtbar, wie zügellos die Leidenschaft des Kampfes geworden war. Im Landtag tat Bismarck nach dem Scheitern seiner ersten Versöhnungsversuche alles, die Opposition durch scharfes Auftreten noch zu reizen. Mit der Lückentheorie handelte er wenigstens noch in gutem Glauben. Als er dann aber Verfassungs- und Pressefreiheit einengte, beinahe aufhob, brach er offenkundig und unbestreitbar die Verfassung. Tausend Beamte wurden gemaßregelt, weil sie eine andere Überzeugung vertraten als die Regierung. Es war das beschämendste Ereignis in Bismarcks Leben. Dem wütenden Aufbegehren der Opposition gesellte sich in aller Öffentlichkeit der Kronprinz zu. Das ganze Land, die ganze Welt wußte, daß dieser Riß bis in die königliche Familie ging und daß der Erbe der Krone den Minister seines Vaters bekämpfte. Es war dann schließlich eine Rückkehr zu Vernunft und Maß, als Bismarck zurückwich. Der neue Landtag wandte sich gegen die Presseverordnungen, und die Regierung hob sie wieder auf. Der Druck auf die Beamten, auf alle Andersdenkenden blieb.

Aber es kam zu keiner Revolution und nicht einmal zu einer Steuerverweigerung. Sie wäre nur möglich gewesen, wenn die Massen hinter den Fortschrittlern gestanden hätten. Immerhin, man sprach vom Schicksal Straffords, des britischen Ministers, der von der siegreichen Opposition aufs Blutgerüst gebracht worden war. Einmal wurde auf Bismarck auf der Straße geschossen. Er ging selten aus, ohne die Hand am Knauf seines Revolvers in der Rocktasche zu haben. Oft erwog er, ob er nicht sein Gut Kniephof auf den Bruder überschreiben lassen solle für den Fall, daß er nach einer politischen Niederlage sein Vermögen verlieren werde. Gewiß, er war ein Mann der Kampfesleidenschaft, aber er hat sich nicht ganz so gut über den Streit amüsiert, wie mancher neuere Geschichtsschreiber das darstellt.

Der Fürstentag

Die Entscheidung fiel auf dem Gebiet der auswärtigen Politik. Schon ein Schachzug Bismarcks im diplomatischen Rivalitätsstreit mit Österreich hätte seine innenpolitischen Gegner nachdenklich machen müssen.

Im Jahre 1863 versammelte der österreichische Kaiser die deutschen Fürsten auf einem glanzvollen Treffen in der alten Krönungsstadt Frankfurt. Stolze Erinnerungen wurden wach; der großdeutsche Gedanke zeigte seine neu ausstrahlende Kraft. Die Wiener Regierung legte einen Reformplan für die Bundesverfassung vor. Er kam dem Drängen nach Einheit ein wenig entgegen und wollte doch den österreichischen Gesamtstaat, anders als die Paulskirche, erhalten. Ein Direktorium von fünf Fürsten unter österreichischem Vorsitz sollte über Deutschland walten, eine Gesamtvertretung des Volkes sollte an der Gesetzgebung beteiligt sein. Aber diese Volksvertretung sollte nicht unmittelbar gewählt, sondern mit Abgesandten der Einzellandtage beschickt werden.

Aus der Schau eines Jahrhunderts liegt das Bedauern nahe, daß der Plan gescheitert ist. Wer das geschlagene, zerstückelte und zerspaltene Deutschland von heute sieht, dem mag das Unternehmen Franz Josephs und Rechbergs als eine Glücksmöglichkeit erscheinen.

Aber wer unbefangen abwägt, welche Triebe die Völker – nicht nur das deutsche – in dem folgenden Jahrhundert bewegten, der kann nicht an den Wirklichkeitssinn des österreichischen Reformplanes glauben. Das Verlangen nach wirklicher Einheit wuchs stetig in Deutschland. Es hatte sich mit Direktorium und Delegiertenparlament nicht zufriedengegeben. Und da waren auch noch Tschechen und Ungarn und Kroaten und Slowaken und Italiener und Polen und Ruthenen. Sie hätten in Regierung und Parlament des künftigen reformierten Bundes nur eine Minderheit gebildet. Sie hätten sich immer von den teils bewunderten, teils gefürchteten, aber meist abgelehnten Deutschen bevormundet, in den Hintergrund gedrängt gefühlt. Die Erfahrungen, die das Habsburgerreich zwischen 1863 und 1918 gemacht hat, rechtfertigen den Glauben nicht, daß guter Wille der Wohlmeinenden die zersprengenden Kräfte im Innern auf die Dauer gebändigt hätte. In den schweren Krisen eines neuzeitlichen Volkskrieges wären sie wieder aufgebrochen.

Auch Bismarck wollte den Bund reformieren, aber er wollte ganz etwas anderes als Rechberg und der Kaiser. Er wollte nicht, daß sein Staat immer nur eine einzige Stimme von siebzehn im Bunde haben und doch die Hauptlast der Verteidigung tragen sollte. Er wollte – noch – nicht Österreich aus dem Bunde hinausdrängen. Die Politik, die nach Königgrätz führte, war nur eine der Möglichkeiten, die ihm vorschwebten. Noch war die konservative Überzeugung vom Wert des Zusammengehens mit Österreich nicht ganz in ihm erloschen. Am liebsten hätte er eine Lösung gesehen, nach der Österreich und Preußen gleichberechtigt in der Führung des Bundes gewesen wären, Preußen im Norden, Österreich im Süden.

Das sagte er mit rücksichtsloser Offenheit österreichischen Diplomaten. In der Öffentlichkeit konnte er davon nicht sprechen. Aber er brachte seinen eigenen Reformplan vor, der sich von dem österreichischen darin unterschied, daß er eine gesamtdeutsche Volksvertretung aus allgemeinen Wahlen vorsah. Damit führte er zum erstenmal das Werk der Paulskirche fort. Was Bismarck zu Unruh gesagt hatte, das großartige Wort vom deutschen Volk als dem natürlichen Verbündeten Preußens, sollte hier Wirklichkeit werden.

Aber der Bismarcksche Plan eines allgemeinen deutschen Parlaments versöhnte seinen fortschrittlichen Gegner nicht. Der Gedanke, daß ausgerechnet der Mann der autokratischen Gewalt ein gesamtdeutsches Parlament wünsche, erschien als ein schlechter Witz. Wer aber von den Fortschrittlern den Plan ernst nahm, mußte ihn erst recht ablehnen. Sie schauderten vor dem gleichen Wahlrecht zurück, von dem sie fürchteten, es werde die Pöbelherrschaft bringen. Sie wollten ehrlich die deutsche Einheit, aber sie wollten sie als einen Klub von wohlhabenden und gebildeten Honoratioren. Gegen die Demokratie hatten sie fast eine ebenso große Abneigung wie gegen Bismarck.

Von den Fürsten fehlte nur einer in Frankfurt, der König von Preußen, der gerade in Baden-Baden die Kur nahm. Die Fürsten sandten ihm einen der Vornehmsten als ihren Boten, den König Johann von Sachsen, um ihn nach Frankfurt zu holen. Wilhelm war nicht unempfänglich für die Ehre, die in dieser Geste lag. Aber Bismarck wandte seine ganze Überredungskunst bis zur gesundheitlichen Erschöpfung an, ihn zum Bleiben zu veranlassen und die österreichischen Pläne nicht durch sein Erscheinen zu unterstützen. Widerwillig gab Wilhelm nach. Damit war der Fürstentag gescheitert. Den Bismarck-Plan lehnte Rechberg ab, wie er es nach der Natur seines Staates tun mußte. So blieb von allem Glanz des Treffens nichts als die Erinnerung. Bismarck aber hatte freie Hand. Er ging daran, seine eigene Lösung vorzubereiten.

Die Konvention Alvensleben

Im Jahre 1863 brach in Russisch-Polen wieder ein Aufstand aus, der eine Zeitlang die Zarenherrschaft ernsthaft bedrohte. Ihren besten Bundesgenossen hatten die Polen beim Petersburger Hofe, wo eine starke, aus Allslawentum und Liberalismus gemischte Strömung daran dachte, das ewig unruhige Volk freizugeben. Kein Geringerer als der Erste Minister, der Fürst Gortschakow, neigte zu ihr.

Bismarck war beunruhigt. Ein freies Polen würde, so rechnete er – gewiß richtig – die polnischen Teile Preußens für sich beanspruchen. Es würde aber auch ein williger Bundesgenosse Frankreichs werden. Schlimmer noch: Auf dem Weg über die Freigabe Polens konnte Gortschakow auch für sich das russische Bündnis gewinnen. Es gab noch eine schwache Stelle bei den

Petersburger Berechnungen: den leichtbestimmbaren Zaren Alexander den Zweiten. Bismarck sah die Gefahr, sah aber auch die Möglichkeit, sich die Freundschaft des Zaren für immer zu gewinnen. Er handelte blitzschnell. Im Auftrag des Königs sprach der General von Alvensleben mit dem Zaren und trug ihm im Namen der Gemeinsamkeit aller monarchischen Herrschaft einen Vertrag an, nach dem preußische und russische Truppen an der Grenze zusammenwirken sollten. Alexander war entzückt, und Gortschakow schwenkte ein. Der Aufstand wurde niedergeschlagen, Alexander aber bewahrte dem königlichen Vetter in Berlin eine Dankbarkeit, die bald ihre Früchte tragen sollte.

1848 hatte der Schatten des russischen Eingreifens schwer über der deutschen Einigungsbewegung gelegen. Österreich hatte im Krimkrieg viel dazu getan, unfreiwillig genug, diesen Schatten verblassen zu lassen. Jetzt hatte ihn Bismarck völlig verscheucht. Man sieht nicht, wie sein Werk ohne den Vertrag von 1863 gelungen wäre.

In den Augen Westeuropas aber, nicht zuletzt in den Augen der Landtagsmehrheit, war Bismarck endgültig gebrandmarkt als der verächtliche Feind aller freiheitlichen Bewegungen, als der feile Fürstendiener, der sich dazu herbeiließ, dem verhaßten Selbstherrschertum an der Newa Hilfsdienste zu leisten.

Die wütenden Angriffe gingen diesmal selbst für den des Kampfes Gewohnten, des Kampfes Bedürftigen fast zu weit. Vierzehnmal mußte er im Landtag seine Politik verteidigen, ohne das Letzte sagen zu können. Am Ende war er erschöpft und Opfer einer der schweren Nervenkrisen, die diesen nur scheinbar robusten Mann immer befielen.

Schleswig dänisch

Und schon nahte eine neue Verwicklung, die seine ganze Kraft erforderte. Sie gab ihm Gelegenheit zu jenem diplomatischen Feldzug, auf den er Zeit seines Lebens besonders stolz gewesen ist. In Dänemark war der König Friedrich ohne männliche Erben gestorben. Den Thron bestieg ein Verwandter aus der Glücksburger Linie als Christian der Neunte; gleichzeitig wurde er Herzog von Schleswig-Holstein, wie es seit fünfhundert Jahren für die dänischen Könige festgelegt war.

Nach dem vergeblichen Aufstand der Schleswiger und Holsteiner von 1848 waren die fünf europäischen Großmächte und Dänemark in dem Londoner Protokoll 1852 darin übereingekommen, daß im Königreich wie in den Herzogtümern der Glücksburger der rechtmäßige Thronfolger sei, daß aber die Herzogtümer selbständige staatliche Gebilde bleiben sollten. Christian aber unterzeichnete bald nach der Thronbesteigung eine Verfassung, die Schleswig zu einem Teil der Monarchie machte. Er tat es nicht gern, aber die leidenschaftlichen Aufwallungen der Volksmenge ließen ihm keine andere Wahl. Von dem Fluch des Nationalismus waren die Dänen sowenig frei wie Deutsche, Franzosen, Russen oder Italiener.

In den Herzogtümern erschallte ein einziger Aufschrei des Zorns, und ganz Deutschland stimmte ein. Man mußte befürchten, daß die dänische Regierung das längst begonnene Bemühen verstärken werde, die deutsch sprechenden Teile Schleswigs zu unterdrücken und zu dänisieren. Die Schleswig-Holsteiner und die übrigen Deutschen vereinigten sich in dem Rufe nach dem liberal gesinnten Erbprinzen Friedrich von Augustenburg als dem kommenden Herzog.

Der Augustenburger

Das Erbrecht des Augustenburgers war umstritten. Aber wie auch immer die staatsrechtliche Lage war, die Deutschen sahen in dem Prinzen die lebendige Bürgschaft dafür, daß Schleswig-Holstein vor Gewalt geschützt werde. Die Begeisterung für ihn ging weit über die Kreise der Liberalen hinaus. Diesmal waren in Preußen sogar König und Kronprinz einig. Daß der Bund für den Prinzen das Schwert ziehe, war der Wunsch von Millionen.

Nur ein einziger blieb kühl. Der preußische Ministerpräsident hatte ein ganz ursprüngliches Empfinden der Verwandtschaft, wenn er inmitten von Schleswig-Holsteinern ihre plattdeutsche Sprache hörte. Auch er wollte sie von der dänischen Herrschaft befreien. Aber er wollte sie zu Preußen machen. Er wollte keinen siebenunddreißigsten Mittelstaat schaffen, von dem er fürchten mußte, daß er in Frankfurt gegen Preußen stimmen werde, nachdem preußische Waffen ihn geschaffen hatten. Er lehnte es ab, sich für den Augustenburger einzusetzen.

Nicht nur der preußische Staatsmann, sondern auch der europäische Diplomat in ihm warnte davor, den Herzog zu unterstützen. Ein Krieg zu Friedrichs Gunsten hätte bedeutet, das Londoner Protokoll zu verletzen. Preußen hätte wie 1848 die Großmächte gegen sich gehabt. Nur indem Bismarck streng auf dem Boden des Völkerrechts blieb, durfte er hoffen, alle Versuche zur Einmischung zu vereiteln. So tat er das Überraschende, das alle Welt, selbst seinen König Verletzende: Er forderte zwar von Christian den Verzicht auf die dänische Staatsverfassung, aber er verlangte nicht mehr als die Rückkehr zum Londoner Protokoll. Christian sollte also Herr in den Herzogtümern bleiben. Die sichere, psychologisch mit Meisterschaft aufgebaute Rechnung war, daß Dänemark das Verlangen ablehnen werde. War aber der Krieg erst einmal da, der „alle Verträge aufhebt", dann konnte man weitersehen.

Niemand verstand ihn. Der Ministerpräsident eines deutschen Landes, der den Dänenkönig in Schleswig-Holstein herrschen lassen will – welch eine Ungeheuerlichkeit! Niemals bisher war Bismarcks Bild in so düsteren Farben gemalt worden wie in diesem Jahr. Selbst der König fragte seinen Ministerpräsidenten vorwurfsvoll: „Sind Sie denn nicht auch ein Deutscher?" Und der Abgeordnete Virchow rief im Landtag verächtlich aus, Bismarck habe überhaupt kein Verständnis für nationale Politik. Worauf Bismarck ebenso verächtlich, nur noch um eine Spur schneidender, zurückgab, daß er das gleiche vom Abgeordneten Virchow sagen könne, freilich ohne das Beiwort „national". Virchow verstehe überhaupt nichts von Politik.

Die Ereignisse gaben Bismarck in überwältigender Weise recht. Die Dänen lehnten den Vorschlag ab, auf den Boden des Protokolls zurückzukehren. So konnte Bismarck als Vertreter des Völkerrechts auftreten, so konnte er Österreich als Bundesgenossen gewinnen und die anderen Mächte lähmen. Noch nach den ersten Waffensiegen der Verbündeten blieb Dänemark unbelehrbar: Auf einer Konferenz der Mächte in London lehnte es den Vorschlag einer reinen Personalunion ab, die den König von Dänemark als Herzog belassen hätte. Preußen schlug auch vor, durch eine Volksabstimmung feststellen zu lassen, welche Gebietsteile zu Dänemark und welche zum Deutschen Bunde wollten. Das lehnte Großbritannien ab; die Kabinette, nicht die Völker müßten über Grenzen entscheiden. Am Ende war Dänemark völlig geschlagen, am Ende war wirklich das Londoner Protokoll durch den Krieg wertlos geworden. Dänemark trat Schleswig und Holstein an Preußen und Österreich ab und entließ die Herzogtümer aus der fünfhundertjährigen Verbindung mit der dänischen Krone.

Das Ende des Krieges war auch das Ende der Augustenburgischen Träume. Vielleicht wäre Friedrich wirklich Herzog geworden, wenn er ganz begriffen hätte, wer hier eigentlich die Macht ausübte. Hätte er es verstanden, in Bismarck und dessen König das Gefühl der Zuverlässigkeit für ein künftiges Zusammengehen zu erwecken, vielleicht – vielleicht – wäre er doch ein regierender Herr geworden, wenn auch mit starker Einschränkung seiner Souveränität. Aber er fühlte sich gefesselt durch das Bedenken, eine enge Anlehnung an Preußen werde ihm die österreichische Freundschaft verderben. Auch ging in ihm der keimende Stolz des souveränen Fürsten zusammen mit dem Gefühl, dem Landtag nicht vorgreifen zu dürfen. Genug, in der entscheidenden Unterredung mit Bismarck machte er Ausflüchte, als es um solche Dinge ging wie das preußische Aufsichtsrecht über den künftigen Nordostseekanal und um Gebietsabtretungen für den künftigen Kieler Kriegshafen.

Der Prinz wies alle Ansprüche auf die Dankbarkeit Schleswig-Holsteins mit der Bemerkung zurück, er habe Preußen nicht gerufen, und die Bundes-truppen würden ausgereicht haben, die Dänen zu verjagen. Das war nicht nur eine Taktlosigkeit; gegenüber so selbstbewußten Preußen wie Bismarck und seinem König war es eine Torheit.

Mitten im Gespräch wechselte Bismarck die Anrede. Von „Hoheit" (wel-cher Titel dem regierenden Herzog gebührte) ging Bismarck zu „Durch-laucht" über (wie Friedrich als Prinz angeredet worden war). Die Würfel waren gefallen.

Der König war immer für den Augustenburger eingetreten. Als ihm Bis-marck von der Unterhaltung berichtete, war Wilhelm verstimmt. Aber schon vorher hatte sich manches in ihm gewandelt. Nach der Erstürmung der Düp-peler Schanzen hatte er die siegreichen Truppen begrüßt, und ihr Jubel hatte auf ihn einen tiefen Eindruck gemacht. Unmerklich begann er sich mit der Einverleibung zu befreunden. Weniges im Leben der Völker ist so verfüh-rerisch wie der Glanz siegreicher Waffen. Der König begann ihm zu erliegen.

Vor dem Bruderkrieg

Auch Österreich war bereit, dem Bundesgenossen und Rivalen die Nord-mark zu überlassen. Aber es wollte die Machtvergrößerung Preußens nur erlauben, wenn es selber ein ansehnliches Stück Boden gewänne: Der König sollte die süddeutschen sigmaringischen Besitzungen und die schlesische Grafschaft Glatz abtreten. Die Kriege Friedrichs des Großen sollten gleich-sam zur Hälfte ungeschehen gemacht werden. Aber der König weigerte sich.

So wuchs nach dem gemeinsam erfochtenen Sieg die Zwietracht zwischen den Verbündeten. Es ging dem Anlaß nach um das Schicksal der Herzog-tümer, dem Wesen nach um die Führung in Deutschland. Noch einmal, 1865, wurde in Gastein der Konflikt überbrückt, sehr zur Erleichterung des Königs: Österreich sollte Holstein, Preußen Schleswig verwalten.

Aber das Unheil des Bruderkriegs war nicht aufzuhalten. Der preußische Ministerpräsident verfocht bis in das Frühjahr 1866 hinein seinen alten Plan, die Vorherrschaft in Deutschland zu teilen. Preußen sollte der führende Staat nördlich des Mains, Österreich südlich davon sein. Bismarck zweifelte, ob sich Österreich darauf einlassen werde; aber er versuchte ehrlich den Ausgleich. Doch Österreich sagte ab. Es hätte seine ganze Geschichte auf-geben müssen, wenn es darauf verzichtet hätte, Einfluß auch auf die Klein- und Mittelstaaten zu nehmen. Erst als sich Bismarck nicht mehr darüber täuschen konnte, daß die Wiener Diplomaten sein Angebot immer ablehnen würden, faßte er den Entschluß, den Knoten durchzuhauen und Österreich aus dem Bund herauszudrängen.

Auch dieses äußerste Ziel versuchte er noch einmal, wenn auch mit schwindender Hoffnung, ohne bewaffnete Auseinandersetzung, mit den Mitteln der Diplomatie und der Abstimmung zu erreichen. Im Bundestag ließ er, einen Tag nach dem Abschluß eines Bündnisses mit Italien, den Antrag auf Bundesreform einbringen. Wieder wie 1863 warf er das Erbe der Paulskirche in den Streit der Meinungen: Ein gesamtdeutsches Parlament, frei und gleich gewählt, sollte über eine gesamtdeutsche Verfassung entscheiden. Wenn der Krieg doch kommen würde, so wollte er in der öffentlichen Meinung Deutschlands soviele Bundesgenossen gewinnen wie möglich.

Aber sein reicher Geist, der immer viele Möglichkeiten sah, mußte auch damit rechnen, daß der Antrag angenommen werde. Das wäre ihm um so lieber gewesen. Ein gesamtdeutsches Parlament mußte unwiderstehlich die Bedeutung der Mittelstaaten vermindern, die des volksstärkeren Preußens erhöhen. Später hat der Reichstag gezeigt, daß diese Überlegung richtig war.

Österreich aber hätte sich, auch wenn die Mehrheit des Bundestags dem Antrag zugestimmt hätte, niemals mit ihm abfinden können. Jedes frei gewählte Gesamtparlament mußte den Vielvölkerstaat gefährden. Wäre es freiwillig aus dem Bund herausgegangen, oder hätte es zum Schwert gegriffen? Der Bundestag machte das Nachsinnen über solche Fragen überflüssig. Der Antrag wurde von der Mehrheit unter österreichischer Führung abgelehnt. Bismarck selber erntete bei den Liberalen zumeist nur wütenden Hohn. Nur einige horchten auf und bedachten ahnungsvoll kommende Möglichkeiten, die sich später erfüllten. Dann freilich, als der Antrag abgelehnt und der letzte Bismarcksche Reformversuch untergegangen war, als er den Krieg für unvermeidlich hielt, plante er ihn nun auch mit all seiner dämonischen Energie.

Auch in Wien war man davon überzeugt – sein leitender Außenpolitiker sprach es unumwunden aus –, daß nur noch der Krieg den Knoten der deutschen Verwicklung lösen könne. Einer seiner Gesandten, der Graf Blome, war in diesen Monaten von der Furcht beherrscht, Bismarck könne vom Kriege zurückgehalten werden. Die österreichischen Staatsmänner waren wie ihr Kaiser davon überzeugt, daß der Krieg siegreich ausgehen werde und daß dann die deutsche Frage im Sinne der österreichischen Lösung entschieden sei.

Versucher Napoleon

Aber sie hatten als Bundesgenossen nur die deutschen Mittelstaaten. Wenn siebzehn Jahre vorher der König von Preußen seine Truppen gegen Österreich gesandt hätte, so hätte er wahrscheinlich Front gegen mehrere Gegner machen müssen. Jetzt hatte Preußen den Rücken frei; noch mehr, es gewann einen Alliierten.

Der Koloß im Osten war zur Freundschaft bewogen; es war sicher, daß er Gewehr bei Fuß stehen würde. Das österreichische Verhalten im Krimkrieg und die Konvention Alvensleben hatten das bewirkt. Aber monatelang mußte Bismarck besorgt zu dem unberechenbaren Mann an der Seine blicken, dessen Armeen bei Magenta und Solferino neuen Lorbeer an die französischen Fahnen geheftet hatten. Der Kaiser Napoleon war klug, und deshalb wußte er, daß es vergeblich wäre, sich gegen das beherrschende Prinzip des Jahrhunderts, das Nationalitätenprinzip, zu wenden. Er hatte den Italienern bei der Einigung geholfen, wenn sie auch viel weiter gegangen waren, als er es vorausgesehen hatte. Jetzt half er den Deutschen; aber freilich hinterher gingen sie wieder weiter, als er es vorausberechnet hatte.

Wie so oft handelte er als ein überschlauer Kaufmann. Er wollte den Deutschen ein Stück Einigung erlauben, aber nicht allzuviel, damit sie nicht zu mächtig würden. Vor allem wollte er für sich selber ein Gebiet gewinnen. 1859 hatte er von den Italienern zum Dank Savoyen und Nizza erhalten, diesmal spähte er nach Saarbrücken, nach der Pfalz, nach irgendeinem Stückchen, das seinen eigenen Ehrgeiz befriedigen und seine Dynastie befestigen könnte. Schon Jahre vorher hatte er Bismarck die „unzüchtigsten Bündnisvorschläge" gemacht, jetzt umwarb er ihn wieder und spielte dabei lässig mit Forderungen nach einem Preis.

Bismarck wollte das französische Bündnis so wenig wie vorher das russische, aber er wollte die französische Neutralität. Dazu mußte er wieder seine ganze diplomatische Kunst aufwenden. Er durfte den Kaiser nicht verstimmen, er durfte ihn nicht an die Seite Österreichs treiben durch eine kalte Zurückweisung seiner Ländergier. Aber er durfte ihm auch kein bindendes Versprechen geben. So zog er Napoleon hin und her, so gebrauchte er halbe Wendungen und Worte, die Napoleon als Zusagen auffassen mochte und die doch keine waren, so überlistete er den Listigen.

Napoleon ließ sich noch schnell von Österreich versprechen, daß ein rheinischer Bundesstaat errichtet werden sollte – die französische Lieblingsidee langer Jahrhunderte. Dann sah Napoleon befriedigt dem Krieg entgegen, den zu entfachen er viel getan hatte und von dem er glaubte, daß er lange dauern, unentschieden bleiben und durch eine machtvolle französische Vermittlung zu Ende gebracht werden würde, mit einem schönen Stück Land als Provision für den Makler.

Bevor der Kampf ausbrach, hatte er noch alles getan, den jungen italienischen Staat an die Seite Preußens zu führen. Die Italiener waren begierig darauf, Venedig zu erwerben. Ohne französische Ermunterung hätten sie aber nicht mobilisiert. Auch Bismarck tat alles, in Florenz den Bündniswillen zu stärken, nicht nur, um eine österreichische Armee im Süden zu fesseln, sondern auch, um Napoleon noch weiter zu täuschen. Er rechnete damit, daß Napoleon um so vertrauensvoller preußische Gefälligkeiten erwarten werde, je mehr sich Preußen den französischen Absichten willfährig erweisen werde. Das waren in diesem Falle die Wünsche nach dem militärischen Zusammengehen mit Italien. Seine großartige Menschenkenntnis rechnete richtig, Napoleon war der Überlistete.

Königgrätz

Bis die Entscheidung fiel, hatte Bismarck qualvolle Monate zu durchleben. Im Kampf mit der Parlamentsmehrheit, in verwickelten Verhandlungen mit den Österreichern und den Mittelstaaten, in noch verwickelteren mit den Großmächten begriffen, mußte er nun auch aufreibende Kämpfe mit seinem Herrn bestehen. Wilhelms empfindliches Gewissen, die Erinnerung an seinen Vater und die Waffenbrüderschaft von 1813, das Gefühl für monarchische Gemeinsamkeit, all das sträubte sich in ihm gegen den Bruderkrieg. Bismarcks Erschöpfungszustände wurden häufiger, der mächtige Körper wurde wieder heimgesucht von Magenkrämpfen und Gesichtsschmerzen, das Nervenbündel zuckte und litt. Am Ende überwand er den König. Aber es wäre ihm nicht gelungen, hätte nicht Österreich Ungeschicklichkeiten begangen, ja den Gasteiner Vertrag gebrochen, so durch die Begünstigung des Augustenburgers und schließlich die Anrufung der Bundesexekution gegen Preußen. Nun erst fühlte sich der König frei für den Entschluß, dessen Tragweite er in langen Gebeten erwogen hatte.

Nach drei Wochen war der Feldzug zu Ende. Die Soldaten der deutschen Mittelstaaten waren tapfer und tüchtig wie die preußischen – vier Jahre später bewiesen sie es. Aber ihre Organisation war veraltet, ihre Regierungen handelten für sich, ohne große Gesichtspunkte, sie brachten die Truppen in gefährliche Vereinzelung. So wurden sie von weit schwächeren preußischen Truppen geschlagen.

Seine Hauptkräfte konnte der General von Moltke in Böhmen sammeln. Die Sorge um die Rheingrenze hatte ihm Bismarck abgenommen. Das selbstsüchtige Wohlwollen Napoleons ermöglichte es Moltke, die Westgrenze völlig zu entblößen und die frei werdenden Truppen im Südosten zu versammeln.

Als Moltke 1858 Chef des Generalstabs geworden war, war sein Amt noch eine Unterabteilung des Kriegsministeriums gewesen. Sein Stern war immer leuchtender gestiegen. 1864 hatte nur Wrangels greisenhafte Starrheit den Feldzugsplan zerstören können, der die Einkesselung des Gegners vorsah. Jetzt hätte der König das nicht mehr erlaubt. Moltke hatte nun das Recht gewonnen, im Namen des Königs unmittelbar Befehle an die Kommandeure zu geben. Jetzt gelang ihm das große Ziel, moderne Massenheere noch getrennt marschieren, aber auf dem Schlachtfeld vereint schlagen zu lassen.

Bei Königgrätz fiel am 3. Juli die Entscheidung. Daß Erzherzog Albrecht inzwischen den unfähigen La Marmora bei Custozza und der Admiral Tegetthoff den unglücklichen Persano bei Lissa geschlagen hatte, war Balsam auf den verwundeten Stolz des Heeres, der Marine und des Kaiserhauses, konnte aber das Geschick des Krieges nicht wenden.

Bei Königgrätz hielt Bismarck neben dem König. Wir besitzen von einem Augenzeugen die Schilderung, wie er unter dem Kürassierhelm auf dem Pferde saß wie eine machtvolle Gestalt aus der germanischen Vorzeit. Widerstreitende Gefühle tobten in seiner Brust, am stärksten, als die Schlacht einen ungünstigen Verlauf zu nehmen schien. Ging sie verloren, dann war sein eben erst begonnenes Werk zerstört, dann war auch Preußen entmachtet, dann war er selber gestürzt, einem schimpflichen Gerichtsverfahren, vielleicht Schlimmerem überantwortet. Später hat er bekannt, bei einer Niederlage hätte er sich einem Reiterangriff angeschlossen und hätte das Schlachtfeld nicht mehr lebend verlassen. Einem Mann wie ihm muß man das glauben.

Nikolsburg

Nun war der Sieg da, der nicht nur ein Sieg des preußischen Musketiers und Moltkes, sondern auch sein Sieg war. Aber nun begannen erst die schlimmsten, die qualvollsten Wochen. Er wollte jetzt mit einem mächtigen Schnitt Bundesreform betreiben, die norddeutschen Mittelstaaten, die gegen Preußen gefochten hatten, einverleiben, Österreich hinausdrängen, aber dann auch sofort versöhnen und sich zum Freunde machen.

Aber er hatte härter mit seinem König zu ringen denn je. Dessen fürstliches Gefühl sträubte sich dagegen, Fürsten zu vertreiben. Stücke Landes wollte er ihnen nehmen, aber sie Herrscher bleiben lassen. Aber auch Österreich wollte er einige Streifen Landes abnehmen. Er sah zornig in dem Wiener Kaiser und seinen Beratern die Hauptschuldigen des Krieges. Es muß Bismarcks Sinn für grimmigen Humor sehr überanstrengt haben, wenn der König ihm, der mindestens so „schuldig" war wie sein Wiener Amtsgenosse, die Mission des Rächens und Sühnens an Österreich auftrug.

Vergebens stellte ihm Bismarck vor, daß es nicht die Aufgabe des Staatsmannes ist, Richter zu spielen, sondern für die Zukunft gute und dauerhafte Verhältnisse zu schaffen. Der König bestand auf dem, was er für das Recht hielt. Zum äußeren Zeichen des Sieges aber wollte er in Wien an der Spitze seiner Truppen einziehen, was die Österreicher tief hätte verwunden müssen.

Es war nicht nur die Sorge um die Zukunft, es war auch die unmittelbare Gegenwart, die an Bismarcks Nerven zerrte. Die Forderungen des Königs wären von Österreich zurückgewiesen worden. Die Wiener Regierung war bereit, vieles aufzugeben, nicht aber, sich zu unterwerfen. Dann wäre der

Krieg weitergegangen mit einer zwar siegreichen, aber durch Cholera böse geschwächten Armee – und mit einem lauernden, grollenden Franzosenkaiser an der Flanke. Die Nachricht von Königgrätz hatte Napoleon tief erschüttert, aber ihn nur noch hastiger, aufdringlicher, aufbegehrender in seinen Vermittlungsvorschlägen gemacht. Sollte Preußen nun doch den Zweifrontenkrieg führen müssen, den zu vermeiden Bismarck soviel hohe Kunst und soviel Nervenkraft verwandt hatte?

Aber es war nicht nur staatsmännische Voraussicht, es war auch ein elementares Gefühl, das ihn bewog, keinen neuen Waffengang zu versuchen. Er konnte die Toten von Königgrätz nicht vergessen. Später fragte ihn ein hessischer Politiker, warum er mitten im Siegeslauf angehalten habe. Bismarcks Gesicht wurde „ernst, fast finster". Er antwortete kurz: „Sie haben noch kein Schlachtfeld gesehen."

Bismarck war kein Pazifist. Es wäre unbillig, bei ihm Empfindungen vorauszusetzen, die uns nach den furchtbarsten Ereignissen der Geschichte erfüllen. Er hat drei siegreiche Kriege geführt, und er hätte noch mehr geführt, wenn er es für notwendig gehalten hätte. Aber er liebte den Krieg nicht, ihm graute vor dem Blutvergießen. Der Ruhm des Siegers wog in seinen Augen federleicht gegenüber dem Leid der Opfer. Für diesen einen abwehrenden, schreckenerfüllten, in die Tiefe des Gewissens reichenden Satz: „Sie haben noch kein Schlachtfeld gesehen", muß man ihm viel Böses verzeihen.

Zum erstenmal vermochte sich Bismarck nicht durchzusetzen. Einmal mußte er das Besprechungszimmer verlassen, weil ihn ein Weinkrampf überfiel. Wir haben aus seiner Feder die Schilderung, wie er nach einer gescheiterten Besprechung in seinem Zimmer das offene Fenster betrachtet, erwägend, ob er sich nicht hinunterstürzen solle. Da legte sich ihm eine Hand auf die Schulter. Sein alter Gegner, der Kronprinz, bot ihm Versöhnung und Zusammenstehen an. Beiden zusammen gelang, was dem Minister allein nicht gelungen war. Widerwillig, Grimm im Herzen, gab der König nach. In Nikolsburg wurde der Vorfriede unterzeichnet, der das künftige Schicksal vorwegnahm, wie es Bismarck vorgeschwebt hatte.

Noch nach einem Jahrhundert erscheint Nikolsburg als der glanzvolle Höhepunkt in Bismarcks Laufbahn. Den Sieg vorzubereiten und dann auf der Höhe des Erfolges innezuhalten, maßvoll zu sein, den Geschlagenen zu versöhnen und sich dafür mit aller Leidenschaft einzusetzen – keinen größeren Ruhm kann es für einen Staatsmann geben.

Ohne die Ostmark

Mit Nikolsburg war die Bahn frei für die deutsche Einigung unter preußischer Führung. Ein großer Schritt nach vorn war getan. Wir Heutigen sehen freilich schärfer als Bismarcks jubelnde Zeitgenossen die Schatten, die über den siegreichen Fahnen von Königgrätz hingen. Das Band war zerschnitten, das einen wertvollen deutschen Volksstamm ein Jahrtausend lang mit den übrigen Deutschen verbunden hatte. Die Deutschen in Österreich waren hinausgedrängt und gerieten inmitten von Slawen und Ungarn in eine hoffnungslose Minderheit. Auch für die Bewunderer Bismarcks klingt heute in dem Wort Königgrätz ein peinigender Unterton mit.

Aber es war Tragik und nicht menschliche Schuld, die zu allem geführt hatte. Bismarck vollzog das Erbe der Paulskirche. Was damals zuerst sichtbar geworden war, galt immer noch: Wer wirklich die deutsche Einheit wollte, konnte es nur, wenn er sich entschloß, die staatliche Gemeinschaft mit Österreich aufzugeben. Die Geschichte seines Herrscherhauses hatte es dazu gebracht, daß dieser deutsche Stamm in einem Staat zusammen mit einer nichtdeutschen Mehrheit lebte. Da die Österreicher diesen Zusammenhang nicht lösen wollten oder konnten, blieb allen der schmerzliche Schnitt nicht erspart, ihnen nicht und uns anderen Deutschen nicht. Die kleindeutsche Lösung war nicht die vollkommene, aber die jetzt einzig mögliche. Die Geschichte aller vorherigen Reformversuche, nicht zuletzt der Bismarckschen, hatte es erwiesen.

Heute freilich lehren wieder einige kluge und belesene Leute, es sei auch die andere Lösung denkbar gewesen. Sie meinen, man hätte auch aus dem alten Bund im Wege des stärkeren föderativen Zusammenschlusses ein staatliches Gebilde schaffen können, das die Trennung von den Österreichern vermieden hätte. Es wäre auch dem Wesen der Deutschen angemessener gewesen, es hätte die Wünsche unserer Zeit nach übernationalen Zusammenschlüssen im voraus befriedigt. Diese Leute berufen sich auf einen der bittersten Gegner Bismarcks, den protestantischen Niedersachsen Konstantin Frantz, einen klugen Mann, einen Spintisierer jedoch. Er schwärmte für eine Föderation, die um einen deutschen Kern auch nichtdeutsche Völker gelegt und von der Schelde bis zum Schwarzen Meer gereicht hätte. Als außenpolitische Aufgabe dieser Föderation sah er die Befreiung Europas vom Druck Rußlands. Bismarck war Frantz insofern verwandt, als in ihm die nationalstaatliche Idee nicht ursprünglich lebendig und immer nur schwach entwickelt war. Er hat sie nur als Bundesgenossen gebraucht. Aber er unterschied sich von Frantz dadurch, daß er wußte, was erreichbar war. Wer freilich glaubt, die Deutschen, Tschechen, Niederländer, Ungarn, Südslawen hätten im neunzehnten und zwanzigsten Jahrhundert um der großen Föderation willen auf einen eigenen Staat mit einer eigenen Außenpolitik verzichtet, der wird Frantz recht geben. Die Geschichte der Donaumonarchie bis zu ihrem Untergang spricht nicht dafür.

In einem sah Frantz richtig: daß er in den Zusammenhang mit dieser Staatengründung den Krieg setzte. Niemals hätte Europa dieses Riesenreich, es mochte noch so locker gegliedert sein, geduldet, ohne zu den

Waffen zu greifen. Wer glaubt, daß Deutschland dabei gesiegt hätte, bringt mehr Vertrauen auf das Schlachtenglück auf, als zwei Weltkriege gerechtfertigt haben.

All das sind Träumereien an mitteleuropäischen Kaminen. In der Wirklichkeit der europäischen Kabinette, in der Wirklichkeit des europäischen Völkerlebens wären sie zerschellt.

Indemnität

Der Sieg brachte auch das Ende des Verfassungskonfliktes. Bismarck hatte besser als die Fortschrittspartei das Herz der Preußen gekannt. Am Tage von Königgrätz – der Sieg war noch nicht bekannt – wurde der Landtag neu gewählt. Die Fortschrittspartei verlor die Hälfte der Sitze. In der Fraktion begriffen viele, daß sie dem Mann unrecht getan hatten, der Preußen regierte.

Wie in Nikolsburg gegenüber dem besiegten äußeren, so zeigte sich jetzt gegenüber dem besiegten inneren Gegner Bismarcks Kunst des Maßhaltens. Er verschmähte es, die Ratschläge der Reaktionäre zu benutzen und den Siegesrausch des Volkes auszubeuten, um die Verfassung zurückzurevidieren. Er streckte den Überwundenen die Hand zur Versöhnung entgegen. Er setzte bei dem widerstrebenden König durch, daß er das Haus um Indemnität bat, um nachträgliche Genehmigung der Staatsausgaben.

Der Ausdruck bedeutet wörtlich Straflosigkeit, und er wurde in diesen Wochen gelegentlich so gedeutet. So hatte Bismarck ihn aber nicht gemeint. Er wollte sichtbar machen, daß er grundsätzlich das Haushaltsrecht des Landtags anerkennen, daß er die Volksvertretung von der Gesetzgebung nicht ausschalten wollte. Der Landtag stimmte der Vorlage zu. Der Verfassungskonflikt war zu Ende, der vier Jahre lang das staatliche Dasein Preußens erschüttert, sein Ansehen in der Welt herabgesetzt und die Gemüter verbittert und vergiftet hatte.

Die Nationalliberalen

Der Schlachtensieg, das Näherrücken der Einigung, schließlich Bismarcks kluges Maßhalten sprengten die ohnehin geschwächte Fortschrittspartei auseinander. Ihr rechter Flügel trennte sich von ihr, in dem Entschluß, mit Bismarck auf dem weiteren Weg zur Einigung zusammen zu gehen. Ein Jahr später nahm diese Gruppe, geführt von Gneist, Twesten, Lasker, den Namen Nationalliberale Partei an.

Ein Teil der Fortschrittspartei verharrte in der alten verbissenen Gegnerschaft zu Bismarck und betrachtete die Nationalliberalen als Abtrünnige.

Bis in die gelehrte Literatur der Gegenwart hat sich die Anklage erhalten, die Nationalliberalen hätten der Einheit die Freiheit geopfert.

Der Vorwurf wäre unfaßbar, wenn man nicht wüßte, daß sich oft auch Gelehrte nicht von ihrer politischen Anschauung frei machen können. Jener Vorwurf beruht auf der Meinung, parlamentarische Regierungsweise und politische Freiheit seien dasselbe und ohne Parlamentarismus könne es keine Freiheit geben. Bismarck wollte nur die Mitwirkung, nicht die Vorherrschaft des Parlaments, und die Nationalliberalen haben tatsächlich auf Jahrzehnte (nicht für immer) ihr Ideal des Parlamentarismus gleichsam in den Schrank gestellt und es verstauben lassen. Aber ein liberaler Rechtsstaat, ein freiheitlicher Staat war das Deutschland dennoch, das sie zusammen mit Bismarck schufen. Alle Staatsbürger waren vor dem Gesetz gleich, die Presse und die Versammlungen waren frei, die Gerichte waren unabhängig und blieben es. Im Wirtschaftsleben und im Außenhandel herrschten im entscheidenden ersten Jahrzehnt der Zusammenarbeit zwischen Bismarck und den Nationalliberalen die Grundsätze des Liberalismus.

Das Bismarck-Reich hat freilich schwere Sünden gegen den Geist der Freiheit begangen, am schlimmsten im Kulturkampf und mit dem Sozialistengesetz. Aber eine parlamentarische Regierung hätte sie leider auch begangen, und an vielen dieser Sünden haben sich die Rechtsliberalen und die Fortschrittler beteiligt.

Neue Provinzen

Die preußischen Nationalliberalen erhielten schnell beträchtliche Verstärkung. Die Liberalen aus den neueingegliederten Gebieten schlossen sich ihnen an. Bei ihnen war auch der Gründer des Nationalvereins, der hannoversche Abgeordnete Rudolf von Bennigsen.

Nicht nur Schleswig-Holstein, auch Hannover, Kurhessen und Nassau, die trotz Bismarckscher Warnungen gegen Preußen gefochten hatten, wurden zu preußischen Provinzen. Die Verjagung der Fürsten und die Einverleibung dieser Gebiete gehören zu den Maßnahmen, die man ihm bis in unsere Gegenwart als moralische Versündigung vorgeworfen hat. Man hat den Sturz der Hohenzollern 1918 und den Zusammenbruch des Bismarck-Reichs als ein Strafgericht dafür angesehen, daß sich der König 1866 nicht länger gegen den Versucher an seiner Seite gesträubt habe. Das Argument steht auf der gleichen Höhe, als wenn man den Zusammenbruch des Habsburgerreichs als Strafgericht dafür ansähe, daß die Dynastie die Bischöfe von Trient und Brixen ihrer reichsfürstlichen Würde entkleidet, dazu den Kurfürsten von Salzburg nach Würzburg geschickt und den drei Fürsten ihr Land genommen habe.

Alle europäischen Großmächte sind dadurch entstanden, daß einer der Teilstaaten die anderen nacheinander in sich aufsog. Das Besondere an der deutschen Entwicklung liegt nicht darin, daß Preußen besonders annexionslüstern gewesen wäre, sondern daß es auf halbem Wege stehenblieb und zwei Dutzend deutschen Teilfürstentümern das Dasein ließ.

Wenn die Einverleibungen auch nicht unsittlich waren, so bleiben sie dennoch zu beklagen. Die Deutschen hatten es jahrhundertelang als einen Vorzug betrachtet, daß ihr geistiges und staatliches Leben mannigfaltiger, verschiedenartiger und darum reicher war als das anderer Völker. Das hatte zu lebensgefährlicher Zersplitterung geführt, die beseitigt werden mußte, aber jetzt verkehrte sich die Bewegung zu stark ins Gegenteil. Nach 1866 wurde Deutschland um einige Züge ärmer, die es schwer zu entbehren hatte.

Ein Strom altpreußischer Beamter ergoß sich in die neuen Provinzen, immer pflichtgetreu und tüchtig, aber oft auch schroff und den Besonderheiten der Bewohner fremd. Bismarck versuchte diese allzu weitgehende Verpreußung zu verhindern. Aber überlastet und krank, wie er war, hatte seine Macht ihre Grenzen an dem stolzen Selbstgefühl der Beamtenschaft und der Konservativen. Mißstimmung und Entfremdung konnten nicht ausbleiben.

Die preußische Art war ein wertvolles Element für Deutschland, wie sie es noch heute sein könnte. Aber sie hätte auch von den altpreußischen Provinzen der Führungsmacht aus genugsam anregend wirken können. Es war nicht notwendig, ihr gewaltsam Eingang in Landschaften zu verschaffen, die sich gegen sie sperrten. In Nassau und in Hessen waren die Herrscherhäuser unbeliebt, hier fand man sich leicht mit der Neuordnung ab. Aber die Schleswiger und Holsteiner gaben nur widerwillig manche Eigenart auf, die sie gegen die Dänen jahrzehntelang verteidigt hatten. In der Verbitterung Theodor Storms, der wegen seines Deutschtums vertrieben war und nun nach seiner Heimat zurückkehrte, besitzen wir ein eindrucksvolles Zeugnis dafür.

In Hannover war es den Liberalen leichter, sich mit der neuen Ordnung auszusöhnen. In den konservativen bäuerlichen Schichten und auch bei den Katholiken blieb die Anhänglichkeit an das abgesetzte Herrscherhaus erhalten und umgoß die Welfen mit einem verklärenden Schimmer. König Georg stellte im Ausland eine Welfenlegion auf, deren Ziel es war, in einem bald ausbrechenden Krieg die Preußen mit den Waffen wieder zu vertreiben.

Bismarck hatte dem Welfenhause die Zinsen des beschlagnahmten Privatvermögens zugedacht. Auf die Bildung der Welfenlegion antwortete er mit einer Sperrung dieser Summen. Das war sein gutes Recht; man durfte nicht erwarten, daß er die bewaffneten Feinde Preußens finanzierte. Aber er setzte sich moralisch ins Unrecht, als er den Welfenfonds nicht nur zu zahlreichen Bauten, sondern auch dazu benutzte (wie er sich ausdrückte), die Reptilien der preußenfeindlichen Agitation in ihren Schlupfwinkeln aufzustöbern. Am Ende wurde daraus eine Unterstützung regierungsfreundlicher Zeitungen. Mit Recht erhielt jetzt der Fonds den Namen Reptilienfonds, womit ausgedrückt werden sollte, daß diese von der Regierung bezahlten Zeitungsleute Reptilien seien. Von dem häßlichen Übel vieler moderner Regierungen, Journalisten kaufen zu wollen, war auch Bismarck nicht frei.

Die Mainlinie

Die Staaten nördlich des Mains faßte Bismarck im Norddeutschen Bund zusammen. Die Regierungen und Parlamente gaben gern oder zögernd ihre Zustimmung. Eine Vorstufe der kleindeutschen Einheit war damit erreicht. Jeder spürte, daß sich eines Tages der Bau durch den Einschluß der Süddeutschen vollenden solle.

Noch war in Bismarcks Augen die Zeit dafür nicht gekommen. Ihm war in den Verhandlungen der letzten Jahre sichtbar geworden, daß Napoleon nicht bereit war, den politischen Brückenbau über den Main zu dulden, und er war nicht begierig nach neuen Verwicklungen. Er sah auch, daß die Feindschaft gegen sein Land in den süddeutschen Staaten noch ungebrochen war. Er wollte sie nicht zwingen. Wenn sie kamen, sollten sie freiwillig kommen. Aber er legte ihnen die französischen Vorschläge vor, in denen Napoleon linksrheinisches Land begehrt hatte. Deren schriftliche Form hatte er dem französischen Gesandten abgelistet. Die süddeutschen Staaten,

1. Schleswig
2. Holstein
3. Lübeck
4. Hamburg
5. Bremen
6. Oldenburg
7. Mecklenburg
8. Hannover
9. Braunschweig
10. Lippe
11. Waldeck
12. Anhalt
13. Hessen
14. Thüringen
15. Sachsen
16. Baden
17. Württemberg
18. Hohenzollern

Norddeutscher Bund

Rechts: Wilhelm II.,
1859–1941, Deutscher Kaiser
und König von Preußen.

Unten: Bismarcks Abreise
(nach seiner Entlassung) aus
Berlin nach Friedrichsruh
am 29. 3. 1890.

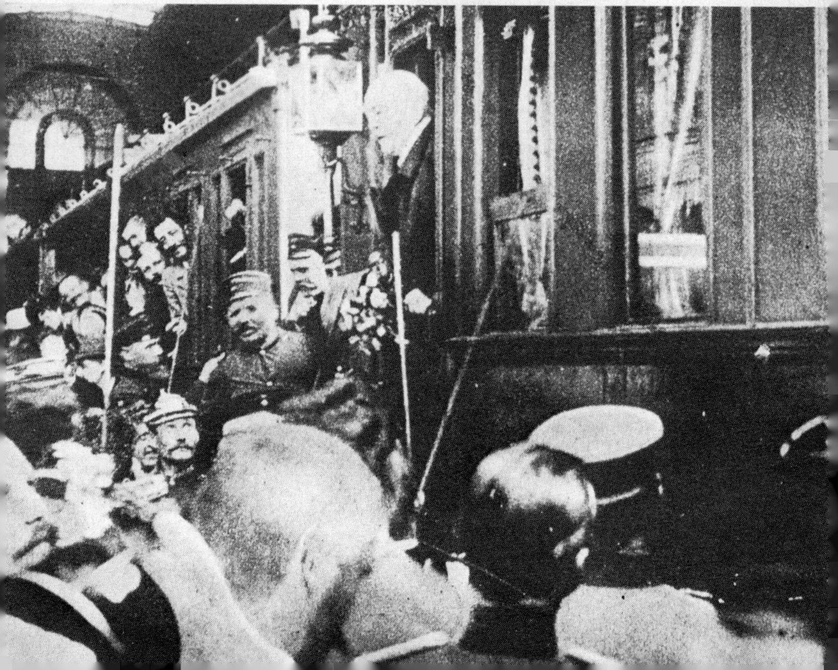

*Linke Seite: I. Weltkrieg,
Waffenstillstand von Brest-
Litowsk, 15. 12. 1917. Prinz
Leopold von Bayern unter-
zeichnet.*

*Rechts: Paul von Hindenburg
als Generalmajor im Jahre
1896.*

*Unten: Erich Ludendorff. (Foto
aus dem Jahre 1915.)*

Revolutionstage in Berlin.
Panzerautomobilbesatzung im Hofe des Schlosses.

Oben: Kampfbereite Matrosen der Volksmarine-Division und sympathisierende Soldaten des Heeres im Hof des Berliner Schlosses, um das besonders im Dezember 1918 schwere Kämpfe entbrannten. Unten: Novemberrevolution in Deutschland 1918. Deutsche Kriegsschiffe im Hamburger Hafen unter roter Flagge.

empört und besorgt um ihre Sicherheit, schlossen daraufhin mit Preußen Schutzverträge. Bismarck konnte nun sicher sein, daß ganz Deutschland zusammenstehen werde, sollte Frankreich den Waffengang wagen.

Eine realistische Verfassung

Die Verfassung des Norddeutschen Bundes war verwickelt, wie die deutsche Wirklichkeit. Das Präsidium lag beim König von Preußen, der als Präsident den Bund völkerrechtlich vertrat und den Oberbefehl über das Heer im Kriege führte. Gesetze hatte er nur auszufertigen, an der Gesetzgebung war er nicht unmittelbar beteiligt. Die Gesetzgebung lag beim Bundesrat, also bei der Vertretung der Einzelstaaten, und bei dem Reichstag, der Volksvertretung. Im Bundesrat hatten die preußischen Stimmen die Minderheit, aber diese Minderheit war so stark, daß es ausgeschlossen schien, sie könne überstimmt werden.

Bismarck erließ die Verfassung, anders als der König 1848, nicht aus eigenem Recht, er „oktroyierte" sie nicht, sondern er handelte sie mit dem Reichstag aus und gab diesem in vielem nach. Er war eben kein Absolutist, und der Liberalismus hatte beträchtliche Möglichkeiten. Nur in drei Dingen blieb er unerbittlich. Er verweigerte das jährliche Bewilligungsrecht für die Armee; zu sehr schreckten ihn die Erfahrungen der Konfliktszeit. Die Heeresausgaben sollten zunächst nur für fünf Jahre bewilligt werden. Bismarck lehnte es auch ab, daß die Abgeordneten Tagegelder erhielten, da er den Typ des Berufspolitikers im Parlament verabscheute.

Und schließlich widerstand er hartnäckig den Wünschen nach einem Kabinett mit verantwortlichen Ministern. Das schien ihm als ein Schritt zur Parlamentsherrschaft und zum Zentralismus. Aber er billigte den Liberalen zu, daß der von ihm als Auftragsbeamter vorgesehene Bundeskanzler verantwortlicher Träger der Politik wurde. Er beschloß, daß er selber diesen Posten bekleiden werde. Das Parlament sah in dem Sinn dieser Bestimmung natürlich die Verantwortlichkeit des Bundeskanzlers gegenüber dem Reichstag. Bismarck selber fühlte sich immer nur den verbündeten Regierungen und seinem König verantwortlich.

Das Haushaltsrecht und die Mitwirkung bei der Gesetzgebung waren wichtige Bestandteile der Rechte, die dem Reichstag zugesprochen wurden. Dieses Parlament war das einzige in Deutschland, das nach dem allgemeinen, gleichen und geheimen Wahlrecht gewählt wurde. Der Arbeiter hatte diesmal genau dasselbe Recht wie der Fabrikbesitzer, Professor oder Gutsbesitzer. Das galt als unerhört und wurde von vielen Liberalen bedauert.

Bismarck wollte mit Hilfe des Wahlrechts die Massen die werdende Reichseinheit gleichsam körperlich fühlen lassen. Aber er vertraute auch auf diese neu entstehende Gesellschaft als einen Bundesgenossen gegen seinen alten Gegner, das wohlhabende Bürgertum. In Deutschland überwog noch die ackerbautreibende Bevölkerung. Bei ihr konnte er auf eine königstreue und autoritätsgläubige Gesinnung hoffen – auch bei den Ärmeren. Er behielt damit lange Zeit recht. Je mehr Arbeiter sich freilich in den Großstädten zusammenballten, um so mehr erwies sich diese Rechnung als überholt.

Der wichtigste Verhandlungspartner für den Reichstag war der Bundeskanzler. Er konnte vom Parlament nicht gestürzt werden. Er wies aber auch die wichtigsten Stimmen im Bundesrat, nämlich die preußischen an, wie sie sich entscheiden sollten.

Der Unterschied zwischen der norddeutschen Verfassung, aus der wenige Jahre später die des Reiches erwachsen sollte, und der Verfassung der Paulskirche ist leicht zu erfassen. Die Paulskirche setzte ein Leitbild, zu dem die Regierungen und die Völker hinstreben sollten, die norddeutsche goß die staatliche Wirklichkeit in rechtliche Formen. In ihr war ausgewogen, was in Deutschland Macht hatte. Jedem billigte die Verfassung soviel Rechte zu, wie seine Stellung im gesellschaftlichen und staatlichen Leben tatsächlich enthielt. Da war der preußische König, ohne den diese Teileinigung nicht möglich gewesen wäre und der von den norddeutschen Monarchen der mächtigste war. Da waren aber auch die Einzelstaaten, deren Wirksamkeit sich im Bundesrat ausdrückte. Da war der Volkswille, nicht allmächtig, wie es einer Demokratie entsprochen hätte, aber doch unübersehbar und darum respektiert. Diese Verfassung war gewiß unvollkommen; aber man kann nicht leugnen, daß sie eine realistische Grundlage war.

Sie war es auch insofern, als sie, von der Gegenwart aus gesehen, die Züge des Übergangs trug. Das hatte sie mit der konstitutionellen Monarchie überhaupt gemeinsam, die ja immer nur der Übergang von der absoluten zur parlamentarischen Monarchie (oder zur Republik) ist. In der Mitte des neunzehnten Jahrhunderts waren die neuen Kräfte der aufstrebenden Schichten schon lebendig da und verlangten ihr Recht auf Mitwirkung. Aber die alten monarchischen Gewalten lebten noch und waren nicht auszuschalten. Bismarck empfand stark, daß beide unter dem Zwang der Einigung miteinander standen. Das Führungsrecht der alten Kräfte im Konfliktfalle blieb ihm freilich unbestritten.

Altes und Neues verband der Bund auch durch die Art, wie in ihm die Macht der neuen Gesamtheit und die der Einzelstaaten gegeneinander abgewogen waren. Es gab nun ein staatliches Band, das wenigstens die Norddeutschen verknüpfte, am stärksten in Außenpolitik und Heer, am sichtbarsten im Reichstag. Aber Bismarck wußte aus seinem eigenen Herzen und von seiner Umgebung, wie groß immer noch der Stolz auf die Eigenart des eigenen Landes und die Anhänglichkeit an das angestammte Fürstenhaus waren. So hatten auch die Einzelstaaten in der Rechtsprechung, in der

Kulturpflege, in Verwaltung und Polizei, zum Teil sogar im Heerwesen genügend Möglichkeiten zur Entfaltung eigener Art. Was Bismarck bei Hannover und Schleswig-Holstein allzu gewaltsam weggefegt hatte, erkannte er in den übrigen Staaten weise an. Man konnte sich als Preuße, Sachse und Lübecker fühlen und doch ein Deutscher sein.

Ausgleich in Österreich

Der besiegte, aus Deutschland hinausgedrängte österreichische Gegner mußte nun ebenfalls neue Grundlagen für sein staatliches Dasein finden. Da seine Verbindung mit dem Reiche zerschnitten war, mußte sich das bisher führende deutsche Element nun erst recht als eine Minderheit fühlen. Das Kaiserhaus versuchte, die vielen Völker der Monarchie in eine neue, aber dauerhafte Beziehung zueinander zu setzen.

Die Schwächen des Staates waren im Kriege durch Bismarck wieder bedrohlich sichtbar geworden. Solange der Krieg dauerte, war sein rücksichtsloser Wille vor dem Äußersten nicht zurückgeschreckt. Er hatte den ungarischen und tschechischen Sondergeist gegen das Kaiserhaus angerufen, er hätte nicht gezögert, in Ofenpest und Prag neue Revolutionen zu entfesseln.

In den anderthalb Jahrzehnten seit Schwarzenbergs Tod hatte der Staat manche Wandlung erlebt. Er hatte nach Villafranca den absolutistischen Zentralismus aufgeben müssen und ihn durch einen Föderalismus ersetzt. Dann war man wieder zum Zentralismus zurückgekehrt, diesmal mit starken liberalen Bestandteilen. Jeder dieser Versuche war gescheitert, und die Erschütterungen von 1866 erzwangen einen ganz neuen Weg: die Zweiteilung.

Durch den sogenannten Ausgleich erhielten die Madjaren das lange ersehnte staatliche Sonderdasein zugebilligt. Sie konnten ihr Königreich selber regieren, und sie taten es stark und rücksichtslos. Zum Dank dafür erlaubten sie dem Gesamtstaat, die auswärtige Politik, die Leitung des Heeres und der gemeinsamen Finanzen fortzuführen. Ihr Gemeinwesen war insofern dem späteren tschechoslowakischen und dem polnischen verwandt, als ein von glühendem Nationalgefühl erfülltes Staatsvolk über andere nationale Minderheiten herrschte und sie unter das Gesetz des eigenen Volkstums zu zwingen suchte. Kroaten, Siebenbürger Deutsche, Rumänen hatten es nicht leicht unter den Ungarn. Das widersprach der Neigung der Monarchie zur Duldsamkeit gegenüber allen Volkstümern. Aber das Kaiserhaus opferte ihr Recht, weil es sonst die Ungarn verloren hätte.

Im Gebiet diesseits der Leitha wurde ebenfalls ein Parlament gewählt; aber hier gelang es nicht, eine Einheit zu entwickeln. Das war schon deshalb schwer möglich, weil die beiden Hauptnationalitäten, Deutsche und Tschechen, an Zahl ungefähr gleich stark waren, so daß keiner die Führung übernehmen konnte. Der Kampf der Nationalitäten hielt hier an bis zum Ende der Monarchie.

Um so bedeutungsvoller ist das Wirken von Verwaltung und Heer, die außer der Dynastie die stärksten Klammern des langsam zerbröckelnden ehrwürdigen Reiches waren. Sie zwangen der nachlassenden Kraft des Reiches noch immer staunenswerte Leistungen ab. Sie konnten nicht verhindern, daß es am Ende eines schweren Krieges auseinanderfiel, aber sie konnten das Ende lange verzögern.

Der Luxemburger Streit

Der Krieg von 1866 begrub den österreichischen Anspruch auf Führung in Deutschland, er erledigte auch die Bismarckschen Pläne einer zweigeteilten Führung. Es lag in der geschichtlichen Logik, jetzt das Werk der Paulskirche, die kleindeutsche Lösung, zu vollenden. Aber am Main stand hemmend das Widerstreben der Süddeutschen gegen die Verpreußung, stand auch die französische Drohung. Das erste Hindernis war nur durch die Zeit zu überwinden. Auch vom zweiten hoffte Bismarck, eine Veränderung in den innerfranzösischen Verhältnissen könne es beseitigen. Einen Krieg zu beginnen, um den französischen Widerspruch unwirksam zu machen, lehnte er ab.

Seine Empfindungen in diesen Jahren drückte er in einem Gespräch mit dem Deutschamerikaner Carl Schurz aus: „Glauben Sie ja nicht, daß ich den Krieg liebe. Ich kenne ihn genug, um ihn zu verabscheuen. Die furchtbaren Bilder, die ich mit meinen eigenen Augen gesehen habe, werden mich nie verlassen. Nie werde ich einem Kriege zustimmen, der sich irgendwie vermeiden läßt, geschweige einen solchen herbeiführen."

Manche Beurteiler haben freilich geglaubt, es hätte auch andere Wege gegeben als die von Bismarck erwogenen, die Einigung friedlich durchzusetzen. Nicht ohne Rührung liest man, wie ein bedeutender Geschichtsschreiber unserer Tage Bismarck tadelt und wie er darlegt, die Deutschen hätten dem Kaiser Napoleon gegenüber nur unablässig das Selbstbestimmungsrecht anzurufen brauchen, dann hätte Napoleon nicht sein eigenes Prinzip verleugnen können, und die französische Zustimmung wäre gewiß gewesen.

Aber das Mißtrauen vor der deutschen Einheit war noch von den Zeiten Karls des Fünften her bei den Franzosen des neunzehnten Jahrhunderts außerordentlich stark. Es heißt ein großes Vertrauen in ihre Prinzipientreue setzen, wenn man annimmt, ihre Furcht wäre dahingeschmolzen, wenn man nur eindringlich genug vom Recht der Völker gesprochen hätte. Den ersten Weltkrieg führten die Gegner Deutschlands im Namen des

Selbstbestimmungsrechts. Aber als 1931 die Deutschen und Deutschösterreicher auf dieses Recht pochten und eine Zollunion eingehen wollten, machte eine französische Regierung ihr Streben zunichte. Prinzipien sind wichtig im Leben der Völker, aber Machtinteressen, richtig oder falsch verstanden, sind leider meist noch wichtiger.

Für einen kurzen geschichtlichen Augenblick erhob sich vor Bismarck tatsächlich die Möglichkeit, den französischen Einspruch auszuschalten, ohne daß es darum zum Kriege gekommen wäre. Freilich war die Möglichkeit anderer Art, als sie von jenem Geschichtsschreiber erwogen wird: Befriedigung des französischen Bedürfnisses nach mehr Ansehen und Erfolg. Kaiser Napoleon fühlte seine Stellung erschüttert, weil er 1866, jedermann erkennbar, falsch operiert hatte. Dazu waren seine Truppen in Mexiko gegen die republikanischen Aufständischen unterlegen. Er brauchte außenpolitische Erfolge, und er suchte sie an seiner Ostgrenze. Er bot Bismarck das Bündnis an, wenn dieser zulasse, daß Frankreich Belgien und Luxemburg erwerbe.

Man weiß nicht, was aus dem Plan geworden wäre, wenn man ernsthaft darangegangen wäre, ihn auszuführen. Wie hätte Europa, wie hätten Großbritannien, Rußland und Österreich auf so einschneidende Veränderungen des Kartenbilds geantwortet? Wohin hätte am Ende Bismarck die Bündnispflicht geführt? Aber bevor sich noch die Regierungen solche Fragen vorzulegen brauchten, war der Plan in seinen Anfängen gescheitert.

Napoleon wollte damit beginnen, daß er Luxemburg von dem Landesherrn, dem geldbedürftigen niederländischen König, kaufte. Nun lag aber in Luxemburg aus früheren Zeiten noch eine preußische Besatzung, die Deutschen sahen das Stammland eines ihrer Königsgeschlechter als deutsches Land an, es hatte zum Deutschen Bund gehört; ohne preußisch-deutsche Genehmigung war der Wunsch Napoleons nicht zu erfüllen.

In Deutschland schwoll eine Woge der nationalen Empörung, ähnlich wie drei Jahre zuvor bei der Eingliederung Schleswigs in die dänische Gesamtmonarchie. Die Liberalen verhöhnten Bismarck, weil er es ablehnte, Luxemburgs wegen mit Krieg zu drohen.

Bismarck hätte nichts dagegen einzuwenden gehabt, wenn sich Napoleon Luxemburgs bemächtigt hätte und wenn so das gefährliche Bedürfnis nach sichtbaren französischen Erfolgen gestillt worden wäre. Er hatte sogar Napoleon die besten Wege dazu gewiesen, vor allem Takt und Behutsamkeit – freilich ohne daß sich der Kaiser darum gekümmert hätte. Um Luxemburgs willen einen Krieg zu entfesseln, wie es die öffentliche Meinung forderte, das wäre angesichts der vorangegangenen Verhandlungen mit Frankreich allzu macchiavellistisch gewesen, und außerdem lag ein solches Unternehmen überhaupt nicht in Bismarcks Sinn.

Dem Obersten Loe sagte er: „Ich trage dem Könige, dem Vaterlande und Gott gegenüber die Verantwortung für die schweren Opfer, die jeder Krieg dem Lande auferlegt." Und zu dem Grafen Bethusy-Huc: „Ich habe auf dem Schlachtfelde und, was weit schlimmer ist, in den Lazaretten die Blüte unserer Jugend dahinraffen sehen durch Wunden und Krankheit, ich sehe jetzt aus diesem Fenster gar manchen Krüppel auf der Wilhelmstraße gehen, der heraufsieht und bei sich denkt: ‚Wäre nicht der Mann da oben und hätte er nicht diesen Krieg gemacht, ich säße jetzt bei Muttern.' Ich würde mit diesen Erinnerungen und bei diesem Anblick keine ruhige Stunde haben, wenn ich mir vorzuwerfen hätte, den Krieg leichtsinnig oder aus Ehrgeiz oder auch aus eitler Ruhmessucht für die Nation gemacht zu haben."

Angesichts des Sturmes in Deutschland war Napoleons Absicht nicht zu verwirklichen. Schließlich fand eine Konferenz in London den Ausweg: Luxemburg wurde neutral, die Preußen zogen ab. Napoleon aber vergaß es Preußen nicht, daß er weder Luxemburg noch Belgien bekommen hatte. Von dieser Stunde an erkalteten die Beziehungen zwischen Paris und Berlin, die Bismarck so lange und mit so viel virtuoser Gewandtheit in dem Bereich einer unverbindlich schwebenden Freundschaft gelassen hatte.

Bündnis gegen Preußen

Die meisten Österreicher nahmen ihre Verdrängung aus Deutschland mit einer Gelassenheit hin, die ausländische Besucher mit Verwunderung erfüllte. Sie waren es zufrieden, daß die Staatsgrenzen erhalten waren, sie empfanden mit Genugtuung, daß ihr Staat noch immer eine Großmacht war, und erfreuten sich in geistiger Lebendigkeit oder auch in kleinbürgerlichem Behagen an den Freuden des Alltags.

In den Kreisen des Hofes, des Offizierskorps und der Diplomatie dagegen konnte man die stolze Geschichte der Habsburger in Deutschland so leicht nicht vergessen. Der Groll gegen den Sieger von Königgrätz blieb noch eine Zeitlang erhalten. Ihren eifervollsten Vertreter fand diese Empfindung in dem Außenminister Grafen Beust, dem früheren sächsischen Ministerpräsidenten, der 1866 sein Land in den Krieg geführt hatte und der auf Bismarcks Wunsch nach der Niederlage hatte weichen müssen. Beust und in seinem Auftrag der fähigste Feldherr Österreichs, der Erzherzog Albrecht, verhandelten mit Frankreich über ein Bündnis. Eine Zeitlang nahmen auch Vertreter Italiens an den Gesprächen teil. Viktor Emanuel war verdrossen über die nach seiner Meinung kränkende Behandlung, die er durch den preußischen Bundesgenossen erfahren hatte. Vor allem hoffte er von Österreich zum Dank für eine Waffenhilfe das Isonzoufer und Welschtirol zu erhalten.

Die Verhandlungen führten zu keinem bindenden Abschluß, nicht zuletzt, weil Italien noch mehr verlangte als österreichische Provinzen: die Erlaubnis zur Besetzung Roms (wo damals noch der Papst weltlicher Fürst war) und – in schamvoller Erinnerung an das eigene nationale Streben – französischen Verzicht auf jeden Widerstand gegen die deutsche Einigung. Das erschreckte die Pariser Regierung. Auf der anderen Seite war Beust immer von der Furcht gequält, sein Land könnte bei einem Angriffskrieg die deutschen Sympathien verlieren. Auch war ihm gegenwärtig, daß Österreich in Petersburg keine Freunde mehr hatte. So blieben alle Absprachen schwebend und unverbindlich.

Die spanische Thronkandidatur

Auch Bismarck nahm die Verhandlungen nicht sehr ernst. Aber er wurde doch in seinem Bestreben bestärkt, auswärtige Verwicklungen zu vermeiden. So wandte er sich im Frühjahr 1870 gegen den Wunsch der national-deutsch denkenden badischen Regierung, ihr Land solle in den Norddeutschen Bund aufgenommen werden. Bismarck fürchtete den französischen Einspruch. Aber er spähte auch nach Möglichkeiten zum Gegenzug. Er glaubte sie in den spanischen Wirren zu entdecken. Schlimmer hat er sich selten verrechnet als hier.

Die Spanier hatten ihre unfähige und sittenlose Königin verjagt und suchten nach einem neuen Herrscher. Sie dachten, ihn in dem Prinzen Leopold von Hohenzollern-Sigmaringen zu finden. Bismarck entschloß sich, die Kandidatur zu unterstützen. Ein deutscher Prinz auf dem spanischen Thron, das mußte französische Angriffsgelüste dämpfen. Im Kriegsfall hätte Frankreich ein Armeekorps an der Pyrenäengrenze stehen lassen müssen. Zum anderen erwartete er, ein diplomatischer Sieg Preußens, als den man die Besteigung des spanischen Thrones durch einen Hohenzollern ansehen werde, würde die Mißstimmung in Frankreich gegen den Kaiser steigern. Daraus konnte sich eine Entwicklung ergeben, die einem friedlichen Hinübergreifen der deutschen Einigungsbewegung über die Mainlinie hinaus förderlich wäre.

Auch Genies sind Menschen und können sich irren. Was Bismarck vorhatte, war die Einkreisung Frankreichs, außerdem spekulierte er auf eine innerpolitische Umgestaltung. Frankreich war von seinem Standpunkt aus im Recht, als es sich dagegen wehrte. Es hatte auch – zunächst – mit seiner Abwehr den glänzendsten Erfolg. Der Außenminister, der Herzog von Gramont, ein entschiedener Preußenhasser, schlug ans Schwert. Die Sigmaringer, erschreckt von der Möglichkeit, daß sie einen großen Krieg heraufbeschwören könnten, verzichteten darauf, daß einer der ihren den Thron bestieg.

Der diplomatische Sieg Frankreichs war vollständig. Bismarck hatte eine so schwere Niederlage erlitten wie selten in seinem Leben. Er hatte versucht, die ganze Angelegenheit nach außen als eine Privatsache des Prinzen und der Spanier zu behandeln. Das war ihm völlig mißlungen. Nicht umsonst dachte er an einen Rücktritt.

Die Emser Depesche

Hätte Gramont jetzt innegehalten, er hätte stolz auf seine Leistung sein können. Alle Welt hätte gesagt, daß Bismarck vor ihm zurückgewichen wäre. Aber nun übermannte ihn der Siegesübermut.

Er verlangte eine Entschuldigung von König Wilhelm, was grob beleidigend war, und er ließ durch seinen Botschafter, den Grafen Benedetti, bei König Wilhelm in Ems die Forderung vortragen, dieser möge sich für die Zukunft verpflichten, daß kein Hohenzoller mehr die Absicht äußere, den Thron in Madrid zu besteigen. Der König empfand das als ungehörig. Offensichtlich wünschte Gramont nicht nur den Sieg, sondern die Demütigung des diplomatisch geschlagenen Staates. Der König lehnte das Ersuchen ab und ermächtigte den Grafen Bismarck in der berühmten Emser Depesche, den Sachverhalt der Öffentlichkeit mitzuteilen.

Bismarck begriff, daß sein Pariser Gegner ihm selbst die Gelegenheit gegeben hatte, die Niederlage wieder auszugleichen. Er teilte, wie ihm anheimgegeben war, den Inhalt der Depesche den Völkern mit, strich sie aber so zusammen, daß sie einen schärferen Sinn erhielt, als die Ratgeber des Königs sie vorher formuliert hatten. Als der König den Text in der Zeitung las, rief er betroffen aus: „Das ist der Krieg!"

Noch brauchte der Krieg nicht zu entstehen. Bismarck hatte nach der Niederlage an Rücktritt gedacht; auch Gramont hätte den gleichen Schritt tun können; er hätte auch diplomatisch und propagandistisch gegen Bismarck vorgehen können. Er wählte eine andere, die letzte, die äußerste Möglichkeit. Zwei Tage später konnte Bismarck mit schneidender Deutlichkeit im Norddeutschen Reichstag erklären, seine Regierung habe in der ganzen spanischen Angelegenheit nur ein einziges amtliches Schriftstück von Frankreich erhalten: die Kriegserklärung.

Der Deutsch-Französische Krieg ist eine der blutigen Auseinandersetzungen, die ursprünglich von keinem gewollt worden sind. Dennoch haben die Versuche nie aufgehört, einem der beiden Beteiligten die moralische Schuld für die Entfesselung des Krieges zuzuschreiben.

Man hat behauptet, Bismarck habe die spanische Thronkandidatur nur betrieben, er habe vor allem die Emser Depesche nur deshalb so verschärft, um den Krieg zu entfachen. Wäre es so, Bismarck hätte nicht anders gehandelt als der Graf Cavour, der mit wahrhaft fieberischer Besessenheit 1859 auf den Krieg hingearbeitet hatte. Es starb sich bei Magenta und Solferino nicht leichter als bei Königgrätz und Sedan. Aber dem Grafen Cavour nimmt niemand seinen Kriegswillen übel, den man bei Bismarck voraussetzt und verurteilt. Der Graf Cavour war ein Liberaler, und in unserem vom Liberalismus bestimmten Geschichtsbild sind liberale Kriege in einen rosigen Schimmer getaucht, während alle Entscheidungen konservativer Staatsmänner von vornherein in düsteren Farben gemalt sind.

Für die Annahme, Bismarck habe den Krieg absichtlich herbeigeführt, gibt es keinen Beweis, doch gegen sie einige von Gewicht. Gegen sie sprechen Bismarcks Äußerungen in der Zeit nach 1866, spricht aber auch sein Verhalten in der luxemburgischen und in der badischen Angelegenheit. Die öffentliche Meinung drängte damals zum Kriege. Bismarck wäre der Süddeutschen sicher gewesen. Er war dem Krieg dennoch ausgewichen. Bei der spanischen Thronkandidatur war es aber nicht von Beginn an sicher, daß die Süddeutschen mitgingen. Es wäre auf eine sehr unbismarcksche Weise töricht gewesen, wenn er unter solchen Umständen den Krieg geplant hätte.

Man wird freilich annehmen dürfen, daß er nach Ems damit gerechnet hat, der Krieg könne – nicht müsse – nun ausbrechen. Er wollte dem Krieg nicht mehr ausweichen, der auf ihn zukam. Das ist der Unterschied zu seiner Haltung in der luxemburgischen und badischen Frage.

Gramonts Versagen

Gewollt hat den Krieg ganz sicher Gramont, aber erst in den letzten Tagen der Krise, nicht beim Beginn. Er glaubte nicht nur für sich, sondern auch für sein Land die diplomatische Niederlage nicht ertragen zu können. Er wurde dabei getragen von der Volksstimmung, der Kammermehrheit, nicht zuletzt von der Kriegsbegeisterung der Kaiserin Eugenie. Der klügste Mann am ganzen Hofe, der Kaiser, hätte den letzten Schritt gern vermieden. Aber er war schwach, und seine ohnehin bescheidene Tatkraft war durch Krankheit gelähmt. Für Gramont gilt dasselbe wie für Cavour und Bismarck: Nur Mangel an geschichtlichem Verständnis kann es ihnen zur Schuld anrechnen, daß sie den Krieg nicht so grundsätzlich verdammten, wie unsere Generation es tut. Nach der Überlieferung der europäischen Kabinettsdiplomatie war Gramont berechtigt, für die politischen Ziele, die ihm und seinem Land vorschwebten, zu den Waffen zu greifen. Moralische Anklagen wegen einer solchen Tat würden sittliche Maßstäbe unseres Jahrhunderts in das seine übertragen.

Wohl aber handelte Gramont seinem Lande gegenüber mit unverantwortlichem Leichtsinn, als er einen großen Krieg ohne Freunde und mit einem schwächeren Heer begann. Österreich und Italien waren als Bundesgenossen nicht sicher, und bald zeigte es sich, daß sie nicht zu fechten bereit waren. Der Wiener Regierung teilte der russische Botschafter in „gezielter Indiskretion" mit, daß starke Korps an der galizischen Grenze aufmarschierten. Und ein Blick in die amtlichen Listen hätte Gramont davon überzeugen müssen, daß die Deutschen ein stärkeres Heer ins Feld führen würden als Frankreich. Seine Pflicht als Patriot hätte ihn darum heißen müssen – auch nach der Emser Depesche –, seine Empfindlichkeit niederzukämpfen und sich nicht fortreißen zu lassen. Von Gramonts verhängnisvoller Entscheidung fällt ein helles Licht auf das Verhalten Manteuffels bei Olmütz. Manteuffel hatte damals Preußen gerettet, weil er sich bezwungen hatte. Olmütz ist eine staatsmännische Ruhmestat. Es war 1870 Frankreichs (und 1914 unser) Unglück, daß ihre Bedeutung nicht begriffen wurde.

Freilich konnte sich Gramont zu seiner Rechtfertigung darauf berufen, daß ihm die Marschälle versichert hatten, Frankreich sei erzbereit und die Siegesaussichten seien großartig. Clémenceau hätte in solcher Lage sein berühmtes Zitat angebracht, daß der Krieg eine zu ernste Sache sei, als daß man ihn den Generalen überlassen könnte. Der „Tiger" hätte es abgelehnt, sich sein militärisches Urteil in einer nationalen Entscheidungsfrage von hochmütigen Fachleuten vorschreiben zu lassen.

Sedan

In der Aufwallung nationalen Zorns und nationalen Stolzes nach den französischen Zumutungen in Ems und nach ihrer Zurückweisung durch den König gingen die preußenfeindlichen Bedenken in Süddeutschland unter. Sie waren da, aber sie konnten sich gegen die patriotische Leidenschaft nicht durchsetzen. In der bayerischen Kammer wäre am ehesten eine Mehrheit gegen den Waffengang an der Seite des unbeliebten Preußens zu erwarten gewesen. Aber die aufflammende Begeisterung der Münchener Bevölkerung vereinigte sich mit der Sorge der Regierung, die fragte, was Bismarck nach einem Siege mit einem vertragsbrüchigen Bayern tun werde. So marschierten auch die Bayern und fochten dann mit gewohnter Tüchtigkeit.

In dem Feldzug der ersten Wochen, der nun anhob, wurden auf beiden Seiten viele Fehler gemacht, wie in jedem Kriege. Moltke hatte schon eine Umfassungsbewegung eingeleitet, als sie ihm der starrköpfige Steinmetz durch allzu ungestüme Angriffslust bei den Spicherer Höhen zerschlug und die Feinde vorzeitig abrücken ließ. Bei Colombey-Nouilly griff Voigts-Rhetz die Truppen Bazaines an, um sie am Abzug zu hindern, während die Franzosen in Wirklichkeit schon durch die Verstopfung der Straßen am rechtzeitigen Rückzug gehindert wurden. Bei Vionville war die Kavallerieaufklärung ungenügend gewesen, und die Deutschen waren sich über die Absichten des Feindes im unklaren. Bei St-Privat griff die Garde gegen alle Regeln der Kriegskunst auf Befehl des Prinzen Friedrich Karl ohne Artillerievorbereitung an und hatte infolgedessen ebenso mörderische wie unnötige Verluste.

Am Ende aber wurde die Armee Bazaine in Metz eingeschlossen, die Armee MacMahon – bei ihr der Kaiser – bei Sedan zur Ergebung gezwungen. Diese strahlenden Siege waren der Tüchtigkeit der deutschen Truppen und der Führungskunst ihres Generalstabschefs, des Generals von Moltke, vor allem aber der simplen Tatsache zu verdanken, daß sie an Zahl stärker waren. Das Gesetz von der entscheidenden Bedeutung der Zahl im Kriege wurde bestätigt.

Patriotischer und Berufsstolz hat die deutsche Kriegsgeschichtsschreibung und Militärkritik lange daran gehindert, dieses Gesetz genüge id zu beachten. Man sah nur die Vorzüge der Tapferkeit, der glänzenden Ausbildung und der tüchtigen Generalstabsarbeit. Daß Sedan nicht möglich gewesen wäre, wenn hier nicht nur hunderttausend Franzosen gegen die doppelte Zahl Deutscher gestanden hätten, wurde nur am Rande beachtet. Solch schiefe Betrachtung führte später zu verhängnisvollen Fehlmaßnahmen durch das preußische Kriegsministerium.

Mit Sedan war das französische Kaisertum zu Ende. In Paris wurde die Republik ausgerufen. Ihre Führer beugten sich der Macht der Niederlage. Einer von ihnen, Thiers, hatte zwei Jahre zuvor ausgerufen, Frankreich dürfte die deutsche Einheit nicht dulden. Jetzt war das ganze französische Volk bereit, den Nachbarn seine Zukunft selber schmieden zu lassen. Wenn Deutschland Frieden schließen wollte, konnte es ihn jetzt haben.

Der Volkskrieg

Aber inzwischen war in Deutschland eine mächtige Volksbewegung angeschwollen, die den Schlachtensieg benutzen wollte, um eine Rechnung von Jahrhunderten auszugleichen. Anders als nach dem Sturz des ersten Franzosenkaisers, sollten die Franzosen nicht im Besitz des Elsaß bleiben. Straßburg sollte in das werdende Reich zurück, mit ihm aber auch das zumeist französisch sprechende Lothringen mit Metz. Freilich wollten weder die Elsässer noch die Lothringer zu Deutschland. Die Französische Revolution hatte ihnen eine neue Zeit der Freiheit eröffnet, sie hatten an dem strahlenden Ruhm des ersten Franzosenkaisers teilgenommen, ihnen sagte auch die französische Lebensform eher zu als die deutsche. Die inneren Bande mit dem gesamtdeutschen Volk waren zerschnitten.

Für die Deutschen war das Empfinden der Elsässer und Lothringer nicht

entscheidend. Man fragt auch kein Kind, ob es wieder zur Mutter zurück-
wolle, so sagten sie. Sie fühlten sich im Recht. Sie glaubten nicht zu erobern,
sondern altes Unrecht wiedergutzumachen. Als Thiers 1870 in Wien
Leopold von Ranke fragte, gegen wen die Deutschen denn jetzt, nach dem
Sturze des Kaisers, noch Krieg führten, antwortete er: „Gegen Ludwig
den Vierzehnten."

Bismarck wurde von solchen Erinnerungen nicht beherrscht. Den
Wunsch der Deutschen nach Einverleibung des Elsaß wegen der früheren
Zusammengehörigkeit zum Reich empfand er als sentimental, als eine
Professorenidee. Aber er hörte aufmerksam auf die Generale, wenn sie aus-
einandersetzten, nur der Besitz von Straßburg und Metz sichere Süddeutschland vor künftigen französischen Angriffen. Er hielt im allgemeinen nicht
viel von den Erwägungen der Generale, schon gar nicht bei bevorstehenden
Friedensschlüssen. Aber er wußte, welche Sorgen die Süddeutschen erfüllten, wenn sie an ihre Grenzen blickten, und wie sehr die Furcht vor französischen Angriffen ihre Neigung zum Anschluß an den Norden geschwächt
hatte. So machte er sich ohne Begeisterung, aber wie er glaubte, pflicht-
gemäß die Forderung zu eigen, Straßburg und Metz müßten wieder deutsch
werden.

Damit war entschieden, daß der Krieg weitergehen werde. Und nun er-
lebten die Deutschen und die staunende Welt ringsumher, welche Wucht
in dem entfesselten patriotischen Empfinden eines großen Volkes wohnen
kann. Der republikanische Diktator des neuen Frankreichs, Léon Gambetta,
erweckte in seinem Volke die alte Kampfesentschlossenheit von 1792. Er
stampfte Armee auf Armee aus dem Boden. Bald waren die französischen
Truppen dreimal so zahlreich wie die Deutschen.

Aber das Gesetz von der Überlegenheit der rohen Zahl im Kriege gilt
natürlich nur bei ungefähr gleichwertig ausgebildeten Truppen. Die französischen Berufssoldaten waren gefangen, die neuausgebildeten, überstürzt
aufgestellten Divisionen waren mehr eine Art Volkssturm als wirkliche
Truppen. Es gab einige kritische Wochen für die Deutschen, aber im Januar 1871 war das Schicksal der französischen Armee besiegelt. Das Ende
des Krieges zeichnete sich ab.

Irrungen und Wirrungen

Die Monate vorher waren wieder voller Qual für Bismarck gewesen.
Wieder mußte er sich mit allen und jedem herumstreiten: mit dem König,
mit den übrigen deutschen Fürsten, mit dem Parlament, mit den Generalen,
nicht zuletzt mit Moltke. Vor der Welt schien er am Ziel seiner Wünsche.
Derweilen suchten ihn Gallenanfälle heim, die Folge bitteren Ärgers,

und er dachte mehr als einmal daran, nach dem Kriege sein Amt aufzubegen.

Das Deutsche Reich ist nicht nur auf den Schlachtfeldern, sondern auch in endlosen, ermüdenden und unwürdigen Verhandlungen geboren worden. Die überwältigende Mehrheit der Nation, die auf den Schlachtfeldern zusammen gefochten hatte, verlangte stürmisch nach der Einheit. Aber jeder wollte sie anders, einige übrigens überhaupt nicht.

Die Liberalen, an der Spitze wieder ihr vornehmster Gesinnungsgenosse, der preußische Kronprinz, wollten den Einheitsstaat, die Auslöschung der meisten Rechte der Einzelstaaten. Friedrich Wilhelm wollte den preußischen Oberbefehl über die Truppen dazu benutzen, die Fürsten in das Reich hineinzuzwingen. Die meisten Fürsten der Einzelstaaten dagegen und manche ihrer Minister wollten so wenig von ihren Rechten abtreten, daß von der Einheit nicht viel übriggeblieben wäre.

Das fürstliche Selbstgefühl war am stärksten ausgeprägt bei Ludwig dem Zweiten von Bayern, so, wie der Sondergeist des bayrischen Stammes noch stärker war als der der Schwaben, Alemannen und Franken. Am liebsten wäre Ludwig souveräner Fürst geblieben. Da ihm das weder die allgemeine Lage noch das auch in seinem Land aufwallende deutsche Gefühl erlaubte, sträubte er sich wenigstens dagegen, daß sein gekrönter Kollege aus Berlin eine Rangerhöhung erfahren sollte. Das nationale, aus einer tausendjährigen Geschichte gespeiste Gefühl verlangte nach der Wiederkehr der Namen „Kaiser" und „Reich". Wilhelm der Erste sollte Kaiser werden. Aber waren die Hohenzollern mehr als die Wittelsbacher? Bismarck brauchte unendlich viel Geduld und Selbstbeherrschung dazu, sich durch Ludwigs immer neue Einwürfe und Verzögerungen nicht beirren zu lassen. Er brauchte wieder alle Kunst der Menschenbehandlung.

Er sicherte den Bayern noch mehr „Reservatrechte" zu als den übrigen süddeutschen Staaten: eigene Briefmarken und eigene Eisenbahnen und einen eigenen Generalstab und eigene Uniformen und eigene auswärtige Vertretungen. Die Liberalen und vor allem der Kronprinz waren erzürnt; aber Bismarck wollte keine Mußdeutschen, ihm lag vor allem an der Freiwilligkeit. Er war von Gesinnung und aus Staatsklugheit ein entschiedener Föderalist. Er wollte nicht mehr als das unbedingt Notwendige in der Gemeinsamkeit.

Den Widerstand gegen den Kaisertitel für König Wilhelm überwand er durch ein höchst gekünsteltes Mittel, das aber, so, wie er Ludwig kannte, seine Wirkung nicht verfehlte: Sich einem König unterzuordnen sei der Wittelsbachschen Familie unwürdig. Gerade aber, wenn der künftige Präsident Kaiser heiße, werde damit sichtbar, daß die Königreiche Preußen und Bayern gleichberechtigt blieben. Ludwig ließ sich überzeugen, freilich nur, um gleich darauf zu fordern, daß die Kaiserwürde abwechselnd Preußen

und Bayern gegeben werde. Schließlich wurde auch dieses Hemmnis über-
wunden, und Bismarck bewog Ludwig, selbst den Brief an den König mit
der Aufforderung zu schreiben, er möge den Kaisertitel annehmen.

Es läßt einen tiefen Blick in die Natur der Menschen und das Wesen alles
Menschlichen, auch der staatlichen Beziehungen, tun, daß Bismarck auch
das gröbste Mittel nicht verschmähte, das es gibt, und daß er damit Erfolg
hatte. Ludwig brauchte für seine Schlösserbauten Geld. Bismarck versprach
ihm 300 000 Gulden jährlich für seine Privatschatulle als Rückzahlung der
(vom bayerischen Volk, nicht vom König gezahlten) Kriegsentschädigung
von 1866. Das fürstliche Selbstgefühl des Königs hinderte ihn nicht, diese
Bestechungssumme anzunehmen. Die Journalisten, die betroffen sind darüber, daß es ein Bismarck nicht verschmähte, aus dem Welfenfonds Mitglieder ihres Standes zu korrumpieren, können sich trösten: Ein gekröntes
Haupt, der „Märchenkönig", war auch unter den Empfängern.

Kaiser und Reich

Aber bevor die Gründung des Reiches feierlich verkündet werden konnte,
mußte Bismarck den härtesten Streit bestehen, den mit seinem König. Wie
so oft erwirbt von allen Persönlichkeiten, mit denen Bismarck zu kämpfen
hatte, der König im Herzen der Nachlebenden die stärksten Sympathien.
Wilhelm war auch darin sehr Preuße, daß ihm Titel und Rang nicht viel
sagten. „Mehr sein als scheinen" wäre ein Spruch nach seinem Herzen gewesen. „Was soll mir der Charakter-Major?" rief er einmal zornig aus. (Den
Titel erhielten Hauptleute, wenn sie aus dem Dienst ausschieden. Sie waren
Majore, ohne es wirklich zu sein.) König von Preußen, das war für ihn der
vornehmere Titel, an dem sein Herz hing, das andere war ihm Flitterkram.

In seinem Widerstand gegen die Rangerhöhung enthüllte sich mehr als
nur eine persönliche Anhänglichkeit an das Alte. In Preußen gab es so viele
Partikularisten wie in den süddeutschen Staaten. Die Konservativen hatten
schon bei der Rechtsangleichung im Norddeutschen Bund darüber geklagt,
daß nun ein Stück ihres Staates nach dem andern dahinsinke. Das alte
Preußen spürte, daß es viel werde aufgeben müssen, wenn es in das neue
Reich hineinwachsen sollte. Am Tage vor der Proklamation überwältigte
den König das Gefühl, Unwiederbringliches zu verlieren. In Tränen rief er
aus: „Morgen ist der unglücklichste Tag meines Lebens. Da tragen wir das
preußische Königtum zu Grabe, und daran sind Sie, Graf Bismarck, schuld!"

Und wenn er schon Kaiser heißen sollte, so wollte er auch ein „richtiger"
sein, „Kaiser von Deutschland". Vergebens versuchte Bismarck, ihn davon
zu überzeugen, daß es „Deutscher Kaiser" heißen müsse. Ihm selber war es
gleichgültig, welchen Namen man wählte. Er fragte einmal in einem Ge-

spräch seine Umgebung, was auf lateinisch Wurst heiße, und sagte dann in klassischer Kürze „Nescio quid mihi magis farcimentum esset. – Ich wüßte nicht, was mir mehr Wurst wäre." Aber Kaiser von Deutschland, das enthielt den Souveränitätsanspruch über Deutschland und drückte die anderen Fürsten herunter. Beim Titel „Deutscher Kaiser" war der König von Preußen nur der Erste von Gleichen.

Aber der König bestand auf seiner Meinung. Am Tage der Proklamation war der Friede noch nicht hergestellt. Als am 18. Januar 1871 in Versailles das Reich ausgerufen wurde, brachte Wilhelms Schwiegersohn, der Großherzog von Baden, das Hoch auf „Kaiser Wilhelm" aus. Anders hatte er sich nicht zu helfen gewußt. Der also Gefeierte und im Rang Erhobene aber, der mächtigste Monarch Mitteleuropas, ging an seinem Kanzler vorbei, ohne ihn eines Dankes oder Grußes zu würdigen.

Ein Nationalstaat

Die meisten Deutschen ahnten nichts von den Winkelzügen und Ränken und Kämpfen im Hintergrund, sie sahen nur das prächtige Schauspiel vorn auf der weltgeschichtlichen Bühne, sie waren dankbar und ergriffen. Wohl wich das Unbehagen nicht ganz von den preußischen Konservativen, und die bayerischen Klerikalen und die württembergischen Demokraten sahen dem Schauspiel erst recht nur verdrießlich zu. Die einen glaubten, im neuen Reich sei zuwenig Preußentum, die anderen spürten zuviel davon. Die Mehrheit der Nation ging freudig mit dem großen Geschehen. Die Tränen seien ihm die Wangen heruntergelaufen, gestand Heinrich von Treitschke, und er fügte hinzu, daß man sich immer noch frage, warum Gott den Deutschen so viel Gnade habe zuteil werden lassen.

Ganz hatten sie nie vergessen, daß sie einmal zusammen in einem Staat gelebt hatten. Eine Minderheit hatte 1848 aus der Erinnerung wieder lebendige Wirklichkeit zu machen versucht, es war ihr mißlungen; aber die Flamme der Idee hatte weitergeleuchtet und immer mehr die Herzen erwärmt. Die Sehnsucht war nun erfüllt; und wer sich mit der deutschen Vergangenheit seines Volkes verbunden fühlte, war glücklich darüber, daß die ehrwürdigen Namen von Kaiser und Reich nun wieder zum Leben erweckt waren. Nur wenige unter den Liberalen hätten den Königstitel für den Herrscher der Deutschen vorgezogen.

Wer aber glaubte, mit dem Kaiser und dem Reich sei das Alte erneuert worden, erlag einem bitteren Mißverständnis. Das Deutsche Reich vom 18. Januar 1871 hatte mit der alten Reichsidee nichts gemein. Der Staat war kein Reich trotz seinem Namen. Im Begriff des Reiches liegt das Übernationale, das Universale, das sich großen und allgemeinen Ideen Verpflichtende. Das alte Reich, das 1806 untergegangen war, hatte sich über viele Völker und

Stämme gewölbt; das neue war ein Nationalstaat wie Italien, Frankreich oder Großbritannien. Gewiß, es war es nicht vollkommen. Zahlreiche Polen dazu Dänen und Franzosen lebten darin; und die Millionen in der Ostmark und Deutsch-Böhmen waren dafür draußen geblieben. Aber es war doch aus der nationalstaatlichen Idee erwachsen, es kam ihr ganz nahe.

Gerade darin lag aber der Zauber für die meisten Deutschen. Die Übermacht der nationalstaatlichen Idee hatte sie ergriffen wie die anderen europäischen Völker auch. Daß diese Idee nicht rein verkörpert war, kümmerte die wenigsten. Die Verbindung mit den überlieferten Begriffen von Kaiser und Reich befriedigte ihren romantischen Sinn, und sie fragten nicht danach, ob die alten Begriffe noch mit vollem Recht anwendbar seien.

Die Deutschen hatten die Einheit, und sie hatten die Macht. Ihr Staat war in ganz Europa hoch angesehen und geachtet, von manchen auch gefürchtet. Daß sie durch das ganze „ewige Gesiege" nicht beliebter geworden waren, daß die Sympathien, deren sie sich zu Goethes und des Deutschen Bundes Zeiten erfreut hatten, zu schwinden begannen, daß französische, britische und italienische Lebensart die Herzen der Völker mehr gewann, weil ihre Träger menschlicher und wärmer, zugleich in sich geschlossener und sicherer erschienen, das kümmerte nur wenige Hellsichtige.

Risse

Heute dagegen, da der stolze Bau in Trümmern liegt, heute ist es leichter als für die Zeitgenossen, die Risse zu sehen, die sich von Beginn an durch die Mauern des Reichsbaues zogen. Eine innere Lebensbedrohung freilich war es nicht, daß der Begriff des übernationalen Reiches nur im Namen und nicht in der Wirklichkeit lebte. Die Deutschen hatten das Recht auf die Einigung wie jedes andere Volk, und der Wunsch war nicht anders zu erfüllen als in den Formen des Nationalstaats. Andere Zeiten mögen andere Formen des Zusammenschlusses erlauben; in diesem Jahrhundert war keine andere möglich. Die nationalstaatliche Idee war neben der liberalen die stärkste politische Macht dieser Zeit. Bismarck kam von einer anderen geistigen und politischen Landschaft her. Aber er hatte ein sicheres Gefühl für Macht, auch für die Macht der Ideen. Gerade daß sich ein solcher Mann diese Idee zum Bundesgenossen wählte, beweist ihre überwältigende Stärke.

Aber es gab einen anderen, einen klaffenderen Riß. Er wird heute jedem sichtbar, der das berühmte Bild betrachtet, das Anton von Werner von der Kaiserproklamation in Versailles gemalt hat, das die Kunsthistoriker ein wenig glatt und leer finden, das aber dem politischen Historiker unentbehrlich ist. Da steht der Kaiser, hoch aufgerichtet in seiner Uniform, ein wirklicher Herrscher; zu seinen Häupten die Fahnen und Standarten, Adlern gleich, den Herrscher zu schützen; da steht die mächtige Gestalt des Kanzlers – in Uniform; da stehen die Fürsten und Generale – in Uniform. Es ist eine glänzende Versammlung der politischen Gewalten, die damals in Deutschland führten. Nur einer fehlt: das Volk, das mehr als Fürsten und Generale und Kanzler diesen Tag herbeigesehnt hatte und dessen Söhne dafür auf den Schlachtfeldern geblutet hatten.

Das Volk hat später im Reichstag und im öffentlichen Leben Gelegenheit gehabt, mitzuwirken, aber es war zu Beginn in den Hintergrund gedrängt, und es konnte sich nicht leicht von dieser Stellung im Schatten lösen. Die Männer in Uniform behielten immer eine beherrschende Stellung, mehr als in anderen Ländern. Der Zustand war in sich geschlossen und sinnvoll, so, wie der Gang der Geschichte gewesen war. Dennoch hat das Bild heute für den Betrachter etwas Unheimliches.

Großpreußen

Es bleibt zu prüfen, ob es auch einen Riß im Reichsbau bedeutete, daß Preußen in dem neuen Reich eine starke Stellung innehatte; manche Beobachter haben es ärgerlich ein Großpreußen genannt. Die Frage ist verwickelt, und die Antwort kann nicht leicht sein. Sie läßt sich nicht allein aus Liebe zum Preußengeist oder aus Gegnerschaft gegen das Preußentum fällen.

Die strengen und herben Wesenszüge Preußens gehören zu den vielerlei Entfaltungsmöglichkeiten des Deutschen. Gerade im staatlichen Bereich erscheinen sie als Kräftezuschuß für die Gesamtheit unentbehrlich. Aber sie bilden nur einen Teil unseres Nationalcharakters. Auch der freiere und reichere Geist des Südens und des Westens muß sich entfalten. Zu den großen Aufgaben, die unserem Volke seit Jahrhunderten gestellt waren, gehörte es, beides miteinander zu verschmelzen, „Preußen in Deutschland aufgehen" zu lassen, so daß das eine das andere durchdränge. Innerhalb Preußens war man diesem Ziel in der größten Zeit dieses Staates, nach Jena und Tilsit, sehr nahegekommen. Das Werk des Nassauers Stein, des Hannoveraners Scharnhorst, des Württembergers Gneisenau und des Altpreußen Humboldt bot die hoffnungsreichsten Ansätze. In den Zeiten der Reaktion war es verkümmert, und auch Bismarcks Genie hatte es nicht zu neuem Leben erwecken können, auch wohl nicht wollen. So lag jetzt noch einmal die Aufgabe vor den Deutschen.

Sie ist mißlungen. Ganz durchgesetzt hat sich das Preußische nur im Heerwesen. Nach Königgrätz und Sedan war das Ansehen der preußischen Heeresorganisation und des preußischen Generalstabs in der ganzen Welt gestiegen, und erst recht beugten sich die Überwundenen von 1866 dem

Vorbild des Siegers. Die preußische Heeresorganisation wurde überall in Deutschland nachgeahmt, von manchen süddeutschen Garnisonen hieß es, daß Exerzieren und Drill und Ausbildung härter und schneidiger betrieben würden als in Preußen.

Aber man sieht nicht, daß preußische Art sonst im übrigen Deutschland geherrscht hätte. Das wäre auch deshalb schwer möglich gewesen, weil sich in Preußen selbst die Art nun veränderte und oft veräußerlichte. Als die Preußen weniger mächtig und weniger wohlhabend gewesen waren, hatte ihre Art von der glänzenderen, reicheren, den Musen näheren Art der Süddeutschen oft abgestochen. Aber bei den besten Preußen waren auch Würde und unaufdringliches Selbstbewußtsein gewesen, die in der Welt manche Sympathien gewannen. In dem Greis an der Spitze des Staates, aber auch in einer Gestalt wie der Moltkes, der mit der militärischen Straffheit die Weite des Geistes vereinte, waren diese Züge höchst eindrucksvoll ausgeprägt.

Mit der Macht und der Wohlhabenheit kam etwas Lärmendes, Aufdringliches, Hastiges und Auftrumpfendes in das Preußentum, das die innere Unsicherheit verriet. Die Preußen waren wie Leute, die erst spät in Kreise von älterem und ererbtem Reichtum hineinkommen und nun forsch auftreten, um darzutun, daß sie nicht weniger sind als andere. Der Enkel des ersten Kaisers, aber auch viele Politiker mit lauten und lärmenden Reden vertraten diese neue Art des Preußentums, die im Reich selber und draußen manchem Wohlmeinenden auf die Nerven ging.

Gegen das Preußentum, gegen das echte, immer noch bestehende, aber auch gegen das neue, das unechte und verzerrte, schob sich von Süddeutschland und im wachsenden Maße auch von der Arbeiterbevölkerung der preußischen Großstädte her die Gegnerschaft. Wieviel echtes Preußentum in der Arbeiterbewegung lebendig war, begriffen die meisten ihrer Anhänger selber nicht. Aller Welt wurde es dann in den Tagen Brauns und Severings sichtbar.

Der Bundesrat

Im täglichen Leben des Staates hätten Süddeutsche und nichtpreußische Norddeutsche manches tun können, um zu verhindern, daß Deutschland als Großpreußen erschien. Die Verfassung gab ihnen die Möglichkeit dazu. Bismarck war den nichtpreußischen Ländern weit entgegengekommen, weil er sie nicht zwingen wollte. Aber er hatte ihren Willen oder ihre Fähigkeit überschätzt, in lebendiger Auffassung vom Föderalismus an der Reichsführung mitzuwirken. Der König von Preußen wirkte in seiner Eigenschaft als Deutscher Kaiser wie der Souverän des Reiches. Aber nach der Verfassung war er es nicht, und er brauchte es auch in der Wirklichkeit des Alltags nicht zu sein.

Der Bundesrat hatte freilich einen Teil seiner Rechte an den Präsidenten, den König von Preußen, abgegeben, der den Reichskanzler berief oder entließ. Aber kein Gesetz konnte ohne die Zustimmung des Bundesrates verabschiedet werden, und auch in der allgemeinen Staatsführung behielt er immer ein Mitspracherecht. Der Souverän blieb der Bundesrat. Die Frage war nur, ob er seine Rechte ausnutzte.

Preußen hatte im Bundesrat von 58 Sitzen 17 inne. Noch immer war es praktisch schwer, die Preußen zu überstimmen, wenn auch leichter als im Norddeutschen Bund. Eine entschlossene Vertretung nichtpreußischer Wünsche hätte auch nicht gleich bis zur Kampfabstimmung zu gehen brauchen (obwohl in Zeiten nationaler Gefahr ein entschiedener Wille ein solches Überstimmen nicht von vornherein hätte ausschließen dürfen). Aber der Bundesrat hat während der ganzen Dauer des Kaiserreichs immer nur ein Schattendasein geführt. Das lag nicht an der Konstruktion des Reiches, es lag an dem freiwilligen Verzicht der Länder auf einen eigenen Willen.

Den Vorsitz im Auswärtigen Ausschuß des Bundesrats hatte Bayern inne. Daß Bismarck den Bayern dieses Zugeständnis gemacht hatte, war den Liberalen ein besonderes Ärgernis. Sie fürchteten einen bayerisch-eigenbrötlerischen Einfluß auf die Politik des Reiches. Tatsächlich hat Bayern von seinem Recht keinen anderen als einen rein protokollarischen Gebrauch gemacht. Dabei hätte ein solcher Vorsitz, ausgeübt von Männern von hellsichtigem Patriotismus und entschiedener Willenskraft, etwas unermeßlich Gutes bedeuten können. Wenn der Bundesrat beim Bau der Flotte oder der Bagdadbahn, in den Marokkokrisen oder im Juli 1914, selbst noch bei der Auseinandersetzung um die Friedensresolution 1917 für eine Politik des Maßes, der Vernunft und der Einsicht eingetreten wäre, vielleicht hätten die Geschicke unseres Volkes eine andere Wendung genommen.

Leider beschränkte sich der Föderalismus, so lebhaft er verteidigt wurde, auf die innere Verwaltung und Gesetzgebung der Länder. Aber recht verstandener Föderalismus will, daß die einzelnen Stämme und Länder bei der obersten Führung des Reiches mitwirken. Sie haben das nicht einmal versucht, zum mindesten nicht in ausreichendem Maße. Der Föderalismus hatte die Höhe seiner Wirksamkeit überschritten.

Gegen den Parlamentarismus

Wenn es schon Risse im Reichsbau gab, so waren sie damals doch nur wenigen Scharfsichtigen erkennbar. Der Zusammenbruch des Bismarck-Reichs 1918 war denn auch nicht die Folge der inneren Spannungen, sondern ein schwerer Fehler der äußeren Politik. Man kann freilich sagen, daß diese Fehler vermieden worden wären, wenn der Volksvertretung ein größerer Anteil an der Macht gegeben worden wäre. Ganz sicher ist das nicht; wir werden noch sehen, wie tief weite Schichten des liberalen Bürgertums die Lage verkannten.

Aber es hat freilich auch Jahre gegeben, in denen eine parlamentarische Regierung wahrscheinlich weiser gehandelt hätte als die vom Kaiser eingesetzte. Und von solchen Erfahrungen aus, etwa von der des Jahres 1917, wird man zu dem Schluß kommen, daß es die entscheidende Schwäche des Bismarckschen Staatsaufbaues war, den Fürsten zuviel und dem Volk zuwenig Macht gegeben zu haben.

Die Frage ist nur, ob das Volk wirklich mehr Rechte gerade in der äußeren Politik gewünscht hätte. Offensichtlich war es froh, daß die angestammten Fürstenhäuser in Berlin und Dresden und München und Stuttgart und Karlsruhe soviel Regierungsrechte behalten hatten. Völker sind selten demokratisch. Das ist eine der eindringlichsten Lehren der Geschichte, die so oft von Demokraten mißachtet wird.

Die Nation in ihrer überwältigenden Mehrheit sah die Risse nicht. Sie fühlte in sich eine ungeheure Lebenskraft. Je länger das Reich dauerte, um so stärker wurde die Überzeugung des deutschen Volkes, daß es unzerstörbar und noch zu Großem berufen sei, gerade in der Form dieses Reiches. Bismarck hatte die Deutschen in den Sattel gesetzt; sie trauten sich zu, reiten zu können.

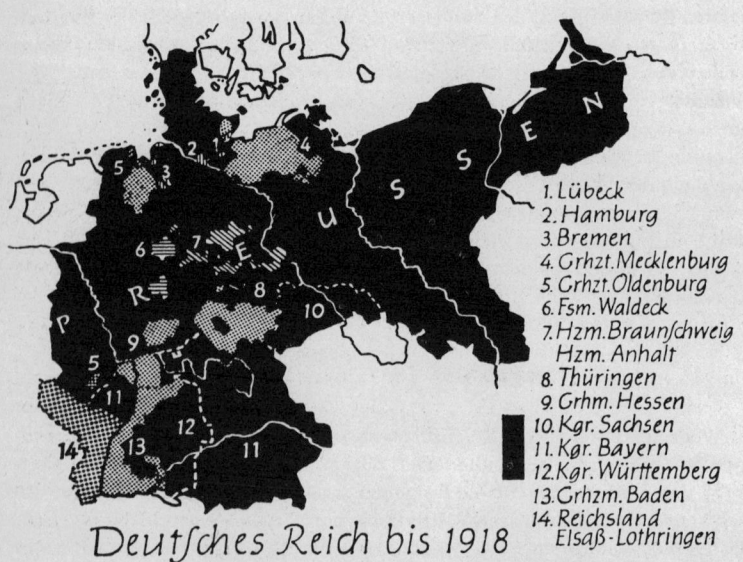

1. Lübeck
2. Hamburg
3. Bremen
4. Grhzt. Mecklenburg
5. Grhzt. Oldenburg
6. Fsm. Waldeck
7. Hzm. Braunschweig
   Hzm. Anhalt
8. Thüringen
9. Grhm. Hessen
10. Kgr. Sachsen
11. Kgr. Bayern
12. Kgr. Württemberg
13. Grhzm. Baden
14. Reichsland
    Elsaß-Lothringen

Deutsches Reich bis 1918

DRITTES KAPITEL

DEUTSCHLAND
UNTER DER FÜHRUNG BISMARCKS

Der Wille der Fürsten und der Wille des Volkes hatten sich 1871 zur Einheit des Reiches bekannt. Das Ziel wichtiger Gesetze war es, diese Einheit nun auch auf dem Gebiete des Rechtswesens und des Wirtschaftslebens in die Wirklichkeit des Alltags überzuführen.

Bund mit den Nationalliberalen

Der Norddeutsche Bund hatte ein Handelsgesetz geschaffen, das übernommen wurde. 1872 folgte das Strafgesetzbuch. Das bürgerliche Recht wurde in sorgfältiger und mühsamer Arbeit neu gefaßt; das Bürgerliche Gesetzbuch trat erst 1900 in Kraft. Eine neue Gerichtsverfassung hob, sehr zum Mißvergnügen der Konservativen, die immer noch bestehende Gerichtsbarkeit der Gutsherren auf und legte die Rechtspflege ganz in die Hände der ordentlichen Gerichte. Die Einzelstaaten verwalteten ihre Gerichte selber, aber ein Reichsgericht in Leipzig umklammerte und umwölbte die einzelstaatliche Rechtspflege.

Alle deutschen Länder führten nun die einheitliche Rechnung in Mark ein, in allen wurden jetzt Meter, Liter und Kilogramm üblich statt der überlieferten verschiedenartigen Maße. Im ganzen Reich herrschte die Gewerbefreiheit.

Bismarcks wichtigste Bundesgenossen bei diesem Werk waren die Nationalliberalen. Ihnen traten die Führer einer Neugründung am linken Flügel der Konservativen zur Seite, die Freikonservativen. Die Nationalliberalen waren die stärkste Partei des Reichstages, sie bildeten recht eigentlich die Partei der Reichsgründung, die Bismarck-Partei. Die Gesetzgebung dieser Jahre entsprach zum großen Teil ihren Vorstellungen, da sie auf die Einheit des Lebens im Reiche hinwirkte und zugleich liberale Ideen verwirklichte.

Um so größer war das Mißvergnügen bei dem Kern der Konservativen. Ihr einstiges Parteimitglied, ihr gefeierter Redner aus dem Preußischen Landtag hatte sich weit von ihnen entfernt. Den Weg über Königgrätz nach Versailles hatten sie nur mit Beklemmung mitgemacht, sie wären gerne der Gefahr ausgewichen, daß die preußische Eigenstaatlichkeit im Reich unterginge. Immerhin, ihre Führer empfanden die staatsmännische Größe ihres

Standesgenossen, auch waren sie empfänglich für die Machterweiterung, die seine Politik auch für Preußen bedeutete.

Sie hatten die Genugtuung, daß sie in Heer, Verwaltung und Diplomatie weiterhin herrschten wie vorher. Seine politische Freundschaft mit den Nationalliberalen beirrte Bismarck und seine zumeist adeligen Mitminister nicht darin, ihre Standesgenossen bei Einstellungen und Beförderungen zu bevorzugen. Wer nicht zum Adel gehörte, mußte durch Herkunft aus königstreuer Familie, durch die Mitgliedschaft in einer vornehmen Studentenverbindung, durch Lebensführung und Gesinnung beweisen, daß er in seinem Herzen zur herrschenden Schicht gehörte. Wer von den Liberalen eine Neigung zu einem Verwaltungsamt hatte, tat gut daran, in den Dienst einer Stadt zu gehen, wo das liberale Bürgertum den Ton angab.

Aber auch wenn Bismarck den Konservativen verbürgte, daß sie weiterhin in Preußen und damit im Reich oben blieben, so erweckte der allgemeine Gang seiner Politik in ihren Reihen Unbehagen. Und als das Bündnis mit dem Liberalismus so weit fortgesetzt wurde, daß er in Konflikt mit den Kirchen geriet, kam es zum offenen Streit. Bismarck litt darunter, aber er gab nicht nach. Er wollte sich keiner Partei verschreiben, er benutzte sie alle, auch die, aus der er hergekommen war. In den siebziger Jahren hielt er die Freundschaft mit den Nationalliberalen für zweckmäßig, und er verlangte von seinen früheren Gesinnungsgenossen, daß sie ihm darin folgten. Taten sie es nicht, nahm er den offenen Streit mit ihnen in Kauf.

Dies waren die Jahre, in denen Bismarck mit furchtbarer Erbitterung seinen vornehmsten Gegner, den Grafen Harry von Arnim, verfolgte, ihn wegen Landesverrats vor Gericht schleifen wollte und seine Verurteilung zu Zuchthaus erreichte. Dies waren die Jahre, in denen Bismarcks alter politischer Kampfgefährte, der Feldmarschall Edwin von Manteuffel, zuversichtlich darauf wartete, als Nachfolger Bismarcks berufen zu werden. Wäre des Kaisers Natur weniger treu gewesen, er hätte jetzt seinen Kanzler entlassen, dessen Wege er mit Kummer verfolgte.

Im ganzen war das Bündnis zwischen dem herrischen Junker und dem liberalen Bürgertum ein Gewinn für das Reich. Man sieht nicht, wie sonst auf den Grundlagen des 18. Januar 1871 hätte weitergebaut werden können. Aber es kamen auch Ereignisse, bei denen das Bündnis zum Unheil wurde. Es hat Millionen von Deutschen Leid und Gewissenskonflikte gebracht, die Risse im Reichsbau für fast ein Jahrzehnt vermehrt und dem Kanzler schließlich eine seiner empfindlichsten Niederlagen gebracht.

Das Unfehlbarkeitsdogma

Der Ursprung des Kulturkampfs ist für uns Heutige nicht mehr leicht zu verstehen, manches bleibt rätselhaft. Im Dezember 1869 hatte Papst Pius der Neunte das Vatikanische Konzil nach Rom einberufen. Hier hatte er den versammelten Bischöfen das Dogma vorgelegt, nach dem der Papst unfehlbar ist, soweit er in kirchlichen Dingen ex cathedra, in seiner Eigenschaft als oberster Hirte spricht. Es gab eine stattliche Gegnerschaft gegen dieses Dogma, vor allem bei den deutschen und französichen Bischöfen. Die Ablehnenden vertraten die Mehrheit der Gläubigen, aber die Anhänger waren in der Versammlung der Bischöfe in der Mehrheit, dank der Tatsache, daß die italienische Nation immer eine besonders große Zahl von Bischöfen stellt. Vergebens warf sich der Bischof Ketteler aus Mainz dem Papst zu Füßen. Das Dogma wurde angenommen, die bisher Ablehnenden unterwarfen sich. Der Beschluß des Konzils schloß eine jahrhundertelange Entwicklung ab, in der die Stellung des Papstes immer mehr gefestigt worden war.

Für die gesamte liberale Welt, also für große Teile der geistig führenden Schicht, war die Verkündigung des Dogmas eine Kampfansage an alles, was Freiheit des Geistes heißt. Ihre Führer, die erzogen worden waren in der Auflehnung gegen die Herrschaft der Kirche und des Papstes, fühlten sich bestätigt durch eine Maßnahme, in der sie das Ergebnis einer finsteren Verschwörung sahen.

Der Liberalismus durfte sich, so, wie er nun einmal war, im Recht fühlen, nun seinerseits seine Gläubigen zur Abwehr aufzurufen. Aber wenn er seiner Grundgesinnung treu geblieben wäre, so hätte er im Bereich des Geistigen bleiben müssen, wie der Konzilsbeschluß im Reich des Geistigen geblieben war. Der Liberalismus, der immer wieder das Recht des Menschen auf seine Gewissensentscheidung forderte, durfte der Kirche dieses Recht nicht verweigern. Indem er dazu half, daß die Mittel des Staates gegen die Kirche eingesetzt wurden, verleugnete er seine beste Tradition. Er bestätigte die melancholische Erkenntnis, daß die Märtyrer von gestern die Unterdrücker von morgen werden. Für ein Jahrzehnt wurde er zu einem Verteidiger der Unfreiheit – um der Freiheit willen. So sehr hatte die Kampfesleidenschaft ihren Führern und Anhängern den Sinn für Gerechtigkeit verwirrt.

Zum Bundesgenossen wählte sich der Liberalismus den Staat. Der Kampf des Liberalismus gegen den Absolutismus schlug um in Vergötzung des Staates. Dieser aber führte den Kampf mit Hilfe der Polizei. So sehr entäußerte sich der Liberalismus seines eigentlichen Wesens. Beide liberalen Parteien fanden sich darin zusammen. Die Nationalliberalen und die Fortschrittspartei schlossen wieder ein Bündnis. Nur eine schwache Minderheit der Fortschrittler begriff, daß gerade Liberale die Hand dazu nicht bieten durften, Priester zu verfolgen. Aber ein führender Fortschrittler, Virchow, war es, der den Begriff vom ,,Kulturkampf" prägte, der an der Auseinandersetzung haften geblieben ist. Ganz treuherzig nahmen Virchow und seine Freunde an, der Kampf werde dafür geführt, daß die höchsten Güter der Kultur gegen das finstere Mittelalter verteidigt würden.

Aber obwohl ihre Haltung aus der Überhitzung ihres Kampfes gegen die Priesterherrschaft zu begreifen, wenn auch nicht zu billigen ist, so steht man immer noch vor Rätseln, wenn man das Eingreifen Bismarcks ganz begründen will. Er war ein gläubiger Christ und mußte daher Verständnis für das Wesen der anderen christlichen Kirche haben. Er war auch kein Liberaler, und der Fanatismus, mit dem der Liberalismus bis zum Umschlagen verfochten wurde, mußte ihm fremd bleiben. Die Gründe für seine Haltung sind offensichtlich vielfältiger Natur.

So kam der Staat seiner natürlichen Pflicht als Schützer der Minderheiten nach, als er sich vor die Altkatholiken stellte. Eine schwache Minderheit der Katholiken unter der Führung des Dompropstes Ignaz von Döllinger lehnte sich gegen das Dogma von der Unfehlbarkeit auf. Sie beugte sich allen Dogmen bis auf eines; und dies war von einem ordnungsmäßigen Konzil ordnungsmäßig verkündet worden. Ob ihre Haltung berechtigt oder unberechtigt war, das zu entscheiden ging nur die katholische Kirche an. Als aber Religionslehrer durch die Kirchenbehörden abgesetzt wurden, weil sie sich den Altkatholiken angeschlossen hatten, sprang ihnen der Staat helfend zur Seite, wie es seine Aufgabe war, da diese Lehrer auch zu seinen Dienern gehörten.

Der Kanzler war seiner politischen Natur nach vor allem ein Mann der auswärtigen Politik. Es mußte ihm nützlich erscheinen, das damals klerikal regierte Frankreich zu vereinzeln, das liberale Italien moralisch zu unterstützen und sich so seine Freundschaft zu gewinnen. Was ihn gewiß nicht trieb, waren Katholikenfeindschaft oder die liberale Besorgnis um die durch das Papsttum angeblich bedrohte Kultur. Für das eine war er nicht liberal genug, für das andere war er einfach zu groß. Konfessionelle Enge lag ihm zeit seines Lebens fern. Auch standen hervorragende, freilich kirchlich nicht enggebundene Katholiken, wie der Fürst Chlodwig von Hohenlohe, im Kulturkampf an seiner Seite. Katholische Regierungen, wie die Österreichs, führten in diesen Jahren gleichfalls eine Art von Kulturkampf, freilich behutsamer und milder als Bismarck. Auch bleibt zu beachten, daß die Regierung des in der Mehrheit katholischen Bayerns sich mit der Anregung zu gemeinsamem Vorgehen an Bismarck wandte, bevor der Kulturkampf begonnen hatte.

Aber der Zorn Bismarcks wurde, wenn er auf die Innenpolitik blickte, dadurch erregt, daß er in seinem Kampf gegen das Vordringen des Polentums in Preußen die deutschen Katholiken, soweit sie politisch geschlossen organisiert waren, in den Reihen seiner Gegner fand. Und schließlich antwortete seine leicht zum Kämpfen bereite Natur auf die Gründung der Zentrumspartei mit dem Entschluß zum Fechten. Die Leidenschaft riß ihn dann weiter, als es der Sache gemäß war. Er selber sagte später, er habe die Gründung einer wesentlich konfessionell bestimmten Partei als eine Mobilmachung gegen den Staat betrachtet; er verglich den Kulturkampf mit dem Kampf Agamemnons gegen Kalchas. Der Staat, der sich gegen die Oberherrschaft der Priester wehrt: So sah sich in seinen Augen der Beginn des Kulturkampfes an.

Im Winter 1870 hatten sich sechzig katholische Abgeordnete zur Zentrumspartei zusammengeschlossen. Der Name zeigt an, daß sich diese Partei zur Mitte der politischen Gruppen zählen wollte. Sie vereinigte wie keine andere Partei alle Stände in sich, vom oberschlesischen Großgrundbesitzer bis zum bayerischen Bauern, vom Kölner Einzelhändler bis zum westfälischen Bergmann. Ihre Gründer waren besorgt über die wachsende Macht des Liberalismus. Sie fürchteten, daß die Strömung zum Einheitsstaat wachsen werde; sie, die zum großen Teil zu den Besiegten von 1866 gehörten, waren entschiedene Föderalisten. Schließlich waren sie bekümmert darüber, daß sich die Italiener ihrer natürlichen Hauptstadt Rom bemächtigten und daß der Papst aufhörte, ein weltlicher Herrscher zu sein. Einer ihrer ersten Anträge war denn auch, daß sich die Regierung für die Wünsche des Papstes nach Rückgewinnung Roms einsetzen möge. Bismarck lehnte diesen Antrag ab, und gewiß mit guten Gründen. Der Wunsch des Papstes lag außerhalb der deutschen Interessen.

Es gab also eine Reihe von Tatsachen, die seine Gegnerschaft zum Zentrum verständlich machen. Aber sonst hatte er es besser verstanden, sich mit Unvermeidlichem abzufinden, das er doch nicht zu ändern vermochte. Neun Jahre später tat er das und versuchte, das Beste aus den Tatsachen zu machen. Aber inzwischen hatte er viel lernen müssen.

Beginn des Kulturkampfs

Die preußische Verfassung sah ausdrücklich die Freiheit der Kirche für ihre Entscheidungen vor, und die Zentrumspartei wünschte die Übernahme der Artikel in die Reichsverfassung. Bismarck lehnte das nicht nur ab, sondern ließ später sogar diese Artikel ändern.

Tief griff der Staat in tausendjährige Überlieferungen ein, als er die staatliche Eheschließung, die Zivilehe, einführte. Der Staat hatte sich seit langem immer mehr verweltlicht, und die Zivilehe war nur der Ausdruck dieser Tatsache. Daß der gläubige Christ Bismarck den Schritt tat, bleibt gleichwohl widerspruchsvoll. Viele seiner konservativen Freunde folgten ihm nicht und stimmten gegen das Gesetz. Vollends daß die kirchliche Trauung erst vorgenommen werden durfte, wenn die staatliche Trauung bereits vollzogen ist, bedeutete eine Verletzung des Naturrechts der Kirche auf

Regelung ihrer Angelegenheiten. Die Einschränkung paßt weder zu Bismarcks Glaubensbekenntnis noch zu dem Respekt vor fremdem Recht, den die Liberalen auf ihre Fahnen geschrieben hatten.

Die geistliche Schulaufsicht wurde abgeschafft, an ihre Stelle trat die Aufsicht des Staates. Auch das war wieder nur ein folgerichtiger Ausdruck der Verweltlichung des Staates. Aber unter liberalem Einfluß ging der Staat weiter und wollte an der Ausbildung der Priester mitwirken. Er führte später das sogenannte Kulturexamen für Priester in Geschichte und Philosophie ein – ein fast rührendes Zeugnis für die Überschätzung des Wissens durch den Liberalismus, für seinen Glauben, daß Kenntnisse den Fortschritt sicherstellten. Es lag auch viel Hochmut in dem Unverständnis der Tatsache, daß die katholische Kirche in Jahrtausenden ein gewaltiges, auch philosophisch untermauertes Wissensgebäude errichtet hat.

Der Kanzelparagraph setzte hohe Freiheitsstrafen für jene Geistlichen fest, die Angelegenheiten des Staates „in einer den öffentlichen Frieden gefährdenden Weise" erörterten. Der Jesuitenorden wurde aufgehoben. Ein Disziplinargesetz verbot, daß andere als deutsche kirchliche Behörden über Priester disziplinarisch zu richten hätten. Es wollte den Papst, der jenseits der Berge, *ultra montes*, residierte, von deutschen Angelegenheiten ausschließen. Das entsprach den Ansichten von einer deutschen Nationalkirche, nicht aber der in mehr als einem Jahrtausend gewachsenen Verfassung der katholischen Kirche.

Dem Jesuitengesetz folgte bald ein anderes Gesetz, das die Orden, ausgenommen die rein auf Krankenpflege beschränkten, verbot und ihre Mitglieder auswies, zum bitteren Kummer der Gläubigen, die von den Ordensleuten viel Mildtätiges erfahren hatten.

Das unglückseligste, die Gesinnung seiner Urheber am meisten bloßstellende Gesetz war das sogenannte Brotkorbgesetz, das die staatlichen Gelder für die Besoldung aller Geistlichen aufhob – es sei denn, sie verpflichteten sich dazu, die staatlichen Gesetze zu beachten. Gerade waren Gesetze erlassen worden, die sich gegen die Verfassung und das Wesen der Kirche richteten. Tausende von Pfarrern kamen in einen bitteren Gewissenskonflikt, aber bis auf vierundzwanzig, die bald exkommuniziert wurden, bestanden alle glänzend die Probe.

Schließlich wurde der Kulturkampf zu einer ebenso erbitterten wie wirkungslosen Verfolgung von Geistlichen. Viele wurden bestraft, viele wurden abgesetzt. In Millionen von Katholiken erwuchs eine tiefe Bitterkeit gegen die Regierung. Bismarck hatte die Führer der Zentrumspartei zu Reichsfeinden erklärt; im Kulturkampf waren die Anhänger dieser Partei in Gefahr, es zu werden.

In der Verfolgung schlossen sich die Katholiken mit den Eigenschaften des Mutes und der Treue zusammen, die so häufig die Verfolgten auszeichnen. Die Zentrumspartei schwoll an und wurde zu einer der stärksten Parteien und sie blieb es bis zum Untergang des Reiches. Die Katholiken scharten sich um den Papst und um ihre Bischöfe, aber auch um geschickte und kraftvolle Abgeordnete. Ihr Führer war Ludwig Windthorst, der Abgeordnete von Meppen, ein früherer Minister des verjagten Königs von Hannover. Er war ein Gegner des Dogmas von der Unfehlbarkeit, aber er war ein treuer Sohn seiner Kirche geblieben. Taktische Geschicklichkeit vereinigte sich in ihm mit Würde. Ihm war jene Listigkeit nicht fremd, ohne die man im privaten und im staatlichen Leben selten große Erfolge erringt. Aber stärker noch waren tiefe Religiosität und Ehrfurcht vor dem Recht.

Als ihn Bismarck einmal wegen seines Welfentums angriff, antwortete Windthorst: „Meine Anhänglichkeit an die hannoversche Königsfamilie dauert voll und ganz fort. Sie wird fortdauern bis an mein Grab, und nichts in der Welt, auch nicht der gewaltige Minister Deutschlands, wird mich darin irremachen. Aber ich bin eingedenk des Satzes der Heiligen Schrift: ‚Du sollst untertan sein der Obrigkeit, die Gewalt über dich hat‘, und glaube meine Untertanenpflicht nach bestem Wissen und Gewissen bisher geübt zu haben. Ich will mit dem Ministerpräsidenten heute nicht darüber streiten, inwiefern der Gang seiner großen Staatsaktionen das monarchische Prinzip gestärkt hat. Aber das möchte ich ihm doch sagen: Im Glück dem monarchischen Prinzip nahezustehen ist nicht schwer, schwerer ist es im Unglück." Eine solche Sprache mußte einen tiefen Eindruck machen auf alle, die nicht verblendet waren durch politische oder konfessionelle Feindschaft.

Abbau der Kampfgesetze

Neun Jahre nachdem der Kulturkampf begonnen hatte, begriff Bismarck, wie sehr er sich getäuscht hatte. Schon auf dem Höhepunkt des Kampfes hatte er in unbewußt ahnungsvoller Selbstironie davon gesprochen, der Staat komme ihm vor wie ein Gendarm, der mit dem Schleppsäbel hinter leichtfüßigen Priestern herjage. Endlich erwachte der alte Wirklichkeitssinn in ihm, und er beschloß, den Kampf abzubrechen. In den achtziger Jahren wurde die Kampfgesetzgebung Stück um Stück abgebaut. Mit Hilfe des weitblickenden Papstes Leo des Dreizehnten gelang der Friedensschluß mit der Kirche und der Zentrumspartei.

Einige der Kampfgesetze blieben: die Zivilehe, die Schulaufsicht und das Verbot des Jesuitenordens. Windthorst empfand deshalb große Sorge, und er hatte nicht das Gefühl, in dem Kampf gesiegt zu haben. Immer mehr aber setzte sich die Ansicht durch, daß er sich diesmal geirrt hatte. Er und seine Freunde waren die ersten, die dem mächtigen Mann eine schwere Niederlage zugefügt hatten. Zu erbittert hatte Bismarck den Kampf geführt, und seine weithallenden Worte, die er 1872 gesprochen hatte: „Nach Canossa gehen wir nicht", hatten zu sehr den Willen ausgedrückt, nicht zurückzuweichen. Nun war er doch gewichen. Sein großer Gegner aber konnte auf eine geschlossene, begeisterte und machtvolle Partei blicken, mit der jede Regierung rechnen mußte.

Es war nicht nur die allmählich wachsende Einsicht in die Unüberwindbarkeit des Gegners, die Bismarck zum Nachgeben veranlaßte. Der Kulturkampf widersprach dem innersten Wesen des Staates, für den er kämpfte. Die monarchischen Staaten des neunzehnten Jahrhunderts bedurften des Bündnisses mit der Kirche; Thron und Altar standen eng zusammen. Nun waren Hunderte von Pfarrstellen und neun von zwölf preußischen Bischofssitzen verwaist. Gerade die Kirchentreuen, die sonst überall die Staatstreuen und Königstreuen waren, standen in verbissenem innerem Aufruhr gegen die Regierung. Damit war ein Grundprinzip konservativer Staatsanschauung verletzt, zu der sich Bismarck im Grunde seines Herzens immer hingezogen fühlte, auch wenn er taktische Bündnisse mit den Liberalen schloß. Bismarck hatte die Kirche und die Zentrumspartei gefügig machen, sie nicht zerstören wollen. Als er begriff, daß er sein Ziel doch nicht erreichen konnte, erwachte, gewiß spät genug, der alte Wirklichkeitssinn in ihm.

Sozialismus

Während Bismarck noch die Wunden verband, die er sich selbst und dem Staate durch den Kulturkampf zugefügt hatte, bereitete er bereits einen neuen, kaum weniger heftigen Kampf vor. Wieder focht er gegen eine Bewegung, die er nicht begriff, wieder stürzte er sich und den Staat in eine Niederlage. Er maß seine Kräfte mit der Arbeiterbewegung.

Das neunzehnte Jahrhundert erscheint uns heute als das silberne Zeitalter. Die Deutschen waren in ihrem Volkstum nicht gekränkt, Wohlstand und Gesittung wuchsen; das Gefühl der Sicherheit war von wohltuender Stärke, die Steuern waren niedrig; wer sparte, war sich dessen gewiß, daß ihm kein Staat die Früchte seines Fleißes raubte; die Kriege waren seit dem Sturz des ersten Napoleon kurz und außerdem siegreich; die Wissenschaften und die schönen Künste blühten; ordentliche Gerichte schützten vor Übergriffen und Willkür. Wohl gab es Männer wie Friedrich Nietzsche oder Wilhelm Raabe, die tiefer blickten und den Zerfall geistiger Kräfte voraussahnten. Aber wer nicht so tief in die Hintergründe des Geschehens zu schauen vermochte, konnte glücklich leben, wenigstens so, wie es dem Menschen auf dieser unvollkommenen Erde möglich ist.

Die Voraussetzung dabei war, daß er zu dem wohlhabenden und gebildeten Bürgertum oder gar zu der bevorzugten Schicht der Großgrundbesitzer
gehörte. Wenn er ein Arbeiter war, dann mußte er sich wie „ein Verdamm-
ter dieser Erde" fühlen, vorausgesetzt, daß er seine Augen offenhielt und
sich über sein Elend nicht durch patriotische Reden täuschen ließ. Die
Bauernsöhne oder früheren Handwerksgesellen, die zu Lohnarbeitern, zu
Proletariern geworden waren, führten ein gedrücktes und ärmliches Leben.
Sie wurden der Willkür der Unternehmer ebenso ausgeliefert wie den Wech-
selfällen des Lebens, der Krankheit und der Arbeitslosigkeit.

Marx und Lassalle

Der Frühkapitalismus hatte einen Frühsozialismus hervorgebracht, der
die Lage der Arbeiterschaft durch Zusammenschluß und Staatshilfe bessern
sollte. Der machtvollste Vertreter des Sozialismus verwarf diese Lehren als
sentimental. Er war stolz darauf, den „wissenschaftlichen" Sozialismus begründet zu haben. Karl Marx baute ein in sich geschlossenes, scheinbar
unwiderlegliches System des Sozialismus auf und gab damit der Arbeiterbewegung Selbstbewußtsein und unerschütterliche Zuversicht. So wurde
sie eine Macht.

Er war der Sohn eines Kaufmanns in Trier, der aus einer alten Rabbiner-
familie stammte, sich mit dem Geiste der friderizianischen Aufklärung erfüllt hatte und Protestant geworden war. Die bedeutungsreichste Begegnung für den jungen Marx war die mit Hegel und den Junghegelianern.
Was in ihm von Natur aus an Rebellentum lebendig war, wurde geistig
untermauert und bestärkt. Er übernahm von Hegel die dialektische Methode; aber wie die Junghegelianer stülpte er die Lehre des Meisters um. Der
bestehende Staat war für ihn nicht mehr die Verkörperung der sittlichen
Idee, sondern ihr Zerstörer.

Als selbständiger Schüler Hegels und des Junghegelianers Ludwig Feuerbach entwickelte und vertiefte er den Begriff der Selbstentfremdung des
Menschen. Für ihn war die eigentliche Bestimmung des Menschen, in Freiheit über sich selbst entscheiden zu können. Das hatte der Mensch bisher
niemals vermocht, weil die ökonomischen Verhältnisse stärker waren. Indem Marx die Gesetze dieser Verhältnisse zu ergründen versuchte, wurde
aus dem Philosophen Marx der Nationalökonom Marx.

Als er seine Anschauungen leidenschaftlich und angreifend nach außen
vertrat, geriet er in Gegensatz zum bestehenden Staat. Er mußte Deutschland verlassen. In Paris, Brüssel und London entwickelte er seine Ideen weiter. Zusammen mit seinem Freunde Friedrich Engels, dem Sohn einer wohlhabenden Wuppertaler Kaufmannsfamilie, schrieb er 1848 das Kommunisti-

sche Manifest, die Flugschrift, die am meisten in der Welt verbreitet worden ist. Sie ist mehr der Versuch einer wissenschaftlichen Abhandlung als eine Kampfschrift, aber zum Schluß findet sich die aufrüttelnde Losung, die seitdem Millionen von Herzen entzündet hat: „Proletarier aller Länder, vereinigt euch!"

Während der Revolution kehrte er in seine Heimat zurück und leitete die „Neue Rheinische Zeitung". Nach dem Zusammenbruch der Bewegung mußte er Deutschland verlassen und ging von neuem nach London. Hier hauste er mit seiner großen Familie in einer ärmlichen Wohnung, immer heimgesucht von Geschwüren, Rheumatismus, Gesichtsschmerzen und bitteren Geldsorgen. Seine Kinder konnten manchmal die Schule nicht besuchen, weil die Kleider im Pfandhaus waren. Ohne die selbstlose Hilfe von Friedrich Engels wäre er zugrunde gegangen.

In aller Dürftigkeit und Enge behielt er seinen unzähmbaren Stolz. Besuchern fiel auf, wie stark sein Machtbewußtsein, ja seine Herrschsucht war. Seine politischen Verhandlungspartner mußten die gleiche Erfahrung machen. Vielleicht gab es in diesen Jahrzehnten nur noch einen einzigen Mann, der den gleichen Machtinstinkt hatte: Otto von Bismarck.

Macht wurde ihm in reichem Maße zuteil wie keinem anderen Sohn des Jahrhunderts. Er errang sie erst, als er schon im Grabe lag, aber seitdem stieg sein Stern höher und höher, und heute gehorchen eine Milliarde Menschen vom Gelben Meer bis zur Elbe, vom Nördlichen Eismeer bis zu den indonesischen Sümpfen seiner Lehre, willig oder in zähneknirschender Unterwerfung. Die Mitlebenden empfanden den ersten Napoleon und Bismarck als die gewaltigsten Gestalten des Jahrhunderts; wir wissen heute, daß es Hegel und Marx waren. In den brütenden Stunden, in denen Marx in der Bibliothek des Britischen Museums über seine Lehre nachdachte, wurde der Bau zu Riesenreichen errichtet, die heute vor unseren Blicken dastehen, unheimlich und drohend, aber machtvoll und herrschgierig – wie ihr Schöpfer. Die gewaltige Kraft, die in einigen Bogen beschriebenen Papiers liegen kann, ist in der ganzen Neuzeit durch nichts so sichtbar gemacht worden wie durch das Kommunistische Manifest und das „Kapital".

Ein Jahrzehnt lang schien es, als werde der Einfluß von Marx durch das schnell aufleuchtende Gestirn von Ferdinand Lassalle verdunkelt. Dessen Vater war ein jüdischer Kaufmann aus Breslau; die Familie stammte aus Loslau und hatte daher ihren Namen. Auch er verfiel in seiner Jugend, in Zustimmung und Ablehnung, der Sonne Hegels, wurde dann mit sozialistischen Lehren bekannt und wurde schließlich ein Anhänger von Marx und Engels. Von Ricardo übernahm er die Lehre, daß der Arbeiter seinen Lohn über das Existenzminimum hinaus nicht steigern könne. Diese als „Ehernes Lohngesetz" bezeichnete Lehre ist längst als Irrtum erkannt, aber zu Lassalles Zeit traf sie die Wirklichkeit. Um diesem furchtbaren Gesetz zu entgehen, blieb dem Arbeiter nach Lassalles Meinung nur ein einziger Ausweg, daß er selber Unternehmer wurde. „Produktivassoziationen", Genossenschaften also, sollten ihm den Ertrag seines Mühens sichern.

Aber er suchte dabei die Hilfe des Staates, von dem er eine höhere Auffassung hatte als Marx. In seiner Hochschätzung auch des preußischen Staates begegnete er Bismarck. Mit ihm teilte er auch die Wertschätzung des allgemeinen und gleichen Wahlrechts, das in beider Augen die Aufgabe hatte, das liberale Bürgertum zu entthronen. Es gab einige Besprechungen zwischen dem preußischen Ministerpräsidenten und dem Rebellenführer. Beide waren geistreich, lebhaft, feurig, beide hatten manche Ziele gemeinsam, beide dachten an die preußische Führung in Deutschland. Für einen kurzen geschichtlichen Augenblick glaubt noch der Nachlebende die leuchtenden Zeichen eines sozialen Königtums zu erblicken.

Aber als sich der Ministerpräsident für eine Weile wieder Österreich zuwandte, zerfiel das Verhältnis. Ehe es neu geknüpft werden konnte, fiel Lassalle in einer Duellaffäre von zweifelhafter Romantik. Seine glühende Beredsamkeit, sein hohes sittliches Pathos, eine gewisse Fähigkeit, als ritterlich zu erscheinen, Mut vor Gericht, ungebrochene Gesinnung im Gefängnis, eine glänzende Erscheinung und eine weite Bildung hatten die Augen vieler auf Lassalle gelenkt.

Aus der Ferne hatte Marx den meteorhaften Aufstieg des Schülers und seine Entfremdung von dem Meister mit einem Gemisch von Neid, Furcht, und Haß beobachtet. Nach Lassalles Tod war Marx wieder der unbestrittene geistige Führer der Arbeiterbewegung, auch in Elend und Verbannung.

Der Marxismus

Das Jahr 1867, in dem der erste Band seines grundlegenden Werkes „Das Kapital" erschien, ist für die Weltgeschichte wichtiger geworden als 1815 und 1870. Hier finden wir das geschlossene System, das die halbe Welt umgestaltet hat.

Aus der idealistischen Philosophie Hegels wird die materialistische Geschichtsauffassung. Vom Begriff der Selbstentfremdung her wird die Allmacht der ökonomischen Verhältnisse deutlich gemacht. Die Geschichte der Weltanschauungen und der Staaten ist nicht die Geschichte des menschlichen Geistes, sondern sie beruht auf materiellen Voraussetzungen. Wenn sich die beherrschenden materiellen Kräfte weiterentwickeln, während der Staatsbau zu bleiben versucht, entstehen Spannungen, die in Revolutionen münden. Alle Geschichte ist eine Geschichte von Klassenkämpfen, und es ist nicht das Bewußtsein des Menschen, das ihr Sein schafft, sondern sein gesellschaftliches Sein schafft sein Bewußtsein.

Der Kapitalismus gibt dem Arbeiter nicht den Lohn, den er eigentlich verdient. Es bleibt ein Unterschied, der Mehrwert, den der Kapitalist für sich behält. Der sich unaufhörlich vermehrende Mehrwert ermöglicht eine steigende Konzentration der Betriebe, in denen es noch leichter ist als vorher, zu produzieren und damit Mehrwert zu schaffen. Je mehr aber diese Betriebe ihre Produktion steigern, um so häufiger kommt es zur Überproduktion und damit zu Krisen, in denen der Kapitalismus schließlich untergehen wird. Er kann nicht anders, als sich selber sein Grab zu schaufeln. Sein Ende wird die Diktatur des Proletariats besiegeln. Die Expropriateure werden expropriiert, die Ausbeuter werden enteignet. In der klassenlosen Gesellschaft wird die Selbstentfremdung des Menschen aufgehoben. Der Staat aber, bisher der Träger der Ausbeutung und Unterdrückung, stirbt ab. Der Untergang des Kapitalismus und der Sieg des Proletariats, so hatte schon das Kommunistische Manifest gelehrt, sind gleich unvermeidlich.

Die verführerische Kraft erhielt diese Lehre dadurch, daß sie den Gang der Entwicklung als unaufhaltsam hinstellte. Jeder, der sich dem Sozialismus entgegenstellte, erschien nach dieser Theorie als ein blinder Tor.

Wie viele geniale Naturen, so hat Marx oft geirrt und oft recht behalten. Die Entwicklung hat einige seiner Grundlehren widerlegt. Selbst innerhalb der Arbeiterbewegung wird die Zahl der Marxgläubigen immer geringer, wenigstens in den Ländern, in denen ein freier Gedankenaustausch möglich ist. So hatte Marx gelehrt, daß die Steigerung des Mehrwerts den Arbeiter verelenden lassen werde. Tatsächlich hat sich aber, vor allem dank dem entschlossenen Kampf der Arbeiterbewegung, die Lage der Arbeiterschaft immer mehr verbessert.

Marx hatte gelehrt, daß mit der Steigerung der Konzentration in den hochkapitalistischen und hochindustrialisierten Ländern eines Tages der Zusammenbruch des Kapitalismus unvermeidlich sei. Tatsächlich ist heute die Möglichkeit einer Revolution nirgendwo so gering wie in den hochkapitalistischen Ländern. Die großen bolschewistischen Revolutionen sind in den Bauernländern Rußland und China gelungen, nicht infolge einer unwiderstehlichen Entwicklung, sondern durch den ganz persönlichen Entschluß zweier genialer Führernaturen, Lenins und Mao Tse-tungs.

Marx hatte gepredigt, daß der Staat im Zeitalter des Sozialismus absterben werde. Aber dasjenige System, das sich auf Marx beruft, das bolschewikische, hat die Macht des Staates erhöht. Kein Staat ist so sehr Staat wie der bolschewikische, was von den Bolschewiken kaum ausreichend damit erklärt wird, daß das Endstadium der sozialistischen Entwicklung noch nicht erreicht sei.

Die materialistische Geschichtsauffassung ist von Millionen immer mit Abscheu betrachtet worden. In der Tat ist sie von ebenso banaler wie furchtbarer Einseitigkeit. Sie wird durch niemanden besser widerlegt als durch die

Gründer der deutschen Arbeiterbewegung. Wenn das gesellschaftliche Sein allein das Bewußtsein bestimmte, so wäre Marx ein bedeutender Professor oder Rechtsanwalt geworden, und als Politiker hätte er in den Reihen der Fortschrittspartei zwischen seinen bürgerlichen Klassengenossen Feindschaft gegen den preußischen Militärstaat gepredigt. Lassalle aber wäre Führer der Nationalliberalen geworden, er hätte Bismarcks Freundschaft durch die Glut der Beredsamkeit gewonnen, mit der er die Gesetzentwürfe der Regierung verteidigt hätte, und zu Königs Geburtstag hätte er mit vollem Herzen „Heil dir im Siegerkranz" gesungen. Die Wirklichkeit war ganz anders.

Aber die menschliche Natur ist ebenso vielschichtig wie die Lehre von Marx, und deshalb ist es ebenso leicht, ihn zu widerlegen, wie die Richtigkeit seiner Thesen zu beweisen. So, wie die ökonomische Geschichtsauffassung von ihm formuliert worden ist, hat sich ihre Wirklichkeitsferne erwiesen. Aber die materiellen Verhältnisse bestimmen die Geschichte mehr, als man vor Marx gesehen hat. Die Politiker würden manche Erkenntnis gewinnen, wenn sie die Hinweise aufmerksam beachteten, die ihnen Marx gegeben hat. Naturen wie Marx und Engels, Bismarck und Windthorst passen sicher nicht in das von Marx entworfene Schema, nach dem das gesellschaftliche Sein das Bewußtsein bestimmt. Aber Millionen passen hinein, mehr als verspätete Hegelianer heute glauben wollen. Wer Marx einmal aufmerksam gelesen hat, ist gefeit gegen die Versuchung, zu glauben, es lasse sich noch eine politische Volksbewegung entfesseln, in der nicht soziale und ökonomische Motive mit hineingemischt sind. Er wird auch nicht überrascht sein, wenn die Institute zur Meinungsforschung nachweisen, daß die Haltung des deutschen Volkes zu seiner Bundesregierung vor allem vom Steigen und Fallen der Preise bestimmt ist.

Die Konzentrationstheorie scheint durch eine Fülle mittelständlerischer Existenzen in Industrie, Handel, Gewerbe und Landwirtschaft widerlegt. Aber sie wird ebenso durch eine Fülle von Konzernen und Kartellen wie durch das Schwinden der kleinen Handwerkerexistenzen bestätigt. Wer etwa an die dreitausend Zeitungen denkt, die es um 1930 im heutigen Bundesgebiet gegeben hat, und an die etwa zweihundert echten Zeitungen, die heute noch bestehen, fühlt sich mit Beklemmung an Marx erinnert.

Das Sozialistengesetz

Die aufrüttelnde und gestaltende Kraft der Lehren von Lassalle und Marx führte zu Zusammenschlüssen der Arbeiter. 1863 gründete Lassalle den Allgemeinen Deutschen Arbeiterverein. Aber ehe er ihn recht entwickeln konnte, fiel er im Zweikampf. Jetzt war die Bahn frei für den Marxismus, den Wilhelm Liebknecht und August Bebel verfochten. Die beiden gründeten die Sozialdemokratische Arbeiterpartei, in der schließlich der Lassallesche Arbeiterverein aufging. 1875 schuf sie sich im Gothaer Programm, 1891 im Erfurter Programm ein Glaubensbekenntnis. Ihr war es beschieden, mächtig zu werden und Regierungen zu führen. Aber bereits am Anfang ihres Weges stieß sie auf den Kampfeswillen Bismarcks.

Die Sozialdemokratische Partei war eine Partei des Umsturzes und bekannte sich offen dazu. Das entsprang aus der bedrückten Lage der Arbeiter, aus dem Unverständnis der herrschenden Schichten, aber auch aus der Hemmungslosigkeit der sozialdemokratischen Führer. Trotz oder wegen dieser wilden Agitation stieg die Zahl der Anhänger ziemlich schnell. Im Jahre 1877 zählte sie bereits zwölf Abgeordnete. In der Regierung, im Parlament und in der Öffentlichkeit sprach man von der Möglichkeit, eine gewaltsame Revolution werde vorbereitet. In Bismarck erwachte der kämpferische Instinkt.

Die Furcht der herrschenden Kreise schien sich zu bestätigen, als im Mai 1878 der Klempnergeselle Hödel, ein Mitglied der Sozialdemokratie – übrigens ein halbverrückter Mensch –, auf den Kaiser schoß, wenn er ihn auch nicht traf. Jetzt legte Bismarck dem Reichstag ein Ausnahmegesetz „gegen die gemeingefährlichen Bestrebungen der Sozialdemokratie" vor. Aber die Mehrheit des Parlaments lehnte ab. In der Nationalliberalen Partei war das Ideal von der Gleichheit aller Staatsbürger noch zu lebendig. Die Beziehungen zwischen der stärksten Partei und dem Kanzler waren schon lange kühler geworden, jetzt kam es zum offenen Streit. Bismarck wollte die Partei schwächen, Bennigsen dem Kanzler ihre Unentbehrlichkeit beweisen. Zunächst hatte dieser eine Niederlage erlitten.

Aber im Juli des gleichen Jahres schoß ein anderer Feind des gegenwärtigen Staates, ein Dr. Nobiling, auf den Kaiser und verwundete ihn schwer. Als Wilhelm der Erste aus seiner Ohnmacht erwachte, galt sein erstes Wort dem Kutscher, der ihn gefahren hatte. Als Bismarck von dem Anschlag erfuhr, rief er aus: „Jetzt lösen wir den Reichstag auf!"

Die Sozialdemokratie verurteilte die Mordanschläge auf das schärfste. Aber die Regierung und der größte Teil der öffentlichen Meinung machten sie dennoch verantwortlich, weil ihre Agitation in den Attentätern die Mordinstinkte geweckt habe.

Die in der Nation aufwallende Empörung über die Anschläge, die das Leben des verehrten königlichen Greises gefährdet hatten, traf nicht nur die Sozialdemokraten, sondern auch die Liberalen schwer. Die Nationalliberalen waren nach Nobilings Anschlag bereit gewesen einzulenken. Bismarck wartete nicht erst, er löste sofort auf, und bei den Neuwahlen erlitt die Partei harte Verluste. Jetzt war sie vollends gezähmt und nahm das Gesetz an. Auch im Bundesrat stimmten alle Vertreter bis auf einen dafür. Nur Reuß

Ältere Linie wandte sich gegen das Gesetz und erklärte prophetisch, es werde doch nichts nützen.

Das Gesetz erlaubte es, Zeitungen und Versammlungen zu verbieten und Vereine aufzulösen, wenn diese staatsgefährliche Propaganda trieben. Agitatoren konnten von der Polizei ausgewiesen werden, was für sie oft bedeutete, daß sie ihre wirtschaftliche Existenz verloren.

Der Staat glaubte in Notwehr zu handeln. Die Sozialdemokratie aber feierte später das Jahrzehnt des Sozialistengesetzes als ihre eigentliche Heldenzeit. Ihre Führer erlitten viel Verfolgung; sie nahmen das Leid mannhaft auf sich und gaben ihren Anhängern ein Beispiel der Opferbereitschaft und des Mutes. Möglicherweise gewannen sie gerade durch die Bewunderung und das Mitgefühl, das sie erregten, neue Wähler für ihre Partei. Auf jeden Fall war diese Entwicklung unaufhaltsam. Als das Sozialistengesetz ablief, war die Sozialdemokratie stärker als zuvor. Reuß Ältere Linie hatte recht behalten.

Schutzzoll

Der Kampf, den der leitende Staatsmann des Reiches gegen die Sozialdemokratie führte, war erbittert. Aber Bismarck begnügte sich nicht damit. Er wäre kein schöpferischer Staatsmann gewesen, wäre er in der Abwehr steckengeblieben. Er wollte auch bauen, er wollte den Arbeiter durch Taten, durch „praktisches Christentum" wieder mit dem Staat versöhnen. Aber dazu brauchte er eine andere Parteiengruppierung, als sie bis jetzt das parlamentarische Leben des Reiches beherrscht hatte.

Im Jahre 1879 vollzog sich die Wende. Der Kulturkampf verlor viel von seiner Bitterkeit, Bismarck schloß das Bündnis mit Österreich, das von den deutschen Katholiken freudig begrüßt wurde, die mächtige Zentrumspartei und der Kanzler begannen einander näherzukommen. Die Nationalliberalen bewunderten noch immer den Gründer des Reiches, aber unter ihren Führern wuchs die Verstimmung. Die konservativen Freunde von ehemals, in den siebziger Jahren zu widerspenstigen Bundesgenossen oder zu offenen Gegnern geworden, waren bereit, die Versöhnung zu vollziehen.

Die Wirtschaftspolitik brachte die Entscheidung. Deutschland war jahrzehntelang ein Getreide ausführendes Land gewesen. Deshalb war die Außenhandelspolitik auch freihändlerisch, das heißt zollfeindlich, gewesen. Nun wuchs die Bevölkerung, sie brauchte mehr Brot, als die heimische Landwirtschaft zu liefern vermochte. Mit den technischen Fortschritten des Transports wurde es aber zugleich leichter möglich, billiges Getreide nach Deutschland einzuführen. Durch den Wettbewerb fühlte sich die Landwirtschaft gefährdet, sie verlangte nach Schutzzöllen. Sie fand einen Bundesgenossen in der Eisenindustrie, die sich durch die billige Einfuhr britischen Eisens bedroht sah.

Die liberale Wirtschaftsauffassung verwarf nicht unbedingt Zölle, aber für die Anhänger des freien Wettbewerbs ist es immer schwer, den Freihandel aufzugeben. Bismarck dagegen war kein Liberaler, er dachte überhaupt nicht in wirtschaftlichen Dogmen und Ideologien, ihm kam es auf das praktische Ergebnis, hier auf den Schutz der heimischen Industrie und Landwirtschaft, an. Da ihm der Liberalismus diesen Schutz nicht gewähren wollte, schloß er das Bündnis mit Konservativen und Zentrum.

Die mächtige Nationalliberale Partei brach darüber auseinander. Ein Teil, in dem die Eisenindustrie besonders stark vertreten war, schloß sich dem Bündnis an, ein anderer unter der Führung des hochbegabten Lasker verließ die Partei und vereinigte sich später mit den Freisinnigen. Die Nationalliberalen waren nun ihrer Hauptmacht beraubt. Sie sind im Kaiserreich nie ganz bedeutungslos gewesen, aber sie haben auch nie mehr die Macht des ersten Jahrzehnts zurückgewonnen. Bismarck hatte in ihnen wieder eine verläßliche Stütze.

Soziale Reform

Nun war die Bahn frei für eine Politik, die vom Staate her, also in einem dem Liberalismus fremden Geist, der Arbeiterschaft helfen wollte. Wie bei der Reichsgründung konnte er sich hier auf die Vorarbeit von Professoren und Publizisten, diesmal auch von Pfarrern und Bischöfen stützen. Die „Katheder-Sozialisten", eine Vereinigung von weitblickenden Professoren, die christlich-soziale Bewegung des Hofpredigers Stöcker, die ethisch-religiös gerichtete Bewegung des katholischen Bischofs Ketteler und die evangelische Innere Mission von Wichern, sie alle vereinigten sich in der Überzeugung, daß man der Not der Arbeiter nicht tatenlos zusehen dürfe. Der konservative Grundcharakter war bei allen diesen Bewegungen nicht zu übersehen, wenn man das Wort konservativ nicht im Parteisinn gebraucht.

Hier wurde ein Fühlen wirksam, das auch in Bismarck lebendig war. Wie immer bei ihm, so waren auch in den Maßnahmen, die er jetzt vorbereitete, verschiedene Beweggründe wirksam. Er wollte den Sozialdemokraten Wähler wegnehmen, indem er ihnen zeigte, daß der geschmähte monarchistische Staat für sie sorgte. Darin hat er sich geirrt. Aber es war auch inneres Verantwortungsgefühl für die Ärmeren, das ihn trieb.

Im Jahre 1881 erging eine kaiserliche Botschaft, die eine Reihe von sozialen Maßnahmen ankündigte. Gesetze zur Versicherung in Fällen der Krankheit, bei Unfall, bei Erwerbsunfähigkeit durch Alter folgten. Von heute aus gesehen, sind sie alle unvollkommen. Bismarck hätte sie gerne noch arbeiterfreundlicher gehalten und auch größere Zuschüsse des Reiches empfohlen. Er mußte in Verhandlungen mit der Mehrheit seine Pläne zurückstekken, der Reichstag stand hier nicht voll auf der Höhe der Zeit. Bismarcks

Zurückweichen beweist, daß die Verhältnisse im Reich nicht so absolutistisch und daß die Abgeordneten nicht so ohnmächtig waren, wie eine Legende es wahrhaben will. Auf jeden Fall bleiben die Gesetze ein stolzes Denkmal sozialer Gesinnung, sie waren ein großartiges Beispiel, und auf ihnen ruht, was heute den arbeitenden Menschen in umfassenderem Maße zugute kommt.

Gerade bei diesen Gesetzen versagte ihm der Liberalismus die Gefolgschaft, mit Ausnahme der Nationalliberalen, die aber nur noch ein Drittel der früher so stolzen Bewegung bildeten. Das Dogma vom freien Spiel der Kräfte nahm vielen liberalen Führern den Blick und verhärtete ihre Herzen. Der nationalliberale Abgeordnete Wehrenpfennig (dessen Partei doch, wenn auch zögernd, Bismarck folgte) fragte Treitschke: „Würden Sie die römischen Kornverteilungen an den süßen Pöbel in anderer Gestalt wiederaufnehmen lassen, indem Sie einem willkürlich herausgerissenen Teil der Arbeiter Pensionen auf Staatskosten in Aussicht stellen?"

Ungerechter konnte man nicht urteilen, als indem man den schwer schuftenden deutschen Arbeiter, der auch auf den Schlachtfeldern für die Größe des Reiches gestritten hatte, mit dem römischen Pöbel verglich. Von ähnlicher Blindheit zeugten die Worte des vornehmsten Liberalen, auf den sich in diesen Jahren die Augen des fortschrittlichen Bürgers vertrauensvoll richteten, des Kronprinzen Friedrich Wilhelm: „Die Armen und Bedrückten des Arbeiterstands werden lüstern gemacht nach Staatshilfe, die doch nur diejenigen zu leisten vermögen, welche den Kern des nationalen Erwerbslebens bilden ... Umgekehrt kann der Staat, der Wohltäter und Vorsehung spielen will, leicht den Ruin herbeiführen." Eugen Richter, der Führer der Freisinnigen, nannte eine der Gesetzesvorlagen schlicht „kommunistisch".

Den wohlhabenden und gesitteten liberalen Bürgern fehlten wie dem Kronprinzen Erfahrung und Phantasie. Sie kannten alle die Armut nicht, sie hatten nie in Enge und Gedrücktheit leben müssen, sie konnten sich nicht klarmachen, daß ein Durchschnittsarbeiter nicht die Kraft aufbringen konnte, genügend für sein Alter oder für Krankheit zurückzulegen. Sie lebten in der großartigen Idee des Liberalismus, die keine Allmacht des Staates dulden, die den lebendigen Willen des einzelnen Staatsbürgers zu seiner Eigenverantwortlichkeit fruchtbar entwickeln will. Sie sahen nur nicht, daß so erhabene Gedanken nichts für arme Leute sind: „Die Verhältnisse – sie sind nicht so."

Freiheit ist ein kostbares Gut, aber frei ist aus eigener Kraft nur, wer reich oder sehr bedürfnislos ist. Das ist kein Marxismus, sondern das Ergebnis bitterer Lebenserfahrung. Wer den Armen frei machen will, muß ihm eine Hilfe geben, zum Beispiel durch den Staat. Es hieße die Idee der wirtschaftlichen Freiheit verzerren, wenn man in ihrem Namen die Millionen von Bedrückten ohne die Hilfe derjenigen Macht ließ, die am ehesten helfen konnte. Als sich der politisch organisierte Liberalismus diesen Forderungen der Billigkeit und der Vernunft zum großen Teil verschloß, bereitete er seine Entfremdung von den Massen und damit seine Ohnmacht vor.

Gegen die Polen

Das Werk der Sozialgesetzgebung war geschaffen worden mit Hilfe einer parlamentarischen Koalition, die im wesentlichen aus den Konservativen, dem Zentrum und dem rechten Flügel des Liberalismus bestand. Das 1879 mit dem Zentrum geschlossene Bündnis bewährte sich. Aber es lag nicht in Bismarcks Natur, und nicht im Wesen seiner Regierungsweise, sich ständig an eine Partei zu fesseln. Die politische Freundschaft mit dem Zentrum zerfiel wieder durch seine Polenpolitik.

Schon zu Beginn der siebziger Jahre hatte er versucht, das Deutschtum in den östlichen Provinzen gegen die Polen voranzutreiben. Das Mittel dafür waren ihm Sprachenverordnungen. Der Unterricht sollte im wesentlichen nur noch in deutscher Sprache erteilt werden. Polnisch war nur Wahlfach. Bis hinein in den Religionsunterricht ging später der Versuch, den Polen eine Sprache aufzuzwingen, die sie nicht mochten. Es kam zu unwürdigen Szenen, wenn etwa ein Lehrer ein Kind bestrafte, weil es das Vaterunser in seiner Muttersprache sprechen wollte.

Bismarcks mächtiger parlamentarischer Bundesgenosse war auch dabei die Nationalliberale Partei. Die Begeisterung des deutschen Liberalismus für das Polentum war längst abgekühlt. Das Jahr 1848, als in Polen ein heftiger Volkstumskampf getobt hatte, hatte die Wende gebracht. Die Nationalliberale Partei ließ sich gegenüber den Polen nur noch von dem nationalen Gegensatz bestimmen.

Auch der Kulturkampf war Bismarck ein Mittel der Auseinandersetzung mit dem Polentum. Indem er die katholische Geistlichkeit traf, wollte er zugleich den polnischen Klerus treffen. Aber dieser Kampf war auch in den östlichen Provinzen vergeblich, der Kulturkampf erreichte das Gegenteil des Erstrebten. Wer unter den Polen bisher national lau gewesen war, schloß sich nun mit Gleichgesinnten gegen den „gottlosen preußischen Staat" zusammen.

Anfang der achtziger Jahre ließ sich nicht mehr leugnen, daß die Polen in Preußen ständig vordrangen. Die industriellen Provinzen im Westen übten zwar eine gleichmäßige Anziehungskraft auf die deutsche wie die polnische Landarbeiterschaft aus, aber die Polen füllten die Lücken mit ihrer höheren Geburtenzahl leichter aus. Außerdem strömten Polen aus Österreich und Rußland nach Preußen. In der Provinz Posen hatte sich gegen 1880 das Verhältnis der Zahl der Polen zu den Deutschen um zehn Prozent zugunsten der Polen verbessert, verglichen mit 1870.

So griff Bismarck unter dem Widerspruch des Zentrums und der Linken zu entschiedeneren Maßnahmen. Dreißigtausend Polen, die keine preußischen Staatsbürger waren, wurden ausgewiesen, eine Ansiedlungskommission kaufte mit staatlicher Hilfe große Güter auf und verteilte das Land unter deutsche Bauern. Der ursprünglich erwogene Plan der Enteignung wurde allerdings fallengelassen, der rechtsstaatliche Gedanke nicht verletzt.

Diese Maßnahmen waren nicht ganz vergeblich. Allmählich hörte der Rückgang des Deutschtums auf, gegen 1910 war eine leichte Vermehrung des deutschen Bestandteils festzustellen. Gleichwohl war die Polenpolitik Bismarcks und seiner darin gleichgesinnten Nachfolger ein großes Unglück. Sie bewies, daß die Deutschen von dem allgemeinen Fieber des Nationalismus angesteckt waren, der vor den Rechten fremden Volkstums nicht haltmachte. Sie stellte den Staat bloß und lieferte den Feinden Deutschlands nach seiner Niederlage von 1918 die billige Begründung, nun weit schärfere und rohere Maßnahmen gegen das Deutschtum zu ergreifen. Sie war dazu ohne rechten Sinn. Deutschland hatte (kurz vor dem ersten Weltkrieg) vier Millionen Polen. Ob diese Zahl um einige Hunderttausend stieg oder fiel, war nicht wesentlich für das Gesamtwohl des Staates.

Mit Eindeutschungsmaßnahmen war das Problem überhaupt nicht zu lösen. Wir sind uns heute darüber klar, daß Preußen besser diese Provinzen nie genommen hätte. Sie waren auf dem Wiener Kongreß zur Monarchie geschlagen worden, auf dem der Wille der Völker nichts und die abwägende, kühle Politik der Kabinette alles galt. Inzwischen war der nationale Gedanke auch bei den Polen entfacht, sie ließen sich nicht dazu zwingen, ihr Volkstum aufzugeben.

Aus der schmerzlich gewonnenen Klugheit unserer Zeit liegt es nahe, zu sagen, daß Deutschland die Provinzen am besten entweder ganz aufgegeben oder ihnen doch wenigstens weitgehende Selbstverwaltung unter der preußischen Krone zugestanden hätte. Ein Bevölkerungsaustausch in den gemischtsprachigen Gebieten hätte die Grenzziehung erleichtert. Aber die Deutschen um 1880 hatten unsere bitteren Erfahrungen nicht. Es wäre unbillig, von ihnen zu verlangen, daß sie damals hätten tun sollen, was wir auch nicht getan hätten. Dann aber lag es um so näher, was das Zentrum und die Linke begriffen, daß man die Polen ruhig in ihrem Volkstum hätte leben lassen sollen. Man konnte dabei die Gewißheit haben, daß sie loyale Untertanen des Königs von Preußen gewesen wären, schon angesichts der russischen Unterdrückungsmethoden.

Daß die Nationalliberalen, angesteckt vom allgemeinen Fieber des Nationalismus, zu scharfem Vorgehen rieten, ist zum mindesten erklärlich. Die Haltung Bismarcks ist weniger leicht verständlich. Er war kein Nationalist; die häufig zitierten Worte des Petersburger Gesandten, die Polen seien wie Wölfe, die man ausrotten müsse, gehören zu jenen Worten Bismarcks, die er

in einer seiner wilden Launen und in einer bestimmten Kampfsituation her-
vorsprudelte und die seine innerste Überzeugung nicht ausdrückten. Nicht
umsonst riet er, der Kronprinz solle polnisch lernen.

Aber er war durchdrungen vom Vorrang der auswärtigen Politik. Er
gedachte das Werk der Konvention Alvensleben fortzuführen. Er wollte
sich dem Zarentum als zuverlässigen Verbündeten gegen das störrische Polen
empfehlen. Übrigens irrte er sich diesmal. Bismarck war sehr betroffen, als
er erfuhr, daß die russische Regierung verstimmt war über die Ausweisung
ihrer Landsleute. Auch hinderte die aufkeimende Freundschaft zu Frankreich die Russen daran, über Bismarcks Polenpolitik Befriedigung zu zeigen.

Das saturierte Reich

Die Polenpolitik war auch außenpolitisch eine Schlappe Bismarcks. Im
ganzen aber zeigen die neunzehn Jahre der Bismarckschen Reichskanzlerschaft ihn mehr denn je als den unbestrittenen Künstler auf dem Gebiet der
Diplomatie. Wieder bewies er nach außen die große Fähigkeit maßzuhalten,
die er im Innern vergaß. Einen kleineren Geist hätte die Machterhöhung
Deutschlands dazu verlockt, nun herrisch aufzutrumpfen und nach neuer
Machtvermehrung, vielleicht nach neuem Landgewinn auszuschauen. Bismarck aber sah, daß das Reich „saturiert", außenpolitisch gesättigt und zu-
friedengestellt war.

Er begriff auch, daß die neugewonnene Macht das Reich nicht nur gefe-
stigter, sondern zugleich auch verletzlicher gemacht hatte. Deutschland war
als geeinte Nation erst spät auf den Schauplatz der Geschichte getreten.
Was andere Völker längst besaßen, gewannen die Deutschen erst jetzt. Der
ungewohnte Anblick rief Mißtrauen hervor. Es war auch menschlich, daß
die anderen Völker nicht gern auf den alten Brauch verzichteten, in dem
Gewirr der deutschen kleinstaatlichen Kämpfe als Schiedsrichter aufzutreten.

Folgerichtig wäre es gewesen, wenn sie Italien, das um die gleiche ge-
geschichtliche Stunde eine Staatsnation geworden war, mit dem gleichen
Mißtrauen betrachtet hätten. Aber Italien war schwächer als Deutschland,
man brauchte es nicht so zu fürchten wie das „dynamische" Volk in der
Mitte Europas. So verzieh man den Italienern schnell, womit man sich bei
den Deutschen schwerer abfand.

Weil er das Mißtrauen sah und begriff, deshalb war Bismarck sorgsam
darauf bedacht, keine bleibenden Verstimmungen aufkommen zu lassen.
Bismarcks Friedenspolitik nach 1871 ist gekennzeichnet durch eine Verbindung von Geschmeidigkeit und Festigkeit.

Es hat hier, wie bei jedem Menschenwerk, nicht an Fehlschlägen gefehlt. Man wird auch in dem feingesponnenen Netz Bismarckscher aus-

wärtiger Beziehungen schließlich ein Element der Künstlichkeit entdecken. Im ganzen war auch in diesen Jahrzehnten seine Diplomatie ein Meisterwerk.

Elsaß-Lothringen

Von der Entstehung des Kaiserreichs an stand der Schatten der Feindschaft mit Frankreich über ihm. Ganz ist er nie mehr gewichen bis zu seinem Untergang.

Im Frankfurter Frieden trat 1871 Frankreich das Elsaß und Lothringen an das Reich ab und verpflichtete sich, eine Kriegsentschädigung von fünf Milliarden Mark zu zahlen. Diese Schuld trug das reiche und patriotische Frankreich schneller und leichter ab, als Bismarck geglaubt hatte. Die Milliarden brachten dem Reich nicht viel Segen, sie halfen eine ungesunde Konjunktur, ein Gründungsfieber herbeizuführen, das bald in einem großen, sich allerdings auch international vollziehenden Krach endete. Die Kriegsentschädigung hätten die Franzosen leicht verschmerzt. Aber ihr Herz hing an Straßburg und Metz, sie konnten die Städte und die Lande nicht vergessen; der Groll schwand nie und belastete die Außenpolitik des Reiches, solange es bestand.

Es war nicht Eroberungssucht, die Deutschland getrieben hatte, sich die beiden Provinzen wieder einzuverleiben. Der Entschluß war geboren worden aus der Überzeugung des Volkes, vergangenes Unrecht müsse gesühnt werden, und aus der Meinung der Generale und Bismarcks, Süddeutschland bedürfe eines strategischen Schutzes durch die beiden großen Festungen. Aber den Franzosen erschien die Rückgliederung dennoch wie eine Eroberung, weil sie gewaltsam vorgenommen worden war.

Sie hatten einen Grund für ihre Überzeugung, der nicht zu widerlegen war: Die Elsässer wollten nicht ins Reich und als sie durch Zwang dorthin gekommen waren, erklärten sie laut vor aller Welt, daß sie unglücklich seien. Im siebzehnten Jahrhundert, als die französischen Dragoner Straßburg umringt hatten, fragten die Regierungen nicht nach dem Willen der Bevölkerung. Aber jetzt lebte man im liberalen, sich schnell demokratisierenden neunzehnten Jahrhundert. Jetzt empfand man ein Verrücken der Grenzen gegen den Willen der dort lebenden Menschen als hart, ungerecht und als Unterdrückung. Das deutsche Volk, das 1870 zuversichtlich daran glaubte, es werde gelingen, die wiedergefundenen Söhne mit dem Vaterhause auszusöhnen, irrte sich in tragischer Weise. Es gab um 1920 unter den nationaldeutschen Elsässern und ihren Freunden Stimmen, von denen zu hören war, eine andere Behandlung des Elsaß hätte die Herzen für Deutschland gewonnen: wenn etwa in das überwiegend katholische Land nicht soviele protestantische Beamte gekommen wären; oder wenn dieser oder jener

Statthalter nicht diese oder jene Ungeschicklichkeit begangen hätte; oder wenn Elsaß-Lothringen schnell ein selbständiges Bundesland wie Baden oder Hessen geworden wäre; oder wenn es unter die anderen süddeutschen Staaten aufgeteilt worden wäre. Man glaubte auch bemerkt zu haben, daß sich die Stimmung um 1910 langsam ins Bewußtdeutsche gewandelt habe, daß die Elsässer zumindest begonnen hätten, sich mit den Tatsachen abzufinden; und wenn der Friede noch dreißig Jahre länger gedauert hätte, wäre Straßburg wieder eine so deutsche Stadt geworden wie Freiburg oder Ulm. Das mag so sein oder auch nicht. Von geschichtlicher Bedeutung bleibt, daß die Elsässer protestierten.

Um so mehr fühlten sich die Franzosen in dem Glauben bestärkt, in Frankfurt sei ein Unrecht geschehen. Um so weniger gaben sie die Hoffnung auf, dieses Unrecht könne wiedergutgemacht werden. Um so dunkler aber blieb der Schatten der französischen Feindschaft über der auswärtigen Politik des Reiches.

Bismarck hat selber zu einem Teil gespürt, daß er 1871 einen Fehler gemacht hatte. Das französisch sprechende Metz hatte er nur zögernd gefordert. Hinterher meinte er, es wäre besser gewesen, er hätte es den Franzosen gelassen. Freilich blieb er dabei, daß die Einverleibung des Elsaß richtig und zweckmäßig gewesen sei. Er vermochte nicht zu glauben, daß ohne den Verlust von Straßburg das französische Volk zur Aussöhnung mit Deutschland bereit gewesen wäre. Auf dem Wiener Kongreß hatte man den Franzosen nach einem dreiundzwanzigjährigen Kriege die alten Grenzen und das Elsaß gelassen, und sie hatten doch die Verträge nie anerkannt, sie immer als einen Schimpf empfunden; wenige Jahre vor Sedan hatte Napoleon Teile linksrheinischer Gebiete zu ergattern versucht. Wie hätte das alles diesmal anders sein können?

Es wird nie mit Sicherheit ausgesagt werden können, ob diese Rechnung Bismarcks richtig war. Aber auch wer ihr noch heute zustimmt, dem bleibt das Unbehagen. Es rührt daher, daß, mit welcher Begründung auch immer, anderthalb Millionen Menschen in ein Volk hineingezwungen wurden, in dessen Mitte sie nicht leben mochten. Es rührt daher, daß sich Frankreich in seiner Gegnerschaft gegen das Reich darauf berufen konnte, die Deutschen hätten gegen das Selbstbestimmungsrecht der Völker verstoßen. So waren die beiden sozialdemokratischen Abgeordneten Liebknecht und Bebel und der fortschrittliche Abgeordnete Leopold Sonnemann, die gegen die Einverleibung stimmten, klüger als der ganze übrige Reichstag und als der mächtige Staatsmann.

„Krieg in Sicht?"

Aber so bitter auch Frankreich den Verlust des Elsaß empfand, es wurde weder zur Wehrlosigkeit noch zu einem moralischen Schuldbekenntnis gezwungen. Der Geist von Versailles war noch nicht geboren. Frankreich blieb eine Großmacht, angesehen und geschätzt. Gerade darum tat Bismarck in den kommenden Jahrzehnten alles, um irgendeine Gruppierung unmöglich zu machen, in der Frankreich einen Bundesgenossen gefunden hätte, von dem er die Ermunterung zur Rache für Sedan hätte befürchten müssen. Aber Bismarck tat auch alles, gewisse französische Ansprüche in der Welt zu unterstützen, nicht aus Sympathie für die Franzosen, sondern um ihre Augen von Straßburg abzulenken. Das gewaltige Kolonialreich, das Frankreich in diesen Jahrzehnten in Afrika und in Hinterindien errichtete und dann fast achtzig Jahre verwaltete, wäre ohne Bismarcks Förderung kaum zustande gekommen.

Wie leicht es dahin kommen konnte, daß Frankreich mächtige Freunde fand, und wie schwer es sein würde, den westlichen Nachbarn weiter zu schwächen, mußte Bismarck zu seinem Schaden 1875 erfahren. Die Republik hatte durch ein neues Heeresgesetz ihre militärische Schlagkraft erhöht. In Deutschland erregte das großes, allerdings, wie wir heute wissen, übertriebenes Aufsehen. Man hielt in Berlin eine neue Bedrohung durch Frankreich für möglich, und der Generalstab erwog den Plan, einem Angriff durch einen Krieg zuvorzukommen. Journalisten, in denen man Beauftragte Bismarcks sah, schrieben scharfe Artikel. Einer dieser Aufsätze, von Konstantin Rößler verfaßt, trug die beunruhigende Überschrift „Krieg in Sicht?". Bismarck leugnete, diese Artikel angeregt zu haben, aber er begrüßte, daß auf diese Weise die Franzosen gewarnt würden.

War Europa schon durch die Presse erschreckt, was sich in Angstanfällen der Börsen zeigte, so vergröberte der deutsche Diplomat von Radowitz den von Bismarck beabsichtigten „kalten Wasserstrahl" noch. Er sprach in einer Unterhaltung mit einem französischen Diplomaten eigenmächtig von den Erwägungen eines Präventivkriegs. Bismarck verabscheute einen solchen Krieg, aber als die französische Regierung die Vertraulichkeit des Gesprächs brach und den Inhalt in wohlberechneter Zuspitzung veröffentlichte, traute jedermann Bismarck das Schlimmste zu. In London und Petersburg führte man eine entschlossene Sprache, um den Franzosen Mut zu geben und Bismarck von einem kriegerischen Abenteuer abzuschrecken, das er gar nicht plante.

Er hatte eine diplomatische Niederlage erlitten wie noch nie, die von 1870 ausgenommen. Damals hatte Gramonts Übermut den französischen Sieg schnell entwertet. Jetzt war es anders. Wer mißgünstig nach Deutschland blickte, konnte darüber frohlocken, daß dieser angriffslüsterne Staat vor dem vereinigten Europa zurückgewichen sei. Aber die Niederlage war heilsam. Bismarck lernte daraus, wie empfindlich die öffentliche Meinung und die Regierungen in Europa waren, wenn sie zu sehen glaubten, die deutsche Macht schwelle allzu stark an. Er sah noch deutlicher als bisher, daß es galt, vorsichtig zu sein und nie den Eindruck zu erwecken, als wolle Deutschland Europa beherrschen.

Es gelang ihm, die anderen Mächte zu beruhigen, es gelang ihm, Frankreich isoliert zu halten. Es gelang ihm auch, Rußland von Frankreich fernzuhalten, einen Zustand schwebender Gewichte zwischen den Großmächten herzustellen. Der europäische Friede konnte gelegentlich gefährdet, aber zu seinen Lebzeiten nicht wirklich zerstört werden.

Nun kamen die Jahre, in denen sich Léon Gambetta, der große Gegner Deutschlands im Krieg von 1870, als von Bismarck bezaubert bekannte. Er sah in ihm die Morgenröte des Rechts emporsteigen. Der britische Botschafter in Berlin, Lord Udo Russell, schrieb, von der Persönlichkeit und der Wirkung Bismarcks überwältigt: „In St. Petersburg ist sein Wort Evangelium wie auch in Paris und Rom, wo seine Ausbrüche Respekt einflößen und sein Schweigen Besorgnis hervorruft." Eine britische Zeitung, der „Morning Advertiser", schrieb kurze Zeit darauf: „Es ist merkwürdig, obwohl für Engländer und Franzosen vielleicht nicht sehr angenehm, zu bemerken, daß, wann immer eine Schwierigkeit in Europa entsteht, die Augen aller Leute auf den Fürsten Bismarck gerichtet sind. Wie denkt er über eine Sache? Was wird er tun? Für wen wird er Partei ergreifen? Berlin ist der Mittelpunkt des diplomatischen Verkehrs geworden."

Und wieder ein Jahr später äußerte der französische Botschafter in London, Waddington, erst wenn Bismarck gegangen sei, werde man erkennen, von welch unschätzbarem Wert für den Frieden und das Gedeihen der Völker seine Politik gewesen sei.

Der Berliner Kongreß

Mit Sorge beobachtete Bismarck das Anwachsen der Gegensätze zwischen Rußland und Österreich auf dem Balkan, wo jede der beiden Regierungen ein künftiges Einflußgebiet sah. Mit hoher Kunst brachte er es fertig, nicht nur Österreich mit Deutschland zu versöhnen und so das Werk von Nikolsburg zu krönen, sondern auch die Gegensätze zwischen Österreich und Rußland abschleifen zu lassen. In der Dreikaiserverständigung von 1873 fanden sich die Reiche zusammen. Bismarck hatte die eindrucksvolle Begründung geliefert, eine solche Verständigung liege im Interesse des monarchischen Gedankens gegen die zerstörenden Bewegungen der Zeit. In Wirklichkeit gaben für ihn die außenpolitischen Erwägungen den Ausschlag.

Aber wenige Jahre nach der Dreikaiserverständigung sprengten die Gegensätze zwischen den beiden Ostmächten den zusammengeflickten Bund. Rußland hatte im Krieg mit der Türkei seine Fahnen bis vor die Tore von Konstantinopel geführt und im Vorfrieden von San Stefano ein Großbulgarien erzwungen, von dem jeder wußte, daß es ein russischer Vasallenstaat sein sollte. Der jahrhundertealte Traum der Russen, am Bosporus das „Dritte Rom" aufzubauen, auf der Kirche der heiligen Sophie das Kreuz der griechischen Kirche errichten zu können, schien vor der Erfüllung zu stehen. Um so mehr waren die anderen Mächte aufgeschreckt. Für Großbritannien schien damals noch die Erhaltung der Türkei eine Lebensfrage zu sein. Es wollte keine Großmächte am Bosporus sitzen sehen. Österreich fürchtete für seine eigene Ausdehnung auf dem Balkan. Beide Reiche schlugen ans Schwert. Rußland war nach den schweren Kämpfen zu erschöpft, es verzichtete auf die weitere Ausdehnung des bulgarischen Staates und damit der eigenen Macht bis vor die Tore des Bosporus. Es beließ die Türkei als starke Balkanmacht, und es gestattete Österreich, Bosnien und die Herzegowina zu besetzen.

Aber noch war die Kriegsgefahr nicht völlig gebannt, noch war keine Einigung über die genauen Grenzen Bulgariens erreicht, noch waren die Wolken nicht ganz verscheucht. Das geschah erst auf dem Kongreß, den die europäischen Staaten in Berlin beschickten und auf dem Bismarck präsidierte. Drei Jahre nach der „Krieg-in-Sicht-Krise" war er wiederum der anerkannte Führer der europäischen Diplomatie, das angesehenste ihrer Mitglieder. Mit Geschick und Tatkraft brachte er nach einem Monat schwieriger Gespräche die Verhandlungen als „ehrlicher Makler" zu einem guten Ende. Er schlichtete vor allem die Meinungsverschiedenheiten zwischen Rußland und Großbritannien, die sich oft bis zu kriegerischer Schärfe entwickelt hatten. Nach einem Monat konnte er ermattet, aber stolz feststellen, daß es ihm gelungen sei, den Frieden zu retten.

Dies vor allem war sein Hauptziel gewesen, nicht eine schöpferische Lösung der Balkanfrage. Das Werk des Berliner Kongresses hat nicht lange gehalten, ganz anders als das seines größeren Vorgängers, des Wiener Kongresses. Das lag daran, daß Bismarck, aber auch den Vertretern der anderen Großmächte das Schicksal der Balkanvölker, der „Hammeldiebe", wie sich Bismarck einmal ausdrückte, gleichgültig war. Als sich später herausstellte, daß diese Völker ihren eigenen Willen hatten, wurde aller Welt offenkundig, daß die Berliner Lösung Flickwerk gewesen war.

Aber das kümmerte Bismarck zunächst wenig. Er hatte den Krieg vermeiden wollen, und das war ihm gelungen. Jede bewaffnete Auseinandersetzung hätte Deutschland in die Gefahr gebracht, sich für eine Seite entscheiden zu müssen, und eben das wollte er vermeiden. Er konnte nicht zusehen, wenn Österreich zerschmettert wurde. Wohl hätte es für nationaldeutsches Empfinden nahegelegen, die Lage zu benutzen, um die österreichischen Deutschen zu sich herüber in das Reich hineinzuführen. Italienische und russische Politiker haben Bismarck auch gelegentlich damit zu verlokken gesucht. Er wies die Versucher immer wieder ab.

Sein nationales Gefühl war nicht stark genug, die Gefahren für das Reich in Kauf zu nehmen, die aus solcher Entwicklung entsprungen wären. Er wollte dem mächtigen Rußland nicht erlauben, auch noch die kleineren Völker in Böhmen und in der ungarischen Tiefebene zu beherrschen. Er wollte auch nicht das ohnehin mühsam gebaute Reich durch den Hinzutritt der Österreicher erschüttern lassen. Wären sie überhaupt gekommen nach dem „Verrat" durch das Reich? Sie hätten darin eine Unterstützung Rußlands durch das Reich sehen müssen. Und wie wäre ein Habsburger an der Spitze eines verkleinerten Staates, aber mit seinen uralten und ehrwürdigen Begriffen von Ehre und Macht mit den Wittelsbachern und Hohenzollern ausgekommen? Nein, Bismarck wollte Österreich-Ungarn erhalten, solange es ging.

Aber er wollte auch nicht Österreich gegen Rußland unterstützen. Er fürchtete nicht, daß Rußland siegen könnte; aber er wußte nicht, was er mit einem geschlagenen Rußland anfangen sollte. Was konnte ein Sieg über Rußland dem Reich für Nutzen bringen? Diese Frage hat Bismarck nach 1870 oft beschäftigt. Einige Grundgedanken seiner Antwort schälen sich immer wieder heraus: Fremdvölkische Bewohner hatte das Reich schon genug, damit sich noch mehr zu belasten, wäre gefährlich gewesen. Einen unabhängigen polnischen Staat errichten? Bismarck dachte gering von den staatlichen Fähigkeiten der Polen; er mußte von einem wiedererstandenen Polen auch eine unwiderstehliche Anziehungskraft auf die preußischen Polen fürchten. Ein neuer polnischer Staat, so glaubte er, müsse sofort wieder geteilt werden. Vor allem hegte er eine tiefe Sorge vor der gewaltigen Kraft des verwundeten russischen Nationalgefühls nach einer Niederlage, das sich eines Tages wieder gegen Deutschland richten würde.

So sah er bei einem Sieg gegen Rußland nichts als Verlegenheiten; und er hat nichts anderes gesehen, solange er regierte. Er wollte Rußland aber auch nicht schon durch diplomatische Gegnerschaft in die Arme Frankreichs treiben. Die Gefahr des Zweifrontenkriegs stand ihm immer drohend vor Augen. In solchen Überlegungen lag das Geheimnis seiner vielberufenen Hochschätzung der russischen Freundschaft. Sie entsprang wie seine ganze Haltung in der auswärtigen Politik kühler Staatsräson, nicht Sympathie.

Der befreundete Donaustaat hatte nun seine Macht erweitert, zum erstenmal in der Regierungszeit Franz Josephs war er Mehrer des Reiches geworden. Aber nicht jedermann in Wien war glücklich darüber. Die deutschen Liberalen unter Führung von Dr. Herbst sprachen laut ihre Besorgnisse darüber aus, daß sich die Zahl der slawischen Bewohner vermehrt habe. Bismarck spottete über die „Herbstzeitlosen". Er nannte sie so, weil sie nicht wüßten, was zur richtigen Zeit zu geschehen habe. Der Tadel aus diesem Munde traf die Liberalen schwer.

Die Geschichte aber hat diesmal für die Liberalen und gegen Bismarck entschieden. Bosnien und die Herzegowina wurden eine schwere Belastung für den Staat, und in der Stadt Sarajewo, in der jetzt die österreichischen Truppen nach heftigen Kämpfen gegen die Bosnier siegreich eindrangen, fielen 1914 die Schüsse, die den verhängnisvollen Brand entfesselten.

Bündnis mit Österreich

Bismarck hatte auf dem Kongreß gesucht, ehrlich zu vermitteln, aber der Zar hatte mehr erwartet. Und als nun in der Ausführung der Beschlüsse die Grenzlinien festgesetzt wurden und die deutschen Vertreter dabei öfters gegen Rußland stimmten, brach in Petersburg tiefe Bitterkeit durch. Der Zar schrieb an den Berliner Oheim einen traurigen und vorwurfsvollen Brief. Er fragte, ob dies der Lohn sei für die russische Hilfe bei der Reichsgründung. Zugleich kamen nach Berlin Nachrichten von Truppenzusammenziehungen an der westlichen Grenze. Wenn man wollte, konnte man eine Gefahr aufziehen sehen.

Die Lage war nicht ganz so bedrohlich, wie sie Bismarck schien oder wie er sie jetzt darstellte. Auf jeden Fall bestärkten ihn die Nachrichten in Gedanken, die er lange erwogen hatte. Er beschloß nun ein Verteidigungsbündnis mit den Österreichern. Aber es wurde ihm schwer gemacht, das Bündnis zu vollziehen. Diesmal wurde die Auseinandersetzung mit seinem Kaiser und König so hart, daß sie das Verhältnis der beiden fast gesprengt hätte. Wilhelm sah in dem Bündnis einen Verrat an Rußland; er empfand ehrliche Dankbarkeit gegenüber dem Neffen. Was ihm Bismarck vorschlug, erschien ihm unsittlich, er wehrte sich mit aller Kraft. Schließlich mußte Bismarck das äußerste Mittel anwenden: Er drohte mit dem Rücktritt, und er brachte das gesamte Staatsministerium dazu, das gleiche zu tun. Verwundeten Herzens gab der Kaiser nach mit den rührenden Worten: „Bismarck ist nötiger als ich."

Als Bismarck das Bündnis mit Österreich schloß, schien er selber seine Abneigung gegen eine einseitige Parteinahme im Orientkonflikt zu widerlegen. Aber der Kanzler war von Einseitigkeit so weit entfernt wie je. Es war keinen Augenblick seine Absicht, Österreich zu einem scharfen Vorgehen auf dem Balkan und gegen Rußland zu ermuntern. Er wollte nur eine Rückendeckung haben, und er wollte nach Rußland eine Warnung richten, um ihm zu zeigen, daß es noch immer des Reiches bedürfe. Wieder hatte er richtig gerechnet. Die russische Regierung lenkte ein, und 1881 gelang es – zur tiefen Erleichterung des Kaisers – noch einmal, die drei Kaiserreiche zu einem Freundschaftsvertrag zusammenzubringen, der 1884 erneuert wurde.

Das deutsch-österreichische Bündnis wurde der Angelpunkt der europäischen Politik in den nächsten Jahrzehnten. Es bestand neununddreißig

Jahre, so lange wie kein anderes Bündnis der neueren Geschichte. Es befriedigte tiefe Instinkte der deutschen Bevölkerung in Österreich wie im Reich. Der preußische Staatsmann, der die Donaumonarchie dreizehn Jahre zuvor besiegt hatte, wurde jetzt jubelnd in Wien begrüßt. Wie Bismarck erst die Österreicher gewann, dann den Kaiser überwand und wie er es trotzdem verstand, die Freundschaft mit den Russen aufrechtzuerhalten, das war eine seiner diplomatischen Meisterleistungen.

Aber die Werke der Staatsmänner und auch die Bündnisse haben ihre eigenen Gesetze, sie entwickeln sich oft anders, als ihre Urheber dies geahnt haben. „Man weiß nie, was man gründet", hatte Thiers einmal gesagt. Bismarck war fest entschlossen, in diesem Bündnis der führende Teil zu bleiben und sich nicht durch Österreich in ein Abenteuer hineintreiben zu lassen. Er fühlte sich als der Stärkere und war sicher, es bleiben zu können. Aber als nach seinem Tode Männer an die Regierung kamen, die einen weniger festen Willen hatten als er und die die Gefahren weniger klar sahen, ließ sich die Berliner Politik das Leitseil von Wien um den Hals werfen, und beide Kaiserreiche gingen daran zugrunde.

Von Wien aus gesehen, stärkte das Bündnis mit Deutschland seine Stellung gegenüber Rußland. Niemand in der österreichischen Diplomatie konnte damals ahnen, daß sein Staat dadurch in einen deutsch-englischen Gegensatz hineingezogen werden würde. Das alles war den Zeitgenossen mit wohltätiger Blindheit verdeckt. Der „weitere Bund" von 1849 schien verwirklicht, Großdeutsche und Kleindeutsche waren glücklich, und auch die Ungarn stimmten freudig zu.

Ganz anders war die Stimmung bei den Slawen der Donaumonarchie. Sie neigten in ihrem Herzen zu Rußland, und je länger das Bündnis dauerte, um so häufiger tadelten es die slawischen Redner im Parlament.

Konstantin Frantz hatte von dem großen Bund mit germanischem Kern und slawischem Ring geträumt, der einer schweren Auseinandersetzung mit Rußland nicht aus dem Wege gehen sollte. Aber schon die Abneigung der Slawen gegen das Bündnis von 1879 müßte seine späten Schüler im zwanzigsten Jahrhundert nachdenklich stimmen. Nach österreichischem Zeugnis vertiefte das Bündnis mit Deutschland den Graben zwischen Deutschen und Slawen im Donaureich.

Der britische Versucher

Der Zweibund hätte erweitert werden können. Aber damit hätte er einen Angriffscharakter erhalten, den er nicht haben sollte. Im Jahre 1879 konnte der deutsche Botschafter in London, Graf Münster, dem Kanzler über Gespräche mit dem britischen Premierminister Lord Beaconsfield und dem

Außenminister Lord Salisbury berichten. Danach konnte Bismarck einer britischen Unterstützung bei einem Kriege mit Rußland sicher sein. Die britischen und die russischen Absichten stießen in Persien, in Afghanistan und an der indischen Grenze zusammen. Um seiner imperialen Ziele willen schaute sich Großbritannien nach einem starken Helfer um. Das machtvollste Bündnis, das denkbar war, hätte geschlossen werden können. Angesichts einer Kombination, die von Ofenpest über Wien und Berlin nach London, Delhi und Kalkutta gereicht hätte, hätte Frankreich nicht gewagt, den Russen zu Hilfe zu kommen.

Kurze Zeit darauf war freilich Disraeli durch Gladstone abgelöst, aber schon vorher hatte Bismarck die eben gesponnenen Fäden wieder fallenlassen. Was ihm aus den Berichten des Grafen Münster entgegenklang, waren Kriegstrompeten, und eben diesen Ton wollte er nicht hören. So hatte er das Bündnis mit Österreich nicht gemeint, und so hatte er auch die Verhandlungen mit Großbritannien nicht gemeint. Als sich der Zar wieder seinem Oheim zuneigte, war für Bismarck das britische Bündnisgespräch erledigt. Sein Hauptzweck, die Sicherung des Friedens, war erreicht.

Der Dreibund

Wohl aber begrüßte er es, als sich 1882 Italien dem Reiche näherte. Aus dem Zweibund wurde der Dreibund, der formell bis 1914 gehalten hat. Italien suchte eine Anlehnung gegen Frankreich, das der „lateinischen Schwester" Tunis nicht gegönnt und das weite Gebiet für sich selber genommen hatte, obwohl dort viele italienische Siedler wohnten. Bismarck kam dem Wunsch nach einem Bündnis nach; bei Italien konnte er immer sicher sein, daß die Macht des Staates nicht ausreichen werde, das Reich in einen Krieg zu ziehen. Ein Jahr später schloß er auch ein Bündnis mit Rumänien (1883).

Der Dreibund zeigte von seiner Entstehung an empfindliche Schwächen, an denen er schließlich zugrunde gegangen ist. Die Italiener gingen ihn mit anderen Vorstellungen ein, als Bismarck sie hegte. Für sie war das Bündnis eine große Erwerbsgesellschaft; es sollte ihnen helfen, Land zu gewinnen.

Schon zwischen der österreichischen und der reichsdeutschen Auffassung vom Zweibund hatten Meinungsverschiedenheiten bestanden. In Wien hätte man in dem Bund gern eine Bürgschaft dafür gesehen, daß sich der Einfluß der Donaumonarchie auf dem Balkan ausdehnen könnte. Für Bismarck war dieses Streben nur erträglich, wenn es nicht mit den russischen Wünschen zusammenstieß. So kam es immer wieder zu Reibungen zwischen Wien und Berlin. Aber der Ausdehnungsdrang des ehrwürdigen Habsburgerreichs hatte wenigstens nicht die hungrige Frische, die in der Führungs-

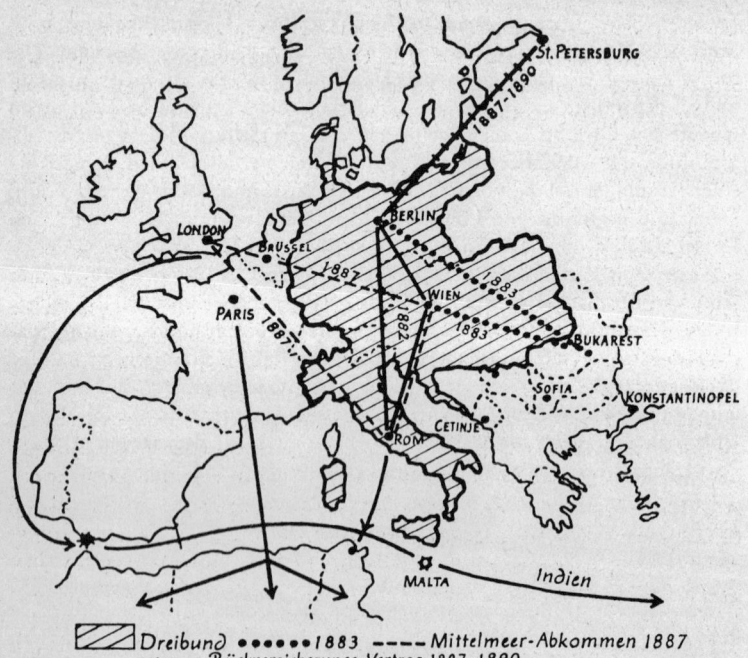

Dreibund ●●●●●1883 ----Mittelmeer-Abkommen 1887
++++Rückversicherungs-Vertrag 1887-1890
Bündnissystem Bismarcks

schicht des jungen italienischen Staates lebendig war. Wenn das Bündnis
mit Berlin und Wien die Italiener auf die Dauer daran hindern sollte, neues
Land zu erwerben, so mußte es in den Augen Italiens jeden Wert verlieren.

Ohnehin mußte in der Freundschaft zwischen Italien und der Donaumonarchie immer etwas Künstliches liegen. In den „unerlösten Gebieten"
Welschtirols und am Isonzo lebten Tausende von Italienern. Und schon
blickten die Entschlossensten unter den italienischen Nationalisten auch
nach dem gegenüberliegenden Ufer der Adria, nach den südslawischen Gebieten der Monarchie.

Und dann begann sich zu Beginn unseres Jahrhunderts der große Schutzherr des Bündnisses zurückzuziehen. Großbritannien hatte die Verhandlungen zwischen Rom und Berlin gefördert, weil es bei seinen unaufhörlichen
Streitigkeiten mit Frankreich eine Bastion der Freundschaft im Norden
Afrikas zu erhalten wünschte. Die Italiener machten ausdrücklich geltend,
das Bündnis dürfe sich niemals gegen Großbritannien richten. Das war ihr

gutes Recht; ein Land mit den ausgedehnten Küstenlinien Italiens kann sich keinen Streit mit der stärksten Seemacht erlauben. Als der Bundesgenosse des Königreichs in scharfe Gegnerschaft zu Großbritannien geriet, begann der Dreibund gleichsam zu schwimmen. Der Grund schwankte, auf dem er stand.

Präventivkrieg?

Aber auch für Bismarck wurde die Aufgabe immer mühsamer, den Frieden zu erhalten. Immer kunstvoller wurde sein Werk, aber auch immer verschlungener wurden die Wege, die er gehen mußte. Mitte der achtziger Jahre brach das Werk des Dreikaiserbundes wieder auseinander, und wie ein Jahrzehnt vorher war es der Balkan, auf dem das russische und das österreichische Machtstreben miteinander in Konflikt gerieten.

Seit San Stefano durfte Rußland in Bulgarien sein Einflußgebiet sehen. Aber nach Bismarcks berühmtem Wort sind befreite Völker immer undankbar; sie müssen sich von ihrem Befreier wieder befreien. Auch die Bulgaren versuchten, sich vom russischen Schutz zu lösen. Ihr Führer bei diesem Bestreben war ihr Fürst, der deutsche Prinz Alexander von Battenberg. Russischer Druck zwang ihn 1886 abzudanken, doch der Ministerpräsident Stambulow, der nun Bulgarien regierte, war ein gleich entschlossener Anwalt des lebendigen und rebellischen bulgarischen Patriotismus.

Bei dem Versuch, den russischen Einfluß in Bulgarien zu erhalten, stieß das Zarenreich diplomatisch mit dem österreichischen Rivalen zusammen. Es kam zu bitteren Zerwürfnissen zwischen den beiden Kaisermächten, in beiden stieg die Erregung. In der Donaumonarchie, vor allem in Ofenpest, wuchs eine Strömung, die es für klug hielt, den ewigen diplomatischen Zwist durch Krieg zu beenden.

Das ging auch den Berliner Bundesgenossen an. Die Reichsregierung mußte aber in dieser Zeit besorgter denn je auch nach der Seine blicken. Kriegsminister war hier der General Boulanger, der seine Volkstümlichkeit seiner Redekunst, aber auch den Hoffnungen vieler Franzosen verdankte, er werde die Armee in dem Feldzug der Rache für Sedan führen. Regierung und Volksmehrheit wollten den Krieg nicht; aber man konnte nicht wissen, ob nicht die demagogische Kraft seiner Persönlichkeit die Widerstrebenden hinreißen würde, wenn er im Osten den starken Verbündeten fand, der Frankreich 1870 gefehlt hatte. Schon sprachen Unterhändler von einem russisch-französischen Bündnis.

Wie vor einem Jahrzehnt stiegen wiederum die Kriegswolken über dem Reich auf. Wohin der Kanzler in der Reichshauptstadt blickte, überall sah er Gruppen, die entschlossen waren, den Bedrohungen von außen, die sie für unerträglich hielten, durch einen Präventivkrieg ein Ende zu machen.

Krieg, um den Frieden zu sichern – diese Melodie, die uns so häufig auf unseren Gängen durch die neue Geschichte begegnet, wurde auch jetzt angestimmt.

Der Generalstab wollte nicht warten, bis die Feinde noch stärker geworden waren, er wollte die Gelegenheit benutzen, zuzuschlagen. Er rechnete fest mit einem siegreichen Ausgang. Wohl wäre der Waffengang jetzt, anders als 1871, ein Zweifrontenkrieg gewesen, aber man durfte erwarten, daß wenigstens ein Teil des französischen Heeres an den Alpen durch die Italiener festgehalten würde. Im ganzen stützten die Kräfteverhältnisse die Zuversicht des Generalstabs.

Auch höfische und klerikale Kreise waren für den Präventivkrieg, schon aus Sympathie zu Österreich. Die leidenschaftlichsten Befürworter kriegerischen Vorgehens waren die Linksliberalen. Ihre alte Abneigung gegen das autokratische Rußland und die Begeisterung für den ritterlichen Battenberger klangen zusammen. Die Freisinnigen hatten Bismarck angeklagt, weil er der Mann von Blut und Eisen gewesen sei; jetzt war er ihnen nicht eisern genug. Ihre Blätter verhöhnten seine Friedensliebe.

Kriegerische Töne drangen auch von jenseits des Kanals herüber. Der britische Imperialismus stieß damals in Afrika und Asien auf den französischen und russischen Imperialismus. Einige seiner Führer sahen sich nach starken Freunden um. Lord Randolph Churchill, Mitglied des Kabinetts, enthüllte vor deutschen Diplomaten ein prächtiges Gemälde, wie die beiden Reiche zusammen die Welt beherrschen könnten. Ministerpräsident und Außenminister hätten freilich so ausschweifende Pläne nicht gebilligt. Als Bismarck 1889 wegen eines Bündnisses anfragte, wich Salisbury aus. Aber auf eine wohlwollende Neutralität Großbritanniens hätte Bismarck sicher rechnen können. Im „Standard", der dem Außenamt nahestand, konnte man lesen, England werde nicht eingreifen, wenn deutsche Truppen gezwungen seien, durch Belgien zu marschieren.

Wiederum wie 1879 ruhte der Frieden Europas auf den Schultern eines einzigen Mannes, und noch waren sie stark genug, die ungeheure Last der Verantwortung zu tragen. Nicht für einen kurzen Augenblick ließ sich Bismarck durch Träume von Schlachtenruhm und Siegeslorbeer und Landgewinn verführen; nicht einen Augenblick verlor er das Ziel aus den Augen, den Frieden zu retten; und wieder gelang es ihm.

Ende der bulgarischen Krise

Er erschreckte die möglichen Gegner, und er tat zugleich alles, sie zu versöhnen. Er erhöhte die Stärke des Heeres. Der Reichstag freilich versagte sich ihm zunächst. Die Mehrheit wollte „jeden Mann und jeden Groschen" bewilligen, aber sie lehnte Bismarcks Forderung ab, das für sieben Jahre zu tun. Der Zeitraum schien ihr zu lang. Nun muß allerdings parlamentarischer Ehrgeiz immer dahin gehen, jedes Jahr den Haushalt, auch den Heereshaushalt, neu vorgelegt zu bekommen. Die Mehrheit bestand nicht einmal darauf, sie war zu einem Kompromiß bereit und schlug drei Jahre vor. Sie war nicht weniger patriotisch als der Kanzler, aber sie wollte die Rechte des Parlaments wahren.

Sie sah nicht, daß in Zeiten nationaler Erregung und unter der Herrschaft des Gefühls, bedroht zu sein, der Streit um staatsrechtliche Feinheiten nur wenig Verständnis findet. Bismarck löste den Reichstag auf; draußen empfingen ihn brausende Hurrarufe; die Wahlen ergaben eine starke Mehrheit für das „Kartell" der Konservativen, Freikonservativen und Nationalliberalen. Bismarck erhielt seine Heeresverstärkung auf sieben Jahre.

Aber sie war nicht kriegerisch, sondern nur als „kalter Wasserstrahl" gedacht, und sie wurde durch diplomatische Maßnahmen des Friedens ergänzt. In einem Grenzstreit mit Frankreich, in dem die Berechtigung des deutschen Vorgehens fragwürdig war, gab Bismarck sofort nach. Der österreichischen Regierung legte er in schneidender Weise dar, daß sich Deutschland nicht in einen Krieg auf dem Balkan, der nicht die Knochen eines pommerschen Musketiers wert sei, hineinziehen lasse. Damals gebrauchte er das Wort, Deutschland werde sich nicht von Österreich das Leitseil um den Hals werfen lassen, es werde sich nicht mit Rußland „brouillieren".

Churchills Verlockung lehnte er kühl ab. Gegenüber Rußland wahrte er in stolzen und weithin hallenden Worten die Unabhängigkeit der Politik des Reiches. Schon vorher aber hatten geheime Verhandlungen begonnen, in denen er sich wieder Rußland näherte. 1888 war die jahrelang schwelende Kriegsgefahr gebannt.

Es ist noch für den Nachlebenden ein großartiges Schauspiel von erschütternder Gewalt, den nun Zweiundsiebzigjährigen am Werk zu sehen, den Triumphator aus den drei Kriegen, der mit leidenschaftlicher Tatkraft, mit unermüdlicher Geduld, mit nie versiegendem Geschick, mit allen Künsten der Drohung, der Lockung und der Überredung den Frieden zu wahren versteht. Er handelte aus der Notwendigkeit der Staatsräson, der er sein ganzes Leben geweiht hatte, er bewahrte damit Millionen Menschen vor äußerstem Leid und den Erdteil vor Zerfleischung.

Rückversicherung

Jene geheime Annäherung der beiden Kabinette von Berlin und Petersburg im Jahre 1887 hatte zu dem Abkommen geführt, das von allen Bismarckschen Verträgen das berühmteste und am meisten getadelte ist: dem sogenannten Rückversicherungsvertrag. Deutschland und Rußland verpflichten sich, neutral zu bleiben, wenn Deutschland durch Frankreich und Rußland durch Österreich angegriffen würden. Beide Staaten waren vor einem Zweifrontenkrieg gesichert.

In dem „ganz geheimen Zusatzprotokoll" ging Bismarck noch weiter. Er versprach das Wohlwollen des Reiches für den Fall, daß sich Rußland gezwungen sähe, die Verteidigung der Zugänge zum Schwarzen Meer selbst in die Hand zu nehmen. Das war der diplomatische Ausdruck dafür, daß Deutschland nichts dagegen tun würde, wenn Rußland Konstantinopel besetzte. Das Zarenreich durfte darauf vertrauen, daß es Deutschland nicht zum Gegner haben würde, wenn es mit Großbritannien in einen Konflikt geriete.

Der Vertrag widersprach dem Zweibundvertrag nicht ausdrücklich, der ein reines Verteidigungsbündnis war. Aber es war gefährlich, daß der Vertrag auf Wunsch des Zaren geheim blieb. Alexander fürchtete die öffentliche Meinung seines Landes, und mit Recht. Sie war immer mächtiger geworden, sie sah den Weg nach Konstantinopel versperrt durch Österreich, den Weg nach Wien versperrt durch Deutschland. So neigte sie zu Frankreich, und sie hätte dem Zaren die enge Freundschaft mit Deutschland nicht leicht verziehen. Aber die Geheimhaltung verhinderte, daß die beiden Völker auf mögliche Entwicklungen vorbereitet wurden. Mit ihr geriet der Vertragsabschluß auch in die Nähe der Untreue gegenüber dem österreichischen Bundesgenossen.

Der Rückversicherungsvertrag machte Bismarcks außenpolitisches System verwickelt genug. Im gleichen Jahre wurde das ganze Netz noch komplizierter dadurch, daß Bismarck als wohlwollender Förderer, wenn auch nicht als Vertragspartner, die Mittelmeerentente zwischen England, Italien und Österreich herbeiführen half. Sie sollte die Unabhängigkeit der Türkei, also die türkische Herrschaft über Konstantinopel und die Meerengen sichern.

Rückversicherungsvertrag und Mittelmeerentente widersprachen einander unzweideutig. Man sieht nicht recht, wie es Bismarck gelungen wäre, sich im Kriegsfall aus den einander widerstreitenden Verpflichtungen juristischer oder moralischer Art herauszuziehen. Wahrscheinlich hätte er versucht, bald einen Verständigungsfrieden herbeizuführen. Die eigentliche Rechtfertigung dieses vielschichtigen Systems sah Bismarck darin, daß es dazu dienen sollte, den Krieg überhaupt zu vermeiden. An allen Gruppierungen war das Deutsche Reich beteiligt, immer konnte es mahnend, beschwörend, warnend auftreten, bei diplomatischen Verwicklungen konnte es immer sein ernstes Wort für den Frieden sprechen, gerade weil es unmittelbar keine Wünsche hatte. Deshalb hätte es als mächtiger Makler aufmerksame Zuhörer gehabt.

Man muß freilich zweifeln, ob ein so künstliches System aufrechtzuerhalten gewesen wäre, ob nicht die allslawische Strömung in Rußland oder der österreichische Ausdehnungsdrang es am Ende gesprengt hätte. Die Geschichte gibt keine Antwort auf die Frage, was Bismarck auf die Dauer getan hätte. Drei Jahre nachdem er sein Werk mit den Verträgen von 1887 gekrönt hatte, wurde er gestürzt. Mit ihm sank der Eckstein des kunstvollen Gebäudes, der Rückversicherungsvertrag.

In all den Jahren war sich Bismarck immer bewußt gewesen, wie gefährdet die Stellung des Reiches in Europa war. So hatte er sich in den achtziger Jahren zwar kraftvoll, aber doch zugleich vorsichtig zum Anwalt der kolonialen Bestrebungen gemacht, die damals auch Deutschland heimsuchten. Ihm gelang es zwischen 1883 und 1885, einige Gebiete in Afrika (Deutsch-Südwestafrika, Deutsch-Ostafrika, also das heutige Tanganjika), Togo und Kamerun, ferner einige Gebiete in der Südsee unter deutschen Schutz zu stellen. Als sich aber die Lage in Europa Ende der achtziger Jahre wieder zuspitzte, zog er sich von überseeischen Plänen zurück. Weltmachtträume verwirrten ihn nicht.

Die übersprungene Generation

Im März 1888 starb sein königlicher Herr. Bismarck hatte ihm sechsundzwanzig Jahre gedient, er hatte manche Kämpfe mit ihm ausgefochten und sich gelegentlich über ihn bitter geäußert. Auf seine Weise hatte er ihn dennoch geliebt. Nun trug sein alter Gegner Friedrich Wilhelm die Krone, der sich als Kaiser und König Friedrich der Dritte nannte.

In den langen Jahrzehnten vorher hatte man stets damit gerechnet, daß der Thronwechsel das Ende der Regierung Bismarcks bedeuten würde. Aber Friedrich war in der Zeit des vergeblichen Wartens müde geworden. Jetzt hatte ein Krebsleiden seine Kraft vollends zerstört. Er entließ den alten, bitter befehdeten, von ihm als Verhängnis angesehenen Gegner nicht, er gab ihm in allen entscheidenden Fragen nach. Nur zu einer weithin sichtbaren Geste raffte er sich auf: Er entließ den preußischen Innenminister von Puttkamer, einen Reaktionär, der die Wahlen parteiisch beeinflußt hatte.

An dieser einen Maßnahme mochte man sehen, wie ein gesunder Friedrich gehandelt hätte, wenn ihm die Zeit zu wirklicher Regierung vergönnt gewesen wäre. Aber nach nicht viel mehr als einem Vierteljahr fällte ihn die Krankheit.

Der frühe Tod Friedrichs des Dritten ist eines der wichtigsten und wahrscheinlich verhängnisreichsten Ereignisse der neueren Geschichte. Freilich verliert sich alle Betrachtung über die Folgen dieses Ereignisses schnell in das Gefilde nebelhafter Spekulationen. Aber einiges kann mit leidlicher Sicherheit gesagt werden.

Wie alle Hohenzollern war auch Friedrich seinem Vater in Wesen und Anschauungen unähnlich. Er liebte die Freiheit mehr als die Autorität, den Geist mehr als die Macht, die Ideen der Zeit mehr als die Überlieferung. Manchmal, wie in dem Konflikt mit Bismarck 1870, schimmerte auch ein anderer, ein nach Herrschaft ausspähender Hohenzoller durch. Wie sich der mit dem freiheitlichen Friedrich vertragen hätte, wird immer ungewiß bleiben. Er suchte seinen Verkehr nicht mit Junkern, sondern mit Bürgerlichen, mit den Vertretern von Geist und Bildung oder aus dem tätigen Geschäftsleben. Er war ein Liberaler oder glaubte doch, es zu sein. Wahrscheinlich wäre unter ihm die Regierungsweise allmählich der britischen genähert worden. Deutschland hätte also eine Monarchie mit der Würde einer großen Vergangenheit, aber mit einer aus Parlamentariern gebildeten Regierung erhalten. Friedrich war sechsundfünfzig, als er starb, und bevor ihm der Krebs seinen Kehlkopf angriff, war er immer ein kräftiger Mann gewesen. Die Ärzte hätten ihm wohl noch zwanzig Jahre geben mögen. In dieser Zeit hätte sich wahrscheinlich das System der parlamentarisch regierten Monarchie so fest eingewurzelt, daß es auch der zwar andersgeartete, im Grunde aber doch weiche Sohn nicht mehr hätte zerstören können. Deutschland hätte dann auf der Höhe von Macht und Ansehen das Regime bekommen, das es in Wirklichkeit erst dreißig Jahre später in der Niederlage erhielt. Das System des Parlamentarismus wäre nicht mit dem Makel belastet worden, daß es von den Siegern übernommen worden sei. Vielleicht wäre ihm deshalb Dauer verliehen worden.

Wir kennen freilich auch Anwandlungen fürstlichen Selbstgefühls bei Friedrich. Wenn man seine Haltung im Herbst 1870 überdenkt, kommt man zu dem Verdacht, er habe die Fürsten nicht nur deshalb in das Reich hineinzwingen wollen, weil es ihm um die Einheit der Deutschen ging, sondern weil er die Macht des Hohenzollernhauses über die anderen erhöhen wollte. Es ist auch nicht ganz ausgemacht, wie er gehandelt hätte, wenn ihm das Parlament bei leidenschaftlich gehegten Wünschen in den Weg getreten wäre. Friedrich wäre in einen Gewissenskonflikt gestürzt worden, der um so qualvoller für ihn gewesen wäre, als ihn ein hoher und reiner Idealismus erfüllte. Man wagt nicht, zu entscheiden, wie der Konflikt ausgegangen wäre.

In der auswärtigen Politik hätte Friedrich alles versucht, in ausgezeichneten Beziehungen zu Großbritannien zu bleiben. Dazu hätte es des Einflusses seiner britischen Gemahlin nicht bedurft, seine eigenen Neigungen hätten ihn selbst in eine solche Politik hineingeführt. Die Diplomatie Friedrichs wäre um die Jahrhundertwende den britischen Annäherungswünschen gegenüber freundlicher gewesen als die Berater seines Sohnes. Ob es ihm gelungen wäre, den Frieden so lange zu erhalten wie sein Sohn, ob er nicht eines Tages doch als „englischer Festlandsdegen" gegen Rußland zu Felde gezogen wäre, vermag niemand zu sagen.

All das, was an Möglichkeiten in Friedrich lag, war nun verschüttet. Mit seinem Begräbnis nahm eine ganze Generation Abschied von ihrem Traum,

Deutschland mit ihrem Geist zu erfüllen. Von den Achtundvierzigern lebten nur noch wenige, aber auch die Überlebenden der Konfliktszeit und ihre Söhne sahen sich betrogen. Die ganze Welt des bürgerlichen Liberalismus, die in anderen Staaten überall (mit Ausnahme von Rußland) die königliche Herrschaft oder die Herrschaft des mit dem Königtum verbündeten Adels abgelöst hatte oder abzulösen begann, mußte nun wieder zurücktreten und sich mit dem Erwerb von Geld und Gut oder Bildung begnügen. Im Parlament war sie auf Kritik beschränkt. Die Herrschaft ergriffen andere Arme.

Bismarcks Sturz

Der neunundzwanzigjährige Prinz Wilhelm, der als Kaiser Wilhelm der Zweite den Thron bestieg (1888–1918), war halb aus Gegensatz gegen seinen Vater, halb aus eigener Überzeugung als glühender Bewunderer Bismarcks groß geworden. Noch nicht zwei Jahre später entließ er den Gründer des Reiches aus seiner Stellung.

Wilhelms leichtempfängliches Herz schlug warm für die Nöte der Arbeiter, er wollte ein „König der Bettler" sein. Hätte Stetigkeit in seinem Wesen gelegen, so hätte aus dieser Neigung ein großes Glück für die Monarchie erwachsen können. Jetzt trennte er sich innerlich von dem Kanzler, in dem das Wachsen der Sozialdemokratie nur den alten Kampfeswillen erweckte.

Als es klar wurde, daß die bismarckfeindliche Mehrheit des neugewählten Reichstages von 1890 dem Kanzler die Erneuerung und Verschärfung des Sozialistengesetzes nicht erlauben werde, brach der Zorn des Alten grimmig aus. In innenpolitischen Auseinandersetzungen hatte er schon mehr als einmal den Sinn für Maß verloren, der ihm in der Diplomatie eigen war. Durch immer neue Parlamentsauflösungen wollte er Sozialistengesetz und Heeresverstärkung erzwingen. Wenn die Sozialdemokratie dagegen aufstünde, wollte er sie mit den Waffen niederschlagen. Dahinter standen Pläne eines gewaltsamen Verfassungsumbaus. Er wollte gegen das eigene Werk wüten, das Reich auflösen in einen Fürstenbund und diesen ein neues Wahlrecht verkünden lassen. So herrisch, von oben her, ganz durch Zwang und Gewalt, wollte er ein neues Reich schaffen.

Bestürzt lehnte der Kaiser ab. Er wollte seine Regierung nicht damit beginnen, daß er das Blut seiner Untertanen vergoß. Das geschichtliche Recht war auf seiner Seite. In der Innenpolitik war die Staatskunst Bismarcks am Ende.

Vor diesem tiefen Gegensatz schwinden die anderen Anlässe, die zur Feindschaft zwischen Herrscher und Kanzler führten. Der Kaiser glaubte an eine Bedrohung des Friedens durch Rußland und forderte Maßnahmen; der Kanzler hielt damals, und zu Recht, die Sorge des Kaisers für übertrieben. Der Kanzler holte eine alte Kabinettsorder aus dem Staub der Aktenschränke heraus, die den Ministern Gespräche mit dem Herrscher ohne Wissen des Ministerpräsidenten verwehrte. Das verletzte den Kaiser, ohne daß es dem Kanzler nützte. Der Kaiser beschwerte sich darüber, daß der Kanzler Gespräche mit Windthorst führte, wo das Recht wiederum ganz auf der Seite des Kanzlers lag. Das alles führt schon in den Bereich der bewußten oder unbewußten gegenseitigen Kränkungen, an denen es nie fehlt, wenn ein altes Vertrauensverhältnis zu Ende geht. Dazu kamen die unausbleiblichen Ränke der Schmeichler um den Kaiser, eine allzu lange Entfernung des Alten vom Hofe.

Alt und Jung vertrugen sich nicht mehr. Der Kaiser wünschte, im Selbstbewußtsein der jugendlichen Kraft, aber auch im Bewußtsein der Macht der Krone, allein zu regieren. Es war tragische Ironie, daß der Kaiser diese Macht vor allem dem Manne verdankte, den er jetzt zu stürzen unternahm. Anders als sein Großvater, wollte er nicht länger dem Alten die Zügel willig überlassen.

So erzwang er den Rücktritt. In einem Dokument voll großartiger Kunst des Stils und der Wirkung auf die Menschen kam der Kanzler dem kaiserlichen Wunsche nach. Wie er in den höfischen Formen alle Verantwortung und auch alles Unrecht dem Kaiser zuschiebt, das allein kann künftigen Geschlechtern sichtbar machen, wie er zu dem Ruf des glänzendsten Diplomaten seiner Zeit gekommen war.

Menschliche Größe auf der Seite des Kaisers hätte eine versöhnlichere Wendung des Konfliktes herbeiführen können. Die Geschichte der Hohenzollernmonarchie wäre um einen Schatten befreit, wenn es Wilhelm der Zweite über sich gebracht hätte, seine eigene Tatenlust zu zügeln, den Alten, dem sein Geschlecht und sein Volk soviel verdankte, noch einige Jahre zu ertragen, den Staatsstreichplänen ein festes Nein zuzurufen und sich der Meisterschaft in der auswärtigen Politik zu bedienen. Der Verzicht auf die Rückversicherung, aber auch der schwere Fehler der Krügerdepesche, der Beginn der Entfremdung mit Großbritannien wären dann vermieden worden. Aber um so zu handeln, hätte der Kaiser unbefangener, selbstsicherer und bescheidener sein müssen, als er war.

Grollend zog sich der Alte in den Sachsenwald zurück, er haderte mit seinem Kaiser, mit seinen Amtsgenossen, die der neuen strahlenden Sonne dienten, in herbem Tadel gegen seinen Nachfolger, in schwerer Sorge um sein Werk, um das Reich, um die Nation. Die Macht hatte ihn nicht glücklich gemacht; nun, da er tatenlos dem Handeln der Mächtigen zuschauen mußte, wurde sein Herz erst recht von Bitterkeit verzehrt. Er war immer ein guter Hasser gewesen, jetzt konnte er diese Leidenschaft gegenüber seinem Kaiser befriedigen.

Man hat gemeint, sein tragischer Irrtum bei der Reichsgründung habe sich am stärksten bei seinem Sturz gezeigt, da es der Träger der Krone gewesen sei, der ihn gestürzt habe. So habe sich sein Verstoß gegen den politischen Zeitgeist, gegen Parlamentarismus und Demokratie an ihm selbst gerächt. Aber ein starker Reichstag hätte ihn schon längst gestürzt, der eine Teil der Abgeordneten hätte es gern getan, ein anderer zögernd und widerstrebend; aber gegen Bismarck gehandelt hätte die Mehrheit auf jeden Fall. Auch Konservative und Nationalliberale entfernten sich von dem mächtigen Mann, dessen Hand sie ebensooft als drückend empfunden hatten wie seine beamteten Mitarbeiter.

Und fünf Jahre nach seinem Sturz verweigerte der Reichstag dem Gründer des Reiches die Glückwünsche zu seinem achtzigsten Geburtstag. Es waren vornehmlich die drei Parteien des Zentrums, des Freisinns und der Sozialdemokraten, die auf so schneidende Weise ihre Abneigung gegen den Reichsgründer kundtaten. Bismarck hatte sie oft genug bekämpft, er hatte sie als Reichsfeinde bezeichnet und hatte sie verhöhnt. Ihr Entschluß ist begreiflich. Dennoch wäre es für ihr Bild vor der Nachwelt vorteilhafter, wenn ihre Abgeordneten Selbstüberwindung und menschliche Größe gezeigt und sich zu einer versöhnlichen Geste dem Manne gegenüber aufgerafft hätten, ohne den sie alle nicht im Bau des Reichstages gesessen hätten. Die Kraft des Hassens war nicht nur bei Bismarck, auch seine Gegner hatten sie immer geübt, und sie scheuten sich nicht, dem Entmachteten zu zeigen, daß auch sie unversöhnlich waren.

Mit dieser nicht mißzuverstehenden Handlung ist die Annahme widerlegt, daß Bismarck nur an der Undankbarkeit der Monarchie, die er mächtig gemacht hatte, gescheitert sei. Wäre der Kaiser weniger mächtig geworden, so hätte ihn das Parlament gestürzt. Und hätten die Wahlen von 1890 eine bismarckfreundliche Mehrheit ergeben, wer weiß, ob Wilhelm den äußersten Schritt gewagt hätte?

Vom persönlichen Schicksal Bismarcks her läßt sich nicht beweisen, daß seine Schöpfung verfehlt gewesen sei. Tragischer Sturz ist das Los mehr als eines Mannes gewesen, ohne daß er deshalb weniger groß gewesen wäre. Die entscheidende Frage beim inneren Aufbau des Reiches wird immer bleiben, ob es für die Nation ein Heil oder ein Unglück war, daß er dem Volk nur die halben Rechte gegeben und dem Monarchen die Führung gelassen hatte. Sie ist nicht mit einer schnellen Antwort zu erledigen. Der Herrscher, dem er soviel Macht gegeben hatte, beging später schwere Irrtümer, mit gefährlichen Folgen für das Schicksal des Reiches. Aber in vielem war der Kaiser gleichsam das Spiegelbild für die Strömungen der Nation. Nur, wer dieser Tatsache eingedenk bleibt, darf das sorgsam abwägende Urteil wagen, daß eine parlamentarische Regierung wenigstens die schlimmsten Mißgriffe in unserer auswärtigen und Rüstungspolitik vermieden hätte. Wahrscheinlich hätte sie zu Beginn so viele Fehler begangen wie der Kaiser auch, aber sie wäre wohl zu belehren gewesen. In der Natur des Kaisers lag es, sich nicht wirklich belehren zu lassen.

Daß ein Herrscher wie Wilhelm der Zweite so große Macht hatte, das ist die stärkste Anklage gegen Bismarcks Schöpfung. Wie aber würde das Urteil über den Reichsgründer lauten, wenn Friedrich der Dritte zwei Jahrzehnte länger gelebt hätte? Oder wenn der Kaiser eine Natur gewesen wäre, seinem königlichen Großvater eher vergleichbar? Letztlich war es der Zufall der Charaktergestaltung eines einzigen Menschen, der gegen die Verfassungswirklichkeit sprach, wie Bismarck sie geschaffen hatte.

Wer sich um geschichtliche Gerechtigkeit bemüht, stößt immer wieder daran, daß das große Ziel der Deutschen in diesem Jahrhundert, die nationale Einigung, nicht zu erreichen gewesen wäre, auch nicht in dem beschränkten Sinn von 1871, wenn nicht Bismarck der vollen Parlamentsherrschaft Einhalt geboten hätte. Die weltgeschichtliche Wirkung dieses dämonischen Willens wurde sichtbar in der Tatsache, daß er, und zwar er allein, es vermochte, die scheinbar schon unaufhaltsame Strömung zur vollen Parlamentsherrschaft zurückzustauen. Aber hätte er es nicht getan, Deutschland wäre zersplittert geblieben. Alles, was man gegen diese Erkenntnis gesagt hat, verblaßt vor den Erfahrungen der Paulskirche und vor der außenpolitischen Weltfremdheit der Parlamentsmehrheit von 1862. So wird plötzlich die mächtige Gestalt Bismarcks im Hegelschen Sinne zum Werkzeug des Weltgeistes, der sich seiner bemächtigt, um zu Ende zu bringen, was den schwachen Händen der Wohlmeinenden entglitten war.

Militarismus

Bismarcks Nachwirkung ist nicht mit wenigen Strichen zu fassen, so wenig wie seine ganze problematische, widerspruchsvolle, überwältigend reiche Natur. So wie seine hohe Stimme dem Anblick des mächtigen Baues der Glieder ebenso widersprach wie seine Weinkrämpfe und sein Nervenzucken und seine ewigen Gesichtsschmerzen, so stoßen wir immer wieder auf Widersprüche, wenn wir unser Auge über seinen staatlichen Bau schweifen lassen.

„Der Landwehrleutnant", wie ihn zu Beginn seiner politischen Laufbahn sein späterer königlicher Herr spöttisch nannte, hat mehr für das Unheil getan, das Militarisierung unserer Volksseele bedeutete, als Moltke oder Roon. Daß die Deutschen von Natur aus Militaristen seien, ist eine jener Legenden, die an Wert nichts dadurch gewinnen, daß sie unausrottbar sind.

Die Zeitgenossen Friedrichs des Großen sahen den Soldatenstand als unehrenhaft an, und viele der bürgerlichen Zeitgenossen Scharnhorsts waren empört über die Zumutung der allgemeinen Wehrpflicht. Aber dann hatte man den Ruhm der Befreiungskriege genossen, und nun war der Glanz von Königgrätz und Sedan hinzugekommen, nun vermischten sich in den Augen der Deutschen nationale Freiheit und nationale Größe untrennbar mit Schlachtensieg und Uniform und flatternden Fahnen.

Moltke sah mit Schrecken, wie die Bewunderung des Militärischen andere geistige Güter zu verdrängen begann. Der Krieg wurde poetisiert, seine rauhe und häßliche Wirklichkeit wurde für Millionen von Menschen durch den romantischen Schimmer verklärt, der die Erinnerung an das Sterben und die Wunden und den Schmutz verdrängte. Und am schlimmsten war, daß der überwältigenden Mehrheit der Deutschen der Krieg nicht nur als die letzte und äußerste Möglichkeit der Politik erschien, sondern daß man in ihm eine sittliche und erhebende Kraft feststellte, daß man in ihm eine Art höherer Form menschlicher Betätigung sah.

An dem 22. September 1862, an dem Otto von Bismarck Ministerpräsident des Königs von Preußen wurde, dachten viele Deutsche noch anders. Ansätze zur Militarisierung zeigten sich freilich genug; die Fahnen von Leuthen und Leipzig hatten nicht umsonst geflattert. Aber die bleibenden Züge der Überschätzung des Militärischen erhielt das deutsche Volk erst in den Jahrzehnten der Bismarckschen Politik.

Mißverstandener Bismarck

Dieses Verhängnis war nur möglich infolge eines furchtbaren Mißverständnisses. Inmitten einer sich schnell militarisierenden Zeit blieben zwei Männer von diesem gefährlichen Einfluß verschont: der Sieger von Sedan, der größte Feldherr seiner Zeit, und der Staatsmann, der den Sieg möglich gemacht hatte. Bismarck liebte den Krieg nicht, und er verherrlichte ihn nie, er hielt ihn auch nicht für ein Stahlbad, und wenn er konnte, vermied er ihn. Wie man um des Siegens willen siegen wollte, hatte er nie verstanden. Die Staatsräson hielt ihn vor mutwilligen Kriegen zurück, aber auch die religiöse Überzeugung, daß man nicht Vorsehung spielen dürfe, und schließlich die peinvolle Erinnerung an die Leiden der Menschen. Hier zeigte dieser harte Willensmensch weiche Züge.

Aber von neuem scheint es dem nachdenklichen Auge des Nachlebenden, als sei auch das Genie der Gefangene seiner eigenen Taten, als löse sich das Werk auf geheimnisvolle Weise von seinem Schöpfer und wirke ihm entgegen. Bismarck kam zur Macht, indem er dem König half, die Sonderstellung des Heeres in Preußen zu bekräftigen. Er selber dachte nie daran, das

Heer deshalb zum Herrn der preußischen Geschicke zu machen. Aber als er tot war, wichen Herrscher und Minister vor den Wünschen der Generale zurück, erschlaffte ihr staatsmännischer Wille vor den Belehrungen durch die Fachleute des Kriegshandwerks. Wieder war es Bismarcks Werk, daß es so kam, aber wieder war es der mißverstandene Bismarck, der hier fortwirkte.

Er hat sich dem Urteil der Generale nur gebeugt, wenn sie ihn wirklich zu überzeugen vermochten; deshalb hatte er so oft bitteren Streit mit den „Halbgöttern" vom Generalstab; deshalb mischte sich seine politische Ungeduld in militärische Fachfragen, wie bei der Beschießung von Paris; aber deshalb gestattete er niemals den Generalen eine ähnliche Einmischung in sein Handwerk; deshalb wies er sie zurück, wenn sie ihn zum Präventivkrieg treiben wollten; deshalb bestimmte er den Zeitpunkt der Heeresvermehrungen nach der politischen Lage. Nie hätte Bismarck einem Generalstab erlaubt, seine Außenpolitik durch einen Feldzugsplan festzulegen, der einen Neutralitätsbruch vorsah; nie hätte er einem Admiral erlaubt, diplomatische Verhandlungen durch die Ressortleidenschaft des Schiffebaues zu stören; nie hätte er schließlich einem General erlaubt, selbständig Außenpolitik zu machen und die letzten schwachen Friedensmöglichkeiten durch den Wunsch nach der Eroberung von Belgien zu zerstören.

Der mißverstandene Bismarck hat unsere jüngste Geschichte nicht weniger beherrscht als der wirkliche. Am schlimmsten haben ihn die mißverstanden, die vorgaben, ihn zu bewundern, und die doch keinen Hauch seines Geistes verspürten. Freilich, manchmal forderte er Mißverständnis heraus: Bismarck im Kürassierhelm, so wollte er gern gesehen werden. Aber ein tiefer schürfender Blick hätte bemerken müssen, daß er nicht so war, daß er zum mindesten nicht nur so war. Die ihm Denkmäler mit Kürassierhelm und Kürassierstiefeln setzten, verkannten sein eigentliches Wesen.

Der Künstler

Er war ein Nervenmensch, ein Mann des Taktes, des Geistes, des geistreichen Plauderns, und seine großartigsten Erfolge verdankt er der feinfühligsten Diplomatie, die unsere jüngste Geschichte kennt. Vielleicht wäre Bismarck auch ein großer Feldherr geworden, wenn er das Handwerk erlernt hätte. Aber am meisten denkt man bei ihm immer an Künstler, mehr an Shakespeare und Schiller als an Moltke oder an Ludendorff. Künstlerschaft bewies er schon bei der Sprache, der nach Goethe bildkräftigsten, funkelndsten, zauberreichsten Sprache dieses Jahrhunderts. Aber am meisten Künstler war er in der Diplomatie.

Es war die Vereinigung von friderizianischem Wirklichkeitssinn und tiefem Verantwortungsgefühl vor den Völkern, die ihn in den größten Augenblicken seines Handelns dazu führte maßzuhalten. Immer mehr schält sich die Bedeutung dieser Fähigkeit aus dem verwelkenden Lorbeer des Siegers dreier Kriege heraus. In den ersten Zeiten der Bundesrepublik stritt einmal der Botschafter François-Poncet mit Kurt Schumacher über eine der damaligen harten Forderungen der Franzosen. Schumacher widersprach entschieden und wandte sich mit gewohnter Hitzigkeit dagegen, spöttisch, anklagend, eifervoll. Da sagte ihm François-Poncet strafend: „Bismarck hat die Deutschen verdorben, auch Ihre Partei, die ihm einstmals so ruhmreich widerstanden hat."

Aber er erhielt die souveräne Antwort: „Wenn Bismarck heute wiederkäme und wieder so regieren wollte wie um 1870, er würde uns wieder bei seinen erbittertsten Gegnern finden. Aber wir sehen heute auch, daß man viel von ihm lernen kann und leider manches nicht von ihm gelernt hat, zum Beispiel einen Krieg zu gewinnen und den Sieg dann nicht zu mißbrauchen." Man kann das eigentliche Geheimnis Bismarckscher Staatskunst nicht schlagender ausdrücken.

In der raschen Erregung, in einer bestimmten politischen Lage sprach er das Wort: „Wir Deutsche fürchten Gott, aber sonst nichts auf der Welt." Er war ungehalten, als er erfuhr, daß damit ein geflügeltes Wort entstanden war. Bis zum ersten Weltkrieg ist es sein volkstümlichster Satz geworden, auf Aschenbechern ebenso zu finden wie in den Noten der Gesangvereine. In Wirklichkeit hatte er wie jeder vernünftige Mensch, vor allem wie jeder verständige Staatsmann, immer Furcht, Furcht vor Verwicklungen, Furcht vor einem Kriege, Furcht vor ungewissen Veränderungen, Furcht vor allem vor stärkeren Koalitionen. Er litt unter dem cauchemar des coalitions, und daß dieser ihn nie verließ, zeigte, wie klarsichtig er war.

Verantwortung

Mit aller politischen Leidenschaft und allem Kampfeswillen und aller Kraft politischer Verzauberung der Menschen war er doch ein Mann des nüchternen Wirklichkeitsblickes. Er spottete über große Worte, hinter denen kein klarer Wille stand; er haßte den Nebel; nie hätte er es erlaubt, daß die deutsche Politik zwei Dinge erstrebte, von denen das eine das andere ausschloß.

Bismarcks hellen Wirklichkeitsblick setzt man gern in Gegensatz zu der idealistischen Seite des deutschen Volkscharakters, und man macht Bismarck dafür verantwortlich, daß dieser Idealismus geschwunden sei. Aber Realismus und Idealismus sind keine Gegensätze, nicht einmal in der Philosophie und erst recht nicht in der staatlichen Wirklichkeit. Auch Bismarck griff nach den Sternen der Ideale. Preußenehre, Vaterlandsliebe, Stolz und

Mut glühten in seiner Brust. Am tiefsten lebte die Religiosität in ihm, wenn sie auch in verschiedenen Lebensaltern dem Grade nach verschieden war. Daß sich unbändiger Ehrgeiz und leidenschaftlicher Machttrieb dazugesellten, wer wollte das leugnen? Aber wo ist auch die große staatsmännische Leistung, in der nicht der schöpferische Funke des Ehrgeizes zu erkennen wäre? Wer aber noch heute die Überspannung des Machttriebes bei Bismarck beklagt, dem darf das nur erlaubt sein, wenn er gleichzeitig bedauert, daß die deutsche Linke so wenig von seinem Machttrieb in sich getragen hat. Sie hätte ihn brauchen können in der Zeit von 1917 bis 1933.

Vielleicht käme man Bismarcks politischem Wesen am nächsten, wenn man nach seinem Verhältnis zur Macht fragte. Nach dem Zeugnis Heinrich Weinstocks laufen die Deutschen immer Gefahr, die Macht zu verherrlichen oder zu verdammen. Ihr größter Staatsmann fand die rechte Mitte. Nur so darf man Realpolitik treiben, nämlich „grenz-, ja schuldbewußt". Er überschritt gelegentlich die Grenzen, die dem Machtbewußtsein auch des großen Handelnden gesetzt sind. In seinen stärksten Augenblicken aber gelang ihm die Verschmelzung von Machtinstinkt und sittlicher Verantwortung.

Bei dem Zusammenbruch der Trümmer des Bismarck-Reiches 1945 erhoben sich viele Stimmen in Deutschland, die hemmungslos den Reichsgründer anklagten, die ihn beschuldigten, der Urheber alles Bösen zu sein. Wenn nicht alles trügt, beginnt wieder besonnene Betrachtung an die Stelle der Verfemung zu treten. Aus dem Schutt steigt wieder das eherne Standbild empor, nicht unversehrt, sondern mit Zügen, die viele von uns früher nicht an ihm bemerkt haben, denen auch das Erschreckende nicht fehlt, im ganzen aber doch wieder von der alten unbezwinglichen Gewalt, „riesig, nur sich selber gleich". Langsam begreifen wir wieder, was es zu bedeuten hatte, daß zwei Generationen Deutscher in einem Staat zusammen wohnen konnten, nach innen und nach außen frei. Und wenn die Ruhmeshalle der Deutschen einmal gebaut werden sollte, wird auch Bismarck darin seinen Platz haben, neben Friedrich dem Großen und Maria Theresia, neben Stein und Metternich, neben Ebert und Stresemann.

Nietzsche und Raabe

Ein Jahr bevor Bismarck gestürzt wurde, brach ein anderer reicher Geist zusammen und verdämmerte seitdem in Jena.

Auch in einem Buche wie diesem, das vor allem den Ereignissen des Staates gewidmet ist, muß wenigstens in einigen Zeilen von Friedrich Nietzsche gesprochen werden, von einem Manne, der nicht nur der Geistesgeschichte angehört; seine Macht reichte tief in den Bereich des Staates.

Oben: Bayern/Räterepublik; Putsche und Gegenputsche vom 5. 4.
bis 6. 5. 1919. Durch München marschiert eine Freikorps-Einheit,
die von sogenannten Baltikumkämpfern durchsetzt ist.
Unten: Besetzung des Rheinlandes 1918; englische Panzerwagen
vor dem Dom in Köln.

Linke Seite: Nationalversammlung in Weimar 1919; Eröffnungs-rede durch den Volksbeauftragten Ebert.
Oben: Die Unterzeichnung des Versailler Vertrages am 28. 6. 1919 im Spiegelsaal des Versailler Schlosses durch die deutsche Delega-tion. Im Vordergrund (Rückenansicht): Der deutsche Außenmini-ster Hermann Müller-Franken bei der Unterzeichnung, dabei von einem Konferenzmitglied assistiert. Ihm gegenüber Clemenceau, rechts von ihm Lloyd George, links neben Clemenceau Wilson. (Ge-mälde von Sir William Orpen.)

Oben: *Kapp-Putsch, 13.–17. 3. 1920. Bewaffnete Truppen rechter Konterrevolutionäre am Potsdamer Platz in Berlin.*
Unten: Abschluß des deutsch-russischen Vertrages in Rapallo, 1932: Dr. Wirth (2. v. links) im Gespräch mit Krassin (3. v. rechts) und Tschitscherin (2. v. rechts).

Sein Lebenswerk erregt heute noch manche Bewunderung, aber noch mehr Trauer. Deutschland hat nicht viele so kühne Geister hervorgebracht, die deutsche Sprache hat bei wenigen so viel Glanz, so viel Geist und so viel hammerartige Wucht empfangen. Wenige haben so sehr nach den Sternen geschaut, aber wenige haben auch so viel Verhängnis gezeugt wie er.

Er verabscheute die Barbarei des Antisemitismus und des Nationalismus, sie erregten in ihm körperlichen Ekel, und er hätte damit warnend, mahnend, helfend wirken können. Er sah in Bismarcks Reich einen Staat des Ungeistes, er deckte damit eine Schwäche dieses Reiches auf. Der mit den Waffen und der Diplomatie geschaffene Staat hatte nicht das innige Verhältnis zum Geiste, das ihm wahrhafte Patrioten wünschten. Macht und Geist begannen auseinanderzuklaffen, die großen Träume Steins und Humboldts und Gneisenaus blieben unerfüllt.

Daran war Bismarck nicht ganz ohne Schuld. Die musischen Neigungen seiner Freizeit waren ihm im Staube der Akten und in den harten Verhandlungen mit Herrschern und Diplomaten verflogen. Nur die Sprache war noch von dichterischer Kraft. Aber die Luft um ihn war trocken und schneidend geworden. Das war ohne ihn geschehen, der Zug der Zeit ging dorthin, die schöpferischen Naturen wurden seltener. Aber Bismarck hatte auch nichts getan, die Entfremdung vom Geiste zu hindern.

Ein zürnender und dräuender Prophet mochte manchen Grund zu flammender Anklage finden. Es wurde zur tragischen Schuld Nietzsches, daß er ohne Maß und Gerechtigkeit zum Ekel aufrief. Bismarck hatte die Geistigen nicht gefunden; aber nun trieb Nietzsche die Geistigen erst recht fort von ihm, fort vom Staat und vom Reich überhaupt. Der Graben wurde tiefer und tiefer, Geist und Macht wurden zu Feinden.

Und den Weg schrecklicher Verirrungen seines und eines anderen Volkes wies Nietzsche, diesmal nicht als Warner, sondern als drängende und treibende und das schlafende Böse ahnungslos noch weckende Kraft, als er seine zündenden Strafreden über Christentum, Demokratisierung und Verflachung hielt, als er den Übermenschen, die blonde Bestie und die Härte des Handelns lehrte. Als Gegner des Christentums und als Übermensch fühlte sich ein Menschenalter nach seinem Tode der Führer des deutschen Ungeistes; und schon vor ihm hatte der italienische Diktator Nietzsches Losung vom „gefährlichen Leben" in die unruhigen Massen dröhnen lassen. Der von Abscheu geschüttelte Gegner der Barbarei war unversehens zum Vorkämpfer und Wegbereiter geworden.

Stiller, wehmütiger, uns heute noch bewegend, im Tiefsten tröstlicher klang die Trauer über das verlorene Reich der deutschen Seele bei Wilhelm Raabe. Als er staatlich zu denken begonnen hatte, waren die Achtundvierziger aufgestanden. Ein Achtundvierziger blieb Raabe im Grunde seines Herzens, und seine Freunde glaubten ein unsichtbares schwarzrotgoldenes

Bändchen in seinem Knopfloch zu sehen. Er hatte spöttisch und zornig und mit verhaltenem Gram die Gemüter gegen die deutsche Kleinstaaterei aufgerüttelt, anders als Treitschke und Sybel nicht mit Fanfaren, sondern mit dem silbernen Griffel seiner Erzählungen. Nun war das Reich da, die Einheit war geschaffen; aber nun sehnte sich Raabe nach stilleren, im tiefsten beschwingteren, menschlicheren, wärmeren Zeiten.

Wahrscheinlich vergoldete Raabe nun die Vergangenheit, wie es das Recht des Dichters ist. Die Klage über das verlorene Goldene Zeitalter zieht sich durch die Geschichte der Menschheit; aber dem genauer prüfenden Blick erscheint es, sie sei mehr das Erzeugnis schwermütiger Sehnsucht als des klar eindringenden Blickes. Um 1848 gab es in Deutschland viel kleinlichen Egoismus, viel Buckeln vor Fürstenmacht, viel häßliche Eifersüchteleien unter den Demokraten, und nicht jeder, der auf die schwarzrotgoldene Fahne schwor, war ein Idealist. Handfeste wirtschaftliche und soziale Wünsche waren nicht minder mächtig als der hochfliegende Funke der Leidenschaft für Einheit und Freiheit.

Aber der Dichter hat das Recht, kein Skeptiker sein zu brauchen und seine volle Liebe den Träumen von der schöneren und reicheren Zeit zu schenken. Wo auch immer die geschichtliche Gerechtigkeit lag, Raabes mutiges Bekenntnis gegen Schneidigkeit, Strammheit und Erfolgsanbetung leuchtet über Generationen hinweg als ein Wegweiser dafür, wo das eigentliche Deutschland zu suchen ist. Wenn wir ihn lesen, packt uns seine Sehnsucht noch heute, nach vielen Generationen, mit milder und unwiderstehlicher Gewalt. Noch in seiner tiefen Schwermut, über die das Lächeln eines kauzigen und gütigen Humors nicht hinwegtäuschen kann, liegt ein Schimmer des Glücks. Wir empfangen Trost, wenn wir der Welt begegnen, in der sich unser Herz zu Hause fühlt.

Raabes Liebe gehörte den stillen Naturen, die auch unter den lärmenden Lobpreisungen des Erfolges ihr bestes Selbst tapfer bewahren. Aber er vergaß nicht, daß ein rechter Mann den Boden unter den Füßen behalten muß, auch wenn er an unzeitgemäße Ideale glaubt. „Schau nach den Sternen — achte auf die Gassen!" Er blieb der Dichter der Innerlichkeit, er stimmte im neuen Reiche nicht mit ein in die Heroldrufe des Triumphes; aber über seinem Schreibtisch hing immer ein Bild von Bismarck.

Das zerbröckelnde Österreich

Als Bismarck stürzte, wurden die feinen Risse in seinem Werk ein wenig breiter. Schlimmer sah es bei dem Bundesgenossen aus. Hier klafften die Risse längst weithin sichtbar, und der ehrwürdige Bau des Habsburgerreichs wurde von Jahr zu Jahr mehr erfüllt von den Kampfesrufen der streitenden Parteien und Völker.

Mit dem Ausgleich von 1867 waren im Reichsrat zu Wien die deutschen Liberalen an die Herrschaft gekommen, im gleichen geschichtlichen Augenblick wie im Berliner Reichstag die Nationalliberalen. Ungefähr ebenso lange regierten sie. Sie stritten auch mit der katholischen Kirche, milder und verständiger als ihre protestantischen Gesinnungsgenossen im Reiche, am Ende gleich erfolglos. Sie begünstigten die Geschäftswelt und die Unternehmer, sie bekämpften auch die Slawen mit der gleichen nutzlosen Härte, wie ihre Berliner Verwandten die preußischen Polen bekämpften. Sie waren freilich einsichtig genug, die galizischen Polen zu versöhnen und ihnen auch in der Sprachenpflege entgegenzukommen. Die österreichischen Polen, immer wieder erschreckt durch das harte Los ihrer Brüder in Rußland, waren denn auch treue Stützen des Habsburgerreichs. Aber die Tschechen wurden zurückgesetzt und hatten ein Recht, sich unterdrückt zu fühlen. Die Möglichkeit zu solchem Vorgehen hatten die Deutschen, weil sie im Reichsrat auf Grund eines ungerechten Wahlgesetzes die Mehrheit gegenüber den Slawen bildeten.

Der Kaiser Franz Joseph sah ihrem Treiben mit ungefähr derselben Verdrossenheit zu wie Wilhelm der nationalliberalen Mitherrschaft im Reich. Als sich die Feindschaft in Böhmen zwischen Deutschen und Tschechen lebensgefährlich zuspitzte, griff er entschlossen zu. Ministerpräsident wurde nun der Graf Taaffe, der vierzehn Jahre lang (von 1879–1893) Österreich regierte. Ein durchdachtes Programm hatte er nicht, und als er einmal gefragt wurde, nach welchen Ideen er regiere, antwortete er gelassen, daß man eben so fortwurstele, was der Wahlspruch österreichischer Regierungskunst bis 1918 hätte sein können. Aber was sonst hätte die Regierung auch zu tun vermocht in diesem Reich des inneren Haders?

Eine Abkehr von den liberalen oder scheinliberalen Regierungsmethoden seiner Vorgänger war doch zu erkennen. Nun wurden die bisher Vernachlässigten verhätschelt, der Adel, die Katholiken, die Slawen. Es gab slawische Minister, in Böhmen gewannen die Tschechen die Mehrheit im Landtag, die Universität Prag wurde geteilt, Sprachenverordnungen sicherten das Recht der Tschechen. Darüber kam es zu erbitterten Auseinandersetzungen zwischen den Deutschen, die ihre Führerstellung nicht verlieren wollten, und den aufstrebenden Kräften des Tschechentums. In der Härte dieser Kämpfe sank der leidlich gemäßigte Nationalismus der Alttschechen dahin, das feurige, leidenschaftliche, kampfesentschlossene Jungtschechentum drang nach oben. Noch forderte es nur Gleichberechtigung von Wien und Prag; aber kein kundiges Ohr konnte darin die Klänge nationalstaatlichtschechischer Bewegung überhören. Zugleich schallte aus Budapest eine ähnliche Sprache nach Wien; die Slowenen, die Kroaten, die Ruthenen, die Serben meldeten sich immer lauter – das Reich begann zu zerbröckeln.

Nun begann auch die einstmals mächtige liberale Bewegung der Deutschen in der Donaumonarchie dahinzuschwinden. Aber was ihr folgte, war gewiß nicht besser. Ein neues Wahlrecht gab auch dem Mittelstand die Möglichkeit, den Gang der Politik zu bestimmen. Er scharte sich um den späteren Bürgermeister von Wien, Karl Lueger, das Haupt der christlich-sozialen Bewegung, in der sich die Standeswünsche des Mittelstandes mit einem ungezügelten Haß gegen die Juden vereinten. Die Alldeutschen aber unter Georg von Schönerer zogen die letzte und entschiedene Folgerung aus dem Vordringen der verhaßten Slawen und aus dem Rückzug der Deutschen. Sie leugneten den Fortbestand des Habsburgerreichs, sie riefen nach der Wiedervereinigung der Deutschen in Österreich mit den Deutschen im Reich unter dem Adler der Hohenzollern.

In dieser Welt des Kampfes aller gegen alle, im Anblick eines sich unfruchtbar und würdelos befehdenden Parlaments, umgeben von Verachtung gegenüber den Slawen und vom Haß gegen die Juden, wuchs in bescheidenen Verhältnissen ein Knabe auf, dessen unreife Seele mit Gier das Gift einsog, das um ihn verbreitet wurde. Sein Name war Adolf Hitler.

VIERTES KAPITEL

DEUTSCHLAND UNTER WILHELM DEM ZWEITEN

Es ist selten, daß ein Zeitalter seinen Namen nach einem Menschen trägt, der nicht zu den großen und starken Gestalten der Geschichte gehört. Der letzte König von Preußen hat seine Zeit nicht geformt, er hat sie nicht entscheidend bewegt, er hat ihre Züge nicht verändert. Dennoch tragen die dreißig Jahre seiner Regierungszeit mit Recht den Namen Wilhelminisches Zeitalter. In ihm verkörperte sich im Guten wie Schlimmen der Geist seiner Zeit. Auch wenn uns seine Äußerungen und Handlungen verstören, erblicken wir hinter seinen Zügen die der deutschen Nation.

Mißklänge

Wilhelm der Zweite hatte eine große Gabe, die Menschen mitzureißen; es gab Zeiten, in denen er sehr volkstümlich war; aber das war gerade dann, wenn er sich am schlimmsten irrte. Wenn wir ihn anklagen, müssen wir auch uns als Nation anklagen.

Wenn er ein Verhängnis für uns genannt werden muß, so deshalb, weil die Schwächen unseres Volkes in ihm verdichtet und verstärkt waren, weil in schlimmer Wechselwirkung die Irrtümer der Nation und seine eigenen einander steigerten und schließlich, weil er nun einmal Herrscher war. Es ist nicht die Aufgabe der Monarchie, die Schwächen ihrer Nation zu verkörpern und sie noch zu steigern, sondern ihre wertvollen Eigenschaften zu entwickeln. Bei außenpolitischen Entscheidungen aber soll der Monarch den Instinkt beweisen, den die große Menge nicht immer besitzt.

Man darf nicht sagen, daß dies zuviel von dem Kaiser verlangt gewesen wäre. Nicht nur sein Großvater, sondern auch sein Vater hatte – jeder auf seine Weise – einen besonderen Stil der Persönlichkeit und des Lebens entwickelt, zu dem die Nation aufschauen konnte. Andere Bundesfürsten handelten und lebten ähnlich, und gewiß waren sie dabei nicht klüger als er. Auch in seinen Enkeln scheint das in gutem Sinne Preußische wieder stärker Gestalt gewonnen zu haben, soweit dies bei machtlosen und im Hintergrund lebenden Menschen zu erkennen ist. Aber bei ihm begegnen wir der Lautheit und der romantischen Vernebelung der Wirklichkeit, die zum politischen Wesen seiner Zeit gehörten.

Viele von denen, die um ihn waren, bekannten später, daß er zu den klügsten Fürsten gehörte. Seine Auffassungsgabe war schnell, ausgezeichnet sein

Gedächtnis, seine Unterhaltung lebhaft, das Wissen breit, wenn auch nicht tiefreichend. Er war auch insofern ein Sohn seiner Zeit, als sich sein unruhiger Geist vielen Strömungen und Erkenntnissen zuwandte und die Gelegenheit des Gesprächs mit bedeutenden Menschen benutzte, sich rasch eine gewisse Kenntnis anzueignen, die Fernerstehende verblüffte. In außenpolitischen Dingen traf sein Urteil gelegentlich den Kern. Er war ein glänzender Redner. In wenigen Sätzen konnte er eine Lage kennzeichnen, aber auch einer nationalen Sehnsucht die einprägsame Form geben. „Deutschlands Zukunft liegt auf dem Wasser!", „Der Dreizack gehört in unsere Faust!", „Ich kenne keine Parteien mehr, ich kenne nur noch Deutsche!", das waren wirkungsvolle Parolen, die Millionen seiner Landsleute hinrissen.

Es gibt freilich auch andere Sätze, die nicht weniger schlagkräftig sind, die aber Hellsichtige schon zu seinen Lebzeiten erschreckten: „Wer sich mir entgegenstellt, den zerschmettere ich!", „Ihr müßt auf Vater und Mutter schießen, wenn euer Kaiser es euch befiehlt!" oder die Aufforderung an die deutschen Soldaten, sich in China wie die Hunnen zu betragen. Hier wird die rednerische Begabung von Prahlerei aufgeschluckt. Natürlich war sie nur der Ausdruck tiefer innerer Unsicherheit. Keiner dieser oder ähnlicher Sätze war so gemeint, wie er gesprochen wurde. Aber eben hierin lag die Gefahr seines Charakters. Der letzte Kaiser hat ein anderer scheinen wollen, als er war.

Intelligenz ist nicht das Wichtigste bei einem Menschen, bei einem Monarchen schon gar nicht. Man verlangt von ihm Sicherheit, Würde, Menschlichkeit, Stetigkeit. Für Dinge, die einer besonderen Intelligenz bedürfen, hat er seine Umgebung. Aber der Kaiser glaubte alles selber am besten zu verstehen; er wollte sein eigener Kanzler wie sein eigener Generalstabschef sein, dazu noch die schönen Künste und die Wissenschaften fördern. Die Ereignisse rissen ihn bald aus diesen Träumen, oder sie hätten es doch tun müssen. Aber er wollte lange nicht wahrhaben, daß er nicht so genial war, wie er hoffte. Vor sich und anderen wollte er noch immer die Rolle des Cäsaren und Imperators spielen, er wollte noch immer eine überlegene Kraft zeigen, die er nie gehabt hatte. So kamen die Mißklänge zustande, die nicht zu seinem freundlichen und liebenswerten Charakter paßten, die aber noch lange Zeit das Bild bestimmten, das seine Umwelt von ihm hatte.

Ein Enkel

Er hegte eine hohe Vorstellung von seiner herrscherlichen Macht und Aufgabe, er dachte auch hoch von der Sendung der Deutschen. Er wollte sein Land in die Weltmachtstellung führen, er glaubte damit nicht nur seinem Volk, sondern auch der Welt zu dienen. Darin war er einig mit vielen Menschen in Deutschland, und nicht den schlechtesten. Sie dachten im Grunde so wie der Kaiser, wenn sie auch seine Sprunghaftigkeit tadelten. Wilhelm sah die Gefahren der Entwicklung so wenig wie sein Volk. Beide waren verwöhnt durch das neunzehnte Jahrhundert und durch ungeheure, vorher kaum für möglich gehaltene Erfolge. Beide dachten, der Aufstieg müsse immer so weitergehen, und sie sahen nicht, wie eng und gefahrenreich der Weg für Deutschland wurde.

Ein Mittel aber, zur Weltmachtstellung zu gelangen, wollte der Kaiser niemals einsetzen: das Schwert. „Weltpolitik ohne Krieg", das Wort, das man für die Außenpolitik des Fürsten Bülow geprägt hat, trifft auch für den Kaiser zu. Er haßte den Krieg; gern hätte er seine Tage als Friedenskaiser beschlossen. Er war eine weiche, oft zartfühlende Natur, er wollte geliebt sein und den Menschen Gutes tun. Nichts paßte weniger zu solchen Wünschen als der Krieg.

Aber „weh Dir, daß Du ein Enkel bist!" Wilhelm war ein Erbe, und er hätte stärker sein müssen, als er war, wenn ihn das nicht hätte erdrücken sollen. Er war der Enkel von Fürsten, die in den letzten anderthalb Jahrhunderten oft an der Spitze siegreicher Heere gestanden hatten. Straffheit, Offiziersgeist, das alles gehörte in den Augen von Millionen zu einem König von Preußen. Und die stolzen Erinnerungen waren lebendig in ihm; er liebte das Soldatentum, er zeigte sich gerne in seinen vielen und wechselnden Uniformen, er sprach von der gepanzerten Faust.

Und da er zugleich das Gepränge liebte, war ihm das Schönste am Soldatentum der prächtige Anblick der angreifenden Reiterregimenter oder die lange Kiellinie der Schlachtschiffe, durch die hohe See stampfend und aus allen Rohren Salut schießend. Aber dieser selbe Herrscher, der sich auch so gern im Kaisermanöver sah, ein Armeekorps selber führend oder in schneller Kritik im Kreise der Generale, dieser selbe Herrscher erschrak im Juli 1914 aufs tiefste, als die Stunde herannahte, in der aus dem großartigen Schauspiel blutiger Ernst werden sollte.

Von seinen vielen Uniformen gefielen dem Kaiser am besten die der Garde du Corps. Sie wählte er zwar nicht am häufigsten, aber am liebsten, vor allem wenn es galt, sich der Öffentlichkeit zu zeigen. Der strahlende Helm mit den Flügeln schien eines Imperators am ehesten würdig. Sein Großvater hatte sich am liebsten in dem schlichten Blau der Infanterie, der eigentlichen preußischen Farbe, gezeigt. In dem Unterschied der Uniformen liegt der Unterschied zweier Zeitalter. Die Fortentwicklung von selbstsicherer Zurückhaltung zur weithin sichtbaren, von dröhnendem Lärm begleiteten Geste wird in den Bildern von Großvater und Enkel deutlich.

In einem ernsthaften Buch wie diesem muß man aber auch von dem Schnurrbart, diesem steif nach oben gezwirbelten, mit vieler Mühe in dieser Lage gehaltenen Kennzeichen von Wilhelms Persönlichkeit sprechen. Ge-

lingt es einem, diese Schnurrbartspitzen auf einem Bilde von ihm zu ver-
decken, so begegnet man klugen und gewinnenden Zügen. Aber dann fällt
das Auge auf diesen künstlichen Versuch, dem Gesicht etwas Schneidiges
und Drohendes zu geben, und man weiß sofort, wieviel Verkrampfung in
diesem Gemüt ungelöst geblieben ist.

Vielleicht wäre alles noch gut gegangen, wenn Wilhelm ernsthaft gearbeitet hätte. Sein Lehrer Hinzpeter, ein westfälischer Kalvinist, hatte vieles
getan, ihn zur strengen Selbstzucht zu erziehen. Es war dem Knaben gelungen, seinen Geburtsfehler, die Lähmung des linken Armes, wenigstens nach
außen zu überwinden und ein ausgezeichneter Reiter zu werden, wie es die
preußische Herrschertradition vorzuschreiben schien. Aber viel weiter ging
die Fähigkeit des Kaisers nicht, innere Unlust zu überwinden. Seine Arbeits-
weise war gerade das Gegenteil der Art des österreichischen Kaisers, der
sich in seinem Schreibzimmer unermüdlich mit zahlreichen, für einen Herrscher unwichtigen Akten beschäftigte. Wilhelm verhielt sich ganz anders,
wobei man sagen muß, daß Franz Josephs Art immer noch nützlicher
war.

Der Deutsche Kaiser liebte es nicht, sich den Anstrengungen zu unter-
ziehen, die notwendig gewesen wären, wenn er sich genau und sorgfältig
in wichtigen Angelegenheiten unterrichtet hätte. Auch daher kam es, daß
ihn seine Ratgeber oft zu Taten überreden konnten, von denen er ahnte, daß
sie nachteilige Folgen haben würden. Als er sich dann nach zwanzig Regierungsjahren plötzlich dem allgemeinen und öffentlichen Tadel gegenüber-
sah, als er von seinen Freunden verlassen wurde, begann etwas in dem Monarchen zu zerbröckeln. Lange bevor er seine Würde niederlegte, war der
König von Preußen so ohnmächtig geworden wie keiner seiner Vorfahren.

Deutscher Imperialismus

Wenn wir heute lesen, daß Wilhelm seinem Volke versprach, er führe es
herrlichen Zeiten entgegen, so empfinden wir Ärger und Verdruß. Kluge
Leute empfanden damals schon ebenso. Aber mit solchen Worten faßte der
Kaiser nur in zugespitzter Weise zusammen, was an unbändiger Zuversicht
und stolzem Kraftgefühl in der Nation lebendig war. Er ging auf der Bahn
des Imperialismus voran, aber er tat es als Bannerträger und nicht als Führer.
Den gleichen Weg hätte die Nation auch ohne ihn gefunden, weil sie ihn
finden wollte. Wir waren imperialistisch wie damals jedes andere große Volk.
Die Menschen von heute, durch furchtbare Erfahrungen weiser geworden,
haben es leicht, über die Verirrung des menschlichen Geistes zu spotten, der
sich im imperialistischen Streben zeigte. Damals war gerade die geistige
Oberschicht von dem hitzigen Fieber ergriffen.

Der Imperialismus der modernen Großmächte war eigentlich nichts als die Betätigung eines alten Instinkts aller Staaten, nämlich des unwiderstehlichen Wunsches, zu wachsen, sich auszudehnen und zu herrschen. Man mag das heute unsittlich nennen, aber einige Jahrtausende lang haben die Völker nichts Verwerfliches dabei gefunden. Neu war nur die Aufschließung der ganzen Erde durch die Technik des Verkehrs, so daß sich der Ausdehnungsdrang der Mächte jetzt über die Meere hinweg in weite, bisher kaum bekannte Räume erstrecken konnte.

Schon vorher hatte es auch in der neueren Geschichte Imperien gegeben, das Karls des Fünften, das britische seit dem älteren Pitt, das Napoleons des Ersten. Aber das waren Ausnahmeerscheinungen gewesen. Jetzt ergriff das imperialistische Streben ganze Generationenreihen und ganze Staaten. Auch Großbritannien, das zu Beginn des Jahrhunderts das Zeitalter kolonialer Erwerbungen abgeschlossen hatte, besann sich wieder hastig auf die Geschichte seiner großen Eroberungen und schaute begierig nach den weißen Flecken noch unerforschter Gebiete in Afrika, aber auch nach bereits besiedelten und leidlich zivilisierten Gebieten. Gladstone, der große Moralist, der Bismarcks Politik als unchristlich verabscheut hatte, ließ Ägypten besetzen. Der Zeitgeist war stärker als seine sittlichen Überzeugungen.

Der Imperialismus ist von den Bücherschreibern vorausgesagt, verkündet und vielleicht herbeigeführt worden, bevor die Staatsmänner, Kolonisatoren und Generale darangingen, die Imperien zu bauen. Die Imperialisten brauchten um eine geistige Rechtfertigung nicht verlegen zu sein, wenn sie sich anschickten, andere Völker zu besiegen und unter ihre Herrschaft zu zwingen. Das Recht sei bei dem Stärkeren, sagten sie, und Kampf sei die Seele alles Geschehens. So ähnlich hatte es um die Mitte des Jahrhunderts Darwin auch gelehrt, als er nachzuweisen versuchte, daß sich in der Natur immer der Stärkere durchsetze und daß darin der Fortschritt beruhe. Auch die blonde Bestie Nietzsches und seine Herrenrasse mußten manche Gewalttat rechtfertigen.

Selbst der tote Marx war noch ein Wegbereiter für den Imperialismus, den der lebende gehaßt hatte. Der Marxismus lehrte, daß der Imperialismus eine notwendige Epoche in der Geschichte des Kapitalismus sei, daß er zu Kriegen des Wettbewerbs unter den imperialistischen Staaten führen werde und daß diese Kriege das Ende des Kapitalismus herbeiführen würden. Indem der Marxismus den Imperialismus als eine zwar höchst unerwünschte, aber geschichtlich logische und notwendige Vorbereitung des Sozialismus erklärte, machte er ihn zu etwas Unvermeidbarem und damit geschichtsphilosophisch zu einer notwendigen Erscheinung des menschlichen Strebens.

Große Völker sind genauso wie große Menschen vielschichtig, und ihre Gedanken lassen sich nicht in eine Formel pressen. Die feineren und edleren Geister wollten sich nicht mit der plumpen Lehre vom Recht des Stärkeren begnügen, sie suchten nach einer tieferen „Rechtfertigung". In Großbritannien war man stolz darauf, daß die Ausbreitung der britischen Macht zugleich die Ausbreitung menschlicher Gesittung und der Idee der Freiheit sei. Kipling sprach von des weißen Mannes Bürde, von seiner hohen Aufgabe gegenüber den farbigen Völkern.

Die „deutsche Sendung"

In Deutschland waren die Liberalen die stärksten Befürworter der deutschen Sendung vor den Völkern. Die Klügsten unter ihnen befehdeten den Kaiser bitter, sie empfanden seinen inneren Zwiespalt und die Hohlheit seiner Äußerungen, aber der Nachlebende sieht sie und den Kaiser näher zusammenstehen, als sie damals ahnten. Hinter ihrem idealistischen Programm sieht er immer das Antlitz des Kaisers hindurchschimmern mit seinem aufrichtigen Glauben an die deutsche Aufgabe in der Welt.

Für die liberalen Imperialisten war der Flottenbau zugleich Sinnbild und Werkzeug des deutschen Weltmachtstrebens. Sie wollten die britische Vorherrschaft zur See brechen, nicht um die deutsche Vorherrschaft an ihre Stelle zu setzen, sondern um der Gleichberechtigung der Nationen willen. Sie wollten den Völkern, die bisher unterdrückt waren oder die sie für unterdrückt hielten, das gleiche Recht und die gleiche Freiheit bringen. Das wollten sie gerade gegenüber dem britischen Staat, der sich seiner freiheitbringenden Taten rühmte. Sie wollten den Persern, den Indern, den Afrikanern, den islamischen Völkern helfen. Sie wollten, daß ihr Land in der politischen Rangordnung oben stehe neben den älteren Weltmächten, daß es an Macht hinter niemandem zurückgesetzt werde. Aber sie glaubten aufrichtig, damit nicht nur ihrem Volk, sondern auch der Welt einen Dienst zu leisten.

Sie wollten diese Weltstellung nicht durch den Krieg gewinnen. Sie teilten mit dem Kaiser und seinem Großadmiral, den sie später so herbe verdammten, den Glauben, die deutsche Weltmachtstellung lasse sich friedlich erringen. Aber ob mit friedlichen Mitteln oder nicht, sie griffen die unbedingte Herrschaftsstellung Englands zur See an. Sie trieben, zusammen mit dem Kaiser, zusammen mit der Nation, damit die Briten in die Feindschaft.

Man hat oft untersucht, ob die Größe der deutschen Schlachtflotte eine ernsthafte Bedrohung Großbritanniens bedeutet habe. Solche Berechnungen sind nicht ohne Bedeutung; entscheidend bleibt immer die Tatsache, daß es der Sinn des deutschen Flottenbaus war, Großbritannien zu entthronen.

Mit der Zeit begriff man das in beiden Ländern. Immer häufiger wurden denn auch hier wie dort die Bekundungen der Entschlossenheit, im Notfall bis zum Äußersten zu gehen. Es blieb der Herzenswunsch des Kaisers wie der liberalen Imperialisten, der Krieg solle vermieden werden. Aber Paul Rohrbach schrieb bereits die verhängnisschweren Worte, daß am Ende doch die Geschütze sprechen müßten, wenn Großbritannien die deutschen Wünsche nicht erfüllen wolle. Und Max Weber schrieb 1916 den hochgemuten Satz, daß man sich die ganze Reichsgründung hätte schenken können, wenn man sich hätte scheuen wollen, diesen Krieg zu führen. Er war ein harter und unbestechlicher Führer des geistigen Aufstands gegen das Regiment Wilhelms des Zweiten, aber weder ihm noch seinen Zeitgenossen kam zum Bewußtsein, daß man die Politik des Kaisers nicht stärker rechtfertigen konnte als durch solche Sätze.

Mehr Industrie

Wie immer bei den großen Bewegungen im Leben der Völker waren auch die Antriebe des Imperialismus unauflöslich gemischt aus ursprünglichen Instinkten, dem Trieb zur Macht und zur Herrschaft, dem idealen Bewußtsein einer großen geschichtlichen Sendung und dem Bedürfnis nach wirtschaftlicher Sicherung und Ausbreitung. Die moderne Großwirtschaft mit wachsendem Handel und wachsender Industrie ist aus dem Bilde des Imperialismus nicht wegzudenken. Nur das zaristische Rußland bildete eine Ausnahme. Aber der Zarismus griff nicht über die Meere hinweg, seine Machtpolitik zielte auf die Angliederung benachbarter Räume. Der Imperialismus im eigentlichen Sinne, dessen Machtstreben die Ufer der Ozeane überbrücken wollte, schöpfte seine Macht auch aus den Sorgen, dem Ehrgeiz, dem Ausdehnungsbedürfnis der Wirtschaft.

Die Bevölkerung wuchs in den großen Staaten Europas, Amerikas und Asiens. Man glaubte sie auf dem heimischen Boden nicht mehr ernähren zu können. So schaute man verlangend auf die dünnbevölkerten Gebiete von Übersee, wo noch weite Steppen des Pfluges harrten. Auch die deutschen Politiker spähen in diesen Jahrzehnten nach Siedlungsraum aus, aber sie fanden die Tore dazu versperrt. Der beste Boden unter günstigem Klima war längst an die alten Kolonialmächte vergeben. Später erst begriff man, daß die Sorge unbegründet gewesen war, daß die Steigerung der industriellen Erzeugung aus wachsender Bevölkerungszahl genügend Nahrung ergab. Um so drängender erschien das Bedürfnis, rechtzeitig Absatzgebiete für die Ausfuhr zu öffnen, sich größere Wirtschaftsgebiete für den Warenaustausch zu erschließen. Auch drängte das angesammelte Kapital nach Verwendung und Ausdehnung; man suchte den Platz auch außerhalb der eigenen staatlichen Grenzen. Was an Unternehmungslust, an Gewinnstreben, an Betätigungsdrang in der modernen Wirtschaft lebendig war, vereinigte sich mit dem nationalen und staatlichen Streben nach Macht.

Die Bagdadbahn, die den deutschen Einfluß in der Türkei und Vorderasien stärken sollte, war ein solches gemeinsames Erzeugnis staatlichen Machtstrebens, nationalen Selbstbewußtseins und kühner privatwirtschaftlicher Planung. Sie war ein echtes Kind der Wilhelminischen Zeit und für dieses Reich so bezeichnend wie der Flottenbau. Beide wurden gerade von der Oberschicht begrüßt. Heute wissen wir, daß beide Vorhaben ein Unheil waren.

Gefahren der Weltpolitik

Der deutsche Imperialismus war moralisch nicht besser und nicht schlechter als andere auch. Aber er brachte Deutschland in schwerere Gefahren als andere Mächte. Deutschland war erst spät geeinigt und damit einer imperialen Haltung fähig geworden. Jetzt stieß sein Imperialismus in Räume vor, in denen die Imperialismen der anderen Länder schon ihre Einflußgebiete gesehen hatten.

Zum anderen lag auf dem imperialistischen Drang des Reiches immer das Bleigewicht, daß Deutschland in der Mitte Europas schweren Gefahren ausgesetzt war. Andere Staaten hatten es leichter. Sie lagen, wie Rußland, Großbritannien, Frankreich, Italien, die Vereinigten Staaten, Japan, am Rande solcher Kräftespannungen. Als zur mitteleuropäischen Gefährdung des Reiches die Gefährdung von den Meeren her hinzukam, als sich Rußland, Frankreich und Großbritannien vereinigten, war die Niederlage des Reiches besiegelt.

Das ist heute leicht zu sehen, viel leichter als zur damaligen Zeit. Die Irrtümer liegen jetzt vor aller Augen, damals wurden sie in dem glückhaften Bewußtsein des Aufstiegs und der wachsenden Macht nicht erkannt. Unbefangene Geschichtsbetrachtung wird die Fehler von damals nicht verschweigen dürfen, schon deshalb nicht, damit wir, die Enkel, aus ihnen lernen können. Aber sie wird auch den Blick nicht vor der Tatsache verschließen, daß hier eine machtvolle Strömung waltete, die alle großen Völker ergriffen hatte, daß aber die sachlichen Erschwernisse für die deutsche Politik ungleich größer waren als bei anderen Völkern.

Der Nachlebende kann der Verlockung nicht widerstehen, darüber nachzusinnen, wie sich Bismarck gegenüber dem Imperialismus verhalten hätte, wenn er um 1900 Kanzler gewesen wäre. Man stößt hier wieder schnell an die Grenzen, die dem Menschen gesetzt sind, wenn er über das nur Mögliche, über das in Wirklichkeit nicht Geschehene nachdenkt. Soviel aber darf gesagt werden: Bismarck war ein Sohn der Scholle, er behielt sein Leben lang etwas vom Junker, im Guten wie im Nachteiligen, er stand den Kräften des modernen, rastlosen Lebens und der Großwirtschaft immer fremd gegenüber, und es wurde ihm deshalb leicht, der Versuchung gegenüber kühl zu

bleiben, die von dem imperialistischen Streben ausging. Aber ein Menschenalter später wäre er der Sohn einer anderen Generation gewesen. Er hätte
alles mit anderen, dem Neuen gegenüber mehr aufgeschlossenen Augen
gesehen. Er hätte sich daher vielleicht eher der Strömung seiner Zeit anver-
traut, die ins Weite drängte. Als Greis betrachtete er staunend den Verkehr
im Hamburger Hafen. Er fühlte sich in einer verwandelten, ihm fremden
Welt, die er bewunderte und vor der er erschrak. Hätte er sie gebändigt?

Wenn wir uns seine ganze Persönlichkeit und sein ganzes Wirken vor
Augen halten, dürfen wir aber zu sagen wagen, daß er vorsichtiger und zögernder den Schritt in die Weltpolitik getan hätte als der Kaiser, Tirpitz und
Bülow. Er hätte sorgsamer umhergespäht, damit das Schiff des Reiches auf
dem weiten Meere nicht in Stürme und Untiefen gerate. Er war gewiß oft
kühner als andere Menschen, aber er war auch viel vorsichtiger. Er hatte
immer die Furcht vor übermächtigen Verbindungen, die sich gegen Deutschland richten könnten. Wenn er gesehen hätte, daß Deutschland mit drei
Großmächten in Konflikt geriet, wäre er aufs tiefste erschrocken gewesen.
Er hätte rechtzeitig, auch um den Preis der diplomatischen Demütigung,
wieder Kurs auf die stilleren europäischen Gewässer genommen. Mehr wird
man darüber kaum behaupten dürfen. Es bleibt schließlich die tragische
Ironie, daß ohne sein Wirken die Deutschen nicht die Macht erhalten hätten,
die es ihnen erst möglich machte, den schnellen und verwegenen Schritt in
die Weltpolitik zu tun.

Naumann und Winnig

Die Verwandlung Deutschlands in einen Industriestaat, die so viel dazu
beitrug, der Außenpolitik des Reiches den Charakter des Vorwärtsdrängenden und Ausgreifenden zu geben, änderte die deutsche Wirklichkeit auch im
Volke selbst. Bei der Reichsgründung lebten noch mehr als die Hälfte der
Deutschen von der Landwirtschaft, um die Jahrhundertwende nur noch drei
Zehntel. Immer zahlreicher wurde damit der Stand des Arbeiters, immer
drängender alle Fragen, die mit seiner leiblichen und seelischen Not zusam-
menhingen. Die Sozialdemokratie verharrte in bitterer Gegnerschaft zum
Staat, in dem sie nur eine Gemeinschaft zur Hilfe für die Ausbeuter sah. Nur
sehr langsam, in zäher Arbeit, mit vielen Rückschlägen erreichten die Gewerkschaften, daß sich Löhne und Arbeitsbedingungen besserten. Ohne
das Ansteigen der industriellen Erzeugung wären auch sie nicht dazu
imstande gewesen.

Und immer noch führte der Durchschnittsarbeiter ein hartes Leben, noch
immer gab es neben sozial denkenden Unternehmern auch rücksichtslose
„Herrennaturen", noch immer mußte sich der Arbeiter im Volksganzen

zurückgesetzt fühlen. Noch immer machte ihm bei jeder preußischen Wahl das Dreiklassenwahlrecht peinvoll deutlich, daß er ein Staatsbürger minderen Rechtes sei.

Um die Jahrhundertwende fand ein protestantischer Pfarrer in Hamburg, der in der Inneren Mission arbeitete, den politischen Weg zu den Nöten des Arbeiters. Friedrich Naumann ließ sich maßregeln, als er bei einem Streik der Hafenarbeiter für die Ausständischen eingetreten war. Er dachte viel über die Lage der Arbeiter nach, sein Herz litt mit ihnen, er sah auch mit Sorge die Gefahr für das Staatsganze, wenn sich ein wertvoller Teil der Nation von ihm abwandte. So forderte er die Versöhnung von nationalem und sozialem Gedanken. Damit warf er in die Öffentlichkeit eine Losung, die zukunftzeugend hätte sein können, wenn die Mächtigen des Kaiserreichs in allen Lagern auf sie gehört hätten. Überbrücken wollte er auch einen anderen Graben, er wollte Demokratie und Kaisertum versöhnen. Eine freiheitliche, demokratische und soziale Monarchie, das war das politische Ideal, das ihm vorschwebte.

Ihm hätte die Zukunft gehören müssen. Aber ihm versagten sich Kaiser wie Arbeiterschaft wie auch breite Kreise der Gebildeten. Sein Versuch einer Parteibildung mißglückte. So ging er zu einer der bestehenden Parteien, zum Linksliberalismus. Er warb hier mit starken und tiefen Worten und mit der Kraft seiner Persönlichkeit für sein großes Ziel; er fand in Deutschland unter den Geistigen und der Jugend auch viele aufmerksame Hörer; er trug nun endlich in den Liberalismus das Verständnis für die Arbeiterschaft, dessen er so dringend bedurfte. Aber der entscheidende Durchbruch blieb Naumann versagt. Man hat den Grund darin gesucht, daß er mehr Prophet als handelnder Staatsmann gewesen sei, daß ihm die Fähigkeit gefehlt habe, sich im Alltag durchzusetzen. So mag es sein. Aber von größerer Bedeutung war, daß es nur eine Minderheit war, die er wachrüttelte, und daß die Mächtigen sich ihm nicht zuwandten. Was wäre aus Bismarck geworden, wenn er keinen König gefunden hätte, der ihn wirken ließ?

Losungen für das Neue, für die Überwindung gefährlicher Fremdheiten suchte auch in der Arbeiterbewegung ein Mann auszugeben, der wirklich am Ende mehr Prophet als Politiker des Alltags geworden ist. Der frühere Maurergeselle und jetzige Gewerkschaftssekretär August Winnig litt unter der Unfruchtbarkeit der Feindschaft, mit der sich seine Partei gegen den Staat wandte. Er war im Grunde eine mehr konservative als eine revolutionäre Natur, ihn hatten, wie so viele seiner Standesgenossen, das Unverständnis und die Härte der herrschenden Schichten in eine Umsturzbewegung gestoßen, in die er nicht paßte. Nicht einmal der Gefängnisaufenthalt hatte ihn zum Staatsfeind gemacht. Ihm waren die Begriffe der Nation, der Wehrbereitschaft, der großen Überlieferung aufgegangen. Zu ihm und seinesgleichen hätte eine Brücke gefunden werden können. Einmal dachten einflußreiche Männer daran, ihn mit dem Kaiser zusammenzubringen. Es ist nichts daraus geworden. Das Gespräch hätte auch, wenn es zustande gekommen wäre, keine Wendung gebracht.

Was Naumann und Winnig, die von ganz verschiedenen Standorten mit Ideen eigener Prägung warben, miteinander verband, war die warme, ursprüngliche, gar nicht überreizte und überhitzte Vorstellung, die sie von ihrem Volke hatten. Sie wollten nicht andere Völker beherrschen, sie glaubten auch nicht, daß man krumme Wege gehen und Gewalttätigkeiten begehen und die Seele des Volkes verderben dürfe, nur um seine Macht zu erhöhen. Sie liebten ihr Volk, sie wollten es glücklich und frei sehen, sie lebten damit den rechten Patriotismus vor, von dem man wünschen möchte, die Deutschen hätten sich nie von ihm entfernt. Ihr Wirken, auch wenn es ohne äußeren Erfolg blieb, macht noch den Nachlebenden das Herz warm.

Aber auch wer diese beiden und die ihnen verwandten Männer hoch einschätzt, wird in dem Mißlingen ihrer Pläne kein tragisches Ereignis von schicksalhafter Gewalt sehen dürfen. Gewiß blieben die Spannungen zwischen den herrschenden Schichten und der Arbeiterschaft, aber sie waren nicht gar so lebensgefährlich, wie man um die Jahrhundertwende glauben konnte. Nicht wegen der Spaltung der Nation in einander befehdende Gruppen ist das Kaiserreich zusammengebrochen, sondern weil in der äußeren Politik Fehler von verhängnisvoller Bedeutung gemacht wurden. Die Risse im inneren Bau des Reiches wären zu schließen gewesen.

Die heftigen Kämpfe zwischen den herrschenden Gewalten und der Sozialdemokratie vermochten ein ursprüngliches, tief in der Arbeiterschaft wurzelndes National- und Staatsgefühl nicht auszulöschen. Vom August 1914 bis in unsere Tage wurde das aller Welt offenbar. Mochten einzelne Agitatoren auch lehren, daß der Arbeiter kein Vaterland kenne, das Deutschland heiße, die Arbeiterschaft in ihrer Gesamtheit kannte es doch. Sie verlor darüber nicht den Glauben an eine friedliche Gemeinschaft der Völker, die alle Nationen überwölben sollte. Aber wir wissen heute, daß in dieser Gemeinschaft Staatstreue und Vaterlandsliebe nicht zerstört zu werden brauchen.

Entfremdung von Rußland

Im März 1890 sprach der russische Botschafter Graf Paul Schuwalow mit der Reichsregierung, um ihr den Wunsch seiner Regierung zu übermitteln, daß der Rückversicherungsvertrag verlängert werde. Auf das geheime Zusatzprotokoll legte man in Petersburg nur geringen Wert. Man sah wohl, daß es kein ausreichendes Mittel war, das begehrte Ziel der Meerengen zu erreichen. Aber der Zar und der Außenminister Baron Giers wollten nicht darauf verzichten, sich an den befreundeten Berliner Hof anzulehnen.

Gerade in den Tagen dieser Besprechungen wurde Bismarck gestürzt. Der Mann, auf den Rußland bisher hatte bauen können, war nicht mehr im Amt. Besorgnis mußte in Rußland Platz greifen. Aber da beruhigte der Deutsche Kaiser den russischen Diplomaten: Natürlich werde der Vertrag verlängert.

Acht Tage später mußte Schuwalow erfahren, daß der Kaiser seine Absichten nicht hatte verwirklichen können. „Der Kurs bleibt der alte", hatte Wilhelm gesagt, als er Bismarck entließ. Aber sofort zeigte sich, daß der Personenwechsel auch einen Kurswechsel bedeutete.

Zum Nachfolger hatte der Kaiser den Kommandierenden General des Zehnten Armeekorps, Leo von Caprivi, auserwählt, einen fähigen und charaktervollen Offizier, dessen Geschlecht aus der Krain stammte, aber seit Jahrhunderten in Preußen ansässig war. Weil Caprivis Klugheit nicht von der Hypothek der Eitelkeit beschwert war, machte er sich keine rosigen Vorstellungen von dem, was jetzt auf ihn wartete. Er fühlte sich dem Amt nicht voll gewachsen und wußte im übrigen, daß nach Bismarck jeder Kanzler klein erscheinen würde. Auch hatte er genügende Vorstellungen von der Unstetigkeit des Kaisers. Er war sich klar, wie schwer es jeder Kanzler unter einem solchen Herrscher haben würde.

Aber er war Offizier, er wollte seinen König und Herrn nicht im Stich lassen, er nahm den Auftrag an, nicht als Diener, sondern als aufrechter und nur seinem Gewissen verantwortlicher Mann. So regierte er vier Jahre lang, eine der lautersten Erscheinungen der Wilhelminischen Zeit.

Gerade weil er eine offene Natur war, mußte ihm das verwickelte Spiel unheimlich erscheinen, das die Bismarcksche Diplomatie in den letzten Jahren gewesen war. Er sah im Rückversicherungsvertrag eine Untreue gegenüber dem österreichischen und rumänischen Verbündeten. Das Gutachten, das ihm das Auswärtige Amt erstattete, bestärkte ihn noch in seiner Abneigung gegen das „Spiel mit den fünf Kugeln". Als der Kaiser von den Bedenken erfuhr, sagte er: „Ja, dann geht es wohl nicht, so leid es mir tut."

Caprivi brauchte mit ihm nicht so hart zu ringen, wie es Bismarck mit dem Großvater des Kaisers hatte tun müssen. Wilhelm der Zweite hatte sein eigener Reichskanzler sein wollen, aber bei der ersten Entscheidung fügte er sich seinen Ratgebern schnell und leicht.

Schuwalow war bekümmert. So sehr drängte es ihn und Giers nach der Bekräftigung der Freundschaft mit Deutschland, daß sie zwar auf den Vertrag verzichteten, aber doch um einen vertragsähnlichen Briefwechsel, „irgendein Blatt Papier" baten. Die Reichsregierung verweigerte ihnen auch das.

Ein Jahr später hörte sich der Zar in Kronstadt auf einem französischen Kriegsschiff barhäuptig die französische Nationalhymne an, das Sturmlied der Revolution. Wieder ein Jahr später unterzeichneten die Bevollmächtigten beider Länder ein Militärbündnis. Jetzt erst war Bismarck politisch tot.

Immer wieder ist die Frage gestellt worden, ob er das russisch-französische Bündnis hätte vermeiden können. Die Frage ist nicht leicht zu beantworten. Noch unter der Herrschaft des Rückversicherungsvertrages hatten die öffentlichen Meinungen Deutschlands und Rußlands immer bitterer miteinander gehadert. Bismarck hatte einiges dazugetan, als er bei einer russisch-deutschen Verstimmung den deutschen Anleihemarkt für russische Staatspapiere schloß. Damit zwang er das Zarenreich geradezu, seine Geldbedürfnisse in Frankreich zu befriedigen. Bismarcks Maßnahme war als kalter Wasserstrahl gemeint gewesen, hatte aber die Russen noch weiter von Deutschland entfernt.

Entscheidend blieb, daß Deutschland der Verbündete Österreichs war und den Russen damit den Weg nach dem Balkan und nach Konstantinopel verschloß. In dem Maße, in dem die Allslawen in Petersburg und Moskau begriffen, daß die Macht des Deutschen Reiches ihren Plänen entgegenstand, begannen sie es zu hassen und sich mit der französischen Freundschaft abzufinden.

Immer wieder hat man das Gedankenspiel versucht, die Wege nachzugehen, die Bismarck gegangen wäre. Zwei Generationen haben sich nun schon gefragt, was Bismarck in dieser Lage auf die Dauer getan hätte. Manche seiner Aussprüche deuten darauf hin, daß er in dem Bündnis mit Österreich nicht der Weisheit letzten Schluß sah, daß er es vielleicht geopfert hätte. Würde er dann mit verschränkten Armen dabeigestanden haben, wenn die Donaumonarchie unter den russischen Schlägen auseinanderbrach? Hätte er seine frühere Überzeugung aufgegeben, daß man Österreich erhalten müsse? Hätte er das Vorrücken des unheimlichen Kolosses bis in die böhmische Ebene, zur Adria und zu den Dardanellen ertragen, nur um nicht in den Zweifrontenkrieg gegen die russisch-französische Koalition zu geraten? Man kann solche Fragen nur erwägen. Eine schlüssige Antwort ist unmöglich. Bismarcks Maßnahmen waren nie durch Dogmen, sondern von der augenblicklichen Lage bestimmt. Sicher ist nur, daß er den Russen den Weg nach Paris nicht so mit offenen Augen gewiesen hätte, wie es Caprivi und seine Berater 1890 taten. Er hätte alles versucht, um zu bremsen, wenn auch nur, um genügend Zeit zu haben, die Beziehungen zu Großbritannien auszubauen. Caprivi ließ es zu, daß eine Masche des kunstvoll geknüpften Vertragssystems fiel. Damit verlor das ganze System seinen Sinn, der darin bestanden hatte, daß keine denkbare Bündniskombination gegen Deutschland aufkommen sollte.

Auch Caprivi freilich, ein Mann von Verantwortungsgefühl, blickte aufmerksam über den Kanal. Er war bestrebt, die alte deutsche Freundschaft zu Großbritannien zu erhalten. Der Kaiser, der England bewunderte, liebte und von ihm wiedergeliebt werden wollte, unterstützte ihn dabei mit weithin hallenden Reden. Unmittelbar nachdem er den Rückversicherungsvertrag hatte fallenlassen, schloß Caprivi mit Großbritannien ein Abkommen, das Helgoland an Deutschland, Sansibar an Großbritannien gab und das festländische Ostafrika aufteilte. Der Vertrag war von beiden Seiten als Freundschaftsvertrag gemeint und deshalb, nur für sich betrachtet, ein gutes Werk. Aber da gerade vorher der Rückversicherungsvertrag fallengelassen worden war, war man in Rußland um so mißtrauischer. Man fürchtete schon ein deutsch-englisches Bündnis und war um so eher geneigt, in Paris die Anlehnung zu suchen, auf die man in Berlin offenbar keinen Wert mehr legte.

Heeresverstärkung

Es war nur Ausdruck der allgemeinen Verschlechterung der außenpolitischen Lage, als Caprivi im Jahre 1893 eine Vorlage einbrachte, die das Heer um etwa achtzigtausend Mann verstärken sollte. Er zog nach, was Frankreich schon vorher getan hatte. Auch kam er der Mehrheit des Reichstages entgegen, indem er die zweijährige Dienstzeit wenigstens für die Infanterie vorschlug. So erfüllte er eine alte Forderung des Liberalismus. Aber die Mehrheit versagte sich ihm.

Der angesehenste Wortführer unter den Gegnern der Vorlage war der freisinnige Abgeordnete von Hagen. Eugen Richter war von großer und gefürchteter Sachkenntnis auf dem Gebiet des Haushalts, von allgemein anerkannter Unbestechlichkeit und Unerschrockenheit, aber auch von gefährlicher dogmatischer Strenge. Er feilschte mit der Regierung um das Maß der Heeresverstärkung. Ihn schreckte weder die Erinnerung an die Wahlen von 1866 noch an die Kartellwahlen von 1887. Er sah wieder nicht, daß ein Volk in Zeiten, in denen es sein Dasein bedroht fühlt, keine Neigung mehr für Feinheiten der Auseinandersetzung hat. Eugen Richter, unbeugsam und unbelehrbar, zog einen scharfen Trennungsstrich zu einigen Abgeordneten seiner Partei, die der Regierung entgegenkommen wollten. So wurde der Freisinn gespalten und dann bei den Neuwahlen vernichtend geschlagen. Seine frühere Bedeutung hat der Linksliberalismus im Kaiserreich nie wieder erlangt. Auch Friedrich Naumann vermochte das Schicksal nicht mehr zu ändern.

Caprivi konnte nach den Neuwahlen die Verstärkung des Heeres durchsetzen. Aber er verdankte die Annahme seiner Vorlage nicht nur der patriotischen Aufwallung der Deutschen, wie sie sich in den Neuwahlen gezeigt hatte, sondern auch der parlamentarischen Unterstützung durch die preußischen Polen. Sie statteten ihm auf diese Weise den Dank dafür ab, daß er ihnen gegenüber, anders als sein Vorgänger, eine versöhnliche Haltung zeigte. Staatsklugheit bewies Caprivi auch gegenüber der Arbeiterbewegung. Schutzgesetze gegen übermäßige Anstrengung setzten das Bismarcksche Werk fort.

Je länger er regierte, um so mehr geriet er in Gegensatz zu den konservativen Kräften, bei denen seine geistige Heimat lag. Er ließ sich tragen von der Strömung, die der aufstrebenden Industrie alle Förderung wünschte, und kehrte sich daher ab von der Schutzpolitik für die Landwirtschaft. Billiges Getreide sollte niedrige Löhne möglich machen, niedrige Löhne sollten wiederum die Ausfuhr steigern. Die Gründung des Bundes der Landwirte und bittere Anklagen der Grundbesitzer gegen den Reichskanzler waren die Folge.

Das Ende der Caprivischen Regierungszeit ist gekennzeichnet durch ein wirres Netz von Intrigen und Kämpfen der Parteien untereinander, aber auch heftiger Auseinandersetzungen zwischen dem Reich und Preußen. Der Kaiser, noch ganz von seinem herrscherlichen Auftrag erfüllt, versuchte einzugreifen, aber es fehlte ihm zum Erfolg an innerer Autorität, an Sachkunde, an entschiedenem Willen. Caprivi wurde des Regierens überdrüssig. Als der Kaiser in die schlimmsten Verirrungen der letzten Bismarckschen Zeit verfiel und gegenüber der Arbeiterbewegung Kampfgesetze forderte, versagte ihm Caprivi die Gefolgschaft. Er war bereit, seinem königlichen Herrn zu dienen, aber nicht seine Überzeugungen zu opfern.

Er ging fast fröhlich aus einem Amt, das ihm ein Opfer gewesen war. Anders als der grollende Titan im Sachsenwald, verschloß er während seines Ruhestandes in seiner Brust, was er über den Herrscher, über Amtsgenossen, über Parteihäupter dachte. Er hinterließ das Andenken eines aufrechten, fähigen und vornehmen Mannes. Sein Unglück war, daß er an den Maßen seines Vorgängers gemessen wurde, der ein Genie war.

Die Alldeutschen

In Caprivis Regierungszeit ereignete sich ein politisches Unglück, das mit einer seiner Maßnahmen in Zusammenhang steht, für das aber nicht er, sondern ein Teil der deutschen Oberschicht die Verantwortung trägt. Der Vertrag über Helgoland und Sansibar hatte eine Welle nationaler Erregung zur Folge. Viele verstanden den Sinn des Vertrages nicht und fanden, daß Deutschland wertvolle Gebiete gegen ein Linsengericht aufgegeben habe. Ihre Wortführer schlossen sich im „Allgemeinen Deutschen Verband" zusammen. 1894 nahm er den Namen „Alldeutscher Verband" an.

Das Ausland übersetzte den Ausdruck „alldeutsch" gerne mit „pangermanistisch", was die Absicht der Verbandsgründer nicht traf. Dennoch hatte die Übersetzung einen Sinn, da die Alldeutschen gelegentlich davon träumten, die Gebiete deutscher Zunge wieder zu vereinigen. Sie traten überhaupt für eine entschiedene völkische Politik, für Kolonien, für die deutsche Weltmachtstellung, für eine starke Rüstung ein, fanden alle kaiserlichen und später die Weimarer Regierungen viel zu schwächlich und huldigten im ganzen dem seelenlosen, überhitzten und verstiegenen Nationalismus.

Ihre Mitgliederzahl war nie sehr groß, in der Reichsregierung waren sie niemals vertreten. Aber das Unglück war, daß sie ihre Fanfaren sehr laut bliesen, daß sie eine an Zahl zwar nicht überwältigende, an politischer und gesellschaftlicher Bedeutung aber bedeutende Mitgliedschaft hatten. Zu ihr gehörten Industrielle, Großkaufleute, Professoren, Lehrer, Schriftsteller und viele bürgerliche Abgeordnete, unter ihnen Gustav Stresemann und Alfred Hugenberg. Sie beeinflußten den Gang der deutschen Politik kaum, zum mindesten nicht unmittelbar. Aber sie bestärkten die Deutschen in ihrer Neigung, ihre Kraft zu überschätzen, sie wirkten an der Selbstüberhebung mit, die das deutsche Volk verblendete. Sie erleichterten es den Gegnern Deutschlands jenseits unserer Grenzen, die Deutschen als ein angriffslüsternes und eroberungsgieriges Volk hinzustellen. Sie taten viel dazu, Mißtrauen und Feindschaft gegen Deutschland zu säen und die im Grunde friedliche Politik der Reichsregierung unglaubwürdig zu machen.

Die Alldeutschen waren auf ihre Art Idealisten. Sie wollten das deutsche Volk groß sehen, und sie waren auch bereit, dafür Opfer zu bringen. Aber es gibt eine Art von Idealismus, die einen trüben Schimmer verbreitet, weil sie verbunden ist mit Hochmut und Unduldsamkeit. Die Alldeutschen waren gleichgültig gegen das Recht der kleinen Völker auf ihren eigenen Willen. Sie nahmen an, es müsse den kleinen eine Ehre sein, den Schemel für Deutschlands Größe zu bilden. Sie sahen das Glück ihres eigenen Volkes in seiner Macht und Ausdehnung. Sie sahen nicht, daß es der innerste Beruf der Deutschen gewesen wäre, in dieser Zeit der Vergröberung allen Machtstrebens den Weg zu ihrer großen Tradition, zum Rechtsgefühl, zur Weltoffenheit, zur Menschlichkeit zurückzufinden. Im Grunde liebten sie nicht eigentlich ihr Volk, sondern seine Macht.

Hohenlohe

Der Rücktritt Caprivis brachte den Kaiser in Verlegenheit, da er keinen Mann in der Verwaltung oder der Diplomatie wußte, der das Amt hätte meistern können. Zu seiner Erleichterung nannte ihm sein Freund Philipp von Eulenburg einen Namen, der ihm einleuchtete. Der Fürst Chlodwig zu Hohenlohe-Schillingsfürst hatte als bayerischer Ministerpräsident, als Reichstagsabgeordneter, als deutscher Botschafter in Paris und als Statthalter in Straßburg hohes Ansehen erworben, er war gebildet und hatte

Takt. Er war ein liberaler Katholik, aber seinem Wesen nach waren seine Anschauungen gemäßigt, und er wußte gute Beziehungen auch zu Konservativen und zur Zentrumspartei herzustellen. Als Abkömmling eines früheren reichsfürstlichen fränkischen Geschlechts, nach Vermögenslage, Erziehung und Neigung ein großer Herr, hatte er das Selbstbewußtsein, das für einen solchen Posten wohl angebracht ist.

Aber er war mit seinen fünfundsiebzig Jahren verbraucht und müde, er ließ mehr gewähren als er handelte, er verhinderte mehr Schädliches, als er Gutes schuf. Die starke, vorwärtstreibende Kraft war er nicht, die blieb der Kaiser. Wie immer, wenn dieser mit Feuereifer bei der Sache war, übte er sie heute in dieser, morgen in jener Richtung aus, leicht begeistert und leicht enttäuscht.

Die Gesetzgebung unter der Reichskanzlerschaft Hohenlohes bewegt heute nur noch die Fachhistoriker. So ist es bei allen Kanzlern des Wilhelminischen Reiches. Die großen Auseinandersetzungen wurden außerhalb der Regierung und außerhalb des Reichstags ausgefochten, auf den Parteitagen, in den großen wirtschaftlichen und konfessionellen Organisationen, in den Verbänden und Gewerkschaften oder in den geistigen Kreisen, die sich um bedeutende Persönlichkeiten wie Friedrich Naumann und Max Weber bildeten. Die Gesetzestätigkeit des Reichstags war die normale Alltagsarbeit, wie sie lebensnotwendig für ein gesundes Gemeinwesen ist, die aber keine großen Wegmarken für die geschichtliche Entwicklung absteckt. Das war unter Bismarck anders gewesen; damals wurde auch in der Innenpolitik um große Fragen gerungen. Den bleibenden Eindruck der Innenpolitik unter Hohenlohe bilden mehrere Niederlagen des Kaisers, der schnell einige Wünsche durchzusetzen versuchte und dann erkennen mußte, daß die Verhältnisse stärker waren als er. Seine Absicht, die sozialdemokratische Agitation und ungesetzliche Streikausschreitungen mit scharfen Mitteln zu bekämpfen, scheiterte am Widerstand des Parlaments. Dasselbe galt von dem Versuch, die Verhältnisse in den Volksschulen zurückzurevidieren.

Die Abneigung der Abgeordneten war stärker als der kaiserliche Wille. Der Reichstag und die Landtage waren nicht so ohnmächtig, wie dies damals und noch heute oft behauptet wird. Wenn sie wußten, was sie wollten, konnten sie sich oft auch gegen den Kaiser und König durchsetzen. Der weit vorausschauende Plan, einen Mittellandkanal von Westen nach dem Herzen Preußens zu bauen, scheiterte am Widerstand der Konservativen, die nicht wollten, daß billiges ausländisches Getreide dem ostelbischen Konkurrenz mache. Aber nicht auf diesen Gebieten fielen die großen Entscheidungen. Die Politik Wilhelms des Zweiten, soweit sie geschichtliche Wirkung gehabt hat, war Wehr- und Außenpolitik. Das war sie auch unter Hohenlohe.

Der mächtigste Mann in der deutschen Diplomatie dieser Jahre war weder der Reichskanzler noch sein Staatssekretär, sondern der Geheimrat von Holstein, ein Sonderling mit einer krankhaften Menschenscheu, aber ein Mann von hoher Intelligenz und leidenschaftlichem Patriotismus. Er verdankte seinen Einfluß nicht zuletzt seinem Mangel an äußerlichem Ehrgeiz. Keiner seiner Vorgesetzten hatte jemals zu fürchten, daß er durch ihn verdrängt werden würde. Aber Einfluß hat nur, wer arbeitet. Holstein war unermüdlich im Dienst, und er unterhielt eine rege Privatkorrespondenz mit den auswärtigen Diplomaten. Auf diesem Weg erfuhr er mehr, ließ aber auch seinen Freunden mehr Informationen zukommen, als es auf dem Aktenwege möglich gewesen wäre.

Er hatte unter Bismarck zuletzt den Kanzler heftig bekämpft, nicht aus Neid, sondern aus der sachlichen Überzeugung, daß es mit der bisherigen Außenpolitik am Ende sei. Er hatte mitgeholfen, daß die Entscheidung gegen den Rückversicherungsvertrag fiel. So gefährlich der Entschluß war, so war Holstein in diesen Jahren wenigstens folgerichtig. Er glaubte nicht mehr an die Möglichkeit der russischen Freundschaft, er wollte das Reich stärker an Österreich und Großbritannien anlehnen, er wollte „optieren". Später, um die Jahrhundertwende, glaubte Holstein, warten zu können, bis sich Großbritannien seinen Wünschen geneigt zeigte, und er fügte damit dem Reich schweren Schaden zu. Aber noch war es nicht soweit, noch waren es andere, die das Verhältnis zu Großbritannien gefährdeten.

Denn Holstein war nicht unbeschränkter Herrscher im Auswärtigen Amt, es gab einen, der noch mächtiger war als er. Der Kaiser mit seiner heißen und leider unerwiderten Liebe zur Diplomatie bestimmte immer wieder den Gang der auswärtigen Politik. Holstein war verzweifelt, er sah schließlich im Kaiser eine Gefahr für das Reich. Er versuchte eine Gruppe einflußreicher Persönlichkeiten gegen ihn zu bilden. Man möchte in ihm einen hellsichtigen Warner sehen, aber wenn Holstein Politik nach eigenem Ermessen machte, war sie nicht weniger unheilvoll als die des Kaisers.

Kontinentalbündnis?

Wilhelms unsteter Geist war in jenen Jahren oft heimgesucht von dem Wunsch, einen festländischen Bund gegen Großbritannien zustande zu bringen; zu welchem Ziele, wird nie ganz klar werden. Wenn seine Absicht erfüllt worden wäre, so sieht man nicht, welchen Vorteil das Reich davon hätte gehabt haben können. Diese Politik ist nur aus dem allgemeinen und unklaren Wunsch nach der Weltmachtstellung zu verstehen. Wilhelm wäre schnell wieder in die Freundschaft zu England zurückgeschwenkt, das er im Grunde seines Herzens liebte und bewunderte, fürchtete und gelegentlich auch haßte.

Aber so ziellos dieser Wunsch war, ganz unmöglich war es nicht, ihn zu erfüllen. Der russisch-französische Zweibund war noch kein festes Kriegsbündnis gegen Deutschland. Bei seinem Abschluß hatte Georges Clémenceau in Paris triumphierend die Hoffnung ausgesprochen, daß nun die Millionen russischer Soldaten der Revanche zur Verfügung stünden; aber es war ein weiter Schritt bis zur Ausführung. In Frankreich war man sowenig davon begeistert, den Russen zur Eroberung von Konstantinopel zu verhelfen, wie man in Rußland davon entzückt war, in einen Krieg zu ziehen, damit die französische Sehnsucht nach den Türmen von Straßburg erfüllt werde. Es mußte noch viel geschehen, bevor die Regimenter der beiden Staaten marschierten.

In diesen Jahren der imperialistischen Auseinandersetzung zwischen London, Paris und Petersburg gab es manche Möglichkeiten zur Annäherung zwischen den Festlandsstaaten. Aber es gab immer nur Ansätze, niemals Abkommen von dauernder Bedeutung, und das Streben des Kaisers blieb eine Episode. Bald kam auch die Zeit, in der Deutschland in bittere Streitigkeiten mit Großbritannien geriet, aber ohne die Hilfe der beiden großen Nachbarn.

Schimonoseki

Vorher hatte sich eine andere politische Feindschaft aufgetan. Die Japaner hatten mit den Chinesen Krieg geführt und im Frieden von Schimonoseki 1895 Teile des östlichen Chinas für sich gewonnen. Deutschland, Frankreich und Rußland traten als Beschützer Chinas auf, dessen Schwäche ihre eigene Begehrlichkeit reizte, und sie forderten Japan auf, den Vertrag zu mildern. Am entschlossensten, aber auch am plumpsten, trat der deutsche Gesandte in Tokio auf. Er ging so weit, zu drohen, Deutschland werde seinen Forderungen „Nachdruck verleihen". Die Japaner waren bis dahin Freunde Deutschlands gewesen, jetzt lernten sie, dem bisher bewunderten Volk die gleiche Abneigung entgegenzubringen wie den übrigen Fremden.

Die Helfer Chinas holten sich bald ihren Lohn. Deutschland erwarb 1897 Kiautschou, in der gleichen Zeit auch einige Südseeinseln. Das war die magere Ausbeute der wilhelminischen Politik zum Erwerb von Kolonien. Mehr hat sie in dreißig Jahren nicht gewonnen. Andere Staaten verleibten sich in dieser Zeit riesige Gebiete in Afrika und Asien ein; der Tadel der Ländergier traf aber hinterher Deutschland.

Kurz nach dem schroffen Auftreten Deutschlands in Tokio geriet die Reichsregierung in einen noch ernsteren Konflikt. Das Verhältnis zu Großbritannien, jahrzehntelang von Bismarck sorgfältig gepflegt und von Holstein in der Richtung auf enge Freundschaft fortentwickelt, erlitt einen Bruch, der lange nicht geheilt werden konnte.

Salisburys Teilungsplan

Die britische Politik hatte sich davon überzeugt, daß die Türkei nicht zu retten sei. Grausamkeiten der türkischen Verwaltung in Armenien bildeten den Anlaß zu dem Meinungswechsel. Entscheidend war die neugewonnene Einsicht, daß die inneren Verhältnisse des Vielvölkerstaats verworren seien und daß man ihn auf die Dauer nicht erhalten könne. Lord Salisbury erwog 1895 die Aufteilung unter die Großmächte. Dazu bedurfte er der Zustimmung des Reiches. Aber der Kaiser versagte sie ihm, und dies in der verletzendsten Art.

Die rege Phantasie des Kaisers hatte sich inzwischen einem anderen Plan zugewandt: die erschlafften Lebensadern der Türkei mit neuem Blut zu füllen, deutsches Geld und deutsche Berater einströmen zu lassen und so das weite Reich vom Bosporus bis Bagdad und Jerusalem zu einem deutschen Einflußgebiet zu machen. Der Kaiser wollte die Türkei erhalten, um sie, wenn nicht zu beherrschen, so doch zu führen. Dahin paßten Salisburys Vorschläge nicht.

Dem Reiche ging eine Möglichkeit zur Anlehnung an die Weltmacht verloren. Noch vermochte sich die britische Regierung mit der Abweisung abzufinden. Aber was ein Jahr später geschah, verbitterte Großbritannien tief.

Die Krügerdepesche

In Südafrika richteten sich die Augen der Briten seit langem begehrlich auf das Gebiet der beiden Burenrepubliken. Im Dezember 1895 fiel Dr. Jameson, ein unternehmungslustiger britischer Arzt und Freund des mächtigen Kolonialpioniers Cecil Rhodes, mit achthundert Reitern in das Gebiet der Buren ein. Er wurde umstellt und gefangengenommen. In der ganzen Welt brach leidenschaftliche Empörung über den Rechtsbruch aus. Auch die britische Regierung und die britische Presse waren klug genug, die Unternehmung Jamesons zu verurteilen, und dies bevor sein Scheitern bekanntgeworden war.

Dennoch mußte Großbritannien herbe Worte aus allen Kulturstaaten hören. Eine Macht ging noch weiter als nur in Reden und Artikeln und entschloß sich zu einem ungewöhnlichen amtlichen Schritt. Im Auswärtigen Amt zu Berlin erschien der Kaiser mit dem Kanzler, dem Staatssekretär und hohen Offizieren und verlangte so entschiedene Maßnahmen wie den Einsatz von Marineinfanterie. Auf den Hinweis, daß dies den Krieg mit England bedeute, antwortete er erstaunt: „Aber nur zu Lande!"

Über die Verantwortung für das, was nun geschah, ist sich die Forschung im einzelnen nicht klar. Jedenfalls schickte der Kaiser dem Burenpräsidenten Paul Krüger ein Telegramm. Er beglückwünschte ihn dazu, daß es ihm gelungen sei, den Einfall abzuwehren, ohne daß es notwendig gewesen sei, „an die Hilfe befreundeter Mächte zu appellieren". Der Nebensatz bedeutete, daß Deutschland bereit gewesen wäre, Streitkräfte einzusetzen. Der seelische Hintergrund für das Telegramm war die Empörung über den Rechtsbruch durch Jameson, aber auch eine sentimentale Liebe zu den Buren, die überall in Deutschland als besonders treuherzig und gottesfürchtig galten. Zwei Menschenalter später wurden sie von den gleichen Menschen verurteilt, weil sie die Bantuneger hart behandelten, was Kenner damals schon wußten.

Der Staatssekretär Freiherr von Marschall hatte noch einen besonderen, im echteren Sinne politischen Grund für das Telegramm. Es sollte den Briten zum Bewußtsein bringen, wie sehr sie isoliert waren, und es sollte sie daher veranlassen, Anlehnung beim Reiche zu suchen. Die Deutschen der letzten Menschenalter haben in keinem Zeitabschnitt das Wesen des britischen Volkes verstanden. Die britische Politik hat viele Irrtümer begangen, und sie hat einige böse Flecken aufzuweisen, aber so tief wäre sie nie gesunken, sich in ein Bündnis „hineinprügeln" zu lassen, wie es damals die „Times" in Worten stolzer Ablehnung ausdrückte.

Die meisten Briten dachten nicht lange über die Hintergründe des Telegramms nach, sie sahen nur die Drohung, und sie antworteten mit einem Anfall aufwallenden Zornes. Sie grollten um so mehr, als sie bisher aufrichtig geglaubt hatten, das deutsche und das britische Volk seien Freunde. Jetzt zerriß etwas, was nie wieder heilen sollte. Von dieser Stunde an war die öffentliche Meinung Großbritanniens Deutschland gegenüber in ihrer Grundstimmung mißtrauisch und feindselig. Gelegentlich gelang es, die Gegensätze zu überbrücken, aber die alte Gegnerschaft brach dann immer wieder durch.

Das Krügertelegramm war eine Katastrophe. Aber man scheut sich, den Kaiser oder seine Berater heftig anzuklagen. Denn sie hatten einen mächtigen Verbündeten bei ihrer Torheit: das deutsche Volk. Es war die Zeit, in der aufmerksame Beobachter ein rasches Sinken der Volkstümlichkeit Wilhelms festgestellt hatten. Sein Bruch mit Bismarck, einige besonders auffallende Reden, seine Unstetigkeit, das alles hatte das Verhältnis der Nation zu ihrem Herrscher getrübt. Aber nach der Krügerdepesche umbrauste ihn der begeisterte Jubel des Volkes. Die Presse stimmte scharfe Töne gegen Großbritannien an, die noch schärfer waren als das Telegramm. Befriedigt notierte Marschall in sein Tagebuch: „Unsere Presse ist vorzüglich: Alle Parteien einig, sogar Tante Voß will fechten." Er sprach, ohne es zu wissen, der politischen Reife der deutschen Presse, aber auch der deutschen Führungsschicht überhaupt das Urteil.

Kaiser, Regierung und Nation fanden sich zusammen in einer schlimmen psychologischen Fehlleistung. Das lag nicht nur daran, daß die Deutschen die Buren verherrlichten und über Jamesons Einfall empört waren. Kaiser und Volk wollten Weltmacht werden, und sie fanden auf dem Wege dorthin Großbritannien als Hemmblock. So kam es 1896 zu dem Ausbruch der Englandfeindlichkeit, dem in den folgenden Jahrzehnten noch viele folgten, ungefähr ebensoviele, wie es in Großbritannien Ausfälle gegen die Deutschen gab. Wortführer war hier wie dort die Presse.

Tirpitz

Etwa ein Jahr nach der Absendung der Krügerdepesche vollzog sich in Deutschland ein Ereignis, dessen volle Bedeutung damals niemand ahnte und das für unser Verhältnis zu Großbritannien noch schlimmere Folgen hatte als die Depesche. Der Kaiser ernannte den Admiral Alfred von Tirpitz zum Staatssekretär des Reichsmarineamts, also zum Marineminister. Wieder ein Jahr später legte der neue Staatssekretär dem Reichstag das erste in sich geschlossene Flottengesetz vor, das Deutschland bisher gekannt hatte. Die Deutschen begannen eine Schlachtflotte zu bauen. Ihre Marine war bisher klein, schwach, unfertig, eine Sammlung vieler und oft mißglückter Typen gewesen. Nicht viel mehr als ein Jahrzehnt später hatte Deutschland die zweitstärkste Flotte der Welt.

Der Kaiser träumte von einer starken Flotte wie das deutsche Volk mit ihm, und jetzt fand er den Mann, der den Traum verwirklichte. Aber bevor Tirpitz seine Arbeit begann, hatte der Kaiser bereits nachgegeben, wie er so oft nachgab.

Der Kaiser hatte an eine stattliche Flotte gedacht, an der sein Seemannsherz Freude haben könnte, aber er hatte vor allem eine Flotte von schnellen und mittelstarken Kreuzern gewollt, die auf den Weltmeeren dem deutschen Handel Schutz bieten sollten. Wäre der kaiserliche Wunsch in Erfüllung gegangen, so wäre das Verhältnis zu Großbritannien nicht so belastet worden, wie es später der Fall war. Aber Tirpitz setzte ihm auseinander, daß die Vorstellungen vom Wert einer Kreuzerflotte nicht durchdacht seien. Auf die Dauer würden die Kreuzer gegenüber stärkeren Schiffen unterlegen sein. Was man brauche, seien mächtige Linienschiffsgeschwader, die den Kampf in offener Seeschlacht nicht zu scheuen brauchten.

Tirpitz wollte diese Schlacht nicht, aber er wollte so stark sein, daß der

Gegner die Schlacht und den Krieg gar nicht erst suche. Darin, so lehrte er, lag der eigentliche Sinn des Flottenbaus. Er wußte seine Gedanken dem Kaiser mit so glänzender Beredsamkeit vorzutragen, daß sich dieser den bestechenden Beweggründen des Fachmanns fügte. Er war gewiß kein Schweiger, aber, so bekannte er humorvoll-seufzend in einem privaten Brief, wenn Tirpitz mit ihm spreche, so bleibe ihm, dem Kaiser, der Mund zu nichts anderem als zum Essen, Trinken und Rauchen.

Dieselbe Fähigkeit zu überzeugen, zu gewinnen, mitzureißen bewies Tirpitz dann sechzehn Jahre lang im Verkehr mit dem Reichstag, mit der Presse, mit Kaufleuten und Industriellen. Er gewann sie alle, durch Sachkenntnis, durch Klarheit, durch Freundlichkeit, durch Propaganda. Bei der Werbung konnte er freilich über reiche Gelder der Schwerindustrie verfügen, die entzückt war über die neuen großen Aufträge. Aber mit Geld allein kann man keine Propaganda machen. Hinter ihr stand die eindrucksvolle Persönlichkeit des Admirals. Seine Vorlagen wurden vom Reichstag immer in einer gewissen Hurrastimmung bewilligt.

Bei den Parteien hätten die Persönlichkeit und das Verhandlungsgeschick des Staatssekretärs nicht ausgereicht, sie zu Gefolgsleuten seiner Flottenpläne zu machen. Er hatte seinen großen Erfolg, weil er den innersten Wünschen der Nation entgegenkam. Sie wollten Weltmacht werden, sie mußten auch das Mittel wollen; deshalb bejahten sie die Flotte, und sie taten es aus ganzem Herzen.

So wurde der Flottenbau vornehmlich von den Kräften getragen, die am meisten die Einigung des Reiches herbeigesehnt hatten. Sie trugen nun seinen wirtschaftlichen Aufstieg und damit seinen Drang nach imperialer Erhöhung. Das kraftvolle, selbstbewußte, zukunftsgläubige und nationaldeutsch begeisterte Bürgertum trug willig die Ausgaben für die Flotte. Die Anhänger des Alten, des langsam Dahinschwindenden, vornehmlich alle, die altpreußisch dachten, gingen nur zögernd mit. Aus ihren Reihen kam der Seufzer des Zorns über die „gräßliche Flotte". Aber schließlich, die Flotte schien die Macht des Reiches zu erweitern, ein Patriot konnte nicht gut nein sagen, auch schlug sich die Regierung wegen der Flotte mit den Sozialdemokraten herum; so stimmten auch die Konservativen zu, widerwillig genug. Es blieb bezeichnend, daß im Offizierskorps der Marine das Bürgertum, auch das mittlere, die Söhne etwa von Oberlehrern und Pastoren, stärker vertreten war als im Heere.

Bei den Kreisen der Großwirtschaft fand Tirpitz Anklang, wenn er darlegte, daß der deutsche Handel gefährdet sei, wenn ihn nicht eine starke Flotte schütze; man müsse Großbritannien von vornherein die Lust nehmen, aus Handelsneid einen Krieg zu beginnen. Daß die Furcht vor der deutschen Konkurrenz Großbritannien dazu bringen könne, das Reich zu überfallen, glaubten damals viele. Noch heute gibt es weite Kreise, die zäh an der Meinung festhalten, die britische Feindschaft gegen Deutschland habe ihren Grund in der Furcht vor dem deutschen Handel gehabt.

Tirpitz' Freunde fanden eine glänzende Rechtfertigung für diese These in dem berühmten, zehntausendmal zitierten Aufsatz der „Saturday Review". Der Artikel, der 1897, also ein Jahr nach der Krügerdepesche geschrieben wurde, versuchte den Briten klarzumachen, daß Deutschland zerstört werden müsse, schon deshalb, weil nach dem Zusammenbruch Deutschlands jeder Engländer reicher sein werde als früher. Der Artikel hat zur Vergiftung des Verhältnisses zwischen den beiden Völkern ungefähr soviel beigetragen wie die Krügerdepesche. Tatsächlich bestand er aus lauter Unsinn. Kein Engländer ist reicher, sondern jeder ist nach dem deutschen Zusammenbruch ärmer geworden, und die City ahnte das damals schon. Handelsneid flackerte immer wieder auf, aber er trug zu der Verfeindung der beiden Staaten nichts Entscheidendes bei. Diese Gegnerschaft ist aus gefühlsmäßiger Abneigung, aus weltpolitischen Interessengegensätzen, aus dem Zusammenprall des beiderseitigen Machtstrebens und nicht zuletzt aus vermeidbaren diplomatischen Fehlern entstanden. Die britische Geschäftswelt schauderte eher vor einem Krieg mit Deutschland zurück, schon deshalb, weil der Konkurrent gleichzeitig Kunde war, und kein vernünftiger Kaufmann führt gerne Krieg gegen einen guten Kunden.

Wenn Tirpitz und der Kaiser den Sinn britischer Machtpolitik mißverstanden, so teilten sie auch diesen Irrtum mit der Nation. Regierung und bürgerliche Parteien führten damals einen heftigen Kampf gegen die Sozialdemokratie, und die Idealisten klagten die materialistische Geschichtsauffassung an, weil sie den Sinn des großen Geschehens verfälsche. Aber die Bürgerlichen selber waren mehr Marxisten, als sie ahnten. Die ganze furchtbare Einseitigkeit, mit der Marx das Völkergeschick aus einer einzigen Wurzel zu erklären versuchte, kehrte seit der Jahrhundertwende in Deutschland wieder.

Der Flottenbau hat freilich die Feindschaft Großbritanniens gegen Deutschland nicht herbeigeführt. Als sich Großbritannien 1904 Frankreich zuwandte, dachte es nicht an die deutsche Flotte. Als dann aber einmal die Entfremdung eingetreten war, da steigerte der Flottenbau die gegenseitige Verstimmung bis zu offener Feindschaft. Die öffentliche Meinung in Großbritannien, aber auch die Regierung wurden immer mißtrauischer, wenn sie in Deutschland keine ausreichende Bereitschaft fanden, wenigstens das Tempo des Flottenbaus zu mäßigen. Um ihm zu begegnen, baute Großbritannien mehr und größere Schiffe als vorher; aber große Schiffe sind teuer; sie belasteten den Steuerzahler. So wuchs noch der Mißmut.

Tirpitz hatte geglaubt, eine Gefahrenzone durchlaufen zu müssen, bevor Deutschland stark genug sei, Großbritannien jede Lust zum Angriff zu verleiden. Ihm wäre deshalb ein möglichst lautloses Auftreten seiner Landsleute am liebsten gewesen, er wollte Großbritannien nicht reizen. „Mund halten und Schiffe bauen!" war seine Parole. Aber die Freude seiner Landsleute am Flottenbau war viel zu lebhaft, als daß sie sich nicht hätte lärmend Luft machen müssen.

Das von ihm gewünschte Schweigen war unmöglich. Auch wäre die britische Admiralität ihr Gehalt nicht wert gewesen, wenn sie nicht das Anwachsen der deutschen Flotte sorgsam beobachtet hätte. Sie dachte nicht daran, Deutschland gleichmütig zu erlauben, die „Gefahrenzone" zu durchlaufen. Ihr Erster Seelord wollte bald zuschlagen. Die Regierung dachte anders und versuchte, den Krieg zu vermeiden. Aber auch für sie wurde der deutsche Flottenbau immer mehr ein Ärgernis.

Er verstärkte die Gefahr der Isolierung Deutschlands, er führte aber auch militärisch zur Zersplitterung. Keiner Großmacht war es bisher gut bekommen, wenn sie versucht hatte, zugleich eine starke Landmacht und eine starke Seemacht zu sein. Das war über die Kraft Philipps des Zweiten, Ludwigs des Vierzehnten und Napoleons gegangen. Preußen-Deutschland war groß geworden als Landmacht; auf diese Stellung wiesen noch jetzt die schmalen Küsten das Reich hin. Großbritannien war groß geworden vornehmlich als Seemacht. Wer beides gleichzeitig zu sein versuchte, hatte stets von der Höhe seiner Machtstellung herabsteigen müssen.

Um wieviel weiser waren in der wilhelminischen Zeit die Wehrpolitiker Frankreichs! Gewiß, jeder Franzose gab mehr für die Rüstung aus als der Deutsche. Aber die Franzosen hielten ihre Mittel besser zusammen. Ihre Flotte war mittelstark, trotz ihrer langen Küsten, ihre Hauptkraft sammelten sie im Landheer. Wenn sie sich in ihrem Wehrprogramm verhalten hätten wie Wilhelm und sein Admiral, sie hätten später die Schlacht an der Marne verloren.

Die Verantwortung für diese Fehlentwicklung trifft nur zu einem Teil den Großadmiral von Tirpitz. Seine Vorliebe galt der See und der Marine, das war nach seinem Werdegang und seinem Wesen natürlich. Man scheut sich, einen Seeoffizier dafür zu tadeln, daß er eine großartige Flotte geschaffen hat. Es war die Aufgabe des Herrschers, der Kanzler, des Reichstags, der Nation gewesen, ihn zu zügeln. Sie taten es alle nicht, sie folgten ihm, sie priesen ihn wegen seiner Tat. Wenn über dem Andenken dieses fähigsten deutschen Politikers unter dem letzten Kaiser das Zeichen des Verhängnisses steht, so gilt das von der Nation überhaupt.

Er war auch darin sehr Sohn seiner Zeit, daß er bei all seiner Entschiedenheit und Willenskraft für den Nachlebenden immer die Züge eigentümlicher Gebrochenheit annimmt. Er war viel zu klug, die Gefahren ganz zu übersehen, die seinem Flottenbau und dem Reiche drohten. Ihnen wollte er nicht nur durch Festhalten an seinen Plänen, sondern durch eine veränderte Außenpolitik begegnen. Die Flotte sollte das Reich nicht nur stark gegen

England, sondern auch „bündnisfähig" für Seemächte zweiten Ranges machen. Er dachte an ein Zusammengehen mit Rußland und Japan.

Soweit entspricht seine außenpolitische Planung der Entschlossenheit seines Wesens. Aber dann verliert sich plötzlich alles im Nebel. Man sieht nicht recht, ob er gewillt war, Österreich zu opfern. Man sieht auch nicht, daß in ihm der verzehrende Ehrgeiz gebrannt hätte, sich an die Stelle Bülows und Bethmanns zu setzen, selber das Steuer des Reiches in die Hand zu nehmen, das Schiff auf den Kurs zu bringen, von dem er glaubte, nur durch ihn könne der Flottenbau gerechtfertigt werden.

Plötzlich sehen wir ihn Abstand nehmen von seinen kühnen Planungen und in die bescheidene Rolle des Ressortministers zurückfallen. Aber diese Rolle durfte ihm nicht genügen, der nicht nur sein engeres Arbeitsgebiet, sondern die ganze Politik des Reiches umgewälzt hatte. Indem er sich doch damit zufriedengab, enthüllte er, daß auch er mit all seinen ungewöhnlichen Talenten letztlich nur ein Halber war.

Die Bagdadbahn

Zum Unglück für das Reich stieß die deutsche Politik zur gleichen Zeit, in der es den Flottenbau begann, auch geographisch in Räume vor, in denen es auf politische Gegnerschaft großer Mächte stoßen mußte. Beide Male war der Antrieb der gleiche: Machtbewußtsein, Ausdehnungsdrang, Wille zur Weltstellung.

Im Jahre 1898 versicherte der Deutsche Kaiser in Jerusalem in einer dröhnenden Rede die dreihundert Millionen Mohammedaner seines Wohlwollens und seiner Freundschaft. Von den dreihundert Millionen wohnten viele nicht in der Türkei, sondern in Rußland, in englischen und französischen Kolonialgebieten. Die Diplomatie dieser drei Staaten konnte nicht erfreut darüber sein, daß sich ein deutscher Herrscher als Schutzherr über einen Teil ihrer Staatsbürger und Untertanen empfand.

Im Jahre darauf unterzeichnete der Sultan der Türkei einen Vertrag, der es einer deutschen Gesellschaft erlaubte, eine Bahn zu bauen, die von den Meerengen bis nach Bagdad gehen sollte. Georg von Siemens, Direktor der Deutschen Bank und freisinniger Abgeordneter, war die treibende Kraft bei diesem Unternehmen gewesen. Aber die deutsche Diplomatie und die deutsche Öffentlichkeit waren ihm willig gefolgt. Der deutsche Botschafter in Konstantinopel, Freiherr von Marschall, triumphierte. Er schrieb, Bismarcks Bemerkung, der Orient sei nicht die Knochen eines pommerschen Musketiers wert, bedeute nichts weiter als eine geschichtliche Erinnerung.

So war es. Die Bagdadbahn mußte die Türkei militärisch und wirtschaftlich stärken. Natürlich war es nicht Menschenliebe, die das deutsche Kapital und die deutsche Diplomatie dazu geführt hatte, sondern die Hoffnung, in der Türkei mehr Einfluß auszuüben als bisher. Damit aber störte Deutschland die Wünsche anderer Reiche. Zwar begrüßte die „Times" den Vertragsabschluß; Großbritannien sehe hier keine andere Macht lieber am Werke als Deutschland. Aber Salisbury hatte schon 1895 an die Teilung der Türkei gedacht, und die deutsche Planung stand dazu im Gegensatz. Bagdad lag auch nicht weit von Persien, wo Rußland und England um den Einfluß rangen. Kleinasien war bisher kein Gebiet gewesen, in dem fremde Großmächte mit Deutschland rechnen mußten. Mißvergnügt sahen sie hier einen Rivalen auftauchen. Auch hatte man in Moskau seit langem die Zerstörung des türkischen Reiches ins Auge gefaßt. Wieder sah Rußland, daß sich ihm das Reich in den Weg stellte.

Deutsch-englisches Bündnis?

Aber noch ahnte man in der Wilhelmstraße nicht den ganzen Umfang der Gefahren, die man heraufbeschwor. Gerade in diesen Jahren konnte man sich noch einmal auf der Hochflut des Gefühls wiegen, mächtig, beliebt und unangreifbar zu sein. Großbritannien, das so lange vergeblich umworbene, warb nun um Deutschland.

Seit dem Krimkrieg hatte Großbritannien keinen Verbündeten mehr gehabt, aber nun begann es der „glanzvollen" Vereinsamung müde zu werden. Die Zusammenstöße mit dem französischen und dem russischen Imperialismus hatten sich gehäuft. Jetzt, im Jahre 1898, war man in der Downing Street besorgt wegen des russischen Vordringens in der Mandschurei. Mit Wissen und Willen seiner Kabinettsmitglieder machte der Kolonialminister Joseph Chamberlain dem deutschen Botschafter Grafen Hatzfeldt das Angebot, das Reich möge mit Großbritannien durch einen Vertrag in ein festeres Verhältnis kommen. In öffentlicher Rede feierte er die Freundschaft der Völker in begeisterten Worten.

Von diesem März 1898 an wurden dann für mehr als drei Jahre öfters wieder solche Gespräche zwischen den britischen und den deutschen Diplomaten geführt. Gelegentlich trafen sich auch die Herrscher selbst. Große Pausen lagen dazwischen. Graf Hatzfeld wurde durch den Grafen Wolff-Metternich abgelöst, der Burenkrieg brach aus, die Königin Viktoria starb, der Oheim Wilhelms des Zweiten, Eduard der Siebente, bestieg den britischen Thron. In Deutschland ging Hohenlohe endlich, verärgert und noch müder geworden, und sein bisheriger Staatssekretär Bernhard von Bülow löste ihn ab. Während dieser ganzen Zeit bestand die ernsthafte Möglichkeit, daß die beiden großen Völker weltpolitisch zusammengingen.

Daß diese Bemühungen gescheitert sind, ist das schwerste Verhängnis der an außenpolitischem Mißgeschick überreichen wilhelminischen Zeit.

Es gibt überpersönliche Entwicklungen, denen gegenüber die Regierungen ohnmächtig sind. Sie können sich verzweifelt wehren, doch sie können sie nicht wenden. Was aber um die Jahrhundertwende geschah, bleibt menschliches Versagen, mit all den Entschuldigungs- und Erklärungsgründen, die intelligente Menschen für ihre Irrtümer vorbringen können.

Auch für Großbritannien ist das Scheitern dieser Gespräche kein Segen gewesen. Aber die Briten konnten es sich eher leisten als die Deutschen, die Verhandlungen scheitern zu lassen. Wenn sie die Fäden nach mehr als drei Jahren endgültig fallenließen, so wirkten dafür mehrere Gründe zusammen:

Die Auffassungen im Kabinett waren nicht einheitlich. Wohl wollte auch der Premierminister Lord Salisbury ein besseres Verhältnis zu Deutschland; aber er ging ungleich zögernder und gehemmter an die Besprechungen als sein stürmischer Kolonialminister Chamberlain, selbst noch als der behutsamere Außenminister Lord Lansdowne. Chamberlains Begeisterung für das Bündnis fehlte ihm gänzlich. Er sah die Lage viel kühler als dieser, er sah in der Annäherung an Deutschland nur eine von mehreren Möglichkeiten, er war wohl auch menschlich verstimmt durch manche deutsche Taktlosigkeit.

Er glaubte, daß die Deutschen ihre Stärke überschätzten, und meinte, daß sie, bereits belastet durch ihre Feindschaft zu Frankreich und die aufkeimende Gegnerschaft zu Rußland, eine Annäherung an Großbritannien eher nötig hätten als umgekehrt das Inselreich, das in der Wahl seiner Freunde viel freier war. Er gedachte auch nicht, sich mit allen Sorgen und Gegnerschaften Deutschlands zu belasten.

Vielleicht wäre es der Gruppe Chamberlain-Lansdowne doch noch gelungen, ihn für einen Bündnisvertrag mit Deutschland zu gewinnen. Aber als er auf die deutsche Forderung stieß: „Bündnis mit dem ganzen Dreibund oder gar kein Bündnis", lehnte er entschieden ab. „Alles oder nichts", sagte der deutsche Botschafter 1901 zu Lansdowne. Die Briten waren zu stolz, sich so zwingen zu lassen. Da sie alles geben sollten, gaben sie nichts.

In den Bemerkungen der britischen Regierung lag eine Anspielung, die in Berlin offene Ohren hätte finden müssen. Deutschland forderte das Bündnis auch mit Österreich, demselben Österreich, das früher auf viel Wohlwollen in London gestoßen war. Aber über Österreich dachten die Briten jetzt ungefähr so wie über die Türkei. Sie glaubten nicht mehr an den Fortbestand des alten Reiches, und sie wollten nicht gefährliche Verpflichtungen dafür eingehen. Die Reichsregierung wurde gefragt, was sie nach dem Auseinanderfallen Österreichs, das spätestens nach dem Tode Franz Josephs eintreten würde, zu tun gedenke. Deutschland aber machte sich stark. Es glaubte an das Weiterbestehen der befreundeten Macht, es kämpfte alle Bedenken nieder, die sich erhoben. Daß die kühlen britischen Staatsmänner so offen von dem Verfall der Donaumonarchie sprachen, hätte die deutsche

Diplomatie um so nachdenklicher stimmen müssen, als die Briten fern und unbeteiligt waren und sich in ihrem Urteil durch kein Gefühl beirren ließen. Aber der Wink wurde in Berlin nicht beachtet, man hielt daran fest, den zerbröckelnden Körper der Donaumonarchie außenpolitisch zu stützen.

Holsteins Nein

In der Wilhelmstraße war der entscheidende Gegenspieler der britischen Politik der Geheimrat von Holstein. So sehr auch der Kaiser und auch der Kanzler Bülow an den Unterhandlungen beteiligt waren, viele der entscheidenden Überlegungen wurden dennoch in Holsteins Amtszimmer angestellt. Hier ersann der einsame Mann mit seiner ungeheuren Aktenkenntnis und seiner armseligen Menschenkenntnis die merkwürdigen Richtlinien, denen die deutsche Politik schließlich erlag. Der Kaiser sah, daß sein Reich an einer Wende stand. Er hätte gern mit den Briten abgeschlossen und darüber seine Pläne eines britenfeindlichen Kontinentalbündnisses aufgegeben. Zu dem politischen Instinkt, der ihm wieder einmal nicht fehlte, gesellte sich Bewunderung für Großbritannien bei seinen Besuchen. Eine Wendung seines menschlichen Verhältnisses zum Oheim auf dem britischen Thron in freundlichere Bahnen schien möglich. Aber wiederum gab er nach. Ohne es recht zu wissen, unterwarf er sich dem Urteil des schrulligen alten Mannes, der mit seiner kalten und unfruchtbaren Klugheit sich nicht um die Wirklichkeit der Dinge kümmerte.

Es ist die Pflicht jedes Diplomaten, mißtrauisch zu sein. Aber Holstein übertrieb dieses Empfinden; es nahm krankhafte Formen an. Sein Blick für Wirklichkeit war nicht weniger gefährdet, als es bei allzu arglos vertrauenden Menschen geschieht.

Holstein stellte spitzfindige Fragen. So überlegte er, was geschehen werde, wenn das Parlament in Großbritannien einen Bündnisvertrag ablehne. Dann werde, so glaubte er, Rußland ermutigt werden, über Österreich herzufallen, dann werde Deutschland gegen Rußland Krieg führen müssen, um für Großbritannien die Kastanien aus dem Feuer zu holen, und das sei das eigentliche Ziel der Briten.

Er war nicht eigentlich gegen das Bündnis, aber er und Bülow glaubten, noch warten zu können. Die Zeit, das war ihre feste Überzeugung, arbeite für Deutschland; Großbritannien werde doch wiederkommen und dann die deutschen Bedingungen annehmen.

Warnend hatte Chamberlain darauf hingewiesen, daß sich Großbritannien an andere Mächte anlehnen werde, wenn sich Deutschland versage. Er mahnte die Staatsmänner des Reiches, die Bedeutung der Stunde zu begreifen: „Le bonheur qui passe – Das Glück kann vorbeigehen", sagte er. Aber

Holstein war taub gegenüber solchen Warnungen. Er hatte sich eine Theorie zurechtgemacht, die sechs Jahre später grausam widerlegt wurde: Niemals könnten Wal und Bär, niemals könnten Großbritannien und Rußland zusammenkommen. Einmal werde doch Krieg sein zwischen ihnen. Daß zwei Weltmächte ihre Streitigkeiten nicht nur durch Krieg zu erledigen brauchen, daß sie sich auch verständigen können, ist eine der ältesten Erfahrungen der Geschichte. Holstein schlug sie in den Wind. So sah er die deutsche Stellung sehr stark, nicht nur viel stärker, als Salisbury es tat, sondern auch viel stärker, als es der Fall war.

Verpaßte Gelegenheiten

Zum Schluß blieb von den ganzen Verhandlungen über ein festes Bündnis nichts übrig als der Vorschlag Lansdownes, wenigstens ein Abkommen über geographisch begrenzte Gebiete abzuschließen, etwa über das Mittelmeer oder den Orient. Die Augen der Deutschen wurden auf Marokko gerichtet. Wenige Jahre später führte die deutsche Diplomatie eine kraftvolle Sprache, wenn es um Marokko ging. Jetzt tat sie, als gehe sie das Land nichts an.

In Wirklichkeit wäre es um mehr als um Marokko gegangen. In der Politik fließt alles; aus Abkommen über einzelne Gebiete kann sich ein engeres Einvernehmen ergeben, und zum Schluß kann es bündnisähnliche Formen annehmen. So vollzog es sich zwischen Großbritannien, Frankreich und Rußland, so war es überhaupt ein Grundzug britischer Diplomatie, lieber Schritt für Schritt zu gehen, als weite Sprünge zu machen, sich lieber nach jeder eben getroffenen Maßnahme umzusehen und dann zu neuen zu schreiten, als sogleich ganze politische Systeme umzuwerfen. Aber in der Wilhelmstraße verstand man die britische Diplomatie nicht. Man dachte mehr juristisch als weltpolitisch. So kam das „Alles oder nichts" des Grafen Wolff-Metternich zustande, das die Verhandlungen im Herbst 1901 abschloß.

Niemals wird man mit Sicherheit sagen können, daß ein Teilabkommen, wie es Lansdowne vorgeschlagen hatte, zu einer dauerhaften Freundschaft zwischen den beiden Staaten geführt hätte. Es hätte auch anders kommen können. Die Geschichte ist keine Wissenschaft, die mit Beweisen von mathematischer Genauigkeit arbeitet, wenn es zu ergründen gilt, ob ein anderer Weg als der tatsächlich begangene möglich gewesen wäre. Es gehört zum Begriff der verpaßten Gelegenheiten, daß man immer das Wahrscheinliche, ja das nur Mögliche mitschwingen läßt, wenn man ein Urteil fällt. Gleichviel, das Vernünftige nicht getan zu haben, bleibt immer ein schweres Versagen; auch wenn man achselzuckend erklärt, nichts wäre anders gekommen, wenn man verständig gehandelt hätte.

Bismarck hatte zu den notwendigen Eigenschaften des Diplomaten auch

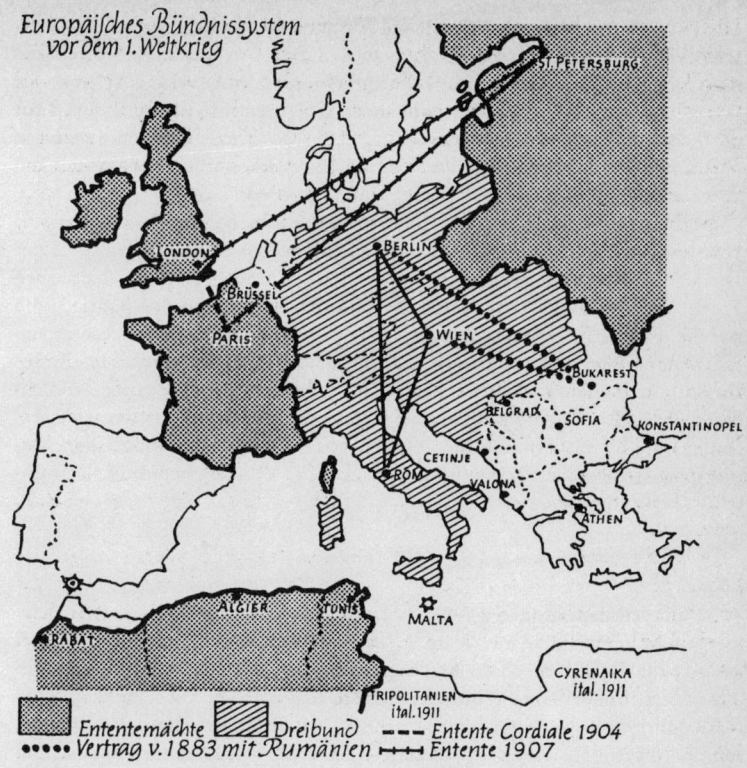

Europäisches Bündnissystem vor dem 1. Weltkrieg

ST. PETERSBURG

LONDON

BRÜSSEL
BERLIN
PARIS
WIEN
BUKAREST
BELGRAD   SOFIA   KONSTANTINOPEL
CETINJE
ROM   VALONA
ATHEN

ALGIER   TUNIS
MALTA
RABAT
CYRENAIKA
ital. 1911
TRIPOLITANIEN
ital. 1911

■ Ententemächte   ▨ Dreibund   – – – Entente Cordiale 1904
●●●●● Vertrag v. 1883 mit Rumänien   ┼┼┼┼ Entente 1907

die Demut vor dem Schicksal gezählt: Er könne doch nichts tun, als auf das
Rauschen des Mantels Gottes zu achten und, wenn er es vernehme, einen
Zipfel des Mantels zu erhaschen. Der Mantel Gottes hatte gerauscht in der
Geschichte, Holstein und Bülow hatten nicht darauf geachtet, und der
große Augenblick war vorbei. Chamberlains Warnung bewahrheitete sich.
1902 schloß Großbritannien das Bündnis mit Japan, 1904 den Freundschaftsvertrag mit Frankreich, 1907 mit Rußland. Die Koalition zeichnete sich ab,
der das Kaiserreich erlegen ist.

Aber wir wollen nicht allzu hochmütig über die deutsche Diplomatie um
die Jahrhundertwende urteilen. Eine große Entschuldigung hatte Bülow:
Er mußte immer fürchten, von der öffentlichen Meinung verurteilt zu werden, wenn er das Vernünftige tat. Die deutsche Presse in jenen Jahren überschlug sich vor Feindschaft gegen Großbritannien, und Bülow hatte Angst
vor ihr. Er traute sich nicht zu, die Nation zu führen, er lief hinter ihr her.

Die Presse hatte damals wie heute die Aufgabe, nicht einfach auszudrücken, was die Leser denken, sondern der Nation die großen Zusammenhänge und die weltpolitischen Notwendigkeiten nüchtern vor Augen zu führen. Sie war verpflichtet, ihr die außenpolitischen Gefahren und Möglichkeiten aus der Logik der Staatsräson aufzuzeigen. Aber die Presse überschlug sich in einem billigen Antibritannismus. Von ihr kalte Erkenntnis der Wirklichkeit zu verlangen, hätte sie als Beleidigung empfunden.

Es ist ein schwacher Trost, daß die britische Presse um nichts besser war. 1902 erwog die britische Regierung, bei einem Konflikt mit Venezuela mit Deutschland zusammenzugehen. Vor dem Wutausbruch der britischen Presse wich sie zurück. 1903 erwogen die Briten, sich an der Bagdadbahn zu beteiligen, auf diesem wichtigen Gebiet also mit Deutschland zusammenzuarbeiten. Wieder wich sie vor dem Wutausbruch der britischen Presse zurück. In beiden Ländern sah die Presse ihre patriotische Aufgabe nicht darin, ihren Landsleuten Wahrheiten zu sagen, die sie nicht gern hörten, sondern sie hielt es für politisch verdienstvoll, wenn sie den möglichen Vertragspartner als einen Ausbund der Heimtücke kennzeichnete und ihn unedler Gesinnung zieh.

Bülow

Als die Verhandlungen mit Großbritannien zu Ende gingen, war Hohenlohe nicht mehr im Amt. Wäre er es gewesen, er hätte doch nichts geändert; die Politik machten seit langem andere. Als er endlich einsah, daß diese Verhältnisse seine Würde berührten, nahm er den Abschied.

Im Jahre 1900 waren in China Unruhen ausgebrochen, die sich gegen die Fremden wandten. Der nationalchinesische Stolz ertrug es nicht mehr, daß die fremden Kaufleute in China Vorrechte genossen. Der Pöbel ermordete den deutschen Gesandten in Peking, den Freiherrn von Ketteler. Die großen Mächte sandten Truppen, um die Unruhen niederzuschlagen, deren die chinesische Regierung nicht Herr werden konnte. Der Deutsche Kaiser, der sich durch die Ermordung seines Gesandten besonders getroffen fühlen mußte, erreichte es, daß der Generalfeldmarschall von Waldersee an die Spitze der internationalen Truppen gestellt wurde.

Weder von der Truppenentsendung noch von der Betrauung Waldersees hatte Hohenlohe vorher etwas erfahren. Nun war selbst die Geduld des müden Greises zu Ende. Er ging und überließ die Geschäfte des Reiches den geschickten Händen des bisherigen Staatssekretärs Bernhard von Bülow.

Der neue Kanzler hatte eine glänzende diplomatische Laufbahn hinter sich. Zum Diplomaten schien er berufen zu sein durch Sicherheit des Auftretens, Rednergabe, weitreichende Bekanntschaften, großen Ehrgeiz und

Reichtum. Er hielt sich für einen Schüler Bismarcks, und als „seinen Bismarck" sah ihn auch der Kaiser länger als ein Jahrzehnt an.

Was Bülow von Bismarck schied, konnte man schon an seinem Stil erkennen. Von Bismarck verzaubert und erschüttert, blendet Bülow zuerst und ernüchtert dann, weil der Leser seine Hohlheit spürt. Bismarcks Diplomatie war verwurzelt in sittlichem und religiösem Bewußtsein. Gerade deshalb war er immer voller Besorgnisse. Bülow suchte nach Augenblickserfolgen, haschte nach Volkstümlichkeit; er teilte den allgemeinen heiteren Optimismus seiner Generation; bei ihm wurde er zum Leichtsinn.

Aber Optimismus war etwas, was dem Kaiser gefiel. Ihn hatte Bülow nicht nur durch seine geistigen Gaben, sondern auch durch Schmeicheleien gewonnen, wie sie am preußischen Hof bisher nicht gehört worden waren. So schrieb Bülow einmal an Wilhelms Freund Philipp Eulenburg – und natürlich wußte er, daß der Kaiser den Brief zu lesen bekommen werde – die folgenden Sätze: „Ich hänge mein Herz immer mehr an den Kaiser. Er ist so bedeutend! Er ist mit dem Großen König und dem Großen Kurfürsten der weitaus bedeutendste Hohenzoller, der je gelebt hat. Er verbindet in einer Weise, wie ich es nie gesehen habe, Genialität, echteste, ursprüngliche Genialität mit dem klarsten *bon sens.*" So ging es noch weiter, so oder so ähnlich sprach Bülow auch dem Kaiser ins Gesicht. Derlei hätte sich Wilhelms Großvater nicht gefallen lassen, er hätte in seiner Umgebung solche Menschen nicht geduldet. Welche Verheerungen mußte dieser Mann aber in der Seele Wilhelms des Zweiten anrichten, der solche Schmeicheleien einschlürfte wie berauschenden Trank!

Es entsprach der bisherigen Laufbahn Bülows, daß er sich als Reichskanzler erst in die innere Politik einarbeiten mußte. Auch beschäftigte die gesetzgeberische Arbeit von Regierung und Reichstag nicht die Phantasie der Deutschen. Die entscheidenden Ereignisse lagen anderswo.

Bülow kehrte zur Schutzzollpolitik für Getreide zurück und erwarb sich damit das Wohlgefallen der Konservativen. In Preußen gab er die Duldsamkeit gegenüber den Polen, die Caprivi begonnen hatte, endgültig auf, die Ansiedlungspolitik der Bismarckschen Ära wurde wiederaufgenommen und durch Enteignungen noch verschärft.

Bebel

Die parlamentarischen Stützen Bülows waren die bürgerlichen Parteien, die er nach Bismarcks Muster nacheinander oder nebeneinander benutzte. Zu einer Gruppe suchte er keine Brücken zu schlagen; das waren die Sozialdemokraten. Sie hätten jeden solchen Versuch auch abgelehnt, sie waren von ihrer Verbitterung gegenüber diesem Staat und von ihrer Kampfstellung noch nicht befreit. Das zeigte sich auf dem Dresdener Parteitag von 1903, wo die Unversöhnlichkeit des marxistischen Glaubensbekenntnisses siegte.

Je länger sich der Marxismus an der Wirklichkeit bewähren mußte, um so deutlicher wurde es unbefangenen Beobachtern, daß diese Lehre mit der tatsächlichen Entwicklung nicht übereinstimmte. So hatte sich innerhalb des Sozialismus die revisionistische Gruppe gebildet, die verlangte, daß die Partei ihr Programm ändere und mit den Verhältnissen in Übereinstimmung bringe.

Es ging dabei um mehr als um einen wissenschaftlichen Streit. Wenn sich der Marxismus häutete, so mußte sein Verhältnis zum Staat anders werden. Er mußte bereit sein mitzuarbeiten, wo er bisher nur gekämpft hatte. Eben deshalb stieß die revisionistische Forderung auf den erbitterten Widerstand des Parteiführers. August Bebel, ein früherer Drechslermeister, war ein Mann von bedeutendem Organisationstalent, großer Redlichkeit und starker Willenskraft. Wie es Gegnern einer bestimmten Gesellschaftsordnung oft geht, verlor auch sein Wirklichkeitssinn sich in schwärmerischem Vertrauen auf den baldigen Sieg seiner Partei, auf den völligen Zerfall der kapitalistischen Ordnung und auf das nahende Zeitalter der menschlichen Freiheit und Würde. Wer so glaubte und hoffte, der mußte ein Feind des Revisionismus sein. Hinter ihm stand die Mehrheit der Partei.

Wir aber sehen heute, daß diese revisionistische Gruppe die Keimzelle für eine innere Umwandlung der Partei war und daß sie am Ende gesiegt hat: im Godesberger Parteiprogramm von 1959. Auch im Kaiserreich wurde die revisionistische Strömung immer stärker, ob ihre Träger es nun wußten oder nicht. Wenn man in den Ausschüssen der Parlamente mitarbeitete, wenn man Wahlbündnisse schloß, wenn die Gewerkschaftsvertreter mit den Arbeitgebern verhandelten, entfernte man sich damit vom Umsturz, beschritt, ohne es zu wollen, den Weg zum Staat. Schon gab es führende Sozialisten wie Noske, die sich rühmten, nie ein Wort von Marx zitiert zu haben.

„Revisionismus" lebte auch in der Seele von Bebel. Er hätte es leidenschaftlich bestritten, und doch entfernte auch er sich von der unversöhnlichen Feindschaft des ursprünglichen Marxismus gegen den Staat. Gegen den Willen von Marx führte er die Sozialdemokratische Arbeiterpartei in das Bündnis mit den Anhängern Lassalles und in das Gothaer Programm. Er half die Gewerkschaften gründen, half auch eine Schule von Gewerkschaftsführern bilden, die im täglichen Kampf mit der harten Wirklichkeit das Nebelhafte des unverfälschten Marxismus langsam vergaßen. Wenn sich Bebel gegen den preußischen Militarismus wandte, so war das ganz Marx; aber wenn er sich zu der Aufgabe des Arbeiters bekannte, das Vaterland zu verteidigen, so ging das über Marx weit hinaus und zeichnete schon die Bahn vor, die später Ebert, Leber und Schumacher betraten.

,,Hottentottenwahlen"

Mit einer anderen Partei, die Bismarck zeitweise heftig befehdet hatte, arbeitete Bülow jahrelang eng zusammen, wie es schon seine Vorgänger getan hatten. Die Zentrumspartei war in diesen Jahrzehnten eine Regierungspartei (wenn man diesen Ausdruck in einem Staat ohne parlamentarische Regierungsweise gebrauchen darf). Aber nach sechsjähriger Regierungszeit kam es zum Bruch.

In Südwestafrika waren Aufstände der Hereros und Hottentotten ausgebrochen. Sie wurden niedergeschlagen, aber die Schutztruppe mußte durch Soldaten aus Deutschland verstärkt werden. Die Aufständischen hatten schon schwere Niederlagen erlitten, waren aber noch nicht völlig besiegt, als die Zentrumspartei und die Sozialdemokraten im Reichstag einen Antrag annahmen, nach dem die Schutztruppe um einige tausend Mann vermindert werden sollte.

Die Beweggründe der Zentrumspartei sind nicht ganz klar geworden. Kolonialfeindlichkeit war es nicht, die sie trieb. So weise, den Wert von Kolonien überhaupt zu bezweifeln, war nur die Sozialdemokratie. Alle bürgerlichen Parteien hielten es für selbstverständliche patriotische Pflicht, die Kolonialpolitik zu unterstützen. Aber das Zentrum hatte mit dem Staatssekretär des Kolonialamts, dem von den Freisinnigen herkommenden Bernhard Dernburg, um die Personalpolitik gestritten. Es ist möglich, daß die Partei der Regierung ihre Macht zeigen wollte. Sie hielt aber vielleicht tatsächlich den Aufstand für so weit niedergekämpft, daß man die Zahl der Schutztruppe gefahrlos verringern könne.

Die Regierung beugte sich nicht; Bülow löste den Reichstag auf, und bei den ,,Hottentottenwahlen" behielt zwar das Zentrum seine Stärke, die es bis 1933 immer behalten hat, aber die Sozialdemokratie wurde schwer geschlagen. Ihre alten Wähler hielten ihr die Treue, doch die Millionen von bisherigen Nichtwählern, in ihrem nationalen Gefühl beleidigt, gingen zu den Konservativen und den Liberalen über.

Im Grunde wiederholten sich die Kartellwahlen und die Wahlen unter Caprivi. In den Zeiten nationaler Gefahr – und viele Deutschen sahen in der Möglichkeit des Verlustes einer Kolonie eine Gefahr für die Größe des Reiches – wandten sich die sonst Lauen den Anhängern einer starken Wehrmacht zu.

Parlamentarisch hatten die Wahlen eine Gruppierung zur Folge, wie sie bisher im Reiche noch nicht bestanden hatte. Der Reichskanzler regierte zusammen mit einer Mehrheit, die nach ihm den Namen ,,Bülow-Block" erhielt und die aus Konservativen, Nationalliberalen und Linksliberalen bestand. Das Kartell von 1887 war nach links verlängert. Darin prägte sich eine bedeutsame Wandlung aus: Die Linksliberalen, sozial die Vertretung der Banken, Reeder und der Kaufmannswelt, der mittleren und Kleinindustrie, vieler Angehöriger der geistigen Schichten und des Mittelstandes, bejahten die Weltpolitik, wie es das ganze Bürgertum tat. Aber die Niederlage der Sozialdemokratie bewies, daß sich auch weite Teile der Arbeiterschaft dazu bekannten, Deutschland müsse eine Weltmacht werden.

Heute sind wir alle viel klüger, als es unsere Väter zur Zeit der Hottentottenwahlen waren. Heute wissen wir, daß die Aufständischen das natürliche Recht jedes Volkes auf ihrer Seite hatten. Heute sind wir froh, daß uns die Sieger jeden Kolonialbesitz genommen haben. Aber wenn die Deutschen damals nicht klug waren, so teilten sie ihren Irrtum mit allen anderen großen Völkern. Es gibt Zeiten, in denen auch alte und erfahrene Nationen mit Blindheit geschlagen sind. Die neu heraufkommende Generation spottet über die Torheit der Alten und beeilt sich dann, neue Torheiten zu begehen, an die niemand von den Älteren gedacht hätte.

Eulenburgs Tragödie

Auch für den Kaiser war der Sieg Bülows bei den Wahlen eine Genugtuung. Er fühlte sich mit Recht als der Bannerträger des deutschen Imperialismus, den die neue Mehrheit des Reichstages so nachdrücklich unterstützte. Aber bald kamen für ihn düstere Tage. Sie waren es auch für das deutsche Volk. Gegen einen Mann seiner nächsten Umgebung wurde ein Pfeil abgeschossen, von dem jedermann wußte, daß er den Herrscher treffen sollte.

Der mächtigste Journalist jener Tage war Maximilian Harden, der in den gelben Heften seiner „Zukunft" eine ungezügelte deutsche Machtpolitik predigte und den Kaiser für zu schwächlich hielt. Einen großen Teil der Schuld an der Politik des Kaisers schrieb Harden dessen Umgebung zu, namentlich dem früheren Botschafter Fürsten Eulenburg. Er beschuldigte ihn süßlicher Schwärmerei und der byzantinischen Liebedienerei, dies zu Unrecht. Eulenburg war weder ein Titan noch ein Staatsmann, mehr ein liebenswürdiger Dilettant in den Künsten wie in der Politik, aber nicht ohne Verantwortungsgefühl und Pflichtbewußtsein. Im Rahmen dessen, was in einer Monarchie und bei diesem Kaiser möglich war, suchte er den Herrscher vor Torheiten zu warnen und ihn als aufrichtiger und selbstloser Freund zu beraten.

Harden aber hielt ihn für einen Träger des Unheils. In seinem ganz persönlichen Stil, der aus Geist, Kraft, Feuer, barocker Überladenheit und Schwulst merkwürdig gemischt war, beschuldigte er Eulenburg und den Stadtkommandanten von Berlin, den Grafen Kuno von Moltke, der Neigung zum gleichen Geschlecht. In den Prozessen, die nun angestrengt wurden, wurde Moltke schwer belastet. Eulenburg, der bis zu seinem Tode jede Schuld bestritt, brach gesundheitlich zusammen, nicht zuletzt, weil ihn der Kaiser fallenließ. So konnte der Prozeß um Eulenburg nicht zu Ende geführt werden, und seine Schuld ist bis heute nicht erwiesen.

Am Ende war nicht nur das Ansehen des Kaisers schwer getroffen, was Harden sicherlich gewünscht hat, sondern die Würde der Monarchie überhaupt. Das Privatleben des Kaisers war immer makellos, und von den Gerüchten um seinen Freund hatte er nie etwas gehört. Aber es ist das Schicksal der Herrscher, daß sie die Verantwortung für ihre Umgebung tragen.

Die ,,Daily Telegraph"-Affäre

Der Prozeß gegen den fürstlichen Freund des Kaisers schwebte noch, als die deutsche Monarchie von einem neuen und härteren Schlag getroffen wurde. Im Oktober 1908 erschien im Londoner ,,Daily Telegraph" der Bericht über eine Unterredung, die ein früherer britischer Offizier mit dem Kaiser gehabt hatte. Dieser Offizier war ein Freund Deutschlands und wollte die Beziehungen zwischen den beiden Völkern verbessern. Seine Absichten waren vortrefflich, seine Mittel falsch.

Die erstaunte Welt konnte lesen, daß nach der Ansicht des Kaisers die Mehrheit des deutschen Volkes die Engländer nicht möge, daß dagegen der Kaiser die vernünftige Minderheit vertrete und daß er seine Neigung zu England durch Taten bekräftigt habe. So habe er dem britischen Generalstab im Burenkrieg den Feldzugsplan geliefert. Dem britischen Volk wurde damit von höchst zuständiger Seite bestätigt, daß sich die deutsche Nation als seinen Feind betrachtete. Zugleich wurde sein Ehrgefühl dadurch verletzt, daß es sich sagen lassen mußte, es habe einen Krieg gegen ein kleines Volk nur durch die Hilfe des preußischen Feldherrngeistes erringen können. Die Deutschen wiederum fühlten sich bei den Engländern denunziert. Sie konnten nicht bestreiten, daß sie die Engländer nicht mochten; aber sie wünschten nicht, daß der Kaiser das öffentlich sagte. Und die Burenbegeisterten unter ihnen, die große Mehrheit also, fühlten sich verletzt, als sie erfuhren, daß ihr Herrscher geholfen habe, das von ihnen bewunderte Volk zu besiegen.

Ein Sturm des Unwillens brach los, in Deutschland weit stärker als in Großbritannien. Solch böse Worte von so unterschiedlichen Seiten waren noch nie gegen einen deutschen Herrscher gefallen wie jetzt. Aber noch ehe der Sturm richtig begonnen hatte, wurde die Öffentlichkeit von einer neuen Mitteilung überrascht: Der Kaiser hatte den Bericht nicht zur Veröffentlichung bestimmt, sondern ihn dem Reichskanzler zur Prüfung übergeben; dieser hatte ihn nicht gelesen, sondern an einen untergeordneten Beamten weitergeleitet und dann, da dieser keine Bedenken gehabt hatte, den Bericht freigegeben.

Was nun folgte, beweist, wie wenig mit Logik im Völkerleben zu rechnen ist. Der Kaiser war dem britischen Gesprächspartner gegenüber höchst taktlos gewesen, aber so hatte er sich in Kundgebungen, die für die Öffentlichkeit berechnet waren, schon öfters verhalten, und die Äußerungen des Unmuts in Deutschland waren immer vergleichsweise milde gewesen. Jetzt aber hatte es sich nur um ein Privatgespräch gehandelt, und der Kaiser soll zu dem Bericht, als er ihm vorgelegt worden war, treffend bemerkt haben, das scheine ihm alles Unsinn zu sein. Dennoch kam es zu einem Aufstand aller Schichten des Volkes, wie ihn das Königreich Preußen oder das Deutsche Reich noch nie erlebt hatte.

Die Empörung wandte sich gewiß auch gegen den Verantwortlichen, gegen den Reichskanzler. Man zerzauste ihn, aber den Kaiser trafen die härtesten Vorwürfe. Dabei mußte sich dem Nachdenklichen eine unwiderlegliche Schlußfolgerung aufdrängen. Entweder hatte Bülow die Wahrheit gesprochen und den Bericht nicht gelesen: dann hatte er höchst leichtsinnig gehandelt. Oder er hatte die Unwahrheit gesagt, den Bericht gelesen, aber seine Tragweite nicht erkannt: dann war erwiesen, daß er von den psychologischen Notwendigkeiten seines Amtes nicht genug verstand. Auf jeden Fall trug er die Hauptverantwortung, nicht der Kaiser, der diesmal nicht im Stil des persönlichen Regiments, sondern korrekt nach der Verfassung gehandelt hatte.

Gleichwohl, der Sturm raste, und er verlangte sein Opfer. Die Nation hatte in den letzten zwanzig Jahren allzu viele unbeherrschte Worte des Kaisers angehört, sie wollte nun nichts mehr davon vernehmen. Sie wählte sich – ungerecht, aber begreiflich – dafür einen Fall, in dem der Angeklagte auf mildernde Umstände hätte rechnen dürfen. Aus ihr sprach das dunkle Gefühl, daß sich die außenpolitische Lage schnell verdüstere. Es war nicht so leicht, Weltmacht zu werden, wie man sich das gedacht hatte. Die Enttäuschung wandte sich gegen den Mann, der versprochen hatte, sein Volk herrlichen Zeiten entgegenzuführen.

Im Reichstag sprachen nicht nur die Redner der Linken, sondern auch der konservative Abgeordnete von der Heydebrand scharfe Worte gegen den Kaiser. Das Zentrum hielt sich noch leidlich zurück, sei es aus politischer Klugheit, sei es, weil es dem Gerechtigkeitsstreben seiner Führer widersprach, einen Monarchen wegen eines Fehlers anzuklagen, den sein Diener begangen hatte.

Dann sprach der Schuldige, der Fürst von Bülow. Wenn der Begriff des Edelmanns noch einen Sinn hatte, hätte der Kanzler die Treue zu seinem Herrn besiegeln und sagen müssen: „Den Herrscher trifft keine Schuld, jeder Tadel gegen ihn ist unangebracht, ich allein trage die Verantwortung." Statt dessen sprach er die Hoffnung aus, der Kaiser werde sich in Zukunft mehr zurückhalten, sonst könnten weder er noch seine Nachfolger die Verantwortung tragen. So verriet Bernhard von Bülow seinen König. Wilhelm brach zusammen. Der Graf Czernin bemerkte in jenen Tagen des Kaisers von Entsetzen geweitete Augen, die zum erstenmal die Wirklichkeit sahen. Der Kaiser begriff jetzt, was die Führer der Nation von ihm dachten. In dieser Stimmung errang Bülow von ihm den Beweis unveränderten kaiserlichen Vertrauens. Ja, der Kaiser billigte ausdrücklich die Worte, die Bülow über ihn gesprochen hatte. Wie aber mußte es in Wilhelms Seele aussehen, welcher Groll mußte in ihm auf den Kanzler erwachen, wenn er sich erst einmal aus der tiefsten Niedergeschlagenheit befreit hatte?

Nur wenige Monate später war es soweit. Der Kanzler hatte mit Hilfe des Blocks im Reichstag die Erbschaftssteuer durchzusetzen versucht, aber die besitzfreudigen Konservativen wandten sich gegen ihn. Sie hätten es kaum gewagt, wenn sie nicht gewußt hätten, daß sich der Kaiser von seinem Kanzler innerlich gelöst hatte. Gegen ihn wandte sich eine neu erstehende Mehrheit aus Konservativen und dem Zentrum, die von den Polen unterstützt wurde. Sie vergalten ihm jetzt seine Enteignungspolitik. Und wenn der Reichstag auch nicht die Macht hatte, einen Kanzler zu bestimmen, so war sie doch groß genug geworden, jedem Kanzler das Regieren unmöglich zu machen, wenn die Volksvertretung nicht wollte. Vom Reichstag und vom Kaiser verlassen, mußte Bülow nach neun Jahren eines trügerischen Scheinglanzes gehen.

Der Kaiser aber überwand die Erschütterung über die „Daily Telegraph"-Affäre nie mehr. Man hat die Folgen wohl übertrieben; auch nach 1908 griff der Kaiser noch oft genug in die auswärtige Politik ein. Aber die frühere Unbekümmertheit kam nicht wieder, und im Kriege versank Wilhelm immer mehr in das selbstquälerische Gefühl seiner Ohnmacht.

Marokkokrise

Bülow hinterließ seinem Nachfolger ein düsteres außenpolitisches Erbe. Deutschland hatte keinen anderen Freund mehr als das zerfallende Österreich-Ungarn. Alle anderen Großmächte standen ihm in Spannung, Ablehnung oder Mißtrauen gegenüber. Daß es so gekommen war, dafür trug Bülow sein schweres Maß von Schuld. Er mochte sie mit dem Kaiser und dem Geheimrat von Holstein teilen, aber nach der Verfassung trug er die Verantwortung, und auch die Nachwelt kann sie ihm nicht abnehmen.

Am 8. April 1904 hatten die britische und die französische Regierung einen Vertrag geschlossen, der die Entente cordiale, das herzliche Einvernehmen zwischen den beiden Mächten einleitete. Voll trüber Gedanken schrieb jener Mann, der unwillentlich viel zu dem Abkommen beigetragen hatte, der Geheimrat von Holstein: „Jetzt haben wir die Bescherung. Wir konnten mit England zusammengehen und heute die Stellung haben, welche Frankreich hat, das heißt gleichzeitig mit England und Rußland gut Freund sein. Aber die Gelegenheit haben wir verpaßt, und Delcassé erweist sich als der Klügere." Selten hatte Holstein so richtige Sätze niedergeschrieben.

In dem Vertrag wurde den Briten Ägypten, den Franzosen Marokko zugesprochen. Es war bezeichnend für den Geist des internationalen Imperialismus, daß sich die beiden Staaten Gebiete zuwiesen, die rechtmäßig anderen gehörten. Aber es hält schwer, dabei sittliche Entrüstung aufzubringen. Die Schutzherrschaft der beiden europäischen Großmächte war ein Segen für die beiden afrikanischen Staaten.

Aber als Frankreich daranging, Marokko zu durchdringen, stieß es auf den Widerstand einer anderen imperialistischen Macht. Am 31. März 1905 landete der Deutsche Kaiser in der marokkanischen Hafenstadt Tanger und hielt hier eine seiner weithin hallenden Reden, in der er für ein unabhängiges Marokko eintrat. Das Pathos seiner Worte, die theatralischen Begleitumstände, der Ritt des Kaisers auf einem weißen Pferd durch die engen Gassen der alten Stadt, das alles ließ sofort den Verdacht aufkommen, der Kaiser habe wieder einmal seiner Neigung zu „großen Auftritten" nachgegeben. In Wirklichkeit hatte er sich lange gegen die ganze Fahrt gesträubt, wie ihm überhaupt die Marokkopolitik der Regierung höchst verdrießlich war. Er ahnte, daß aus alldem nichts Gutes erwachsen könnte. Aber er blieb sowenig fest wie bei den deutsch-englischen Bündnisverhandlungen; er gab dem Drängen Bülows und Holsteins nach, und die Welt empfing den Eindruck, Deutschland werde den Franzosen das erstrebte Gebiet mit dem Schwerte streitig machen. Der Generalstabschef Graf Schlieffen arbeitete auch bereits an einem Feldzugsplan, der seinem Heer den vernichtenden Sieg über Frankreich bringen sollte.

Was aber Bülow wollte, war etwas anderes. Er wollte die Entente der Westmächte durch scharfen diplomatischen Druck sprengen. Vielleicht hat Holstein noch mehr gewollt, aber einen Präventivkrieg hätte er niemals durchsetzen können. Der Kaiser lehnte jeden Gedanken daran entschieden ab. Die deutsche Politik wollte auch nicht eigentlich Marokko, an dem ihr wenig lag, sie wollte den Franzosen zeigen, daß die britische Freundschaft nicht soviel wert sei, wie ihr Außenminister Delcassé geglaubt hatte. Es sollte das begehrte Gebiet durch die Freundschaft Deutschlands, nicht Großbritanniens bekommen; es sollte in ein gutes Verhältnis zu Deutschland „hineingeprügelt" werden.

Die Reichsregierung verlangte eine internationale Konferenz über Marokko. Delcassé sträubte sich, aber ein Minister nach dem anderen wandte sich gegen ihn. Das Deutsche Reich war mächtig und der russische Verbündete in einen schweren Kampf mit den Japanern verstrickt. Das schien der französischen Regierung eine schlechte Gelegenheit zu sein, den Konflikt bis zum letzten auszutragen. Delcassé trat zurück, die internationale Konferenz war beschlossen.

Das Reich hatte einen glänzenden Triumph errungen, aber es war ein gefährlicher Sieg. Der französische Nationalismus brauchte jetzt nicht mehr allein nach Straßburg und Metz zu blicken, um im Volk Feindschaft gegen das Reich zu entzünden, nun kam Marokko hinzu. Frankreich vergaß auch nicht die Demütigung, die ihm durch den Sturz des Außenministers unter fremdem Druck zugefügt worden war. Auch im Ausland wurde man hellhörig und noch mißtrauischer als früher. Was war das für ein Staat, dessen Drohungen andere Regierungen zwangen, auf eines ihrer Mitglieder zu verzichten?

Björkö

Die deutsche Regierung aber sonnte sich in ihrem kurzlebigen Siegesgefühl, und der Kaiser empfand dazu für wenige Wochen die stolze Freude darüber, daß er seinem Staat eine Sicherung verschafft habe, wie es seit Bismarcks Tagen nicht gelungen war. In dem finnischen Hafen Björkö traf er auf seiner Jacht den Zaren, der tief betroffen war über die russischen Niederlagen im Fernen Osten und der sich gern von seinem kaiserlichen Freunde trösten ließ. Der Kaiser berichtete hinterher seinem Kanzler über die Begegnung. Es muß eine merkwürdige Mischung von Gefühlsseligkeit, aufrichtiger Freundschaft und Schläue auf beiden Seiten geherrscht haben. Jedenfalls gelang es dem Kaiser, seinen schwerfälligeren Gast zu überrumpeln und von ihm die Unterschrift unter ein Verteidigungsbündnis zu erreichen.

Aber bald kamen für ihn schlimme Nachrichten. Holstein und Bülow hatten den Abschluß des Bündnisses gewünscht, und Bülow hatte den Kaiser zunächst überschwenglich beglückwünscht. Aber plötzlich fanden die beiden Diplomaten, daß der zwischen den Herrschern abgeschlossene Vertrag wertlos sei, weil er sich nur auf Europa beziehe. Rußland könne Deutschland wirkungsvoll nur in Asien, im Angriff gegen Indien helfen, wenn das Reich in einen Krieg mit England gerate. So zu denken war echter Holstein. Der Kaiser hatte vor allem eine Rückendeckung haben wollen, und darin war er wieder weiser als seine Umgebung. Aber er vermochte Bülow nicht zu überzeugen. Der Kanzler bot seinen Rücktritt an, und der Kaiser brach zusammen. Er drohte mit Selbstmord: „Denken Sie an meine arme Frau und an meine Kinder!" Bülow blieb, und bald zeigte sich, daß die ganze Erregung überflüssig gewesen war.

Auch den Zaren bedrängten seine Ratgeber. Sie wandten ein, daß der Vertrag Rußland in einen Gegensatz zu Frankreich bringen werde – demselben Frankreich, von dem sie große Anleihen erwarteten. Der Zar gab ebenso nach wie der Kaiser. Er gab seinem Berliner Freund in gewundener Form zu verstehen, daß das Bündnis in der vorgesehenen Form nicht Wirklichkeit werden könne. Der Kaiser war um einen Traum ärmer. Er hatte das richtige Gefühl gehabt, daß Deutschland mehr denn je Freunde brauche. Er hatte auch richtiger als seine Umgebung gesehen, daß dazu der Weg des freundschaftlichen Werbens besser war als drohende Sprache. Aber er hatte nicht bedacht, daß Diplomatie ein mühsames, langwieriges und Geduld heischendes Geschäft ist. Man kann eine Großmacht nicht in ein Bündnis hineinprügeln, man kann sie auch nicht durch Überrumpelung dazu bringen.

Algeciras

Im Januar 1906 trat in Algeciras endlich die internationale Konferenz zusammen, von der sich die deutsche Diplomatie viel erhofft hatte. Schon in den ersten Tagen kündigte sich ihre Niederlage an. Die Versäumnisse seit sechzehn Jahren, aber auch die schroffe Diplomatie des letzten Jahres rächten sich. Deutschland fand gegen sich nicht nur Frankreich, sondern auch Rußland und Großbritannien, dazu Italien. Was die italienischen Diplomaten bei der Begründung des Dreibunds warnend gesagt hatten, bestätigte sich. Italien konnte es sich nicht leisten, gegen Großbritannien aufzutreten.

Der Eindruck der gegnerischen Einheitsfront auf Bülow war so stark, daß er es wagte, den Geheimrat von Holstein von der Bearbeitung der Angelegenheiten dieser Konferenz zu entbinden. Holstein antwortete mit dem Rücktritt. Eines der merkwürdigsten Kapitel in der Geschichte der Wilhelmstraße war zu Ende.

Die deutsche Diplomatie hatte sich um die Jahrhundertwende, unter dem bestimmenden Einfluß Holsteins, für keine der beiden großen, weltpolitisch miteinander in Wettbewerb stehenden Mächte entschieden. Ihr Abseitsstehen wäre sinnvoll gewesen, wenn sich das Reich entschlossen hätte, auf jeden weltpolitischen Ehrgeiz zu verzichten. In jedem „Neutralismus" liegt eine innere Verpflichtung dazu, sich selbst zu bescheiden, wie ihn etwa die Schweiz und Österreich vorleben. Hätte das Reich auf Flottenbau, Bagdadbahn, Einfluß in Afrika und im Fernen Osten verzichtet, so wäre es auch folgerichtig gewesen, daß es die britischen Angebote zurückgewiesen hätte. Aber weder die Regierung noch das Reich dachten daran, auf Weltpolitik zu verzichten; dafür aber war Österreich kein ausreichend starker Freund. Das zeigte sich jetzt in Algeciras.

Im weiteren Verlauf der Konferenz stieß Deutschland auf einen neuen diplomatischen Gegner, den Präsidenten der Vereinigten Staaten. Nur noch Österreich stand an der Seite Deutschlands, dessen Vereinsamung erschreckend sichtbar wurde. So konnte das Ergebnis der Konferenz nichts anderes als eine Niederlage sein. Frankreich und Spanien erhielten das Recht zur Aufsicht über die Polizei in Marokko, praktisch damit die Schutzherrschaft. Ein schweizerischer Generalinspekteur verhüllte, notdürftig genug, den französischen Sieg. Den deutschen Diplomaten klang noch in den Ohren, was ihnen der britische Außenminister Sir Edward Grey gesagt hatte: Wenn Deutschland und Frankreich miteinander Krieg führen würden, so werde England an der Seite Frankreichs fechten.

Die deutsche Stellung in Marokko war nicht so bedeutsam, daß es sich verlohnte, viel Trauer über ihre Schwächung zu empfinden. Aber das Aneinanderrücken Frankreichs und Englands, das man gerade hatte verhindern wollen, mußte die deutsche Diplomatie erschrecken. In den Jahren nach Algeciras setzte Grey fort, was er dort begonnen hatte. Die britischen und die französischen Generalstäbler besprachen miteinander eine künftige Zusammenarbeit. Das war noch kein Bündnis, und Grey glaubte bis 1914, die Hände frei zu haben. Aber auch ohne geschriebene Verpflichtungen haben solche Besprechungen eine starke moralische Kraft des Bindens. In Frankreich konnte man zuversichtlich darauf hoffen, daß man, anders als 1870, in einem künftigen Konflikt mächtige Bundesgenossen haben werde.

Der Schlieffen-Plan

Aber dafür ruhte nun in den Geheimschränken des deutschen Generalstabs die große Denkschrift seines Chefs, des Generalobersten Graf Schlieffen, die vielen das sichere „Rezept des Sieges" zu sein schien, wenn entschlossen gehandelt werde. Rußland war im Osten gefesselt, so konnte es sich Schlieffen erlauben, in seinem Plan das ganze deutsche Heer nach Westen zu werfen. Hier sollte es nicht gegen die französische Festungsfront anrennen, wo es sich nach seiner Meinung verbluten mußte, sondern sollte in weit ausholender Umfassung durch Belgien marschieren. Mit einem weiten Sichelschnitt sollte es das französische Nordheer nach Süden treiben und einkesseln. Was Hannibal mehr als zweitausend Jahre vorher bei Cannae gelungen war, sollte von den Deutschen nun auf dem riesigen Schlachtfeld von der Seine bis zur schweizerischen Grenze gewagt werden.

Alle Kraft mußte bei dieser Bewegung auf dem rechten Flügel liegen. Nach Schlieffens Wunsch sollte er siebenmal so stark sein wie der linke. „Macht mir den rechten Flügel stark!" mahnte das Wort aus den letzten Tagen seines Lebens noch den Nachfolger. Aber dieser Nachfolger, der

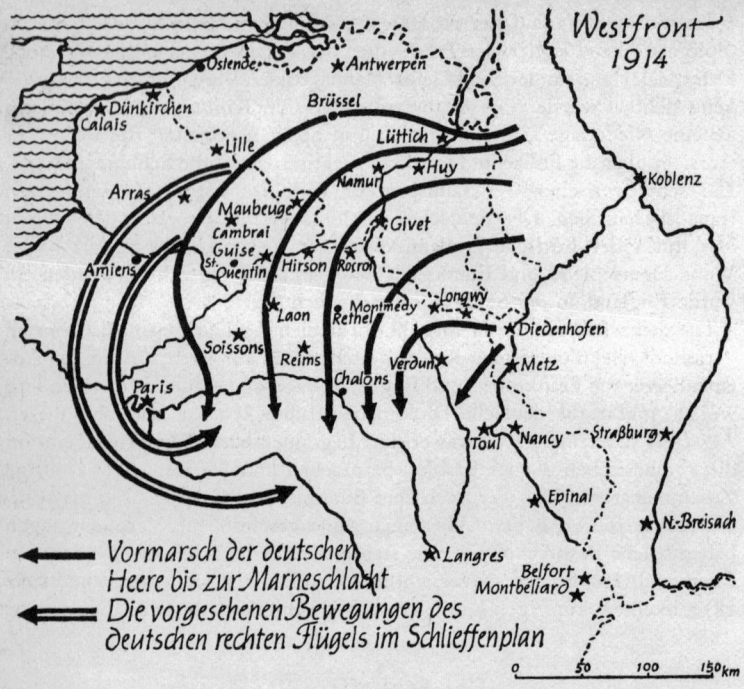

Vormarsch der deutschen
Heere bis zur Marneschlacht
Die vorgesehenen Bewegungen des
deutschen rechten Flügels im Schlieffenplan

0   50   100   150 km

Generaloberst von Moltke, sah die Möglichkeit eines französischen Ein-
dringens in Süddeutschland mit größerer Sorge als Schlieffen. Er glaubte
nicht daran, daß die französischen Truppen in Lothringen umkehren würden, wenn die Deutschen im Norden einbrächen. Er wollte Süddeutschland
vor einer französischen Überschwemmung bewahren. So veränderte er,
unterstützt von seinem Berater, dem Obersten Ludendorff, das Kräfteverhältnis. Der rechte Flügel sollte nur noch dreimal so stark sein wie der linke.
Auch fürchtete Moltke einen russischen Einfall stärker als Schlieffen, der
noch 1912 annahm, die Russen würden zögernd warten, bis die Franzosen
vernichtet wären. Moltke stellte auch gegen Rußland eine Armee bereit.

Aber Schlieffen hatte auch in langem Brüten und in vielen Generalstabs-
reisen herausgefunden, daß der rechte Flügel selbst, wenn die vorhandenen
deutschen Kräfte hier überwältigend massiert würden, immer noch nicht
stark genug sei. So dachte er an eine Vermehrung des Heeres. Bis zu seinem
Rücktritt drängte er jedoch nicht auf eine solche Neuformation und überließ es dem Kriegsministerium, ob es weitere Regimenter aufstellen wollte.

Der Schlieffen-Plan war kühn bis zur Verwegenheit; er setzte voraus, daß

Links oben: Theobald von Bethmann-Hollweg als deutscher Reichskanzler im Jahre 1912. – Rechts oben: Leo Graf von Caprivi, deutscher Reichskanzler von 1890–1894. – Links unten: Fürst Bernhard
von Bülow, deutscher Reichskanzler von 1900–1909. – Rechts unten:
Friedrich Ebert, Reichspräsident von 1919–1925.

Links: Heinrich Brüning als Reichskanzler im Jahre 1930.

Links unten: General von Lüttwitz, einer der Führer des Kapp-Putsches, im Gespräch mit von Hülsen.

Rechts unten: General von Schleicher (links) und General von Hammerstein in Berlin im Sommer 1932.

Rechte Seite: Der historische Marsch auf die Feldherrnhalle in München am 9. 11. 1923. Vorne, Mitte: Adolf Hitler.

*Oben: Tagung des
Völkerbundes in Genf,
Anfang Dezember 1926.
Von links nach rechts:
Dr. Stresemann, Sir
Austen Chamberlain,
Aristide Briand, Staats-
sekretär von Schubert.*

*Links: Hitler verläßt
die Festung Landsberg
am 21. 12. 1924 nach
Teilverbüßung seiner
Haftstrafe.*

ein zahlenmäßig starker Gegner nicht nur zurückgedrängt, sondern auch vernichtet würde. Das sollte geschehen in einem Zeitalter, in dem Maschinengewehre und Schützengraben dem Verteidiger Möglichkeiten gaben, die er vorher nicht besessen hatte. Die Schlieffen-Schule schwört noch heute auf ihren großen Meister, unter den Fachleuten aber gibt es auch Stimmen, die an der Unfehlbarkeit des Rezepts zweifeln. Clausewitz hatte von den „Friktionen" gesprochen, die unweigerlich auch den glänzendsten Plan gefährden. Schlieffen hatte geglaubt, die Friktionen durch entschlossenen Willen überwinden zu können. Es ist ihm nicht vergönnt gewesen, zu beweisen, daß ihm das Übermenschliche gelungen wäre.

Die militärische Seite des Planes mag umstritten bleiben, die politische ist es lange nicht mehr. Schlieffen und sein Nachfolger erwarteten von der Reichsregierung, sie solle den Krieg mit einem Völkerrechtsbruch beginnen. Er verlangte es, und die Reichsregierung stimmte zu, der leichtsinnige Bülow und der schwerblütige Bethmann Hollweg. Ihnen kam es nicht in den Sinn, gegenüber einem General das Recht des Staatsmannes anzurufen.

Die Welt hat lange widergehallt und wird noch lange widerhallen von der Anklage gegen den preußischen Militarismus. Wenn damit der Vorwurf verbunden ist, die preußischen Generale oder die preußische Politik seien von kriegerischer Lust und von Eroberungsgier erfüllt gewesen, wird diese Anklage vor der Geschichte nicht bestehen. Der preußische Staat hat weniger Eroberungskriege geführt als der französische, der russische, der britische: Als 1939 tatsächlich von Berlin aus ein furchtbarer Eroberungskrieg entfesselt wurde, war es kein Preuße, der ihn auslöste, und er handelte gegen den Willen der meisten preußischen und deutschen Generale.

Aber nur in Preußen – und nur im Wilhelminischen Preußen – war es möglich, daß sich die Staatsmänner ihr Führungsrecht von den Generalen aus der Hand winden ließen. Diese Art von preußischem Militarismus hat es wirklich gegeben. Der Preuße wird diese Tatsache mit Trauer feststellen, aber er muß sich beugen vor der Wirklichkeit der Geschichte.

Haager Konferenzen

In diesem Jahrzehnt wachsender internationaler Spannung wuchs zugleich auch die internationale Friedensbewegung, der Pazifismus, gerade weil der europäische Friede immer mehr bedroht wurde. Die Pazifisten richteten ihre Augen auf die Hauptstadt der Niederlande, wo sich zweimal, 1899 und 1907, die Vertreter der Mächte zusammenfanden. Sie berieten darüber, wie man eine zwischenstaatliche Ordnung schaffen könne, die künftige Kriege ausschließe. Ein internationaler Gerichtshof wurde im Haag gebildet. Indem sich die Mächte bereitfanden, bestimmte Streitkeiten seinem Spruch zu unterwerfen, schufen sie den verheißungsvollen Beginn einer künftigen Ordnung. Aber Auseinandersetzungen, die das Lebensinteresse eines Staates oder seine Ehre betrafen, sollten ausgenommen werden, und damit wurde der internationale Gerichtshof seiner stärksten Wirksamkeit beraubt.

Die Friedensfreunde versuchten auch, eine allgemeine Beschränkung der Rüstungen durchzusetzen. Dafür war die Zeit noch nicht reif, die Staaten empfanden einen jeden solchen Versuch als eine Beschränkung ihrer souveränen Rechte. Diese Überzeugung war allgemein verbreitet, aber es war den deutschen Vertretern auf den Konferenzen vorbehalten, sie besonders schroff zu vertreten und so Deutschland noch mehr als bisher in den Ruf eines militaristischen und kriegerischen Staates zu bringen.

Die bosnische Krise

Das diplomatische Zusammengehen Frankreichs, Großbritanniens und Rußlands in Algeciras wurde ein Jahr später gekrönt. Großbritannien schloß mit Rußland ein Abkommen, das die jahrhundertealte Feindschaft im Orient begraben sollte. Persien wurde in drei Zonen geteilt, von denen die nördliche dem russischen, die südliche dem britischen Einfluß geöffnet werden sollte. Die mittlere Zone wurde gnädig dem rechtmäßigen Herrscher, dem Schah, überlassen. Noch verweigerte Sir Edward Grey den Russen ein Abkommen über die Meerengen, aber die britische Diplomatie ließ in Gesprächen im engeren Kreise keinen Zweifel mehr darüber, daß den Russen der Weg nach Konstantinopel kaum noch länger versperrt werden könne.

Das Abkommen ähnelte dem von 1904. Wieder hatte man sich nur über ein geographisch eng begrenztes Gebiet geeinigt, wieder hatten die Briten nicht versucht, Deutschland einzukreisen, wieder hatten sie sich nur aus lästigen weltpolitischen Streitigkeiten befreien wollen. Aber die Wirkung war gleichwohl die Einkreisung Deutschlands. Großbritannien war nun auch an die zweite Macht der französisch-russischen Gruppe enger gebunden, als es dies gewollt hatte. Von jetzt an sehen wir in der britischen Politik eine Strömung wachsen, die Rücksicht darauf nimmt, daß man den neugewonnenen Freund nicht enttäuschen dürfe, damit er sich nicht entferne und Großbritannien allein lasse.

Das zeigte sich wieder ein Jahr später, als Österreich mit Rußland in eine der alten Streitigkeiten über den Balkan geriet. In der Türkei war eine Revolution ausgebrochen, in Wien fürchtete man für Bosnien, das man 1878 besetzt hatte, und man beschloß, sich das Gebiet förmlich einzuverleiben. Dagegen wallte in Serbien Empörung auf, da die Bewohner Bosniens mit den Serben stammesverwandt waren. Rußland unterstützte das kleine Land. Entschlossen stellte sich Deutschland an die Seite Österreich-

Ungarns. Bülow ließ sich in den Bekundungen unerschütterlicher Bundesgenossenschaft auch nicht durch die entschiedenen Töne beirren, die aus Petersburg wie aus London herüberdrangen. So weit ging Bülows „Nibelungentreue", daß er dem Reich das Leitseil um den Hals warf, das Bismarck so gefürchtet hatte. Dem Wiener Amtsgenossen, dem Freiherrn von Aehrenthal, schrieb er am 30. Oktober 1908: „Ich werde die Entscheidung, zu der Sie schließlich gelangen werden, als die durch die Verhältnisse gebotene ansehen." Im voraus also erklärte er sich bereit, jeden österreichischen Schritt bedingungslos zu unterstützen. Und vor dem Reichstag sagte er nicht nur wahrheitsgemäß, daß er von Aehrenthals Schritt nicht früher unterrichtet worden sei als die anderen Mächte, sondern er fügte hinzu, er sei Aehrenthal sogar dankbar dafür. Es war ein verhängnisvoller Vorklang für das, was im Juli 1914 geschah.

Diesmal hatte die Reichsregierung noch Glück. Unter dem Einfluß des neuen Staatssekretärs von Kiderlen-Wächter wurde der russischen Regierung eine Note überreicht, deren Drohung nur noch halb verhüllt war und die, wie immer sie gemeint war, von dem russischen Außenminister Iswolsky als Ultimatum aufgefaßt wurde. Die russische Armee hatte sich von den japanischen Schlägen noch nicht erholt; so gaben Rußland und Serbien nach. Aber der Sieg, den Bülow errungen hatte, war einer jener verhängnisvollen Siege, bei denen die Verluste in keinem Verhältnis zur Höhe des Gewinnes stehen. Iswolsky und mit ihm die russische Oberschicht waren verbittert über die Demütigung. Iswolsky bemerkte grollend einige Jahre später, wenn sich die russische Armee erholt habe, werde Deutschland diesen Schritt nicht wiederholen können.

Aber auch in Großbritannien wirkten Verstimmung und Argwohn lange nach. Zugleich beunruhigten „Flottenpaniken" in regelmäßigen Abständen das britische Volk. Leichtfertige Agitatoren schürten Anfälle von Erregung, in denen sich die Briten als nahe Opfer eines Überfalls durch die deutsche Flotte sahen. Das Treiben der Urheber war verantwortungslos. Gleichwohl, wer sich Besonnenheit bewahrt hatte, mußte sehen, wie sehr das Verhältnis zwischen den beiden Völkern durch die Flottenfrage vergiftet war.

Unermüdlich, wachsam, tapfer und treu wies der deutsche Botschafter in London, Graf Wolff-Metternich, auf die schwere Gefahr hin, die aus der Flottenpolitik für die deutsch-britischen Beziehungen erwuchs. Der Kaiser und sein Admiral waren gereizt, der Herrscher ließ es seinen Botschafter fühlen, und Wolff-Metternich schrieb die stolzen Worte an die Wilhelmstraße zurück: „Ich bin mir wohl bewußt, daß meine Haltung in der Flottenfrage, wobei ich wiederholt darauf hingewiesen habe, daß unser Verhältnis zu England hauptsächlich durch sie vergiftet wird, den Beifall Seiner Majestät nicht findet und daß insbesondere auch der Herr Staatssekretär des Reichsmarineamts meine Haltung bei Seiner Majestät angreift...

Ich würde aber die Geschichte fälschen, wenn ich anders berichtete, als ich es tue, und ich kann meine Überzeugung selbst für die Gunst meines Souveräns nicht verkaufen. Auch ist es mir zweifelhaft, ob Seiner Majestät mit einer glatten und wohlgefälligen Berichterstattung gedient wäre, bis wir uns plötzlich vor einem Krieg mit England sehen."

Bethmann Hollweg

Die deutsche Politik war nicht arm an Männern, die Klugheit, Schärfe der Beobachtung und Verantwortungsgefühl miteinander vereinigten. Das Geschick des Kaisers und des deutschen Volkes wäre glücklicher verlaufen, wenn nach dem Sturz des Fürsten Bülow ein Diplomat wie Wolff-Metternich Kanzler geworden wäre. Er sah das Schicksalsproblem der auswärtigen Politik, er hatte den Mut, es zu bewältigen. Aber sein Herrscher gab ihm dazu keine Gelegenheit. Statt dessen berief er den Staatssekretär des Innern, Theobald von Bethmann Hollweg.

Auch Bethmann Hollweg war eine anziehendere Gestalt als sein Vorgänger, mit seiner Schwerblütigkeit ein wohltuender Gegensatz zu Bülows schönfärberischem Optimismus. Er sah auch, obwohl von konservativer Grundhaltung, die Schicksalsfrage der deutschen Innenpolitik, das Auseinanderklaffen von Arbeiterschaft und Nation, die Versteinerung des Wahlrechts in Preußen, die Gegensätze zwischen der agrarisch-großbürgerlichen Minderheit, von der die alte Form der Monarchie getragen wurde, und der vorwärtsdrängenden Mehrheit des Volkes. Er machte es sich nie leicht, er rang gewissenhaft mit den schweren Sorgen, die ihn bedrückten. Dennoch wußte er keine rettende Tat zu finden, immer blieb er im Zwiespalt des eigenen Wesens und damit im Zwielicht der Geschichte. Freilich, einen starken und kühnen Mann hätten der Kaiser und sein Admiral wohl nicht ertragen. Fünf Jahre gelang es ihm noch, den Frieden zu bewahren. Und schon während dieser Zeit befand sich das Reich mehr als einmal am Abgrund des Krieges.

Im Jahre 1911 marschierten französische Truppen in Marokko nach Fes, um zu vollenden, was Frankreich 1905 begonnen hatte: Marokko zu einem französischen Schutzgebiet zu machen. Die Reichsregierung wollte sich nicht ausschalten lassen, sie begehrte eine Entschädigung, und zum sichtbaren Zeichen ihrer Entschlossenheit sandte sie das Kanonenboot „Panther" nach Agadir. Die nachfolgende Krise ähnelte in manchem der großen Krise von 1905/06. Vor allem waren Holstein und der 1911 amtierende Staatssekretär von Kiderlen-Wächter einander darin merkwürdig ähnlich, daß sie die Bereitschaft Großbritanniens unterschätzten, zu dem französischen Freunde zu stehen. Grey führte eine feste Sprache, und der Schatzkanzler Lloyd George drohte im Mansion House vor aller Öffentlichkeit mit Krieg. Kiderlen mußte sich mit einem Stück der französischen Kongokolonie begnügen. Großbritannien und Frankreich aber rückten noch enger zusammen.

Aber die deutsche wie die britische Regierung waren besorgt darüber, daß so viele Hemmnisse auf dem Wege zu einer dauernden, unbefangenen Zusammenarbeit lagen. Im Jahre 1912 sandte die britische Regierung den deutschfreundlichen Kriegsminister Lord Haldane nach Berlin, der über eine Beschränkung des Flottenbaus sprechen sollte und von Bethmann Hollweg herzlich aufgenommen wurde. Die Besprechungen nahmen zeitweilig einen guten Verlauf, doch am Ende scheiterten sie.

Der Reichskanzler war nicht stark genug, vom Staatssekretär und vom Kaiser mehr als eine nur geringfügige Verzögerung des Flottenbaus zu erreichen. Was man den Briten bewilligte, genügte ihnen nicht. Sir Edward Grey aber wollte wiederum das vom Kanzler gewünschte Versprechen nicht geben, im Fall eines Festlandskrieges neutral zu bleiben. Das hätte seiner Meinung nach die englische Politik zu sehr festgelegt; auch hatte er Rücksicht auf seine festländischen Freunde zu nehmen. Aber er war bereit, eine Formel über die Besserung der Atmosphäre zu unterschreiben.

Das hätte einer deutschen Regierung, der die ganze Gefahr der weltpolitischen Entwicklung bewußt gewesen wäre, für den Anfang genügen können. Vielleicht ließ sich darauf mehr aufbauen. Aber selbst Bethmann Hollweg glaubte, es sich leisten zu können, dies Entgegenkommen ungenügend zu finden. Er sah die Entwicklung mit Unbehagen, aber er glaubte sie nicht ändern zu können. Er hoffte auf die Zukunft, und für einen kurzen geschichtlichen Augenblick schien er recht zu behalten.

Auf dem Balkan wurde 1912 und 1913 die schwelende Dauerkrise akut. Die christlichen Balkanstaaten erhoben sich gegen die Türkei und besiegten sie, gerieten dann aber untereinander in Streit. Zu einer europäischen Gefahr wurde der Drang Montenegros und Serbiens nach der Adriaküste. Österreich-Ungarn wollte es nicht dulden, daß die beiden südslawischen Staaten ihre Macht so erweiterten. Aber Rußland stand seinen Schützlingen bei. Auf langwierigen Botschaftskonferenzen in London wurde ein Kompromiß erreicht. Das Hauptverdienst daran gebührte den deutschen und den britischen Politikern, die den Machtehrgeiz ihrer Verbündeten zügelten.

Das Heer

Wiederum war eine Krise schließlich ausgeklungen, aber im deutschen Volk war Bangen zurückgeblieben. Seit Tanger hatte es alle ein oder zwei Jahre eine schwere Spannung gegeben. Die rosenrote Schönfärberei war nicht mehr möglich, mit der Bülow so lange die Verdüsterung des politischen Horizonts verhüllt hatte. Die Augen der Reichsleitung und des Reichstags richteten sich in sorgenvoller Frage auf die unzulängliche deutsche Landrüstung.

Das Heer hatte lange im Schatten gestanden. Seit Caprivis Heeresvorlage war es nur geringfügig verstärkt worden. Das war nicht nur eine Folge der Liebe von Kaiser und Nation für die Flotte. Ein großer Teil der Verantwortung lag beim Kriegsministerium. Nach den richtungweisenden Gedanken des Generals von Einem hielt es eine neue Verstärkung des Heeres für sachlich falsch. Selten ist ein nützlicher Grundsatz durch Übersteigerung so sehr verzerrt worden. Man ging davon aus, daß die Qualität wichtiger sei als die Masse, wofür sich aus der Kriegsgeschichte genügend Beispiele anführen ließen. Aber daraus folgerte man, daß die Tüchtigkeit und die Ausbildung der Truppe gefährdet würden, wenn man das Heer verstärkte. Das Ministerium ging so weit, zu bezweifeln, daß riesige Heere noch kraftvoll geführt werden könnten. So entschied es sich lange gegen eine Vermehrung.

Man spürt die Nachwirkung der kurzen Feldzüge Moltkes, aber auch eine Unterschätzung des französischen, britischen und russischen Soldaten. Das Ministerium war von dem Übel nicht frei, das die ganze Nation ergriffen hatte, von der Selbstüberhebung. Aber in seiner Haltung wurde auch sichtbar, wie wenig das innere Wesen dieses Staates der verwandelten Zeit entsprach. Das Ministerium fürchtete, wenn es die Zahl der Offiziere vermehrte, so würden zuviel Söhne aus den Kreisen des mittleren und kleinen Bürgertums in das Offizierkorps eindringen und damit dessen Wesen bedrohen: Der Klassencharakter dieses Staates gefährdete seine Wehrhaftigkeit. Militärische Stärke und Standesvorrechte waren früher ineinander aufgegangen, jetzt klafften sie auseinander. Scharnhorst hatte hundert Jahre zuvor begriffen, daß man nicht nur um edler Grundsätze, sondern um der Kraft des Heeres willen den Ideen der Zeit Einlaß gewähren müsse. Seine späteren Nachfolger verstanden ihn nicht mehr.

Inzwischen schöpfte Frankreich seine Bevölkerungszahl für das Heer völlig aus, und auch das russische Heer wuchs, aber in Deutschland blieb alles beim alten. Es ist nicht wahr, daß es zu Land ein Wettrüsten in dieser Zeit gegeben habe. Zumindest bis 1912 war die Rüstungssteigerung eine einseitige Angelegenheit der Franzosen und der Russen, soweit es die Landheere angeht. Anfang August 1914 zählte das französische Heer acht, das deutsche 5,5 Prozent der Bevölkerung. Zusammen mit dem russischen Verbündeten war die Überlegenheit des Zweibunds über die verbündeten Mittelmächte überwältigend. Fast hunderttausend wehrfähige junge Deutsche wurden 1910 nicht eingezogen.

Trotzdem forderte die Regierung 1912 nur eine schwache Vermehrung. Die Friedensstärke sollte um 29000 Mann erhöht werden. Zwei Reichstagsabgeordnete, Graf Kanitz und Freiherr von Richthofen, boten freiwillig der Regierung mehr an, wenn sie mehr brauche. Der Kriegsminister von Heeringen aber meinte, das Heer sei allen politischen Eventualitäten gewachsen. Nicht zuletzt dank dem Drängen des tatkräftigen Generalstabsobersten Ludendorff wurde dann 1913 die Zahl der jährlichen Aushebung um 68 000 Mann vermehrt. Ein langes Ringen mit dem um seinen Haushalt besorgten Staatssekretär der Finanzen, aber auch mit dem Kriegsminister, hatte vorangehen müssen. Heeringen hatte nur zögernd nachgegeben.

Auch die Linksliberalen und die Zentrumspartei traten entschieden für die Heeresvermehrung ein. Die Zeiten hatten sich gewandelt. Bismarck und Caprivi hatten mit dem Parlament um das stärkere Heer kämpfen müssen; diesmal fand die Regierung mit Ausnahme von Sozialdemokraten und Polen keinen Widerstand, sie hätte noch mehr fordern dürfen.

Wieder fragt sich der Nachlebende, welches Bild die deutsche Politik der wilhelminischen Zeit geboten hätte, wenn Deutschland bereits damals unter dem parlamentarisch-demokratischen Regierungssystem gelebt hätte. Man weiß nicht recht, ob eine parlamentarische Regierung die schweren Irrtümer in der äußeren Politik vermieden hätte. Aber es ist wahrscheinlich, daß sie das Heer nicht so vernachlässigt hätte.

Franz Ferdinand

Die weitblickende Volksvertretung jener Jahre bewies, daß Deutschland im Kern gesund war. Das Reich litt gewiß unter mannigfachen Schwächen. Da waren die Millionen von Fremdvölkischen im Osten, Westen und Norden, die man am besten nie in den Staat hineingezwungen hätte; da war der überlebte, auf der Vorherrschaft des grundbesitzenden Adels und des Großbürgertums beruhende innere Aufbau; da war die Feindschaft zwischen Regierung und Arbeiterschaft. Aber keine dieser Schwächen bedeutete eine Lebensgefahr.

Man durfte mannigfache Anzeichen der Gesundung bemerken. Der Reichstag gewann langsam an Ansehen und Macht, das selbstbewußte Bürgertum trat immer entschlossener neben den Adel, die Arbeiterschaft war mehr mit dem Staat versöhnt, als es den Kampfansagen im Parlament zu entnehmen war. Und im Kulturleben stand das Reich noch immer auf stolzer Höhe. Dieses Volk hatte selber das Gefühl strotzender Gesundheit, es traute sich viel zu, es fühlte sich zu Großem berufen. Die vier Jahre des Weltkriegs haben seine Kraft aller Welt erwiesen.

Währenddessen aber siechte der Bundesgenosse dahin. Auch hier klaffte ein Widerspruch zwischen den Anforderungen der Zeit und dem Bündnis von Monarchie und Adel, auch hier meldeten die aufstrebenden Schichten des Bürgertums und der Arbeiterschaft ihre Ansprüche gegenüber den Mächten an, die aus den vergangenen Jahrhunderten her die Führung beanspruchten. Aber die Donaumonarchie war in einem noch viel schlimmeren Sinn unzeitgemäß: Der nationale Gedanke in dem Dutzend ihrer Völker kämpfte ein lebensgefährliches Ringen mit dem Staatsganzen.

Im westlichen Reichsteil fochten die Deutschen noch immer in der Rückzugsstellung gegen die vorwärtsdrängenden Slawen, die nun im Reichsrat die Mehrheit hatten. Eine Regierung im streng verfassungsmäßigen Sinne war lange nicht möglich. Notverordnungen mußten an die Stelle des ordentlichen Gesetzwegs treten. In den Tagen, in denen der alte Kaiser sein sechzigjähriges Regierungsjubiläum feierte, mußte in Prag das Standrecht verhängt werden; Deutschböhmen und Tschechen lieferten sich auf den Straßen Gefechte.

In Ungarn verhinderte die straffe Herrschaft der Madjaren ähnliche Vorfälle, aber unter den nichtungarischen Völkern gärte es. Bitter bemerkte der Thronfolger: „In Österreich haben wir eine Anarchie, die zwar nicht deutsch, und in Ungarn die Despotie, die sehr ungarisch ist." Schon nahmen die ungarischen Rumänen mit dem Königreich Rumänien, die Südslawen mit dem Königreich Serbien Fühlung. Es war Landesverrat, was sie trieben; aber was bedeutet hier Landesverrat? Wenn sie ihrem Volke treu bleiben wollten, mußten sie ihren Staat verraten.

Immer selbstbewußter wurde auch das Auftreten der Madjaren, nicht nur gegenüber den unterdrückten Völkerschaften, sondern auch gegenüber der Gesamtmonarchie. Sie forderten die ungarische Befehlssprache im Heer. Ihr Ziel war deutlich: ein selbständiges Ungarn, das nur noch durch die Person des Herrschers mit den übrigen Kronländern verbunden war.

Die morsche Monarchie durfte nicht mehr wagen, ihre Wehrkraft so auszubauen, wie es ihre gefährdete Lage erfordert hätte. Sie begann zu zerfallen. Der Thronfolger Franz Ferdinand freilich hoffte, sie zu erhalten, indem er sie föderalistisch umformte. Den Südslawen etwa, also Kroaten und Bosniern, sollten die Rechte eines selbständigen Reichsteils gegeben werden. Wäre er zur Regierung gekommen, er wäre auf den erbitterten Widerstand der Madjaren gestoßen; er hätte aber auch dem nationalstaatlichen Drängen von Belgrad begegnen müssen. Der Graf Ottokar Czernin, einer der letzten Außenminister der Monarchie, urteilte später, wenn die Donaumonarchie nicht durch den verlorenen Krieg zugrunde gegangen wäre, hätte ein innerer Umsturz sie auseinandergesprengt.

Franz Ferdinand kam nicht dazu, seinen Plänen Gestalt zu geben. Gerade weil er das Reich festigen wollte, sahen die großserbischen Nationalisten in ihm eine Gefahr. Am 28. Juni 1914 erschoß in Sarajewo der bosnische Student Gabriel Princip den Erzherzog und seine Gattin.

Die Blankovollmacht

Der Mörder von Sarajewo und seine Helfer waren österreichische Staatsbürger, und der Anschlag war auf dem Staatsgebiet der Donaumonarchie begangen worden. Aber Princip hatte in Belgrad studiert, und die Waffen stammten aus Belgrad. Hinter Princip standen serbische Beamte und Offiziere, und die serbische Presse hatte lange gegen Österreich alle Leidenschaften entfacht. Die moralische Mitverantwortung Serbiens lag auf der Hand, wenn auch damals noch nicht alle Einzelheiten bekannt waren. Wäre die Wiener Regierung unmittelbar nach dem Anschlag, als die Welt vor Empörung bebte, scharf gegen Serbien vorgegangen, hätte sie es wohl tun können, ohne daß ihr jemand in den Arm gefallen wäre.

Aber in Wien überlegte man lange und gründlich, man wollte genauere Beweise, man wollte auch erst erfahren, was der Verbündete dachte. Am 5. und 6. Juli besprach sich der österreichische Botschafter Graf Szögyeny mit dem Deutschen Kaiser und seiner Regierung. Er konnte nach Wien beruhigt mitteilen, daß die Reichsregierung zu dem Konflikt mit Serbien keine Stellung beziehen könne, weil dies Wien und nicht Berlin angehe; Österreich-Ungarn könne sich aber auf die Bündnistreue Deutschlands verlassen. Ein deutscher Diplomat, Dr. von Schoen, nannte diese Erklärung die „Blankovollmacht" für Österreich.

Die österreichische Regierung durfte annehmen, daß der Bundesgenosse auf jeden Fall an seiner Seite stehen werde, wie auch immer sich der Konflikt entwickele. Der Lenker der österreichischen Außenpolitik, Graf Berchtold, konnte jetzt beginnen, was er schon unmittelbar nach dem Mord für staatsmännisch richtig gehalten hatte: mit Serbien abrechnen und es mit Krieg überziehen. Er wollte nach dem Siege das Land zwischen die anderen Balkannachbarn aufteilen und so die schwärende Wunde am Fuße der Monarchie schließen. Wenn Serbien in dem mächtigen Rußland einen Beschützer finden sollte, so war man in Wien der Hilfe durch das Deutsche Reich sicher. Vor den vereinigten Mittelmächten war Rußland 1908 zurückgewichen, es war auch 1912 zurückgewichen, warum sollte es diesmal anders handeln?

Im Lichte der späteren Ereignisse erscheinen Berchtolds Entschluß und die deutsche Blankovollmacht als verhängnisvolle Fehler, die den Zusammenbruch der beiden befreundeten Mächte im Gefolge hatten. Der Historiker aber wird sich davor hüten, Handlungen nur vom Erfolg her zu messen. Er wird sich in die Lage der handelnden Personen versetzen. Die Donaumonarchie stand unter tragischem Zwang. Wenn sie jetzt tatenlos zusah, war ihr Ende besiegelt, gerade weil ihr Körper krank war.

Das Deutsche Reich dagegen war im Kern gesund. Um so sorgfältiger hätten seine führenden Männer vermeiden müssen, es in einen Kampf mit einem überlegenen Gegner zu leiten. Bethmann Hollweg hatte mit der Blankovollmacht wissentlich den Bundesgenossen dazu ermuntert, den Konflikt mit Serbien zu wagen. Ihm war bewußt, daß er damit das Risiko eines allgemeinen Krieges heraufbeschwor. Er wollte diesen Krieg nicht, aber er nahm das Risiko auf sich, weil er nicht wollte, daß der Bundesgenosse zerfiel.

Der Kaiser und sein Kanzler sind nicht aus selbstlosem Freundschaftsgefühl dazu gekommen, den Blankoscheck auszustellen. Im romantischen Gemüt des Kaisers mögen Empfindungen gewirkt haben wie das der Nibelungentreue, das Bedürfnis, edel um des Edelmuts willen zu sein. Aber weder er noch erst recht sein Kanzler ließen sich davon wirklich bestimmen. Bethmann Hollweg vor allem fürchtete, Österreich werde zu sehr geschwächt, wenn es dem Allslawentum ausgeliefert werde. Am Ende werde Deutschland sich ganz ohne oder nur mit einem nicht vollwertigen Bundesgenossen inmitten einer feindseligen Umwelt sehen.

In dieser Überzeugung lag viel Verständnis für die Wirklichkeit. Zweieinhalb Jahrzehnte Weltpolitik hatten das Reich vereinsamen lassen, und jetzt drohte ihm das Schicksal, den letzten Freund zu verlieren. Ein tatkräftiger Mann mit starkem Selbstvertrauen hätte es wohl gewagt, die Krise zum Anlaß einer völligen Neuschöpfung der deutschen Außenpolitik zu machen. Dieser Mann war Bethmann Hollweg gewiß nicht, aber er handelte nicht leichtsinnig.

Der Kanzler und vor allem der Kaiser sahen die Welt so, wie es ihrem Wesen und ihrer Herkunft gemäß war. Sie begriffen nicht, daß der Begriff Fürstenmord nicht mehr ganz den düsteren und verabscheuungswürdigen Charakter hatte, der ihm noch im vergangenen Jahrhundert eigen gewesen war. Die deutschen Politiker sprachen wohl hin und wieder von der Gefahr, daß sich der Konflikt ausweite, aber sie sprachen davon, wie man an einem Vorfrühlingstag von der Möglichkeit eines Gewitters spricht: ohne recht daran zu glauben. Sie hofften, daß ein Krieg auf Österreich und Serbien beschränkt bleiben werde. Wenn nicht – nun dann müßte man eben fechten, nicht um Weltmacht zu werden, sondern um Großmacht zu bleiben.

Nun empfanden zwar viele wirklich das Entsetzen über den Fürstenmord. Aber je länger der unmittelbare Eindruck des Anschlags verblaßte, um so mehr wurde dieses Gefühl überschattet und schließlich überwältigt von den Leidenschaften der geistigen Schichten und der Massen. Das allslawische Mitgefühl mit dem von der Aufteilung bedrohten Serbien, das französische Mißtrauen gegen Deutschland, die britische Furcht vor der deutschen Vorherrschaft, das alles zeigte sich stärker als der Abscheu vor dem Mord. Kaiser Wilhelm wollte ein moderner Monarch sein, aber er wurzelte tiefer in Vorstellungen des monarchischen Zeitalters, als es jetzt noch politisch erlaubt war.

Der Kaiser hatte aber auch damit gerechnet, daß die Wiener Regierung gegen Serbien vorgehen werde, solange der Eindruck des Mordes noch frisch und damit stark sei. Aber Graf Berchtold wartete bis zum 23. Juli, dann ließ er in Belgrad das Ultimatum überreichen, das ein Vorgehen gegen die österreichfeindlichen Umtriebe forderte und von dem er hoffte, daß es abgelehnt werde. Die serbische Regierung antwortete würdig und geschickt. Sie nahm alle österreichischen Bedingungen an mit Ausnahme derjenigen, die eine Mitwirkung Österreichs an der Verfolgung der Schuldigen forderte, weil damit die Unabhängigkeit Serbiens verletzt wäre. Erleichtert schrieb der Deutsche Kaiser, als ihm der Inhalt der serbischen Antwort mitgeteilt wurde: „Eine brillante Leistung für vierundzwanzig Stunden ..., aber damit fällt jeder Kriegsgrund fort."

Krieg

Er konnte dennoch das Rad nicht mehr aufhalten, das ins Rollen gekommen war. Die österreichische Regierung erklärte Serbien den Krieg; Rußland machte mobil, zunächst nur gegen Österreich, mit der unzweideutigen Absicht aber, Österreich zum Rückzug zu zwingen, unter Umständen mit den Waffen. Der schauerliche Ernst der Lage war enthüllt, und von London kamen nun auch die dringenden Warnungen des Botschafters Fürsten Lichnowsky: England werde im Kriegsfall an der Seite Rußlands und Frankreichs stehen.

Noch streiten sich die Fachleute darüber, ob Bethmann auch mit dem Kriegseintritt Englands ernstlich gerechnet hatte. Auf jeden Fall raffte sich jetzt Bethmann Hollweg dazu auf, in Wien zu warnen. Deutschland müsse es ablehnen, so telegraphierte er drängend, sich Serbiens wegen in einen allgemeinen Weltbrand hineinziehen zu lassen. War das nur gemeint, um vor der Mitwelt als der Mann zu erscheinen, der den Krieg mit aller Kraft habe verhindern wollen? Oder begriff man jetzt, spät, die Bismarcksche Weisheit von den Knochen des pommerschen Musketiers, die kein balkanischer Konflikt wert sei? Wir haben noch keine genaue Antwort auf diese Frage.

Beschwörend baten Kaiser und Regierung auch den Zaren, aus der Teilmobilmachung nicht die allgemeine Mobilmachung werden zu lassen und dadurch den Brand zu entfachen. Der Zar wäre allzugern dem Ruf seines Berliner Freundes gefolgt. Er machte auch die allgemeine Mobilmachung vorübergehend rückgängig, aber die Offiziere beriefen sich auf ihre Fachkenntnis: eine Teilmobilisierung sei technisch unmöglich. Zugleich hielten die Berater dem Zaren vor, ein Nachgeben könne die Revolution hervorrufen. Der schwache Herrscher gab nach.

Die Ereignisse jagten sich. Für einen kurzen Augenblick schien es, als könne sich das deutsch-englische Zusammengehen von 1912 und 1913 wiederholen, das den Frieden gerettet hatte. Sir Edward Grey schlug eine internationale Konferenz vor. Aber Bethmann Hollweg lehnte ab. Er wollte nach den Erfahrungen von Algeciras Österreich nicht der Demütigung durch die Großmächte aussetzen, die mit Sicherheit zu erwarten war. Immer noch lebte er in dem Wahn, er könnte den Frieden retten, ohne daß die Mittelmächte eine diplomatische Niederlage erlitten.

Aber er arbeitete dann mit Grey zusammen in dem Verlangen, Österreich solle zwar Belgrad besetzen, dann aber haltmachen und das Weitere abwarten. In Wien jedoch wollte man mehr als nur den Einmarsch in Belgrad, man wollte das Ganze, man zeigte taube Ohren, man fühlte sich auch bestärkt durch den deutschen Generalstabschef von Moltke, der um seinen Feldzugsplan bangte und deshalb in Wien schnelles Handeln empfahl.

Moltke wollte den Krieg so wenig wie der Kaiser oder sein Kanzler. Er wollte ihn schon deshalb nicht, weil er Pessimist war. Kein General fängt aus freien Stücken einen Krieg an, den er zu verlieren fürchtet. Aber er sah Deutschland umstellt, und er war ein Gefangener des Schlieffen-Plans, der den Generalstab unter Zeitdruck gesetzt hatte. Mit ihrem Generalstabschef wurde auch die deutsche Politik der Gefangene dieses Planes.

Moltke wollte und mußte nach seinem Feldzugsplan Frankreich schnell niederwerfen, ehe die schwerfällige russische Kriegsmaschinerie in Gang gekommen war. Deshalb mußte er jedes Zaudern verwünschen, deshalb glaubte aber auch der Kanzler, nach der russischen Generalmobilmachung alles tun zu müssen, um dem Generalstab ein schnelles Handeln zu ermöglichen. Ob nach der russischen Mobilmachung noch eine Lösung möglich gewesen wäre, ist schwer zu sagen. Nach den beim Bündnisabschluß gemachten Erklärungen sollte die Mobilmachung den Krieg bedeuten. Aber ein Staatsmann, der den Ernst der Lage völlig begriff, hätte eine solche Lösung wohl versuchen müssen. Er konnte es nicht, weil er für den Fall einer so ernsten Krise längst abgedankt und die Handlungsfreiheit dem Generalstab übergeben hatte. Er und seine Regierung setzten jetzt alles auf die Karte des Blitzsiegs durch das Erbe Schlieffens. Da mit dem Aufmarsch auch kriegerische Maßnahmen verbunden sein würden, schloß Bethmann Hollweg, daß dazu juristisch auch Kriegserklärungen notwendig seien. So kam es zu den Kriegserklärungen an Rußland und Frankreich, die von den Gegnern als Beweis für die Angriffsabsichten Deutschlands aufgenommen wurden.

Der Kaiser hatte den Krieg erklärt, nicht weil er und Bethmann Hollweg den Krieg und die Schlachten wollten, sondern weil der schöpferische Wille des Staatsmannes fehlte. Dieser preußische Militarismus vom Juli 1914 ist die merkwürdigste Erscheinungsform dieser Art, die die Weltgeschichte kennt: ein Militarismus nicht aus Übermut oder Eroberungsgier, sondern aus Verzweiflung, aus der Enge des Denkens, aus selbstmörderischer Gefangensetzung der Politik, aus dem Zusammenbruch des staatsmännischen Willens.

Da Moltke den Schlieffen-Plan abgewandelt hatte und den Feldzug schnell mit einem Handstreich auf Lüttich eröffnen wollte, mußte noch in den ersten Augusttagen das Ultimatum an Belgien gerichtet werden. Sir Edward Grey und Asquith und Churchill hätten wohl auch ohne die Neutralitätsverletzung in den Krieg gehen wollen. Sie wollten nicht zusehen, wie Deutschland die festländischen Mächte niederschlug und dann mit seiner starken Flotte zur vorherrschenden Macht Europas wurde. Der Völkerrechtsbruch gab ihnen die Möglichkeit, die öffentliche Meinung, das ganze Volk hinter sich zu bringen, als sie an der Seite Frankreichs in den Krieg gegen Deutschland gingen.

Wieder wie bei allen früheren Erschütterungen brach die Nervenkraft des Deutschen Kaisers zusammen. Besucher bemerkten seine flackernden Augen. Er selber schrieb, von Furcht geschüttelt, die verzweifelten Sätze nieder, der tote Oheim in England habe über ihn gesiegt. Wilhelm schloß mit der ohnmächtigen Hoffnung, England solle wenigstens Indien verlieren, wenn das Reich schon zugrunde gehen solle.

Das war nicht der Mann, den dann die Propaganda der Gegenseite viele Jahre lang als den eroberungsgierigen Attila schilderte, gewiß aber nicht der Mann, der ein großes Volk in den schweren Stunden führen konnte, die nun bevorstanden.

Die „Schuld" am Kriege

In jenen Tagen sagte Sir Edward Grey: „Jetzt gehen die Lichter aus über Europa, und niemand mehr von den Lebenden wird sie mehr leuchten sehen." Noch heute spüren wir, daß an diesem 1. August 1914 etwas zerbrochen ist, was so leicht nicht wiederkehrt.

Die Verantwortung, die damals die führenden Männer auf sich nahmen, ist riesengroß. Aber wenn man heute, fast ein halbes Jahrhundert später, die Verantwortung zu fassen sucht, stößt man in ein unendlich verwickeltes Gewebe mit vielen Verschlingungen, die viel schwerer zu lösen sind, als es die Propaganda auf beiden Seiten lange Zeit hat wahrhaben wollen.

Das Urteil über die Leichtfertigkeit der damaligen österreichischen Diplomatie steht fest. Sie hat sich die Folgen ihres „kleinen Krieges" gegen Serbien nicht recht auszumalen vermocht; sie hat ihn, den sie doch zu führen entschlossen war, nicht einmal vorbereitet. Der deutsche Bundesgenosse, der wegen des österreichisch-serbischen Konfliktes in den Krieg gegangen war, war sehr betroffen, als er Anfang August, fünf Wochen nach dem Attentat und eine Woche nach der Kriegserklärung, erfuhr, daß der Vormarsch gegen Serbien erst am 12. August beginnen konnte. Seine Leichtfertigkeit zeigte Berchtold auch in dem kurzsichtigen Hochmut, mit dem er den italienischen Bundesgenossen behandelte. So erleichterte er es der italienischen Regierung, nach dem Kriegsausbruch zu erklären, der Bündnisfall sei nicht gegeben.

Aber auch wenn er weniger leichtsinnig gewesen wäre, hätte er gegenüber Serbien kaum anders handeln können, als er es getan hat – es sei denn, er hätte aufgehört, Minister gerade Österreichs zu sein. Der entschiedene Pazifismus unserer Gegenwart wird ihn auf jeden Fall verurteilen, aber dieser entschiedene Pazifismus war damals auf wenige und nicht sehr einflußreiche Kreise beschränkt. Alle handelnden Personen in jedem Land hielten den Krieg für ein erlaubtes Mittel der Politik, sei es auch nur als ultima ratio, als letztes Mittel in einer sonst aussichtslosen Lage. Jeder österreichische Staatsmann aber mußte im Sommer 1914 sein Land in einer solchen Lage sehen.

Wäre die Donaumonarchie nicht entschieden vorgegangen, die Auflösung des Staates durch Wühlerei von innen und außen wäre noch beschleunigt worden. Sie war freilich auch solchermaßen nicht zu verhindern, gewiß; aber welcher Diener des Kaisers von Österreich und Königs von Ungarn hätte das zugeben dürfen? Wenn Österreich jetzt nicht fechten wollte, mußte es bereit sein, als Staat zugrunde zu gehen, was kein Gemeinwesen von vielhundertjähriger Tradition freiwillig zugestanden hätte.

Für den deutschen Bundesgenossen erhob sich während der Julikrise die Frage um Leben und Tod noch nicht. Sie trat erst auf, als der Krieg unvermeidlich war. Gerade darum muß das Urteil über die deutsche Diplomatie härter ausfallen als über den Bundesgenossen. Kaiser, Regierung und Volk haben den Krieg nicht deshalb gewollt, weil sie diese deutsche Macht über Europa ausdehnen wollten. Aber keine Regierung darf ihr Volk ohne Zwang in einen Kampf um den Bestand des Staates gegen eine starke Übermacht führen, wenn sie nicht mit dem Rücken gegen die Wand steht. Für die Reichsregierung aber war davon nicht die Rede. Sie hat erst spät bemerkt, was ein Weltkrieg bedeutete, und sie hat den Entschluß nicht mehr zu fassen vermocht, lieber für sich und den Bundesgenossen die diplomatische Niederlage, auch die Demütigung auf sich zu nehmen, als den Riesenkampf gegen die Übermacht zu beginnen.

Auch Bethmann Hollweg hatte sowenig wie der Herzog von Gramont das Beispiel Manteuffels in Olmütz studiert, der lieber seinen Staat und die eigene Persönlichkeit an Würde verlieren ließ, als in einen lebensgefährlichen Kampf einzutreten. Wie Feldherren, so müssen auch Diplomaten gelegentlich den Mut zu Rückzügen zeigen. Wenn sie ihn dazu benutzen, sich freie Bahn für neues schöpferisches Handeln zu schaffen, so kann aus dem Rückzug am Ende eine Ruhmestat werden.

Der Zar von Rußland wollte sowenig den Weltkrieg wie sein Vetter in Berlin. Als er die allgemeine Mobilmachung befahl, die in Berlin den Stein ins Rollen brachte, erlag er dem Drängen der militärischen Fachleute. Unter ihnen gab es wohl eine Partei, die den Krieg wollte. Aber ihr Argument, daß eine Teilmobilmachung technisch unmöglich sei, war schwer zu widerlegen. Der militärische Mechanismus zeigte seine verhängnisvolle Wirkung nicht nur in Berlin.

Der französischen Regierung ist lange von den Deutschen vorgeworfen worden, sie habe unter der Maske der Zurückhaltung den Petersburger Bundesgenossen ermuntert, zu marschieren. Zu oft war in Paris nach Revanche gerufen worden, und nach dem Kriege schien Frankreichs Politik an Rhein und Ruhr alle Annahmen zu bestätigen, in der französischen Feindschaft gegen Deutschland habe eine eiserne Folgerichtigkeit gelegen. Aber die Forschung hat dann, nicht ohne Erstaunen, feststellen müssen, daß tatsächlich die französische Regierung den Krieg gefürchtet hat. Es wäre ihr lieber gewesen, sie hätte ihn vermeiden können.

Sie hat in Petersburg ihre Bündnistreue beteuert, und sie hat auch bei deutschen Anfragen kein Hehl aus dieser Absicht gemacht. Aber das kann man ihr nicht als Böswilligkeit anrechnen. Vielleicht hat in ihren Gedanken, vielleicht auch nur im Unterbewußtsein die Vorstellung eine Rolle gespielt, jetzt sei die Stunde gekommen, Rache für Sedan zu nehmen. Das festzustellen gehört schon in den Aufgabenbereich der Tiefenpsychologie und nicht mehr in die Geschichtsschreibung. In ihren Maßnahmen jedenfalls hat sich die französische Regierung korrekt verhalten.

In Großbritannien wünschte man den Krieg sowenig wie in Deutschland oder Frankreich. Aber auch für Grey gilt die Frage wie für Bethmann Hollweg, ob er alle Mittel gewählt hat, den Krieg zu vermeiden. Der Konferenzvorschlag, die Anregung des Halts in Belgrad, der Wunsch, Wien und Petersburg möchten unmittelbar miteinander sprechen, sollten diesem Zwecke dienen. Aber man darf zweifeln, ob dies genug gewesen ist. Dem britischen Außenminister ist später oft vorgeworfen worden, er habe nicht von Anfang an der Reichsregierung klar und unbarmherzig gesagt, daß England im Konfliktsfall auf der Seite seiner festländischen Freunde stehen werde; Bethmann Hollweg wäre dann, so meint man, schneller bereit gewesen, in Wien zu bremsen. Grey konnte jedoch eine solche Erklärung nicht so früh abgeben, da er Wert darauf legen mußte, die britische Politik als frei hinzustellen – was sie nach den bündnisähnlichen Besprechungen der Vorjahre nur noch in juristischer Hinsicht, nicht mehr tatsächlich war.

Er hätte aber auch den Weg gehen können, in Petersburg mit Nachdruck zu erklären, daß Großbritannien keine Neigung verspüre, für allslawische Balkanziele zu marschieren. Das hätte wohl die Tatkraft des russischen Generalstabs heilsam gedämpft. Grey tat es nicht, weil er die Enttäuschung in Petersburg fürchtete. Sie hätte um so größer sein müssen, als die Beziehungen zwischen den beiden Staaten seit 1907 freundlicher geworden waren. Greys Empfinden war dem des deutschen Kanzlers in manchem verwandt. Beide fürchteten, am Ende der Krise isoliert dazustehen. Aber Bethmann Hollweg hat den Bundesgenossen wenigstens spät, wenn auch vergeblich zu bremsen versucht. Grey hat es überhaupt nicht getan.

Es sind in diesem Julimonat 1914 viele und verhängnisvolle Fehler gemacht worden, aber für jeden dieser Fehler gibt es irgendeine Begründung. Die Geschichte kann sie nicht als ausreichend ansehen, aber die Forschung hat gelernt, auf den Vorwurf zu verzichten, irgendeine Regierung habe den Krieg vorsätzlich angezettelt. Lloyd George hat das später in den nachdenklichen Worten ausgedrückt, daß es so ungewöhnlicher Persönlichkeiten wie Theodore Roosevelts oder Palmerstons oder Bismarcks bedurft hätte, den Kriegsausbruch zu verhindern; die Staatsmänner von 1914 seien in den Krieg „hineingeschliddert".

Eine unbefangene Betrachtung hat uns heute die wahren Schuldigen erkennen lassen: den Geist des schrankenlosen Imperialismus und Nationalismus, der in Jahrzehnten Entzündungsstoffe angehäuft hatte, die nun durch einen Funken in Brand gerieten; den Mangel an einer übergeordneten europäischen Gemeinschaft; die Abhängigkeit der Regierungen von den angeblichen militärischen Notwendigkeiten; die Starrheit der Bündnissysteme, die auch friedenswilligen Ministern kein Ausweichen mehr zu erlauben schienen. Am Ende war wohl entscheidend, daß kein europäisches Volk wußte, welche Schrecken im zwanzigsten Jahrhundert ein großer Krieg zur Folge haben würde.

Die Marne

Das deutsche Volk erlebte den Ausbruch des Krieges in einem Rausch vaterländischer Begeisterung. Das wäre verwunderlich gewesen bei diesem friedliebenden Volk, wenn es nicht zutiefst überzeugt gewesen wäre, daß es ruchlos angegriffen worden sei und daß es jetzt gelte, für das Leben der Nation zu fechten – und wenn nicht auch die Zuversicht lebendig gewesen wäre, daß der Ausgang des Krieges das Reich zu bisher nie erlebter stolzer Höhe führen werde.

Die ersten Nachrichten schienen diese Hoffnung zu bestätigen. Die deutschen Armeen schlugen die Belgier, die Franzosen und die Briten in mehreren Schlachten und drangen bis kurz vor Paris vor. Der Schlieffen-Plan schien auch in seiner abgewandelten Form alle Siegeserwartungen zu erfüllen. Im Hauptquartier des Generalobersten von Moltke sah man den Feldzug schon als gewonnen an. Selbst die Pessimisten atmeten auf. Die Tatsache, daß nur wenige Gefangene gemeldet wurden, daß also die feindlichen Armeen noch unerschüttert waren, hätte nachdenklich, vielleicht besorgt stimmen müssen. Aber die deutsche Führung blieb zuversichtlich, bis Anfang September der schwere Rückschlag kam.

Die vorwärtsstürmenden Armeen wurden weder von Moltke mit eiserner Hand geführt, noch verständigten sie sich untereinander. Dazu verkehrten sich, je länger der deutsche Vormarsch dauerte und je mehr sich die Gegner zurückzogen, die Kräfteverhältnisse. Im Anfang waren die Deutschen an dem entscheidenden Nordflügel in der Überzahl gewesen, Anfang September waren es die Gegner. Gefechte und Marschverluste hatten die Deutschen geschwächt; der französische Oberbefehlshaber Joffre hatte von der Südfront und aus dem Hinterland Verstärkungen herangeführt, wozu er in der Lage war, da ihm die kürzeren Verbindungslinien und die unzerstörten Eisenbahnen zur Verfügung standen. Von Norden her setzte er zum Gegenangriff gegen die rechte Flügelarmee Klucks an. Der warf den andrängenden Franzosen Truppen entgegen, die sich bisher nach links an die Zweite Armee Bülows angelehnt hatten. Ihr Abmarsch machte eine Lücke frei, in die sich die Briten schoben. Wohl schlug Kluck noch einmal die Franzosen,

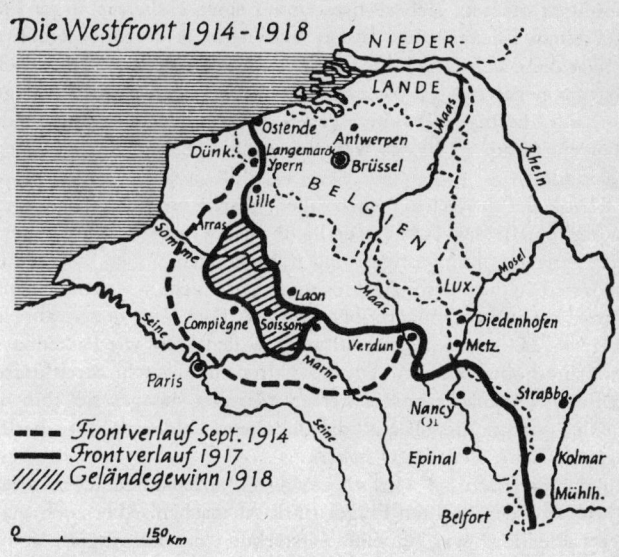

Die Westfront 1914-1918

- - - Frontverlauf Sept. 1914
——— Frontverlauf 1917
/////// Geländegewinn 1918

aber die Lage in der Lücke weckte bei dem Abgesandten Moltkes an der Front, dem Oberstleutnant Hentsch, einem befähigten Taktiker, schwere Sorgen. Im Einvernehmen mit ihm leitete Bülow den Rückzug ein, Kluck mußte folgen. Die Schlacht an der Marne war verloren.

Man hat in ihr die Schicksalsschlacht des Krieges schlechthin gesehen. Die Franzosen feiern sie als den Entscheidungssieg über den Eroberer, als eine Wiederholung der Kämpfe von Tours und Poitiers (wo im frühen Mittelalter Frankreich und Europa vor den anstürmenden Arabern gerettet worden waren). Die meisten Deutschen sehen in der Marneschlacht die eigentliche Unglücksschlacht. Mit ihr sei die einzige Möglichkeit für einen schnellen deutschen Vernichtungssieg verlorengegangen.

Eine solche Betrachtung entspringt, nach dem Ausspruch des Generals Marx, der „dramatischen Geschichtsauffassung". Die Marne war kein Schicksalsfluß. Im September 1914 wurde nichts entschieden. Es wurde nur etwas deutlich, was bei genauerem Studium der Kriegsgeschichte längst hätte deutlich werden müssen: daß ein Staat mit einem an Zahl unterlegenen Heer gegenüber einem gutausgebildeten, tapferen und gutgeführten Gegner wohl einzelne Schlachten gewinnen kann, daß er zur Not hoffen darf, sich am Ende zu behaupten, daß er aber nicht in der Lage sein wird, den Feind völlig niederzuwerfen. Die Marneschlacht hätte die Einsicht herbeiführen müssen, daß die Erwartungen, man könne den Gegner zerschmettern, trügerisch gewesen waren. Sie hätte Reichsleitung und Volk dazu bringen müssen, sich rechtzeitig auf einen Hubertusburger Frieden, also auf einen Frieden ohne Sieger und Besiegte einzurichten. Daß die Deutschen diese Lehre nicht begriffen, daß sie noch lange Jahre weiter in dem Irrtum beharrten, die Schlacht von Sedan noch einmal schlagen zu können, nur diesmal mit unterlegenen Kräften, das allerdings bedeutete eine Entscheidung. Aber das war eine politische und keine strategische Entscheidung.

Die Kritik der deutschen – nicht aller – Fachleute richtet sich vor allem gegen Moltke. In der Tat war er mehr ein Denker als ein Lenker, zum Grübeln geneigt, ohne feurigen und mitreißenden Willen, gelegentlich in seinem Urteil schwankend. Aber es müßte nachdenklich stimmen, daß die Vorwürfe, die gegen ihn erhoben werden, zum Teil denen ähneln, die später gegen Männer von unbestrittener Willenskraft wie Falkenhayn und Ludendorff erhoben wurden. Alle drei hatten zu schwache Streitkräfte, und wer schwach ist, macht immer Fehler. Genauer gesagt: Bei ihm wirken sich Fehler verhängnisvoll aus, die bei einem Feldherrn mit überlegener Heeresstärke keine Bedeutung haben.

Dem jüngeren Moltke wird vorgeworfen, er habe Schlieffens Mahnung nicht beachtet, den rechten Flügel stark zu machen. Aber auch sein Mitarbeiter Ludendorff war für eine Verstärkung des lothringischen Flügels eingetreten, weil beide, anders als Schlieffen, eine Überschwemmung Süddeutschlands für eine schwere Bedrohung hielten.

Der Generalstabschef entnahm, elf Tage vor Beginn der Marneschlacht, dem rechten Flügel zwei Armeekorps und sandte sie nach dem Osten, wo sie für die Schlacht bei Tannenberg nicht einmal rechtzeitig eintrafen. Aber er glaubte dazu berechtigt zu sein, weil ihm im Westen die Oberbefehlshaber die (wie wir heute wissen, übertriebenen) Berichte über den fluchtartigen Rückzug der Franzosen sandten. Dazu war Ostpreußen schwer bedroht, er konnte unmöglich wissen, daß der russische General Rennenkampf untätig zusehen werde, wie Samsonows Armee vernichtet würde. Schlieffen hatte sich bei seinem Plan um den Osten überhaupt nicht gekümmert. Die Wirklichkeit war anders.

Schließlich hat Moltke die Oberbefehlshaber der Armeen in der Tat nicht kraftvoll genug geführt. Die Zügel locker gehalten hatte aber auch Moltkes großer Oheim, und die Führung von Millionenheeren war 1914 noch nicht erprobt. Daß schließlich der Entschluß zum Rückzug an der Marne richtig war, daß Hentsch und Bülow durch die Lage gerechtfertigt waren, bestreiten heute nur noch wenige Fachleute.

Die Schlacht an der Marne wäre anders ausgegangen, wenn eine Reservearmee hinter den vorwärtsstürmenden Truppen hermarschiert wäre. Das wäre möglich gewesen, trotz der angeblich verhängnisvollen Verstärkung des lothringischen Flügels, wenn im letzten Jahrzehnt die wehrfähige deutsche Mannschaft ebenso vollständig ausgebildet worden wäre wie die französische und wenn die Reichsleitung die Hälfte der für die Flotte verwendeten Gelder für Artillerie und technische Truppen ausgegeben hätte. Dann wären die Franzosen gezwungen gewesen, zur Loire zurückzugehen.

Das Urteil darüber, was dann weiter geschehen wäre, gehört mehr in den Bereich der spekulativen Phantasie als der Geschichtsschreibung. Es mag sein, daß sie auch die Loire nicht hätten halten können. Es gibt aber auch Fachleute, die glauben, daß sich die Franzosen dank ihrer ausgezeichneten Moral, dank Joffres Unerschütterlichkeit, dank dem Maschinengewehr und dem Spaten, diesen großartigen Hilfen der Verteidigung, an der Loire festgesetzt hätten. Dann hätte der Stellungskrieg hundert Kilometer weiter südwestlich begonnen als im Herbst 1914. Der große „Wurstkessel" von Paris bis zur Schweizer Grenze, der Schlieffen vorschwebte, wäre auch dann nicht geschaffen worden.

Der ältere Moltke wollte in einem Zweifrontenkrieg an der lothringischen Festungsfront verteidigend fechten, zusammen mit den Österreichern wollte er erst die Russen schlagen. An einen Vernichtungssieg, der mit einem Schlage den Krieg beendet hätte, dachte er nicht, sondern an ein jahrelanges Ringen. Den Kräfteverhältnissen, aber auch den militärtechnischen Gegebenheiten entsprach seine Auffassung wohl mehr als die Pläne Schlieffens und dessen Nachfolger.

Dem deutschen Volk wurde der schwere Rückschlag verheimlicht. Die verhängnisvolle Politik der Beschönigung begann, die vier Jahre lang andauern sollte. Bis dicht vor dem Zusammenbruch wurde die Nation nie dem unabänderlich schweren Ernst der militärischen Lage gegenübergestellt. Weil die militärische Führung und die Reichsleitung vor dem Volk die Entwicklung immer rosiger schilderten, als sie war, und weil sie nie von den schweren Wolken sprachen, die immer über den deutschen Heeren hingen, konnten die uferlosen Programme der Eroberung gedeihen.

Falkenhayn

Nach der Schlacht an der Marne brach Moltke zusammen, und der bisherige Kriegsminister Erich von Falkenhayn wurde sein Nachfolger. Der neue Generalstabschef war ein Mann von stärkerer Willenskraft als Moltke und von hoher Begabung, aber von sprödem Wesen. Es gelang ihm nicht, das Vertrauen des gesamten Heeres zu gewinnen. Zunächst aber nahm er die am Boden schleifenden Zügel mit starker Hand auf, und er stellte die Lage im Westen wieder her. Seine Versuche allerdings, die Nordflanke des Gegners zu überflügeln und in veränderten Formen den alten Umfassungsplan auszuführen, scheiterten an den Gegenmaßnahmen der Franzosen und Engländer und an ihrer überlegenen Zahl. Die Front im Westen erstarrte.

Noch im August war es gelungen, die unmittelbare Bedrohung im Osten abzuwehren. In einer mehrtägigen Umfassungsschlacht besiegte die Armee des Generals von Hindenburg, dessen Stabschef Erich Ludendorff war, eine russische Armee bei Tannenberg. Hier war tatsächlich, allerdings auf begrenztem Raum und gegenüber einer nicht sehr fähigen Führung, das Cannae gelungen, das Schlieffen im Westen vorgeschwebt hatte.

Im Mai 1915 brach eine große deutsch-österreichische Offensive bei Tarnow und Gorlice in Galizien gegen die Russen los. Das russische Heer verlor viele Gefangene und wurde weit zurückgedrängt. Ein Stoß von Norden, vom Narew her, unter Hindenburgs Führung sollte als Ziel haben, den größten Teil des russischen Heeres durch eine mächtige Zangenbewegung einzukesseln. Die Russen wurden auch geschlagen, konnten sich aber vom Feinde lösen und eine neue Stellung aufbauen.

Dabei kam es zu ernsten Meinungsverschiedenheiten zwischen den Ostgeneralen und Falkenhayn. Sie konnten sich nicht über Stoßrichtung und Stärke des Angriffs einigen. Die Ostgenerale hofften auf eine völlige Vernichtung des Gegners und forderten dafür einige Armeekorps. Falkenhayn bewilligte diese Verstärkungen nicht, weil die Westfront gegen einen an Zahl und Material überlegenen, dazu an soldatischen Eigenschaften fast gleichwertigen Gegner stand. Ihre Kräfte waren bis zum Zerreißen gespannt. Außerdem zweifelte er an der Möglichkeit eines Vernichtungssieges gegenüber einem Gegner, dem ein weiter Raum zur Verfügung stand und der aus den früheren Kämpfen gelernt hatte, sich einer Umfassung zu entziehen. Der Streit trug dazu bei, das Verhältnis zwischen den volkstümlichsten deutschen Generalen und dem Leiter der Operationen zu vergiften.

Im Februar 1916 unternahm Falkenhayn zum ersten Male seit dem Herbst 1914 wieder eine große Offensive im Westen. Das Ziel war die Festung Verdun. Da aber Falkenhayn angesichts der Kräfteverhältnisse nüchtern über die Möglichkeit vernichtender Schläge dachte, fand er sich in seinen Überlegungen damit ab, daß Verdun vielleicht nicht zu nehmen sei. Er wollte die Franzosen zwingen, sich an einem Platz zum Kampf zu stellen, von dem sie um seiner moralischen Bedeutung willen nicht weichen konnten, und er hoffte, ihnen dabei so große Verluste zuzufügen, daß sie empfindlich geschwächt würden. Hier wurde seine kühle und im ganzen wirklichkeitstreue Ablehnung aller Vernichtungspläne seelenlos. Die Wirklichkeit widerlegte ihn denn auch.

Die Franzosen hatten in den mörderischen Kämpfen um Verdun zwar hohe Verluste, aber die Einbußen der Deutschen waren nicht viel geringer, und die große Überlegenheit des Gegners an Menschen, Geschützen und Munition erlaubte es ihm, im Sommer an der Somme eine gewaltige Offensive zu beginnen. Von der schwächeren deutschen Abwehrfront konnten die Angriffe nur unter äußerster und heldenmütiger Anstrengung und mit der Erschöpfung aller Kräfte aufgehalten werden. Das ohnehin gefährdete Ansehen Falkenhayns sank weiter. Da jetzt noch ein neuer Gegner auf den Plan trat, mußte er zurücktreten.

Der deutschen Diplomatie war es bei Kriegsbeginn gelungen, die Türkei auf die Seite der Mittelmächte zu bringen. Im Frühjahr 1915 trat dagegen Italien in den Krieg gegen seine früheren Bundesgenossen ein. Es hoffte, nicht nur die „unerlösten Gebiete" mit italienischer Bevölkerung, sondern die dalmatinische Küste zu gewinnen. Aber im gleichen Jahr begann auch Bulgarien den Krieg gegen das verhaßte Serbien. Die vereinigten Heere der Mittelmächte drangen vor, Serbien wurde niedergeworfen und der Weg vom Deutschen Reich zu den Dardanellen geöffnet. Nun war es den Türken möglich, gewaltigen feindlichen Angriffen zu widerstehen, und den Russen blieb der Weg versperrt, auf dem sie aus den industriellen Staaten des Westens in größerem Umfange Munition hätten erhalten können, was ihre Armeen gegenüber den Deutschen und Österreichern empfindlich schwächte.

Immerhin vermochten sie sich von den Niederlagen des Jahres 1915 zu erholen. Sie begannen unter dem General Brussilow 1916 eine große

Offensive gegen die Österreicher in Galizien, und die Anfangserfolge Brussilows bestimmten Rumänien, an die Seite Rußlands zu treten. Trotz seiner Bündnisverpflichtungen gegenüber den Mittelmächten war es 1914 neutral geblieben. Der Haß gegenüber den Madjaren war zu groß, der Wunsch, die in Ungarn lebenden Rumänen zu befreien, war übermächtig. Jetzt, 1916, glaubte es, seine alten nationalen Bestrebungen verwirklichen zu können. So griff es in den Krieg gegen seine früheren Bundesgenossen ein. Wenige Tage später war Falkenhayn entlassen.

Eroberungspläne

Aber Falkenhayns Sturz war nicht allein das Werk seiner militärischen Kritiker. Auf seltsame Weise verknüpfte sich sein Schicksal mit dem politischen Geschehen, mit den deutschen Forderungen auf Gebietsgewinn.

Das deutsche Volk war willig in den Krieg gezogen, weil es davon überzeugt war, einem Ring raublüsterner Gegner gegenüberzustehen. Von den diplomatischen Irrtümern der Reichsregierung ahnte es nicht viel. Auch die Sozialdemokratie wollte sich von der Gemeinschaft eines angegriffenen, um sein Leben kämpfenden Volkes nicht ausschließen. Da sich die Nation herausgefordert, eingekesselt und in ihrem Dasein bedroht sah, wollte sie sich für die Zukunft besser sichern, als es bisher der Fall gewesen war. Der Kanzler verlangte „reale Garantien" gegen die Wiederkehr einer so lebensgefährlichen Lage. Der mögliche Angreifer von morgen sollte weit zurückgedrängt werden. Nur deshalb wollte Bethmann Hollweg ihm Land abnehmen.

In diese Überzeugung mischten sich im Herbst 1914, als die Vereinigten Staaten Friedensfühler ausstreckten, dunklere Töne. Die Reichsregierung sprach in ihrer Antwort davon, sie sei gezwungen, auf die öffentliche Meinung Rücksicht zu nehmen. Sie glaubte, die Nation werde nicht nachgeben angesichts so herrlicher Siege, aber auch angesichts der ernsten Opfer von Gut und Blut. Die Regierung könne es sich gegenüber dem Volk nicht leisten, auf einen Frieden ohne Garantien einzugehen. So hatte um die Jahrhundertwende Bülow die Nation nicht geführt, sondern sich ihren Irrtümern angepaßt. Das Bismarcksche Erbe einer Außenpolitik, die aus der Staatsräson getrieben wird, war verschüttet.

Selbst wenn die Deutschen den militärischen Sieg erringen konnten, so mußte doch die deutsche Vormachtstellung, wie sie aus der Verwirklichung der „realen Garantien" erwachsen wäre, auf die Dauer der entschlossenen Gegenwehr aller europäischen Staaten begegnen. Bethmann Hollwegs Verlangen war wirklichkeitsfremd.

Aber es wirkt immer noch wohltuend, wenn man es vergleicht mit den immer wilder, immer ausschweifender, immer zügelloser werdenden Eroberungs- und Herrschaftsplänen der kommenden Jahre, bis in den Sommer 1918, bis in die Zeit der ersten schweren Niederlagen hinein. Lüttich, das Erzbecken von Briey, die Herrschaft über die flandrische Küste, ein Stück Polen, ein Stück Kurland, die Oberherrschaft über die Ukraine, ja offensichtlich über Weißrußland, alles wurde verlangt, bis sich der gänzlich entfesselte Eroberungsdrang in die fernen Gebiete der Donkosaken, der Georgier und der Aserbeidschaner verlor.

Das gleiche Polen aber, das man wieder einmal berauben wollte, sollte sich mit einem fragwürdigen Schein der Unabhängigkeit den Mittelmächten anschließen. Und das gleiche kaiserliche Rußland, das man auf den Besitzstand der ersten Zaren zurückdrängen wollte, versuchte man gleichzeitig für einen Sonderfrieden zu gewinnen. Dann freilich hätte Rußland wohl billigere Bedingungen bekommen, aber Abtretungen sollten ihm auch dann nicht erspart bleiben.

Es gab allerdings in den führenden Kreisen auch Persönlichkeiten, die vor einer schrankenlosen Politik des Landerwerbs warnten. Aber was einige von ihnen vorschlugen, war um nichts weiser als die Sucht nach Gebietsgewinn. Artur von Gwinner von der Deutschen Bank machte die Reichsleitung darauf aufmerksam, wie gefährlich alle Eroberungspläne seien. Statt ihrer empfahl er, in Europa die wirtschaftliche Vorherrschaft Deutschlands aufzurichten. Solchem Denken entsprach es, wenn der Reichskanzler von Bethmann Hollweg den Entwurf zu einem europäischen Zollverein anfertigen ließ, der vom Nordkap bis nach Sizilien gereicht hätte. In ihm wollte Deutschland die führende Stellung innehaben. Die anderen Industriestaaten, auch Frankreich, auch Belgien, auch Italien, sollten sich mit der dienenden Rolle begnügen. Haß und Auflehnung wären auch aus solcher wirtschaftlichen Vormachtstellung erwachsen.

Selbst die Wünsche, nördlich des Kaukasus einen Gürtel von Staaten als deutsche Einflußsphäre zu legen, waren mit Vorstellungen von wirtschaftlichem Gewinn verbunden. 1914 hatte es mit der Verteidigung des Heimatbodens angefangen, dann war die deutsche Weltgeltung mit Fanfaren verkündet worden, am Ende war von Erz und Phosphor und Hanf und Erdöl die Rede.

Das alles ist heute nur noch ein Nachtmahr, ein schauriges Märchen. Das deutsche Heer und die deutsche Flotte hätten Paris und London, Washington und New York erobern müssen, hätten diese Pläne gelingen sollen. Und wie lange hätte der Sieg gedauert? Napoleons System von Tilsit hatte fünf Jahre gehalten. Wieviel Zeit hätte man diesem „deutschen Frieden" gegeben? Zehn Jahre, nicht mehr.

Die Eroberungspläne der Feinde waren nicht weniger ausschweifend. Aber sie waren stärker als Deutschland, und der Starke kann sich Maßlosigkeit eher erlauben als der Schwache.

Die schrecklichsten Orgien feierte die Eroberungsgier vom Jahre 1917 an. Da war jener Mann nicht mehr im Amt, unter dessen wankender Führung das Reich in den Krieg gegangen war. Herr von Bethmann Hollweg hatte selber die „realen Garantien" gefordert, und er hatte jenen Plan anfertigen lassen, aus dem die wirtschaftliche Vormachtstellung Deutschlands hervorgehen sollte. Aber er war nur mit halbem Herzen dabei, und je länger der Krieg dauerte, je mehr sich die Macht der Feinde als unüberwindlich herausstellte, um so mehr entfernte er sich innerlich von den Eroberungslüsternen. Einmal äußerte er, nicht ein einziges Dorf brauche Deutschland, wenn es nur den Frieden erhalte.

Zu letzter Klarheit vermochte er sich nicht durchzuringen. Wie wäre das auch möglich gewesen in einer Umgebung, die jeden Zweifel am deutschen Endsieg als Verrat aufnahm? Aber daß der Frieden den Verzicht auf weitgehende Hoffnungen mit sich bringen werde, das zu begreifen lernte Bethmann Hollweg schneller als die meisten deutschen Politiker. Mit Sorge dachte er daran, wie die Nation die Forderung zum Verzicht auf sich nehmen werde, diese durch ein Dutzend siegreicher Schlachten verwöhnte und durch Tausende von Agitatoren mißleitete Nation. Wie Bülow traute er sich nicht zu, das Volk und den Reichstag zu führen und beide zur Vernunft zu erziehen, wenn es not täte, mit eiserner Hand.

Der Reichskanzler suchte einen Schutzschild, hinter dem er eine wirklichkeitsnahe Politik führen konnte. Er glaubte ihn in dem volkstümlichsten Feldherrn, dem Generalfeldmarschall von Hindenburg zu finden. Wenn dieser für einen Frieden einträte, der den tatsächlichen Verhältnissen und nicht ausschweifenden Hoffnungen entspräche, dann müßte sich auch das Volk damit abfinden. Deshalb wünschte Bethmann Hollweg, daß Hindenburg weithin sichtbar für die Welt hinträte und die Leitung der Operationen übernähme. So vereinigte der Kanzler seine Stimme mit den Vorwürfen der militärischen Kritiker Falkenhayns, so forderte er den Sturz des bisherigen Generalstabschefs. Im Sommer 1916 erreichte er sein Ziel.

Er bewies damit doch nur wieder, wie fremd seiner Natur politische Entscheidungen im Grunde waren. Falkenhayn hatte vor Verdun einen Weg von zweifelhaftem Wert beschritten, sonst aber war seine Heerführung so kraftvoll und so erfindungsreich gewesen, wie es bei der Unterlegenheit an Zahl nur eben möglich gewesen war. In einem war er den meisten nicht nur seiner Standesgenossen, sondern auch der deutschen Politiker weit voraus: Er erkannte, daß ein zerschmetternder Sieg nicht zu erringen war, daß aber ein solcher Sieg auch nicht nötig war, wenn man die Großmachtstellung des Reiches sichern wollte. In ihm war etwas von der frideriziani-

schen Weisheit, die im Siebenjährigen Krieg über den großen König gekommen war. Falkenhayn sah, daß die erfolgreiche Verteidigung des
Reiches, daß ein Friede, der den alten Besitzstand verbürgte, angesichts der
ungeheuren Überlegenheit der Gegner die Stellung Deutschlands für Jahrzehnte sichern mußte. So hatte auch der Friede ohne Sieger und Besiegte
nach dem Siebenjährigen Krieg die preußische Großmachtstellung für
Jahrzehnte gesichert.

Der Abkömmling aus altem preußischem Offiziersgeschlecht an der
Spitze des Heeres dachte weniger militaristisch, nicht nur als viele Offiziere,
sondern auch als die meisten bürgerlichen Politiker. In ihm hätte Bethmann
Hollweg einen Bundesgenossen gefunden. Statt dessen half er ihn stürzen.
Er hatte Erfolg, und der Mann, auf den er seine politischen Hoffnungen
setzte, der Generalfeldmarschall von Hindenburg, übernahm die Führung
des Heeres. Aber hinter Hindenburg stand die kraftvolle Gestalt des Generals Ludendorff, der im Kanzler einen Zauderer und Schwächling sah. Ein
Jahr nach Falkenhayns Entlassung wurde Bethmann Hollweg durch Ludendorff gestürzt. Die tragische Ironie in der Laufbahn des Kanzlers vollendete
sich.

Amerika im Krieg

Bethmann Hollweg ging für seinen Ruf vor der Geschichte ein halbes
Jahr zu spät. Der richtige Zeitpunkt für seinen Rücktritt wäre der Winter
von 1916 auf 1917 gewesen, als die Entscheidung für den unbeschränkten
Unterseebootskrieg fiel. Wäre er damals gegangen, er hätte später vor dem
deutschen Volk als der unbestechliche Mahner und Warner gestanden. So
blieb seine Gestalt im Dämmer. Auch er war, wie so viele bedeutende Politiker der wilhelminischen Zeit, ein Halber.

Der Kriegsbeginn war eine grausame Enttäuschung für diejenigen
Deutschen gewesen, die ihr Herz der Flotte geschenkt hatten. Sie konnte
den Kriegseintritt Englands nicht verhindern; einsichtige Kreise begannen
sich Rechenschaft darüber abzulegen, daß sie ihn eher beschleunigt hatte.
Sie konnte auch die Überführung der britischen Armee nach Frankreich
nicht verhindern. Schließlich erwies sie sich als außerstande, die britische
Blockade zu sprengen. Von wenigen Tagen abgesehen, blieben die riesigen
Leiber der deutschen Schlachtschiffe untätig im Hafen.

Zwar fügte die deutsche Hochseeflotte unter Scheer der britischen Flotte
des Admirals Jellicoe empfindliche Verluste bei, als sie am 31. Mai 1916
am Skagerrak mit ihr zusammenstieß. Das deutsche Volk war wieder stolz
auf seine Marine; aber die Fachleute wußten, daß Scheer nur durch unge-
wöhnliches seemännisches Geschick und durch das ganz unnelsonische
Zaudern Jellicoes der Vernichtung entgangen war. Vor allem blieb der

würgende Griff der Blockade. Der Hunger wütete in Deutschland, das Leben vieler Kinder und Schwacher fiel ihr zum Opfer, und die notwendigen Rohstoffe in den Werkstätten wurden immer seltener. In der wachsenden Not lenkten die Marine und die ihr befreundeten politischen Gruppen die Hoffnungen der Nation auf die Unterseeboote. Wenn sie nur rücksichtslos vorgehen dürften, so würden, das lehrten Reichsmarineamt, Oberste Heeresleitung und Rechtsparteien, eine noch viel schärfere Blockade über Großbritannien verhängt als die, die jetzt Deutschland zu erleiden hatte.

Aber es ergab sich bald, daß ein scharfes Vorgehen der Unterseeboote die deutsche Kriegsführung in schweren Konflikt mit den Vereinigten Staaten bringen mußte. Die Briten gingen dazu über, ihre Handelsschiffe zu bewaffnen, und wenn sich ihnen ein Unterseeboot näherte, so schossen sie auf das im aufgetauchten Zustand hochempfindliche Boot. So wurden die Unterseeboote angewiesen, ohne vorherige Warnung die feindlichen Schiffe zu versenken. Dabei wurden verschiedentlich auch amerikanische Staatsangehörige getötet, vor allem bei der Versenkung des britischen Dampfers „Lusitania".

Heute ist allgemein anerkannt, daß Unterseebooten keine andere Kriegführung übrigbleibt als der Angriff ohne Warnung. Damals war diese Art von Kriegführung neu, und sie erregte in den Vereinigten Staaten Abscheu. Die Reichsregierung fürchtete den Unwillen Amerikas und wich vor ihm zurück. Der Großadmiral von Tirpitz, tief erbittert über ein Verhalten, das er als schwächlich empfand, trat 1916 zurück.

Angesichts der Erstarrung der Fronten und des wachsenden Übergewichts des Feindes an Material und Menschen wurde die Notwendigkeit drängend, politische Mittel zur Beendigung des Krieges anzuwenden. Einen schwachen Versuch machte die Reichsregierung, als sie am 12. Dezember 1916 bekanntgab, sie sei zu Friedensverhandlungen bereit. Aber sie nannte ihre Kriegsziele nicht, was dem Schritt seinen Wert nahm. Die Gegner lehnten das deutsche Angebot entrüstet ab. Sie forderten öffentlich das Elsaß und die preußischen Ostprovinzen.

Das Scheitern des deutschen Friedensschrittes stärkte diejenigen Kräfte in Deutschland, die den Krieg mit militärischen Mitteln lösen wollten. Das alte Übel der Deutschen seit Bismarck und Moltkes Abgang, die Überschätzung der eigenen Kraft, wirkte von neuem. Die Marine drang durch mit ihrem Versprechen, der verschärfte Unterseebootskrieg werde Großbritannien auf die Knie zwingen. Die Oberste Heeresleitung unterstützte sie mit dem ganzen Gewicht ihres Ansehens.

Vergebens äußerte Bethmann Hollweg seinen Zweifel. Der Zivilist erwies sich auf dem fachlichen Gebiet als den Fachleuten überlegen. Er wies darauf hin, daß gegen jedes angeblich sichere Angriffsmittel noch immer überlegene, bisher unbekannte Gegenmittel gefunden worden seien.

Die drückendsten Sorgen erwuchsen ihm aus den politischen Folgen, die zu erwarten waren. So viel war doch von Bismarck in ihm, daß er der überlegenen Macht nicht spottete, sondern sie fürchtete. Er wollte den Kriegseintritt der Vereinigten Staaten vermeiden.

Aber er fand mehr Hohn als Verständnis. Wenige Personen in den führenden Kreisen hatten eine genügende Vorstellung von dem Idealismus, der Tatkraft und den überwältigenden technischen Hilfsmitteln der Vereinigten Staaten. Dem Reichskanzler wurde überlegen bedeutet, Amerika werde zu spät kommen, es könne den Zusammenbruch Großbritanniens und Frankreichs nicht vermeiden; selbst wenn sich das Ende des Krieges hinauszöge, so würden die amerikanischen Truppentransporte nur eine willkommene Beute für die Unterseeboote sein. Man belächelte Bethmann Hollwegs grüblerische Schwerfälligkeit, und man zürnte über sie. Schweren Herzens gab der Kanzler nach. Am 1. Februar 1917 erklärte das Reich den unbeschränkten Unterseebootskrieg. Die Antwort war die amerikanische Kriegserklärung.

Der amerikanische Präsident Woodrow Wilson war einer jener Idealisten, die zu bewundern schwerfällt, weil Verblendung, Selbstgerechtigkeit und Hochmut als schwere Hypothek auf ihrer Begabung liegen. Er war in manchem Gladstone verwandt, nur ohne dessen Feuer und Kraft. Er erregte sich über die Grausamkeit, mit der die Deutschen feindliche Handelsschiffe ohne Warnung versenkten, aber der in Deutschland wütende Hunger, der Hunderttausende von Schwachen und Kranken zum Tode verurteilte und mit dem der unbeschränkte Unterseebootskrieg begründet worden war, ließ ihn kalt. Seine Phantasie reichte nicht aus, sich ein Bild davon zu machen.

Er hatte wie die meisten Amerikaner in seinem Herzen schon immer auf der Seite der Westmächte gestanden, freilich ohne seine Verstimmung gegen die Briten ganz unterdrücken zu können. Auf jeden Fall kann man sich nicht vorstellen, daß er zugesehen hätte, wenn Deutschland die Westmächte zu einem demütigenden Frieden hätte zwingen wollen. Auch war die Wirtschaft seines Landes immer mehr mit den europäischen Westmächten verflochten, je länger der Krieg dauerte. Aber der unbeschränkte Unterseebootskrieg stärkte alle Strömungen, die Deutschland feindlich gesinnt waren. Er war der unmittelbare Anlaß zur Kriegserklärung. Zum mindesten beschleunigte er sie.

Bethmann Hollwegs Sturz

Wenige Wochen, nachdem die Reichsregierung die Verschärfung des Seekriegs verkündet hatte, brach in Rußland die Revolution aus. Die Deutschen hofften, nun werde die östliche Großmacht bald nicht mehr in der Reihe der Gegner zu finden sein. Aber die neue Regierung in Petersburg war töricht genug, den Ruf der Millionen von Soldaten und Bauern nach Frieden zu überhören. Sie setzte den Krieg mit aller Wucht fort.

In Deutschland wuchs die Einsicht, daß der Krieg nicht in dem Sinne zu gewinnen sei, wie man es sich lange vorgestellt hatte. Der Wortführer der Bekehrten war der Zentrumsabgeordnete Matthias Erzberger, der lange Zeit uferlose Pläne der Eroberung vertreten hatte, der aber inzwischen davon überzeugt worden war, daß die Kräfteverhältnisse einen „Siegfrieden" nicht erlauben würden.

Auch in der Innenpolitik bahnte sich eine Wendung an. Das Kaiserreich war als ein Staat gegründet worden, in dem der Monarch führte und der Reichstag die Regierung überwachte. Aber im Kriege hatte der Monarch aufgehört zu führen. Um so mehr schwoll die Woge der Demokratie an. Die Linksliberalen waren schon lange vor dem Kriege zu Demokraten geworden, und unter den Nationalliberalen war die alte Liebe für das parlamentarische System wieder erwacht. Erzberger führte nun auch den größten Teil des Zentrums diesen Weg. Die Tatenlosigkeit des Kaisers forderte den Willen zur Demokratie heraus.

Er konnte noch manches anregen, manches auch verzögern oder aufhalten, aber die Zügel der Führung waren seinen Händen längst entglitten. Den Ehrgeiz, sein eigener Generalstabschef zu sein, hatte er mit verwundetem Herzen aufgeben müssen. Auch den Kanzler ließ er mehr schalten, als daß er ihn lenkte.

Aber um Herrn von Bethmann Hollweg war es immer einsamer geworden. Den Konservativen, aus deren Reihen er stammte, war er ebenso verdächtig wie dem mächtigsten Mann in der Obersten Heeresleitung, dem General Ludendorff. Je länger der Krieg dauerte, um so mehr befreite sich der Kanzler von der Illusion, große Eroberungen seien möglich. Er schwankte freilich, ein klares Ziel läßt sich nicht erkennen. Manchmal wollte er auf eine Gebietserweiterung ganz verzichten, dann doch wieder die Grenzen ein wenig vorschieben. Aber auch in seinen kühnsten Stunden wollte er „nur" noch Lüttich und das Erz von Briey fordern, dazu schmale Landstriche im Osten. Das war kein Mann nach dem Herzen derjenigen, die angesichts einer Welt von übermächtigen Feinden den Traum einer deutschen Vorherrschaft in Europa hegten.

Der Kanzler gehörte auch zu den wenigen Männern der Rechten, die begriffen, daß nach diesem Kriege nicht mehr im alten Stil weiterregiert werden könnte. Er verstand die Bitterkeit, die Arbeiter und kleine Bürger erfüllte, wenn sie daran dachten, daß ein Soldat als Krüppel aus dem Kriege heimkommen und dann bei den preußischen Landtagswahlen weniger Rechte haben könnte als ein Reicher, der daheim geblieben wäre. Er wollte das preußische Wahlrecht reformieren und gewann dafür auch den Kaiser.

Um so härter wurde die Gegnerschaft der Kreise, aus denen er stammte. In der Mitte und auf der Linken sah man sein ehrliches Streben, aber man vermißte bei ihm die Kraft des durchgreifenden Entschlusses. Der Zweifel wuchs, ob ein solcher Mann das Reich in seiner schweren Not weiter führen könne.

So fiel Bethmann Hollweg. Gegen ihn standen zum Schluß Erzberger, die Rechte und die engere Umgebung des Kaisers, alle aus verschiedenen Beweggründen. Die Entscheidung brachte die Oberste Heeresleitung. Generalfeldmarschall von Hindenburg und General Ludendorff drohten zurückzutreten, wenn Bethmann Hollweg nicht entlassen würde.

Es war ein unerhörter Vorfall in der Geschichte des Königreichs Preußen. Noch niemals bisher hatte jemand eine solche Sprache gegenüber dem König gewagt wie die beiden Generale. Die Auswahl seiner politischen Berater war immer Sache des Königs gewesen. Keiner war bisher unter Druck gesetzt worden oder hätte sich unter Druck setzen lassen. Wenn jetzt noch ein Funken herrscherlichen Stolzes in Wilhelm brannte, mußte er die beiden Generale in ihre Schranken weisen.

Hans Delbrück, Professor für Geschichte, der Rechten nahestehend und gerade deshalb voller Bitterkeit über das Versagen der bisher herrschenden Schichten, rief einige Jahre später vor dem Untersuchungsausschuß des Reichstags aus: Wenn der Kaiser 1917 Ludendorff wegen Meuterei vor Gericht gestellt hätte, so wären wir gerettet gewesen. So war es. Aber wo war der Kaiser, der dergleichen gewagt hätte? Wilhelm der Zweite hatte in seinen Reden das Bild eines Monarchen entworfen, der mit eiserner Härte zu handeln wußte. In Wirklichkeit war er ein gutherziger, vor ernstem Widerstand zurückweichender, der Anlehnung an einen stärkeren Willen bedürftiger Mann. Er duldete, daß ihm die Oberste Heeresleitung den Kanzler nahm, er duldete später, daß ihm sein General befahl, wen er als Chef seines Zivilkabinetts um sich zu sehen hatte.

Freilich, zehn Jahre vorher hätte man das alles kaum gewagt. Aber nun war er müde, er widersetzte sich nicht, wo er hätte befehlen dürfen. Ein geschichtliches Ereignis vollzog sich in diesem Juli 1917: Der König von Preußen dankte in Wahrheit ab und übertrug seine vornehmsten Pflichten und Rechte dem General Ludendorff. Das war die eigentliche Revolution. Was am 9. November 1918 folgte, war nur noch der Nachklang.

Was den Achtundvierzigern und den Abgeordneten der Konfliktszeit nicht gelungen war, hatten die Generale vollbracht. Der Herrscher war entmachtet. Von jetzt an ging der Kampf um die innere Ausgestaltung des Reiches nicht mehr zwischen Demokratie und Krone, sondern zwischen Demokratie und Oberster Heeresleitung. Zwangsläufig verband sich damit der Kampf um die deutsche Außenpolitik.

Für einen Augenblick durften die Kräfte, die sich zukunftsträchtig fühlten, den Schein der Morgenröte sehen. Am 19. Juli 1917 nahm der Reichstag eine Entschließung an, die sich für einen Frieden ohne Eroberungen und ohne Kriegsentschädigung aussprach. Ihr Vater war Matthias Erzberger, die Mehrheit setzte sich vornehmlich aus Zentrum, Freisinnigen, Fortschrittlern und Sozialdemokraten zusammen. Es war die alte Mehrheit der Bismarckgegner, die das Erbe Bismarcks übernommen hatte und es jetzt zu treuen Händen verwaltete.

Die königliche Aufgabe der Politik, die Zurückweisung des nur militärischen Denkens, die kühle Einsicht in die Wirklichkeit der Dinge, der Kampf gegen Selbstverblendung, die bange Sorge vor einer übermächtigen Koalition, alle diese Bestandteile Bismarckscher Staatskunst fanden sich in dieser Entschließung wieder. Die er als Reichsfeinde gebrandmarkt hatte, wiesen jetzt den einzigen Weg, auf dem – vielleicht – das Reich noch zu retten war.

Aber der neue Mann an der Spitze des Reiches verstand die Stunde nicht. Georg Michaelis, der erste bürgerliche Kanzler des Hohenzollernreichs, war ein Mann voll redlichen Willens, aber ohne die Kenntnisse, die sein hohes Amt erforderte, und erst recht ohne tiefere Einsicht. Treuherzig bekannte er, daß er bisher nur als Zeitungsleser hinter dem Wagen der Politik hergelaufen sei. Im Reichstag bejahte er die Friedensresolution und gewann damit den Beifall der Mehrheit. Sie hörte nicht hin auf den gefährlichen Nebensatz: „... wie ich sie auffasse." Erst hinterher kam der Mehrheit zum Bewußtsein, was diese Einschränkung bedeutete. Sie wußte nun, daß sie den Kanzler ebenso gegen sich hatte wie die Oberste Heeresleitung. Jetzt kam alles darauf an, ob sich in ihr die Bismarcksche Einsicht in die Wirklichkeit der Dinge vereinigte mit dem Bismarckschen Willen, aus der Erkenntnis auch Wirklichkeit werden zu lassen, also die Macht zu erobern.

Die Verfassung gab der Mehrheit nicht ausdrücklich die Möglichkeit, den Kanzler zu stürzen und einen starken Mann aus ihren eigenen Reihen in das hohe Amt zu entsenden. Aber das Parlament besaß dennoch eine scharfe Waffe. Das Haushaltsrecht des Reichstags war fest verwurzelt. Dazu gehörte das Recht, die für den Krieg notwendigen Ausgaben und Anleihen zu bewilligen. Wenn der Reichstag sie verweigerte, konnte die Regierung nicht länger Krieg führen. Den Bismarckschen Verfassungskonflikt konnte sich jetzt, mitten in einem Volkskrieg des zwanzigsten Jahrhunderts, die Monarchie nicht mehr leisten.

Die Abgeordneten wußten auch, welche Waffe in ihre Hand gegeben war, und sie sprachen gelegentlich davon. Aber in den entscheidenden Stunden fehlte ihnen die äußerste Entschlossenheit, ohne die noch keine geschichtliche Wendung herbeigeführt worden ist. Der Handelnde ist nach einem Wort Goethes immer gewissenlos. Diese Männer waren nicht gewissenlos. Sie vermochten die inneren Hemmungen nicht zu überwinden. In dem tragischen Konflikt dieser Jahre taten sie dasselbe, was Bethmann Hollweg so lange Jahre getan hatte: Sie opferten ihre beste Einsicht.

Der Zentrumsabgeordnete Fehrenbach weigerte sich einmal, den Kampf gegen Michaelis zu führen, weil dieser so gütig zu ihm gewesen sei. Der fortschrittliche Abgeordnete Friedrich von Payer, von manchen für den künftigen demokratischen Kanzler gehalten, hielt den leidenschaftlichen Ehrgeiz zur Macht für unsittlich, der in seiner Lage Pflicht gegenüber dem Staat gewesen wäre. Er weigerte sich, ähnlich wie Fehrenbach, gegen Michaelis zu kämpfen; man müsse ihn entschuldigen, der Kanzler sei nun einmal kein Politiker. Gerade das, was Michaelis verdammen mußte, wurde in den Augen dieser ehrenhaften Männer zu einem Grund, ihn zu schonen.

Einmal rief der sozialdemokratische Abgeordnete Südekum aus: „Der Mann muß weg!" Südekums Losung hätte die Rettung des Reiches bedeuten können, wenn dahinter der entschlossene Wille gestanden hätte, einen Mann der politischen Einsicht in die Führung des Reiches zu schicken. Aber der Fraktionsführer Friedrich Ebert verwies im patriotischen Zorn seinen Parteifreunden streng diese Rede. Man solle jetzt nicht mit Michaelis abrechnen, das Interesse des Landes gehe vor.

Kein Verzicht auf Belgien

So konnte noch in der Kanzlerschaft von Michaelis die Note des Papstes beantwortet werden, der im Sommer 1917 Verhandlungen über das Kriegsende vorgeschlagen hatte. Der Nuntius in Bayern, Eugenio Pacelli, drängte die Reichsregierung, sie möge die Unabhängigkeit Belgiens klar versprechen. Gerade hatte im Unterhaus Asquith die deutsche Regierung gefragt, wie sie zu Belgien stehe. Hinter ihm stand das Ansehen des früheren Premierministers, stand auch die aufmerksam beobachtende öffentliche Meinung Großbritanniens.

Die Führer des Deutschen Reiches dachten in dieser Lage nicht daran, die Geschichte zu befragen. Sie hätten sonst erfahren, daß ein Friede mit Großbritannien unmöglich für die Dauer beschlossen werden konnte, solange eine große Seemacht an der flandrischen Küste stand und in Antwerpen „die Pistole auf London" richtete. Um das zu verhindern, hatte Großbritannien gegen Ludwig den Vierzehnten und gegen Napoleon bis zur Erschöpfung Krieg geführt. Auch ohne die moralische Verpflichtung, die Großbritannien im August 1914 übernommen hatte, konnte es die Waffen nicht niederlegen, bis die Unabhängigkeit Belgiens gesichert war.

So lag in der Forderung Ludendorffs und seiner politischen Freunde, die deutsche Flagge solle über Belgien wehen, das schwerste Hindernis für einen Friedensschluß. Sie war in sich schon ein politischer Fehler, sie war dazu im tiefsten Grunde unmoralisch, und das vergrößerte wieder die Bedeutung des Fehlers. Das deutsche Volk war mit reinem Gewissen in den Krieg gezogen, von seinem guten Gewissen sprach es auch zu der übrigen Welt. Aber nichts machte seine Worte so unglaubwürdig wie der Ruf nach der Herrschaft über ein der Zahl nach kleines Volk.

Die Feinde führten den Krieg mit dem Schlachtruf, ihr Ziel seien Freiheit und Demokratie. Mit ehrlichem Glauben verband sich darin viel allzumenschliche politische Selbstsucht, aber die Parole blieb verführerisch. Die Deutschen hatten dem nichts entgegenzusetzen, was eine ähnliche übernationale und zündende Kraft ausgestrahlt hätte. Das Ideal der verfassungsmäßig beschränkten Monarchie war nicht von der Art, daß andere Völker dazu hätten aufblicken können. Die liberalen Imperialisten in Deutschland begriffen die Notwendigkeit der moralischen Selbstverteidigung Deutschlands. Sie forderten wieder, daß die kleinen, bisher von Großbritannien unterdrückten Völker befreit werden sollten. Aber auch sie konnten angesichts der deutschen Absichten auf Belgien kein Gehör finden.

Theobald von Bethmann Hollweg hatte zu Beginn des Krieges öffentlich erklärt, daß Deutschland in Belgien ein Unrecht begangen habe. Man hatte seine Weltfremdheit bitter verspottet. Aber in diesem offenen Eingeständnis, in dem das Versprechen künftiger staatsmännischer Unabhängigkeit enthalten war, lag mehr staatsmännische Weisheit als in den Eroberungsrufen der Alldeutschen, des Großadmirals von Tirpitz und der Obersten Heeresleitung.

Das sah auch der Kaiser. Wieder einmal war Wilhelm der Zweite klüger als seine Umgebung. Er sprach sich für die Freiheit Belgiens aus. Aber wieder einmal setzte sich die Einsicht des Herrschers nicht durch. Die Generale kümmerten sich einen Pfifferling um die Wünsche ihres Obersten Kriegsherrn. Sie entwarfen weiter ihre Eroberungspläne.

Revolutionäre Diplomatie

In einer schwierigen Lage sah sich der Staatssekretär von Kühlmann, dem Michaelis die Antwort an den Papst überließ. Kühlmann war viel zu klug, als daß er noch an einen Eroberungsfrieden geglaubt hätte. Aber er wollte bei kommenden Verhandlungen Belgien als „Faustpfand" in der Hand haben. Er wollte es gegen die Unversehrtheit des Reiches eintauschen.

Richard von Kühlmann war ein Diplomat von hohen Graden. Sein Unglück war, daß sich Deutschland überhaupt nicht in einer Lage befand, in der sich herkömmliche Diplomatie hätte entfalten können. In Frankreich regierte jetzt Georges Clemenceau, in Großbritannien David Lloyd George. Sie wollten große Gebiete der Mittelmächte erobern, sie wären auf keinen Verständigungsfrieden eingegangen. An die Stelle der von der Staatsräson gespeisten, wenn auch gelegentlich in die Irre gehenden Politik, wie sie Rouvier, Asquith und Grey verstanden hatten, verkörperten jetzt die beiden Staatsmänner die Kräfte, die aus der Tiefe der Volksleidenschaft stammten, die von Haß, Furcht, Erbitterung, Rachsucht und Eroberungsgier bestimmt war. Mit ihnen war Metternichsche Politik des Maßes nicht zu treiben.

In Geheimabkommen hatten die feindlichen Mächte bereits beschlossen, Deutschland solle zerstückelt werden. Frankreich sollte nicht nur das Elsaß und die Saar erhalten, sondern auch in einem rheinischen Pufferstaat seinen Einfluß ausüben. Großbritannien beanspruchte die deutschen Kolonien, und es blickte verlangend nach den arabischen Teilen der Türkei. Rußland sollte nicht nur Konstantinopel erhalten, sondern sich so weit nach Westen ausdehnen dürfen, wie es wollte. Das Antlitz des alliierten Imperialismus war nicht weniger abstoßend als das des deutschen. „Sie gehen auf Raub aus!" stöhnte der erblindende, nun entmachtete Grey, als er von diesen Plänen erfuhr.

Es war eine ungewöhnliche Situation, die völlig neue Mittel zu ihrer Bewältigung forderte. Feierlich die Freiheit Belgien zuzugestehen hätte geheißen, die Brandfackel mitten in die westlichen Völker zu werfen. Es hätte geheißen, sich unmittelbar an den Munitionsarbeiter in Birmingham, die besorgte Mutter in Rouen, den verzweifelten Poilu an der Somme zu wenden. Es hieß darauf vertrauen, daß alle diese Leute den grauenvollen Krieg nicht nur deshalb weiterführen würden, damit Deutschland einige Provinzen verlöre. Die deutsche Diplomatie, die hier notwendig war, hätte eine revolutionäre Diplomatie sein müssen, die Diplomatie eines neuen Zeitalters, der Aufruf an die Massen, nicht an die Regierungen.

Niemand kann mit Sicherheit sagen, daß sie geglückt wäre. Nach dem ersten Weltkrieg haben kluge Leute den „roten Faden" entdeckt, der in der ganzen westlichen Politik zu finden gewesen sei, nämlich den Faden von dem Vernichtungswillen gegenüber Deutschland. Sicher ist nur, daß in dieser revolutionären Diplomatie noch die einzige Möglichkeit gelegen hätte, das Reich zu retten, nicht in der Entfaltung militärischer Vernichtungsschläge, zu denen das deutsche Heer zu schwach war.

Herr von Kühlmann indessen wäre zu so revolutionärer Diplomatie nicht in der Lage gewesen. So fähig er auch war, er war doch ein Mann des ancien régime. Bülow, der in diesen Monaten wieder viel Genannte, hatte bisher am wenigsten bewiesen, daß er die innersten Kräfte und Gemütserregungen fremder Völker kannte. Prinz Max von Baden, Herr von Payer, sie hätten sich kaum gegen die unvermeidlichen Widerstände durchgesetzt.

Das Auge des Nachlebenden fällt auf einen Abgeordneten, der in sich viele Eigenschaften vereinigte, die Deutschland in diesem Augenblick brauchte. Er hing gerade genug an der großen Vergangenheit des Reiches, um nicht bei den Rechtskreisen des Reiches von vornherein unüberwindbares Mißtrauen hervorzurufen. Er war zugleich nicht ohne Verständnis gegenüber dem Neuen. Er war ein großartiger Redner, er glaubte, was er sagte, er war nicht ohne List, aber auch nicht ohne die ehrliche Sentimentalität, die in einem Appell an die französischen und britischen Mütter notwendig wirken mußte. Wenn er unaufhörlich mit seinem großartigen freiheitlichen Pathos und seiner Gefühlswärme die fremden Völker beschwor, so mochte er am ehesten Aussicht auf Erfolg haben. Aber der Stresemann von 1917 war noch nicht der weise Stresemann von 1923. Er hatte nicht umsonst lange auf den Bänken der Alldeutschen gesessen. Als der größte lebende Deutsche erschien ihm Ludendorff. Er wollte der Gefolgsmann, höchstens der Bundesgenosse des Generals sein; das befriedigte seinen Stolz.

Von dieser bedeutendsten Figur des Reichstages war keine Unterstützung für die außenpolitische Vernunft zu erwarten. In der Auseinandersetzung mit Kühlmann sahen sich die Abgeordneten der Mehrheit allein. So vertrauten sie seinem Sachverstand, so kam eine ausweichende Antwort an den Papst zustande. Pacelli war tief bestürzt. Wieder war eine Gelegenheit versäumt.

Vier Wochen später mußte Michaelis gehen. Er hatte den Reichstag von neuem vor den Kopf gestoßen, und der Unwille selbst dieses wohlwollenden Parlaments war zu groß geworden, der Kanzler konnte sich nicht mehr halten. Aber ehe sich der Reichstag noch recht über einen Nachfolger besonnen hatte, wurde ein anderer Mann präsentiert, den die Abgeordneten alle nicht wollten und mit dem sie sich dennoch abfinden mußten.

Der Graf Georg von Hertling war ein Gelehrter, freilich auch lange Jahre in der Politik tätig gewesen, er hatte im Parlament gesessen, als gläubiger Katholik und geschickter Unterhändler manche Zustimmung und wenig Gegnerschaft geerntet und war schließlich bayerischer Ministerpräsident geworden. Aber ein großer Handelnder war er nicht. Mit seinen vierundsiebzig Jahren war er frühzeitig gealtert, bei abendlichen Unterhaltungen in Gefahr einzuschlafen, dazu fast blind. Er sollte nun gegen Männer von der löwenhaften Energie Clemenceaus und Lloyd Georges kämpfen. Dazu war er viel zu müde; vor allem vertraute er völlig der Obersten Heeresleitung.

Ludendorff

So vollendete sich, was sich seit dem Sommer abgezeichnet hatte. Der General Ludendorff lenkte zum großen Teil auch die deutsche Politik. Die anderen hatten sich gefürchtet, das Steuer des Reiches zu übernehmen, sie waren von hundert Zweifeln gelähmt. In Ludendorff waren Tatkraft, Selbstvertrauen und selbstloser Patriotismus genug. Er sprang in die Lücke, die sich klaffend auftat.

Der Mann, der in entscheidenden Jahren über mehr Macht verfügte als sonst jemand in Deutschland, war nun zweiundfünfzig Jahre alt. Schon in Friedenszeiten hatte er den Ruf eines bedeutenden Soldaten erworben, dann hatten Lüttich, Tannenberg und eine Reihe anderer Siege seinen Ruhm in Fachkreisen und vor der Welt fest gegründet. Er war von fast übermenschlicher Arbeitskraft, seine Verantwortungsfreude entsprach seiner Fähigkeit, sich auch gegen Widerstrebende durchzusetzen. Nach der Berufung Hindenburgs zum Generalstabschef war Ludendorff der eigentliche Oberbefehlshaber des Heeres geworden. Gedeckt durch das Ansehen des Feldmarschalls, der ihm ganz vertraute, konnte er seine eigenen Gedanken in die Tat umsetzen. Die Truppe dankte es ihm, daß er sie lehrte, feindlichen Angriffen nicht nur in starrer, verlustreicher Verteidigung, sondern in biegsamer Abwehr zu begegnen. Den vorspringenden Frontbogen bei Noyon räumte er rechtzeitig, machte damit die Vorbereitung einer feindlichen Offensive zuschanden und erwies sich gerade mit einer solchen Maßnahme, die den Erfolg über das leere Prestige setzt, als bedeutender Heerführer.

Aber schon seine Gesichtszüge verraten, daß sein Wesen zu sehr nur von Willen, Kraft und Entschlossenheit bestimmt war. Ihm fehlte die weite und tiefe Bildung, die Moltke auszeichnete und um die sich Scharnhorst und Gneisenau bemüht hatten. Und wer seine Bildnisse aufmerksam betrachtet, wird bald finden, daß diese Willenskraft nicht eigentlich cäsarischer Natur, im tiefsten nicht selbstverständlich war. In dieser Härte ist auch Anerzogenes, ja Verkrampftes. Vielleicht erklärt das, warum er im Herbst 1918 sein Gleichgewicht völlig einbüßte.

Ein Mann, der, nicht ohne Anstrengung, alle seine Kräfte auf das Militärische wirft, kann kaum einen genügenden Blick für psychologische und politische Notwendigkeiten haben. Die Enge des Nur-Soldatischen wird gerade bei diesem großartigen Soldaten auf beängstigende Weise sichtbar. In der lebensgefährlichen Lage, in der sich der Staat jetzt befand, reichten Willensentschlüsse nicht aus, den Staat zu retten. In Ludendorffs Denken fanden wohl die Zahlen, nicht aber die Bedeutung der für Deutschland ungünstigen Kräfteverhältnisse einen Platz. Falkenhayn hatte da weiter gesehen.

Ludendorff hatte auch kein Empfinden dafür, daß schon seit langem das moralische Ansehen Deutschlands in der Welt gesunken war, weil man dieses Volk, zu Recht oder Unrecht, des Angriffsgeistes, der Eroberungsgier, des Unterdrückungswillens beschuldigte. Er sah nicht, daß man das Reich schwächte, wenn man dieser Propaganda neue Nahrung gab. Er war die reinste und geschlossenste Verkörperung des Militarismus. Gerade daß er nicht ohne sympathische Züge war, macht das Verhängnis so eindrucksvoll, das seine Gesinnung über Deutschland heraufführte. Er liebte sein Vaterland mehr als sich selbst, er ist ihm dennoch zum Unheil geworden.

Er wollte nicht Verständigung mit den Gegnern, sondern den Sieg, den ganzen Sieg. Noch einmal schienen sich ihm die kühnsten Aussichten zu eröffnen. Rußland scherte aus der Reihe der Gegner aus. Zum erstenmal seit dem August 1914 durfte Deutschland hoffen, den Rücken frei zu haben zum Entscheidungskampf im Westen.

Brest-Litowsk

Die Lenker der russischen demokratischen Republik, die sich von den Westmächten in dem gefährlichen Entschluß bestärken ließen, den Krieg mit allen Kräften weiterzuführen, verkannten die tiefe Müdigkeit ihres Volkes. Nur wenn die Demokraten die Sehnsucht der Massen nach Frieden erfüllten, konnte ihr Staat dauern. Die deutsche Regierung war entschlossen, diese Lage für sich auszunutzen. Im April 1917 erlaubte sie einem russischen Verbannten, der in der Schweiz lebte, durch Deutschland nach Rußland zu reisen. Sie hatte die berechtigte Überzeugung, daß er alles tun werde, um Frieden zu schließen, um sich damit den innerpolitischen Sieg zu sichern. Sein Name war Wladimir Iljitsch Lenin.

Im Frühjahr 1918 unterzeichnete die bolschewikische Regierung den Friedensvertrag von Brest-Litowsk, der die baltischen Provinzen, Polen und die Ukraine von Rußland löste. Ludendorff konnte einen Teil der Divisionen vom Osten nach dem Westen senden und sie zur Entscheidungsschlacht bereitstellen.

Aber Brest-Litowsk war einer jener trügerischen Triumphe, an denen die wilhelminische Zeit so reich war. Vergebens hatte sich der Staatssekretär von Kühlmann dagegen gewehrt, daß Rußland so schwer verstümmelt würde. Die größere Macht des Generals hatte sich durchgesetzt. Aber damit erlitt Deutschland eine neue moralische Niederlage. Vielleicht wäre sie zu vermeiden gewesen, wenn wirklich nichts geschehen wäre als der Abschluß des Friedens, wenn Deutschland sich damit begnügt hätte, jene Gebiete abzutrennen, die alle nicht großrussisch waren, und wenn es ihnen völlige nationale Freiheit gegeben hätte. Aber Deutschland dachte nicht daran. Den weiten Raum von der Ostsee bis zum Kaukasus wollte es deutschem Einfluß, ja deutscher Oberherrschaft öffnen. In der ganzen Welt erschallten die Rufe der Entrüstung über die deutsche Eroberungsgier. Wiederum wurden die westlichen Völker zu äußerster Kraftanstrengung angespornt, damit dieses furchtbare Deutschland nicht die herrschende Macht Europas werde.

Die unheimliche Macht, die im Erfolg liegen kann, zeigte sich jetzt freilich bei zahlreichen deutschen Politikern, die ein Jahr zuvor der weisen Friedensentschließung zugestimmt hatten. Ein Teil des Zentrums und der linksbürgerlichen Kreise ließ sich durch die unabsehbare Weite des künftigen deutschen Herrschaftsgebietes verführen. Nur die Sozialdemokratie äußerte fast geschlossen ihre Abneigung. Die Partei enthielt sich im Reichstag wenigstens der Stimme, außerhalb des Parlamentes wandte sie sich scharf gegen die Eroberungspolitik.

Die Sozialdemokraten sprachen nicht aus der Staatsräson oder aus kalter Abschätzung der Stärkeverhältnisse, sondern weil sie an ihren ideellen Grundsätzen festhielten, an der Freiheit und Würde auch kleiner Völker.

Aber Macchiavelli hat nicht immer recht, oft deckt sich das Ideelle, das im höheren Sinne Sittliche mit dem Staatswohl.

Auch für Ludendorffs militärische Maßnahmen war Brest-Litowsk eine Gefahr. Die Bolschewiken konnten den Verlust so weiter Gebiete nicht verwinden und blieben feindselig. In der Ukraine gärte es. So mußten Hunderttausende von deutschen Soldaten mit ihrem Material und ihrem ständigen Nachschubbedarf im Osten bleiben. Vieles davon wäre für die Angriffsdivisionen an der Westfront nicht zu verwenden gewesen. Einen Teil aber, vor allem auch die kostbaren Pferde, mit denen zahlreiche schwerfällige Divisionen hätten beweglich gemacht werden können, dazu Munition und Geschütze hätten auch im Westen eingesetzt werden können. Die Mannschaften hätten ihren Platz in der Rüstungsindustrie eingenommen. Das alles fehlte Ludendorff bitter in den Frühlingsmonaten von 1918.

Zusammenbruch

Aber wenigstens konnte zum erstenmal seit Jahren die Oberste Heeresleitung im Westen eine überlegene Zahl an Soldaten entgegenstellen. Die Überlegenheit war nicht groß, viel geringer als die der Franzosen und Briten bei ihren Offensiven in den letzten Jahren. Doch sie reichte immerhin, den Stellungskrieg für einige Monate in einen Bewegungskrieg zu verwandeln, in dem die Deutschen Meister waren.

Vier Jahre Schützengraben und Materialschlacht gegen eine Übermacht hatten das Bild des deutschen Frontsoldaten geprägt. Es heißt nicht, der Tapferkeit, der Pflichttreue und den Fähigkeiten britischer und französischer Soldaten den Respekt zu verweigern, wenn man feststellt, daß die Leiden der deutschen Soldaten noch größer waren als die der Gegner. Um so mehr atmete das deutsche Heer auf, als der Angriff befohlen wurde.

Am 21. März 1918 brach die deutsche Offensive los. Die Deutschen drangen weit vor, so weit wie die Alliierten bei ihren Angriffen nie gekommen waren. Im Hauptquartier herrschte Jubel, der Kaiser äußerte schon wieder, wenn die Briten den Frieden haben wollten, müßten sie erst vor der Kaiserstandarte knien. Aber dann erlahmte der Angriffsschwung wie noch stets bei den Offensiven dieses Krieges. Die Kraft der Verteidiger konnte zwar gebeugt, doch nicht zerbrochen werden.

Gegen Ludendorffs Strategie von 1918 sind von den Fachkritikern ernste Vorwürfe erhoben worden. Vor allem wird gesagt, an der entscheidenden Stelle habe er nicht genügend Truppen massiert. Es sind die Vorwürfe, die wir schon vom jüngeren Moltke und von Falkenhayn her kennen. Daß allen drei Lenkern der deutschen Operationen, so verschieden sie ihrem Wesen nach waren, der gleiche Fehler nachgesagt wird, müßte zum Nachdenken anregen wie auch zur Zurückhaltung zwingen. Das Entscheidende war wohl doch: Ludendorff hatte zu geringe Kräfte, das Heer war überanstrengt. Und dann kamen die Amerikaner. Mitte des Jahres standen anderthalb Millionen amerikanische Soldaten in Frankreich, frisch, unverbraucht, zuversichtlich, glänzend ernährt und ausgerüstet. Die feindliche Übermacht war erdrückender denn je. Das deutsche Heer erlitt eine schwere Niederlage nach der anderen.

Als es noch siegreich war, hatte der Staatssekretär von Kühlmann versucht, einen Schritt in der Richtung zu tun, daß der Krieg auf diplomatischem Wege beendet werde. Der südafrikanische Ministerpräsident Smuts hatte in öffentlicher Rede angedeutet, daß man über den Frieden sprechen könne. Als Kühlmann vor dem Reichstag ausführte, der Krieg könne nicht allein durch militärische Mittel beendet werden, war das als Antwort an Smuts gedacht. Aber der letzte schwache Schimmer einer politischen Lösung, der einzigen, die Deutschland noch retten konnte, erlosch schnell. Ludendorff erzwang den Rücktritt Kühlmanns. Noch immer glaubte er an zerschmetternde Schläge, die Deutschland den vollen Preis des Sieges bringen würden.

Drei Monate später brach selbst seine Willenskraft unter der Macht der unaufhörlichen Niederlagen zusammen. Verzweiflung übermannte ihn, er erzwang von der überraschten Reichsleitung ein Waffenstillstandsangebot, das aller Welt klar machen mußte: Die deutsche Führung glaubte nicht mehr an den Sieg. Ludendorffs nomineller Vorgesetzter, der Generalfeldmarschall von Hindenburg, wiegte sich noch immer in Träumen von Landerwerb. In diesen Tagen meinte er gelassen, Briey müsse natürlich beim Friedensschluß deutsch werden.

Für die Reichsregierung, für den Reichstag, für das deutsche Volk brach in diesen Tagen eine Welt zusammen. Als der Vertreter der Obersten Heeresleitung im Reichstagsausschuß die Lage schilderte, sah er leichenblasse Gesichter. Minister, Abgeordnete und Staatsbürger hatten den Siegesklängen der Obersten Heeresleitung vertraut. Jetzt erfuhren sie, daß eine Katastrophe drohe. Der altersschwache Mann in der Regierung trat zurück. Sein Nachfolger war der badische Thronfolger, der katholische Prinz Max, ein weitblickender Mann von hohem Adel des Charakters. Er galt als zu weich, aber in den ersten Tagen seiner Regierung war er härter, entschlossener und zuversichtlicher als der General, dessen Nerven der Wucht der Niederlage nicht gewachsen waren.

Tagelang rang Prinz Max mit dem Generalquartiermeister. Er wollte das Waffenstillstandsangebot nicht erlassen, er wollte nicht vor aller Welt den drohenden Zusammenbruch zugeben, er wollte wenigstens den letzten Rest von Kampfeswillen im Volk erhalten. Er war bereit, ein Friedensangebot zu verkünden und darin nicht nur Belgien endlich freizugeben, was selbstverständlich war, sondern auch Zugeständnisse in Elsaß-Lothringen zu machen, was unumgänglich geworden war. Aber er wollte das Angebot mit dem Aufruf an die Nation verbinden, ihr Letztes einzusetzen, um den Bestand des Reiches zu retten.

Man weiß nicht, ob die Westmächte darauf eingegangen wären. Sie waren siegesgewiß, aber sie fürchteten noch immer die Kampfkraft des deutschen Heeres, und sie wollten überflüssige Verluste vermeiden. Der neue Reichskanzler konnte seine Politik nicht durchsetzen, da die Oberste Heeresleitung erklärte, der Zusammenbruch der Front stehe dicht bevor. So gab der Prinz schweren Herzens nach, und die staunende Welt erfuhr, daß Deutschland bereit war, die weiße Fahne aufzuziehen.

Das Ende der Donaumonarchie

Die Wucht der Erkenntnis, daß der Krieg verloren war, zerstörte in der verbündeten Donaumonarchie die letzten schwachen Bande, die bisher noch die Völker zusammengehalten hatten. Im Jahre 1916 war Franz Joseph sechsundachtzigjährig gestorben. Ihm blieb es erspart, das Ende der Reichsschöpfung zu erleben, das auch er nicht hätte verhindern können. Sein Nachfolger Karl der Erste war wohlmeinend und tief besorgt, aber er vermochte kein Mittel der Rettung mehr zu finden. Man sagt von ihm, er sei schwach gewesen, aber auch ein Titan wäre an der Riesenaufgabe gescheitert, die sich vor dem letzten Herrscher aus dem Hause Habsburg-Lothringen erhob.

Der Sozialdemokrat Friedrich Adler hatte den österreichischen Ministerpräsidenten Graf Stürgkh erschossen, aus Empörung über das verfassungswidrige Regime. Karl verhinderte, daß Adler hingerichtet wurde; er grübelte über Aushilfen nach; aber als die Fronten der Mittelmächte wankten, war es zu spät, viele Truppen liefen auseinander. Um so höher leuchtet der Ruhm des Beamtentums und des Kerns der Armee, die beide dieses morsche Reich noch zu halten versuchten. Bald war auch ihre Kraft am Ende. Als die eigentlichen Friedensverhandlungen begannen, waren von der Donaumonarchie nur noch Trümmer vorhanden.

Ihr Untergang muß den Betrachter mit Schwermut erfüllen, am meisten die Völker slawischer und ungarischer Zunge, die heute unter Knechtschaft leben und die wohl die alte Monarchie am liebsten wieder aus dem Boden hervorkratzen möchten. Aber wer die Geschichte im Lichte des Aufstiegs nationalstaatlicher Ideen sieht, die in dieser Zeit die Menschen beherrschten, muß in dem Zerfall des Habsburgerreichs einen Vorgang von unerbittlicher Folgerichtigkeit erblicken. Keine nachträgliche Weisheit vermag dem Geschick der Donaumonarchie diesen Charakter der Zwangsläufigkeit zu nehmen. Die Hohenzollern hatten ihr Schicksal in ihren eigenen Händen, ihre Wiener Bundesgenossen nicht.

In Deutschland folgten der Bitte um Waffenstillstand Wochen nerven-
zerrüttender Verhandlungen zwischen dem amerikanischen Präsidenten
und dem Reichskanzler, während gleichzeitig die deutsche Front zwar
zurückwich, entgegen Ludendorffs Voraussagen aber noch immer hielt,
wankend zwar, aber nie durchbrochen.

Ludendorff faßte wieder Mut, er versuchte noch einmal der alte zu sein,
er wandte sich gegen die Einstellung des unbeschränkten Unterseeboots-
krieges, die Wilson gefordert hatte. Da erzwang der Kanzler seinen Rücktritt. Wilson forderte auch die Demokratie in Deutschland. Sein Wunsch
war überflüssig geworden. Eine überwältigende Strömung in Deutschland
drängte zur Demokratie hin. Selbst die Oberste Heeresleitung forderte das
parlamentarische Regime. Die alten Gewalten hatten den Krieg weder zu
verhindern noch ihn zu gewinnen vermocht; jetzt verband sich die bisher
im Schatten stehende demokratische Bewegung mit der schmerzlichen Enttäuschung der Nation. Das Kabinett des Prinzen Max nahm auch Abgeordnete der Mehrheitsparteien in seine Reihen auf, es war bereits eine parlamentarische Regierung.

Auch die Sozialdemokratie beteiligte sich. Einige ihrer Mitglieder zau-
derten, sie sahen ahnungsvoll, daß man ihre Partei hinterher anklagen
würde, wenn es galt, den Schutt des Krieges aufzuräumen. Aber Friedrich
Ebert wies sie scharf zurecht. Niemand dürfe jetzt an die Partei denken, es
gelte das Vaterland zu retten. Seinesgleichen hatte einst der Kaiser „vater-
landslose Gesellen" genannt. Nun bewiesen er und seine Freunde, daß man
an eine übernationale Gemeinschaft glauben und doch sein Vaterland lieben
kann.

Am 28. Oktober 1918 wurde die Verfassung des Reiches geändert. Die
Regierung war in Zukunft dem Reichstag verantwortlich, die Demokratie
war geschaffen. Die Schatten des Untergangs lagen schon über dem Hohen-
zollernreich, da erhob sich noch einmal die lange verschmähte Möglichkeit,
Volk und Herrschaft in eine neue Gemeinschaft zu führen, Demokratie und
Kaisertum miteinander zu versöhnen. Alles, was zukunftzeugende Gewalt
in sich spürte, mußte sich darin vereinen, an diesem Werk zu bauen.

Das Ende des Kaisertums

Aber unter der Wucht der Niederlage, im Zorn über jahrelange Beschönigung, hatte sich der breitesten Schichten Unwillen gegen den Kaiser bemächtigt. In ihm sahen sie Sinnbild und Ursache von hundert Fehlern und
Irrtümern. Zu sehr hatte sich der Kaiser vor die Nation als Bannerträger

des Aufstiegs gestellt, zu viel Glanz hatte er auf seine Person strahlen lassen, als daß nicht die Nation jetzt ihn für den Zusammenbruch hätte verantwortlich machen können. Es war viel Ungerechtigkeit dabei. Die Nation vergaß ihre eigenen Sünden; sie vergaß, wie oft sie dem Kaiser bei seinen Fehlentscheidungen zugejubelt hatte. Aber wer fragt bei großen Erschütterungen nach Gerechtigkeit? Und tief wirkten die Worte in Wilsons Noten, die in vielen die Hoffnung erweckten, der Friede werde milder sein, wenn erst der Kaiser nicht mehr regiere.

Verzweifelt bemühte sich in diesen Wochen der Kanzler, die Monarchie zu retten. Er glaubte, daß es ein einziges Mittel dazu gebe: Kaiser und Kronprinz mußten auf den Thron verzichten, für den jungen Kaiserenkel mußte eine Regentschaft errichtet werden. Dann werde, so hoffte Max, die Nation noch einmal Vertrauen fassen.

Wieder fand er Unterstützung bei Friedrich Ebert, der in diesen Wochen zur Größe der Staatsmannkunst emporwuchs. Die Sozialdemokratie war ihrer Überlieferung nach eine Partei der Republik, aber eine vielhundertjährige Geschichte läßt sich nicht leicht aus den Herzen verdrängen. Und der ehemalige Sattlergeselle hatte auch politische Weisheit und ursprünglichen Instinkt. Er sah, daß ein neuer Staat der Freiheit und Würde leichter zu errichten war, wenn er von dem alten einen Teil der Formen übernahm, die vielen Menschen teuer waren. Er spürte, daß es galt, die wertvollen Kräfte der Überlieferung in die Zukunft hinüberzuretten, sich mit ihr zu versöhnen, statt sie zu Gegnern zu machen. Und er und seine Freunde blickten mit tiefer Sorge nach Rußland, wo die bolschewikische Diktatur ihre furchtbare Willkür entfaltete. Auch um die Nation in der Abwehr gegen den Bolschewismus zusammenzuführen, wollte Ebert die Monarchie bewahren. „Ich hasse die Revolution wie die Sünde", sagte er in jenen Wochen.

Die Kieler Meuterei

Es war doch alles vergebens. Der Kaiser vermochte den helfenden Entschluß nicht zu fassen. Es erschien ihm schimpflich abzudanken. Die Bedeutung der Stunde sah er nicht. Da nahmen andere Kräfte das Schicksal der Monarchie in die Hand.

Der Admiral Scheer befahl, daß die Flotte zu einem letzten Vorstoß auslaufe. Er hatte der Reichsregierung nichts von seinem Plan mitgeteilt. Zum letzten Male handelte das militärische Deutschland aus der Sonderstellung, die es so lange innegehabt hatte. Es beschleunigte damit den Zusammenbruch seiner Welt. Prinz Max und seine Berater, politisch erfahrener als der Admiral, hätten ihre Zustimmung sicherlich verweigert. Nun versagten große Gruppen von Matrosen ihrem Admiral den Gehorsam. Sie begriffen den Sinn des Vorstoßes nicht, da sich der Krieg seinem Ende näherte. Sie wollten heim zu ihren Familien.

Gruppen rotteten sich zusammen, es wurde geschossen; dann sprang von Kiel aus der Funke der Meuterei ins Binnenland. Die Kräfte des Umsturzes waren nur schwach, aber noch schwächer waren die Kräfte des Beharrens. Die Meuterer trafen nur auf geringen Widerstand. Nach wenigen Tagen zogen durch alle größeren Städte Soldaten und Arbeiter mit roten Kokarden. In einigen der wilden Reden wurde noch mehr gefordert als nur das Ende der Monarchie. In ihnen glühte unheimlich der Funke des bolschewistischen Umsturzwillens.

Nun glaubte auch Ebert, die Monarchie nicht mehr halten zu können. Er wußte, was in den Herzen der enttäuschten und erbitterten Arbeiter vorging. Er fürchtete, daß die Massen ihren gewählten Führern entgleiten und den Predigern des Bolschewismus folgen würden, wenn er und seine Freunde sich jetzt nicht weithin sichtbar von den Trägern des Alten trennten. Er verlangte vom Prinzen Max, daß er die Regierung den Sozialdemokraten übergebe. Noch war er freilich ergrimmt, als sein Parteifreund Philipp Scheidemann vom Balkon des Reichstags aus am 9. November 1918 die Republik ausrief; verhindern wollte und konnte er den Schritt nicht mehr; er hätte es nur lieber gesehen, wenn die kommende Nationalversammlung den Entschluß dazu gefaßt hätte. Auch war ihm klar, daß Scheidemann die Republik auch deshalb verkündet hatte, um zu verhindern, daß der Rätestaat errichtet werde.

Die Fahrt nach Holland

In der Zwischenzeit hatte sich im Großen Hauptquartier zu Spa die Tragödie der Monarchie vollendet. Der Kaiser war unschlüssig, er schwankte, was zu tun sei. In dieser Stunde hätte ihm ein weiser und treuer Diener unschätzbare Dienste leisten können. Generalfeldmarschall von Hindenburg aber gab ihm den verhängnisvollen Rat, nach Holland zu gehen. Der Kaiser lehnte zunächst ab, er ahnte die Wirkung einer solchen Tat. Wie so häufig sah er richtiger als seine Umgebung. Aber wie so häufig gab er schließlich nach. Am 9. November verließ er das Reich. Er hat es nie wiedergesehen.

Die Fahrt nach Holland war nicht als Flucht gedacht. Der Kaiser war nicht feige. Er glaubte seinem Volk einen Dienst zu erweisen, er wollte Bürgerkrieg und Blutvergießen vermeiden. Aber damit gab er zu, daß in seinem Innern der Glaube an die Monarchie zerbrochen war. Wer von dem Sinn und Wesen einer Staatsform ganz durchdrungen ist, der ist bereit, das äußerste Opfer für sie zu bringen, es aber auch von anderen zu verlangen. Tut er es nicht, gibt er allen recht, die behaupten, das Alte sei sterbensreif.

Nicht mit der Proklamation vom Balkon des Reichstags, sondern mit der Fahrt nach Holland war die Monarchie in Deutschland gestorben. Was auch immer der Kaiser und seine Umgebung zu seiner Rechtfertigung sagen mochten, das Bild war zerstört, das sich die Deutschen von der Würde des Herrschertums gemacht hatten. Es ist nicht mehr gelungen, dieses Bild wieder aufzurichten.

Zwei Möglichkeiten standen dem Kaiser am 9. November 1918 offen. Die eine war der letzte Angriff an der Spitze einer auserlesenen Schar gegen die feindliche Stellung. Dies hätte der Überlieferung der preußischen Militärmonarchie am ehesten entsprochen. Der Nachfolger Ludendorffs, der schwäbische General Groener, war dazu bereit; die anderen hätten sich gefunden. Wenn der Kaiser dabei nicht den Tod fand, dann konnte ihm ein Fläschchen mit Gift diese Gnade schenken. So hätte Friedrich der Große gehandelt.

Aber Friedrich war kein Christ, der Kaiser war es. Die Möglichkeit des freiwilligen Todes also war ihm verwehrt. Doch blieb ihm, nachdem die Zeit der Abdankung zugunsten des Kaiserenkels nun einmal verpaßt war, immer noch, in sein Schloß nach Berlin zu gehen oder, wenn die Straßen dorthin versperrt waren, in Spa zu bleiben und sich den Aufrührern entgegenzustellen. Wer aus dem in seinem Kern immer noch monarchischen Volk hätte es gewagt, die Hand an den Deutschen Kaiser und König von Preußen zu legen, wenn dieser mit gezogenem Degen an den Stufen seines Thrones stand? Hätte es aber einer gewagt und der Kaiser wäre dabei gefallen, die Deutschen hätten sich das Bild ihres Herrschers nicht mehr aus den Herzen reißen lassen. Als Wilhelm nach Holland fuhr, begrub er eine Geschichte von vielen hundert Jahren; wie es scheint, für immer.

Zerbrochene Überlieferung

Den Historiker kann die Frage wenig kümmern, ob die Republik oder die Monarchie vorzuziehen sei. Die Antwort muß er dem Politiker, dem Staatsrechtler, dem Philosophen überlassen. Er muß von einer ganz bestimmten Lage und Entwicklung ausgehen. Von der Lage des deutschen Volkes im Jahre 1918 und von der Entwicklung seither gesehen, wird der Historiker wohl zu dem Ergebnis kommen, daß die Zerstörung der Monarchie ein schweres Unglück für Deutschland war. Wilhelms Regierung war ein Verhängnis gewesen, aber das größte Unheil war, daß er die Monarchie zertrümmerte. Die Folgen waren schlimmer als die des Vertrages von Versailles.

Erst die Zerstörung der Monarchie machte in den folgenden Jahren die Legende möglich, dem unbesiegten Heer sei von der verräterischen Heimat der Dolch in den Rücken gestoßen worden. Wenn die Generale und Minister des Deutschen Kaisers Waffenstillstand und Unterwerfungsfrieden unterschrieben hätten, so wären die wütenden Schreie gegen die „Novemberverbrecher" nicht erhoben worden, der Propaganda Hugenbergs und der Nationalsozialisten wäre der Boden entzogen gewesen.

Zwei Briten von entgegengesetzter politischer Haltung, Winston Churchill und Ernest Bevin, waren sich später darüber einig, daß Hitler nicht an die Macht gekommen wäre, hätte Deutschland noch das Symbol der Monarchie besessen, um das sich die Nation hätte scharen können. Aber selbst wenn Hitler Reichskanzler geworden wäre, so bleibt es unvorstellbar, daß die deutschen Bundesfürsten das Schreckliche geduldet hätten, das dann geschehen ist. Auch das schwache italienische Königtum hat sich am Ende des Diktators doch wieder entledigen können.

Und es waren nicht nur die Kräfte der Tiefe, die aufstiegen, nachdem die Monarchie zertrümmert war. Es waren nicht nur verantwortungslose Agitatoren, die sich gegen die Weimarer Republik erhoben. Es waren auch Anhänger des alten und ehrenhaften Deutschlands, die sich mit der Republik und ihrer neuen Fahne nicht abfinden konnten und die beiden mit grimmiger Abneigung begegneten. Es ist leicht, ihnen heute nachzuweisen, daß sie sich irrten und daß die Republik die einzige Staatsform war, unter der sich alle Besonnenen hätten finden müssen. In der ungeheuren Erschütterung nach 1918 war dies schwerer zu sehen als heute. Alle diese ehrlichen und staatstreuen Kreise, zum Teil aus der Oberschicht, zum Teil aus dem kleinen Bürgertum und der Arbeiterschaft, wären mit dem neuen Volksstaat zu versöhnen gewesen, wenn in ihm die Kräfte einer Überlieferung noch zu erblicken gewesen wären, die ganzen Geschlechtern Lebensluft gewesen war. Sie alle fühlten sich nun zurückgestoßen. Das war es, was Ebert geahnt hatte und weshalb er zum Vernunftmonarchisten geworden war. Die Möglichkeit, die er gesehen hatte war nun verschüttet.

Aber wenigstens war der neue Staat in treuen Händen. Zum erstenmal seit achtundzwanzig Jahren stand wieder ein Staatsmann am Steuer des Reiches. Am Abend des 9. November 1918 übergab Prinz Max die Regierungsgeschäfte an Friedrich Ebert. An der Tür wandte er sich um: „Herr Ebert, ich lege Ihnen das Deutsche Reich ans Herz." Ebert erwiderte: „Ich habe zwei Söhne für dieses Reich verloren."

FÜNFTES KAPITEL

DER STAAT VON WEIMAR

Die Republik mußte ihr Haus bauen auf den Trümmern der großen Siegeshoffnungen, im Angesicht der Feindschaft aller Großmächte der Erde. Vom ersten Tage an mußte die Republik mit der kurzsichtigen Härte der Siegermächte kämpfen. Sie errang dabei große Erfolge, aber in dem schweren Ringen verblutete sie.

Waffenstillstand

Schon die Regierung des Prinzen Max hatte Waffenstillstandsverhandlungen vorbereitet. Reichsregierung und Heeresleitung glaubten zu wissen, daß die Gegner einen General als Führer der Abordnung ablehnen würden. Die Freunde Matthias Erzbergers drangen in ihn, er möge das Amt übernehmen. Seine Arbeitskraft, seine Gewandtheit, sein Ansehen im Ausland empfahlen ihn dafür. Er zögerte, er ahnte die kommenden Vorwürfe. Am Ende übernahm er dennoch den Auftrag. Erzbergers Persönlichkeit wirkt nicht immer anziehend, seine Geschäftigkeit brachte ihn zu sehr in Zusammenhang mit Geschäften. Aber eine seiner stärksten Eigenschaften war Patriotismus. Er wollte sich einem Rufe nicht entziehen, der an sein vaterländisches Pflichtgefühl erging.

Der Waffenstillstand, der am 11. November 1918 im Walde von Compiègne im Salonwagen des siegreichen Marschalls Foch unterzeichnet wurde und zu dessen Annahme auch der deutsche Generalstabschef geraten hatte, besiegelte die deutsche Niederlage. Er machte es Deutschland unmöglich, den Kampf wieder aufzunehmen. Von diesem Tage an hatte Deutschland noch Soldaten, aber es war wehrlos. Doch hatte die deutsche Abordnung eine Reihe von Milderungen, so auch für den deutschen Verkehr erreicht. Erzberger war selbstbewußt, aber auch wieder geschickt und geschmeidig aufgetreten.

Wilson und Brockdorff-Rantzau

Es dauerte dann noch fast ein halbes Jahr, bevor die Friedensverhandlungen begannen. Die Sieger mußten erst untereinander beraten und ihre Meinungsverschiedenheiten ausgleichen. Wilson hatte seinen hochmütigen

Idealismus und seine Weltfremdheit nicht nur gegenüber den Deutschen gezeigt. Er hatte nicht nur das Klischeebild von der Hohenzollernmonarchie übernommen, die er im vollen Ernst und mit gutem Gewissen für Verfechter des Angriffskrieges hielt. Er hatte auch seine Bundesgenossen falsch eingeschätzt.

Er hatte gehofft, ein mächtiges Amerika werde nach dem Siege seine Alliierten zu einem Frieden der Gerechtigkeit zwingen können. Im Frühjahr 1918 hatte er seine vierzehn Punkte verkündet. Die Forderungen, die er darin aufstellte, waren auf dem Recht der Völker gegründet, ihr Schicksal selber zu bestimmen. Die Deutschen hatten sie zunächst abgelehnt, weil sie von ihnen schmerzliche Opfer verlangten, später aber, unter der Wucht der Niederlage, angenommen.

Als Wilson sie aber in die Wirklichkeit umzusetzen versuchte, traf er auf den zähen Widerstand Clemenceaus. Der französische Ministerpräsident wollte den Besiegten für unabsehbare Zeit am Boden halten, was auch immer aus allen idealen Grundsätzen werden mochte. Clemenceau war dem amerikanischen Präsidenten nicht nur an Härte des Willens, sondern auch an politischer Erfahrung, zusammen mit dem Apparat des französischen Außenamtes, an Kunst der Diplomatie weit überlegen. So wich Wilson Schritt um Schritt zurück.

Nur wo er mit Lloyd George zusammenarbeiten konnte, in dem sich gelegentlich die ersten Ansätze zur Wiederkehr ererbter britischer Staatskunst zeigten, vermochte Wilson Clemenceau zu widerstehen. Den rheinischen Pufferstaat zu schaffen, wurde Clemenceau nicht erlaubt. Sonst aber wurde Wilsons Programm zwar nicht zerstört, aber geschwächt und verletzt, und zwar jeweils zu Ungunsten Deutschlands.

Als die Vorschläge der Alliierten bekannt wurden, ging ein Schrei der Empörung durch Deutschland. Gerade die Kreise, die auf eine neue und bessere Zeit gehofft und an Wilson geglaubt hatten, fühlten sich verraten. Wilson erschien vielen als ein Heuchler, während er es ehrlich gemeint hatte und nur zu kenntnislos und zu schwach gewesen war, wie es das gewöhnliche Kennzeichen der Weltverbesserer ist. Bismarck hatte sie nicht umsonst gehaßt. Tatsächlich ist von ihnen fast ebensoviel Unglück in die Welt gekommen wie von den bösartigen Schurken.

In der allgemeinen Aufwallung nationalen Zornes rief der sozialdemokratische Reichskanzler Scheidemann aus, die Hand müsse verdorren, die diesen Vertrag unterschreibe. Er stand später zu seinem Wort und trat lieber zurück, als daß er einem Frieden zugestimmt hätte, der nach seiner Überzeugung ein Unglück nicht nur für Deutschland, sondern auch für die Idee der internationalen Gerechtigkeit war.

Der Leiter der deutschen Friedensdelegation war der Außenminister Graf Ulrich von Brockdorff-Rantzau, ein Berufsdiplomat aus altem holsteinischem Adel, aus Verstand und Überzeugung dem neuen Staat ergeben, als Aristokrat und Deutscher stolz und selbstbewußt. Er und seine Mitarbeiter verhandelten lange mit den Alliierten in Versailles. Daß der Friede ein Diktatfrieden gewesen sei, ist eine der vielen Legenden, die sich so tief einprägen, daß sie unausrottbar werden. Tatsächlich tauschten beide Lager auf schriftlichem Wege, allerdings nicht freundlich, aber doch in kühler Höflichkeit Meinungen und Gedanken dabei aus. Die deutsche Abordnung erreichte dabei einige Milderungen.

Wichtiger war eine andere Folge ihrer Haltung. Rantzaus nicht immer geschicktes Auftreten erregte und verärgerte gelegentlich die Alliierten, aber seine beharrlich vorgebrachten Darlegungen verfehlten ihren Eindruck auf einige angelsächsische Mitglieder der Delegationen nicht. Einer von ihnen, der britische Professor Keynes, trat von seinem Amt zurück, und er gehörte seitdem zu den entschiedensten Bekämpfern der Forderungen nach einer hohen deutschen Kriegsentschädigung. Auch andere Briten begannen an der Weisheit der alliierten Friedensregelung zu zweifeln. In Compiègne und in Versailles wurde der Grund gelegt für den mühsamen, im ganzen erfolgreichen Versuch der Weimarer Diplomatie, Fußbreit um Fußbreit Boden gegenüber den Siegern zu gewinnen. Aber davon konnte das deutsche Volk nichts wissen, als schließlich unterzeichnet werden mußte. Der neue sozialdemokratische Reichskanzler Hermann Müller und der Kolonialminister Dr. Bell übernahmen das schwere Amt. Im Reichstag stimmten freilich die Rechte und einige Zentrumsleute und Sozialdemokraten, aber auch große Teile der Linksliberalen gegen den Vertrag.

Unzählige Male haben sich Politiker und Historiker gefragt, ob es notwendig war, den Frieden mit seiner Härte und seiner Ungerechtigkeit anzunehmen. Militärischer Widerstand war nicht mehr möglich. Aber die Überlegung blieb erlaubt, ob die kriegsmüden westlichen Völker dazu bereit gewesen wären, die Söhne und Gatten noch länger zu entbehren, wenn ganz Deutschland hätte besetzt werden müssen. Wenn sie es aber getan hätten, darf man weiter fragen, ob es nicht heilsam gewesen wäre, wenn nun die Alliierten die ganze Verantwortung hätten tragen müssen, ein besiegtes und verzweifeltes Volk zu regieren, und wenn sie gleichzeitig im Osten unmittelbar dem Bolschewismus begegnet wären.

Aber diese Fragen gehen am Kern vorbei. Wahrscheinlicher als die Beschränkung auf eine Gewaltaktion wäre es gewesen, daß die sehr fähige französische Diplomatie die deutsche Einheit aufgespalten, mit Hilfe der Besetzung Staatsgrenzen quer durch Deutschland geschaffen, einige der Länder verhätschelt, ihnen Erleichterung versprochen und mit ihnen Sonderfriedensverträge abgeschlossen hätte. Die Reichseinheit, das aus den Trümmern der Niederlage gerettete kostbare Gut, war bedroht. So war es wohl doch weise, was Müller und Bell taten.

Der Friede

Die Bestimmungen des Vertrages freilich waren hart genug, so hart, daß viele Deutsche damals an der Zukunft ihres Vaterlandes verzweifelten.

Das Reich wurde verstümmelt. Es mußte nicht nur auf Elsaß-Lothringen verzichten, was unumgänglich geworden war; es mußte nicht nur die polnischen und dänischen Gebiete wieder aufgeben, die es besser niemals gewonnen hätte; es mußte in Eupen-Malmedy, Posen und Westpreußen Millionen Landsleute gegen deren Willen aufgeben. Einige Jahre nach dem Kriege verlor es auf Grund des Vertrages, teils durch eine willkürlich ausgelegte Volksabstimmung, teils durch einen litauischen Gewaltakt, Ost-Oberschlesien und Memel. Das Saargebiet wurde dem Völkerbund unterstellt und sollte sich erst nach fünfzehn Jahren entscheiden, wohin es gehöre. Die Absicht, das Gebiet französisch zu machen, war deutlich. Genommen wurden dem Reich auch sämtliche Kolonien. Die Sieger behaupteten, Deutschland habe seine Pflichten gegenüber den Eingeborenen verletzt.

Es wurde den Deutschen verboten, Ersatz für die verlorenen Gebiete durch den Zusammenschluß mit anderen deutschen Stämmen zu suchen.

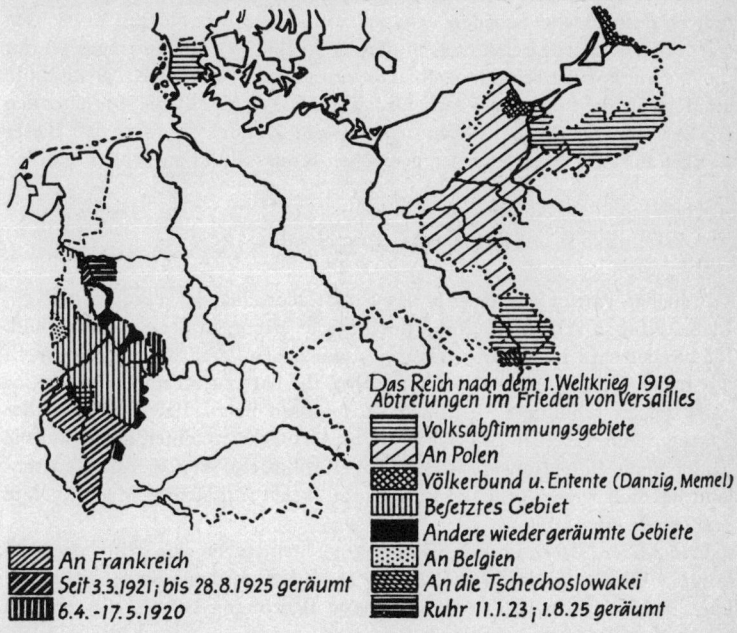

Das Reich nach dem 1. Weltkrieg 1919
Abtretungen im Frieden von Versailles

▤ Volksabstimmungsgebiete
▨ An Polen
▩ Völkerbund u. Entente (Danzig, Memel)
▥ Besetztes Gebiet
■ Andere wieder geräumte Gebiete
▦ An Belgien
▤ An die Tschechoslowakei
▥ Ruhr 11.1.23 ; 1.8.25 geräumt

▨ An Frankreich
▨ Seit 3.3.1921; bis 28.8.1925 geräumt
▥ 6.4. -17.5.1920

Auch die Österreicher mußten sich in ihrem Friedensvertrag, dem von St.-Germain, dazu verpflichten, selbständig zu bleiben. Den Sudetendeutschen wiederum wurde verwehrt, sich Österreich anzuschließen. Wo sich Deutschböhmen gegen die tschechische Oberherrschaft auflehnten, antworteten tschechische Maschinengewehre auf diesen Versuch, das Selbstbestimmungsrecht der Völker zu verwirklichen. Verboten wurde dem Reich ein Heer, das eine bestimmte Grenze überschritt. (Diese Grenze wurde mit hunderttausend Mann festgesetzt.) Verboten wurden allgemeine Wehrpflicht und Generalstab, verboten alle neuzeitlichen Waffen zu Lande und in der Luft, Schlachtschiffe und Unterseeboote.

Das Reich wurde verurteilt, eine riesige Kriegsentschädigung zu zahlen. Die Summe wurde in Versailles noch nicht festgesetzt; erschreckt vernahm das deutsche Volk, die britischen und französischen Sachverständigen glaubten an dreihundert Milliarden Goldmark. (Das sind etwa tausend Milliarden, also eine Billion Mark nach dem heutigen Geldwert.) Das linke Rheinufer sollte in drei Zonen auf fünf, zehn und fünfzehn Jahre besetzt bleiben. Auch nach dem Abzug der Besatzungstruppen sollten links des Rheins und in einem breiten Gürtel rechts des Rheins keine deutschen Truppen stehen.

Deutschland mußte unterschreiben, daß es Urheber des Krieges sei und daß es deshalb alle Schäden ersetzen werde, die den Siegern erwachsen seien. Später wurde behauptet, in diesem Artikel 231 des Vertrages sei nur die Verantwortlichkeit Deutschlands festgelegt, nicht seine Alleinschuld am Kriege behauptet worden. Das war Haarspalterei. Die begleitenden Äußerungen der Sieger ließen 1919 keinen Zweifel darüber, daß dieser Artikel auf der These von der deutschen Kriegsschuld aufgebaut war.

Die Gunst der Niederlage

Mancher Patriot sah damals das Ende Deutschlands gekommen. Kein Lichtstrahl, so schien es, drang noch in die Nacht, in der es sich befand. Inzwischen sind Jahrzehnte vergangen, wir haben Erfahrungen gesammelt, wir haben Bestimmungen kennengelernt, die härter sind und unser nationales Leben schlimmer bedrohen. Wir wissen heute, daß der Versailler Vertrag nicht nur nicht das Dasein unseres Volkes vernichtet, daß er auf die Dauer nicht einmal unsere Stellung als Großmacht zerstört hat. Deutschland hat sich wieder erheben können; zu welch furchtbarer Macht, zeigte der Zweite Weltkrieg.

Und klarer, als es unsere Väter vermochten, sehen wir heute das verborgene Geschenk, das in dem Ausgang des Krieges lag. Die geopolitische Lage des Reiches war von der schweren Bedrohung befreit, die seit den

Tagen Friedrichs und Maria Theresias über Deutschland gelastet hatte. Die Wirkung der Siege über Rußland war nicht auszulöschen, auch wenn der Friede von Brest-Litowsk jetzt aufgehoben wurde. Wenn die deutschen Politiker in Jahrzehnten dachten, konnten sie zum erstenmal seit Generationen wieder freier atmen. Ein Kranz von unabhängigen Staaten zog sich von der Ostsee bis zum Schwarzen Meer und schirmte nicht nur Westeuropa, sondern auch Deutschland gegen die unheimliche Macht im Osten ab.

Wohl waren einige von ihnen in eine künstliche Feindschaft gegen Deutschland geraten, da sie Millionen von Deutschen gegen deren Willen in sich aufgenommen hatten. Sie mußten nun fürchten, ein wiedererstarkendes Deutschland werde seine Landsleute eines Tages für sich verlangen. Aber das waren alles kleinere oder mittlere Staaten. Wenn Deutschland seine Unabhängigkeit wiedergewann, konnten sie es sich nicht mehr leisten, feindselig gegen den Nachbarn aufzutreten oder die Deutschen innerhalb ihrer Grenzen schlecht zu behandeln. Eines Tages waren sie zur Freundschaft mit Deutschland gezwungen. Auch mußte das Reich ihnen, wenn es erstarkt war, als sicherer Schutz gegen die dunkle Drohung aus dem Osten erscheinen. Einer friedfertigen Politik boten sich große Möglichkeiten.

Im Südosten hatte Deutschland seine Lage entscheidend verbessert. Die Donaumonarchie war nun zerbrochen, aber Deutschland hatte keine Schuld daran, es brauchte kein schlechtes Gewissen zu haben. Vor allem war russischer Einfluß nicht bis in die böhmischen Wälder und die Pußta gedrungen. In allen Abschnitten dieses Buches hat bisher davon die Rede sein müssen, wie sehr das herannahende dunkle Schicksal der Donaumonarchie auf die deutsche Politik drückte, von der Paulskirche bis zum Juli 1914. Das Reich hätte nicht zusehen können, wie Rußland Österreich niederwarf. Aber der andere Weg, das enge Bündnis mit Wien, hat es in lebensgefährliche Verfeindung geführt. Jetzt war der Alpdruck gewichen.

Die Deutschen fühlten sich durch den Versailler Vertrag gefesselt, und der Vertrag wollte sie auch fesseln. In Wirklichkeit waren sie in ihren Entschlüssen freier, als sie es unter Bismarck oder Wilhelm dem Zweiten gewesen waren.

Zerstörter Glaube

Aber wenn weder die militärische Niederlage noch der Versailler Vertrag die deutsche Lebenskraft zerstörten, so richtete Versailles doch eine Verwüstung an, die weltgeschichtliche Folgen hatte. Die verheerendsten Wirkungen des Vertrages waren psychologischer Art. Versailles vergiftete die Gemüter der Deutschen. Er war kein Diktatfrieden, aber er war ein Friede des Unrechts, und vor allem war er ein Friede der Heuchelei, mag sie nun bewußt gewesen sein oder nicht.

Junge Menschen werden heute kaum noch erfassen können, wie gläubig damals die überwältigende Mehrheit der Deutschen darauf vertraute, daß nun das Zeitalter des Friedens, der Gerechtigkeit und der menschlichen Würde begonnen habe. Unter diesen Parolen hatten die Feinde gegen das kaiserliche Regime in Deutschland gekämpft, und die Politiker in Paris, London und Washington verkündeten diese Losung noch immer. Zugleich zwangen sie Millionen von Menschen in eine Staatsgemeinschaft, in der diese nicht leben wollten. Sie sprachen verachtungsvoll über die deutsche Vergangenheit, weil diese von Demokratie nichts gewußt habe, und dann gingen sie hin und zerbrachen das Recht der Völker, nach ihrer Art zu leben.

Sie klagten den deutschen Militarismus an, sie zerstörten die Macht des deutschen Heeres, sie kündigten an, nun endlich könne die allgemeine Abrüstung beginnen und die Völker würden von der schweren Last befreit. Und dann sahen die Deutschen, daß die Franzosen bis an die Zähne bewaffnet blieben. Später kam die Entscheidung über Oberschlesien und Memel, dann die französische Ruhrbesetzung, alles Folgen von Versailles – am Ende herrschten Zweifel, Spott, Verachtung und Haß, wo vorher Zuversicht und Vertrauen gelebt hatten.

Versailles klagte die Deutschen als Urheber des Krieges moralisch an. Aber da war die unwiderlegbare Sprache der Akten. Aus ihnen ergaben sich mancherlei Irrtümer der kaiserlichen Diplomatie, aber kein einziges Mal der Wille zum Kriege. Auch die Nation wußte, daß sie diesen Willen nicht gehegt hatte. Was als Vertragsinstrument der Artikel 231 aber in dürren Worten sagte, das malten täglich Redner und Journalisten der Sieger weiter aus: die Deutschen seien ein Volk, das daran gewöhnt sei, Angriffskriege zu führen. Dagegen bäumte sich die Nation auf. Sie konnte auch nicht zugeben, daß die Vorwürfe in gutem Glauben erhoben würden, obwohl in diesen Jahren unter der Nachwirkung des Krieges selbst besonnene Politiker der Sieger die Anklage für richtig hielten. Die Deutschen sahen in ihr nur einen Kunstgriff, dazu bestimmt, ihr Land niederzuhalten und auszuplündern. Am Ende wurde ihre verletzte nationale Empfindlichkeit zu schlimmer Verhärtung. Wenn man einem an sich gutwilligen Menschen jahrzehntelang vorhält, er sei seiner innersten Natur nach unzuverlässig und bösartig, so wird er mit ziemlicher Sicherheit nach einiger Zeit diese Züge auch tragen. Was die anderen Völker in den dreißiger Jahren an den Deutschen so erschreckte, haben sie selbst erzeugen helfen. Die Deutschen hatten gewiß Sünden begangen, aber zum Hochmut hatte keines der Siegervölker Anlaß. Ihre Selbstgerechtigkeit mußte nach uralter psychologischer Erfahrung die Deutschen reizen und sie zur Verstocktheit treiben.

Die Nation sah auch in der Forderung, die deutschen Kriegsverbrecher sollten ausgeliefert werden, nicht den Wunsch nach Gerechtigkeit, sondern die Absicht, das deutsche Heer in den Augen der Welt zu verfemen. Die Nation wußte, daß es unter zehn Millionen Soldaten immer auch Unwürdige gibt, aber sie wußte auch, daß im ganzen strenge Zucht geherrscht hatte und daß die Soldaten der Zivilbevölkerung gegenüber menschlich gewesen waren. Da aber fast jede Familie Soldaten gestellt hatte, fühlte sich die Nation selbst angeklagt. So groß war die Empörung, daß am Ende die Alliierten vor ihr zurückwichen und auf die Auslieferungen verzichteten, obwohl sie im Vertrag zugesichert war. Das aber mußte wieder alle diejenigen in Deutschland ermutigen, die gesonnen waren, Stück um Stück des Vertrages zu zerbrechen.

Der Nationalsozialismus hat in unserem Volke viele Vorgänger: die Alldeutschen, die Verherrlicher des allgemeinen Lebensrechts, die Prediger der Herrenmoral, die Antisemiten. Aber die Väter des Nationalsozialismus lebten nicht nur in Deutschland. Auch Clemenceau und Lloyd George gehörten zu ihnen.

Die Gründe der Sieger

Gerade in Deutschland sind in den letzten Jahren Stimmen aus der Forschung laut geworden, die mit vorbildlichem Willen zur Sachlichkeit den Urhebern des Versailler Vertrages Gerechtigkeit widerfahren lassen wollen. Man muß über sie nachdenken; voll überzeugen können sie nicht.

So ist es gewiß richtig, daß die deutsche Ostgrenze schwer zu ziehen war, weil dort die Völker seit Jahrhunderten im Gemenge lagen. Aber einer schöpferischen Staatsmannskunst, die es mit ihren Versprechungen ernst nahm und einen Frieden für die Dauer bauen wollte, mußte es möglich sein, eine Grenze in der Mitte zu ziehen. Damit wäre der berechtigte Anspruch der Polen erfüllt worden, ihr eigenes nationalstaatliches Dasein zu leben, damit wäre das Recht der Deutschen auf die Selbstbestimmung gesichert gewesen, die auch ihnen verheißen worden war. Man hätte Bevölkerungsteile austauschen können, man hätte in jedem Land eine etwa gleiche Zahl von Angehörigen der nationalen Minderheit belassen können. So haben es die Russen 1945 an der polnischen Ostgrenze gemacht. Aber 1919 gaben die Sieger dem herrschenden „Staatsvolk" die Möglichkeit, in ihrem Lande Deutsche, Weißrussen und Ruthenen zu beherrschen. Eine Politik der Polonisierung begann, die durch Minderheitschutzbestimmungen nur zu mildern, nicht zu verhindern war. Damit erweckte man in den Volksteilen in Deutschland, die zur nationalen Verständigung bereit waren, das Gefühl, sie würden verhöhnt und betrogen.

Jene Forscher weisen auch darauf hin, daß die Delegierten der Westmächte in Versailles, weil sie Vertreter der demokratischen Staaten waren, auf die Stimmung ihrer Völker hätten Rücksicht nehmen müssen. Die Leidenschaft des Kampfes habe noch nachgewirkt, die öffentliche Meinung habe eine harte Strafe für die Deutschen verlangt. Als rechtfertige das die Leichtfertigkeit der Politiker, die den Krieg damit hatten gewinnen wollen, daß sie alle Kräfte des Hasses gegen die Deutschen aufgerufen hatten! Nun freilich sahen sie sich als Gefangene ihrer eigenen Demagogie, gerade wenn sie, wie Lloyd George, das Unheil von ferne ahnten, das sie heraufbeschworen.

Die Verantwortung trifft die britische Regierung härter als die französische. Die Franzosen hatten seit Jahrzehnten häufig in Feindschaft mit den Deutschen gelebt; die Beziehungen der Briten zu den Deutschen waren bis vor kurzem leidlich, vorher sogar freundschaftlich gewesen; die Briten kannten die Deutschen oder hätten sie doch kennen müssen. Trotzdem förderten alle britischen Regierungen einen Verleumdungsfeldzug gegen das deutsche Volk und die deutschen Soldaten, der seinesgleichen in der Geschichte sucht. Die abgehackten Hände der belgischen Kinder waren nur eines der Beispiele einer bisher nicht gekannten Entfesselung von Haßgefühlen. Selbst ein Mann wie Lloyd George peitschte noch nach dem Ende der Feindseligkeiten die Leidenschaften seines Volkes mit der Losung auf: „Hängt den Kaiser!" Natürlich war es unmöglich, bei so aufgewühlten Nationen das Verständnis für einen Frieden zu finden, der an staatsmännischer Weisheit dem Werk des Wiener Kongresses hundert Jahre zuvor gleichgekommen wäre.

Lloyd George, das bleibt sein Verdienst, hat sich manchen Gebietsansprüchen der Franzosen entgegengeworfen und im Osten wenigstens einige Volksabstimmungen durchgesetzt. Andere Ungerechtigkeiten duldete oder förderte er, und er war einer der Hauptrufer nach Milliarden und aber Milliarden von Reparationen. Wie hätte er anders handeln können bei einem Volk, das er so aufgepeitscht hatte?

Man sagt wohl auch, daß die Vertreter des Westens, die den Krieg geführt hatten, um Deutschland niederzuwerfen, nicht gut den Anschluß Österreichs hätten billigen können; dadurch wäre das Reich nur noch gestärkt worden. Schließlich verweist man darauf, daß die Anerkennung der Selbstbestimmung für die Sudetendeutschen die Einheit des böhmischen Raumes gesprengt hätte. Aber das alles sind Zweckmäßigkeitserwägungen, Überlegungen der nationalen Selbstsucht, wie sie etwa von den Alldeutschen in ähnlicher Weise und nur mit anderen Vorzeichen immer geltend gemacht worden waren. Aber wenigstens hatte weder ein Alldeutscher noch sonst ein deutscher Imperialist behauptet, er kämpfe im Namen der Demokratie. Noch für jeden Verrat an einem Ideal sind Erwägungen der Zweckmäßigkeit angeführt worden. Der Verrat wird darum um nichts besser.

Erste Unruhen

Während die Republik mit den Siegern um den Frieden rang, mußte sie zugleich nach innen um ihren Bestand kämpfen. Mit der Entscheidung über den künftigen Gesellschaftsaufbau fiel auch die Entscheidung über die Staatsform.

Die oberste politische Spitze bildeten nach dem 9. November 1918 nur Sozialisten. Das war folgerichtig. Mit dem Zusammenbruch des Kaiserreiches war in den Augen von Millionen auch die bürgerliche Gesellschaftsordnung gerichtet, die für alle Leiden und Opfer mitverantwortlich gemacht wurde.

Die politische Spitze trug den Namen „Rat der Volksbeauftragten". Der Ausdruck war von den Bolschewiken übernommen, die russische Revolution hatte ansteckend gewirkt. Der Rat bestand aus sechs Mitgliedern, drei Sozialdemokraten und drei Unabhängigen.

Die Unabhängige Sozialdemokratische Partei war als Protest gegen den Krieg entstanden. Der linke Flügel der Sozialdemokratie hatte sich in ihr zusammengefunden und die Kriegskredite abgelehnt. Im Winter 1918 zeigte es sich, daß sie auch über den Gesellschaftsaufbau radikaler dachte als ihre früheren Parteifreunde. Friedrich Ebert und seine Gesinnungsgenossen wollten, daß eine demokratisch gewählte Nationalversammlung über den Gesellschaftsaufbau entscheiden sollte. Sie hofften, daß diese Versammlung in ihrer Mehrheit sozialistisch denken werde und daß auf diese Weise Sozialismus und Demokratie miteinander verschmelzen würden, wie es in dem Namen der Partei ausgedrückt war. Den Unabhängigen erschien diese Hoffnung zu unbestimmt, sie wollten, daß man jetzt gleich beginne, den Sozialismus aufzubauen. Sie wollten es nutzen, daß der Eindruck der Revolution noch frisch, die alten Gewalten moralisch erschüttert und die Bürger eingeschüchtert waren.

Die Unabhängigen erkannten die Aussichten des Sozialismus klarer als die Mehrheitssozialdemokraten. Es hat in der deutschen Geschichte nur ein einziges Mal die Möglichkeit gegeben, Deutschland zu einem sozialistischen Staat zu machen, das war im Winter von 1918 auf 1919. Aber wenn die Unabhängigen die besseren Sozialisten waren, so waren ihre Gegner die besseren Demokraten. Die Sozialisierung hätte heftige Widerstände hervorgerufen. Wenn sich die Gegner des Sozialismus gesammelt hatten, mußte ein heftiger Ansturm beginnen. Wahrscheinlich hätte dann eine Minderheit mit Gewalt die Mehrheit niederhalten müssen. Wenn man schon den Weg der Unabhängigen für den richtigen hielt, mußte man ihn auch so entschlossen zu Ende gehen wie ihr äußerster linker Flügel, der sich in der Kommunistischen Partei zusammenfand.

Friedrich Ebert aber und seine Freunde begründeten in diesem Winter die deutsche Demokratie, indem sie den Mehrheitswillen und nicht ihr Partei-programm als den obersten Herrn des Staates anerkannten.

Für kurze Zeit allerdings hatten sie auch außerhalb des Rats der Volks-beauftragten einen ernsten Mitbewerber um die Regierungsgewalt. Im Heer und in der Heimat hatten sich während der Revolution nach russischem Muster Arbeiter- und Soldatenräte gebildet, und ihr Oberster Vollzugsrat beanspruchte gleiche Rechte mit den Volksbeauftragten. Die Befugnisse beider Körperschaften waren unklar, man stritt sich hin und her, allmählich aber zeigte sich, daß auch unter den Räten der Wunsch nach Ordnung, nach Demokratie stärker war als der Wille zur revolutionären Umgestaltung des Staates. Die Gewichte verschoben sich immer mehr zugunsten der Gruppe um Friedrich Ebert. Schließlich zogen die Unabhängigen die Folgerung und verließen den Rat der Volksbeauftragten. Sie überließen Ebert die volle Regierungsgewalt – soweit in diesen unruhigen Monaten von einer solchen Regierungsgewalt die Rede sein konnte.

In ihrer Furcht, der Sozialismus werde in der Stunde des Sieges verraten, entfachten die Unabhängigen Ausstände und Aufstände, vor allem in Ber-lin, aber auch in anderen Industriestädten. Sie sahen sich an Entschiedenheit der Forderungen bald überflügelt vom Spartakusbund. So hatte sich ihr äußerster linker Flügel genannt, der sich nun völlig von ihr löste und im Dezember 1918 die Kommunistische Partei Deutschlands gründete. Ihre geistigen Führer waren Karl Liebknecht und Rosa Luxemburg, zwei Per-sönlichkeiten von hoher Intelligenz, von Tatkraft und Mut.

Gegen die Aufstände hätte eine sozialdemokratische Regierung die sozialdemokratische Arbeiterschaft zu den Waffen rufen müssen. Aber nur wenige aus dieser Schicht fanden sich bei den Regierungstruppen ein. Ein-mal hatte die Partei zu lange gegen den Militarismus Propaganda getrieben, das hatte Abneigung gegen das Soldatentum überhaupt hervorgerufen. Vielen sozialdemokratischen Arbeitern erschienen auch die Aufständischen als verirrte Brüder und nicht als Feinde. Schließlich war gerade die Arbei-terschaft müde, sie wollte nicht mehr Krieg führen und schießen. Ähnliches galt für das republikanische Bürgertum, das bis vor wenigen Wochen noch monarchistisch gewesen war und dem es schwer fiel, sich an den Gedan-ken zu gewöhnen, daß man mit der Waffe ausgerechnet die Republik ver-teidigen müsse.

So schloß Friedrich Ebert um der Demokratie willen ein Bündnis mit der Obersten Heeresleitung. Die Truppen, die den Unabhängigen und Bol-schewiken entgegengeworfen wurden, bestanden zum geringeren Teil aus überzeugten Republikanern. Die meisten waren alte Soldaten, die weniger die Republik retten als den Bolschewismus bekämpfen wollten. Geführt wurden sie von monarchistischen Offizieren.

Der Oberbefehlshaber der Truppen in Berlin, der spätere Reichswehrminister Gustav Noske, war ein unerschrockener Mann, der, ohne Rücksicht auf seine Volkstümlichkeit, handelte, wie es nach seiner Meinung dem Staatswohl entsprach. Aber von der Möglichkeit, ein republikanisches Heer aufzustellen, dachte er pessimistisch. Er nahm an, daß ein Offizier, der sich zur Republik bekannte, ein Heuchler sein müsse. So fand er sich mit dem monarchistischen Offizierskorps ab.

Die neue Truppe, die der Republik diente, ohne an sie zu glauben, warf alle Aufstände nieder. Am schwersten war der Kampf in Bayern, wo in München eine Räteregierung nach bolschewistischem Vorbild ausgerufen worden war und eine Zeitlang die Macht ausüben konnte. Auch sie erlag schließlich dem Ansturm ihrer Gegner. Auf beiden Seiten wurde der Bürgerkrieg grausam geführt. Viele Wehrlose wurden ermordet. Unter ihnen waren auch Karl Liebknecht und Rosa Luxemburg nach ihrer Gefangennahme. Rückblickend erscheinen diese Vorgänge als der Beginn der furchtbaren Verwilderung des politischen Kampfes, die dann noch jahrzehntelang mit geringen Unterbrechungen angehalten hat.

Der Sieg über die Aufständischen stärkte naturgemäß das Selbstbewußtsein derjenigen, die ihn in der vordersten Front des Bürgerkrieges erfochten hatten, vor allem der Offiziere. In diesen Monaten wurde der Grund gelegt zu dem Sonderleben der späteren Reichswehr, die sich hochmütig von der Demokratie abschloß. Der Aufbau einer von republikanisch-demokratischem Geist erfüllten Armee hätte nur gelingen können, wenn in der neuen Regierung ein eiserner Wille gewaltet hätte, der auch den Vorwurf eines roten Militarismus nicht hätte scheuen dürfen. Ihre Führer hätten einen schweren Kampf nicht nur gegen die Bolschewiken und gegen die Rechte, sondern auch gegen die Feinde des Soldatentums in den eigenen Reihen führen müssen. Solche Männer wären wohl Julius Leber und Kurt Schumacher gewesen, Gustav Noske war es nicht.

Die Nationalversammlung

Aber es bleibt bestehen, daß er und seine Freunde in diesen Monaten die oberste Verantwortung für die deutsche Demokratie gegen den Ansturm des Bolschewismus trugen. Dieser Aufgabe sind sie gerecht geworden. Die Wahlen zur verfassunggebenden Nationalversammlung im Januar 1919 gingen in Freiheit vonstatten.

Sie brachten der Sache des Sozialismus eine arge Enttäuschung: Die Sozialdemokraten erzielten nur etwas mehr als ein Drittel aller Stimmen. Allerdings waren für den Sozialismus insgesamt mehr Stimmen abgegeben worden, auch die Unabhängigen waren in der Nationalversammlung vertreten. Aber selbst mit ihnen zusammen hatten die Sozialdemokraten keine Mehrheit.

Das Wahlergebnis wäre anders ausgefallen, wenn die Sozialdemokraten nicht aus ihrem Bedürfnis nach Gerechtigkeit dem deutschen Volk zwei Geschenke gemacht hätten, die es sofort gegen die Partei anwendete. Das eine war das Verhältniswahlrecht, das die politischen Strömungen peinlich genau im Parlament widerspiegelt und auch schwächere Parteien nicht benachteiligt. Das andere Geschenk war das Stimmrecht für Frauen. Bald sah man, daß die Frauen konservativer gerichtet waren als die Männer. Während der ganzen Zeit der Republik wandten sich mehr Frauen als Männer dem Zentrum oder den Rechtsparteien zu. Auf jeden Fall gab es keine Möglichkeit mehr, Sozialisierungsgesetze im Parlament mit der Aussicht auf Erfolg einzubringen.

In den eigens eingesetzten Sozialisierungsausschüssen versandeten die sozialistischen Bestrebungen. Das lag freilich nicht nur an den Mehrheitsverhältnissen, sondern auch daran, daß der Sozialdemokratie der revolutionäre Glaube fehlte. Wenn sie an Rußland dachte, schreckte sie vor dem ungeheuren Versuch zurück, nach einem verlorenen Kriege, belastet mit schweren Forderungen, den Zukunftsstaat zu verwirklichen. Millionen von Menschen wurden in Rußland diesem Ziel geopfert. Dieser Preis war den Sozialdemokraten zu hoch.

Da eine sozialistische Mehrheit nicht gewählt worden war, blieb der Sozialdemokratie nichts anderes übrig, als mit anderen Parteien zusammenzuarbeiten. Es bot sich von selber an, dazu als Bundesgenossen diejenigen Parteien zu suchen, die im Juli 1917 mit der Sozialdemokratie die Friedensresolution angenommen hatten. Sie wollten zwar nicht den sozialistischen Gesellschaftsaufbau, aber sie bejahten wie die Sozialdemokratie die demokratisch-parlamentarische Republik. Die eine dieser Parteien war das Zentrum. Die Revolution hatte in dieser Partei die Entwicklung von einer konservativ-monarchistisch gerichteten zu einer demokratischen Partei beschleunigt und den Einfluß Erzbergers und des linken Flügels erhöht. Dazu trat, mit der Ausnahme kurzer Wochen, die Deutsche Demokratische Partei, die Nachfolgerin des Linksliberalismus. Zu ihr war auch der linke Flügel der Nationalliberalen gestoßen. In der Partei führten die geistigen Enkel der Achtundvierziger.

Als Gegner des neuen Staates bekannte sich in der Nationalversammlung nur etwa ein Siebentel. Auf der äußersten Rechten saßen damals die Deutschnationalen, die Nachfolger der Konservativen und eines Teils des rechten Flügels der Nationalliberalen. An Zahl noch schwach war die Deutsche Volkspartei, wo Gustav Stresemann die Trümmer des rechten Flügels der Nationalliberalen Partei sammelte. Damals war es schwer, zwischen ihm und den Deutschnationalen Unterschiede zu entdecken. Seine Enttäuschung über Ludendorff hatte nicht genügt, ihn dem neuen Staat zuzuführen. Er nannte seine Partei ausdrücklich die Partei der Kaisertreuen.

Die Schwerindustrie verteilte ihr Wohlwollen ziemlich gerecht auf die beiden Rechtsparteien, während der Großgrundbesitz seine Hauptvertretung bei den Deutschnationalen fand. Hochfinanz und ein Teil der Industrie unterstützten die Demokraten, im Zentrum saßen wieder alle Berufsgruppen in lebendiger Volksgemeinschaft zusammen.

Die Weimarer Verfassung

Gegen die Stimmen der Opposition wurde im Sommer 1919 die Verfassung beschlossen, unter der das deutsche Volk dann vierzehn Jahre lebte und die formell auch unter Hitler nicht aufgehoben wurde. Sie entwickelte die Oktoberverfassung von 1918 weiter, machte die Regierung wieder der Volksvertretung verantwortlich, schuf aber Gegengewichte gegen eine Alleinherrschaft des Parlaments durch die Einrichtung des Volksentscheids, ferner durch Verleihung bestimmter Rechte an den Reichspräsidenten. In Ausnahmezeiten konnte das Staatsoberhaupt mit Hilfe des Artikels 48 an die Stelle der Gesetze seine Notverordnungen setzen. Es wurde vom ganzen Volke gewählt, was es unabhängig gegenüber dem Parlament machen sollte. Die Verfassung war „zentralistischer" als die des Kaiserreichs. Sie ließ den Ländern weniger Rechte. Später zeigte es sich, daß unter bedeutenden Persönlichkeiten die Länder noch immer ein künftiges Eigenleben führen konnten.

Dreizehn Jahre später hatte sich die Verfassungswirklichkeit anders entwickelt, als es sich die Väter dieser Urkunde 1919 vorgestellt hatten. Auch als Hitler noch nicht Reichskanzler war, herrschte nicht mehr das reine System der parlamentarischen Demokratie. Die Notverordnungen, als Ausnahme für bürgerkriegsähnliche Zustände gedacht, waren der Normalfall der Regierungsarbeit geworden. Schließlich war es möglich, daß ein Diktator an die Herrschaft kam und die Grundrechte der Verfassung für zwölf Jahre lang außer Kraft setzte.

Daran waren Umstände schuld, an die man 1919 nicht hatte denken können. Wenn auch viele Politiker schon offen davon sprachen, daß die Härte der Siegermächte es den Deutschen schwer machen werde, das Vertrauen auf den neuen Staat zu erhalten, so kannte man doch die verheerenden Folgen der kommenden Wirtschaftskrise nicht.

Man wird schwerlich die Mehrheit von Weimar deshalb anklagen können, daß sie so beispiellose Vorgänge nicht vorausgesehen hat. Gleichwohl bestätigt sich bei größerem zeitlichen Abstand der Eindruck, den damals schon manche Beobachter hatten, daß die Verfassung zu hastig einige Sprünge nach vorne machte, wo größere Behutsamkeit angebracht gewesen wäre. Die konservativen Bestandteile waren zu schwach in ihr. Der konservative Mensch geht vom Bestehenden aus und sucht es allmählich und schonend fortzuentwickeln. Der liberale und der demokratische Mensch gehen von einem bestimmten Ideal aus und suchen die Entwicklung dorthin zu treiben. Der konservative Politiker findet, daß der Mensch der Stützen bedürftig ist, weil ihn sonst seine angeborenen Schwächen hemmen und vielleicht niederziehen. Der liberale und der demokratische Politiker vertrauen zuversichtlicher auf die Intelligenz und das Verantwortungsbewußtsein des Menschen. Sie sind daher bereit, ihm Rechte zu geben.

Welche von den beiden Betrachtungsweisen „richtig" sei, das zu entscheiden ist mehr eine Angelegenheit der Philosophie als der Geschichte. Es scheint freilich, daß eine Mischung von beidem den Staaten am besten bekommt. In Weimar aber schlug das Pendel zu schnell und zu hastig nach einer Seite aus.

Die Nation war über Nacht und ohne ihr eigenes Zutun aus einer starken Monarchie in die demokratische Republik geführt worden. Wir sehen heute, daß sie der Aufgabe nicht gewachsen war, den Übergang so schnell zu finden. Die neuen Männer konnten sie ihr nicht völlig ersparen. Nach den Novemberereignissen war es sinnlos, darüber zu streiten, ob nicht die demokratische Monarchie vorzuziehen sei. Aber man hätte der Nation die Aufgabe erleichtern können, man hätte nicht breite Schichten vor Entscheidungen stellen sollen, denen sie nicht gewachsen waren, nicht gewachsen sein konnten.

Aus dem unausrottbaren Bedürfnis jeder liberal-demokratischen Linken, ein bestimmtes Ideal zu verwirklichen – in diesem Fall das Ideal der Gerechtigkeit und der Volkssouveränität – gab die Verfassung den Frauen und den Jugendlichen das Wahlrecht. Das mußte einmal kommen, es lag im Zuge der ganzen geschichtlichen Entwicklung, aber es kam zu früh. Schon für die männliche Bevölkerung, die bisher allein vor der staatsbürgerlichen Verantwortung des Wählens gestanden hatte, war es schwer, sich an den neuen Zustand zu gewöhnen, bei dem nicht mehr ferne Gewalten „da oben" regierten. Die Frauen und ganz jungen Menschen aber waren nun vollends überwältigt von der neuen Verpflichtung, die vor sie hintrat und auf die sie nicht vorbereitet waren. Es waren vornehmlich Jugendliche, die später bei den Saalschlachten die braunen Uniformen trugen und der Hakenkreuzfahne folgten.

Und wie überall, wo die Linke herrscht, die vom Glauben an die Zukunft und nicht vom Respekt vor der Geschichte lebt, war das Verständnis für die überlieferten politischen Werte zu gering. Die Verteidiger der zentralistischen Strömungen bedachten nicht, daß beispielsweise in Bayern eine starke Staatsindividualität gewachsen war, die man nicht mit einem Federstrich auslöschen konnte. Das bayerische Zentrum trennte sich von der Gesamtpartei, und Bayern führte lange ein Sonderleben. In ihm herrschte Feind-

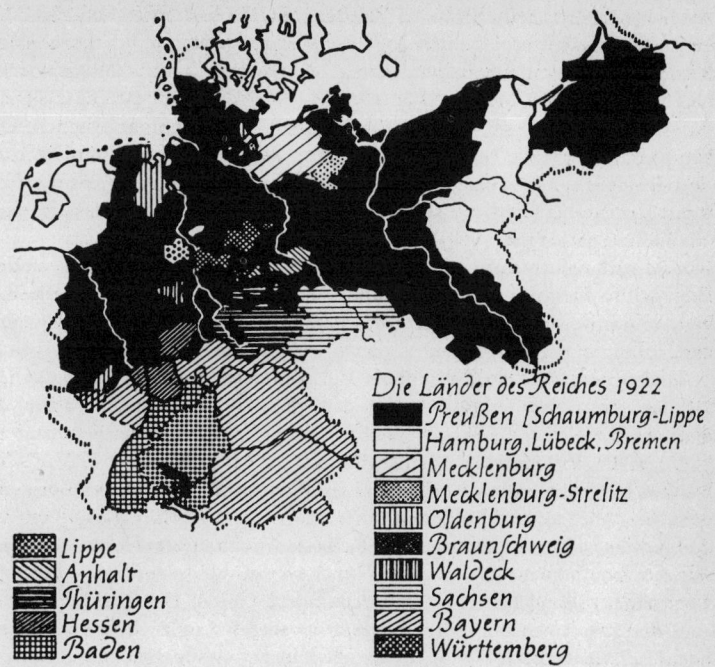

Die Länder des Reiches 1922

- ▓ Preußen [Schaumburg-Lippe
- □ Hamburg, Lübeck, Bremen
- ▨ Mecklenburg
- ▤ Mecklenburg-Strelitz
- ▥ Oldenburg
- ■ Braunschweig
- ▦ Waldeck
- ▬ Sachsen
- ▨ Bayern
- ▓ Württemberg

- ▧ Lippe
- ▨ Anhalt
- ▤ Thüringen
- ▨ Hessen
- ▦ Baden

schaft gegen die „rote Republik" mit mancherlei unerfreulichen Zuständen, die immer wieder die Linke empörten. Aber anstatt in ihrer moralischen Entrüstung zu schwelgen, hätte sie lieber von ihrem alten Gegner Bismarck lernen sollen, wie man Tatsachen als Tatsachen anerkennt. Bismarck hatte den Bayern ein halbes Dutzend Zugeständnisse gemacht, weil er sie als zufriedene und nicht als verbitterte Glieder des Reiches haben wollte. Weimar schuf in Bayern eine Reichsverdrossenheit, die lebensgefährlich wurde.

Potsdam und Weimar

Aber es waren nicht die Bayern allein, die man in die Gegnerschaft trieb. Die Mehrheit der Nationalversammlung griff zurück zu den Farben Schwarz-Rot-Gold. Sie waren Zeugen einer ehrwürdigen Vergangenheit, sie hatten über der Erhebung von 1848 geflattert. Das Bekenntnis zu ihnen war gemeint als ein Bekenntnis zur Freiheit, zur Würde, zur Einheit der Nation. Aber sie waren halb vergessen. Über dem Deutschen Reich hatten seit zwei Menschenaltern die Farben Schwarz-Weiß-Rot geweht. Die deutschen Schiffe hatten sie ebenso getragen wie die Häuser im Binnenland. Den meisten der Lebenden waren sie das Symbol der Einheit geworden. Als in Weimar die Mehrheit die alte Flagge niederholte, erweckte sie den Eindruck, als wolle sie sich von einer großen Vergangenheit lossagen. Daß die Mehrheit gerade in der Niederlage so handelte, verschlimmerte noch den Eindruck. Ihr wurde entgegengehalten, jetzt erst recht hätte sie die alten Farben behalten müssen. Mit ihrer Entscheidung beweise sie einen Mangel an nationalem Selbstbewußtsein.

Und nicht ohne Sinn war Weimar als der Ort bestimmt worden, an dem die Nationalversammlung tagte und die Verfassung erlassen wurde. Die Führer des neuen Staates hatten das Parlament nicht in dem von Unruhen durchzuckten Berlin arbeiten lassen wollen, aber sie hatten auch die Absicht, auszudrücken, daß der Geist ihres Wirkens dem von Potsdam entgegengesetzt sein müsse. Sie fühlten sich den Ideen der Menschlichkeit und der Freiheit verpflichtet. Deshalb glaubten sie sich von der Überlieferung des Königreichs Preußen lossagen zu müssen.

Nun teilten allerdings Millionen die Abneigung gegen den Geist von Potsdam, aber andere Millionen sahen in Potsdam das Sinnbild einer Vergangenheit, die eine strenge Größe besessen und ihre Herzen ergriffen hatte. Sie faßten die Wahl von Weimar so auf, als schäme sich der neue Staat einer Geschichte von fast zweihundert Jahren. Ein Teil der Redner und der Zeitungen der Linken verstärkte diesen Eindruck, indem sie die preußisch-deutsche Vergangenheit als schlechthin fluchwürdig und verdammenswert hinstellten.

Für die deutsche Linke und auch für viele Katholiken war der Geist von Potsdam ein Geist des seelenlosen Kadavergehorsams, für andere aber war er ein Geist der unbestechlichen Treue, der Selbstzucht und der Ehre. Sie wollten, daß man um der Sache, nicht um des Geldes willen diene. Theoretische Streitereien darüber, welche von den beiden Gruppen recht habe, waren offensichtlich sinnlos. Eine politische Führungsschicht, die über den Tag hinausblickte, mußte die Überzeugung dieser Millionen achten. Statt dessen sagte man ihnen, daß der Geist von Potsdam untergehen müsse. Die auf diese Weise angeredeten Bürger verstanden das so, daß der Staat in Zukunft ohne die Tugenden leben wolle, die ihnen wertvoll erschienen.

Vor der Republik erhob sich wieder die Aufgabe, die schon bei der Reichsgründung nicht bewältigt worden war, Altes und Neues, Autorität und Freiheit, Potsdam und Weimar, preußisches und süddeutsches Lebensgefühl miteinander zu versöhnen. Das wußten manche ihrer besten Köpfe, aber es gelang ihnen nicht, sich durchzusetzen. Mit der Absage an die jüngste deutsche Geschichte begab sich die Republik in einen gefährlichen Kampf gegen Gemütskräfte, die sie nicht begriff, die aber gleichwohl wirksam waren und die später noch anschwellen mußten, je mehr sich das verwundete Nationalgefühl wieder erholte.

Ohne die psychologischen Fehler der neuen Männer wäre es der Rechten nicht so leicht geworden, sich als einzige Verkörperung des nationalen Gedankens zu bezeichnen. In Wirklichkeit waren die Führer des neuen Staates national in dem vornehmen Sinn des Wortes. Sie wollten ihr Volk glücklich sehen, sie wollten auch seine Stellung in der Welt festigen, sie wollten, daß seine besten inneren Eigenschaften entwickelt würden. Sie brachten für ihre Nation auch Opfer, manche von ihnen das höchste, das des Lebens. Die Propaganda der Rechten, die Friedrich Ebert und seinen Freunden das nationale Empfinden absprach, nahm oft abstoßende Formen an.

Aber wenn die Mehrheit von Weimar die Bedeutung der Symbole erkannt hätte, wenn sie inniger mit der deutschen Geschichte verbunden gewesen wäre, so hätte sie es ihren Gegnern nicht so leicht gemacht. Das hat einer der bedeutendsten sozialdemokratischen Politiker, Otto Braun, damals schon erkannt. Er war übrigens ein Stockpreuße.

Die Dolchstoßlegende

Feststellungen solcher Art heben die Verantwortung derjenigen nicht auf, die nach ihrer Stellung die nationalpolitische Aufgabe der Versöhnung erkennen mußten und die doch kein Maß kannten, wenn sie gegen die Republik kämpften. Am 18. November 1919 erschien vor einem Ausschuß des Reichstags, der die Ursachen der Niederlage klären sollte, der Generalfeldmarschall von Hindenburg. Wenn er ausgeführt hätte, daß die Agitation der Unabhängigen und die Kieler Meuterei die Bemühungen um einen vernünftigen Frieden erschwert hätten, so hätte er wohl die geschichtliche Wahrheit ausgesprochen. Aber der Feldmarschall ging weit darüber hinaus.

Im Sommer 1918 hatte es einzelne Fälle von Versagen im Heer gegeben. Die Offensive vom 15. Juli war durch Überläufer verraten worden, später hatte an wenigen Stellen die Truppe nicht so standgehalten wie in früheren Zeiten. Darin mochte man die Wirkung einer politischen Zermürbungspropaganda sehen. Aber diese Vorfälle waren erst möglich geworden, nachdem in dem überanstrengten und durch schwere Verluste geschwächten Heer die Überzeugung aufgekommen war, der Sieg sei nicht zu erringen. Niemals hatte sich im deutschen Heer eine so schwere Meuterei erhoben wie in Frankreich 1917. Die Entscheidung für den Verlust des Krieges war in jenen Vorfällen an der deutschen Front gewiß nicht gefallen, erst recht nicht in der Meuterei in den Novembertagen 1918. Damals war Deutschland schon geschlagen, und Foch bereitete eine neue machtvolle

Offensive vor, der das deutsche Heer gewiß nicht mehr gewachsen gewesen wäre.

Der Generalfeldmarschall übertrieb die Bedeutung jener Ereignisse in einer Weise, die weder der kriegsgeschichtlichen Wahrheit diente noch der bedrohten Einheit der Nation. Er legte dar, daß die Heimat die Front im Stich gelassen habe und daß von da aus die Wühlereien die Front von innen her zerstört hätten: „So mußten unsere Operationen mißlingen, so mußte der Zusammenbruch kommen, die Revolution bildete nur den Schlußstein. Ein englischer General sagte mit Recht: ‚Die deutsche Armee ist von hinten erdolcht worden.‘ Wo die Schuld liegt, bedarf keines Beweises." Hindenburg nannte den Namen des britischen Generals nicht; dieser Name konnte auch nicht festgestellt werden. Aber Hindenburg schrieb später noch in seinen Lebenserinnerungen: „Wie Siegfried unter dem hinterlistigen Speerwurf des grimmigen Hagen, so stürzte unsere ermattete Front; vergebens hatte sie versucht, aus dem versiegten Quell der heimatlichen Kraft neues Leben zu gewinnen."

Vergessen war der bittere Kampf der Heimat, des Prinzen Max, gegen das Waffenstillstandsangebot, das die Oberste Heeresleitung gefordert hatte; vergessen waren die militärischen Niederlagen gegen einen Feind, der an Zahl überlegen gewesen war. Von dem sprach der Marschall nicht mehr. Seine gewaltige Gestalt stand da und deckte eine Legende, die schweres Unheil über Deutschland bringen mußte.

Die Feinde der Republik bedienten sich der Dolchstoßlegende, solange der Weimarer Staat bestand. Ihre Verkünder mußten nach einigen Jahren feststellen, daß sie Wettbewerber in der Verführung gefunden hatten. Adolf Hitler und seine Helfer lehrten große Teile des deutschen Volkes den Glauben, daß das Heer unbesiegt geblieben sei, daß die „Novemberverbrecher" um ihrer internationalen Ziele willen ihr Volk um die Früchte des Sieges gebracht hätten, daß damit der Vertrag von Versailles genau so wie die Weimarer Republik die Folgen eines verräterischen Streiches gewesen seien und daß sie beide fallen müßten.

Die Saat, die Hindenburg mit seinen Worten ausgestreut hatte, war schrecklich aufgegangen. Die Weimarer Republik ist zerstört worden, aber dabei ist auch die politische Welt des Generalfeldmarschalls zugrunde gegangen.

Der Kapp-Putsch

Wie feindselig mächtige Kreise dem neuen Staat gegenüberstanden und wie weit die Unterstützung ging, die sie bei der Reichswehr fanden, wurde erschütternd sichtbar, als am 13. März 1920 die Brigade Ehrhardt durch das Brandenburger Tor in Berlin einmarschierte. Sie setzte den Generalland-

Der Eintritt Deutschlands in den Völkerbund 1926, Antrittsrede Gustav Stresemanns.

Oben: Kabinett von Papen, Juni 1932. Von links nach rechts: Dr. Gürtner (Justiz), Freiherr von Eltz-Rübenach (Verkehr/Post), Graf Schwerin-Krosigk (Finanzen), Magnus Freiherr von Braun (Ernährungsminister), Freiherr von Neurath (Außen), Dr. Meißner (Staatssekretär), Reichskanzler von Papen, Freiherr von Gayl (Innen) und Professor Warmbold (Wirtschaft).
Unten: Erste Kabinettsbesprechung nach der »Machtübernahme« in der Reichskanzlei in Berlin, am 30. 1. 1933. Von links nach rechts: Innenminister Frick; mit Rücken: Walter Funk (Pressechef der neuen Regierung); Hitler; Vizekanzler von Papen; Wirtschaftsminister Hugenberg.

Reichstagsbrand am 27. 2. 1933.

Oben: Hitler fährt nach seiner Rede in der Hofburg in Wien am 15. 3. 1938 in sein Hotel. Links vorn im Wagen sitzend: Seyss-Inquart.

Unten: Anschluß Österreichs, März 1938: deutsche Truppen marschieren unter Jubel in Salzburg ein.

schaftsdirektor Kapp als Reichskanzler und den General von Lüttwitz als Oberbefehlshaber ein. Es gelang nicht, die Reichswehr zu bewegen, den Aufstand niederzuwerfen. Im Norden und im Osten stellten sich hohe Offiziere auf die Seite Kapps. Auch die meisten anderen weigerten sich vorzugehen. „Reichswehr schießt nicht auf Reichswehr", äußerte der Chef des Truppenamtes, der General von Seeckt.

Aber nach fünf Tagen mußte Kapp flüchten. Die Arbeiter hatten den Generalstreik erklärt, die höheren Beamten verweigerten Kapp jede Unterstützung, die Bevölkerung in der Reichshauptstadt zeigte ihre Feindschaft. So brach das dilettantische Unternehmen zusammen.

Daß der Kapp-Putsch so schnell niedergeworfen werden konnte, hätte das Ansehen der Republik stärken müssen. Aber was hinterher geschah, zeigte eine ihrer gefährlichsten Krankheiten auf: ihre Schwäche gegenüber den Böswilligen, die sich so seltsam vertrug mit ihrer Methode, die Gutwilligen unter den Anhängern des Alten zurückzustoßen.

Nicht alle Schuldigen wurden zur Rechenschaft gezogen. Unter denen, die ihre Stellung aufgeben mußten, war eine tragische Erscheinung. August Winnig hatte sich als Oberpräsident der Provinz Ostpreußen den Empörern zur Verfügung gestellt, nicht weil er ihre Sache fördern wollte, sondern weil die Provinz im Kampf vor einer Volksabstimmung stand und weil er die Provinz einig und beim Reich erhalten wollte. Später näherte er sich jungkonservativen Kreisen. Mit ihm verlor die Sozialdemokratie seinen Mann, der klarer als andere die Notwendigkeit erkannt hatte, Alter und Neues miteinander zu versöhnen. Daß der Reichswehrminister Noske und der Chef der Heeresleitung General Reinhardt gehen mußten, war unvermeidlich. Beide waren fähig, beide hatten viel für den Aufbau des neuen Heeres getan, beide wollten auch Kapp bekämpfen. Aber nach allen bewährten Grundsätzen von Regierung und Verwaltung trugen sie die Verantwortung für das Versagen der Reichswehr. „Am liebsten schösse ich mich tot", stöhnte Noske in diesen Tagen.

Seeckt

Reichswehrminister wurde der bayerische Demokrat Otto Geßler, die entscheidende militärische Figur der General Hans von Seeckt, der neue Chef der Heeresleitung. Er hatte eben noch gesagt: „Reichswehr schießt nicht auf Reichswehr" und damit dem neuen Staat seine volle Unterstützung versagt. Jetzt gaben ihm ein sozialdemokratischer Reichskanzler und ein sozialdemokratischer Reichspräsident das Instrument der bewaffneten Macht in die Hände. Er war der Mann danach, es so zu schleifen, wie er und nicht wie die Führer der Republik es für richtig hielten.

Ein Jahr vorher hatte man den Sitz der Nationalversammlung nach Weimar verlegt, um zu bekunden, daß man sich vom Geist von Potsdam abgekehrt habe. Jetzt wurde eine Schlüsselstellung dieses Staates von einem Mann übernommen, der schon in seinem Äußeren wie der fleischgewordene Geist von Potsdam wirkte. Er war auch ganz Potsdam, ganz Willenskraft und Geist, ein Schüler Moltkes im weiten Umkreis seiner geistigen Beziehungen, in der hellen Durchsichtigkeit und der federnden Kraft seines Stils, in seiner Fähigkeit zu schweigen. Er liebte die Bücher und die schönen Künste; am meisten liebte er die Arbeit.

Auf seiner hohen Begabung lag allerdings die Hypothek der Eitelkeit. Er teilte diese Schwäche mit vielen bedeutenden Männern der Geschichte. Seeckt fühlte sich leicht seiner Umgebung überlegen, nicht wie viele Offiziere allein den Zivilisten, sondern auch angesehenen Generalen wie Ludendorff oder Hindenburg. Nicht immer wußte er seine Neigung zu zügeln.

Jetzt, da er auf dem Höhepunkt seiner Laufbahn angelangt war, bewies er vor allem seine Fähigkeit zu organisieren, Menschen zu gewinnen, anzuregen, sie zu formen. In den sechs Jahren, die ihm noch blieben, setzte er das Werk Reinhardts fort und machte aus dem kleinen Heer eine Elitearmee. Die Reichswehr war eine Armee von lauter Unterführern, der Qualität nach wahrscheinlich damals die beste Armee der Welt. Aber zugleich tat er alles, und er hatte Erfolg damit, die Reichswehr vom Leben des Staates fern zu halten. Er und seine Freunde nannten sie eine unpolitische Reichswehr, in Wirklichkeit war sie ein Hort der monarchischen Überlieferung.

Dem Gegner der Republik gab man das Heer der Republik. Dem General von Lüttwitz, der den Staat hatte stürzen wollen, gab ein wohlwollendes Gericht eine Pension. So vornehm, so großzügig war man im Weimarer Staat. Die Wirkung solcher Ereignisse auf die Massen konnte nicht anders sein, als daß die Republik ihre Schwäche eingestanden habe. Wie sollten sie unter solchen Umständen Vertrauen in die schöpferische Kraft der Männer des neuen Staates finden?

Keine große Revolution der Geschichte hat darauf verzichtet, sich ein eigenes Heer zu schaffen. Die Republik hat es nach den Novemberereignissen nicht getan, sie wagte es auch nach dem Kapp-Putsch nicht. Wenn aber der Weimarer Staat den alten Mächten willig die bewaffnete Macht überließ, dann gestand er damit ein, daß die Novemberereignisse von 1918 keine Revolution gewesen waren, so oft man auch den großen Namen dafür gebrauchte. Morsches war auseinandergebrochen, und es war den deutschen Demokraten nichts übrig geblieben, als den Platz der Zurückweichenden einzunehmen. Weil sie es nicht mit verzehrender Leidenschaft, sondern nur zögernd und stockend taten, deshalb konnte aus ihnen weder ein Cromwell noch ein Carnot noch ein Trotzki entstehen. Die Weimarer Republik behielt ein königlich-preußisches Heer und eine kaiserliche Marine.

In weiten Kreisen der Arbeiterschaft wuchs dumpf das Mißtrauen gegen ihre eigenen Führer. Nicht zuletzt deshalb konnte es geschehen, daß die bewaffneten Verbände, die sich während des Kapp-Putsches an der Ruhr gegen die Empörer zusammengefunden hatten, hinterher zusammen blieben. Die kommunistische Bewegung hatte sich ihrer bemächtigt und schwoll noch weiter an. Die Rote Armee, die sich hier bildete, war zahlreich und bis zu einem gewissen Grade kampfkräftig. In heftigen Gefechten mußten Reichswehr und Zeitfreiwillige den Aufstand niederschlagen, ebenso wie kurz darauf Unruhen in Mitteldeutschland. Wieder wurden in beiden Lagern Grausamkeiten verübt. An ihnen waren auch zeitfreiwillige Studenten beteiligt. Im vergangenen Jahrhundert hatten Studenten und Arbeiter oft zusammen gekämpft. In dem Deutschland der Republik tat sich eine Kluft auf zwischen Akademikern und Arbeitern.

Bei dem Kampf gegen die Kommunisten des Ruhrgebiets hatte die Reichswehr in die Zone eindringen müssen, in der nach dem Versailler Vertrag keine deutschen Soldaten stehen durften. Frankreich zeigte kein Verständnis für die Notlage der demokratischen Regierung. Seine Truppen besetzten als Strafmaßnahme Frankfurt, wo sie lange blieben. Neue Ausbrüche der Empörung in Deutschland waren die Antwort auf diese vielleicht juristisch zu rechtfertigende, gleichwohl aufreizende Maßnahme.

So oder so ähnlich ging es die ganzen Jahre. Die Sieger, nicht nur die Franzosen, auch Lloyd George, stellten Forderungen nach einer Kriegsentschädigung, die unerfüllbar waren. Wenn sich Deutschland dagegen wehrte, ertönten aus Paris und London scharfe Worte, in denen gesagt wurde, daß man Deutschland nicht „verzeihen" könne, solange es nicht beweise, daß es seine Schuld erkannt habe. Das reizte wieder das empfindliche Selbstbewußtsein der Deutschen, die Empörung führte zu Reden oder Maßnahmen, die nun wieder das Mißtrauen der Alliierten weckten.

Rapallo

Im Jahre 1922 faßte die Reichsregierung einen überraschenden Beschluß, um sich aus einer besonders verwickelten Lage zu befreien. Damals stand Deutschland vor der Gefahr, daß sich die Westalliierten und die Sowjetunion über die Kriegsentschädigung einigten. Rußland sollte die Anleihen anerkennen, die ihm früher von Frankreich gewährt worden waren. Dafür sollte es von Deutschland einen Anteil an der Kriegsentschädigung erhalten. Damit wäre der Ring der Mächte, die auf deutsche Gelder warteten, noch um eine Großmacht erweitert worden, und zwar um eine Macht, die besonders hart zu verhandeln pflegte. Die Reichsregierung mußte befürchten, die Last der Kriegsentschädigung werde nun noch schwerer zu mildern sein als bisher. Dazu kam die schwere Verstimmung der Reichsregierung über die allgemeine Härte der Westalliierten in den letzten Verhandlungen.

So konnte es geschehen, daß der Reichsaußenminister Walther Rathenau mit dem russischen Außenminister Tschitscherin in Rapallo einen Freundschaftsvertrag schloß. Das Abkommen bestimmte, daß die beiden Staaten die bisher abgebrochenen diplomatischen Beziehungen wieder aufnehmen und auf alle Kriegsentschädigungen verzichten sollten. Rathenau, der an westlichen Freundschaften hing, war nur zögernd an die Verhandlungen herangegangen. Der eigentliche Urheber des Vertrages war der Staatssekretär Ago von Maltzan, eine der stärksten Persönlichkeiten des Auswärtigen Amtes. Aber auch der Reichskanzler Joseph Wirth vom Zentrum hatte den Abschluß gefördert. Er legte nach seinen Grundauffassungen auf ein freundschaftliches Verhältnis zu Rußland großen Wert.

Die unmittelbar drohende Gefahr war beseitigt, aber dafür war der Westen verärgert und besorgt. Er glaubte ein Intrigenspiel vor sich zu sehen, den Teil eines diplomatischen Feldzuges, in dem mit russischer Hilfe das System von Versailles ausgehöhlt und eines Tages zerrissen werden sollte.

Im Reich fühlte sich ein mächtiger Mann durch den Vertrag von Rapallo ermutigt. Der General Hans von Seeckt war aus Erziehung und Überzeugung ein Feind des Bolschewismus, aber er sah in Rußland den natürlichen Verbündeten. Er hatte bereits begonnen, mit den russischen Generalen heimlich zusammenzuarbeiten und fuhr nun entschlossener denn je darin fort. Die den Deutschen verbotenen Panzer und Flugzeuge wurden auf russischen Übungsplätzen erprobt. Dahinter stand der feste Wille Seeckts, eines Tages mit russischer Hilfe Polen niederzuwerfen und ihm die verlorenen Gebiete wieder zu nehmen. Er schwieg darüber nach außen wie über das meiste, was ihn bewegte, aber er wartete auf seinen Tag.

Mord

Wie immer man Rapallo beurteilte, dem Blindesten hätte klar sein müssen, daß die republikanische Regierung nicht aus Lakaien der Siegermächte bestand. Aber die beschimpfende Agitation ging weiter. Sie führte schließlich zum Mord.

In der haßerfüllten Atmosphäre, die das Leben in diesen Jahren bestimmte, hatte sich die Seuche des politischen Mordes ausgebreitet. Nicht nur im Bürgerkrieg wurde gemordet, wie dies gegen Rosa Luxemburg und Karl Liebknecht geschehen war, sondern auch in den scheinbar ruhigen Zeiten. Geheimorganisationen hatten sich gebildet, die aus unsichtbaren Quellen

Geld erhielten und nach dem Grundsatz handelten: „Verräter verfallen der Feme." Die Unabhängigen Haase, Jahrreiß und Eisner, der Mehrheitssozialdemokrat Auer waren bereits Morden zum Opfer gefallen. Im Jahre 1921 fiel Matthias Erzberger als Opfer des wilden Hasses, der gegen ihn entfacht worden war.

Der deutschnationale Führer Helfferich brachte Erzberger politisch zur Strecke. Er wies ihm in einem Prozeß nach, daß er sein politisches Amt zur persönlichen Bereicherung mißbraucht hatte. Der Flecken auf dem Charakter dieses vielschichtigen Mannes war nicht wegzuwischen. Redner und Journalisten, denen es vornehmlich um die Wahrheit gegangen wäre, hätten wohl einen Unterschied zwischen dem allzu tüchtigen Geschäftsmann Erzberger und dem Politiker Erzberger gemacht, der aus Pflichtgefühl gegenüber seinem Land gehandelt hatte. Aber die Angriffe wurden immer wilder und höhnischer. Erzberger war der Mann des Waffenstillstandes, und auch zur Unterzeichnung des Friedensvertrages hatte er geraten, das war sein Verhängnis. Zu seinem Unglück kam Erzberger nach einer Ruhezeit zu dem Entschluß, in die Politik zurückzukehren. Damit lieferte er sich den Kugeln der Mörder aus.

Neun Wochen nach Rapallo wurde Rathenau erschossen. Er war ein Industrieller und ein Mensch von hoher geistiger Bildung, von Ehrgeiz und von Vaterlandsliebe. Über sein staatsmännisches Format lassen die sechs Monate seiner Amtszeit als Außenminister kein Urteil zu, sein Patriotismus ist vielfältig bezeugt. Im Oktober 1918 hatte er das deutsche Volk zum Widerstand mit allen Kräften aufgefordert, jetzt beschwerten sich die Sieger über seine stolze, wie sie es nannten, anmaßende Sprache. Aber er war ein Jude. Das genügte für die Rechtsradikalen, alle Schleusen des Hasses gegen ihn zu öffnen.

Wirth und Rathenau waren in ihrem mühsamen Ringen um die Milderung der Kriegsentschädigung zu dem verzweifelten Entschluß gelangt, die Forderungen der Gegenseite zu erfüllen, soweit es überhaupt in deutschen Kräften stand. Sie glaubten, auch den Preis großer Opfer des deutschen Volkes zahlen zu müssen. Sie meinten nicht etwa, daß es möglich sei, die Ansprüche der Sieger wirklich zu erfüllen, aber sie wollten die Unmöglichkeit nachweisen, sie wollten damit die Grundlagen für eine wirtschaftlich vernünftige Politik schaffen. Dieser Beschluß legte den Deutschen schwere Leiden auf, aber man sieht heute noch nicht, welche Politik sie sonst hätten betreiben können. Für ein entschiedenes Nein, für eine Zahlungsverweigerung, wie sie die Rechte forderte, waren das Mißtrauen und die Feindschaft in den Völkern des Westens viel zu groß. Die deutschen Nationalisten aber konnten sich Wirths und Rathenaus Verhalten nur aus mangelndem Nationalgefühl, aus knechtischer Gesinnung erklären. Für sie waren Erfüllungspolitik und Landesverrat gleichbedeutende Begriffe.

„Knallt ab den Walther Rathenau, die gottverfluchte Judensau!" Das war damals in der haßerfüllten Sprache der Flüsterpropaganda zu hören. Seine Mörder, soweit sie sich nicht selbst gerichtet hatten, bewiesen vor Gericht, daß sie weder von Rathenaus Persönlichkeit noch von der Weimarer Verfassung noch überhaupt von Politik eine Ahnung hatten. Sie waren Verführte. Die wahren Schuldigen saßen nicht auf der Anklagebank.

Nach dem Mord entlud sich die Kampfesstimmung der Republikaner in leidenschaftlichen Kundgebungen. Wirth schleuderte das Wort in die Massen: „Der Feind steht rechts!" Ein Gesetz zum Schutz der Republik sollte die zügellose Agitation unmöglich machen. Es wurde in den späteren Jahren meistens gegen die Linke angewendet. . .

Der Ruhrkampf

Die Persönlichkeit Wirths war stark, aber sie zerrieb sich in der Auseinandersetzung mit den Siegern um die Kriegsentschädigung. Ende des Jahres 1922 trat er zurück. Sein Nachfolger wurde der Generaldirektor der Hamburg-Amerika-Linie Wilhelm Cuno, ein Mann der gemäßigten Rechten, der ein bürgerliches Minderheitskabinett bildete.

Er war erst wenige Monate im Amt, als seine Regierung in einen schweren außenpolitischen Kampf geriet. Das Reich hatte die vereinbarten Lieferungen an Frankreich nicht voll ausführen können, einige tausend Grubenhölzer und einige tausend Tonnen Kohle waren nicht abgeliefert worden. Am 11. Januar 1923 rückten auf Befehl des französischen Ministerpräsidenten Poincaré französische Truppen in das unverteidigte Ruhrgebiet ein. Poincaré wollte sich „produktive Pfänder" sichern.

Dem Einmarsch antwortete ein wütender Ausbruch nationalen Zornes im deutschen Volk. Frankreich hatte seit 1919 immer beteuert, es brauche Sicherheit gegenüber einem möglichen deutschen Angriff. Wir wissen heute, daß diese Erklärungen nicht nur ein Vorwand waren. Frankreich fürchtete sich tatsächlich vor der unbestimmten deutschen Gefahr. Aber das deutsche Volk glaubte den Versicherungen nicht. Ihm erschien der französische Einfall nur als eine Gewalttat.

Wir glauben heute zu wissen, daß bei dem französischen Entschluß mancherlei Beweggründe zusammenklangen: Sicherheitsbedürfnis, imperialistischer Drang, aber auch die wirtschaftlichen Wünsche der französischen Schwerindustrie. Als ein Teil der deutschen Öffentlichkeit und die Oberste Heeresleitung im Kriege das Erzbecken von Briey gefordert hatten, war dabei auch der Wunsch der deutschen Kohlenindustrie bestimmend gewesen, die notwendige Ergänzung, das lothringische Erz, in unmittelbarer wirtschaftlicher Verbindung mit den eigenen Gruben zu haben. Umgekehrt wünschte jetzt die französische Schwerindustrie, die notwendige Ergänzung zum lothringischen Erz, die Ruhrkohlengruben, in unmittelbarer Verfügung zu haben. Man war noch nicht so weit wie nach dem Zweiten Weltkrieg, als das Zusammengehörige durch die Europäische Montanunion miteinander verbunden wurde.

Die Deutschen wurden in ihrer Überzeugung, daß die Franzosen nur auf Raub ausgingen und daß die aus früheren Jahrhunderten ererbten Instinkte wirksam seien, durch das politische Verhalten der Franzosen bestärkt. Die Besatzungsbehörden begünstigten im späteren Verlauf des Jahres die rheinischen Separatisten, Gruppen von zumeist anrüchigen Personen, die das Rheinland von Deutschland losreißen wollten. Die Deutschen sahen sich vor der Tatsache, daß die Abtrennungspolitik Richelieus, Ludwigs des Vierzehnten und Napoleons fortgesetzt wurde. Frankreich war der „Erbfeind" mehr denn je.

Die Regierung Cuno rief sofort nach dem französischen Einmarsch den passiven Widerstand aus. Kein Beamter, kein Eisenbahner, kein Bergmann sollte für die Franzosen arbeiten. Das Wirtschaftsleben im Ruhrgebiet kam zum Erliegen. Die Antwort der Franzosen waren Verhaftungen und Massenausweisungen.

Gruppen von deutschen Freiwilligen setzten an die Stelle des passiven Widerstandes die aktive Abwehr. Separatisten wurden an Ort und Stelle getötet oder nach dem unbesetzten Gebiet verschleppt, Brücken und Eisenbahnen wurden gesprengt. Einer dieser Empörer, Albert Leo Schlageter, wurde ergriffen, von einem französischen Kriegsgericht verurteilt und dann hingerichtet. In den Augen der Deutschen war er ein Märtyrer. Aber auch gegen friedlich demonstrierende Arbeiter gingen französische Gewehre los. Einmal wurden bei einem solchen Anlaß elf Kruppsche Arbeiter getötet.

In dieser Aufwallung nationaler Leidenschaft wurde wieder viel von dem zerstört, was die Freunde des Friedens in den Herzen der Deutschen aufgebaut hatten. Aber in dieser bitteren Auseinandersetzung wurde auch der letzte Rest der deutschen Währung zerstört. Die Entwertung der Mark führte zur Katastrophe.

Begonnen hatte die Entwertung im Kriege, als der Staat die Ausgaben vor allem durch Anleihen und durch die Notenpresse deckte. Nach dem Kriege waren dem Staat unerwartete Ausgaben zugewachsen, für die Flüchtlinge, die Kriegsversehrten, die Hinterbliebenen, den Wohnungsbau. Zu ihnen hatten sich Milliardenbeträge für die Kriegsentschädigung gesellt. Sie waren nicht die einzige Wurzel des Übels. Eine weiche Finanzpolitik, eine weitgehende Bereitschaft, die Notenpresse in Bewegung zu setzen, waren hinzugekommen.

Jetzt nun, als das Reich aus den besetzten Gebieten nur einen Bruchteil der früheren Einnahmen bezog, aber die arbeitslose Bevölkerung unterstützen mußte, sank die Mark ins Bodenlose. Wirtschaft und Volk waren am Ende ihrer Kraft. Im Sommer 1923 sahen die Besonnenen, daß der passive Widerstand nicht aufrecht zu erhalten war. Er mußte abgebrochen werden.

Stresemann

Die schwere Aufgabe übernahm nach dem Rücktritt Cunos der neue Reichskanzler Gustav Stresemann. Er bildete eine Regierung der Großen Koalition, von der Volkspartei bis zu den Sozialdemokraten. Zum erstenmal in der Republik arbeiteten Minister einer Rechtspartei mit den Vertretern der großen Partei der Arbeiterschaft zusammen.

Der jetzt Fünfundvierzigjährige war der Sohn eines Berliner Flaschenbierhändlers. Er war Syndikus der sächsischen Industriellen gewesen und hatte auf den Bänken der Alldeutschen laut für Flottenbau, Kolonialpolitik und Eroberungsziele geworben. In den Weimarer Staat war er als entschiedener Gegner der Republik gegangen. Dann hatte sich in ihm die Wende vollzogen. Er erkannte, früher als die meisten seiner Freunde, daß die Republik der Staat aller Deutschen geworden war. Stresemann liebte sein Vaterland, er verleugnete niemals die große Überlieferung des schwarz-weiß-roten Deutschlands, aber er sah, daß die schwarz-rot-goldene Republik der einzige Boden war, auf dem Deutschland wieder aufgebaut werden konnte. Wie Ebert im Oktober 1918 um des Reiches willen ein Vernunftmonarchist geworden war, so wurde Stresemann ein Vernunftrepublikaner.

Stresemann sah auch, daß die nationalen Parolen von gestern dem Reich mehr schadeten als nützten. So warb er jetzt für die europäische Verständigung, später sogar für den europäischen Zusammenschluß. Man hat ihn deshalb einen großen Europäer genannt. Das war er nie. Er war ein großer Deutscher, einer der letzten Staatsmänner, die das nationalstaatliche Ideal mit Glut erfüllte. Für ihn war der europäische Gedanke eines der Hilfsmittel, mit denen er eine neue deutsche Großmacht aufbauen wollte. Ein starkes Heer wäre ihm lieber gewesen. Aber da er es nicht hatte, benutzte er die europäische Idee. Er war nicht ihr Feind, er begrüßte sie, er tat viel dazu, ihr in den Herzen seiner Landsleute Eingang zu verschaffen. Wichtig blieb ihm vor allem immer das Reich.

Mit dem kühlen Blick für die Wirklichkeit verband er auf eigentümliche Weise eine romantische Betrachtung der Dinge, die noch dem reifen Mann inneren Schwung und gelegentlich etwas anziehend Jugendliches gab. Wenn er sprach, wandte er sich oft weniger an den Verstand als an das Gefühl seiner Hörer; er glaubte selber an seine Worte, und das gab ihm die große Wirkung. Aber jetzt, da er aus bitteren Erfahrungen viel gelernt hatte, erlaubte er seinem romantischen Gefühl nicht mehr, die Tatsachen zu verdunkeln. Er versuchte, die Dinge nicht so zu sehen, wie sie sein sollten; diesen Fehler hatte er im ersten Jahrzehnt seines politischen Wirkens gemacht, und er gedachte nicht, ihn zu wiederholen. Er bemühte sich, die Dinge zu sehen, wie sie waren; und meistens gelang es ihm. In diesem Sinne durfte er sich einen Schüler Bismarcks nennen.

Nicht umsonst gab er seiner Politik den Namen der „Nationalen Realpolitik". Sie ähnelte sehr der alten Erfüllungspolitik. Aber Stresemann gab ihr eine neue Schattierung. Er durfte es auch, weil die Zeit inzwischen fortgeschritten war. Er versuchte, mit dem Verhandlungspartner etwas auszuhandeln, ihm etwas zu geben und dafür etwas zu bekommen. „Do ut des – ich gebe, damit du gebest", war eine seiner Losungen. Sie stammte von Bismarck, aber sie hätte auch von ihm sein können.

Er brach den Ruhrkampf ab und bereitete sich auf Verhandlungen über die künftigen deutschen Zahlungen vor. Zusammen mit seinem fähigen Finanzminister Hans Luther und dem Währungskommissar Hjalmar Schacht gelang es ihm auch, die Inflation zu beenden. Aber nach wenigen Monaten stürzten ihn die Sozialdemokraten, weil er nach ihrer Meinung nicht entschieden genug gegen Bayern vorging.

Hitlers Putsch

Die Mehrheit der bayerischen Bevölkerung hatte sich seit 1919 gegen den Zug zum Einheitsstaat gewandt, wie er sich in der Weimarer Verfassung ausdrückte und auch das alte Bollwerk des Föderalismus, die Zentrumspartei erfaßt hatte. Das bayerische Zentrum hatte sich von der Gesamtpartei losgesagt und führte als Bayerische Volkspartei ein selbständiges Leben. Wer sich aber gegen den „roten Berliner Zentralismus" wandte, rückte leicht in der Wertung der Gesamtpolitik weit nach rechts. Die unvergessene Erinnerung an die Münchener Räteherrschaft stärkte diese Strömung. Geheimorganisationen und sogenannte Vaterländische Verbände waren nirgends so stark wie in Bayern, wo sie allerlei amtliche und nichtamtliche Förderung erfuhren. Friedlich flatterten Weiß-Blau und Schwarz-Weiß-Rot nebeneinander. In dieser Luft durfte auch Ludendorff sich wohl fühlen.

Die stärkste politische Kraft unter den bayerischen Rechtsradikalen in Bayern war ein Österreicher, ein früherer, in seinem Beruf gescheiterter Kunstmaler, der im Kriege als Freiwilliger im bayerischen Regiment List gekämpft hatte. Der jetzt Vierunddreißigjährige war der Führer der Nationalsozialistischen Arbeiterpartei geworden und hatte sich Beachtung in der bayerischen Öffentlichkeit errungen. Er lernte sich als der kommende Retter Deutschlands fühlen.

In der Nacht zum 9. November 1923 verkündete Adolf Hitler im Keller des Bürgerbräus zu München in Gegenwart des völlig überraschten Generalstaatskommissars von Kahr und des Reichswehrgenerals von Lossow die nationale Revolution. Aber er war so unklug, Lossow und Kahr dann allein zu lassen. Die beiden hatten Hitler mehr als Werkzeug und nicht als Bundesgenossen angesehen, sie waren rechtsbürgerlich, aber nicht rechtsradikal; sie dachten nicht daran, die Macht einem Manne auszuliefern, den sie für einen Abenteurer hielten. Wenn es einen Putsch geben sollte, wollten sie ihn selber führen. Sie riefen die regierungstreue Landespolizei zur Hilfe. Unter ihren Schüssen brach am 9. November ein Zug der Aufrührer zusammen, den Hitler und Ludendorff angeführt hatten. Hitler wurde zwei Tage später verhaftet und im Frühjahr 1924 mit einigen seiner Mitverschwörern zu Festungshaft verurteilt.

Aber ehe der Aufstand in sich selbst zusammenbrach, herrschte in Berlin Besorgnis. Hitler hatte zum Marsch nach Berlin aufgerufen, und niemand wußte, was geschehen würde, wenn die bayerische Reichswehr zusammen mit den Nationalsozialisten gegen den Norden vorging. Seeckt sprach wieder sein vieldeutiges Wort: „Reichswehr schießt nicht auf Reichswehr." Er wollte die Einheit des Reiches, für die in seinen Augen die einheitliche Reichswehr die Verkörperung war. Er wollte deshalb den Aufrührern nicht entgegentreten; das Reich war ihm wichtiger als die Republik. Aber er wollte die Aufrührer auch nicht unterstützen. Er verachtete sie. Er träumte von seiner eigenen Diktatur. Vorübergehend wurde ihm in diesen Monaten die gesamte vollziehende Gewalt übertragen. Aber er nutzte sie für seine persönlichen Ziele nicht aus. Seine Eidestreue war stärker als sein Ehrgeiz zu herrschen.

Auf jeden Fall aber glaubte Stresemann nicht daran, daß ein Marsch auf München, der eigentlich der Losung Hitlers hätte entgegengesetzt werden müssen, Erfolg haben könnte. Die Sozialdemokraten waren darüber um so mehr verstimmt, als Stresemann vorher die Reichswehr gegen Sachsen in Marsch gesetzt hatte. Hier hatte der linkssozialistische Ministerpräsident Zeigner zwei Kommunisten in die Regierung aufgenommen. Auch waren proletarische Selbstschutzbataillone aufgestellt worden. Die Reichswehr hatte Zeigner abgesetzt, und die Sozialdemokraten warfen nun Stresemann Einseitigkeit des Urteils und des Handelns vor. Das war richtig. Auch vor dem Hitlerputsch und nach seinem Scheitern herrschten in Bayern Zustände, die mit denen unter Zeigner verzweifelte Ähnlichkeit hatten, nur daß in München die Verfassung im Zeichen von rechts und nicht von links mißachtet wurde. Nur sahen die Sozialdemokraten die bittere, aber nicht wegzuleugnende Tatsache nicht, daß Bayern schwerer zu überrennen war als Sachsen. Sie stürzten den Reichskanzler.

Sein Nachfolger wurde der Zentrumsmann Wilhelm Marx. In seiner Regierung blieb Stresemann als Außenminister.

Der Dawesplan

Als Stresemann den Ruhrkampf abbrach, handelte er wie Manteuffel in Olmütz. Er erkannte, daß sein Staat zu schwach war für den Kampf, er nahm deshalb bewußt die Niederlage auf sich, aber er tat es nur, um die so gewonnene Freiheit des Handelns zu schöpferischer Diplomatie zu nutzen. Die erste Notwendigkeit für das Reich wie für Europa war, die Frage der Kriegsentschädigung vernünftig zu regeln. Jetzt zeigte es sich, daß die schweren Opfer des Ruhrkampfes nicht vergeblich gewesen waren. Er hatte die Aufmerksamkeit der anderen Völker auf den „Unsinn der Reparationen" gelenkt, er hatte das Ansehen Frankreichs gemindert. Die Unversöhnlichkeit Poincarés war nicht verstanden worden, dafür regte sich Verständnis für Deutschland. Großbritannien war besorgt darüber, daß Frankreich eine Vormachtstellung in Europa gewinnen könne.

Auch in den Vereinigten Staaten war man über Frankreich verstimmt. Die stärkste Macht des Westens hatte sich nach dem Kriege von Wilsons Sendungsbewußtsein getrennt, sie hatte ihn verleugnet, und sie hatte sich ganz aus Europa zurückgezogen. Sie war auch nicht seiner Lieblingsschöpfung, dem Völkerbund, beigetreten. Angesichts des Chaos, das sich in der Mitte Europas zu entwickeln drohte, begriffen jetzt aber die Amerikaner, daß sie eine Verpflichtung gegenüber dem alten Erdteil auf sich genommen hatten, als sie mit ihren Armeen in einen europäischen Krieg eingetreten waren. Auch weltwirtschaftliche Überlegungen legten es nahe, sich mit dem verwickelten Problem der Kriegsentschädigung zu befassen. Es war ein Amerikaner, Charles Gates Dawes, der im Frühjahr 1924 den Vorsitz über einen internationalen Ausschuß übernahm, in dem über die Kriegsentschädigung beraten wurde.

Aber auch Frankreich war jetzt eher als ein Jahr zuvor bereit, seine Position zu räumen. Dank dem passiven Widerstand hatte sich das Pfand der Ruhr keineswegs als „produktiv" erwiesen. Die wirtschaftlichen Erwartungen waren enttäuscht, auch der Franc war in Mitleidenschaft gezogen worden. Die ausschweifenden Hoffnungen auf die Bundesgenossen im Rheinland, die Separatisten, hatten getrogen. Aufstände des zornigen Volkes hatte das Gesindel hinweggefegt, die Zeiten des Rheinbundes waren vorbei. Das erkannte man nun auch in Paris. Die Franzosen ertrugen auch die weltpolitische Vereinsamung nicht, in die sie geraten waren. Sie waren nicht mehr das Volk Ludwigs des Vierzehnten und das Napoleons, sie bedurften der Freundschaft mit den anderen Westmächten. Herriot löste Poincaré ab.

So kam im Frühjahr 1924 das Abkommen zustande, das nach Dawes benannt wird. In ihm wurden laufende deutsche Zahlungen festgesetzt, die von den Sachverständigen als erträglich angesehen wurden. Eine Anleihe sollte den Deutschen ihren Wiederaufbau erleichtern. Allerdings wurde die Reichsbahn aus der deutschen Souveränität herausgenommen, als Pfand für die Zahlungen. Ein Reparationsagent, der Amerikaner Parker Gilbert, überwachte die deutsche Finanzgebarung. Die wirtschaftlichen wie die politischen Lasten waren schwer. Immerhin war der Zustand vernünftiger als der bisherige. Auch räumten nun die Franzosen das Ruhrgebiet.

Locarno

Stresemanns Ziele gingen höher. In mühsamen Verhandlungen führte er, unterstützt von dem britischen Botschafter Lord d'Abernon und dem britischen Außenminister Austin Chamberlain, sein Land politisch an die Seite der Westmächte und damit ins Vorfeld der Gleichberechtigung.

Sein Bemühen wurde 1925 in den Verträgen von Locarno gekrönt. Deutschland verzichtete, diesmal nicht unter dem Druck einer militärischen Niederlage, feierlich auf das Elsaß. Es erkannte die französische Ostgrenze an, ebenso wie die „Demilitarisierung" des Rheinlandes, also die Entblößung der Westgrenze von deutschen Truppen. Die fünf Staaten Deutschland, Frankreich, England, Belgien und Italien verbürgten sich gleichermaßen für die bestehende deutsch-französische Grenze. Das Reich war damit dem Sicherheitsbedürfnis Frankreichs weit entgegengekommen; es hatte damit auf der Linie gearbeitet, die auch britischem Denken entsprach. So war es möglich, daß jetzt die Kölner Zone geräumt werden konnte.

Stresemann hatte sich in seinem Verhältnis zu Frankreich von dem Empfinden zu lösen vermocht, das seine Umgebung, aber auch ihn jahrelang beherrscht hatte. Die französische Politik in Versailles und danach hat es den Deutschen schwer gemacht einzusehen, daß Frankreich Furcht hatte, daß seine Politik bestimmt war von dem Sicherheitsbedürfnis eines Volkes, dem nur mit fremder Hilfe der Sieg gelungen war. In Versailles hatten die Angelsachsen den Franzosen versprochen, sie sollten Ersatz für die unerfüllte Forderung nach dem rheinischen Pufferstaat erhalten, sie sollten nicht nur fünfzehn Jahre am Rhein stehenbleiben, sondern auch eine Garantie für ihren Besitzstand bekommen. Aber Wilson war in seinem Lande mit dieser Absicht gescheitert. Das hatte die Franzosen erbittert und ihre Sorgen erhöht.

Stresemann begriff ihre Gefühle jetzt besser als die meisten seiner Landsleute. Er wußte, daß es ein höchst theoretischer Streit war, wenn man darüber entscheiden sollte, ob das französische Sicherheitsverlangen berechtigt war oder nicht. Er wußte auch, daß es keinen praktischen Zweck hatte, sich mit dem französischen Geschichtsdenken darüber auseinanderzusetzen, wie es denn gekommen war, daß die Deutschen innerhalb eines Jahrhunderts viermal in Frankreich eingefallen waren. Er handelte als Realpolitiker, als er das Sicherheitsbedürfnis der Franzosen einfach als Tatsache anerkannte. Er beschloß, es zu befriedigen, soweit es an Deutschland lag.

In Locarno wurden sich die Mächte auch darüber einig, daß Deutschland in den Völkerbund eintreten werde, von dem es bisher ausgeschlossen war. Im folgenden Jahr wurde das Reich Mitglied. Stresemann hielt sich von den Illusionen über das Wesen des Völkerbundes frei, aber er erkannte in ihm eine Plattform, auf der die Interessen der Großmächte gegeneinander ausgewogen wurden. Hier wollte er die Stimme Deutschlands vernehmen lassen.

Er hielt in Genf einige seiner großartigsten Reden. Am stärksten war er, wenn er für die allgemeine Idee des Friedens und der Verständigung sprach. Aber er vertrat auch die nationalen Ziele Deutschlands und wandte sich gelegentlich scharf gegen die polnische Regierung. Polen behandelte die deutsche Minderheit noch schlechter, als früher Deutschland seine Polen behandelt hatte. Es nahm damit nachträglich den Angriffen gegen die deutsche Minderheitenpolitik jeden moralischen Wert. Stresemann setzte sich entschieden für seine Landsleute jenseits der Grenze ein und erreichte den Verzicht wenigstens auf einige der polnischen Maßnahmen.

Als Stresemann den Franzosen das Elsaß zusprach, dachte er nicht daran, ein gleiches auch für die deutschen Ostprovinzen zu tun. Hier lag eine empfindliche Wunde für das deutsche Nationalgefühl. Niemand spürte sie mehr als Stresemann. Er lehnte es nachdrücklich ab, ein Ostlocarno zu unterschreiben, also auch die polnische Grenze zu garantieren. In seinem Herzen lebte dieselbe Hoffnung wie in der Mehrheit seiner Nation, daß es gelingen werde, eines Tages die verlorenen Gebiete, soweit sie von Deutschen bewohnt waren, wieder mit dem Reich zu vereinigen. Er verpflichtete das Reich nur dazu, gegen Polen nicht Gewalt anzuwenden. Im ganzen aber empfand Polen den Abschluß der Verträge von Locarno als Niederlage, und es hatte auch allen Grund dazu.

Freundschaft mit Rußland

Die eigentümliche, nicht mit wenigen Strichen zu umreißende, sondern vielschichtige, ja komplizierte und auch darum mit Bismarcks Werk zu vergleichende Politik Stresemanns erreichte ihren Höhepunkt in seinem Verhältnis zu Rußland. Stresemann war ein Mann des Westens nach Erziehung, Weltanschauung und politischer Überlegung. Er bekämpfte jetzt die Feindschaft und den Nationalhaß gegen Frankreich. Aber er sah, was so viele Deutsche heute noch nicht wahrhaben wollen und was in der Tat schwer zu begreifen ist, daß Deutschland ein Volk des Westens und doch zugleich der Mitte ist.

Er lehnte es ab, sich in eine Kreuzzugsstimmung gegen die Sowjetunion treiben zu lassen. Er fürchtete die unheimliche Macht im Osten, aber er wußte auch, daß sie allein mit Abneigung nicht von der Landkarte wegzuwischen war. Er weigerte sich, sein Land zu einem Aufmarschgebiet für die westlichen Generalstäbe zu machen. Der Artikel 16 der Völkerbundssatzung bestimmte, daß seine Mitglieder in einem Konfliktsfall ihren Boden dem Durchmarsch der Völkerbundstruppen öffnen sollten. Stresemann setzte in Locarno durch, daß dieser Artikel für Deutschland nicht angewendet werden dürfe. Jedermann wußte, was dies bedeutete: Bei einem Krieg der Westmächte mit Rußland würden die westlichen Truppen nicht durch Deutschland marschieren. Das beruhigte in Moskau. In Warschau aber wußte man, daß bei einem russisch-polnischen Konflikt die westliche Hilfe nur auf Umwegen eintreffen könnte. Ein Jahr nach Locarno schloß Stresemann in Berlin einen Freundschaftsvertrag mit der Sowjetunion. Er wollte die Anlehnung an den Westen, aber der Preis der Verfeindung mit der Sowjetunion wäre ihm zu hoch gewesen.

Thoiry

Auch in den Jahren nach Locarno erzielte er Teilerfolge. Die Besatzungsstärken wurden herabgesetzt, die Härten des Besatzungsregimes gemildert, das Recht zur Zivilluftfahrt zurückgewonnen, Offizieren wurde die Möglichkeit gegeben, fliegen zu lernen. Das alles war seinen Gegnern in Deutschland zu wenig, sie fragten höhnisch nach dem Silberstreifen, von dem er in der ersten Zeit seiner Ministerschaft gesprochen hatte. Sie fanden, daß er nicht entschieden genug auftrete. Noch den mildesten unter seinen Kritikern war er zu nachgiebig.

Auch ihm reiften gewiß nicht alle Blütenträume. Im Jahre 1926 besprach er sich in Thoiry am Genfer See mit seinem französischen Kollegen Aristide Briand. Hier entwickelte er den Plan für eine Gesamtlösung des Verhältnisses zu Frankreich. Er wollte die vorzeitige Räumung des gesamten Rheinlandes erreichen und dafür dem entwerteten Franc Hilfe gewähren. Ähnliches hatte er schon vorher für Belgien vorgeschlagen: Rückgabe von Eupen gegen Unterstützung für die belgische Währung. Aber Briand stieß bei seiner Rückkehr auf die unüberwindliche Gegnerschaft Poincarés, der wieder Ministerpräsident geworden war und dem es gelang, die französische Währung aus eigener Kraft zu festigen. Beide Pläne Stresemanns, der für Frankreich wie der für Belgien, waren bald vergessen.

Briand wurde in den folgenden Jahren immer vorsichtiger in seiner Politik der Freundschaft zu Deutschland. Er gab sie nicht auf, aber er fand es zu schwer, sie zu verwirklichen. Ihn klagten die französischen Nationalisten genauso erbittert an wie die Deutschen ihren Außenminister. Umgekehrt erhöhte jeder Ausbruch der Franzosenfeindschaft und jede triumphierende Prophezeiung deutscher militärischer Kraft das Mißtrauen in Frankreich. Stresemann beschwor die Franzosen, dem deutschen Nationalismus nicht wieder neue Nahrung zu geben. Es war ein schlimmer Kreis von Torheit und Versagen, der sich in ihren eigenen Ländern um die beiden Außenminister schloß.

Der Youngplan

Es kam auch die Zeit, in der es notwendig wurde, die Frage der Kriegsentschädigungen zu prüfen. Das Dawesabkommen war nur ein Anfang gewesen, die deutsche Wirtschaft blieb belastet, die deutsche Souveränität war beschränkt; schon wuchsen auch die Bedenken der westlichen Wirtschaftler über die schlimmen Folgen für die Weltwirtschaft. Im Frühjahr 1929 besprachen die Sachverständigen in Paris unter der Leitung des Amerikaners Owen D. Young die Lage. Sie stellten den neuen Plan auf, der die deutschen Zahlungen auf 59 Jahre begrenzte, die Jahresraten milderte und die deutsche Finanzhoheit im wesentlichen wiederherstellte. Die Regierungen vereinbarten abschließend, daß nun mit der Räumung des Rheinlandes begonnen werden sollte, lange Jahre vor der festgesetzten Frist.

Im September 1929 entwickelte Briand im Völkerbund in hinreißender Rede seine Pläne für ein Vereinigtes Europa, und Stresemann stimmte ihm zu. Wir wissen heute aus seinem Nachlaß besser als seine Zeitgenossen, daß die europäische Idee nur schwach in seinem Herzen lebte. Es war nationale Realpolitik, daß er sich zu Europa bekannte. Aber „über Motive wird nicht abgestimmt", hatte Bismarck gesagt und hätte auch Stresemann sagen können. Aus welchen Beweggründen auch immer, der frühere Nationalist Stresemann wollte sein Volk in die europäische Gemeinschaft der Zukunft führen.

Stresemanns Tod

Mit der großen Rede in Genf war Stresemanns Kraft erschöpft. Wenige Wochen später war er tot. *Patriae inserviendo consumor*, im Dienste des Vaterlandes verzehre ich mich. Der Wahlspruch Bismarcks hätte auch der Stresemanns sein können.

Seine große Leistung für Deutschland liegt nicht in bestimmten Maßnahmen, nicht in der Herabsetzung der Kriegsentschädigung, nicht einmal in Locarno oder in der Räumung des Ruhrgebiets oder der vorzeitigen Räumung des Rheinlandes. Er veränderte das politische Klima um Deutschland, das war entscheidend. Er erwarb Vertrauen, für sich, für sein Volk, für die Zukunft. Er konnte den Berg des Hasses und des Mißtrauens, der um Deutschland gewachsen war, nicht völlig abtragen: Vieles blieb zurück, und viel hatten seine Nachfolger noch zu tun. Aber die Veränderung in den sechs Jahren war überwältigend. Er gewann Sympathie, Achtung und Bewunderung. Daß Deutschland nicht ein Staat der Eroberungslust war, glaubten bei seinem Tode Millionen von Menschen, die es 1919 nicht geglaubt hatten. Aber sie glaubten auch, daß Deutschland wieder eine Großmacht sein werde; wenn nicht heute, dann morgen oder übermorgen.

Das Bemühen, sein Volk wieder nach oben zu bringen, wurde ihm durch niemanden so schwer gemacht wie durch seine eigenen Landsleute. Bald war er verhaßt. Er mußte immer mit einem Anschlag rechnen. „Stresemann, verwese man", war das Schlagwort derjenigen, die einst den Mord gegen Rathenau und Erzberger gepredigt hatten. Mehr noch als der wilde Haß der Radikalen mußte ihn schmerzen, daß sich gegen ihn diejenigen wandten, die er in seinen besten Mannesjahren als seine politischen Freunde angesehen hatte, die Schwarz-Weiß-Roten, ein großer Teil der Industrie, viele aus seiner eigenen Partei. In den Kreisen um ihn wuchsen die Widerstände gegen den Mann, der es gewagt hatte, in die nationale Volksgemeinschaft auch die Sozialdemokraten einzubeziehen. Verständnis fand er am meisten bei denjenigen, die er so lange bekämpft hatte: bei den Katholiken, bei den Schwarz-Rot-Goldenen, bei den Arbeitern.

Er brauchte bei seinem Werke nicht nur seinen hellen Verstand und seinen immer wieder durchbrechenden Zukunftsglauben, er brauchte viel männliche Tapferkeit, um alle die Stürme, die Angriffe, die Verleumdungen, die Niederlagen, die Enttäuschungen zu bestehen. Als er noch Reichskanzler war und als ihm gemeldet wurde, die Münchener Putschisten würden auf Berlin marschieren, rief er grimmig aus, er werde nicht nach Dresden und Stuttgart gehen (wohin die Regierung während des Kapp-Putsches ausgewichen war). Sollten die Banditen kommen und ihn totschlagen auf dem Platz, der ihm gebühre, er werde nicht fliehen. So war er, so handelte er, oft besiegt, nicht verzagend, oft irrend, viel enttäuscht, am Ende wie Moses das gelobte Land schauend, aber nun mit versagender Kraft.

Aufstieg der Wirtschaft

Das Jahrfünft vom Abschluß des Dawesabkommens bis zu Stresemanns Tod war ein Zeitraum behutsamer außenpolitischer Erfolge, aber ungelöster und immer wieder aufbrechender innerer Spannungen. Die Nation blieb gespalten.

Wirtschaftlich vollzog sich ein Aufstieg, der um so bewunderungswürdiger war, als er unter dem Druck des Vertrages von Versailles begonnen werden mußte. Die Arbeitslosigkeit nahm rasch ab, die Einkommen stiegen ebenso wie die Sparguthaben. Dem Durchschnittsdeutschen ging es besser als vor dem Krieg.

Aber der Aufstieg hatte auch dunkle Seiten. Als Luther und Schacht die Inflation beendet hatten, blickte man sich nach den Opfern der Geldentwertung um, nach den Sparern, den Hypothekengläubigern, den Zeichnern der Kriegsanleihen, den Besitzern der Rentenpapiere. Das Reich gewährte ihnen eine Aufwertung, aber sie war nur gering. Die Besitzer der Sachwerte waren vermögend geblieben, die besitzlosen Arbeiter hatten wenigstens ihre Arbeitskraft behalten, aber der Mittelstand sah sich der Früchte seines Fleißes, seiner Mühen und seiner Sparsamkeit beraubt. Die Älteren sahen sich dem Elend preisgegeben. Der Zusammenbruch der Monarchie und der Verlust des Krieges hatten den Mittelstand in seinen Idealen schwer getroffen. Nun wurde vielen seiner Mitglieder die materielle Grundlage ihres Daseins entzogen. Diese Schicht konnte kaum anders als den Staat befehden, der ihr das Eigentum genommen hatte. Sie wurde später eine leichte Beute der Nationalsozialisten.

Und der wirtschaftliche Boden des Aufstiegs blieb schwankend. Zwar wurden regelmäßig die Raten des Dawesplanes ins Ausland bezahlt, aber nicht aus eigener Kraft. Ausländisches Kapital hatte Vertrauen zu diesem fleißigen und begabten Volk gefaßt; es strömte reichlich nach Deutschland. Die Summen für die Kriegsentschädigung wurden zwar aus dem deutschen Nationaleinkommen aufgebracht, aber die Übertragung ins Ausland, der „Transfer" war, wenn die Währung fest bleiben sollte, nur möglich, weil umgekehrt vom Ausland Milliardenbeträge als Anleihen nach Deutschland hereinflossen. Die Sachverständigen begannen sich Sorgen darüber zu machen, was geschehen werde, wenn der Strom der Auslandsanleihen aufhöre oder wenn gar das ausländische Geld zurückflösse.

Solche Erwägungen beschwerten vorläufig die breiten Schichten noch nicht. Ihnen ging es mit jedem Jahr besser. Aber die innerpolitischen Gegensätze blieben dennoch bestehen. Völker lassen sich nicht allein von wirtschaftlichen Erwägungen leiten. Es kam nicht mehr zu Bürgerkriegen wie 1923, aber die Bitterkeit des politischen Kampfes blieb. Noch immer spalteten Gefühlserregungen Deutschland in „zwei Nationen".

Die Wahl Hindenburgs

Krisen, Inflation und nationale Enttäuschung hatten nach den ersten fünf Jahren die Flügel des politischen Lebens gestärkt, die dem neuen Staat feindlich gegenüberstanden. Die Sozialdemokraten schlossen sich 1922 mit den Unabhängigen wieder zusammen, aber die Wähler der Unabhängigen machten den Zusammenschluß nicht mit. In den Reichstag von 1924 entsandten sie zum erstenmal eine stattliche Partei des bolschewikischen Umsturzes. In der Mitte und auf der gemäßigten Rechten wurden die liberalen Parteien der Mitte geschlagen. Rechts von ihnen gingen die Deutschnationalen gestärkt aus dem Wahlkampf, und auf der äußersten Rechten begannen die Mitglieder und engen Verbündeten von Hitlers Partei, wenn auch noch in schwächerer Zahl, ihre auf die Zerstörung des Parlaments gerichtete parlamentarische Arbeit.

Im Februar 1925 starb der Reichspräsident Friedrich Ebert. Die letzten Monate seines Lebens waren ihm tief verbittert worden. Eine Zeitung hatte ihn des Landesverrats bezichtigt, weil er 1918 einen Streik der Munitionsarbeiter unterstützt habe. Vor Gericht wurde festgestellt, daß Ebert nur deshalb in die Leitung des Streiks eingetreten war, um ihn zu beenden. Dennoch erklärte das Gericht, er habe, wenn auch mit guten Glaubens, doch „objektiv" Landesverrat getrieben. Es verurteilte den Verleumder nur wegen formaler Beleidigung. Die Meute der Hasser stürzte sich mit Lust auf das Urteil. Die Angriffe erschütterten Ebert tief. Um sich zur Verfügung eines parlamentarischen Untersuchungsausschusses zu halten, vernachlässigte er eine Krankheit so lange, bis eine Operation seine Bauchfellentzündung nicht mehr zu heilen vermochte.

Es scheint heute, daß die Geschichte das Urteil über ihn bestätigen wird, das die Besonnenen schon zu seinen Lebzeiten über ihn fällten. Sie brachten ihm Verehrung entgegen. Er hatte viel dazu getan, für die Arbeiterschaft die Gleichberechtigung in Deutschland zu gewinnen. Ohne ihn wäre auch die Demokratie in den drangvollen Monaten nach dem Zusammenbruch der Monarchie nicht gerettet worden. Er hatte den Wiederaufstieg des deutschen Volkes gefördert; dem ganzen Volke hatte er ein Beispiel an Pflichttreue und vornehmer Gesinnung gegeben. So war es möglich, daß ihn auch Mitglieder des alten Adels als „Herrn" empfinden konnten. Mißlungen war ihm sein Versuch, alle Gruppen des Volkes zu einer lebendigen Gemeinschaft zusammenzuführen. Aber daß er dabei scheiterte, war nicht seine Schuld.

Zu seinem Nachfolger wählten die Deutschen den geschlagenen Feldherrn von 1918, den Generalfeldmarschall von Hindenburg. Alle Welt wußte, daß er politischen Dingen fern stand und daß er die Monarchie zurückwünschte. Aber die Deutschen zogen seine ragende Gestalt der schlichteren des katholischen Richters und Abgeordneten Wilhelm Marx vor. Die Republik hatte als Staatsoberhaupt von nun an bis zum Ende ihrer Tage einen königstreuen General. So schnell war das Ansehen der Republik gesunken. Aber für lange Jahre widerlegte Hindenburg alle Befürchtungen seiner Gegner. Er verwaltete sein Amt mit Würde, er vertrat den Staat so, daß er das Ansehen des Reiches erhöhte, und er hielt sich streng an die

Verfassung. Erst später, als sich die politischen Verhältnisse völlig verwirrten, stieß er an die Grenzen seiner Natur.

Seeckts Sturz

Vorläufig war die Zeit noch nicht gekommen, in der sich die Republik geschlagen gab. Das mußte im Jahre 1926 der fähigste deutsche Soldat erfahren.

Seeckt hatte seine Verbindungen mit Rußland weiter gepflegt. Die Dinge konnten nicht geheim bleiben und erweckten im Auslande neues Mißtrauen. Aber Seeckt konnte sich auf die allgemeine Überzeugung der Nation stützen, daß die einseitigen Vorschriften zur deutschen Entwaffnung ungerecht und heuchlerisch seien. So fand er zwar bei der Sozialdemokratie, aber selten bei den bürgerlichen Parteien Widerstand in seinem Bestreben, ein starkes und fähiges Rahmenheer für künftige Zeiten aufzubauen.

Seine Erfolge verstärkten noch seinen Hochmut. Im Frühjahr 1926 gewährte er dem Prinzen Wilhelm, dem ältesten Kaiserenkel, die Teilnahme an Manövern. Wilhelm diente als „Zeitfreiwilliger" in der Kompanie, in der die Tradition des Ersten Garderegiments zu Fuß bewahrt wurde. In ihm pflegten früher die Hohenzollernprinzen zu dienen. Seeckt hatte bei diesem hochpolitischen Akt keine politische Stelle unterrichtet. Er war so selbstbewußt, daß er glaubte, sich das erlauben zu dürfen. Von seinem Minister zur Rede gestellt, gab er die Antwort, er habe aus Gründen der Tradition gehandelt.

Das ehrte seine Treue zur Monarchie, aber es war für den höchsten Offizier der Republik schwer erträglich, zumindest unklug und eigentlich taktlos. Der Reichswehrminister Geßler erzwang seinen Rücktritt. Geßler fand dabei willige Zustimmung beim Reichspräsidenten, den Seeckt schon lange durch Bekundung seines Selbstbewußtseins verstimmt hatte.

Hugenberg

Der Reichspräsident unterstützte auch sonst loyal die verschiedenen Regierungen. Zwei von ihnen wurden von dem gemäßigt rechts stehenden Hans Luther, einem auch als Außenpolitiker fähigen Kommunal- und Finanzfachmann, zwei von dem Zentrumsmann Wilhelm Marx geleitet. Die Sozialdemokraten waren vier Jahre nicht an der Regierung beteiligt, dagegen saßen für einige Jahre die Deutschnationalen im Kabinett. Während dieser Zeit zügelten sie ihre Abneigung gegen Stresemann, aber dafür sprachen draußen im Lande ihre Verbündeten, etwa der „Stahlhelm", um so schärfere Worte gegen den „weichen", den national unzuverlässigen Minister. Die Entwicklung der deutschen Rechten wurde vollends in eine verhängnisvolle Bahn geleitet, als im Jahre 1928 die bisherige Parteileitung, die sich immerhin noch um Verantwortung und Maß bemüht hatte, von den Unterführern abgesetzt wurde, die immer mehr zum offenen Kampf gegen die Republik drängten. Vorsitzender wurde der Geheimrat Alfred Hugenberg.

Er war einer der Mitbegründer des Alldeutschen Verbandes und nahm als „Manager" in der Schwerindustrie eine starke Stellung ein. Es war ihm gelungen, den Zeitungskonzern August Scherl, dazu zahlreiche kleine und mittlere Provinzzeitungen, die Nachrichtenagentur „'Telegraphenunion" und schließlich die größte deutsche Filmfirma, die Ufa, unter seine Herrschaft zu bringen. Als Führer einer gewaltigen Propagandamacht und einer großen Partei leitete er die heftigsten Angriffe gegen den Weimarer Staat. Im Kampf um den Youngplan verband er sich 1929 mit Hitler. Gegen die unbestreitbaren und unbestrittenen Lasten wollte er eine Willenserklärung der Nation. Aber er wollte mehr: ein Gesetz sollte die verantwortlichen Minister wegen Landesverrats mit Zuchthaus bestrafen. Das äußerste Mittel der Aufpeitschung der Leidenschaft war ergriffen.

Der Volksentscheid, der den Youngplan verwerfen und das Gesetz schaffen sollte, brachte freilich den beiden Führern der Rechten noch eine Niederlage. Aber eine gefährliche, schwer noch zu widerrufende Entscheidung war gefallen: Hitler, der bisher vielen guten Bürgern noch als ein wilder, mit leichtem Mißtrauen betrachteter Außenseiter erschienen war, wurde durch das Bündnis mit dem königlichen Geheimrat in den Bereich der guten Gesellschaft gehoben. Der Zugang zu den Herzen der Bürger und Akademiker fiel den Nationalsozialisten von jetzt an leichter als bisher.

Skandale

Der Agitation der Rechten boten sich willkommene Gegenstände in den Korruptionsfällen, die mit den Namen Kutisker und Barmat verknüpft waren. Kaufleute, die von den Beziehungen zwischen privaten Geschäften und Beamtentum sehr weitherzige Vorstellungen hatten, wurden von den Strafbehörden verfolgt. Es stellte sich dabei heraus, daß in ihre Affären auch einige Politiker der Regierungsparteien verwickelt waren. Der Reichspostminister Höfle starb, bevor ein Prozeß gegen ihn zu Ende geführt werden konnte. Die Regierungsparteien zogen sofort einen schroffen Trennungsstrich zu den Schuldigen. Sie wiesen darauf hin, daß keine Massenorganisation davor bewahrt sein könne, auch Unwürdige als Mitglieder zu haben, daß sie aber mit Strenge bemüht seien, ihre Reihen sauber zu halten. Das hinderte ihre Gegner nicht, Korruption als einen wesentlichen Bestandteil des republikanischen Lebens zu bezeichnen. Sie machten damit auf viele gute Bürger Eindruck. Es rächte sich jetzt, daß man so heftige Anklagen gegen den „Geist von Potsdam" geführt hatte.

Kutisker und die Gebrüder Barmat waren Juden, die aus dem Osten nach Deutschland eingewandert waren. Schon aus dem zaristischen Rußland, aber auch aus dem Osten der Nachkriegszeit waren viele Juden nach dem Westen gegangen, weil sie in ihrer früheren Heimat schwerem Druck ausgesetzt waren. Der Zentralverband der deutschen Juden sah diese Einwanderung mit Sorge. Er warnte schon zu Ludendorffs Zeiten davor, diese Wanderung zu erleichtern. Die deutschen Juden waren ein lebendiger Teil des deutschen Volkes und teilten seine Gewohnheiten und Auffassungen über den Staat. Die Ostjuden hatten in einer ganz anderen Welt gelebt. Sie waren an korrupte Beamte gewöhnt. Einige von ihnen, die Gebrüder Barmat und Kutisker, übertrugen ihre Vorstellungen nach Deutschland. Sie gaben dem anschwellenden Antisemitismus willkommenen Anlaß, von der deutschen „Judenrepublik" zu sprechen und alles Unglück auf die fremde Rasse zurückzuführen.

Geistiger Aufstand

Die hemmungslose Agitation der Rechten war für den neuen Staat um so gefährlicher als gegen ihn eine geistige Bewegung aufstand. Noch sonnten sich die Republikaner in dem Stolz darauf, daß der Geist links stehe, aber die Wahrheit dieses Satzes war brüchig geworden.

Der Kaiser, der so gerne ein moderner Mensch hatte sein wollen, hatte nicht vermocht, eine Verbindung zu dem künstlerischen Leben seiner Zeit herzustellen. Er beschützte einen öden Hoftheaterstil, dessen Träger heute vergessen sind. Gerhart Hauptmann, Thomas Mann, die großen Impressionisten, die frühen Expressionisten, die großen Theaterleute Otto Brahm und Max Reinhardt, sie alle gingen ihren Weg fern vom Thron. Wer von ihnen noch lebte oder in ihrem Geiste weiterwirkte, fand in der Weimarer Republik volle Anerkennung. Geistige Menschen, die diese Zeit bewußt erlebt haben, erinnern sich ihrer als der „goldenen zwanziger Jahre", als einer der lebendigsten, vielfältigsten, anregendsten Epochen der deutschen Geschichte.

Aber im Geistigen erhob sich auch Gegnerschaft. Der Staat mußte einen Zweifrontenkrieg führen. Erwin Piscator inszenierte Theaterstücke so, daß in ihnen der Kampf gegen die Gesellschaftsordnung zu erkennen war, die im Weimarer Staat herrschte. Der Kommunist Bert Brecht, der größte deutsche Dramatiker unserer Zeit, wirkte um so stärker, als seine Gestalten von dichterischer Kraft gezeugt waren. Der Schriftsteller Kurt Tucholsky war kein Kommunist, aber er verhöhnte die Rechte nicht mehr als die Weimarer Republik und die Sozialdemokratie. Er hatte keinen Blick für ihren schweren Kampf, er sah nur Schwächen, Kleinlichkeit und Enge. Er goß darüber zum Entzücken vieler Leser, aber zum schweren Schaden des Staates seines geistreichen, blendenden, tief verwundenden Hohnes. Er half, eine Reihe von Intellektuellen in die Verachtung der bürgerlichen Republik zu führen, er gab zugleich der Rechten willkommenen Anlaß zur Agitation. „Asphaltliteraten" war ihre Bezeichnung für die Gattung Tucholsky, von der sie sagte, daß sie nur auf republikanischem Boden gedeihen könne.

Aber die Schriftsteller der äußersten Linken standen an Wirksamkeit den von rechts kommenden Trägern der „konservativen Revolution" nach. Sie stellte dem neuen Staat ein besonderes Ideal gegenüber. Es war nicht der alte Staat, sie wollte keine Restauration, aber sie wollte ein stärkeres inneres Leben, mehr natürliche Autorität, mehr zukunftzeugende Kraft, als ihr Weimar bot.

Oswald Spengler feierte in machtvollen, wie aus Erz gehauenen Sätzen den künftigen Cäsar, der die vom Gelde beherrschte Demokratie zerbrechen werde. Für Carl Schmitt war der Staat nicht mehr der Ausdruck innerer Gemeinschaft, Politik war ihm geboren aus dem Verhältnis zwischen Freund und Feind. Er sah sie in einer Kampfsituation; vom künftigen Staat prophezeite er, daß er ein „totaler Staat" sei, der den einzelnen Menschen ganz erfassen und durchdringen werde. Arthur Moeller van den Bruck sagte das „Dritte Reich" voraus, das den Marxismus und die liberale Demokratie, die Verderberin des Volkes, ablösen werde durch eine natürliche Ordnung. Hans Zehrer wandte sich wortgewaltig und gedankenreich in der Zeitschrift mit dem beziehungsreichen Titel „Die Tat" gegen die Massenparteien von rechts und links. Er wünschte eine neue staatstragende Schicht herbei, die nationale und soziale Elemente miteinander vereinigen werde. Ernst Jünger erklärte den Frontsoldaten und den Arbeiter zu Bausteinen einer neuen Ordnung, der die „totale Mobilmachung" vorausgehen werde.

Hanns Johst entdeckte in seinem Drama „Der König", daß in der Französischen Revolution das historische Recht beim Herrscher, nicht bei den Aufrührern gelegen habe. Erwin Guido Kolbenheyer entwarf in seinen Romanen Bilder vom grüblerischen und tätigen Deutschen, die er den westlichen Idealen unaufdringlich aber eindrucksvoll gegenüberstellte. Hans Grimms Sehnsucht gehörte den deutschen Schicksalen in Afrika, wo das „Volk ohne Raum" die Lebensluft finde, die ihm in der Heimat fehle.

Nur wenige von diesen Autoren waren Nationalsozialisten oder wurden es. Arthur Moeller van den Bruck nahm sich früh das Leben. Spengler sprach in schneidenden Worten seine Verzweiflung beim Aufstieg Hitlers aus. Zehrer kämpfte an der Seite Schleichers den letzten verzweifelten Kampf gegen die Machtergreifung durch Hitler, er wollte mit der auctoritas, gestützt auf die potestas der Reichswehr, die menschliche Würde retten. Nach 1933 ging er auf eine Nordseeinsel und verharrte hier unter der Diktatur in schweigender Verachtung. Ernst Jünger wagte es, noch unter der Diktatur in durchsichtiger Verkleidung das Wesen der Tyrannei zu schildern. Er stand als Offizier in Paris den Verschwörern des 20. Juli nahe. Hans Grimm hatte den Mut, sich unter der Herrschaft des Nationalsozialismus gegen ihn zu wenden. Er wurde, ein mehr rührender als ärgerlicher Zug, erst Nationalsozialist, als Hitler schon tot war.

Alle diese Schriftsteller konnten es freilich nicht hindern, daß sich der Nationalsozialismus ihrer Parolen bemächtigte, sie verzerrte, vergröberte und benutzte, so wie er sich auf Friedrich den Großen und Stein, Scharnhorst und Goethe berief. Aber nicht in der Ausplünderung durch den Nationalsozialismus lag die eigentliche Gefahr, die in der konservativen Revolution für Weimar erstand. Ihre stärkste Wirkung lag darin, daß sie den geistigen Vorrang dieses Staates bestritt und daß sie in zahlreiche junge Menschen den Glauben senkte, dieser Staat gehöre geistig der Vergangenheit an, die deutsche Jugend aber sei auf einem anderen Wege, der zu der eigentlichen und großen Zukunft dieses Volkes hinführe. Die Weimarer Republik, überanstrengt von der Sorge um das tägliche Brot und von dem Ringen um die Freiheit der Nation, vermochte diesen verlockenden Bildern nichts von ähnlicher Anziehungskraft gegenüberzustellen.

Das Ende des Parlamentarismus

Während der Ansturm hemmungsloser Agitation und geistiger Bewegung unverändert heftig anhielt, erwuchs dem Weimarer Staat ein neuer Gegner, den abzuwehren über seine schwer geschwächte Kraft ging. Die große Wirtschaftskrise brach herein.

Während der ganzen Zeit der Ära Stresemanns war der Fehlbetrag in den Haushaltsplänen angewachsen, ein Beweis für die optimistische Beurteilung der Lage. Minister und Abgeordnete, Bürgermeister und Stadtverordnete beurteilten die Zukunft mit einem rosigen Glauben, der in der Kapitalarmut der deutschen Wirtschaft keine Grundlage hatte. Vergebens warnte der Reichsbankpräsident Schacht. Nun wuchsen im Jahre 1929 auch noch die Zahlen der Arbeitslosen, das war ein Beweis dafür, daß viele Unternehmen ihre wirtschaftliche Kraft überschätzt hatten. Bei Stresemanns Tod waren schon wieder eindreiviertel Millionen Menschen ohne Arbeit. Dann brachen einen Monat später in Neuyork die hochgetriebenen Kurse an einem der schwärzesten Tage der Börsengeschichte zusammen. Die Weltwirtschaftskrise war da. Sie verbreitete sich mit der Eile eines Sturmwindes und zog sofort die ohnehin überanstrengte deutsche Wirtschaft in Mitleidenschaft. Die Arbeitslosenzahlen sprangen weiter in die Höhe. Damit erhob sich für die Reichsregierung ein schweres Finanzproblem.

Die Reichstagswahlen von 1928 hatten der Sozialdemokratie wieder einen Gewinn gebracht, und ihr Vertrauensmann Hermann Müller hatte eine Regierung der Großen Koalition von der Deutschen Volkspartei bis zur Sozialdemokratie gebildet. Im März 1930 war sich die Reichsregierung darüber klar, daß man der Entwicklung der Reichsversicherungsanstalt für Arbeitslose nicht mehr tatenlos zusehen dürfe. Ihre hohen Ausgaben drohten, sie zahlungsunfähig zu machen. Die Gewerkschaften und mit ihnen die Sozialdemokraten waren dafür, die Beiträge zu erhöhen. Die Industrie und mit ihr die Volkspartei waren dafür, die Leistungen zu senken. Eine Einigung kam nicht zustande, ein Vermittlungsversuch des Finanzsachverständigen der Zentrumspartei Heinrich Brüning scheiterte. Die Regierung trat am 27. März 1930 zurück.

Das war nicht mehr eine der üblichen Regierungskrisen, an denen die Weimarer Republik reich war. Wir wissen heute, daß der neue Staat seine entscheidende Niederlage erlitt. Die Regierung Müller war die letzte, die im Sinne des Parlamentarismus gebildet worden war. Von da an gab es bis zum Untergang der Republik keine Regierung mehr, in der die Mehrheit des Reichstags vertreten gewesen wäre. Der Parlamentarismus ging zu Ende, nicht nur durch die Angriffe seiner Gegner, sondern auch durch seine eigene Kurzsichtigkeit und die Unfähigkeit seiner Träger, sich zu einigen.

Da der Reichstag keine parlamentarische Regierung mehr bilden konnte, forderte er den Reichspräsidenten geradezu heraus, seinerseits einzugreifen und die Möglichkeiten, die ihm die Verfassung gab, weit auszulegen. Irgendwie mußte regiert werden. Hindenburg erteilte dem Abgeordneten Brüning den Auftrag, ein Kabinett „ohne koalitionsmäßige Bindung" zu bilden. Brüning erklärte sich dazu bereit. Der erste Schritt in der Richtung auf eine Präsidialregierung war getan.

Der jetzt vierundvierzigjährige Kanzler stammte aus Münster, der Gegend, die nur widerwillig preußisch geworden war und sich im Kulturkampf heftig gegen Bismarck zur Wehr gesetzt hatte. Gläubiger Katholizismus prägte auch Brünings Wesen und Handeln, aber in seiner Schlichtheit, in seiner Verachtung der Phrase, seiner Strenge gegen sich selbst und in seiner spröden Männlichkeit war er auch sehr preußisch. Er war Frontoffizier gewesen, und man hätte ihn sich gut als Berufsoffizier vorstellen können, ebenso freilich als Kardinal. Seine Lauterkeit erwarb ihm die Sympathie vieler, die seiner Partei fremd gegenüberstanden. Zu ihnen gehörte für zwei Jahre der Reichspräsident.

Brünings Regierung ist gekennzeichnet durch zwei Versuche: der Finanz- und Wirtschaftskrise durch die klassischen Mittel der Ausgabenkürzung und der Steuererhöhung zu begegnen, außenpolitisch das Tor zur deutschen Freiheit ganz zu öffnen. Beides wurde zu einer Art Wettrennen. Jedesmal, wenn er die Finanznot behoben zu haben glaubte, hatte die wachsende Arbeitslosigkeit neue Fehlbeträge geschaffen, und jedesmal, wenn er einen außenpolitischen Fortschritt erreicht hatte, zeigte es sich, daß inzwischen die nationalistische Opposition weiter angewachsen war.

Brünings Verhandlungen mit den Parteien über die Gesundung der Finanzen scheiterten. Er führte sie auch nicht mit Nachdruck. Er war des Vertrauens des Reichspräsidenten sicher. So weit war es mit der Republik gekommen, daß ein Reichskanzler auf das Vertrauen des Staatsoberhauptes mehr Wert legen konnte als auf die Zustimmung des Reichstags. Als er keine Einigung erreichte, erließ der Reichspräsident auf Brünings Ersuchen zwei Notverordnungen. Die juristische Grundlage war der Artikel 48 der Reichsverfassung. Deutschnationale, Nationalsozialisten, Sozialdemokraten und Kommunisten, zusammen die Mehrheit, lehnten die Notverordnungen ab. Sofort löste Brüning den Reichstag auf. Am 14. September 1930 wählte das deutsche Volk neu.

Brünings Hoffnung für die Neuwahlen lag in einem Kreis von Politikern, die sich von Hugenberg getrennt hatten und bereit waren, mit ihm zusammenzuarbeiten. Führende deutschnationale Abgeordnete, der frühere Parteivorsitzende Graf Westarp, Treviranus, Keudell, Lindeiner-Wildau, Schiele, Schlange-Schöningen, Lambach und andere hatten die Partei verlassen, weil es ihnen unheimlich wurde, wie der neue Parteiführer Hugenberg und seine nationalsozialistischen Verbündeten die Leidenschaften aufpeitschten. Ihre Wandlung ähnelte der Entwicklung, die Stresemann und ein Teil seiner nationalliberalen Freunde genommen hatten. Auch die konservativen Kräfte um Westarp schworen ihrem politischen Bekenntnis nicht ab, aber sie erkannten in dem gegenwärtigen Staat die Grundlage, auf der allein das deutsche Volk seine Zukunft aufbauen konnte. Ihr Entschluß wurde ihnen dadurch erleichtert, daß sie mit einem Kanzler zusammenarbeiteten, dessen Wesen konservative Züge trug und der das Vertrauen eines konservativen Reichspräsidenten besaß.

Aber es fanden sich nur wenige, ihnen zu helfen. Die Wähler versagten sich ihnen. Nur Splitter zogen ins Parlament ein. Auch Hugenbergs Partei war freilich empfindlich geschwächt, aber dafür saß neben ihr jetzt eine starke nationalsozialistische Fraktion von 107 Mitgliedern. Die liberale Mitte, die bisher neben dem Zentrum die Regierung Brüning getragen hatte, war nur noch ein Trümmerhaufen.

In dieser Lage mußte sich Brüning doch wieder auf die Sozialdemokraten stützen, von denen er sich unabhängig machen wollte. Diese Partei betrat den leidvollen Weg der „Tolerierung". Sie beteiligte sich nicht am Kabinett Brüning, sie billigte seine Notverordnungspolitik nicht, sie glaubte in einem großen Arbeitsbeschaffungsprogramm bessere Mittel gegen die Krise zu besitzen. Aber sie verband sich auch nicht mit seinen Gegnern im Parlament und sie wehrte die Versuche ab, ihn zu stürzen. Sie sah, daß nach Brüning die Diktatur kommen würde. Um sie zu verhindern, fand sie sich mit einer Wirtschaftspolitik ab, die sie nicht billigte.

Hugenberg aber war mit Blindheit geschlagen. Wie er die außenpolitischen Notwendigkeiten des Staates verkannte, so verkannte er auch die Gefahren, die dem Rechtsstaat, damit aber auch seiner Partei drohten. Im Jahre 1931 trafen sich die deutschnationalen mit den nationalsozialistischen Führern und dem „Stahlhelm" in Harzburg. Hier sagten sie gemeinsam Brüning den Kampf an und forderten eine neue und entschiedene Außenpolitik. Einer der Hauptsprecher der Harzburger Front war der frühere Reichsbankpräsident Schacht, der von der bürgerlichen Linken zum äußersten Nationalismus herübergewechselt war. Mit seinem hohen Ansehen in Wirtschaftskreisen stärkte auch er Hitlers Stellung vor dem deutschen Volk.

Hugenberg und Schacht wurzelten beide im wilhelminischen Zeitalter, sie hatten einen seiner Wesenszüge übernommen: die Selbstüberhebung. Sie konnten sich nicht vorstellen, daß der ehemalige Gefreite einfallsreicher, klüger, geschickter sein sollte als sie, sie glaubten, sich seiner bedienen und ihn führen zu können. Von seinen dämonischen Kräften ahnten sie nichts.

Für Brüning begann der schwierigste, aber auch der erfolgreichste Abschnitt seiner Laufbahn. Der nationalsozialistische Wahlerfolg wirkte im Ausland wie ein Alarmzeichen, es war beunruhigt über die deutsche Zukunft, Kredite wurden abgezogen. Dadurch verschärfte sich die Wirtschaftskrise weiter; deshalb wurden neue Notverordnungen notwendig. Unterstützungssätze, Löhne und Gehälter wurden gekürzt, die Arbeitslosigkeit stieg weiter an, mittelständische und bäuerliche Existenzen wurden gefährdet. Das führte wieder Millionen in die Verzweiflung und damit zu Hitler. So schloß sich der verhängnisvolle Kreislauf.

In den Jahren der Wirtschaftskrise schwoll die nationalsozialistische Partei machtvoll an, bis sie schließlich den Staat beherrschte. Hitler versprach allen denen, die in Not geraten waren, sein kraftvoller Arm werde sie aus dem Elend herausführen, wenn sie nur auf ihn vertrauten. Aber es war dennoch nicht so, daß allein die Verschlechterung der wirtschaftlichen Lage Hitlers Aufstieg möglich gemacht hatte. Die Millionen von Menschen, die zu ihm gingen, hätten es nicht getan, wenn er ihnen nicht auch Ziele aufgezeigt hätte, die weit über das Wirtschaftliche hinausgingen. In diesen

Jahren erreichte die Kunst seiner Propaganda, seine unentwirrbare Vermengung von materiellen Versprechungen und nationalen Zielsetzungen ihre unheimliche Vollendung.

Der Plan der Zollunion

Die Deutschen beachteten kaum ein anderes Bild, das damals wieder vor ihnen auftauchte und das erst vor einer kommenden Generation seine volle Werbekraft entfaltete. Briand hatte schon zu Stresemanns Amtszeiten die ersten Schritte auf dem Wege zu den Vereinigten Staaten von Europa gefordert. Im Mai 1930 legte er dem Völkerbund einen festen Plan vor. Ein größerer Wirtschaftsraum hätte wohl auch die deutsche Wirtschaftskrise gemildert. Aber Deutschland hatte Anlaß anzunehmen, daß damit eine Garantie für die polnische Westgrenze verbunden sein sollte. Sie zu geben weigerte Brüning sich. Hätte er zugestimmt, das Bündnis zwischen Reichspräsident und aufgewühlter Öffentlichkeit hätte ihn hinweggeschwemmt. Daß Westpreußen wieder deutsch werden müsse, war die Überzeugung der überwältigenden Mehrheit der Nation. Brüning brauchte die Entscheidung nicht selber zu treffen. Die Briten nahmen sie ihm ab. Sie wollten nicht in eine Bindung mit dem Festland hineingezogen werden. Sie wandten sich gegen den Plan, und damit war er erledigt.

Julius Curtius, der Außenminister Brünings, hoffte, die deutschen Absatzmärkte auf andere Weise zu erweitern. Er richtete seine Augen nach Wien. Dort hatten sich die politischen Verhältnisse unter der klugen Führung von christlich-sozialen Politikern wie Ignaz Seipel gefestigt, aber wirtschaftlich litt das kleine Land sehr. Curtius wurde sich mit der Wiener Regierung über eine Zollunion einig, die beiden Staaten zugute kommen sollte.

Aber der Plan stieß auf den erbitterten Widerstand Frankreichs. Die Pariser Regierung sah, gewiß mit Recht, in der Zollunion den ersten Schritt zum Anschluß. So griff sie zu dem schärfsten Mittel, das im Frieden angewandt werden kann, zu wirtschaftlichen Repressalien. Der österreichische Staat brauchte Finanzhilfe, die stärksten Goldreserven Europas aber lagen in Paris. Die französische Regierung ließ in Wien mitteilen, sie sei nur dann zur Hilfe bereit, wenn die Zollunion falle. Damit geriet auch die Reichsregierung in eine schwierige Lage. Man fand den Ausweg, den Internationalen Gerichtshof im Haag anzurufen. Aber noch bevor dieser mit einer einzigen Stimme Mehrheit den Plan verwarf, war er tot. Die österreichische Regierung hatte bereits erklärt, sie verzichte auf ihn.

Sein Scheitern schwächte in Deutschland die Stellung der Regierung, aber sie erschwerte auch allen denen die Arbeit, die für eine Verständigung mit Frankreich eintraten. Die Reichsregierung wurde getadelt, weil sie gleichermaßen ungeschickt und schwach gehandelt habe. In der Tat war der Plan diplomatisch unzulänglich vorbereitet gewesen. Frankreich aber erschien von neuem als der Feind Deutschlands und zugleich als der große Heuchler. Zwei angeblich souveräne Völker hatten den Wunsch geäußert, wirtschaftlich einander näher zu kommen, und Frankreich hatte es durch finanziellen Druck vereitelt. In der allgemeinen Empörung darüber gingen die umfassenderen Pläne Briands für eine große Zukunft Gesamteuropas unter.

Das Ende der Reparationen

Brüning mußte seinen mühseligen Weg, auf dem er die deutsche Finanz- und Wirtschaftsnot zu beheben hoffte, mit den eigenen Mitteln weitergehen. Das Jahr 1931 wurde das ernsteste in der deutschen Wirtschaftsgeschichte seit dem Ruhrkampf. Der Zusammenbruch der Österreichischen Creditanstalt wirkte wie eine Lawine. Auch die übrigen Länder wurden getroffen, am heftigsten der schwächste Wirtschaftskörper, Deutschland. Fünf Wochen nach dem Wiener Ereignis brach der Nordwollekonzern zusammen. Die Darmstädter und Nationalbank, in die Geschäfte des Konzerns verstrickt, mußte die Zahlungen einstellen. Dem Kanzler blieb nichts anderes übrig, als alle deutschen Bankschalter vorübergehend zu schließen. Der Staat griff ein in die Wirtschaft, einen anderen Weg sah Brüning nicht mehr. Die psychologischen Folgen der Zusammenbrüche waren schwer. Die Arbeitslosigkeit stieg auf sechs, auf fast sieben Millionen. Ebenso schlimm wie die wirtschaftliche Not waren die tiefe Hoffnungslosigkeit und die dumpfe Verzweiflung, die sich der Millionen bemächtigte.

Für den Kanzler waren die Ereignisse ein neuer Anlaß, das Ausland in unermüdlichen Verhandlungen darauf hinzuweisen, daß nun auch der Youngplan seine mangelnde Tragfähigkeit bewiesen habe. Es gelte nun, das Problem der deutschen Kriegsentschädigung entschlossen und nicht mehr mit halben Mitteln anzupacken. Seine Worte, seine Persönlichkeit und seine Politik machten einen tiefen Eindruck, vor allem in den angelsächsischen Ländern, selbst in einigen französischen Kreisen. Was die Opfer der Notverordnungspolitik nicht sahen und in ihrer Not auch wohl nicht sehen konnten, war die einschneidende nationalpolitische Bedeutung von Brünings Vorgehen. Angesichts der schweren Lasten, die Brüning von seinem Volk verlangte, wagte im Ausland kaum noch jemand zu behaupten, das deutsche Volk könne die Raten der Kriegsentschädigung bezahlen, wenn es nur wolle.

Kein verantwortlicher Staatsmann würde in einer ähnlichen Lage wieder die Brüningsche Deflationspolitik betreiben, die aus Erhöhungen der Steuern und Kürzungen der Ausgaben, der Löhne und der Preise bestand.

Heute würde man die Kräfte des Staates benutzen, um durch Aufträge die Wirtschaft in Gang zu bringen, auch auf die Gefahr hin, daß der Umlauf an Zahlungsmitteln sich vergrößere. Brüning verfügte nur nicht über die Erfahrungen, die wir heute besitzen. Auch mußte er immer Rücksicht darauf nehmen, daß die Deutschen gerade eine schwere Inflation hinter sich hatten. Eine Wirtschaftspolitik, die von neuem an die Grenze der Inflation führte, wäre möglicherweise mit einer Panik beantwortet worden. Schließlich aber gehörte seine opferheischende Deflationspolitik zu seiner Außenpolitik. Ohne sie hätte er das Ende der Reparationen nicht erreicht. Ihn bestimmte der Vorrang der Außenpolitik.

Auf die Anregung des amerikanischen Präsidenten Hoover stellte Deutschland die Zahlungen für die Kriegsentschädigungen ein. Für 1932 wurde eine Reparationskonferenz in Lausanne vereinbart. Niemand zweifelte daran, daß sie das Ende der Reparationen bringen werde. Der Alpdruck, der seit dreizehn Jahren auf der deutschen Wirtschaft gelegen hatte, begann zu schwinden. Stresemann und Brüning hatten ihrem Volke viel zugemutet, aber die Erfolge rechtfertigten ihre Haltung.

Bis zuletzt sträubte sich die französische Regierung. Nur zögernd und widerwillig folgte sie den deutsch-britisch-amerikanischen Vorschlägen. Wie Shylock auf seinem Schein so saß Frankreich auf den deutschen Reparationsverpflichtungen. Der Anblick dieser Starrheit erregte immer wieder den deutschen Nationalismus. Er entwertete psychologisch Brünings Erfolge. Auch die französische Regierung war mit Blindheit geschlagen. Sie sah nicht, daß es nicht um diese oder jene Milliarden, sondern um die Rettung der friedlichen deutschen Demokratie gegen den Ansturm des nationalistischen und kriegerischen Radikalismus ging.

Gleichberechtigung

Wie dem Ende der Reparationen, so näherte sich die deutsche Politik dem Ende der Rüstungsungleichheit. Da die allgemeine Abrüstung doch nicht zu erreichen war, zumindest nicht in naher Zeit, hatte die Reichsregierung mit steigendem Nachdruck die deutsche Gleichberechtigung gefordert. Das war ein anderer Ausdruck für eine maßvolle, in Übereinstimmung mit den Siegern vorzunehmende deutsche Aufrüstung. Schritt um Schritt kam Brüning, nach dem Rücktritt von Curtius 1931 sein eigener Außenminister, auf diesem Wege voran. Die klare Folgerichtigkeit der deutschen Begründung, das langsam steigende Vertrauen auf die Friedfertigkeit der Weimarer Republik, nicht zuletzt die Hoffnung der britischen Konservativen, ein starkes Deutschland werde ein Bollwerk gegen den Bolschewismus werden, all das wirkte zusammen.

Auch in diesen Auseinandersetzungen zauderte die französische Politik, hemmte und widerstand sie jahrelang. Ihr Sicherheitsbedürfnis, ihre dumpfe Furcht vor dem unberechenbaren Nachbarn im Osten überrannten lange die Ansätze staatsmännischer Weisheit. Brüning und seine Freunde beschworen die Franzosen, nicht das Wettrennen mit dem deutschen Nationalismus zu verlieren, der sich auf jeden Beweis französischer Hartnäckigkeit stürzte und Brüning verhöhnte. Aber nur schwer war die französische Regierung umzustimmen.

Briand und seine Freunde hatten unter ihren Nationalisten nicht weniger zu leiden als Stresemann und Brüning unter den deutschen. Jedesmal, wenn die deutschen Radikalen ihre schrillen Töne erklingen ließen, bemächtigte sich der französische Nationalismus der Gelegenheit, um in die Welt zu rufen, so sei das eigentliche Deutschland, und seine friedlichen Versicherungen seien nichts als Tarnung. So trieb ein Keil den anderen.

Die Weimarer Republik hat manchen Fehler begangen, sie hat die Willigen unter denen vor den Kopf gestoßen, die ihre Anhänglichkeit an das Alte nicht leichten Herzens preisgeben wollten, sie hat den Böswilligen gegenüber zu viel Schwäche gezeigt. Aber um diesem mächtigen Bündnis von wirtschaftlicher Not, von Kommunismus, französischem und deutschem Nationalismus gewachsen zu sein, dazu hätte es wahrlich übermenschlicher Fähigkeiten bedurft.

Im Frühjahr 1932 war es so weit, daß Brüning auch im Ringen um die deutsche Wehrhoheit „hundert Meter vor dem Ziele" stand. Am 31. Mai erreichte ihn die Nachricht, der französische Ministerpräsident Herriot habe dem Grundsatz der militärischen Gleichberechtigung zugestimmt. Es war zu spät. Am gleichen Tage empfing ihn der Reichspräsident nur noch, um seinen Rücktritt zu bestätigen.

Brünings Entlassung

Die Geschichte von Brünings Sturz ist die Geschichte seiner Entfremdung von dem Mann, auf dessen Vertrauen er sich vor allem stützen wollte, dem Reichspräsidenten von Hindenburg.

In den ersten Monaten des Jahres 1932 lief Hindenburgs Amtszeit ab. Am Horizont erhob sich der Schatten eines nationalsozialistischen Reichspräsidenten. Aber es gelang Brüning und seinen konservativen Freunden um Westarp, Hindenburg zu bestimmen, daß er sich noch einmal zur Wahl stellte. Beim zweiten Wahlgang errang er denn auch die absolute Mehrheit (Hindenburg 19,3 Millionen, Hitler 13,4 Millionen, der Kommunist Thälmann 3,7 Millionen Stimmen). Es war ein Sieg der ungeheuren Volkstümlichkeit Hindenburgs, es war aber auch ein Sieg der Freiheit über die herannahende Tyrannei, es war schließlich ein Sieg Brünings, der sich im Wahlkampf mit Entschlossenheit für den Mann eingesetzt hatte, den er verehrte, „den ersten im Kriege, den ersten im Frieden, den ersten im Herzen seiner Landsleute".

Aber es war ein trügerischer Sieg. Die den Reichspräsidenten jetzt gewählt hatten, waren andere Kreise, als die ihn sieben Jahre zuvor auf den Schild gehoben hatten. Nur wenige von den Alten, die kleine Schar um Westarp und die Trümmer der Volkspartei standen noch hinter ihm. Er war der Vertrauensmann des Zentrums, der Liberalen und der Sozialdemokraten geworden. Sie hatten sich für ihn entschieden, nicht weil sie sich zu seiner Welt gehörig fühlten, sondern weil sie in ihm den Mann sahen, der den Eid auf die Verfassung halte und die Freiheit vor Hitler retten werde.

Die meisten seiner alten konservativen Freunde hatten im ersten Wahlgang den Stahlhelmführer Duesterberg gewählt, aber beim zweiten Wahlgang hatten sie sich getrennt. Ein klares Bekenntnis für Hindenburg hatten sie auch jetzt nicht abgegeben. Der Sohn seines kaiserlichen Herrn aber, der Kronprinz Wilhelm, hatte öffentlich zur Wahl für Hitler aufgerufen.

So wuchs in dem Reichspräsidenten ein gefühlsmäßiger Groll gegen die Männer, die ihn zu dieser Kandidatur bestimmt hatten. So wuchs in ihm auch das Streben, sich mit seinen alten Freunden zu versöhnen. Und dann hatte bei all seiner Verachtung gegen den „böhmischen Gefreiten" doch die hohe Stimmenzahl für Hitler tiefen Eindruck auf ihn gemacht. „Das Volk will Hitler" – dieser Gedanke kam ihm immer wieder. Die Grundlage der Regierung Brüning erschien ihm als zu schmal. Er befreundete sich mit dem Gedanken, auch die äußerste Rechte heranzuziehen.

Wenige Wochen nach seiner Wiederwahl verstimmte ihn ein neues Ereignis und führte ihn weiter von Brüning fort. Den Behörden war bekannt geworden, daß die sogenannten Sturmabteilungen Hitlers für den Fall seines Wahlsieges einen Aufstand geplant hatten. Der General Groener, zugleich Reichswehr- und Innenminister, schlug zu und verbot die SA. Hindenburg hatte sein Einverständnis gegeben. Aber hinterher bestürmte ihn seine Umgebung. Sie überzeugte ihn davon, daß das Verbot einseitig und ungerecht sei. Sie sagte, verbiete man die SA, müßte man auch das Reichsbanner verbieten. Nun war das Reichsbanner gegründet worden, damit es die Republik schütze; die SA war gegründet worden, damit sie die Republik zerstöre. Die Logik, die beide Verbände auf die gleiche Stufe stellte, war halsbrecherisch. Aber die Auseinandersetzungen darüber überanstrengten die Verfassungstreue des Fünfundachtzigjährigen. Sein Urteil war dadurch getrübt, daß er hören mußte, die SA sei immerhin „wehrfreundlich".

Es gab auch im Reichstag stürmische Szenen. Groener verteidigte sein Verbot mutig, wenn auch nicht immer geschickt. Da erhob sich in seinem eigenen Ministerium die Meuterei. Der General von Schleicher hatte dem Reichspräsidenten Material über das Reichsbanner in die Hände gespielt, jetzt kündigte er Groener das Vertrauen der Reichswehr auf. Nach der Verfassung bedurfte der Minister nur des Vertrauens des Reichstages, aber die Zeit begann, über Verfassungsartikel hinwegzuschreiten. Schleicher forderte den Kopf Groeners, und er erhielt ihn.

Der jetzt fünfzigjährige General Kurt von Schleicher, Chef des Ministeramtes, also Staatssekretär, war ein Mann von hoher Begabung und politischer Phantasie. Er war kein Reaktionär, er sah, daß verwandelte Zeiten verwandelte Formen fordern. Ihm schwebte eine Verbindung von Soldatentum und Arbeitertum, von Reichswehr und Gewerkschaften vor. Darin lag ein Gedanke, der zukunftsträchtig hätte sein können, wenn er rechtzeitig, unmittelbar nach 1919 von einem schöpferisch gestaltenden Willen in die Tat umgesetzt worden wäre. Jetzt war es dazu zu spät.

Und Schleicher war wie so viele bedeutende Köpfe in der Nation blind gegen die Gefahr, die von der äußersten Rechten herannahte. Er wollte die Nationalsozialisten nicht besiegen, sondern „zähmen". Er liebte sie nicht, aber er wollte sie als Gegengewicht gegen die Sozialdemokraten erhalten. Er begrüßte ihre Wehrfreudigkeit, und er gab sich der Hoffnung hin, die SA wie alle Wehrverbände in die Reichswehr einbauen zu können. Erst mußte die Wehrhoheit da sein. Brüning hatte sie erkämpfen dürfen, jetzt erschien sein Verbleiben nicht mehr notwendig. So wurde auch Schleicher zum Gegner des Kanzlers, den er bisher mit seiner Klugheit und seiner Autorität gestützt hatte.

Er hatte das Ohr des Reichspräsidenten, weil er geschickt zu verhandeln wußte und weil er viel Erfahrung besaß, aber wohl auch, weil beide im gleichen Regiment, im Dritten Garderegiment zu Fuß, gedient hatten. Das Ohr des Reichspräsidenten hatte auch „der in der Verfassung nicht vorgesehene Sohn", sein Adjutant Oskar von Hindenburg. Sein Ohr hatte auch der Staatssekretär Meißner. Der Präsident hörte auf sie mehr als auf den Mann, den er zum Lenker der deutschen Politik berufen hatte und der seinem Vertrauen mit gleichem Vertrauen begegnet war.

Im Sommer 1932 kamen die Einflüsse seiner agrarischen Standesgenossen hinzu. Sie sind bestritten worden, aber ein Brief des Freiherrn von Gayl, eines Freundes der Großgrundbesitzer, gibt ein klares Zeugnis. Unter der Krise hatte die Landwirtschaft schwer gelitten, zahlreiche Güter im Osten waren verschuldet. Die in Finanznot darbende Republik hatte eine Milliarde aufgebracht, um diese Besitzungen zu sanieren und sie ihren Eigentümern zu erhalten. Aber es gab auch Güter, bei denen die Verschuldung so sehr angewachsen war, daß keine Rettung mehr möglich schien. Sie sollten aufgeteilt werden; hier sollten Bauern siedeln. Nun mußte Herr von Hindenburg hören, daß dieser Plan Gefahr bedeute, daß er die Säulen des Staates und des Heeres zerstören werde. Einflüsterungen solcher Art spielten neben den rein politischen Erwägungen wohl die geringere Rolle, ganz fehlten sie nicht.

Brüning hätte sich halten können, wenn er sich bereit erklärt hätte, die Rechte in die Regierung aufzunehmen. Dessen weigerte er sich. Man sieht auch nicht, wie der Versuch hätte gelingen können. So mußte er gehen. Dreimal hat Paul von Hindenburg eine verhängnisvolle Entscheidung getroffen: er hat dem Kaiser geraten, nach Holland zu gehen; er hat die Dolchstoßlegende in die Welt entsandt; er hat den letzten fähigen Staatsmann von Weimar entlassen.

Brünings Tragik

Brünings Sturz war das schwerste Unglück, das den Staat in dieser Lage treffen konnte. Die Wirtschaftskrise hatte nun das Tief erreicht, man sah die ersten zagen Anzeichen der Erholung. Auf diesen Zeitpunkt hatte Brüning gewartet. Er hatte in seinen Überlegungen eine Milliarde bereitgestellt, mit der Arbeit im großen Rahmen geschafft werden sollte. Brüning durfte hoffen, bis zur nächsten Wahl den Grundstein für den wirtschaftlichen Wiederaufbau gelegt zu haben. Damit wäre der Radikalismus einer seiner wirksamsten Parolen beraubt gewesen. Er durfte aber auch nach Herriots Entscheidung hoffen, dem Reich ein gewisses Maß von Rüstung zu geben und es so weiter zu festigen. Der Weimarer Staat wäre in manchem verwandelt gewesen, ein freiheitlicher und ein Rechtsstaat wäre er geblieben, und er hätte einen geachteten Platz in der Reihe der europäischen Völker eingenommen. Das war nun vorbei. Andere bemächtigten sich der Erfolge, die Brüning und seine Vorgänger errungen hatten. Aber dieser Weg führte nicht mehr in die Freiheit, sondern in den Zusammenbruch.

Brünings Schicksal war tragischer Natur. Es muß so genannt werden, weil in ihm auch Schuld lag, nicht vermeidbare Fehler, sondern die Schuld, die aus Brünings eigenstem Wesen rührte. Zwar der Vorwurf stößt ins Leere, er habe die Gelegenheit nicht benutzt, um die Sozialdemokraten zu gewinnen und die Grundlage seiner Regierung so zu verbreitern, daß sie unangreifbar geworden wäre. Das Schicksal Hermann Müllers beweist, wie hoffnungslos der Versuch war, im alten Sinne parlamentarisch zu regieren. Es war nicht Brünings Schuld, daß die gemäßigten Parteien sich nicht untereinander zu verständigen wußten. Gewiß zogen ihn auch eigene Vorstellungen dahin, mit dem Vertrauen des Staatsoberhauptes zu regieren. Aber seine Überlegungen wurden gerechtfertigt durch den Zustand des Parlaments, durch Zersplitterung und den gegenseitigen Hader. Diesen Streit fand Brüning vor, als er zu regieren begann. Er entrechtete das Parlament nicht, er stellte sich ihm immer wieder, es hätte ihn jeden Tag stürzen können. Aber eine feste Regierungsmehrheit war aus dem Reichstag nicht mehr zu bilden. So sah Brüning sich nach anderen Stützen um, und er glaubte, sie im Staatsoberhaupt zu finden. Wo hätte er sie sonst suchen sollen?

Allerdings verschmähte er die wirksamen Mittel, der Demagogie der Angreifer entgegenzutreten. Er schuf sich keinen Propaganda-Apparat, wie er in der Massendemokratie notwendig ist. Er wandte sich an die Einsicht, die Vernunft, das Verantwortungsgefühl – hoffnungsloses Beginnen in einer Zeit der aufgepeitschten Leidenschaften. Er gewann das Vertrauen, ja die Liebe einer Minderheit, noch mehr erntete er Spott und Feindschaft.

In seinem Wesen war nichts, was die Phantasie der Massen entzünden konnte. Als der General von Schleicher noch sein Anhänger war, riet er einmal Brüning, er solle „vierelang über die Straßen Unter den Linden fahren". Schleicher meinte damit, er müsse dem glänzenden Auftreten Hitlers inmitten von ordenbesternten Uniformen und großen Anhängermassen etwas Ähnliches entgegensetzen. Dazu hatte Brüning keine Zeit. Er wollte arbeiten für sein Volk, er wollte ihm keine Schauspiele vorführen. Er hoffte, daß ihn die Deutschen auch so verstehen würden. Hitlers instinktive Menschenkenntnis war ihm überlegen.

Brünings westfälischer Zurückhaltung widersprach es, der „Kamarilla" um den Reichspräsidenten entgegenzutreten. Noch am Tage seines Sturzes beschloß das Reichskabinett, davon abzusehen, die Nation über die Hintergründe des Kampfes aufzuklären, der gegen Brüning geführt worden war. Der Kanzler wollte nicht, daß die Nation das Vertrauen zu dem Staatsoberhaupt verliere, in dem Brüning eine der letzten moralischen Stützen des Staates sah. So war Heinrich Brüning, er konnte nicht anders. Aber „ein Staatsmann soll kein Ritter sein", hatte Theodor Mommsen gesagt, und das Wort bleibt immer gültig. In einer höchst unvornehmen Welt ist ein so hohes Maß von Vornehmheit, wie es Brüning bewies, ein kostspieliger Luxus, und man kann leicht mit ihm zugrunde gehen.

Aber die selbstlose Redlichkeit, die ihm zum Verhängnis wurde, war vorher eine der Grundlagen seiner außenpolitischen Erfolge gewesen. Die Staatsmänner jenseits unserer Grenzen spürten seine Lauterkeit, sie vertrauten ihm, und sie übertrugen dieses Vertrauen auf seine Politik. Auch hier lag einer der Gründe, warum sie ihm schließlich zugestanden, was er gefordert hatte.

Heinrich Brüning stammt aus einer anderen geistigen Welt als Friedrich Ebert oder Gustav Stresemann, und manchen Entschluß Stresemanns hatte er getadelt. Aber vor der Nachwelt rücken die drei ganz eng zusammen. Alle drei waren Persönlichkeiten von eigener Art, unverwechselbar und unersetzbar, alle drei verbunden durch die Hingabe an das große Ziel und staatsmännischen Instinkt. Als der letzte von ihnen gehen mußte, hatte auch die letzte Stunde von Weimar geschlagen.

Die Regierung Brüning war nicht mehr im eigentlichen Sinne eine parlamentarische Regierung gewesen. Ihre Mitglieder hatten nur eine Minderheit des Reichstags vertreten. Aber sie war die letzte, die eine parlamentarische Unterstützung bei den entscheidenden Abstimmungen fand. Nach seinem Sturz war keine Regierung mehr dazu in der Lage.

Wenn die Weimarer Verfassung auch seit Jahren ausgehöhlt war, so bestand sie doch noch immer mit ihren Vorschriften. Sie war wohl nicht mehr Leitbild, aber immer noch Hemmnis, wie die Staatsrechtler es ausdrücken. Es gab freilich Kreise genug in Deutschland, die gern eine reine Präsidialregierung gesehen hätten. Sie hätte sich nur noch auf das Vertrauen des Staatsoberhauptes gestützt, wie es die Verfassungen der konstitutionellen Monarchien vorsehen. Aber auch im Königreich Preußen hatte das Parlament das Recht der Gesetzgebung gehabt. Im Weimarer Staat konnte der Artikel 48 dieses Recht nur für Zeit außer Kraft setzen. Die Notverordnungen konnten durch das Parlament als ungültig erklärt werden. Der Reichstag hatte zuletzt gegenüber Brüning darauf verzichtet, aber es war sicher, daß er gegenüber seinen Nachfolgern nicht so großzügig sein würde. Und da das Pflichtgefühl des Reichspräsidenten den offenen Verfassungsbruch verbot, waren auch die Kanzler nach Brüning gezwungen, sich eine parlamentarische Mehrheit zu sichern. Dabei sind sie dann gescheitert.

Papens Anfänge

Der neue Kanzler hieß Franz von Papen. Er stammte aus altem westfälischem Adel und gehörte dem äußersten rechten Flügel der Zentrumspartei an. Als er Kanzler wurde, brach die Partei mit ihm. Seinen Namen hatte Schleicher dem Reichspräsidenten genannt. Er hoffte wohl, mit seiner eigenen Intelligenz, die er für überlegen hielt, den neuen Kanzler führen und leiten zu können. Dieser Hoffnung, andere zwar nach außen regieren zu lassen, selber aber die eigentliche Macht auszuüben, begegnen wir in diesen Jahren noch öfters. Auch Schleicher ist mit ihr gescheitert.

Papen träumte verschwommen von einem „Neuen Staat", der auf ständischer Grundlage aufgebaut sein sollte. Die Liste seines Kabinetts, die er dem deutschen Volke vorlegte, wies einige fähige Männer, vor allem aber Mitglieder des preußischen und süddeutschen Adels aus. Die meisten Mitglieder waren außer durch ihren Stand noch durch die Zugehörigkeit zu den Reserveoffizierskorps feudaler Regimenter verbunden. Dieses „Kabinett der Barone" war eine psychologische Unmöglichkeit.

Papen suchte die Verbindung nach rechts. Er wollte, ähnlich wie Schleicher, den Nationalsozialisten nicht etwa den Staat ausliefern, aber er war davon überzeugt, daß man sie „einbauen" könnte. Ihnen zu Gefallen löste er den Reichstag auf. In den zwei Jahren seit der letzten Wahl waren sie weiter angeschwollen, und sie kamen in überwältigender Stärke zurück. Die äußerste Rechte war die weitaus stärkste Partei und mit den verbündeten Deutschnationalen nicht weit von der absoluten Mehrheit entfernt. Weder mit der alten Weimarer Koalition noch mit der Brüningschen Mehrheit (Weimarer Koalition, dazu die kleineren Gruppen der gemäßigten Rechten) hätte jetzt noch regiert werden können, selbst wenn Papen es gewollt hätte. Von dieser Stunde an war klar, daß auf die Dauer eine Regierung nur noch mit den Nationalsozialisten zusammen arbeiten konnte, wenn sie die Verfassung beachten wollte. Damit war die Entscheidung besiegelt, die mit Brünings Sturz vor sich gegangen war. Was sonst noch in dem halben Jahr bis zum 30. Januar 1933 geschah, hat geschichtlich gesehen nur noch den Charakter der Episode.

Episode war es, daß Papen und Hindenburg dem Führer der Nationalsozialisten den Posten des Vizekanzlers anboten, und Episode war es auch, daß er, von seinem Standpunkt aus zu Recht, das Angebot ablehnte. Episode war es, daß Papen auf Grund einer Verfügung Hindenburgs die preußische Regierung nach Hause schickte und sich selbst zum Reichskommissar in Preußen machte.

In Preußen hatte seit einem Jahrzehnt der Ministerpräsident Otto Braun, lange Jahre in Zusammenarbeit vor allem mit dem Innenminister Severing und dem Kultusminister Becker, der Welt das Musterbeispiel einer Landesverwaltung gegeben. Die Beamtenschaft wahrte ihren alten Ruf, die Finanzen waren geordnet, Armen und Schwachen wurde geholfen, Kunst und Wissenschaft blühten. Aber auch nach Preußen war die nationalsozialistische Welle gerollt, bei den Landtagswahlen im April 1932 war Braun geschlagen worden. Er verfügte nur über eine Minderheit der Sitze, die Nationalsozialisten, Deutschnationalen und Kommunisten waren zusammen stärker als die Parteien, die hinter Braun standen.

In dieser Lage glaubten Braun und Severing weder den Generalstreik gegen den Staatsstreich fordern, noch das Reichsbanner, die Gewerkschaften und die Polizei zur Verteidigung der Republik mit den Waffen aufrufen zu sollen. Ihr Entschluß ist oft getadelt worden, vielleicht mit Recht. Selbst wenn, was wahrscheinlich war, die Regierung gegen die Reichswehr unterlegen wäre, so hätte im Untergang die preußische Linke einen Glorienschein um ihr Andenken gewoben, der die Wiedergeburt hätte vorbereiten können.

Aber Braun und Severing waren Demokraten. Sie waren ins Herz getroffen dadurch, daß sich das Volk den Feinden der Freiheit verschrieben hatte. Ihr Weltbild war zerstört. Das lähmte ihre Entschlußkraft, nicht Mangel an Mut.

Bei der Reparationskonferenz in Lausanne konnte Papen in die Scheuern sammeln, was Stresemann und Brüning gesät hatten. Das Ende der Reparationen wurde beschlossen, nur noch eine Abschlußzahlung von drei Milliarden wurde vereinbart. Auch sie hat Deutschland nicht mehr gezahlt.

Papens Scheitern

Aber der Sieg Papens in Preußen und der Erfolg in Lausanne vermochten nichts daran zu ändern, daß ihm die Aufgabe nicht gelang, für seine Arbeit eine tragfähige Mehrheit zu erreichen. Die Nationalsozialisten blieben bei ihrer Forderung des „Alles oder Nichts". Immer wilder wurden im Lande die politischen Kämpfe, immer häufiger stießen Nationalsozialisten, Kommunisten und Reichsbanner aufeinander, immer häufiger mußte auch die Polizei in Straßen- und Saalschlachten eingreifen.

Papen gewann sich manche Sympathien, als er gelobte, er werde die Glut des Bürgerkrieges austreten. Ein Sondergericht verurteilte die Mörder von Potempa zum Tode. In dieser kleinen oberschlesischen Stadt hatten fünf Nationalsozialisten einen kommunistischen Arbeiter in Gegenwart seiner Mutter zu Tode getrampelt. „Eure Freiheit ist unsere Ehre", telegraphierte der Führer der größten deutschen Partei den Mördern ins Gefängnis. Vor der entfesselten Wut der Nationalsozialisten wich Papen zurück und begnadigte die Mörder. Es war ein Schwächezeichen des Rechtsstaates, das seine Feinde ermutigen mußte.

Im Winter sah er kein anderes Mittel mehr, die Regierung weiter zu führen, als die Diktatur, die Regierung ohne Parlament. Da trat ihm der Mann in den Weg, der Brüning erst gestützt und dann gestürzt hatte, der Papen vorgeschlagen ·hatte und ihn nun bekämpfte. Der General von Schleicher war Minister geworden, er verweigerte die Mithilfe der Reichswehr bei Papens Unternehmen. Schleicher legte dar, sie werde der Aufgabe nicht gewachsen sein, die bei einer Diktatur vor ihr stünde. Damit war Papen am Ende.

Nur schweren Herzens nahm der Reichspräsident Abschied von ihm, der nach Herkunft, Gesinnung und Auftreten ein Mann nach seinem Herzen war. Er wollte auch auf seinen Rat in Zukunft nicht verzichten; zwei Monate später mußte Schleicher spüren, was das bedeutete.

Schleicher

Nach Papens Sturz war der General gezwungen, auch nach außen die Macht zu übernehmen, die er so lange im Hintergrund ausgeübt hatte. Aber für den Kanzlerposten reichte seine Kunst der Verhandlung und der Menschenführung nicht aus. Wohl versuchte er jetzt, seine alten Gedanken in die Tat umzusetzen. Er fand auch bei dem Führer des sozialistischen (oder angeblich sozialistischen) Flügels in der nationalsozialistischen Partei, bei Gregor Strasser, ein williges Ohr. Als Strasser auf Hitlers erbitterten Widerspruch stieß, legte er zwar seine Parteiämter nieder, verzichtete aber nicht auf politische Wirksamkeit. Und die Hauptmacht der Arbeiterschaft, Gewerkschaften und Sozialdemokratie, versagte sich dem General. Der Versuch zur Spaltung der Nationalsozialisten war gescheitert. So wollte Schleicher den Reichstag auflösen und ohne Parlament regieren, bis die Nationalsozialisten, geschwächt und entmutigt, auf ihren Herrschaftsanspruch verzichteten. Aber diesen Weg hätte die Linke nicht mitgehen können.

Sie ist oft getadelt worden, weil sie nicht mit Schleicher zusammengegangen ist. In der Tat sah sie die Gefahr, die von Hitler drohte, nicht so groß an, wie sie war. Und man kann gewiß davon träumen, um wieviel glücklicher das deutsche Schicksal gewesen wäre, wenn der Führer der Freien Gewerkschaften, Theodor Leipart, das Bündnis geschlossen hätte, das Schleicher ihm antrug. Aber es ist ganz unwahrscheinlich, daß der Reichspräsident mit den politischen Auffassungen, zu denen er sich zurückgefunden hatte, dieses Bündnis bejaht hätte. Ohne ihn war jedoch in Deutschland keine Regierungspolitik mehr zu führen. Und jene Kritiker muten noch nachträglich der Linken zu, was man keinem zumuten darf: daß sie nicht nur auf Dogmen, sondern auf Ideale verzichten sollte, an denen sie ihr Leben lang gehangen hatte. Die Führer der Linken waren Demokraten. Die Bereitschaft, eine Militärdiktatur durch ihre Minister zu unterstützen, hätte bedeutet, ihre Vergangenheit zu verleugnen. Das vermochte sie nicht.

So scheiterte auch Schleicher bei seinem Versuch, eine breite Grundlage für sein Wirken zu erhalten. Und hinter seinem Rücken zog sich schon ein Netz von Ränken zusammen. Das alte Spiel der Untreue, das er so gut beherrschte, wandte sich gegen ihn. Franz von Papen, in früheren Zeiten mit Schleicher befreundet, nun aber tief verbittert, knüpfte Verbindungen mit Hitler an. Ende Januar vernahm Hindenburg auch von dem Mann seines engsten Vertrauens, Hitler müsse Kanzler werden.

Schleicher forderte vom Reichspräsidenten, was im November derselbe General verweigert hatte, die Zustimmung zur Diktatur mit Hilfe der Reichswehr. Der unwillige Reichspräsident konnte ihm dieselben Gründe vorlegen, die Schleicher damals gegen alle Diktaturpläne vorgebracht hatte. Damit war auch der General am Ende. Hindenburg sah keinen anderen Weg mehr, als Hitler zu berufen. Es gab auch keinen anderen, wenn er nicht die Verfassung brechen wollte.

Gewiß, in diesem Winter lag auf der nationalsozialistischen Partei der Druck einer schweren Krise. Papen hatte noch während seiner Regierung im November den Reichstag aufgelöst, bei den Neuwahlen war die Partei von 230 auf 196 Sitze gesunken. Das war ein Zeichen dafür, daß viele ihrer Anhänger die Geduld zu verlieren begannen. Auch fehlte es ihr an Geld. Entgegen einer weitverbreiteten Legende hat die Schwerindustrie, von Ausnahmen wie der von Fritz Thyssen abgesehen, den Aufstieg der Partei nicht finanziert. Jetzt, im Winter 1932, war die Partei überschuldet. Die Auflehnung Gregor Strassers hatte das innere Gefüge geschwächt. Hitler war in manchen Augenblicken der Verzweiflung nahe.

Wenn Schleichers Plan durchgedrungen wäre, wenn er das Parlament aufgelöst hätte, wenn die Partei weiter hätte vor den Toren der Macht stehen müssen, dann hätte sie vielleicht die Belastung nicht ertragen. Aber eben mit der zu erwartenden Regierung ohne Parlament wäre die Verfassung verletzt worden. Hindenburg handelte nur getreu seinem Eid, als er Hitler berief.

Am Abend des 30. Januar 1933 zog ein unübersehbarer Fackelzug vor den Balkonen des Reichspräsidenten und des Reichskanzlers vorbei. Das halbe Deutschland feierte in brausendem Jubel den Tag, von dem es wähnte, er bedeute den Aufbruch zu neuer Größe. Die andere Hälfte der Deutschen stand bedrückt, schweigend und sorgenvoll daneben.

Der Zusammenbruch von Weimar

Die Forschung hat begonnen, den Weg mit peinlicher Genauigkeit nachzugehen, der vom Sturz Brünings bis zur Betrauung Hitlers und damit zum Ende der Weimarer Republik führte. Dieses Bemühen ist notwendig, um des Wissens von der geschichtlichen Wahrheit willen. Aber wenn eine „dramatische Geschichtsauffassung" in diesen Monaten immer noch Gelegenheiten entdeckt, wie der freiheitliche Staat zu retten gewesen wäre, so kann sie leicht auf Irrwege geraten. Als erst Nationalsozialisten und Kommunisten zusammen die Mehrheit im Reichstag hatten, war die Demokratie verloren, nach dem eigenen Gesetz, das sie sich gegeben hatte.

Freilich, auch wenn man den Blick weiter zurückschweifen läßt als bis zu diesem Winter 1932 auf 1933, so stößt man immer wieder auf Ereignisse, bei denen die Weichen des Geschehens falsch gestellt wurden und die darum die „dramatische Geschichtsauffassung" zu bestätigen scheinen. Mußte es sein, daß der Weimarer Staat einen Reichspräsidenten hatte, der Brüning stürzte und damit die stärkste Schranke vor dem Aufstieg Hitlers wegzog? Im Mai 1932 lag für Hindenburg, anders als im Januar 1933, kein Zwang vor, der aus der Verfassung hergerührt hätte. Damals handelte er nach freiem Ermessen.

Noch den Nachlebenden quält die Überlegung, ob nicht die Anhänger des freiheitlichen Staates bei den Präsidentenwahlen im Frühjahr einen der

Ihren hätten aufstellen können. Statt dessen traten sie hinter die Gestalt eines Mannes, von dem sie wußten, daß er aus einer anderen politischen Welt stammte und daß er noch dazu müde geworden war. Man fragt sich, ob es ausgeschlossen war, Otto Braun oder Wilhelm Marx oder Brüning selber, wenn es unbedingt ein General sein mußte, Groener oder Lettow-Vorbeck gegen Hitler zum Siege zu führen.

Aber die Anhänger der Freiheit trauten ihrer eigenen Kraft nicht mehr. Sie fühlten sich im Zweifrontenkrieg; auch die Kommunisten rannten gegen sie an, sie stellten ihren Thälmann auf, niemals hätten sie einem demokratischen Kandidaten ihre Stimme gegeben. Die Kommunisten haßten den demokratischen Staat ebenso, wie sie Hitler haßten. Ihnen kam es nicht darauf an, Hitler siegen zu sehen. Sie lebten in dem wahnwitzigen Glauben, der Weg zum Kommunismus gehe über den Faschismus.

Wie aber kam es denn, daß Millionen von Arbeitern auf der äußersten Linken sich gegen die demokratische Republik wandten? Wie kam es, daß zuletzt mehr als die Hälfte des deutschen Volkes von einem Staat nichts mehr wissen wollte, der auch für sie da war und in dem die Herrschaft des Volkes begründet war. Hier liegt das entscheidende Problem. Wenn ein Staat erst einmal von innen ausgehöhlt ist, wenn der Glaube sich verbreitet, er sei dem Untergang geweiht, dann finden sich auch die trojanischen Pferde. Darin liegt nichts Außergewöhnliches. Wenn man die dramatischen Ereignisse der letzten Monate des Weimarer Staates beschreibt, so befriedigt man die berechtigte Neugierde des Staatsbürgers, aber man hilft ihm kaum dazu, sich dem Wesen des Geschehens zu nähern. Die Entscheidung lag in dem Aufstand des deutschen Volkes gegen sich selbst, nicht in dem Versagen Papens oder Schleichers.

Die Weimarer Republik ist nicht in diesen Wintermonaten gestürzt worden. Es gab Intrigen, aber sie entschieden nichts. Die Republik wurde in den Versammlungssälen und Wahllokalen geschlagen. Brauns und Severings lastende Melancholie war nicht ohne Grund. Die Mehrheit des deutschen Volkes wollte 1932 die Herrschaft des Volkes nicht mehr. Die Freiheit war ihr zu anstrengend geworden. Man kann gegen den Willen eines Volkes autokratisch, tyrannisch, absolutistisch, aristokratisch regieren, aber man kann nicht gegen das Volk demokratisch regieren.

Die Leistung von Weimar

Das deutsche Volk war zu ungeduldig gewesen, es hatte die geschichtliche Leistung seiner frei gewählten Führer nicht begriffen. Als der Weimarer Staat zu Ende ging, lag wohl die Wirtschaft noch darnieder, aber er konnte auf vierzehn Jahre stolze Erfolge auf dem Gebiet der Außenpolitik zurückblicken. Seit Bismarcks Sturz hatte das Deutsche Reich nicht mehr so bedeutende Vertreter seiner Lebensinteressen gefunden wie Ebert, Rantzau, Rathenau, Maltzan, Stresemann und Brüning. Welch ein Weg von der Trostlosigkeit des Novembers 1918 bis zu den ersten Stufen der Gleichberechtigung! Der Weimarer Staat hatte das Tor zur nationalen Freiheit weit geöffnet. Hier liegen sein Stolz und sein Ruhm. Aber es waren andere Kreise als die Führer des Weimarer Staates, die nun ihre Erfolge gebrauchten – und mißbrauchten.

SECHSTES KAPITEL

HITLERS HERRSCHAFT

Der Mann, der jetzt das Ruder des Staatsschiffs ergriff und es bis zu seinem Tod nicht einen Tag mehr losließ, war an diesem 30. Januar 1933 noch nicht vierundvierzig Jahre alt. Er hatte schon viele Tiefen und Höhen des Lebens kennengelernt, er hatte im Obdachlosenasyl trübe Tage zugebracht, er war jahrelang im Felde gewesen, er war von unübersehbaren Massen als Retter aus tiefer Not umjubelt und von erlauchten Männern des Geistes und der Wirtschaft ehrfurchtsvoll begrüßt worden, er hatte in den letzten Monaten, da ihm die Herrschaft zu entgleiten schien, an Selbstmord gedacht; er war jetzt dicht vor dem Ziel, der alleinigen Macht. Er hatte sie stürmisch begehrt wie niemand bisher in Deutschland, jetzt lag sie vor ihm, er streckte die Hand nach ihr aus, und er wollte jeden vernichten, der es versuchen würde, ihn daran zu hindern.

Hitlers Persönlichkeit

Der erste Eindruck, den nachdenkliche Mitlebende von Hitler erhielten, war der einer vollkommenen Besessenheit. Seine ungewöhnliche Willenskraft sprengte alle Hemmungen, sie wurde bei ihm zur Dämonie. Aber es ist schwer, über eine solche allgemeine Kennzeichnung hinaus in die Abgründe seines Wesens zu dringen. Seine Hörer glaubten, daß er erfüllt sei von fanatischem Nationalismus. Er hätte nicht Millionen verführen können, wenn sie nicht gehofft hätten, er wolle die große und die machtvolle Zukunft Deutschlands mit allen Fasern seines Herzens und seines schrankenlosen Willens.

Aber je mehr nach seinem Tode Äußerungen aus seinem Mund bekannt werden, um so drängender wird die Frage, ob Hitler sich wirklich nur als Teil seines Volkes fühlte, ob wirklich sein Ziel die Größe und das Glück der Deutschen waren, sei es auch nur die äußere Größe, wie er sie verstand. Mit erschreckender Kälte sprach er in den letzten Monaten des Krieges davon, daß Deutschland ruhig untergehen, vom Erdboden verschwinden solle, wenn dieses Volk ihm nicht mehr folgen wolle und es nicht stark genug sei zu siegen. Er hat Millionen von Menschen fremder Nationen in ungeheures Leid gestürzt, aber er hat unendliches Leid auch seinen eigenen Landsleuten zugefügt, und dies, ohne daß er davon in seinem Herzen berührt worden wäre. Immer stärker wird der Eindruck, er habe immer nur die Macht geliebt, dies freilich ohne jede Schranke und mit aller Glut, und sein Volk sei ihm nichts gewesen als der Schemel zur Macht.

Mit allen seinen schreckenerregenden Eigenschaften bleibt er dennoch eine bedeutende geschichtliche Persönlichkeit. Wer unter Größe die Fähigkeit versteht, für die Dauer zu bauen, der wird erbittert bestreiten, daß Hitler ein großer Mann gewesen sei. Mit der berühmten Ausnahme der Autobahnen hat er nichts geschaffen, was geblieben wäre. Aber die Gewalt seiner Zerstörung ist ohne Beispiel. Er hat das politische Antlitz der Erde verändert, er hat seinen eigenen Staat zertrümmert und sein Volk ins Unglück gestürzt, er hat den Bolschewismus tief in die Mitte Europas geführt, er hat den Abstieg der britischen und der französischen Weltmacht beschleunigt, er hat geholfen, außerhalb Europas den Aufstand gegen die weiße Vorherrschaft zum Siege zu bringen. Der Kraft, die das alles, wenn auch wider Willen, vermochte, kann die Bezeichnung der Größe schlecht verweigert werden.

Er trug manches in sich, das ihn befähigte, eine Welt umzustürzen. Er konnte blitzschnell handeln; er hatte ein glänzendes Gedächtnis; in ihm steckten große Suggestionskräfte, er vermochte geistig hochstehende Personen mitzureißen, so unwahrscheinlich das auch klingt. Seine Bildung war nicht eben tief, sie kreiste immer um ein und dasselbe Ziel; seine Sprache war schlechtes Papierdeutsch; übrigens wußte er das selber. Aber ihm war die Witterung eigen, die in Raubtieren lebendig ist. Er ahnte instinktiv Gefahren und entging so manchem Anschlag. Er spürte die Schwächen von Gegnern, die nach außen stark schienen.

Man nennt ihn gerne einen Dilettanten, und das war er auch, auf dem Gebiete der Diplomatie wie der Strategie. Er versagte da, wo Erfahrung und geschulter Verstand zusammenwirken müssen. Aber er hatte gelegentlich Einfälle, mit denen er Fachleute beschämte. Er erkannte um 1935 die französische Abneigung gegen entschiedenes Handeln besser als Botschafter und Militärattachés. Er erfand gewiß den Feldzugsplan von 1940 ebensowenig wie die Erkenntnis vom Wert der Panzerwaffe sein geistiges Erzeugnis war. Aber er spürte, was vorging. Er nahm sich der militärischen Ideen an, die in die Zukunft wiesen, er trug für sie die Verantwortung.

Den Mann, der eine bisher unbedeutende politische Gruppe in die Herrschaft über einen großen Staat führte, der eine Großmacht in sechs Wochen niederschlug und zwei andere Großmächte an den Rand des Verderbens brachte, der vier Jahre lang einen großen Teil Europas beherrschte, diesen Mann kann man nicht einfach einen Toren nennen.

Man hat gesagt, daß in ihm nicht viel Eigenes gewesen sei, daß er und seine Partei nur die Gedanken anderer benutzt, verzerrt und geplündert hätten. Tatsächlich schloß die Diktatur Hitlers nur eine Strömung ab, die lange vor ihm begonnen hatte zu fließen. Er handelte innerhalb einer allgemeinen europäischen Entwicklung. Aus einer einzelnen Gruppe die alleinige Staatspartei zu machen, in einem Gemisch von Herrschaftswillen, Polizeigewalt und Ideologie das ganze Volk zu unterwerfen, das hatten schon vor ihm Lenin in Rußland, Kemal Atatürk in der Türkei und Mussolini in Italien getan. Selbst die äußeren Zeichen, das farbige Hemd für die Mitglieder, der sogenannte deutsche Gruß, die Adler auf den Standarten, waren Mussolini entlehnt.

Die Reihe der Denker, auf die sich Hitlers Bewegung berief, zu Recht oder zu Unrecht, ist fast unabsehbar. Mit der Verbindung von Nationalgefühl und sozialem Gedanken wurde Naumann geplündert, sosehr das bei Hitler auch agitatorisch gemeint war. Da war noch Carl Schmitt mit dem totalen Staat, da war Erich Ludendorff mit dem totalen Krieg, da war Nietzsche mit der Herrenmoral, da war Karl Haushofer mit dem Lebensraum, da war sogar die Jugendbewegung mit ihrer Liebe zum Volkstum und ihre Gaugliederung. Da war auch Darwin mit seiner Lehre von der Überlegenheit der Gattung, die sich im Kampf gegen die minderwertige bewähren müsse. Da waren vor allem der Franzose Graf Gobineau und der Engländer Houston Stewart Chamberlain mit ihrem Lob der nordischen Rasse. Das alles und noch viel mehr wurde von Hitler und den Nationalsozialisten aufgenommen und ineinander verwoben.

Aber wenn Hitler in seinem geistigen Kern auch nicht original war, so brachte er doch in diese bunt zusammengewürfelte Gedankenwelt neue Züge von entscheidender Prägekraft. Er entwickelte ein außenpolitisches Programm, das in dieser Entschlossenheit die völkische Bewegung vorher nicht gekannt hatte und das man ihm gerade wegen seiner furchtbaren Klarheit lange nicht glauben wollte. In dem kurzen Jahr, als er auf der Festung Landsberg saß, diktierte er das Buch „Mein Kampf". In ihm sagte er mit rücksichtsloser Offenheit, daß er den Krieg wolle, den Krieg gegen Rußland, das Siedlungsgebiete abgeben müsse. Vorher aber wollte er Frankreich niederschlagen. Als Verbündeten sah er das faschistische Italien an. Auch zu dem damals noch vielfältig verehrten, später vielgehaßten, im Grunde stets bewunderten England wollte er freundschaftliche Bande knüpfen. Er wollte den Briten die See überlassen, selber aber in Europa herrschen und Millionen Deutsche als Bauern nach dem Osten führen. Daß dies nur auf kriegerischem Wege geschehen könne, wußte er nicht nur, sondern er sagte es auch.

Wenigstens zeigte er diese Offenheit, als er noch der Führer einer kleinen Partei war. Später, als Reichskanzler, beteuerte er seine Friedfertigkeit und täuschte damit viele. Aber vor seinem Willen stand weiter das Ziel, das er in Landsberg aufgezeigt hatte.

Vor allem brachte Hitler in die antisemitisch-völkische Bewegung, die schon lange vor ihm bestanden hatte, die hohe und in Deutschland ganz ungewohnte Schätzung der Propaganda. Die Werbung um die Seelen der Menschen wurde für ihn das wichtigste Mittel zur Eroberung der Macht. Manches mag er in seiner Jugend von Schönerer und Lueger gelernt haben, das Entscheidende tat er selber. Lange vor der Machtergreifung konnte man aus seinem Buch erfahren, daß hier ein Meister in der Kunst aufgestanden war, die Massen zu beeinflussen, zu führen und zu verführen. Selbst Goebbels war nur sein Schüler. Ob man besser morgens oder abends spreche, an welcher Stelle der Rede das Blitzlicht des Photographen angezündet werden sollte, welche Farben für Plakate man wähle, welche Uniform oder welches Abzeichen den Beschauer stärker fessele, darüber dachte der künftige Herrscher einer Großmacht länger nach als über Gesetzentwürfe. Niemals vorher hatte es eine solche Fähigkeit gegeben, Massen aufmarschieren zu lassen und sie in einen willenlosen Taumel zu versetzen, niemals vorher waren auch alle technischen Mittel des Jahrhunderts, Kraftwagen, Flugzeug, Presse und Funk, dafür bestimmt worden.

Diese Propaganda kannte keine Hemmungen, sie entfesselte alle bösen Instinkte. Den ständigen „Appell an den inneren Schweinehund" nannte ein junger sozialdemokratischer Abgeordneter mit Namen Kurt Schumacher diese Propaganda in einer Redeschlacht im Reichstag von 1932. So war sie, aber so war sie nicht allein.

Wäre diese Propaganda nichts anderes gewesen, als was Schumacher und mit ihm Tausende von geistigen Menschen mit Entsetzen sahen, Hitler wäre nie an die Macht gekommen. Das Diabolische war gerade, daß ihm auch andere Töne gelangen, wenn es galt, die deutsche Jugend zu locken. Gewiß, er entfesselte Haß und Neid gegen das „System", gegen die Regierung, gegen die Juden, gegen die Slawen; gewiß, er bestach viele mit materiellen Versprechungen; aber er konnte auch anders reden.

Er sah mit scharfem Blick eine der Grundschwächen von Weimar: daß die Republik grau und glanzlos war, daß ihr das hinreißende Pathos fehlte und daß viele idealistische Menschen sich leer fühlten. Auch an sie wandte Hitler sich, gerade indem er Forderungen an sie stellte: die Bereitschaft zum Opfer, zur Hingabe, zur freiwilligen Zucht. Das liberale Zeitalter hatte das Einzelwesen sehr hoch gestellt. Nun begann gerade das Einzelwesen zu frieren. Hitler versprach ihm nicht nur materielles Wohlergehen, er versprach ihm auch die Wärme in einer großen Gemeinschaft. Er rief sie dazu auf, und Millionen fühlten sich erlöst.

Die Überwundenen wie die Nachlebenden müssen zugeben, daß eine unheimliche Meisterschaft darin lag, wie Hitler den Führerstaat als leuchtendes Ideal entwarf. Die deutsche Jugend war immer ein Hort des Freiheitswillens gewesen, jetzt bekannten sich viele junge Menschen zu einem Staatsaufbau, der alle Freiheitsrechte zerstörte. Es war Hitler gelungen, den eigentlichen

Sinn dieser Millionen zu verrücken. Das lag nicht nur daran, daß er wußte, wie leicht die Menschen der Freiheit müde werden können, weil sie sehr anstrengend ist. Die Formen des freiheitlichen Staates sind im zwanzigsten Jahrhundert verwickelt und müssen es wohl sein. Dagegen steht die Sehnsucht nach einfachen, klaren und überschaubaren Zuständen auf. Hier liegt ein Geheimnis der bolschewikischen und marxistischen Erfolge, das auch Hitler zu nützen verstand.

Aber Hitler befriedigte nicht nur das geistige Ruhebedürfnis des Bürgers, für ihn war auch der feurige nationale Idealismus junger Menschen ein Baustein seines Erfolges. Er sagte der deutschen Jugend, die Zerrissenheit und der Parteihader seien die Folge davon, daß durch die Niederlage über Deutschland ein undeutsches Regierungssystem gekommen sei. Er sagte ihr, er wolle die altgermanische Idee von Führer und Gefolgschaft verwirklichen. Während er im Begriffe war, eine höchst ungermanische Despotie einzuführen, glaubten Millionen, mit seinem Siege werde endlich der fremde Ungeist aus Deutschland hinausgefegt; dies Volk könne wieder der eigenen Art gemäß leben, und damit werde denn auch die Niederlage, die Ursache der Überfremdung, unwirksam gemacht.

Vor den Industriellen gab sich Hitler als der Bewahrer privatwirtschaftlicher Grundsätze gegenüber den „Roten". Aber er erlaubte lange Jahre Gregor Strasser, sich mit tönenden Worten an die „antikapitalistische Sehnsucht" der deutschen Jugend zu wenden. Vor ihr erstand das Bild kommender sozialer Gerechtigkeit und der lebendigen Volksgemeinschaft.

Er aber führte die Mißleiteten in den entfesselten Rausch des Machttriebes, in die Hölle der Bombennächte, in die Massengräber, einige der Gläubigen auch in das Verbrechen. Schlimmer ist nie ein Idealismus mißbraucht worden als das Vertrauen der deutschen Jugend von 1930. Noch auf lange Zeit werden wir nicht wissen, wann sich die Wunde schließen wird, die Hitler dem deutschen Idealismus geschlagen hat.

Das Ende des Rechtsstaats

Die Art, wie Hitler sein erstes Kabinett aufbaute, war ein Beweis seiner hochentwickelten Kunst, Menschen einzufangen. Unter der Maske der Versöhnlichkeit ging er mit unbeirrbarer Sicherheit auf das nächste Ziel los. Diesmal hieß es die Entmachtung der Bundesgenossen.

Außer ihm gab es nur noch zwei Nationalsozialisten im Kabinett, den Innenminister Wilhelm Frick und den Minister ohne Geschäftsbereich (bald Reichsluftfahrtminister und Preußischen Ministerpräsidenten) Hermann Göring. Wenige Wochen später kam Joseph Goebbels als Verwalter des neugeschaffenen Reichspropagandaministeriums hinzu. Vizekanzler aber war der konservative Papen, Wirtschaftsminister der deutschnationale Parteiführer Hugenberg, Arbeitsminister der bürgerlich rechtsstehende Stahlhelmführer Franz Seldte. Dazu waren noch vier konservative Mitglieder der Kabinette Papen und Schleicher übernommen worden. Triumphierend rühmte sich die bürgerliche Rechte, ihre Vertreter hätten Hitler „in die Mitte" genommen. Noch immer träumten sie ihren wirklichkeitsfremden Traum, sie könnten Hitlers Massenbewegung für ihre Ziele benutzen, sie könnten mit seiner Hilfe den bürgerlichen Nationalstaat alter Prägung wieder aufbauen.

Der Reichspräsident, wenn er wollte, immer noch die mächtigste Figur im politischen Geschehen, war beruhigt. Er hatte den „böhmischen Gefreiten" nicht leichten Herzens zum Reichskanzler gemacht, ausliefern wollte er ihm den Staat gewiß nicht. Jetzt glaubte er, sich unnötig gesorgt zu haben. Als das neugewählte Parlament am 21. März 1933 im Staatsakt zu Potsdam feierlich eröffnet wurde, verneigte sich der Kanzler tief vor dem Reichspräsidenten, der, beziehungsvoll genug, diesmal nicht im bürgerlichen Gehrock, sondern in der Uniform des königlichen Generalfeldmarschalls erschienen war. In Hitlers Geste der Ergebenheit sahen viele ein Symbol. Auch war alles, was Hitler in diesen Wochen sagte, zwar der Linken gegenüber auf erbarmungslose Feindschaft, aber seinen Koalitionsgenossen gegenüber auf staatsmännisches Maß, auf Beruhigung, auf Freundschaft gerichtet. Auch im Lande glaubten viele, nun werde das alte, ehrenhafte Deutschland wiedererstehen. Sie ahnten nicht, daß in diesen Wochen der Bruch mit dem Geist von Potsdam endgültig gezogen wurde. Das große Täuschungsmanöver war gelungen.

Für Hitler und die Seinen müssen die Hoffnungen, ob sie von den Kreisen um Hindenburg oder denen um Hugenberg stammten, Gelegenheit zu grimmigen Scherzen gegeben haben. Während seine schwarzweißroten Bundesgenossen ihn „in die Mitte" zu nehmen gedachten, war er bereits dabei, sie zu überspielen.

Seinen ersten Erfolg errang er unmittelbar, nachdem er die Regierung gebildet hatte. Er setzte es durch, daß der Reichstag neu gewählt werden sollte. Hitler war ein großartiger Massenpsychologe, er rechnete damit, daß die mitreißende Kraft seiner Bewegung jetzt, da sie den weithin sichtbaren Triumph davongetragen hatte, auch viele Zweifler und bisher Abseitsstehende mit sich reißen würde. Hugenberg gab das Einverständnis nur ungern. Er ahnte, daß die Wahlen nicht ihm, sondern dem Kanzler den großen Sieg bringen würden. Aber die volle Bedeutung des Kommenden sah er nicht. Er steckte noch halb in Bedenken, Papen redete noch auf ihn ein, als gemeldet wurde, die zur Vereidigung der neuen Minister bestimmte Stunde sei da. Hugenberg wollte das Staatsoberhaupt nicht warten lassen; so stimmte er den Neuwahlen zu.

Das war schon der halbe Sieg. Während des Wahlkampfes half ein unerwarteter Zufall dem neuen Reichskanzler. Er war freilich auch der Mann, eine solche Gelegenheit mit hemmungsloser Tatkraft auszunützen. Am 27. Februar brannte der Reichstag. Neuere Forschungen haben es wahrscheinlich gemacht, daß der Attentäter, der Holländer Marinus van der Lubbe, allein gehandelt hat. Van der Lubbe sah in der nationalsozialistischen Bewegung ein Werkzeug der Tyrannei und wollte der Menschheit ein Fanal geben, um sie aufzuwecken. Einer politischen Organisation gehörte er nicht an.

Aber die Schnelligkeit, mit der die Nationalsozialisten zu handeln wußten, macht es verständlich, daß lange geglaubt worden ist, der Anschlag sei von ihnen ausgeführt gewesen. Sie beschuldigten die Kommunisten der Brandstiftung und entfachten wieder die große Furcht vor dem Bolschewismus, die ihnen schon Millionen von Anhängern zugeführt hatte. Die kommunistische Agitation wurde unterdrückt, ihre Führer verhaftet, aber auch sozialdemokratische Abgeordnete wurden der Freiheit beraubt. Die sozialdemokratische Presse wurde für einige Zeit verboten.

Die Handhabe für dieses Vorgehen bot die Verordnung zum Schutz von Volk und Staat, die der Reichspräsident auf Vorschlag des Reichskanzlers erlassen hatte. Sie knüpfte scheinbar an ähnliche Verordnungen an, die der Reichspräsident Ebert erlassen hatte, als der Bürgerkrieg den Staat bedrohte. Aber was jetzt geschah, unterschied sich von früheren Vorgängen durch eine entscheidende Verschlechterung: Eine Verhaftung brauchte nicht mehr innerhalb von vierundzwanzig Stunden vom Richter nachgeprüft zu werden. Damit war einer der wichtigsten Grundsätze des Rechtsstaates aufgehoben, damit war das Wesen der Verfassung verletzt. Jetzt konnten die nationalsozialistischen Führer alle Willkür walten lassen. Wohl gelang es den vielen aus dem alten Rechtsstaat stammenden Polizeibeamten zunächst noch öfters, schlimmere Ausschreitungen zu verhüten, aber oft waren auch sie machtlos. Die ersten Meldungen kamen, daß Verhaftete „auf der Flucht erschossen" worden seien. In Kellern und Wohnungen wurden politische Gegner gefoltert.

Ihr Stöhnen drang nicht zu dem Ohr des Reichspräsidenten. Als er Hitler berief, konnte er nicht anders handeln, wenn er nicht seinen Eid auf die Verfassung brechen wollte. Als er zuließ, was jetzt geschah, half er durch sein Schweigen nicht nur die Verfassung, sondern den Staat des Rechts überhaupt zu zerstören. Aber sorgfältig hielten seine Berater von ihm ab, was ihn hätte besorgt stimmen können. Der Geist des Fünfundachtzigjährigen, politischen Dingen immer fern, vermochte nicht zu entwirren, was sich vollzog. Er hatte so lange gelebt, er hatte sich immer bemüht, das Rechte zu tun, er glaubte auch diesmal, recht gehandelt zu haben. Er sah nicht, daß um ihn die Verderber des Reiches am Werke waren und daß das Verbrechen seine ersten blutigen Spuren zeigte.

Oben: Zusammenkunft der Regierungschefs von Deutschland, Italien, England und Frankreich in München am 29. 9. 1938. Von links nach rechts: Chamberlain, Daladier, Hitler, Mussolini, Graf Ciano. Unten: Die Unterzeichnung der Ratifikationsurkunden des deutsch-russischen Freundschafts- und Grenzvertrages zur Aufteilung Polens zwischen von Ribbentrop und dem Botschafter der UdSSR, Schkwarzew, am 14. 12. 1939.

Oben: Eine der letzten Besprechungen im »Führerbunker« in Berlin, Mitte März 1945. Von links nach rechts stehend: von Ribbentrop, General Koller, Göring, Keitel, Jodl.
Unten: Die sogenannten »Großen Drei« bei der Konferenz von Jalta mit militärischen Experten. Von links: Churchill, Roosevelt, Stalin.

Oben: Generaloberst Jodl unterzeichnet am 7. 5. 1945 in Reims
die bedingungslose Kapitulation der deutschen Wehrmacht.
Unten: Deutsche Kapitulations-Unterzeichnung am 8. 5. 1945 durch
Feldmarschall Keitel im sowjetischen Hauptquartier zu Berlin-
Karlshorst.

Konferenz in Potsdam am 1. 8. 1945. Von links nach rechts: Attlee, Truman, Stalin.

Die Reichstagswahlen waren ein Triumph für Hitler. Wohl erhielt er nicht die Mehrheit, aber mit 44 Prozent aller Sitze mehr als je zuvor ein deutscher Parteiführer. Zusammen mit den 8 Prozent der Koalitionsfreunde verfügte er über die absolute Mehrheit. Hugenbergs Partei freilich hatte nichts hinzugewinnen können; sie hatte nur eben ihre Stimmenzahl gehalten. Das bedeutete angesichts des Machtzuwachses Hitlers, daß sie in Zukunft in seinem Schatten stehen würde.

Nun konnte Hitler darangehen, von dem geschlagenen Parlament das Ermächtigungsgesetz zu verlangen, das ihm das Recht geben sollte, ganz ohne Reichstag zu regieren. Die Grundlagen nicht nur des parlamentarischen Systems, sondern des modernen Verfassungsstaates überhaupt waren bedroht. Jene Verordnung vom 28. Februar 1933 hatte schon die Freiheit der Presse und der Versammlungen, das Briefgeheimnis und die Eigenrechte der Länder aufgehoben. Jetzt wurde von der Volksvertretung verlangt, daß sie sich selber entmachte.

Da die Verfassung dem widersprach, brauchte Hitler eine Zweidrittelmehrheit. Die bürgerlichen Parteien sahen die schwere Gefahr, aber sie glaubten, ein Widerspruch werde sie doch nicht aufhalten können. Wenn sie den Entwurf ablehnten, dann, so nahmen sie an, würde sich Hitler mit Gewalt nehmen, was er haben wollte. Jetzt aber gaben Versprechungen wenigstens eine letzte schwache Hoffnung, daß das Schlimmste vermieden werde. Hitler sagte zu, daß die Rechte des Reichspräsidenten nicht berührt würden und daß die Parteien unbehelligt blieben. Das war die letzte Brücke zum Rechtsstaat. Die bürgerlichen Parteien wollten sie erhalten wissen, so nahmen sie in der Sitzung vom 24. März das Gesetz an.

Man wird sie kaum tadeln können. Es ist in verzweifelter Lage nicht leicht, den richtigen Entschluß zu fassen. Auch hätte eine Ablehnung den Reichskanzler auf seinem Wege nur für kurze Zeit aufgehalten. Dennoch wird die Geschichte mit größerer Wärme von dem Beispiel der Sozialdemokraten berichten, die, eines Teiles ihrer Führer bereits beraubt, von den Sprechchören der draußen aufmarschierten SA bedroht, vom Reichspräsidenten verlassen, den Mut fanden, das Gesetz abzulehnen.

Der Sprecher Otto Wels rief dem Reichskanzler zu: „Die Zustände, die heute in Deutschland herrschen, werden vielfach in krassen Farben geschildert. Solchen Übertreibungen entgegenzutreten wäre leichter, wenn im Inland eine Berichterstattung möglich wäre, die Wahres vom Falschen unterscheidet. Noch besser wäre es, wenn wir mit gutem Gewissen bezeugen könnten, daß die Rechtssicherheit für alle wiederhergestellt sei. Das, meine Herren, liegt bei Ihnen.

Vergeblich wird der Versuch bleiben, das Rad der Geschichte zurückzudrehen. Wir Sozialdemokraten wissen, daß man machtpolitische Entscheidungen durch bloße Rechtsverwahrung nicht beseitigen kann. Wir sehen die machtpolitische Tatsache Ihrer augenblicklichen Herrschaft. Aber auch das Rechtsbewußtsein des Volkes ist eine politische Macht, und wir werden nicht aufhören, an dieses Rechtsbewußtsein zu appellieren.

Wir deutschen Sozialdemokraten bekennen uns in dieser geschichtlichen Stunde feierlich zu den Grundsätzen der Menschlichkeit und der Gerechtig-keit, der Freiheit und des Sozialismus. Kein Ermächtigungsgesetz gibt Ihnen die Macht, Ideen, die ewig und unzerstörbar sind, zu vernichten.

Wir grüßen die Verfolgten und Bedrängten. Wir grüßen unsere Freunde im Reich. Ihre Standhaftigkeit und Treue verdienen Bewunderung, ihr Bekennermut, ihre ungebrochene Zuversicht verbürgen eine hellere Zukunft!"

Das Ermächtigungsgesetz gab Hitler eine Stellung, wie sie noch nie ein Reichskanzler gehabt hatte. Nur noch eine Macht war der seinen überlegen, nur noch ein Mann hätte ihm in den Arm fallen können: der Oberbefehlshaber der Reichswehr, der Reichspräsident. Aber Paul von Hindenburg war froh, daß nun alles „geordnet" war, daß die „Nationalen" wieder regieren. Er fand wohl auch allmählich Gefallen an dem jungen Kanzler, der sich nicht nur persönlich höchst respektvoll zeigte, sondern der auch klug seine innersten Absichten zu verheimlichen wußte und sich nur als Mann der Ordnung und des nationalen Gedankens gab. Vom Reichspräsidenten kam kein Einspruch mehr, solange er noch lebte.

Gleichschaltung

Hitler konnte nun darangehen, den Führerstaat so auszubauen, daß ihm eines Tages die alleinige Macht von selber zufallen mußte. Noch im Frühjahr löste er die Kommunistische, einen Monat später die Sozialdemokratische Partei auf. Viele Bürgerliche hatten es richtig gefunden, als er die Kommunisten verbot. Nach dem Vorgehen gegen die Sozialdemokratie begriffen sie, worauf Hitler wirklich hinzielte. Die bürgerlichen Parteien kamen dem Verbot zuvor, indem sie sich selber auflösten.

Hugenberg war schon vorher aus der Regierung ausgeschieden. Er trat nie wieder als Politiker hervor. Die Fähigkeit zur Selbstkritik aber blieb dem eigensinnigen Mann versagt. Er leugnete nach dem Kriege, den Nationalsozialisten den Steigbügel gehalten zu haben. Er hat es nicht im kriminellen Sinne getan; er hat ihnen nicht mit Absicht den Staat ausgeliefert; er konnte von keiner Spruchkammer verurteilt werden. Aber auf seinem Andenken bleibt ein hohes Maß von Mitverantwortung für den Zusammenbruch des freiheitlichen Staates. Die Geschichte wird ihm nur einen mildernden Umstand zubilligen: er wußte nicht, was er tat.

Im Sommer 1933 bestimmte ein Gesetz, daß es nur noch eine Partei geben dürfe: die Nationalsozialistische Deutsche Arbeiterpartei. Stolz verkündeten ihre Führer: „Die Partei befiehlt dem Staat." Die Leitung der Gewerkschaften wurden verjagt, aus den bisherigen Gewerkschaften wurde zusammen mit den Unternehmern die Deutsche Arbeitsfront gebildet. An ihre Spitze wurde Robert Ley gestellt.

Überall im Reiche wie bei den Deutschen im Auslande vollzog sich die Gleichschaltung. Ministerien, Behörden und Verbände wurden der Partei unterstellt, auch wenn sie dem Namen nach unabhängig blieben oder Organe des Staates waren.

An die wichtigsten Stellen des öffentlichen Lebens traten Parteimitglieder, die das besondere Vertrauen der Führung genossen, oder aber die bisherigen Träger der Organisationen glaubten sich nicht anders helfen zu können, als daß sie in die Partei eintraten. Sie schwoll zuletzt bis auf neun Millionen Mitglieder an. Wie viele davon aus Überzeugung, wie viele aus wirtschaftlicher Existenzangst, wie viele unter schwerem Druck, wie viele schließlich eingetreten sind, um das Eindringen Unfähiger in ihre Stellung zu verhindern und Schlimmeres zu verhüten, wird niemals bekannt werden.

Da nur eine einzige Staatspartei bestand, die abzulehnen Gefahr bedeutete, und weil jedermann die Geheime Staatspolizei fürchtete, wurde das Reich Hitlers ein Staat der Heuchelei und der Lüge. Unzählige erwiesen einen Gruß, den sie als kindisch und als das Zeichen der Sklaverei empfanden. Unzählige Beamte, Offiziere, Journalisten, Kaufleute, Diplomaten sprachen Lippenbekenntnisse, an die sie nicht glaubten. Mit der Zeit überwucherten Lüge und Verstellung den ganzen Staat. Auf der anderen Seite aber brachen Verbitterung und Empörung immer wieder so schneidend durch, daß selbst die Geheime Staatspolizei gelegentlich hilflos wurde. So beispielsweise ist es wohl zu erklären, daß die Staatspolizei lange nicht gegen die Verschwörer des 20. Juli 1944 vorging.

Am längsten widerstanden der Gleichschaltung die Reichswehr und das Auswärtige Amt. Solange der Reichspräsident lebte, durfte Hitler nicht wagen, Hand an sie zu legen. Aber auch später ließ er sie noch einige Jahre ihr Eigenleben führen, obwohl er wußte, wieviel Feinde er hier hatte. „Eine Bande von Verschwörern" nannte er einmal ahnungsvoll das Auswärtige Amt. Auch von der Reichswehr war ihm bekannt, daß die meisten ihrer Offiziere den Nationalsozialismus ablehnten. An zwei wichtigen Stellen freilich hatte er Sympathien gewonnen. Der Minister, der General von Blomberg, eine weiche Natur, unterlag der Verführung. Er sah in Hitler vor allem den Wiederhersteller der Wehrhaftigkeit. Noch mehr näherte sich dem Nationalsozialismus der Oberst von Reichenau, der Chef des Wehrmachtsamtes.

Das alte Offizierkorps in seiner Gesamtheit zu entfernen, wagte Hitler nicht. Sein Geist und seine Überlieferung blieben ihm zwar immer fremd, und die Abneigung des Generalstabs erwiderte er mit gleichen Gefühlen. Aber der Respekt des Deutschen vor den sagenumwobenen, mit dem Nimbus der Unfehlbarkeit umgebenen Institutionen des Generalstabs und des deutschen Offizierkorps wirkte auch in Hitler nach. Aber wenn er sie nicht auch wegjagte, so doch nur, um sich ihrer zu bedienen.

Die Morde des 30. Juni 1934

Nicht alle nationalsozialistischen Führer waren damit einverstanden, daß Hitler die Reichswehr schonte. Der Stabschef der SA, Ernst Röhm, eine Landsknechtsnatur von verwilderten sittlichen Anschauungen, aber von beträchtlicher, wenn auch ungezügelter Willenskraft, war Reichsminister geworden. Sein Ehrgeiz aber flog höher. Ihm erschien Hitler viel zu zahm, er wollte die Revolution weitertreiben, er wollte die „antikapitalistische Sehnsucht" der jungen Generation befriedigen. Vor allem wollte er eine revolutionäre, eine nationalsozialistische Wehrverfassung. In der SA sah er die künftige Miliz, sie sollte mit der Reichswehr verschmelzen. Er fühlte sich als den Träger einer neuen Wehridee, als den schöpferischen Wehrminister. Als er aber bei Hitler auf Widerstand stieß, wurde er zum Gegner des Parteiführers. Seine letzten Überlegungen sind dunkel geblieben. Er mag manchmal an einen Putsch gedacht haben, er ging aber nicht ernsthaft daran, eine Verschwörung vorzubereiten. Vielleicht wäre er im letzten Augenblick vor einem Aufstand der SA zurückgeschreckt. Seine letzten Geheimnisse hat er mit ins Grab genommen.

Im Sommer 1934 stand kein Aufstand unmittelbar bevor, aber die Rivalen Röhms im Ringen um die Macht innerhalb der Partei, Göring und Goebbels, bei der Reichswehr wohl auch Reichenau, hatten es dem Reichskanzler glaubhaft gemacht, daß Röhm in den nächsten Tagen die Macht ergreifen wolle. Mit seiner alten raubtierhaften Kraft sprang Hitler zu. Im Morgengrauen des 30. Juni 1934 stand er in Wiessee vor dem Bett des Stabschefs und verhaftete ihn. So wie diesem ging es den meisten übrigen SA-Führern. Jetzt mußten sie das Schicksal erleiden, das sie vorher vielen ihrer Opfer bereitet hatten: Ohne Gerichtsverfahren wurden sie erschossen.

Aber nicht nur SA-Führer verloren in diesen Tagen ihr Leben. Göring und Himmler benutzten die Gelegenheit des allgemeinen Mordens, auch andere Gegner des Regimes zu beseitigen oder ihr privates Rachebedürfnis zu befriedigen. Der General von Schleicher und seine Frau wurden in ihrer Wohnung erschossen, ermordet wurde auch der General von Bredow. Mit gleicher Kaltblütigkeit ums Leben gebracht wurden die engsten Mitarbeiter des Vizekanzlers von Papen und des Reichsverkehrsministers von Eltz-

Rübenach. Sie hatten es zu büßen, daß sie es in dieser Zeit noch gewagt hatten, christlich-konservative Gedanken zu vertreten. Ermordet wurde auch Gregor Strasser. Die schrecklich entstellte Leiche Kahrs fand man später im Walde.

Insgesamt waren es einige hundert Tote, die den Befehlen Hitlers, Görings und Himmlers zum Opfer gefallen waren, schuldbeladene Kreaturen wie Röhm und ehrenhafte Männer, gemeine und edle Naturen, Arbeiter und Edelleute. Gesetzloses Blutvergießen hatte den Weg des Staates begleitet, seitdem Hitler Reichskanzler geworden war. Neuartig war, daß ein deutscher Reichskanzler und ein Preußischer Ministerpräsident selber die Befehle zum Mord gegeben hatten.

Die Welt empfand lähmendes Entsetzen. Auch in Deutschland gingen manchem die Augen auf. Aber was sollte der einzelne Staatsbürger tun? Er hatte keine Macht mehr, sich aufzulehnen.

Dies hätte die Stunde der Reichswehr sein müssen. Sie hatte Macht, auf ihr lag damit Verantwortung. Sie hätte handeln müssen, nicht, wie so oft gesagt wird, weil zwei Generale ermordet worden waren, sondern weil überhaupt von Staatswegen Mord geschehen war, weil das Recht, weil die menschliche Gesittung bedroht waren. Die Reichswehr schaute nicht nur in militärischer Hinsicht auf eine große Überlieferung zurück. Das deutsche Offizierkorps war stolz darauf, daß in seinen Reihen die Begriffe von Zucht und Ehre lebten. Gerade aus solchen Empfindungen entsprang die Verachtung, mit der es auf die führenden Nationalsozialisten sah. Gerade deshalb schauten aber auch Millionen von Deutschen mit Hoffnung auf die Reichswehr. In der Flüsterpropaganda des Volkes wurde von dem „großen Tag" gesprochen, an dem die Reichswehr Hitler davonjagen würde.

Vielleicht wäre es nicht einmal notwendig gewesen, daß sie aus eigenem Entschluß mit der Waffe gegen die Mörder vorging. Noch lebte der Generalfeldmarschall von Hindenburg. Freilich, er war krank, er war auf seinem fernen Gut in Ostpreußen, er durchschaute nicht, was geschah. Aber auf die Stimmen seiner alten Waffengefährten hätte er wohl gehört. Oder hätte er sich auch von ihnen nicht überzeugen lassen? Man weiß es nicht. Sie versuchten nicht einmal, sein Ohr zu gewinnen.

Der Chef der Heeresleitung, Werner Freiherr von Fritsch, ein bedeutender Charakter und ein Feind des Nationalsozialismus, wollte wohl handeln, aber nur, wenn sein Reichspräsident oder sein Minister es befahlen. Hindenburg aber war ferne, Blomberg bereits zur Hälfte auf der Seite Hitlers, Reichenau schon ganz. Wohl durchrann die Reichswehr ein dumpfes Beben der Verstörung, aber die Kraft zum rettenden Entschluß fand sie nicht.

Vor allem, daß Hitler gegen einen moralisch so anrüchigen Mann vorgegangen war, erleichterte es ihr, sich zurückzuhalten, nichts zu tun. Und die Offiziere atmeten auf, weil der beargwöhnte Nebenbuhler ausgeschaltet war. Die Reichswehr sollte alleiniger Waffenträger der Nation bleiben, Hitler versicherte es ihr. Dazu kam die Aussicht auf den Ausbau der Wehrmacht, auf den das Offizierskorps schon lange ungeduldig wartete. Vor allem aber fehlte der Befehl. Auf Befehl wäre man marschiert, aber ohne ihn vorzugehen, mußte allen diesen Generalen nach ihrer Überlieferung als ein ungeheuerlicher Gedanke erscheinen. So ging die große Stunde ungenutzt vorüber.

Himmler

Dafür kam nun die Stunde Heinrich Himmlers. Die Schutz-Staffeln, die SS, waren als eine Leibgarde für Hitler gedacht gewesen und unterstanden bis zum Juni 1934 der SA-Führung. Jetzt wurden sie selbständig, ihr Reichsführer hatte als Vorgesetzten nur noch Hitler. Himmlers Mannen hatten Hitler zur Seite gestanden, als er gegen Röhm vorgegangen war, sie wurden nun belohnt. Sie hatten schon immer etwas Besonderes sein wollen, schon ihre schwarze Uniform unterschied sie von der SA und den politischen Leitern mit ihren braunen Röcken. Jetzt durften sie daran gehen, ihren Elitegedanken zu verwirklichen, so, wie sie ihn verstanden.

Heinrich Himmler war ein Mann ohne Feuer, blasser als die rauhe Landsknechtsnatur Röhms, blasser als die genußgierige und breite Vitalität Görings, blasser auch als die diabolische Verführungskraft von Joseph Goebbels. Aber wenn sein Fanatismus kälter war als der ihre, so war er doch in seiner Geschlossenheit um so gespenstischer. Man hat in ihm keinen Funken eines eigenen Gedankens gefunden, aber mit unheimlicher Folgerichtigkeit übertrug er die nationalsozialistischen Vorstellungen in die Wirklichkeit.

Das Leben ist ein Kampf der höheren Rasse gegen die niederen; deshalb muß der SS-Mann besonders genau auf seine rassische Herkunft geprüft werden. Die Besten und Stählernsten sollen die Nation führen; dazu hält sich die SS bereit. Rassenmischungen können durch kluge Zucht bei Menschen wie bei Hunden wieder veredelt werden. Deshalb werden genaue Pläne zur „Aufnordung" aufgestellt. Das Christentum ist der Feind des Germanentums, also muß es bekämpft werden. Noch zwar ist die Zeit der endgültigen Abrechnung nicht gekommen, aber sie wird vorbereitet. Zum äußeren Zeichen werden die Dome in Braunschweig und Straßburg Nationalheiligtümer. Die Feinde des Nationalsozialismus sind Feinde des Deutschtums, also müssen sie in die Konzentrationslager. Slawen sind minderwertig, aber zahlreich, also müssen Millionen ausgerottet, die anderen zum Dienen erniedrigt werden. Juden sind Ungeziefer, also müssen sie ausgemerzt werden.

In den Konzentrationslagern ist Furchtbares geschehen an Quälereien,

Folterungen und Morden. Viele der Untergebenen Himmlers haben dabei eine Lust an der Grausamkeit gezeigt, die noch den Nachlebenden das Blut in den Adern gerinnen lassen muß. Das Schreckliche bei Himmler ist, daß man bei ihm diese Wollust des Quälens nicht findet. Er kannte kein Erbarmen, aber er gab seine Befehle ganz kalt und methodisch, als äußerste Folgeerscheinung eines biologischen Wahns, von einem engen Gehirn zu Ende gedacht.

Wenn in vergangenen Jahrhunderten Juden verfolgt worden waren, so hatten zügellose Leidenschaft und blinde Aufwallung dazu getrieben. Himmler legte seinen Untergebenen das Töten als strenge Pflicht auf, als harten Dienst an der großen Idee; er forderte von ihnen, daß sie den Schauder vor den Leichenhaufen überwänden. Er sagte ihnen, daß sie keinen Ruhm davon zu erwarten hätten, er hielt dies alles auch geheim, er forderte Selbstüberwindung und Selbstentsagung – und darum Mord. Die europäische Geistesgeschichte kennt kein Beispiel, wo edle Begriffe so verderbt worden wären wie durch ihn.

Kalt und entschlossen war bei ihm auch der Machtwille, diese stärkste und bestimmende Eigenschaft des Nationalsozialismus. Schritt um Schritt, unheimlich zielsicher, eroberte dieser fischblütige Mensch eine Position nach der anderen. Er gewann die Polizei, vor allem die Geheime Staatspolizei, die Herrin über das Leben aller Deutschen. Er gewann mit den Fabrikbetrieben der Konzentrationslager auch wirtschaftliche Macht. Er drang mit der Waffen-SS in das Heer ein. Er gewann sogar den Oberbefehl über das Ersatzheer, später über eine Heeresgruppe. Er unterwanderte die Partei wie den Staat. Hätte Deutschland den Krieg gewonnen, so wäre aus dem Parteistaat der SS-Staat geworden.

Hitlers erste Erfolge

Am 2. August 1934 starb der Reichspräsident von Hindenburg. Es ist wahrscheinlich, daß er Hitler in einem letzten Brief ans Herz gelegt hat, die Monarchie wieder einzuführen. Er kannte den Mann noch immer nicht, den er zum Kanzler gemacht hatte.

Das Staatsoberhaupt wurde Hitler. Der General von Blomberg ließ sofort die Truppen auf ihn vereidigen. Das Volk stimmte dem Übergang in einer jener Abstimmungen zu, die der nationalsozialistische Staat häufig abhielt und die der Regierung jedesmal, sei es aus der Überzeugung oder aus der Angst der Abstimmenden vor der Geheimen Staatspolizei, überwältigende Mehrheiten lieferten. Nach der (im Januar 1933 abgeänderten) Verfassung hätte der Präsident des Reichsgerichts als Staatsoberhaupt walten müssen, bis das Volk den neuen Präsidenten frei gewählt hätte. Aber wer kümmerte sich jetzt noch um die Verfassung? Hitler war gewiß nicht der Mann, das zu tun. Es ist Legende, daß er legal zur totalen Macht gekommen sei.

Von nun an brauchte Hitler in Deutschland keine Schranken mehr anzuerkennen, aber er wollte Macht auch in Europa. Schon 1933 hatte er begonnen, die Reichswehr im geheimen zu verstärken. Drei Tage, nachdem er Reichskanzler geworden war, hatte er den hohen Reichswehroffizieren gesagt, warum er aufrüste: Deutschland brauche Lebensraum. Was er auf der Festung Landsberg hatte niederschreiben lassen, stand noch immer unverrückbar in seinem Herzen.

Gerade in diesen Jahren der geheimen Aufrüstung hielt er eine glühende Friedensrede nach der anderen. Völlig ließ sich das Ausland nicht täuschen, aber er beschwichtigte manchen Argwohn und lähmte den Willen zum Eingreifen. Der französische Außenminister Barthou, in diesen Jahren der einzige Gegenspieler Hitlers von Format, versuchte, den unheimlichen Nachbarn diplomatisch einzukreisen. Er erneuerte die alte Freundschaft Frankreichs zu den Staaten des östlichen Mitteleuropas und knüpfte Fäden nach Italien. Aber einen wichtigen Stein aus dem System brach ihm Hitler heraus, bevor Barthous diplomatische Tätigkeit ihren vollen Erfolg erreicht hatte. Im Februar 1934 schlossen Polen und Deutschland einen Freundschaftsvertrag.

Der Marschall Pilsudski hatte Hitler tief mißtraut. Er hatte den Krieg beginnen wollen, bevor Hitler stark genug zum Angriff geworden wäre. Aber Frankreich hatte sich ihm versagt, und allein fühlte sich Polen zu schwach. Da warf Pilsudski das Steuer herum. Er fürchtete, zwischen Deutschland und der Sowjetunion vernichtet zu werden; so zog er es vor, wenigstens mit der einen der beiden Mächte zu einem leidlichen Verhältnis zu gelangen. Sein Entschluß wurde ihm dadurch erleichtert, daß die deutsche Diplomatie nicht mit Versicherungen friedlicher Absichten sparte.

Wie gefährlich aber die Lage für Hitler immer noch war, wenn er zu schnell die Maske lüftete, zeigte sich im August 1934. Bei einem Aufstandsversuch der österreichischen Nationalsozialisten wurde der Bundeskanzler Dollfuß ermordet. Die moralische Mitschuld der reichsdeutschen Partei war offenkundig. Mussolini ließ Truppen am Brenner aufmarschieren, um zu zeigen, daß er keine Handlung dulden werde, die zur Vereinigung Österreichs mit dem Reiche führen könnte. Er wollte keine Großmacht an seiner Nordgrenze. Hitler blieb nichts übrig, als nach außen hin den Wiener Mord zu verdammen und seine Friedensliebe von neuem zu beteuern.

Auch in der Sowjetunion sah man mit Mißtrauen nach Berlin. Im Oktober 1933 war das Deutsche Reich aus dem Völkerbund ausgetreten, weil Frankreich sich allen seinen Anträgen widersetzt hatte, die schnell einen Ausgleich der Rüstungen herstellen sollten. Im September 1934 trat die Sowjetunion dem Völkerbund bei und nahm auf dieser Plattform internationaler Gespräche die Stelle ein, auf der bisher Deutschland gesessen hatte. An der Jahreswende war die Gefahr einer Einkreisung Deutschlands offensichtlich. Aber Hitlers Selbstbewußtsein und sein Ansehen in der Welt wurden gestärkt, als sich im Januar 1935 die Saarbevölkerung mit überwältigender Mehrheit für die Rückkehr zum Reich erklärte. Die Sozialdemokraten und Zentrumswähler, die hier wohnten, waren nicht für den Nationalsozialismus gewonnen. Die meisten Saarbewohner sahen ihm mit Mißtrauen und Furcht entgegen. Aber sie stellten ihr nationales Bewußtsein über diese Sorgen. Die Rückkehr ins Reich war ein Sieg des Patriotismus. Die Propaganda Hitlers machte daraus einen Sieg seiner Partei.

Allgemeine Wehrpflicht

Dann kam der entscheidende Schritt auf der Laufbahn seiner Triumphe, die lange nicht mehr unterbrochen wurde. Am 16. März 1935 verkündete er die allgemeine Wehrpflicht, also die vollständige Wiederaufrüstung. Der Völkerbund erhob Einspruch. In Stresa erklärten die Vertreter Großbritanniens, Frankreichs und Italiens einmütig, weiteren einseitigen Schritten Deutschlands würden sie entgegentreten. Aber niemand handelte. Keine Macht marschierte, auch die Franzosen nicht, deren politische Führer in Hitlers Buch nachlesen konnten, was er mit ihnen vorhatte. Hätte Barthou den Befehl zum Marschieren durchgesetzt? Niemand vermag es zu sagen. Er war ein halbes Jahr zuvor in Marseille zusammen mit dem jugoslawischen König durch einen kroatischen Fanatiker ermordet worden.

Als die Franzosen Hitler erlaubten aufzurüsten, bestätigte sich die melancholische Weisheit des Kanzlers Oxenstierna, niemand ahne, mit wie wenig Weisheit die Welt regiert werde. Die französische Politik zwischen 1919 und 1939 trägt die Kennzeichen der Geistesabwesenheit, wenn man sie im ganzen sieht. Sie tat in Versailles und nach Versailles alles, um durch Härte den deutschen Nationalismus zu stärken und das Ansehen der friedlichen Politiker von Weimar zu schwächen. Sie machte gewiß Zugeständnisse, aber immer nur zögernd und stets so spät, daß der psychologische Erfolg in Deutschland ausblieb.

Mit dem Einmarsch in das Ruhrgebiet bewies Frankreich eine unversöhnliche Feindschaft, die in Deutschland alle nationalen Leidenschaften erhitzte. Jahrelang hatte es jedes vergrabene Waffenlager in Deutschland zu einer internationalen Staatsaffäre gemacht; es weigerte sich lange, den Deutschen einige Regimenter mehr zuzugestehen. Jetzt war ein Mann des kriegerischen Angriffsgeistes am Ruder, jetzt hätte es marschieren müssen, wenn es an die Zukunft dachte. Die Franzosen hätten nur einen militärischen Spaziergang zu unternehmen brauchen, es lag in ihrer Hand, ohne

Opfer den Angreifer von morgen auszuschalten. Jetzt aber begnügten sie sich mit Worten, sie gestatteten dieser furchtbaren Willenskraft, sich auf den kommenden Überfall vorzubereiten.

Hitler verachtete die französischen Politiker. In jener Besprechung mit den Reichswehroffizieren vom 3. Februar 1933 hatte er gesagt, jetzt müsse sich zeigen, ob das französische Volk Staatsmänner habe. Wenn die französische Regierung aus Staatsmännern bestünde, werde Frankreich über Deutschland herfallen, bevor seine Aufrüstung zu Ende wäre. Daß er dennoch die allgemeine Wehrpflicht einführte, zeigt, wieviel er von der französischen Politik hielt. Wieder sah er weiter als manche seiner besorgten Landsleute.

Die innenpolitischen Gegner Hitlers in Deutschland gerieten in eine tragische Lage. Der Glaube an die schöpferische Staatskunst der westlichen Demokratie war ihnen schon während der endlosen Kämpfe um Reparationen und um Gleichberechtigung geschwächt worden. Jetzt sahen sie dazu, daß es den Westmächten an der wahren Erkenntnis der Lage wie an Entschlußkraft fehlte. Auf sie machte der Westen den Eindruck, als schaue ein Vogel gelähmt auf die Schlange, die sich anschickt, ihn zu verzehren. Es war kein Wunder, daß viele von ihnen beschlossen, der eigenen Vernunft nicht mehr zu vertrauen, sondern daß sie Hitler die größere Einsicht zubilligten.

Von dem Verhalten der westlichen, namentlich der französischen Politik aus gesehen, gewinnen diejenigen Führer des deutschen Bürgertums, die Hitler mißverstanden haben, das Recht, milde beurteilt zu werden. Wenn schon die weltkundigen und vielerfahrenen Politiker in London und Paris Hitlers Wesen nicht begreifen konnten oder wenn sie, was auf dasselbe hinauskommt, sich nicht zum Handeln entschließen konnten, wenn sie sich immer wieder einschläfern ließen, dann haben auch Papen, Hugenberg, Schacht und Blomberg Anspruch auf Nachsicht bei der Beurteilung ihres Handelns. Ihnen hatte Hitler wenigstens den Aufstieg ihrer Nation zur Größe versprochen, was er Frankreich gegenüber wahrlich nicht getan hatte.

Natürlich gibt es Gründe für die französische Haltung in diesen Jahren. Max Liebermann hat einmal gesagt, die Kunsthistoriker seien für die Maler so nützliche Leute, weil sie ihnen nach ihrem Tode die Autorenschaft für ihre schlechten Bilder absprächen. Ähnlich könnte man auch sagen, die Historiker seien für die Politiker nützlich, weil sie ihnen die Verantwortung für ihre Torheiten absprächen, indem sie für alle Handlungen einleuchtende Gründe fänden. Auch die französische Tatenlosigkeit dieser Jahre läßt sich erklären. Der erste Weltkrieg hatte die Kräfte Frankreichs erschöpft, während Deutschland sein ungebrochenes Selbstbewußtsein bewahrt hatte. Frankreich war müde geworden und deshalb bemühte es sich, an Hitlers

Friedensbeteuerungen zu glauben. Aber in sich widerspruchsvoll bleibt die französische Haltung doch. Ein einziges Gran von der Energie, die das Land bei dem Einbruch in die Ruhr entfaltet hatte, zwischen 1933 und 1936 angewendet, hätte es vor der Niederlage von 1940 bewahrt.

Aber die französische, im weiteren Bereich auch die britische Haltung hatten ihre Ursache nicht nur in der Aushöhlung der inneren Kraft durch den Krieg, durch Verdun, durch die Somme. Das Bemühen der deutschen Diplomatie, aber auch die Arbeit der deutschen historischen Forschung waren nicht umsonst gewesen. Das Ausland begann zuzugeben, daß die Anklage der Kriegsschuld gegen Deutschland ungerecht gewesen sei, daß man in Versailles Fehler begangen habe und daß man die Mitte Europas nicht immer mit Zwang niederhalten könne. Selbst wer sich nicht offen zu diesen Einsichten bekannte, dem waren sie ins Unterbewußtsein gedrungen. Von daher war die Entschlußkraft der Sieger gelähmt.

Theodor Lessing hat gemeint, Geschichte sei die Sinngebung des Sinnlosen. Das Wort ist überspitzt wie alle diese geistreichen Aussprüche, aber gelegentlich gibt die Geschichte ihm recht. Wäre die von Hitler verdammte Weimarer Diplomatie nicht so erfolgreich gewesen, so hätte es Hitler nicht so leicht gehabt. Wäre sie mit ihrem Bemühen gescheitert, die Vernunft und das Gewissen der Völker aufzurufen, dann wäre auch Hitler gescheitert. Mit solch schwermütiger Erkenntnis entläßt uns eine Betrachtung der ersten großen Erfolge Hitlers.

Im Juni 1935 schloß Großbritannien ein Abkommen mit Deutschland, das die beiden Flotten in ein Kräfteverhältnis von drei zu eins setzte. Großbritannien fand sich also damit ab, daß Hitler den Versailler Vertrag zerrissen hatte, und es bekräftigte den neuen Zustand völkerrechtlich. Es stimmte der deutschen Aufrüstung zu; es suchte sie nur auf dem Gebiet zu begrenzen, das für Großbritannien lebenswichtig war.

Einmarsch ins Rheinland

Durch die Tatenlosigkeit des Westens ermutigt, ließ Hitler am 7. März 1936 seine Truppen ins Rheinland einrücken. Er zerriß damit wieder ein Stück des Versailler Vertrags und dazu den Vertrag von Locarno. Er handelte gegen den Rat der meisten Mitglieder seiner militärischen und diplomatischen Umgebung. Gerade weil diese Männer sehr klug waren, konnten sie nicht glauben, daß Frankreich den deutschen Einmarsch dulden werde.

Auch Hitler rechnete mit der Möglichkeit eines französischen Eingreifens. Für diesen Fall hatte er den Rückzug der Truppen ins Auge gefaßt; kein deutscher Soldat wäre den Franzosen entgegengetreten. Es ist zweifelhaft, ob seine Herrschaft eine neue Besetzung des Rheinlandes überlebt hätte. Aber Frankreich sah sich durch Großbritannien gehemmt. Allein wagte es den Einmarsch nicht, obwohl es im Verhältnis zu Deutschland noch immer überwältigend stark war. So behielt Hitler wieder einmal recht, so mußte sein Selbstbewußtsein weiter wachsen.

Der Starke findet immer Freunde. Im November 1936 schlossen Deutschland und Japan einen Pakt gegen die Arbeit der Kommunistischen Internationale, der ein Bündnis vorbereitete. Und endlich konnte er die Brücke nach Rom schlagen. Mussolini hatte Abessinien angegriffen, der Völkerbund erließ ein Ausfuhrverbot für wichtige Waren nach Italien. Deutschland half Mussolini mit Kohlen, darauf fiel Italien von den Freunden von Stresa ab und ging zu Hitler über. Beide Mächte unterstützten mit Divisionen und Fliegern den Aufstand des Generals Franco gegen die republikanische Regierung in Spanien (1936), Mussolini feierte die Achse Berlin–Rom.

Für Hitler waren die diplomatischen Erfolge das Sprungbrett zu der Eroberungspolitik, die für ihn jahrzehntelang das Ziel seines Handelns gewesen war. Vor dem Außenminister und vor den hohen Offizieren nannte er im November 1937 noch einmal den Siedlungsraum und die Rohstoffgebiete im Osten unentbehrlich für ein großes Deutsches Reich. Er ließ keinen Zweifel, daß er Gewalt anwenden werde, um diese Gebiete zu erlangen.

Neue Führungsspitze

Dazu brauchte er die Unterstützung zweier Institutionen, deren er sich noch nicht völlig sicher war, der Reichswehr und des Auswärtigen Amtes. Er gab die Zurückhaltung auf, die er so lange noch beobachtet hatte, er ging daran, ihre Führungsspitzen so umzugestalten, daß er in ihnen mehr als bisher ein zuverlässiges Instrument sehen konnte.

Daß er zu Beginn des Jahres 1938 den Reichskriegsminister von Blomberg entließ, hatte allerdings keine politischen Gründe. Blomberg hatte ein einfaches Mädchen aus dem Volke geheiratet, und Hitler war Trauzeuge gewesen. Später wurde bekannt, daß die neue Frau von Blomberg zweifelhafter Herkunft war. Hitler verabschiedete den Minister sofort. Kein Staatsoberhaupt hätte anders handeln können.

Aber der Fall Blomberg kam ihm sehr gelegen, und Hitler verband ihn in seinen Entschlüssen mit dem Fall Fritsch. Schon früher war ihm Material zugeführt worden, das den Oberbefehlshaber des Heeres, den Generalobersten Freiherrn von Fritsch, der Neigung zum gleichen Geschlecht beschuldigte. Jetzt sah Hitler die Gelegenheit gekommen, das Material zu benutzen. Göring und Himmler gaben ihm die Stichworte.

Fritsch war ein Mann ohne Furcht und Tadel, ein Feind des Nationalsozialismus. Er hatte sich nicht nur durch Warnungen bei außenpolitischen Ereignissen unbeliebt gemacht; Hitler spürte in seinem ganzen Wesen die Abneigung. Er wollte ihn nicht länger ertragen. So kam es zu der beschämendsten Szene, die bis dahin das deutsche Offizierkorps erlebt hatte: wie das Staatsoberhaupt einen General verhört und wie es dabei dem belastenden Zeugnis eines Zuchthäuslers mehr glaubt als dem Ehrenwort seines Offiziers. Fritsch wurde seines Amtes enthoben.

Der Generalstabschef Ludwig Beck drängte ihn zum Staatsstreich. Aber offene Auflehnung ging über die Kraft des Generalobersten. Weder er noch einer seiner Kameraden zogen den Degen gegen die schmachvolle Behandlung eines hochgestellten Offiziers. Die kriegsgerichtliche Untersuchung ergab, daß Fritsch makellos war und daß der Zuchthäusler gelogen hatte. Der Verleumder wurde ohne Gerichtsurteil erschossen; wiederum ein Verstoß gegen den Rechtsstaat. Aber den Entlassungsbeschluß zurückzunehmen weigerte sich Hitler. Das einzige, wozu er sich verstand, war die Verleihung eines Ehrentitels. Fritsch wurde Chef eines Artillerieregiments. Er faßte das als Verhöhnung auf, aber er nahm an. Den schmählichen Abgang verwand er nie. Im polnischen Feldzug fand er bei seinem Regiment den Tod; wahrscheinlich hat er ihn gesucht.

Hitler zerbrach die Wehrmacht nicht, aber er wollte sie sich gefügig machen. So formte er die Spitze um. Blomberg war Oberbefehlshaber der gesamten Wehrmacht gewesen. Bei seinem Rücktritt riet er Hitler, das Amt selber zu übernehmen, und Hitler folgte willig dem Rat. Neben sich setzte er ein Oberkommando der Wehrmacht mit dem Generalobersten Keitel als Chef, der ihm noch ergebener war als Blomberg.

Keitel hatte anders als Blomberg keine Befehlsbefugnisse den Wehrmachtsteilen gegenüber, er konnte sie nur von den Aufträgen Hitlers ableiten. Seine Stellung blieb unklar. Dieser Zustand war es, der Hitler stets am bequemsten war. So verfuhr er oft, wenn er Ämter einrichtete. Immer gab es Streit um die Kompetenzen, nichts war genau abgegrenzt. Hitler verachtete die Menschen, er mißtraute ihnen auch, keiner sollte eine eigene Machtposition gewinnen. Je mehr sie sich untereinander stritten, um so mehr waren sie von ihm abhängig. Nur einem gelang es im Laufe der Jahre, sich einen eigenen Staat im Staate zu schaffen: Himmler. Er überspielte auch Hitler. Wäre er ihm zum Schlusse gefährlich geworden? Er blieb undurchsichtig. Zu den Verschwörern des 20. Juli hatte er lose Verbindung, aber er schwieg darüber.

Aber auch Himmler hatte einen langen Weg zu gehen, bevor er so mächtig wurde, wie es 1944 der Fall war. Im übrigen war der Führerstaat ein Staat der Unklarheit. Der Zustand hatte gefährliche Folgen für die sachliche Arbeit, aber Hitler nahm sie bewußt in Kauf, um desto sicherer die Herrschaft zu behalten.

Zum Nachfolger des Freiherrn von Fritsch ernannte Hitler den Generalobersten Walther von Brauchitsch. Der neue Oberbefehlshaber des Heeres
war in seinen Auffassungen Fritsch in manchem verwandt, er blieb dem
Nationalsozialismus im Innersten fremd, aber er war von Beginn an dem
Staatsoberhaupt gegenüber gehemmt. Hitler erwartete von ihm, daß er in
entscheidenden Augenblicken nicht so unbequem sein würde wie Fritsch,
dessen Art ihm unheimlich war.

Es ist schwer zu entscheiden, ob der Einfluß Hitlers auf Brauchitsch nur
von seiner häufig bezeugten suggestiven Wirkung herrührte oder ob sich
nicht Brauchitsch einer anderen Fessel bewußt war. Als er Oberbefehlshaber des Heeres wurde, war er gerade dabei, seine Ehe scheiden zu lassen.
Das kostete Geld, und Hitler gab es ihm. Brauchitsch hatte versäumt, vor
seiner Ernennung in der Geschichte des preußischen Heeres nachzuschla-
gen. Ihm war nicht in Erinnerung, wie sich der General von Manteuffel verhalten hatte, als er Chef des königlichen Militärkabinetts wurde.

Im gleichen Frühjahr 1938, in dem Fritsch davongeschickt wurde, befreite sich Hitler auch von einem anderen lästigen Mann in seiner Umgebung,
dem Außenminister. Konstantin Freiherr von Neurath war noch von der
Regierung Papens her Minister, ein Mann mit konservativen Grundauffassungen, kein Rebell gegen Hitler, aber auch kein blinder Gefolgsmann. Ihn
konnte Hitler für die kommenden Stürme nicht brauchen. Neurath wurde
Präsident eines Geheimen Kabinettsrats, der nie zusammentrat. Minister
wurde Joachim von Ribbentrop, ein früherer Offizier, der später zur Sekt-
industrie gegangen war, das Ausland bereist hatte, gut Englisch sprach und
vor allem ein ergebener Gefolgsmann des Führers war. Von ihm konnte
Hitler bedingungslose Treue bei allen seinen Abenteuern erwarten.

Österreich

Mit der in seinem Sinne neugestärkten Führungsspitze des Reiches
konnte Hitler darangehen, die Grenzen von Versailles zu sprengen und
seine Macht nach außen zu erweitern. Zuerst griff er nach seiner Heimat.

In Österreich war ähnlich wie in Deutschland das parlamentarische Regime zerfallen. An seine Stelle hatte sich wie in Deutschland zunächst ein
konservatives Regime unter Dollfuß gesetzt. Es versuchte, die Thesen von
Othmar Spann vom ständischen Aufbau des Staates zu verwirklichen. Es
zeigte sich, daß Spanns Theorien nur in der Luft der Gedankenspielerei gedeihen konnten. Im politischen Alltag Österreichs wurde aus ihnen eine
Diktatur der Rechten und der Regierung.

Dagegen kämpften von links die Sozialdemokratie, von rechts die Nationalsozialisten. Die großen Parteien Österreichs hatten nach dem Macht-

antritt Hitlers dem Anschlußgedanken entsagt. Auch die österreichischen Nationalsozialisten wollten lange keine Eingliederung ins Reich, sie wollten die Macht übernehmen und sich dann an die befreundete Bewegung des Reiches anlehnen, ohne die staatliche Selbständigkeit aufzugeben. Ähnliche Pläne hatte lange Zeit auch Hitler. Durch scharfen Druck auf Schuschnigg, den Nachfolger von Dollfuß, wollte er das Regime von innen her aushöhlen, nicht aber von vornherein sich Österreich einverleiben.

Aber in den Verhandlungen mit Schuschnigg wuchsen Zorn und Angriffsverlangen. Göring drängte, in Wien herrschten Verwirrung und Ratlosigkeit, in den einzelnen Bundesländern drängten die Nationalsozialisten schon an die Macht; da gab Hitler im März 1938 an seine Truppen den Befehl zu marschieren.

Auf peinliche Weise zeigte sich, wie eilfertig die neue Reichswehr aufgebaut war und wie unfertig Ausbildung und Material waren. Viele Panzer blieben auf der Straße liegen. Aber es bedurfte keines großen Aufwandes an militärischer Kraft. Das österreichische Heer focht nicht, gelähmt von der Ratlosigkeit der obersten Stellen, mitgerissen auch noch von dem Jubel der Bevölkerung. Mit Blumen wurden die deutschen Soldaten empfangen, nicht mit Granaten.

Auf seiner Fahrt durch seine österreichische Heimat, inmitten der brausenden Begeisterung von Millionen, verlor Hitler die letzte Hemmung gegen die Eingliederung. Als er sie bekanntgab, feierten katholische und evangelische Kirchenführer in Wien begeistert den großen Führer.

Und diesmal fand sich kein italienisches Heer, das wie 1934 aufmarschiert wäre. Die Achse Berlin–Rom bewährte sich. Auch die Franzosen marschierten nicht. War es die endlich durchbrechende Überzeugung, daß man den Deutschen nicht verweigern dürfe, was man jedem andern Volk zugestand? War es die Erinnerung an Somme und Verdun, war es der (wie wir wissen, damals noch übertriebene) Respekt vor der deutschen Wehrmacht? Aus welchen Gründen auch immer, die Sieger fanden sich damit ab, daß Deutschland um sechs Millionen Bewohner anwuchs.

Viele Deutsche gerieten von neuem in Gewissenskonflikte. Seit 1919 hatten Reichsdeutsche und Deutschösterreicher zueinander gewollt. Die Demokratien des Westens hatten es verhindert, der erste Versuch zur Annäherung in der Zollunion war durch Frankreich gehemmt worden. Jetzt kam der deutsche Diktator, zerriß einfach die Verträge, die Truppen marschierten, und alle Welt nahm die Tat hin. Wenn ein großes Ziel nur zu erreichen war durch Demagogie und Gewalt, was wurde dann aus dem Weltbild der deutschen Demokraten? Kannte nicht Hitler die Menschen und die Völker besser als die Männer der Weimarer Republik, die ihre Ziele durch Verständigung hatten erreichen wollen? Die Bedeutung des nationalpolitischen Erfolges berauschte viele Deutsche. Großdeutschland war geschaffen.

Heute wissen wir, daß Hitlers Marsch nach Wien der schlimmste Schlag war, der dem großdeutschen Gedanken zugefügt werden konnte. Während auf den Straßen in Wien und in Linz und in Graz die Bevölkerung Blumen auf die deutschen Soldaten warf, blickten hinter den Gardinen mit bleichen Gesichtern andere Tausende auf die einmarschierenden Truppen. Ihre Sorge und nicht der Jubel der Mehrheit wurde gerechtfertigt. Schon in den nächsten Tagen schleppte die Geheime Staatspolizei Juden, Katholiken, Sozialisten in die Konzentrationslager. Ein schwerer Druck legte sich auf das kleine Land. In den harten Jahren, die nun kamen, starb Großdeutschland in Millionen von österreichischen Herzen.

Ludwig Beck

Dem deutschen Volk war der Anschluß Österreichs nur die Wiedervereinigung getrennter Stämme, für Hitler war er ein Schritt auf dem Wege zur Macht in Europa. Er richtete seinen Blick auf das Land, das zwischen dem Riesengebirge, dem Erzgebirge und dem Böhmerwald als eine natürliche Festung in der Mitte Europas liegt. Hier glaubte er herrschen zu müssen, bevor er den Weg in die weiten Ebenen des russischen Reiches antrat. Im Frühjahr 1938 sagte er zu seiner Umgebung, sein nächstes Ziel sei es, die Tschechoslowakei zu zerschlagen.

Die inneren Zustände in diesem Staat kamen ihm entgegen. Die Tschechen hatten die Probleme des Vielvölkerstaates so wenig bewältigen können wie früher die Donaumonarchie. Deutsche und Slowaken fühlten sich bedrückt. Vielleicht wäre es gelungen, die inneren Gegensätze auszugleichen, wenn die Tschechen dem Rat wohlmeinender Freunde gefolgt wären und ihren Staat als eine zweite Schweiz aufgebaut hätten. Das hätte bedeutet, den nationalen Minderheiten die Selbstverwaltung zu geben. Vielleicht wäre freilich auch dieser Versuch an dem nationalstaatlichen Willen der Deutschböhmen gescheitert. Nachträglich ist Klarheit darüber nicht mehr zu gewinnen. Jedenfalls war unter den Deutschböhmen bittere Feindschaft gegen das Regime aufgestanden. Sie hatten sich in der Sudetendeutschen Partei Konrad Henleins, einem Ableger der Nationalsozialistischen Partei, ein Organ geschaffen, das Hitler jederzeit zur Verfügung stand.

Er machte sich zum Anwalt der nationalen Beschwerden der Deutschen in Böhmen. Als leidenschaftlichen Anhänger des nationalstaatlichen Gedankens sah ihn damals die Welt. Heute wissen wir, daß die nationalstaatliche Idee sein Herz nicht bewegte. Wenn er in diesen Jahren unter seinen Vertrauten von den Millionen von Menschen sprach, die er dem Reich hinzufügen wollte, so sah er die Divisionen, die Instrumente der Macht vor sich, die von diesen Millionen gestellt werden sollten. Sie waren es, die seine Gedanken bewegten. Die Deutschböhmen gingen ihn in seinem Inneren nichts an, sie waren für ihn das Werkzeug, mit dessen Hilfe er Prag erobern wollte.

Den gefährlichsten Widerstand fand er dabei nicht bei den europäischen Mächten, die um ihrer selbst willen es nicht hätten zulassen dürfen, daß dieser Mann seine Macht noch erweiterte, sondern im eigenen Land. In der Wehrmacht waren Unmut, Scham und Sorge von Jahr zu Jahr gestiegen. Wohl bewunderten viele Offiziere den Mann, der Deutschland und sein Heer angesehen und mächtig zu machen schien. Aber große Teile des Offizierkorps dachten anders. In den strengen sittlichen Anschauungen der kaiserlichen Zeit erzogen, sahen sie mit Schrecken, wohin Hitler diesen Staat führte. Sie hatten durch Tatenlosigkeit Schuld auf sich geladen, die ihr Gewissen bedrückte. Jetzt kam die schwere Sorge vor außenpolitischen Verwicklungen hinzu. Die deutsche Generalität wollte den Krieg verhindern.

Ihr Sprecher wurde der Generalstabschef Ludwig Beck. Seine Freunde verglichen ihn mit dem älteren Moltke. Ob er ein Feldherr war, hat er nie beweisen können, aber er war Moltke verwandt in der Weite des Blicks und der Lauterkeit der Gesinnung. In ihm brannte der Abscheu gegen das Regime; er fürchtete aber auch von dem Angriff auf die Tschechoslowakei die Entfesselung des Zweiten Weltkrieges. Er war Fachmann genug, zu wissen, daß dieser Weltkrieg den Untergang des Reiches bedeuten mußte. Er warnte seine Vorgesetzten und das Staatsoberhaupt vor verhängnisvollen Entschlüssen. Beck fand bei dem Generalobersten von Brauchitsch Zustimmung, bei Hitler wütende Ablehnung. Er wollte dem drohenden Untergang des Vaterlandes nicht tatenlos zusehen, er wollte handeln. Das Mittel freilich, das er anwenden wollte, enthüllte nur, wie hoffnungslos unterlegen dieser ehrenhafte und deshalb altmodische Offizier einem Manne war, von dessen dämonischen Kräften er noch immer keine Vorstellung hatte. Beck wollte die Generalität bewegen, ihre Ämter niederzulegen, er wollte also eine Art Offiziersstreik. Er hoffte, dann werde Hitler darauf verzichten, sein gewagtes Unternehmen auszuführen.

Die Vortragsnotiz, in der Beck seine Gedanken zusammenfaßte, gehört zu den schönsten Zeugnissen der Geschichte des deutschen Generalstabs: „Es stehen hier letzte Entscheidungen über den Bestand der Nation auf dem Spiele. Die Geschichte wird diese Führer mit einer Blutschuld belasten, wenn sie nicht nach ihrem fachlichen und staatspolitischen Wissen und Gewissen handeln. Ihr soldatischer Gehorsam hat dort eine Grenze, wo ihr Wissen, ihr Gewissen und ihre Verantwortung die Ausführung eines Befehls verbieten. Finden ihre Warnungen und Ratschläge in solcher Lage kein Gehör, dann haben sie das Recht und die Pflicht, vor dem Volk und vor der Geschichte von ihren Ämtern abzutreten ... Außergewöhnliche Zeiten erfordern außergewöhnliche Mittel."

Brauchitsch teilte mit seinem Generalstabschef die Überzeugung, daß ein Krieg für Deutschland Unheil bedeuten würde. Aber zu dem Schritt, den Beck vorschlug, konnte er sich nicht entschließen, ebensowenig wie die anderen Generale, die doch den Krieg ebenso fürchteten wie Beck.

Wir glauben heute auch zu wissen, daß Becks Plan gescheitert wäre. Der Mann, der am 30. Juni 1934 seine engsten Mitarbeiter hatte niederknallen lassen, wäre nicht vor einem Massenrücktritt der Generale zurückgewichen. Er hätte Beck und seine Kameraden vor ein Kriegsgericht gestellt, er hätte ihre Posten durch Reichenau und die Jünger Reichenaus besetzen lassen. Sie waren in der Minderzahl, aber es gab genug, daraus Korps- und Divisionskommandeure zu machen.

Halders Verschwörung

Da Beck sich nicht hatte durchsetzen können, war für ihn kein Platz mehr im Heere. Die Einzelheiten seiner Verabschiedung sind noch nicht geklärt; sicher ist nur, daß Hitler ihn leichten Herzens scheiden ließ und daß er sich über seinen Nachfolger täuschte. Der bayerische General Franz Halder, der nun Chef des Generalstabs des Heeres wurde, war ein Mann von gleichem fachlichem Können wie Beck, er hegte auch die gleiche Abneigung gegen Hitler, den er gerne den „Verbrecher" nannte. Aber er unterschied sich von Beck dadurch, daß er schon 1938 Verschwörung für eine Pflicht des deutschen Offiziers hielt. In Halders Hand liefen die Fäden des Komplotts zusammen, das in diesem Sommer und Herbst 1938 einen Teil der deutschen Generalität zusammenführte.

Sobald es feststand, daß Hitler den Krieg entfesseln würde, sollten die Berliner und die Potsdamer Garnison losschlagen. Ihre Kommandeure, Erwin von Witzleben und Graf Brockdorff-Ahlefeld, waren mit Halder im Bunde. Das Regierungsviertel sollte besetzt, Hitler sollte verhaftet und vor ein Gericht gestellt werden. Es gab auch Offiziere, die ihn als Geisteskranken in eine Heilanstalt überweisen wollten. Das Leben Hitlers sollte geschont werden. Gerade weil sie Hitlers Morde verabscheuten, wollten Halder und seine Kameraden einen lebendigen und keinen toten, aber freilich einen entmachteten Hitler. In einer Gerichtsverhandlung glaubten sie auch den bisherigen Anhängern Hitlers das Maß seiner Untaten ganz sichtbar machen zu können. Am Ende sollte wieder ein parlamentarisches Regime errichtet werden.

Einige jüngere Offiziere unter der Führung des Oberstleutnants Heinz wollten weitergehen. Ein Stoßtrupp aus Offizieren, Studenten und Arbeitern sollte in die Reichskanzlei eindringen. Bei dem Gefecht, das sich dann entspinnen mußte, sollte Hitler erschossen werden. Die Offiziere wollten dann

einen ihrer Kameraden, den Leutnant Wilhelm Prinz von Preußen, den
ältesten Kaiserenkel, dessen Persönlichkeit ihr Herz gewonnen hatte, zum
Staatsoberhaupt ausrufen.

Das Urteil des Nachlebenden muß zwiespältig bleiben. Die Geschichte
des 20. Juli 1944 lehrt, von welchen Zufälligkeiten Offiziersverschwörun-
gen abhängig sind. Die Möglichkeiten des Mißlingens waren größer als die
des Erfolges. Dennoch kann man noch heute nicht ohne Bewegung von
diesen Plänen lesen. Unendliches Unheil wäre der Menschheit und dem
deutschen Volk erspart geblieben, wären sie geglückt.

München

Die Offiziere hatten darin recht, daß sie nur handeln wollten, wenn die
Kriegsgefahr unmittelbar bevorstand. Bei der suggestiven Kraft, die Hitler
in der Überredung der Massen entwickelt hatte, mußten sie fürchten, das
Volk werde ihr Vorgehen sonst nicht verstehen. Nur wenn dieses den
Krieg im Herzen verabscheuende Volk dicht vor der Gefahr seines Lebens
stand, konnten Halder und Witzleben darauf rechnen, daß die Nation sie
unterstützen, sie zum mindesten gewähren lassen würde. Alles hing davon
ab, ob die Westmächte den ernsten Willen hatten, es lieber zum Äußersten
kommen zu lassen als Hitler die Bastion im Herzen Mitteleuropas einzuräumen. Dann würden auch die Generale handeln.

Aber dieser Wille bestand nicht. Der französische Ministerpräsident Daladier wäre vielleicht marschiert, anders als seine Vorgänger vor zwei und
drei Jahren. Aber nun war das deutsche Heer zu stark geworden, nun
konnte er allein den Waffengang nicht wagen; er brauchte die Hilfe Großbritanniens. Der Premierminister Neville Chamberlain war von der Generalsverschwörung unterrichtet, nicht erst durch ihre Mitglieder, sondern
vorher schon durch seine Beamten. Aber er beschloß, sich nicht darauf zu
verlassen. Er war zu einer Verständigung bereit. Als angesichts der immer
noch steigenden Forderungen Hitlers dennoch der Krieg drohte, vermittelte
Mussolini.

Am 29. September 1938 unterzeichneten Chamberlain, Daladier, Hitler
und Mussolini in München das Abkommen, das Deutsch-Böhmen zu einem
Teil des Reiches machte. Hitler hatte einen neuen strahlenden Triumph
davongetragen. Halders große Verschwörung war beendet.

Tausendmal ist seitdem München das Zeichen unwürdiger Kapitulation
vor einem herrischen Diktator genannt worden. Die Politik des „appeasement", der Versuch, eine Diktatur durch Entgegenkommen zu zähmen,
wird in der Geschichtsschreibung wie in der Journalistik mit Hohn und
Verachtung übergossen. Aber Chamberlain war kein Schwächling, er war

eine tragische Figur. Man darf ihn nicht mit dem Löwen Churchill vergleichen; neben ihm erscheint jeder Politiker schwach. Chamberlain hat im folgenden Jahr begonnen, Großbritannien noch im Frieden hochzurüsten, er hat im August 1939 eine harte Politik gegenüber Hitler betrieben. Sein Unglück war, daß er bis München nicht verstanden hatte, wer Hitler eigentlich war.

Chamberlain war einer der vielen Briten, für die Weimar nicht vergebens gearbeitet hatte. Er sah, daß Versailles ein Unrecht und eine Torheit gewesen war. Er sah, daß man nicht für das Selbstbestimmungsrecht eintreten und den deutschen Stämmen dieses Recht verweigern dürfe. Er sah, daß Deutschland nicht immer auf einen Platz zweiten Ranges verwiesen werden konnte. Schließlich wollte er als englischer Konservativer in der Mitte Europas ein Bollwerk gegen den Bolschewismus schaffen. Er hätte freilich niemals zugestimmt, daß Hitler seinen großen Zug zur Unterwerfung Rußlands beginne, aber er wollte Deutschland helfen, daß es wieder seinen ihm gebührenden Platz in Europa einnehme.

Er kam zehn Jahre zu spät. Er konnte sich Hitlers eigentliche Natur sowenig vorstellen, wie Hugenberg und Papen es vermocht hatten. Er dachte im Grunde seines Herzens immer noch, einen Mann aus dem ehrenhaften kaiserlichen Deutschland oder aus dem ehrenhaften Weimarer Staat vor sich zu haben; das Dämonische in Hitler sah er nicht.

München war gewiß ein Unglück, weil es Hitler in seiner Verachtung des Westens wie seiner Generalität bestärkte und weil es ihn weiter auf die Bahn des Eroberns trieb. Das ist die eine Seite des Abkommens. Aber es gibt auch eine andere Seite: Wenn die britischen und französischen Staatsmänner 1919, wenn sie noch 1929 so gehandelt hätten wie in München, Hitler wäre nie ans Ruder gekommen, und der Zweite Weltkrieg wäre niemals ausgebrochen.

Das Abkommen von München schien den Zeitgenossen ein neuer Triumph des nationalsozialistischen Deutschlands zu sein. Hitler aber grollte. Er nannte das britische Bemühen um den Frieden verächtlich „Feigheit". Chamberlains Entgegenkommen und Mussolinis Vermittlung hatten ihm den größeren Triumph genommen, nämlich den Krieg zur Eroberung der gesamten Tschechoslowakei. Er hatte nur das gewonnen, was er um der Propaganda willen das Ziel seiner Politik genannt hatte, was ihm aber immer zu wenig gewesen war. Um so entschlossener ging er auf das Ziel los, den tschechischen Reststaat unter seine Botmäßigkeit zu bringen. Er hatte in den Wochen von München versichert, Deutschland wolle gar keine Tschechen auf seinem Staatsgebiet; er dachte nicht einen Augenblick daran, sein Wort zu halten.

Aber in Großbritannien bereitete sich die Wandlung vor. In Chamberlain war bei den Verhandlungen auf dem Obersalzberg bei München, in Godesberg und in München eine Ahnung davon aufgestiegen, daß er Hitler bisher falsch gesehen hatte und daß mit diesem Mann die aufbauende europäische Politik nicht zu treiben war, die der britischen Führungsschicht vorschwebte. Hitler hatte seine Forderungen jedesmal sprunghaft gesteigert, wenn die Partner schon glaubten, mit ihm einig zu sein. Er hatte seine ungezügelte Herrschsucht durchblicken lassen, und Chamberlain schied von den Gesprächen mit der inneren Mahnung zu größerer Vorsicht. Noch verkündete er „Frieden für unsere Zeit", aber er war auf der Hut, und Großbritannien verstärkte die Rüstung.

Streit mit den Kirchen

Auch die innere Entwicklung in Deutschland erfüllte die britische Bevölkerung mit Abscheu und machte sie gerade in den Monaten nach München noch mißtrauischer gegen den Diktator. Das nationalsozialistische Parteiprogramm enthielt ein Bekenntnis zum positiven Christentum, aber es war nie ernst gemeint. Wohl schloß Hitler 1934 durch die Vermittlung Papens ein Konkordat mit der katholischen Kirche, doch das geschah in den ersten Zeiten seiner Regierung, als er noch behutsam war und Anstoß zu vermeiden trachtete. Auf die Dauer war der Zusammenstoß mit den Kirchen unvermeidlich.

Der Nationalsozialismus war in dieser entgotteten Zeit für viele Menschen eine Ersatzreligion geworden. In den Augen seiner Führer war er wirklich eine neue Religion, sie wollten den ganzen Menschen für sich gewinnen, und unvermeidlich wurden sie daher Feinde der Kirche. Das Christentum aber muß den inneren Bereich der menschlichen Seele für sich fordern, sonst hört es auf, Christentum zu sein. Die Kirchen sahen auch mit Schrecken, wie der Nationalsozialismus immer mehr sein wahres Gesicht zeigte, wie er die Vergötzung der Nation und der Rasse predigte und wie zugleich das Vorgehen der nationalsozialistischen Führer immer gewalttätiger und damit immer widerchristlicher wurde.

Ein Versuch Hitlers, mit Hilfe des protestantischen Wehrkreispfarrers Müller ein „deutsches Christentum", eine Art von Nationalkirche, zu schaffen, scheiterte schnell. 1935 schlossen sich die entschiedensten evangelischen Christen in der Bekennenden Kirche zusammen, deren Bruderrat die Religion gegen den heidnischen Staat verteidigte. Im Mai 1936 legte die Vorläufige Leitung der Evangelischen Kirche den staatlichen Führern die Sätze vor, in denen das bedrängte Gewissen sich in Sätzen von immerwährender Gültigkeit bekundete:

„Unser Volk droht die von Gott gesetzten Schranken zu durchbrechen, es will sich selbst zum Maß aller Dinge machen. Das ist menschliche Überheblichkeit, die sich gegen Gott empört.

In diesem Zusammenhang müssen wir dem Führer und Reichskanzler unsere Sorge kundtun, daß ihm vielfach Verehrung in einer Form dargeboten wird, die allein Gott zukommt.

Noch vor wenigen Jahren hat der Führer es selbst mißbilligt, daß man sein Bild auf evangelische Altäre stellt. Heute wird immer ungehemmter seine Erkenntnis zur Norm nicht nur der politischen Entscheidungen, sondern auch der Sittlichkeit und des Rechts in unserem Volk gemacht und er selber mit der religiösen Weihe des Volkspriesters, ja des Mittlers zwischen Gott und dem Volk umkleidet.

Wir bitten aber um die Freiheit für unser Volk, in die Zukunft unter dem Zeichen des Kreuzes Christi gehen zu dürfen, daß nicht einst die Enkel den Vätern fluchen, weil sie ihnen zwar einen Staat auf der Erde bauten und hinterließen, das Reich Gottes aber ihnen verschlossen."

Und den Katholiken sagte der Papst Pius der Elfte 1937 in einem Rundschreiben, und die gläubigen Katholiken standen dabei mit ihrem Oberhirten fest zusammen:

„Menschliche Gesetze, die mit dem Naturrecht in unlösbarem Widerspruch stehen, kranken an einem Geburtsfehler, den kein Zwangsmittel, keine äußere Machtentfaltung sanieren kann.

Mit diesem Maßstab muß auch der (vom Nationalsozialismus verkündete) Grundsatz: Recht ist, was dem Volke nützt, gemessen werden. Zwar kann dem Satz ein rechter Nutzen gegeben werden, wenn man unterstellt, daß sittlich Unerlaubtes nie dem wahren Wohl des Volkes zu dienen vermag. Indes hat schon das alte Heidentum erkannt, daß der Satz, um völlig richtig zu sein, eigentlich umgekehrt werden und lauten muß: Nie ist etwas nützlich, wenn es nicht gleichzeitig sittlich gut ist . . ."

Der katholische Bischof Graf Galen tröstete und ermahnte im Dom zu Münster nicht nur seine Gemeinde, sondern auch alle die Tausende, zu denen sein Wort flog, durch getreue Glieder der Kirche überliefert. Er wußte, daß ihn jeden Tag Verhaftung und Schlimmeres treffen konnte. Aber er hörte nicht auf, den wahren Geist seiner Religion zu predigen. Auch im Kriege, als die deutschen Heere halb Europa besetzt hatten und Hitlers Herrschaft keine Grenzen mehr zu kennen schien, hörte man von der Kanzel in Münster solche Worte:

„Wer obrigkeitliche Gewalt hat, anderen zu befehlen, hat selbst die heilige Pflicht, gerade im Befehlen sich nach Gottes heiligem Willen zu richten. Nur als Gottes Dienerin, also im Einklang, in Unterordnung unter den Willen Gottes, hat menschliche Obrigkeit Befehlsgewalt. Wie sollte sonst der Mensch, der obrigkeitliche Gewalt innehat, es fordern können, daß ein anderer, von Natur gleich ihm mit Freiheit ausgestatteter Mensch seinen Willen ihm beuge? Nur weil er mehr Macht hat, nur weil er ‚das Schwert trägt' und die rohe Übermacht besitzt, ihn zu peinigen, zu strafen, wenn er widersteht? Das hieße die Gerechtigkeit vernichten, die Menschenwürde verhöhnen und die menschliche Gesellschaft auf die Stufe einer Räuberbande herabdrücken. Wächst eine solche Rotte übler Gesellen so ins Große, daß sie Land besetzt, feste Sitze gründet, Länder erobert, so nimmt sie vor aller Welt den Namen ‚Reich‘ an, nicht als hätte die Raubsucht aufgehört, sondern weil sie straflos schalten kann.‘‘

Das war im Kriege; in den Jahren vorher schaute die ganze Welt auf die kleine protestantische Kirche in Berlin-Dahlem, wo der Pfarrer Martin Niemöller predigte. Er hatte im Kriege als Seeoffizier ein Unterseeboot befehligt, war dann Pfarrer geworden, hatte eine Zeitlang Hitler vertraut, sich dann aber mit Entsetzen von ihm abgewandt. Von der Kanzel fand er Worte bitterer Ablehnung gegen den widerchristlichen Staat, unbekümmert um die Abgesandten der Geheimen Staatspolizei, von denen er wußte, daß sie seine Predigten aufzeichneten. Das Gericht ließ ihn frei, die Geheime Staatspolizei verhaftete ihn und brachte ihn ins Konzentrationslager, wo er fast acht Jahre lang blieb. Durch die ganze Welt und vor allem durch das christliche England ging ein Schrei der Empörung. In Münster klagte Niemöllers katholischer Mitchrist Graf Galen leidenschaftlich die Verfolger an.

Die Synagogen brennen

Im November 1938 ereignete sich ein schreckliches Geschehnis, die oft so genannte „Kristallnacht‘‘. Vor aller Augen lud Hitler Schande auf sich und auf Deutschland. Schon seit 1933 waren die Juden Schritt um Schritt entrechtet worden. Die Nürnberger Gesetze hatten ihnen 1935 endgültig die Möglichkeit genommen, Beamte zu werden oder Ehen mit Nichtjuden einzugehen. Eine wilde Aufpeitschung des Rassenhasses suchte den Graben zwischen ihnen und dem übrigen deutschen Volke immer tiefer zu ziehen.

Die Regierung wies die Juden polnischer Staatsangehörigkeit aus. Der Sohn eines von ihnen, mit Namen Grynspan, beschloß in einem Anfall von verzweifelter Wut, den deutschen Botschafter in Paris zu ermorden. Er traf aber mit seinen Schüssen den Legationsrat vom Rath. Das war für die Führer der Nationalsozialisten der ersehnte Anlaß, dem Haß gegen die Juden freien Lauf zu lassen.

Sechs Wochen nach dem Münchener Abkommen, in der Nacht zum 10. November 1938, wurden Hunderttausende von Juden aus ihren Wohnungen geholt, viele blutig geschlagen, manche auch ermordet, die Möbel ihrer Heimstätten wurden zertrümmert, Büroeinrichtungen und Läden vernichtet, die Schaufenster fielen in klirrende Scherben, Synagogen wurden angezündet. Große Brände erhellten schauerlich die Nacht über den deutschen Städten. Einige Jahre später erinnerte sich mancher daran, wann zum ersten Male die Flammen über den Häusern gezüngelt hatten.

Den mißhandelten Juden wurde eine Milliarde Mark an Geldbuße auferlegt, sie wurden nun auch aus dem Wirtschaftsleben vollkommen verdrängt. Später wurden die Juden gezwungen, einen gelben Stern zu tragen. So sollten sie als „Untermenschen" gekennzeichnet und vom übrigen Volk abgesondert werden.

Bis weit in die Reihen selbst der Partei gingen der Schrecken und die Empörung über die Ereignisse des 9. November 1938. Goebbels und seine Umgebung beriefen sich darauf, die Aktion habe „spontan", aus der Empörung des Volkes begonnen, aber niemand glaubte ihnen.

Streit mit Schacht

Mit jedem dieser Ereignisse verschlechterte sich auch die moralische Stellung Deutschlands in der Welt. Aber Hitlers fanatischer Wille zur Macht und zur Eroberung ließ sich durch keine Warnung aufhalten. Auch die Warnung, die er im Januar 1939 durch einen der weiter blickenden Deutschen erhielt, der ihm lange Jahre gute Dienste geleistet hatte, erregte nur seine Wut, veranlaßte ihn aber nicht, darüber nachzudenken.

Die nationalsozialistische Regierung hat es klug genutzt, daß Brüning die finanzielle Schuld des Staates gesenkt, den Ausgleich des Haushalts erzwungen und die Wirtschaftskrise, wenn auch auf der tiefen Ebene der Not, zum Stillstand gebracht hatte. Der nationalsozialistische Staat begann 1933 sogleich umfangreiche Unternehmungen gegen die Arbeitslosigkeit. Das wiedererwachende Vertrauen kam hinzu. So begann die Wirtschaft wieder aufzublühen, die Arbeitslosenzahlen sanken, die meisten Deutschen lebten um 1938 besser als je seit dem Beginn der großen Krise. Aber der Aufschwung war teuer bezahlt. Der Staat hatte große Mittel eingesetzt, und nur die kundige Hand des Reichsbankpräsidenten Schacht bewahrte die deutsche Währung vor dem Zerfall. Je länger Hitler regierte, um so mehr wurde Schacht durch den Verdacht beunruhigt, daß Hitler ganz andere Ziele verfolge als er.

Die Rüstung nahm einen immer größeren Anteil an den Ausgaben ein, und von dort aus glaubte Schacht die Währung gefährdet. Auch sah er mit Schrecken, welche Ziele Hitler mit der Rüstung verfolgte. Schacht war davon überzeugt, daß die einseitige Entwaffnung Deutschlands eine Ungerechtigkeit war. Er wollte helfen, daß sich auch das Reich eine Wehrmacht aufbaue, mit der es sich verteidigen könne. Nun war ihm klargeworden, daß der Sinn dieser Rüstung der Krieg war. Als Finanzfachmann wie als Patriot wurde er zum Gegner Hitlers.

Er war schon in Halders große Verschwörung verstrickt gewesen. Im Januar 1939 warnte er Hitler vor den wirtschaftlichen Folgen der verstärkten Rüstung. Das Ergebnis war sein Rücktritt. Er blieb noch als Reichsminister ohne Geschäftsbereich im Kabinett, gehörte aber von nun an zu den geschworenen Gegnern Hitlers und versuchte Widerstand zu leisten, wo immer er nur konnte. Leider hatte er damit weniger Erfolg als mit seiner Politik in den Jahren, in denen er Hitler unterstützt hatte.

Hitler war kein Finanzsachverständiger, aber als Kind seiner Zeit wußte er, was es bedeutete, die Währung zu gefährden. Ihm war klar, daß er die bisherige Wirtschaftspolitik und Rüstungspolitik nicht auf unbegrenzte Dauer weiterführen könne. Schon vor dem Bruch mit Schacht im November 1937, sagte er vor den höheren Offizieren: „Auf der einen Seite die große Wehrmacht mit der Notwendigkeit der Sicherstellung ihrer Unterhaltung, auf der anderen Seite die Aussicht auf Senkung des Lebensstandards lassen keine andere Wahl, als zu handeln." Er begründete mit dieser Lage seinen „Entschluß, spätestens 1943 bis 1945 die deutsche Raumfrage zu lösen".

Man hat aus solchen und ähnlichen Äußerungen geschlossen, Hitler habe Krieg führen müssen, weil ihn die wirtschaftliche Entwicklung Deutschlands, die er selber ausgelöst hatte, in seinen Augen dazu gezwungen habe. Diese Auffassung verkennt die treibenden Kräfte seines Handelns. Hitler führte nicht Krieg, weil die Währung ausgehöhlt war, sondern er höhlte die Währung aus, um aufrüsten und dann Krieg führen zu können. Krieg wollte er seit dem November 1918. Höchstens den Zeitpunkt des Kriegsbeginns hat die Gefahr für die Währung bestimmt. Hitler glaubte, nicht mehr lange warten zu können. Aber seine Furcht, er werde früh sterben und könne den Krieg nicht mehr selber führen, hat die Wahl des Zeitpunktes mehr beeinflußt als seine Sorge vor dem Zerfall der Währung.

Prag

Im März 1939 gelang ihm, was ihm seit dem Anschluß Österreichs als nächstes Ziel vorgeschwebt hatte. Er unterstützte die Unabhängigkeitsbestrebungen der Slowaken, engte damit die Tschechei noch weiter ein, rief schließlich den Staatspräsidenten Hacha nach Berlin und setzte ihn hier unter den schwersten Gewissensdruck. Vor den Augen des geängstigten Gastes entwarf Göring das Bild einer durch einen Bombenhagel verwüsteten Hauptstadt. Der von einem schweren Herzanfall geschüttelte Hacha gab nach und „stellte sein Land unter den Schutz des Deutschen Reiches". Als Protektorat Böhmen und Mähren wurde es eingegliedert; die deutschen Truppen marschierten in Prag ein – zum erstenmal unter Hitler in eine nichtdeutsche Stadt.

Wiederum schien es den begeisterten Anhängern wie den bestürzten

Gegnern, daß Hitler einen großartigen Triumph errungen habe. Wiederum hatte er seine Macht erweitert, und wiederum war ihm niemand in den Arm gefallen, wieder marschierten die Westmächte nicht. Sie waren überrascht, sie sahen sich auch militärisch in der schwierigsten Lage. Die Wehrmacht war nicht mehr die schwache Armee von 1936, und Prag war fern. Vor dem Münchener Abkommen wäre die Sowjetunion bereit gewesen, gegen Hitler mitzumarschieren. Aber nach München glaubten die Russen den Westmächten ihre Entschlossenheit nicht mehr, Hitler zu bekämpfen. Stalin hielt sich mißtrauisch zurück. Das geographische Herz Europas, die natürliche Festung in seiner Mitte, stand unter Hitlers Befehl.

In Wirklichkeit bedeutete Prag die Wende seines Glücks. Er hatte noch ein halbes Jahr vorher feierlich versprochen, die Rest-Tschechei in Frieden zu lassen. Es lag klar zutage, daß er sein Wort gebrochen hatte. Von nun an glaubte ihm niemand mehr, selbst nicht, wenn er die Wahrheit sagte. Und Hitler hatte seine unblutigen Erfolge in der Außenpolitik nur erringen können, solange er sich mit der nationalstaatlichen Idee verbunden hatte. Sie war neben der ihr verwandten demokratischen Idee die stärkste geistige Macht der Zeit. Dadurch, daß Hitler ihr Anwalt gewesen war, hatte er immer wieder die Bedenken des Auslandes überwinden können. Nun brach er in fremdes Volkstum ein, und von nun an wandte sich die nationalstaatliche Idee gegen ihn.

Er hatte auch nie recht begriffen, wieviel er der Weimarer Republik verdankte und wie sehr sie im Ausland den Boden dafür vorbereitet hatte, daß man den Deutschen ihr Lebensrecht nicht länger mehr verweigern wollte. Die Herrschaft in Prag gehörte nicht zum Lebensrecht der Deutschen. So machte sich Hitler auch diejenigen zu Feinden, die bisher noch Verständnis für die deutschen Forderungen aufgebracht hatten.

Zu seinen entschlossenen Gegnern gehörte von jetzt an die britische Führung. Prag lehrte Chamberlain nichts entscheidend Neues mehr, er hatte schon in Godesberg und München zu begreifen begonnen, wen er vor sich hatte. Aber nun ging er den Weg der Erkenntnis zu Ende, und nun wußte er auch, daß die ganze britische Nation auf seiner Seite stand. Er hatte es den Deutschen erlauben wollen, wieder groß zu werden; aber ihnen zu gestatten, den Osten zu unterwerfen und Europa zu beherrschen, war er sowenig geneigt wie sonst irgendein Engländer. Von Prag an war Großbritannien entschlossen, das Schwert zu ziehen, sobald Deutschland noch einmal versuchen werde, Gewalt gegen ein kleines Volk anzuwenden.

Hitler sah die Gefahren nicht, die er mit dem Einmarsch in Prag heraufbeschworen hatte. Nach seinem ganzen Wesen konnte er sie nicht sehen. Er hatte einen scharfen Blick für die Schwächen der Menschen und der Völker, aber das Böse in ihm war so stark, daß er kein Maß mehr halten konnte und die Menschen deshalb für noch schwächer hielt, als sie sind. Man kann eine

Weile ihr moralisches Empfinden verletzen und doch noch auf ihre Duldsamkeit rechnen. Wenn man es mit immer roherer Tat verwundet, wird man am Ende auf eine Leidenschaft der Abwehr stoßen, der man nicht mehr gewachsen ist.

Hätte Hitler das gespürt, er hätte sich wohl gehütet, nach Prag zu marschieren. Er hätte auch, von seinem eigenen Machtbedürfnis aus gesehen, den Marsch nicht einmal notwendig gehabt. Diese von drei Seiten umklammerte Rest-Tschechei war einer eigenen Außenpolitik nicht mehr fähig; sie hätte sich jedem Wink Hitlers beugen müssen, sie hätte im kommenden Kriege ihre Rüstungsindustrie und ihre Eisenbahnen dem Reich genauso zur Verfügung gestellt, wie es später geschehen ist.

Pakt mit Stalin

Hitlers Machtwille aber fühlte sich im März 1939 bestätigt. Nun glaubte er, auch darangehen zu können, den „Lebensraum" im Osten zu gewinnen. Aber zwischen seinem Ziel, der Sowjetunion, und dem Reich lag Polen. Im Frühjahr 1939 umwarb er den Nachbarn. Er forderte von Polen nicht viel. Die Stadt Danzig, die durch den Vertrag von Versailles als sogenannte Freie Stadt dem Völkerbund unterstellt worden war, sollte wieder deutsch werden, außerdem sollte das Reich eine gesicherte Verbindung mit Ostpreußen gewinnen. Wenn man diese Forderungen mit den Hoffnungen verglich, die zwanzig Jahre lang von der Mehrheit der Deutschen gehegt worden waren, mußten sie bescheiden wirken.

Vermutlich waren sie ehrlich gemeint, zum mindesten für den Augenblick. Vermutlich wollte Hitler jetzt wirklich die Freundschaft Polens. Mit diesem Staat als Bundesgenossen hoffte er um so leichter die Sowjetunion bekriegen und unterwerfen zu können. Vielleicht hätte Polen dann die Rolle der Slowakei, also die eines deutschen Schutzstaates spielen dürfen. Aber die polnische Regierung weigerte sich standhaft. Damit war der Staat in den Augen Hitlers zum Untergang verdammt. Die Sprache des Reiches wurde immer drängender, die deutsche Presse griff den Nachbarn immer leidenschaftlicher an, weil er die deutsche Minderheit verfolge. Jedermann sah, daß Polen das nächste Opfer sein sollte.

In Großbritannien waren Regierung und Volk entschlossen, keine gewaltsame Machterweiterung des Reiches mehr zuzulassen. Noch jetzt wäre die britische Vermittlung dafür zu gewinnen gewesen, die Danziger und die westpreußische Frage zu regeln. Vorbedingung war, daß dies auf friedlichem Wege geschehe. Aber daran lag Hitler nichts, er wollte den Krieg, weil er mehr wollte als Danzig und Bromberg.

Am 23. Mai 1939 sagte Hitler zu seinen Generalen: „Danzig ist nicht das

Objekt, um das es geht. Es handelt sich für uns um Arrondierung des Lebensraumes . . ." Und drei Monate später, in Erinnerung an die Vermittlung Mussolinis in München: „Ich habe nur Angst, daß mir irgendein Schweinehund einen Vermittlungsvorschlag vorlegt . . . Ich werde den propagandistischen Anlaß zum Kriege geben, gleichgültig ob glaubhaft. Der Sieger wird später nicht gefragt, ob er die Wahrheit gesagt hat oder nicht . . ."

Aber bevor es soweit war, wollte er den Rücken frei haben. Er war gewillt, den Fehler der kaiserlichen Diplomatie zu vermeiden, er wollte keinen Zweifrontenkrieg. Die Diplomatie des Westens, die den Grad seiner Entschlossenheit und das Wesen eines totalitären Regimes immer noch nicht vollständig begriffen hatte, half ihm durch Zaudern und Halbheit.

Die Westmächte verhandelten im Sommer mit den Sowjets darüber, wie die östliche Großmacht dem polnischen Staate beistehen könne, wenn Hitler ihn angriffe. Aber sie führten die Verhandlungen schleppend und lau. Man kam nicht recht voran. Schon aber hatten die Diplomaten Hitlers und Stalins miteinander zu verhandeln begonnen. Jeder wußte vom anderen, daß er dessen Todfeind war. So kamen auch diese Verhandlungen nur langsam vorwärts. Aber jedes Zögern des Westens brachte die totalitären Staaten einander näher. Endlich hatten sich Großbritannien, Frankreich und Rußland grundsätzlich geeinigt, da verweigerte Polen den russischen Truppen für den Ernstfall das Recht zum Durchmarsch. Es glaubte stark genug zu sein, Hitler Widerstand leisten zu können, bis westliche Hilfe heran sei. Die Sowjetunion fühlte sich verhöhnt, sie vollzog nun den letzten Schritt zur Annäherung an das Reich.

Am 23. August 1939 unterzeichneten in Moskau Stalin und Ribbentrop einen Freundschaftspakt. In einem geheimen Zusatzprotokoll teilten sie Polen untereinander auf. Auch der größte Teil des Gebietes der baltischen Staaten wurde der Sowjetunion als Einflußgebiet zuerkannt.

Die russischen Akten sind nicht zugänglich, und sie werden es noch lange nicht sein. So kann man nur vermuten, was Stalin bewogen hat, den Freundschaftspakt zu schließen. Er mißtraute wohl den Westmächten, er glaubte nicht recht daran, daß sie mit ihm zusammen gegen Deutschland kämpfen würden. Nach den bisherigen Erfahrungen hatte er dazu auch Anlaß, und die polnische Weigerung mußte sein Selbstgefühl kränken. Wenn aber dennoch der Krieg zwischen den Westmächten und Hitler ausbrechen sollte, so glaubte er an ein langes und schweres Ringen. Er hoffte, Rußland bis zum Ende aus dem Krieg heraus und damit stark erhalten zu können, so daß es nach der Erschöpfung der „kapitalistischen Staaten" den Ausschlag geben würde. Wenn er aber an eine doch einmal kommende Auseinandersetzung mit Hitler glaubte, so legte er wohl auch Wert darauf, daß er diesen Kampf im Besitz vorgeschobener Bastionen von Riga und Libau bis

Lemberg ausfechten könnte. Ein ganz ursprünglich russisches Gefühl mag hinzugekommen sein: in Ostpolen, das er besetzen wollte, wohnten überwiegend Russen.

Für Hitler war der Pakt ähnlich wie bei Stalin Ausfluß machiavellistischen Denkens. Er hatte zwei Jahrzehnte den Kampf gegen den Bolschewismus gepredigt, er hatte damit Millionen von Menschen in Deutschland und auch manchen mächtigen Mann in Großbritannien überzeugt. Nun warf er diese Losungen von sich wie lästigen Plunder. Er verlor noch mehr an Vertrauenswürdigkeit, er verwirrte auch viele seiner Anhänger. Ahnungsvoll notierte in diesen Tagen Alfred Rosenberg, einer der Parteiführer, daß man noch einmal die Rechnung für den Pakt bezahlen werde.

Hitler sah nur den Augenblickserfolg; er hoffte, der Eindruck des Paktes werde so stark sein, daß die Westmächte ihre Absichten aufgeben würden, Polen zu helfen. Wenn sie aber dennoch eingriffen – auch damit rechnete er –, so würde er Polen niederwerfen können, ehe die Westmächte heran wären. Polnische Selbstüberschätzung und westlicher Respekt vor polnischer Tapferkeit hielten einen langen Widerstand für gewiß, sein unheimlicher Blick für die Schwächen seiner Gegner sah schärfer.

Seine Augenblicksrechnung ging auf. Dennoch war der Pakt ein Unglück auch für Hitler. Die Verhandlungen in Moskau setzten fort, was der Einmarsch in Prag begonnen hatte. Wieder brach ein Stein aus der großen außenpolitischen Konzeption Hitlers. Er hatte den Osten erobern wollen, aber ein befreundetes England hatte ihm dabei zur Seite stehen sollen. Jetzt hatte er die Freundschaft mit Rußland gewonnen, aber Großbritannien war sein bitterster Feind. Damit verwirrten sich alle seine Überlegungen. Was sollte ihm die Freundschaft mit Rußland? Sie nützte ihm für den Augenblick, aber sie konnte ihm nicht geben, woran sein Machttrieb hing. Als er zwei Jahre später versuchte, zu dem ursprünglichen Plan zurückzukehren, wie es seine ganze Natur verlangte, landete er da, wo er sich geschworen hatte, niemals hinzugelangen: im Zweifrontenkrieg.

Krieg

In diesem Sommer 1939 freilich war wieder Triumphgefühl in ihm lebendig. Jetzt wußte Hitler, daß die eine Großmacht als Feind ausgeschaltet war, jetzt stand dem Kriegsentschluß nichts mehr entgegen. Nur noch um eine kurze Verzögerung konnte es sich handeln, als er am 25. August den Angriffsbefehl noch einmal zurückzog. Großbritannien teilte mit, daß es die Garantie für Polen in ein Bündnis verwandelt habe, und von Mussolini mußte Hitler hören, daß Italien am Kriege nicht teilnehmen werde, weil sein Kriegsmaterial nicht ausreiche.

Eine Woche lang versuchte Hitler, eine diplomatische Lage zu schaffen, in der er Krieg gegen Polen führen könnte, ohne die Westmächte zum Feinde zu haben. Dem britischen Botschafter Henderson sagte er, er bejahe das britische Weltreich. Die Vision einer Aufteilung der Herrschaft zwischen England und Deutschland tauchte noch einmal vor seinen Augen auf. Aber in Großbritannien vertraute nun niemand mehr seinen Worten. Regierung und Volk waren davon überzeugt, daß sich ein im Osten siegreiches Deutschland eines Tages gegen Großbritannien wenden würde. Die Tage von München waren vorbei.

Ein letztes Spiel mit deutschen Verhandlungsangeboten an Polen, denen die Warschauer Regierung halsstarrig und darum ungeschickt begegnete, war nur eine Episode, auf Propaganda berechnet. An der Entscheidung sollte es nichts mehr ändern. Am 1. September 1939 überschritt die deutsche Armee die polnische Grenze. Zwei Tage später erklärten Frankreich und Großbritannien den Krieg an Deutschland. Das schwerste und opferreichste Ringen, das die Weltgeschichte kennt, hatte begonnen.

Die Teilung Polens

In achtzehn Tagen war die polnische Armee zertrümmert. Neun Tage später mußte sich Warschau ergeben, das noch ausgehalten hatte. Die Berechnungen der feindlichen Generalstäbe waren über den Haufen geworfen, die neue deutsche Wehrmacht hatte ihren militärischen Wert eindrucksvoll bewiesen.

Ihr Sieg war aber nur möglich gewesen, weil im Westen die feindlichen Armeen fast unbeweglich gelegen hatten. Die deutschen Befestigungslinien waren schwächer, als die Propaganda sie geschildert hatte, und sie waren nur schwach besetzt. Eine entschlossene Offensive hätte sie überrannt. Aber der französische Generalstabschef Gamelin wollte nicht angreifen. Ihn und sein Volk lähmte die Erinnerung an die schweren Blutverluste des Ersten Weltkrieges. Damals waren immer wieder überlegene Angriffe der Franzosen und Briten im Feuer der Deutschen zusammengebrochen. Gamelin wollte es seinen Soldaten ersparen, daß sie noch einmal verbluteten wie ihre Väter vor Verdun und an der Somme. So konnte Hitler den polnischen Gegner niederwerfen, ohne im Westen gestört zu werden.

Polen wurde zwischen Deutschland und Rußland aufgeteilt. Das frühere Westpreußen und das Warthegebiet wurden ein Teil des Reiches, über das übrige westliche und mittlere Polen regierte ein Generalgouverneur im Auftrage Hitlers. Himmlers Beauftragte begannen ihre Jagd auf die Juden wie auf die unglückliche polnische Führungsschicht. Zur Versklavung der Polen, wie Hitler sie beabsichtigte, gehörte die Ausrottung der geistig

bestimmenden Kreise. Die Generale stellten die Mörder vor Kriegsgerichte;
da ließ Hitler die Urteile aufheben, und die furchtbare Jagd ging weiter.
Im Heere wuchs die Empörung gegen den Mann, der seine Truppen nur
deshalb Siege erfechten ließ, um danach freie Bahn für Verbrechen zu
haben.

Halders zweite Verschwörung

Die Gegnerschaft eines großen Teils des Offizierkorps hätte Hitler noch
im Winter nach dem Siege über Polen zum Verhängnis werden können.
Er wollte schon bald die große Westoffensive, und zu seiner Erbitterung
stieß er dabei auf die Einwände der Generalität. Mancherlei floß in ihr zusammen: der allgemeine, aus sittlichen Ursprüngen herrührende Abscheu
gegen das Regime; die Abneigung gegen den Bruch der belgischen und der
niederländischen Neutralität, wie ihn Hitler forderte; schließlich militärische Besorgnisse darüber, ob eine Offensive wirklich die westlichen Gegner
niederwerfen könne.

In den ständigen Auseinandersetzungen reiften neue Pläne für einen
Staatsstreich. Der Generaloberst Freiherr von Hammerstein, der Ober-
befehlshaber einer Armee im Westen, lud Hitler zu einem Besuch in seinem
Hauptquartier ein. Er wollte ihn verhaften lassen, ihn „erledigen, auch
ohne Prozeß". Aber mit seiner raubtierhaften Witterung für kommende
Gefahren sagte Hitler im letzten Augenblick die Fahrt ab.

Die Seele des Widerstandes, der Generaloberst Halder, besprach mit seinen Kameraden den Plan, Hitler in Berlin auszuheben und von der Reichshauptstadt aus dem Staat eine neue, eine ehrenhafte Führung zu geben. Er
und seine Freunde fanden sich zusammen mit den Führern der Wider-
standskreise aus der nichtmilitärischen Welt, mit dem früheren Oberbürgermeister Carl Goerdeler, dem früheren Botschafter Ulrich von Hassell, dem
Rechtsanwalt Josef Müller und vielen anderen.

Ihnen allen war gemeinsam, daß sie den alldeutschen Nationalismus über-
wunden hatten. Sie wollten keine Vorherrschaft Deutschlands, aber sie
waren Patrioten, sie wollten nicht, daß ihr Staatsstreich Deutschland in die
Niederlage stoße. So nahmen sie über schweizerische Bekannte und über
den Vatikan Verbindungen mit der Regierung Chamberlain auf. Sie wollten
die Erhebung erst beginnen, wenn sicher war, daß Deutschland auch nach
außen hin unabhängig und frei sein würde. Die britische Regierung verhandelte nur zögernd, aber schließlich gab Chamberlain doch Versicherungen, die so weit gingen, wie eine feindliche Regierung im Kriege nur gehen
kann. Die Führer der Verschwörung hofften, daß nach einem Sturz Hitlers
ein Friede abgeschlossen werde, der Österreich, Deutsch-Böhmen und
Westpreußen beim Reiche lassen werde.

Es ist möglich, daß in diesem Winter 1939 auf 1940 das Schicksal Deutschlands in der Hand eines einzigen Mannes lag, des Generalobersten Walther von Brauchitsch. Wenn der Oberbefehlshaber des Heeres an der Verschwörung nicht teilnahm, konnte sie nicht gelingen. Halder hatte sich davon überzeugt, daß ihm, dem bloßen „Führergehilfen", die Generalität nach alter militärischer Überlieferung nicht folgen würde. Witzleben und Brockdorff-Ahlefeld, die entschlossenen Mitverschwörer von 1938, waren an der Front und damit fern. Brauchitsch stimmte mit seinem Generalstabschef in allem überein, auch in der Feindschaft gegen Hitler, nur nicht in dem Urteil darüber, ob und wann gehandelt werden müßte. Brauchitsch schwankte, er zauderte, er spürte das Ungeheure des Planes, er vermochte seine Hemmungen nicht zu überwinden.

Als ihm Halder die Liste mit Chamberlains Zusicherungen vortrug, war Brauchitsch empört. Er nannte es Landesverrat, daß man in einem Kriege mit einer fremden Regierung verhandelt hatte, er forderte die Verhaftung des Mittelsmannes. Halder erwiderte ihm mutig, da müßte Brauchitsch zunächst ihn, den Generalstabschef, verhaften lassen. Wohl schwieg schließlich Brauchitsch über die Verschwörung; er verriet seine Kameraden nicht. Mehr gab seine Natur nicht her.

Das Schicksal der Generalsverschwörung gegen Hitler zeigt, wie verwickelt das Problem des deutschen Militarismus ist und wie wenig Schlagworte ausreichen, ein Urteil zu gewinnen. Den deutschen Militarismus hat es gegeben. Das Übergewicht militärischen Denkens im wilhelminischen Staat hat dem Reich schwer geschadet. Das Wirken von Tirpitz und Schlieffen rechtfertigt die Forderung, daß die politischen Gewalten über den militärischen stehen müssen. Aber es gibt Situationen, in denen das Gegenteil richtig ist. Das Unglück im nationalsozialistischen Reich war gerade, daß die Wehrmacht sich der zivilen Gewalt unterordnete. Hätte sie es nicht getan, wäre das Reich nicht zerbrochen.

Wenn seit 1919 die deutschen Generale geherrscht hätten, so hätte es keinen Zweiten Weltkrieg gegeben. Wenn es ihn gegeben hätte, so hätte es keine Morde und Verfolgungen hinter der Front gegeben. Wenn er verloren worden wäre, so wäre er zwei Jahre früher abgebrochen worden, viele Menschenleben wären gerettet worden, und die Einheit des Reiches wäre erhalten geblieben. Die Propaganda des Auslands hat das deutsche Offizierkorps als durchdrungen von finsterer Herrschbegierde geschildert. Wäre es doch so gewesen! Die Welt sähe heute besser aus.

Das Urteil über die Verschwörung im Herbst 1939 muß ebenso zwiespältig bleiben wie das über Halders Pläne ein Jahr zuvor. Ob das Unternehmen gelingen würde, war, allein technisch gesehen, nicht sicher. Auch waren im Heer seelische Widerstände zu überwinden. Der Treueid mochte manchem eine bequeme Ausflucht sein, er band aber auch andere in ihrem

Gewissen. Die Überlieferung vieler Jahrhunderte empfand die Auflehnung gegen den Obersten Kriegsherrn als sittlich anstößig.

Im weiteren Verlauf des Krieges kam ein Umstand hinzu, dessen psychologische Folgen nur zu schätzen, nicht genau zu errechnen oder zu beweisen sind: Hitler schenkte siegreichen Feldherren große Summen. Es ist schwer, festzustellen, inwieweit dadurch ihr Wille zur Auflehnung gelähmt wurde. In diesem Herbst 1939 war das allerdings noch nicht der Fall. Aber schon jetzt wurden die Generale von Zweifeln bedrängt, ob die Truppe den Befehlen zum Staatsstreich folgen werde. In das Offizierkorps, aber auch unter den Mannschaften waren im Lauf der Jahre zahlreiche gläubige Nationalsozialisten eingeflossen. Niemand vermochte zu sagen, ob sie ihren Generalen nicht den Gehorsam verweigerten, wenn der Befehl kam, Hitler zu verhaften.

Den Überlebenden wird immer das Herz schwer sein bei der Überlegung, ob nicht in diesem Herbst 1939 große Möglichkeiten versäumt worden sind. Sie wurden nicht erprobt, das Schicksal blieb Hitler günstig. Am 9. November 1939 verschonte ihn auch im Bürgerbräukeller in München ein Anschlag, ein in den Einzelheiten noch ungeklärtes Werk innerpolitischer Gegner. Mehrere Mitglieder seiner Partei wurden getötet oder verwundet, er selber blieb unverletzt, er glaubte sich seitdem mehr denn je zu Großem ausersehen.

Sieg in Frankreich

Die Umstände begünstigten auch Hitlers militärische Pläne. Er ließ die Atempause, die ihm Gamelin gewährte, nicht ungenutzt. Das zu Beginn des Krieges nicht sehr starke Heer wurde durch Aushebungen vermehrt, die neue Panzertaktik wurde immer genauer erprobt. Dazu ergaben Luftaufnahmen, daß die französischen Befestigungen schwächer waren, als man geglaubt hatte. Im Frühjahr 1940 schlug Hitler los.

Der Westfeldzug begann im äußersten Norden. Deutschland erhielt das für die Kriegführung notwendige schwedische Erz über die norwegischen Gewässer. Um diese Zufuhr abzuschneiden, beabsichtigte Großbritannien, in Norwegen Truppen zu landen. Das deutsche Oberkommando hatte Nachrichten darüber. Dazu kam die Überlegung, daß Großbritannien von Norwegen aus in der Luft und unter Wasser leichter anzugreifen sein würde als bisher. So ließ Hitler im April die Flotte mit eingeschifften Truppen des Heeres auslaufen. Ungefähr um dieselbe Zeit wollte auch die britische Marine vorgehen, aber die Deutschen waren schneller. In schweren Kämpfen behaupteten sie sich gegen norwegische, französische und britische Truppen.

Am 10. Mai brach die lange erwartete Offensive gegen Frankreich los.

Die deutschen Truppen überschwemmten Luxemburg und Belgien, die Niederlande und Nordfrankreich. In den Friedenszeiten hatten in den großen Militärmächten einige Fachleute dargelegt, daß die Zukunft schnellen und starken Panzergeschwadern gehöre. Ihre glänzendsten Wortführer hatte die neue Lehre in dem französischen Obersten Charles de Gaulle und dem deutschen General Heinz Guderian gefunden. Aber de Gaulle war an der Starrheit seiner Vorgesetzten gescheitert, Guderian dagegen hatte sich durchgesetzt, vor allem, weil Hitler sich auf seine Seite gestellt hatte.

Die Deutschen besaßen 1940 nicht mehr Panzer als die Gegner, aber die Besatzungen waren besser für den schnellen Krieg ausgebildet, und die deutschen Panzerdivisionen waren in wenigen wuchtigen Stoßkeilen zusammengefaßt. Die französischen dagegen waren an der Front verstreut und damit ihres operativen Wertes beraubt. So brachen die deutschen Geschwader durch die feindlichen Linien, umfaßten die gegnerischen Armeen und richteten noch weit im Hinterlande Verwirrung an.

Das Oberkommando des Heeres hatte einen Feldzugsplan ausgearbeitet, der die Hauptkraft des Angriffs auf den äußersten rechten Flügel legte. Das Ziel war die Kanalküste. Aber einer der deutschen Generale, Erich von Manstein, hatte weit kühnere Gedanken. Er wollte den Hauptangriff in den Ardennen führen, wo eine Offensive wegen des Geländes schwieriger war als im Norden, wo aber auch die Abwehr schwächer war. Deshalb mußte hier ein Durchbruch verheerende Folgen für den Verteidiger haben. Hitler entschied sich für den weiterzielenden Plan. So konnten die feindlichen Nordarmeen zertrümmert oder umfaßt werden.

Die Gefangennahme der britischen Armee schien Ende Mai bevorzustehen. Gelang sie, dann war Großbritannien ohne einen wirksamen Schutzschild, wenn erst einmal eine, wenn auch kleine feindliche Armee gelandet war. Aber mitten in ihrem Siegeslauf wurden die deutschen Panzerdivisionen durch Hitler angehalten. Er fürchtete, sie würden in dem durchschnittenen Gelände aufgerieben. Er wollte sie für den Endkampf in Frankreich bereithalten. Auch versicherte ihm Göring prahlerisch, die Luftwaffe reiche aus, die Briten zu vernichten. Aber britische Zähigkeit und die Aufopferung ihrer Jagdflugzeuge retteten die britischen Divisionen in Dünkirchen. Sie mußten ihr Material zurücklassen, aber sie kamen zurück nach Großbritannien. Wer in Zukunft die Insel angreifen wollte, mußte mit diesen zweihunderttausend tapferen und fähigen Soldaten rechnen.

Dafür wurde im Juni und Juli die französische Abwehrkraft völlig zerbrochen. In Compiègne wurde der Waffenstillstand unterzeichnet, der das Land dem Sieger auslieferte. Was dem kaiserlichen Heer in vier Jahren nicht gelungen war, hatte die Wehrmacht Hitlers in sechs Wochen vollbracht.

Dies waren wohl die stolzesten Stunden in Hitlers Leben. In Wirklichkeit spielte sich noch einmal ab, was ein Jahr vorher schon in Prag geschehen war. Dieser Sieg enthielt im Keime die kommende Niederlage. Er war das größte Unglück, das Hitler bisher in seiner Laufbahn getroffen hatte. Es trübte ihm nun völlig den Blick. Hitler hielt nun alles für möglich, er erkannte keinen Widerstand mehr an; seine Selbstüberhebung wuchs ins ungemessene. Die Generale hatten widerraten, aber er hatte sich durchgesetzt, und er hatte recht behalten. Noch weniger als früher ließ er jetzt die Einwände von Fachleuten gelten. Er hielt sich für unfehlbar. So ging er ein Jahr später in den Feldzug gegen die Sowjetunion, der sein Glück verschlingen sollte.

Pétain und Laval

Die moralische Kraft der Franzosen aber war erschüttert. Sie waren nun bereit, die deutsche Führung in Europa anzuerkennen, das Erbe nicht nur Richelieus und Ludwigs des Vierzehnten, sondern auch das Clémenceaus, sogar das Briands aufzugeben. Der große Patriot freilich, den sie sich nun zum Staatschef bestimmten, der Verteidiger von Verdun, der Marschall Pétain, blieb immer nur kühl und vorsichtig gegenüber allen deutschen Lockungen. Aber der andere Patriot, Pierre Laval, der lange Zeit Pétains Ministerpräsident war, hätte wohl Frankreich für eine begrenzte militärische Zusammenarbeit mit Deutschland gewinnen können.

Das waren die Jahre, in denen Hitler und seine Unterführer viel von der kommenden Einheit Europas sprachen. Hätten sie diese Einheit auf der Unabhängigkeit der einzelnen Völker, auch auf der Frankreichs, aufgebaut, Hitler hätte wohl einige französische Divisionen und Flottengeschwader zur Verfügung gehabt, um mit ihnen die britische Herrschaft im Mittelmeer zu erschüttern.

Aber wie hätte gerade er sich zu der Achtung vor fremder Unabhängigkeit durchringen können? Er hätte sein Wesen ändern müssen. Laval sagte ihm einmal: „Sie wollen siegen, um Europa zu bauen; Sie müssen Europa bauen, um zu siegen." Das war die Sprache eines Staatsmannes, aber nicht die Sprache, die Hitler verstand.

Dunkle Drohungen lasteten auf Frankreich: der Verlust von Burgund und Nordafrika, das Ende überhaupt der nationalen Freiheit. Die Geheime Staatspolizei begann ihr unheimliches Werk auch in Frankreich und machte die Organe Pétains mit verhaßt, die mit ihr zusammenarbeiteten. Der Gauleiter Sauckel ging in Frankreich auf Menschenjagd und preßte Millionen in den Arbeitsdienst nach Deutschland. Wo 1940 ergebene Resignation gewaltet hatte, wuchs nun der Haß, und die Widerstandsbewegung des Untergrundes begann der deutschen Besatzung das Leben schwer zu machen.

Das waren Entwicklungen, die Hitler nach seiner Natur verborgen sein mußten. In diesem Sommer 1940 konnte er um so weniger an kommende Gefahren in Frankreich glauben, als er sich in dem Wahne wiegte, den Krieg im Westen bereits gewonnen zu haben. Noch freilich lag die Insel unbezwungen vor seinen Augen, wenn er von Calais hinüberspähte. Aber auch sie hoffte er entscheidend zu treffen.

Der Entschluß fiel ihm nicht leicht. Er widersprach seinen ursprünglichen Überzeugungen. Nach dem Sieg in Frankreich wiederholte er das Angebot, das er nach dem Erfolg in Polen den Briten gemacht hatte, nämlich Frieden zu schließen. Als Voraussetzung dazu galt für ihn immer, daß Großbritannien Herr der See und Deutschland Herr des Festlandes sei. Chamberlain hatte das 1939 abgelehnt, die Antwort Winston Churchills, der im Mai 1940 Chamberlains Nachfolger geworden war, konnte nicht anders lauten. So ließ Hitler Pläne für eine Landung aufstellen.

Aber so glänzend der Landfeldzug vorbereitet war, so wenig hatte man sich bisher nähere Gedanken über die ungleich schwerere Aufgabe gemacht, auf der Insel einzufallen. Erst im Augenblick mußte alles geschaffen werden. Wie hätte es anders möglich sein können? Hitler hatte niemals ernstlich Krieg gegen Großbritannien führen wollen. Die wenigen Worte in seinem politischen Leben, die er ernst gemeint hatte, waren seine Freundschaftsbeteuerungen für Großbritannien gewesen. So ist es verständlich, daß die Historiker immer wieder prüfen müssen, ob nicht sein Anhaltebefehl für Dünkirchen im Letzten auf seiner Hoffnung beruht habe, eines Tages Freund mit England zu werden. Jetzt das Landungsunternehmen in wenigen Wochen vorzubereiten und ins Werk zu setzen, erwies sich als unmöglich.

Görings Versuch, den Himmel über England reinzufegen, die Luftherrschaft zu erringen und damit den Weg für die Landung freizumachen, scheiterte an der britischen Jagdwaffe, die hier einen weltgeschichtlichen Sieg errang.

Der General von Manstein freilich meinte später, die Landung sei dennoch möglich gewesen, auch ohne vollständige Luftherrschaft, ein durch Flakartillerie gebildeter Schirm hätte ausgereicht. Er dachte wohl zu wenig daran, daß es noch eine britische Flotte gab. Hitler jedenfalls zweifelte am Erfolg. So gab er das „Unternehmen Seelöwe" auf. Längst waren auch seine Augen wieder von der großen Macht im Osten gefesselt, die zu unterwerfen er seit Jahrzehnten als das eigentliche Ziel seiner Politik betrachtet hatte. Im Sommer 1940 befahl er, den Feldzugsplan für den Krieg im Osten auszuarbeiten.

Ein Schüler Napoleons?

Noch schwankte er einige Monate, noch prüfte er, ob nicht an die Stelle des Krieges gegen Rußland das Bündnis gegen Großbritannien treten könnte. Im November 1940 suchte er in Berlin den russischen Außenminister Molotow zu überreden. Zwölf Tage später erhielt er eine Denkschrift der russischen Regierung.

In ihr lagen am Rande Möglichkeiten für ein Bündnis. Die Sowjetunion stimmte dem Hitlerschen Vorschlag zu, daß ihre künftige Ausdehnung auch in der Richtung auf den Persischen Meerbusen zielen sollte. In dieser Gegend lagen britische Lebensinteressen. Wenn der alte Bolschewikenfeind Churchill sie verteidigte, mußte es zur bewaffneten Auseinandersetzung kommen.

Aber Rußland kündigte auch die Ansprüche auf den Balkan an, die es von den Zaren übernommen hatte. Jetzt meldete sich der Österreicher in Hitler. Auf dem Balkan gab es für ihn kein Nachgeben. Die russische Denkschrift machte ihn nicht geneigter, mit der Sowjetunion zusammenzugehen. Sie nahm ihm vielmehr die letzten Zweifel daran, ob er mit Rußland Frieden halten sollte. Er beschleunigte seine Angriffsvorbereitungen.

Er war von tiefem Mißtrauen gegen die Absichten Stalins erfüllt. Wenn er in seine eigene Brust schaute, sah er das wirkliche Gesicht der Diktaturen: wortbrüchig, verräterisch, überfallüstern. So, wie er selber war, so sah er auch Stalin. Er traute es den Russen zu, daß sie sich trotz dem Pakt von 1939 mit den Briten verbündeten und dann über ihn herfielen. Deshalb wollte er selber angreifen. Wenn Rußland erst am Boden lag, konnte er sich mit verdoppelter Wucht auf Großbritannien stürzen. Nicht länger als drei Monate, so glaubte er, werde der Feldzug in Rußland dauern. Dann konnte er die Masse des Heeres entlassen und um so mehr Unterseeboote und Flugzeuge für den Kampf gegen die Insel bauen.

Wären dies die einzigen Gründe gewesen, so wäre Hitler demselben tragischen Zwang erlegen wie Napoleon, der 1812 Rußland nur angegriffen hatte, um auf dem Wege über Moskau Großbritannien zu treffen. Aber es wäre vordergründig gedacht, wollte man Hitler nur in der Abhängigkeit von der Strategie sehen. Schon 1934 hat er zu Rauschning gesagt, er werde vielleicht einen Pakt mit den Bolschewiken schließen, aber er werde Rußland dann dennoch angreifen. In ihm war unverändert der leidenschaftliche Wunsch triebkräftig, den Osten zu unterwerfen, Macht in den Ebenen Rußlands zu gewinnen. Mit magischer Gewalt zog ihn die Lieblingsidee wieder an. Er fürchtete, früh zu sterben, er glaubte deshalb, nicht lange warten zu dürfen.

Nur einem eilfertigen Blick kann es scheinen, als habe Hitler wechselnde Ziele verfolgt. Er hat freilich seine Truppen an die Brennergrenze und an die Pyrenäen marschieren lassen, er hat Rommel in die Libysche Wüste geschickt, er hat mit Franco über die Eroberung Gibraltars und mit Japan über ein Zusammenwirken im Indischen Ozean verhandelt, er hat es erlaubt, daß man von der Einheit Europas und von dem Großgermanischen Reich mit Einschluß der Holländer und Skandinavier sprach. Aber wenn man schärfer hinsieht, erblickt man in allen diesen Feldzügen, Verhandlungen, Proklamationen nichts als Umwege, nichts als ungeduldig ertragene Abhaltungen von dem einen großen Ziel, das ihm vorschwebte, solange er überhaupt politisch denken konnte.

Dieses Ziel waren die weiten Ebenen Rußlands. Er sah sie im Geist bereits bebaut durch Millionen deutscher Bauern, geschützt durch Millionen deutscher Soldaten. Auch diese deutschen Siedlungen aber waren für ihn nur ein Mittel zum Zweck, zur Erringung der unbeschränkten und unbestrittenen Macht. Als er gerade Reichskanzler geworden war, hatte er zu Hermann Rauschning geäußert: „Nur wir können den kontinentalen Großraum schaffen; wir werden diesen Kampf auf uns nehmen, er wird uns die Pforte zur dauernden Herrschaft über die Welt aufstoßen."

Es heißt die geschichtliche Bedeutung dieses furchtbaren Mannes verkennen, wenn man in seinem Feldzug gegen Rußland nichts sieht als ein strategisches Mittel, Großbritannien auf die Knie zu zwingen. Solche Erwägungen spielten mit, sie lassen sich aus Hitlers Äußerungen bezeugen, aber sie entsprangen nicht aus der bewegenden Mitte seiner Willenskraft. Wer in ihnen die letzte Triebfeder für den russischen Feldzug sieht, erblickt in Hitler einen einfachen Nachahmer Napoleons, er verkennt das Neue und Besondere in ihm.

Britische Forscher haben die Unbefangenheit aufgebracht, zuzugeben, daß in Hitlers ungeheurem Plan eine visionäre Schau künftiger weltpolitischer Entwicklungen lag. Wenn Hitler scheinbar großmütig den Briten erlaubte, über die See zu herrschen, so lag darin eine leise Geringschätzung für das langsam Veraltende. Er sah voraus, daß in unserm Jahrhundert Weltmacht nicht mehr ausgeübt werden kann durch Flottenstützpunkte und Kolonien. Auch von solcher Schau aus verachtete Hitler die Anhänger des nationalstaatlichen Ideals in Deutschland. Der Nationalstaat war für ihn zu eng. Aber auch die Weltmachtträume der wilhelminischen Generation, der Tirpitz und Hugenberg, waren für ihn hoffnungslos veraltet. Er wußte schon, was wir heute jeden Tag vor uns sehen: daß Weltmacht nur noch bestehen kann, wenn sie ausgeübt wird von großen und geschlossenen Räumen. Solch eine Weltmacht wollte er schaffen, vom Rhein bis zum Ural oder noch darüber hinaus. Manche Zeugnisse aus dieser Zeit beweisen, daß die Eroberungspläne Hitlers und seiner Umgebung ins Grenzenlose schweiften.

Als Hitler im Sommer 1941 den Befehl zum Marsch nach Osten gab, glaubte er dem Ziele ganz nahe zu sein, das er mehr als zwanzig Jahre verfolgt hatte mit einer Glut, wie sie in keinem anderen Deutschen, in keinem anderen Menschen der Welt in diesem Jahrhundert gebrannt hatte, mit der Ausnahme vielleicht Lenins. Aber wenn er noch fähig gewesen wäre, nüchtern zu denken, hätte er gesehen, wie weit er sich in Wirklichkeit von seinem großen Plan entfernt hatte. Er hatte den Rücken frei haben wollen, er hatte auf die Freundschaft Großbritanniens gebaut. Aber er hatte Großbritannien noch weniger begriffen, als es die wilhelminischen Deutschen getan hatten. So mußte er seine Kraft teilen, so konnte er sie nicht voll gegen Moskau wenden, so war er gegen Ende zu schwach.

Ein Jahr vorher hatte er im Kreise des Stabes des Generalfeldmarschalls von Rundstedt einen Wutausbruch gegen Churchill gehabt. Er hatte seinem Haß gegen den Mann freien Lauf gelassen, „der ihn zwinge, gegen Großbritannien Krieg zu führen". Aus diesem Haß sprach mehr als eine sentimentale Bewunderung der Engländer. Er wollte den Krieg gegen Großbritannien vor allem deshalb nicht, weil er wußte, daß dieser Krieg ihn gegen Rußland schwächte. Er besaß nicht Selbstkritik genug, sich zu fragen, wie es gekommen war, daß sich England seinem Werben entzogen hatte. Jetzt, im Sommer 1941, war er ungeduldig geworden. Er wollte nicht länger zusehen, er wollte endlich das große Ziel erreichen, auch wenn im Rücken der zähe Feind auf seiner unangreifbaren Insel stand.

Warnungen

Wieder fehlte es nicht an Warnern. Die Generale kannten die Gefahren des Angriffs besser als Hitler. Der Generalstabschef freilich war in zwiespältiger Stimmung. Im Frühjahr 1941 waren im Osten nicht nur die deutschen, sondern auch die russischen Divisionen aufmarschiert. Halder schätzte die Schwierigkeiten eines Krieges gegen Rußland sehr hoch ein, ihn beunruhigten aber auch Meldungen über den russischen Aufmarsch. Er rechnete mit Angriffsabsichten der Bolschewiken. Wenn Rußland den Krieg beginnen wollte, so war zu überlegen, ob man nicht besser in die Angriffsvorbereitungen hineinstoße. Wir glauben heute zu wissen, daß Stalin nicht die Absicht hatte, anzugreifen, zumindest nicht in dieser Zeit. Stalin hatte dafür eine viel zu hohe Meinung von der Kraft der deutschen Wehrmacht. Aber das war damals nicht so weit zu überschauen wie heute. Und auf Halder wie auf die anderen Generale, die mit schwerem Herzen an die kommende Ausweitung des Krieges dachten, mußten die Erinnerungen an die früheren Streitigkeiten mit Hitler niederdrückend wirken. Immer hatte Hitler bisher gegen sie recht behalten. Das Schicksal schien auf der Seite des genialen Dilettanten zu stehen; warum sollte es diesmal anders sein?

Aber von Moskau her warnten der Botschafter Graf von der Schulenburg und der Militärattaché General Köstring davor, die russische Streitmacht zu unterschätzen. Selbst der Reichsmarschall Göring und der Außenminister von Ribbentrop faßten sich ein Herz und legten dem Staatsoberhaupt die Gefahren seines Entschlusses dar. Aber sein Vertrauen auf seinen Stern war nicht mehr zu erschüttern; die Götter hatten ihm das fürchterliche Geschenk der Siege und damit der Selbstüberhebung gegeben. Er befahl den Angriff für Mai 1941.

Feldzug auf dem Balkan

Er mußte ihn um sechs kostbare Wochen verschieben. Mussolini war im Juni 1940 endlich an der Seite Deutschlands in den Krieg eingetreten, als die Entscheidung schon gefallen schien. Aber dann waren doch noch schwere Kraftproben zu bestehen, denen die militärische Organisation des faschistischen Italiens nicht gewachsen war. In Afrika erlitten Mussolinis Marschälle Niederlagen gegen die Briten, und ein Vorstoß nach Griechenland lief sich fest. Churchill hatte britische Divisionen entsandt, die an der Seite der Griechen erfolgreich gegen den Eindringling fochten.

Hitler wollte auf dem Balkan den Rücken frei haben. Diesem Zweck sollte ein Angriff von dem befreundeten Bulgarien aus nach Griechenland, aber auch ein Freundschaftspakt mit Jugoslawien dienen. Da stürzte eine Volksbewegung in Belgrad die Regierung. Die britische Diplomatie hatte dabei mitgewirkt. Über die feindselige Neigung der Nachfolger konnte kein Zweifel sein. Im blitzschnellen Entschluß wandte sich Hitler nun auch gegen den in seinen Augen abtrünnigen Staat. Wirklich gelang es seinen Truppen, in zwölf Tagen Jugoslawien und in siebzehn Griechenland niederzuwerfen und die Briten zu vertreiben.

Aber er hatte statt der für Griechenland vorgesehenen einen Armee nun zwei einsetzen müssen. Viele Truppen mußten im Lande bleiben, um die unruhige Bevölkerung zu entwaffnen. Der Feldzug gegen Rußland mußte verschoben werden. Als man dem General Foertsch, einem der Sieger des Feldzuges, zum Erfolge gratulierte, bemerkte er bitter: „Dies ist der größte Erfolg, den Churchill bisher errungen hat."

Der Angriff gegen Rußland

So konnte die Offensive gegen Rußland erst am 22. Juni 1941 beginnen. Hätte Hitler, der nicht frei war von Aberglauben, das Datum recht bedacht, so hätte er wohl ein anderes gewählt; am 22. Juni 1812 hatte die Große

Armee Napoleons die Grenzen des russischen Reiches überschritten, in dessen Steppen sie dann umgekommen war. Das finnische, das ungarische und das rumänische Heer, dazu freiwillige Brigaden aus den besetzten Ländern, später noch spanische und italienische Truppen sollten dem Feldzug nach außen den Charakter eines europäischen Kreuzzuges gegen den Bolschewismus geben. Die Hauptlast lag natürlicherweise auf den deutschen Truppen.

Es gelang, in einer Reihe von Kesselschlachten eine russische Armee nach der anderen aufzureiben, Millionen von Gefangenen zu machen und Westrußland zu besetzen. Aber aus dem Hinterland und aus Sibirien tauchten immer neue Menschenmassen und immer neue Panzer auf; Schlamm und Regen und schließlich Schneefall und Eiskälte setzten früh ein. So kam vor Moskau der deutsche Angriff zum Stocken. Und während Hitler hartnäckig daran festhielt, die militärische Kraft Rußlands sei gebrochen, setzte mit voller Wucht die russische Gegenoffensive ein. Sie vermochte zwar nicht das deutsche Heer zu zerschlagen, sie legte ihm aber schwere Leiden auf, und unter ihrer Wucht erlitt es unersetzliche Verluste an Menschen und Material.

Amerika im Krieg

Zu gleicher Zeit erstand dem Reich jenseits des Ozeans eine neuer mächtiger Feind. Franklin Delano Roosevelt, der Präsident der Vereinigten Staaten, haßte den Nationalsozialismus. Er hatte sich lange Zeit Zurückhaltung auferlegen müssen, weil sein Volk den Frieden bewahren wollte. Aber in unaufhörlicher ideeller Auseinandersetzung und in einer Reihe von diplomatischen Streitigkeiten war die Feindschaft zwischen den beiden Staaten ständig angewachsen. Ernsthaft hat die These verfochten werden können, der Präsident habe von Beginn an den Krieg gewollt, er habe zäh und geschickt sein zunächst widerstrebendes Volk allmählich hineingeführt. Im Frühjahr 1941 befahl er seiner Flotte, auf jedes deutsche Unterseeboot zu schießen.

Noch wurden mühsam die Beziehungen aufrechterhalten. Aber nach vorherigen Verhandlungen des deutschen Beistandes sicher, überfielen die weltpolitischen Rivalen Amerikas im Stillen Ozean, die Japaner, am 7. Dezember 1941 die amerikanische Flotte im Hafen von Pearl Harbour. Deutschland stellte sich verabredungsgemäß auf die Seite seiner asiatischen Freunde. Damit war der mächtigste Staat des Westens der Feind des nationalsozialistischen Reiches geworden.

Hitler glaubte die amerikanische Gegnerschaft auf sich nehmen zu können. Er unterschätzte die Kraft der Vereinigten Staaten genauso wie vorher die des bolschewikischen Rußlands. Die Amerikaner waren stark genug, den Japanern ihre Anfangserfolge wieder zu entreißen, sie zu besiegen, gleichzeitig aber auch Großbritannien und Rußland mit einem Strom von Material zu überschwemmen und schließlich noch eine Streitmacht nach Europa zu entsenden, die half, Deutschland endgültig niederzuwerfen.

Stalingrad und El Alamein

Noch glaubte Hitler, im Jahre 1942 die russische Macht zertrümmern zu können, bevor die Amerikaner zu Hilfe herangeeilt waren. Wieder hatte seine Sommeroffensive große Erfolge. Die deutschen Truppen hißten auf dem Elbrus, dem höchsten Gipfel des Kaukasus, die Hakenkreuzfahne. Sie drangen bis zur Wolga vor und besetzten in erbitterten Kämpfen Teile der Stadt Stalingrad. Aber damit war ihre Kraft erschöpft. Im November 1942 durchbrach ein mächtiger Stoß der Russen die Front der bei Stalingrad kämpfenden verbündeten Truppen. Die Sechste Armee des Generalobersten Paulus war eingeschlossen. Drei Monate später mußten sich ihre Trümmer ergeben. Es war das erste Mal in der Geschichte des Krieges, daß eine deutsche Armee gefangengenommen worden war.

Unheil verkündeten auch die Ereignisse in Afrika. Hier hatte das Afrikakorps des Generals, späteren Feldmarschalls Rommel der Sache der Achsenmächte neuen Auftrieb gegeben. Im Sommer 1942 war Rommel bis zur ägyptischen Grenze vorgedrungen. Aber im Oktober traf ihn der Stoß des Feldmarschalls Montgomery bei El Alamein. Rommel wurde geschlagen und mußte nach Libyen zurückgehen.

Während er noch der Bedrohung von Osten her gegenüberstand, landete eine amerikanisch-britische Armee unter dem General Eisenhower im westlichen Nordafrika. Die französischen Behörden schlossen sich nach anfänglichem Widerstand den Angreifern an, in denen sie die Befreier ihres Landes sehen mußten.

Die Wende des Krieges war erreicht.

Versklavung der Slawen

Der Krieg in Rußland brauchte nicht verlorenzugehen. Die Untersuchungen der militärischen Fachleute setzen sich heute mit militärischen Fehlern, Irrtümern und Versäumnissen auseinander. Sie prüfen, wer in den häufigen Streitigkeiten zwischen Hitler und den Generalen recht gehabt habe, ob diese oder jene Offensive nicht besser diese oder jene Stoßrichtung erhalten hätte, ob es richtig gewesen sei, bei den Rückzugskämpfen starr in einer Linie auszuhalten, ob Hitler nicht besser rechtzeitig Gebiete geräumt hätte, um Bewegungsfreiheit zu erhalten. Diese Betrachtungen helfen uns, unser Urteil zu klären. Aber sie treffen nicht die wesenhafte Ursache unserer Niederlage.

Der Krieg gegen Rußland ist verlorengegangen, weil er von vornherein politisch verloren war. Er ist politisch verlorengegangen, weil die Absichten, mit denen er geführt wurde, im tiefsten unsittlich waren. Deshalb blieb alle deutsche Führungskunst, alle Fähigkeit und alle Hingabe der Truppe vergebens.

Hitler hatte den Feldzug gegen Rußland begonnen mit der Losung, es gelte, das Joch des Bolschewismus zu zerbrechen. Wenn das wirklich sein Ziel gewesen wäre, so hätte er den Krieg gewonnen. Das Banner der Freiheit war das einzige, unter dem man Stalin besiegen konnte. Aber Hitler konnte seiner ganzen Natur nach sich nur Verknechtung als Ziel setzen.

Die russischen Truppen kämpften im Sommer 1941 an vielen Stellen tapfer und zäh. Es ergaben sich aber auch viele Soldaten, die der damals noch wirksamen deutschen Propaganda glaubten, den Bolschewismus ablehnten oder ihm gleichgültig gegenüberstanden. Die Aufnahme der deutschen Truppen bei der Bevölkerung war in manchen Landschaften freundlich. Die Bauern empfingen die Deutschen als Befreier. Namentlich in der Ukraine bot sich auch der überlieferte Nationalismus als Bundesgenosse an. Die deutsche Wehrmacht besetzte auf der Höhe ihrer Erfolge ein Gebiet, in dem ein Drittel der russischen Gesamtbevölkerung wohnte. Unter ihr gab es fanatische Bolschewiken, aber auch entschlossene Gegner des Bolschewismus und eine große Zahl Abwartender.

Die deutschen Generale waren beraten von Vertretern der Bevölkerung, und sie setzten sich dafür ein, daß man die Erwartungen der Russen nicht enttäusche. Sie wollten, daß die Besatzungsmacht der Bevölkerung gerecht und wohlwollend entgegenkomme. Durch ihr Verhalten sollten die Deutschen beweisen, daß ihr Sieg den Unterdrückten die Freiheit bringe. In der Wehrmacht vereinigte sich die überlieferte Ritterlichkeit mit soldatisch-nüchternen Überlegungen: Aus dieser Bevölkerung, aus den Überläufern und den durch Propaganda überzeugten Gefangenen konnte ein Heer von Hunderttausenden aufgestellt werden, das mit der äußersten Tapferkeit gegen die Bolschewiken kämpfen und den Keim der Zwietracht in die Reihen der Roten Armee pflanzen würde. Zugleich waren damit die empfindlichen rückwärtigen Verbindungen der weit vordringenden Armeen gesichert.

Hitler verstand überhaupt nicht, was man ihm vorschlug. In ihm fand die Stimme der Ritterlichkeit ebensowenig Gehör wie die der nüchternen militärischen Überlegung. Menschlichkeit und Vernunft wurden erstickt durch Rassenwahn und Herrschsucht. Nicht befreien wollte er die Russen, sondern vertreiben, damit sie den Deutschen Platz machten. Vorläufig aber wollte er sie zu Dienern der Deutschen, des „Herrenvolks", machen. Für ihn waren die Russen ein Sklavenvolk.

Himmler handelte in seinem Geiste, als er im Juni 1942 einen großen Vertreibungsplan ausarbeiten ließ. Vier Fünftel der Polen, zwei Drittel der Ukrainer, die Hälfte der Tschechen sollten nach dem deutschen Siege umgesiedelt und in die sibirischen Steppen verschickt werden. Den Slawen, die in der Heimat bleiben durften, war das Schicksal zugedacht, für die Deutschen zu arbeiten, mit wenig Schulbildung, dafür wohl mit Trachtenfesten, heimatlichen Gesängen und mit Schnaps.

Am 4. Oktober 1943 hatte Himmler vor hohen SS-Führern in Posen dargelegt: „Das, was in den Völkern an gutem Blut in unserer Art vorhanden ist, werden wir uns holen, indem wir ihnen, wenn notwendig, die Kinder rauben und sie bei uns großziehen. Ob die andern Völker im Wohlstand leben oder ob sie verrecken vor Hunger, das interessiert mich nur so weit, als wir sie als Sklaven für unsere Kultur brauchen, anders interessiert mich das nicht. Ob bei dem Bau eines Panzergrabens zehntausend russische Weiber an Entkräftung umfallen oder nicht, interessiert mich nur so weit, als der Panzergraben für Deutschland fertig wird.

Wir werden niemals roh und herzlos sein, wo es nicht sein muß, das ist klar. Wir Deutschen, die wir als einzige auf der Welt eine anständige Einstellung zum Tier haben, werden ja auch zu diesen Menschtieren eine anständige Einstellung haben . . ."

Menschen, über die man so dachte, konnte man nicht als Verbündete ansehen. „Ein Russe darf niemals Waffen tragen", meinte Hitler. Erst als der Krieg schon verloren war, erlaubte er dem gefangenen General Wlassow, eine Armeeabteilung aus Gefangenen aufzustellen.

In der Ukraine wütete der Gauleiter Koch, und der Gauleiter Sauckel holte sich mit Gewalt Arbeitskräfte nach Deutschland. Gehöfte, ganze Dörfer wurden niedergebrannt, wenn die angeforderten Arbeitskräfte nicht kamen; die Abtransportierten wurden oft geprügelt und schlecht ernährt; die Kriegsgefangenen starben zu Tausenden in den Lagern unter der schlechten Behandlung.

Die selbstverständliche Folge war, daß die russische Front immer entschlossener kämpfte, daß sich im besetzten Gebiet immer mehr Haß ausbreitete und daß in den letzten Kriegsjahren zahlreiche deutsche Verbände notwendig waren, um hinter der Front die Partisanen zu bekämpfen.

Die Judenmorde

Die Behandlung der Slawen durch die Nationalsozialisten zeigte die Mitleidlosigkeit, zu der Fanatiker fähig sind. Wenn sie aber schon Leid und Unglück über die Slawen brachten, um wieviel kälter mußte ihre Grausamkeit gegen die Juden sein, in denen sie nicht nur eine minderwertige, sondern eine des Lebens unwerte Rasse sahen, die es auszutilgen gelte. In der kaltblütigen, sorgfältig überlegten, zum Schluß mit allen wissenschaftlichen und technischen Mitteln betriebenen Ermordung vieler Millionen von Juden fand der Rassenwahn seine letzte und schauerlichste Steigerung.

Hitler hatte schon im Januar 1933 die Vernichtung der jüdischen Rasse in Europa vorausgesagt, wenn es zum Kriege komme. In der gleichen Zeit, in der er den Krieg zuerst vorbereitete, dann begann und ihn schließlich nach Osten ausweitete, machte er das Judentum für den Ausbruch verantwortlich. Überall, wo seine Truppen ein Land besetzt hatten, wurden die Juden zusammengepfercht, durch Krankheiten und Unterernährung geschwächt, später aus ihren Gettos herausgeholt und entweder in Massen erschossen oder zusammen mit den deutschen Juden in Lager übergeführt, wo sie durch Gas umgebracht wurden. Eine furchtbare Berühmtheit gewann das oberschlesische Lager Auschwitz. Sein Kommandant Werner Höß gab nach dem Kriege vor Gericht an, allein hier seien zwei und eine halbe Million Juden ermordet worden.

Die genaue Zahl der auf Hitlers und Himmlers Befehl getöteten Juden wird nie genau festgestellt werden. Ein Mitglied der Umgebung Himmlers, Adolf Eichmann, schätzte im August 1944 die Zahl der in den Lagern Umgekommenen auf vier und die auf andere Weise Getöteten auf zwei Millionen.

Für die obersten Befehlshaber des Massenmordens stellte es sich, in schrecklicher Verderbung elementarer seelischer Empfindungen, als eine preiswürdige Tat dar. Am 4. Oktober 1943 sagte Heinrich Himmler zu den SS-Gruppenführern in Posen: „Von euch werden die meisten wissen, was es heißt, wenn hundert Leichen beisammenliegen, wenn fünfhundert daliegen oder wenn tausend daliegen. Dies durchgehalten zu haben und dabei – abgesehen von Ausnahmen menschlicher Schwäche – anständig geblieben zu sein, das hat uns hart gemacht. Dies ist ein niemals geschriebenes und niemals zu schreibendes Ruhmesblatt in unserer Geschichte."

Die Massenermordungen sollten geheim bleiben. Millionen von Deutschen, zum Teil auch in höheren Stellungen, wußten nichts von dem grausigen Geschehen. Zu wem die furchtbaren Nachrichten durchsickerten, der wurde von Entsetzen gepackt. Der Abscheu über die Morde gehörte zu den Beweggründen der Verschwörer des 20. Juli. In anderen Kreisen, in denen man sich ohnmächtig sah, raunte man sich zu, diese Untaten müßten sich eines Tages rächen an dem Volk, dessen Führung sie begangen habe.

So lebensunwert wie die Juden erschienen den führenden Nationalsozialisten auch die Geistes- und anderen unheilbaren Kranken. Nach den Lehren des Christentums und nach den Gesetzen der Menschlichkeit sind auch diese vom Schicksal getroffenen Menschen der besonderen Pflege und Fürsorge wert und bedürftig. Aber der Nationalsozialismus hatte sich vom Christentum wie von der Humanität abgekehrt. So befahl Hitler 1939, daß besonders ausgewählte Ärzte den unheilbar Kranken den „Gnadentod" geben sollten.

Die Zahl auch dieser Opfer ist nicht genau bekannt. Sie wird auf mindestens 70 000 geschätzt. Als die Führer der christlichen Kirchen von diesen Morden erfuhren, wandten sie sich tapfer gegen diese Verbrechen, vor allem der evangelische Bischof Wurm und der katholische Bischof Graf Galen. Die nationalsozialistische Führung glaubte, mitten im Kriege den Widerstand der kirchlichen Kreise nicht mit Gewalt brechen zu sollen. Dafür schien ihr die Zeit erst nach dem Kriege reif. So schränkte sie die Zahl der Morde durch „Gnadentod" ein, ohne freilich ganz darauf zu verzichten.

Bedingungslose Kapitulation

Im Januar 1943 trafen sich Winston Churchill und Franklin Delano Roosevelt in der marokkanischen Stadt Casablanca, um über die künftige Führung des Krieges zu beraten. Vor der Presse entschlüpfte Roosevelt das Wort, der Krieg könne erst nach der bedingungslosen Kapitulation Deutschlands beendigt werden. Der Satz war nicht vorbedacht, er wurde zwischen drängenden politischen Verhandlungen schnell dahingesprochen, aber er enthielt die innerste Überzeugung Roosevelts. Er brachte viel Unheil über Deutschland und die Welt. Goebbels benutzte ihn triumphierend für seine Propaganda. Er legte den Deutschen dar, daß ihnen nichts übrigbleibe, als bis zum letzten Mann zu kämpfen, wenn sie nicht ein Über-Versailles erleben wollten.

Für die deutschen Widerstandsgruppen war Roosevelts Satz ein schwerer Schlag. Sie hatten gehofft, von den Gegnern einen leidlichen Frieden zugesichert zu erhalten, bevor sie zum entscheidenden Schlag ausholten. Roosevelts Forderung lähmte nicht nur sie selber, sie machte es ihnen auch schwieriger, Freunde und Mitkämpfer zu gewinnen.

Im gleichen Jahr ließ sich Roosevelt dazu verleiten, vorübergehend die Forderungen seines Finanzministers Henry Morgenthau zu billigen, wonach Deutschland in einen reinen Ackerbaustaat verwandelt werden sollte, was das halbe deutsche Volk zu dauernder Arbeitslosigkeit verdammt hätte. Wieder konnte Goebbels in höhnische Rufe ausbrechen, wieder waren die Gegner Hitlers in Deutschland tief bestürzt.

Von der militärischen Lage her gesehen, konnte es sich Roosevelt allerdings erlauben, politisch so gefährliche Proklamationen zu erlassen. Im Frühjahr 1943 streckten die letzten deutschen und italienischen Einheiten in Afrika, von allen Seiten umstellt, die Waffen. Kurz darauf setzten die Gegner nach Sizilien und später auf das italienische Festland über. Im Sommer

1943 verbanden sich die Gegner Mussolinis in seiner eigenen Partei mit dem König und dem Marschall Badoglio. Mussolini wurde gestürzt, bald darauf verließ Italien den Bundesgenossen.

Im Osten fochten die Deutschen immer noch mit überlegener militärischer Kraft, aber gegen die ungeheure Zahl des Gegners in ständigen Rückzugskämpfen. Im Sommer 1944 standen die Russen in Polen.

Der Luftkrieg

Dies war auch die Zeit, in der die deutsche Rüstungsindustrie den Verlust des rumänischen Erdöls empfindlich spürte. Dazu hatte sie immer härtere Schläge durch Fliegerangriffe hinzunehmen. Der Luftkrieg gegen die Bevölkerung hinter der feindlichen Front gehört zu den Merkmalen des totalen Krieges. Die deutsche und die britische Propaganda stritten jahrelang darüber, wer die Angriffe gegen die Zivilbevölkerung begonnen habe. Die Briten warfen den Deutschen vor, schon im September 1939 Warschau und im Mai 1940 Rotterdam bombardiert zu haben. Die Deutschen pflegten darauf zu antworten, daß Warschau und Rotterdam in der Frontlinie gelegen hätten und daß es leider stets das Los solcher unglücklichen Städte gewesen sei, beschossen zu werden. Die Bombardierung von Städten weit hinter der Front sei dagegen von den Briten erfunden worden.

Dieser Streit, der heute noch gelegentlich fortgeführt wird, ist so sinnlos wie die meisten dieser Streitigkeiten darüber, wer „angefangen" habe. Entscheidend ist, daß der Luftkrieg gegen die Zivilbevölkerung eine Grausamkeit ohne Zweck war; es sei denn, man sehe seinen Sinn darin, daß er den Gefühlen des Hasses freien Lauf ließ. Die Dämonen waren nicht nur in Deutschland entfesselt.

Churchill beabsichtigte, mit dem Luftkrieg die Moral der deutschen Zivilbevölkerung zu brechen. Auch ein Genie kann von den Verhältnissen in einem totalen Staat nichts wissen, wenn es nicht ständig darin lebt. Das gewohnte Gemisch von Propaganda, Appell an den Patriotismus, altgewohnter Disziplin und der Druck der Geheimen Staatspolizei verhinderten jahrelang, daß die Arbeitsmoral der Zivilbevölkerung erschüttert wurde. Pünktlich erschienen Arbeiter und Angestellte weiter in den Rüstungsbetrieben und Verwaltungsbüros. Dagegen fragten sich viele Gegner Hitlers, ob wirklich eine neue und bessere Welt aufgebaut werden könne durch Mächte, die nur dadurch Krieg zu führen verstünden, daß sie Frauen und Kinder umbrachten.

Die größte Gefahr für die deutsche Rüstungswirtschaft bildete jahrelang das deutsche Staatsoberhaupt. Seine siegesgewisse Überheblichkeit wurde für die deutsche Kriegswirtschaft ebenso gefährlich wie für die allgemeine Strategie. Nach den ersten Erfolgen ließ er die Produktion einschränken, da er den Krieg gewonnen glaubte. Als später der Ernst der Lage nicht mehr zu übersehen war, gelang es dem Rüstungsminister Speer, die Produktion beträchtlich zu steigern. Sie erreichte ihren Höchststand im Jahre 1944. Dann allerdings sank sie schnell, als Folge des Rohstoffmangels wie der Zerstörung durch Bomben. Die feindliche Überlegenheit in der Luft war so groß geworden, daß es sich die Feinde erlauben konnten, auch tagsüber mit starken Geschwadern zu erscheinen. Jetzt war es ihnen möglich, genauer zu zielen und nicht nur mehr Wohnviertel, sondern auch die bisher verschonten Fabrikbetriebe und Bahnhöfe zu treffen.

In den ersten Jahren hatte der Luftkrieg eine solche Wirkung nicht. Daß er auch in dieser Zeit geführt wurde, war ein Verhängnis nicht nur für die Hunderttausende der Betroffenen, sondern für die Welt. Erst spät wurde in Winston Churchill die Überzeugung wirksam, daß es gelte, rechtzeitig, also schon im Kriege, dem Streben des bolschewikischen Bundesgenossen nach der Übermacht in Europa entgegenzutreten. Er versuchte dann auch, die westalliierte Strategie nach dem Balkan oder nach Berlin zu lenken, damit die demokratischen Mächte hier eher Fuß faßten als die Russen. Er scheiterte an dem amerikanischen Unverständnis. Aber als er die britischen Luftgeschwader gegen die deutschen Wohnviertel entsandte, war er Herr seiner Entschlüsse und brauchte auf amerikanische Einwände keine Rücksicht zu nehmen.

Hätte er die kommende Gefahr des Bolschewismus bereits damals so genau erkannt wie später, er hätte den Krieg gegen die Zivilisten nicht geführt. Er hätte dann alle militärische und Produktionskraft Großbritanniens zusammengefaßt für die Entscheidung auf dem Schlachtfeld. Er hätte sie so früh herbeigeführt, daß die Westmächte eher in Mitteleuropa gestanden hätten als die Russen. Aber auch ihm war es lange nicht gegeben, das Kommende vorauszusehen.

In diesem Sommer 1944 freilich waren nun auch Rüstungsindustrie und Eisenbahnverkehr schwer bedroht. Dazu verschlechterte sich die militärische Lage von Monat zu Monat. Im Juni 1944 landeten die Amerikaner und Briten unter Eisenhower und Montgomery in der Normandie. Der völlige Zusammenbruch Deutschlands zeichnete sich klar ab. Die feindliche Landung spornte die deutschen Widerstandsgruppen dazu an, nicht mehr länger zu säumen, sondern das Letzte zu versuchen, um das System zu stürzen, bevor Deutschland ein besetztes Land geworden war.

Widerstand

Seitdem Hitler seine Herrschaft aufgerichtet hatte, versuchte eine zahlreiche und gut organisierte Geheime Staatspolizei, jede Regung des Widerstandes zu unterdrücken. Schon im Frühjahr 1933 waren Konzentrationslager eingerichtet worden, in denen Juden, nichtjüdische Gegner des Regimes und Verbrecher streng bewacht zusammen leben mußten. Die Geheime Staatspolizei spürte nicht nur nach Verteilern von Flugblättern und Verbreitern von Aufstandsparolen. Auch abschätzige Äußerungen über die Führer der Partei, im Kriege auch Bekundungen der Verzweiflung über die drohende Niederlage genügten, den Denunzierten ins Lager oder vor den Volksgerichtshof zu bringen. Im Anfang wurden als Staatsfeinde vor allem Kommunisten und Sozialisten eingeliefert. Je länger die Tyrannei dauerte und je klarer ihr Wesen erkannt wurde, um so häufiger wurden auch bewußte Christen, Geistliche, Bibelforscher, sogenannte bürgerliche Schriftsteller und Beamte verhaftet.

Zu denen, die eine Zeitlang in einem solchen Lager saßen, aber das Glück hatten, nach einiger Zeit wieder entlassen zu werden, gehörte der Dichter Ernst Wiechert. Er hatte im April 1935 vor den Münchener Studenten eine Rede gehalten, die bleiben wird als eines der schönsten Denkmäler der deutschen Sprache:

„Es ist wohl das Schicksal aller Revolutionäre, daß ihre Mit- und Nachläufer den Sinn der Erneuerung verfälschen, daß sie nicht nur das Königtum abschaffen, sondern das abgeschlagene Königshaupt wollen, daß sie nicht nur die Pfarrer, sondern Gott absetzen. Sie wissen nicht, daß die Geschichte eines Volkes schon die ewigen Züge trägt, an denen subalterne Hände nichts mehr ändern können. Sie wissen nicht, daß der Strom jahrtausendealten Blutes nicht mit Phrasen in ein anderes Bett zu lenken ist. Sie wissen nicht, wie still das wirklich Heroische über die Erde geht ... Ja, es kann wohl sein, daß ein Volk aufhört, Recht und Unrecht zu unterscheiden, und daß jeder Kampf ein ‚Recht' ist. Aber dieses Volk steht schon auf einer jäh sich neigenden Ebene, und das Gesetz seines Untergangs ist ihm schon geschrieben."

Dichter und Pfarrer schrieben und sprachen, sozialistische und bürgerliche Politiker erwogen mit den Generalen einen Aufstand. Aber es gab auch Männer und Frauen, die in der Maschinerie des nationalsozialistischen Staates mitarbeiteten und versuchten, immer gefährdet, immer geschlagen und doch nie ganz verzagend, das kommende Grauen zu verhindern, und, als sein Kommen unabwendbar erschien, wenigstens das Schlimmste zu mildern.

Im Auswärtigen Amt amtierte lange Zeit als Staatssekretär ein früherer Marineoffizier aus der württembergischen Familie der Weizsäcker. Er stand in ständiger Verbindung mit der deutschen Opposition und den auswärtigen Mächten und tat alles, den Krieg zu verhindern. Als die blutige Auseinandersetzung dann doch begonnen hatte, versuchte er mit letzter und schon schwindender Hoffnung, den Krieg möglichst bald und möglichst glimpflich zu beenden. Er war einer jener hellsichtigen Patrioten, von denen das deutsche Volk verdient hätte regiert zu werden. Er war zugleich ein überzeugter Europäer.

In seinem Ringen mit einem vor Dummheit bösartigen Minister, im Ringen mit den Führern der SS war er keinen Tag außerhalb von Gefahr. Er mußte die ihm ungewohnte Kunst der Verstellung entwickeln und schließlich gleichsam mit geschlossenen Augen in dem Strom mitschwimmen, der auch an den Stationen des Verbrechens vorbeiführte. Er gab seinem Volke und der Welt das Höchste, was ein Mann von seinem ausgeprägten Ehrgefühl zu geben vermag: Er scheute sich nicht, Flecken auf seinem Namen hinzunehmen, um sein Vaterland zu retten und die Menschheit vor Schrecken zu bewahren.

Wir besitzen jetzt die erschütternde Schilderung des Gesprächs, das der Schweizer Professor Carl Jacob Burckhardt im Sommer 1939 mit dem italienischen Botschafter Attolico hatte. Attolico antwortete aus nächster Kenntnis von Weizsäckers Wirksamkeit auf Burckhardts Frage nach dem Ziel des Staatssekretärs: „Sein Ziel? Dasselbe wie das meine, vermeiden, vermeiden, vermeiden! Alles andere ist leichter, das leichteste ist emigrieren und protestieren. Aber auch Aufstände anzetteln, Komplotte schmieden braucht weniger Kraft und Mut, als der harten Wirklichkeit Tag für Tag das Mögliche abzuringen, ohne Pathos, immer wieder geschlagen, immer wieder beginnend, Dinge scheinbar sanktionierend, die man verabscheut, zäh und ohne jeden Eigennutz, klug, mit beständiger äußerster Aufmerksamkeit und Anspannung." Und auf die Frage Burckhardts, warum Weizsäcker denn bleibe, mit leiser Ungeduld: „Können Sie mir einen Engländer nennen, der im Laufe der Geschichte sein Land preisgab, weil es eine schlechte Regierung hatte?"

Sieben Jahre später haben es die Sieger fertiggebracht, diesen Mann als Kriegsverbrecher zu verurteilen und damit ihre ganzen Prozesse heillos und für immer bloßzustellen. Sie handelten mit einem Schein des formalen Rechts. In ihnen war das Wissen nicht lebendig, das Attolico bei ihnen voraussetzte, daß ein Patriot sein Land nicht im Stich läßt, nur weil er seine Regierung haßt. Aber Weizsäcker hatte im Gefängnis weniger qualvolle Stunden als in den schlaflosen Nächten, da er unter Hitler darüber nachdachte, wer zu seinem Teil daran mitwirken könne, Deutschland und Europa zu retten. Vor der Nachwelt wird er bleiben als eine der tragischen Figuren dieser Zeit. Die Deutschen werden sich vor seinem Andenken neigen mit der Bewunderung, die Attolico schon zu seinen Lebzeiten empfand.

Weizsäckers Versuch war zum Scheitern verurteilt. Es lag ein Verhängnis über allen Unternehmungen, Deutschland wieder zu einem Staat zu machen, in dem die Stimme der Menschlichkeit und der Vernunft gehört wurde. Daß diese Versuche überhaupt gemacht wurden, bleibt freilich ein Beweis dafür, daß auch die Tyrannei nicht vermochte, die Stimme des Gewissens zu ersticken.

Im Februar 1943 verteilten zwei Geschwister, Sophie und Hans Scholl, an der Münchener Universität Flugblätter, in denen es hieß: „Der Tag der Abrechnung ist gekommen, der Abrechnung der deutschen Jugend mit der verabscheuungswürdigsten Tyrannis, die unser Volk je erduldet hat. Im Namen der deutschen Jugend fordern wir vom Staat Adolf Hitlers die persönliche Freiheit, das kostbarste Gut der Deutschen, zurück ... Freiheit und Ehre! Zehn Jahre haben Hitler und seine Genossen die beiden herrlichen Worte bis zum Ekel ausgequetscht; was ihnen Ehre und Freiheit gilt, haben sie in zehn Jahren der Zerstörung aller materiellen und geistigen Freiheit, aller sittlichen Substanzen im deutschen Volk genugsam gezeigt."

Die Geschwister Scholl wurden vier Tage nach ihrer Verhaftung dem Scharfrichter überantwortet. Zu ihrem Kreise gehörte einer ihrer Professoren, Kurt Huber. Auch er wurde mit drei anderen Freunden hingerichtet.

Das Schicksal der Geschwister Scholl, Niemöllers, Galens und Weizsäckers bewies, daß solche Gruppen das Reich nicht retten konnten. Seit langem hatten sich daher die Hoffnungen der freiheitsliebenden Kreise auf das Heer gerichtet. Hier war allein noch Macht neben der Geheimen Staatspolizei, hier war auch die Verantwortung um so größer. Viele der führenden Offiziere spürten sie, und sie trugen in ihrem Gewissen schwer daran.

Aber die Erhebung war schwieriger, als manche der Mahner und Dränger aus den zivilen Kreisen wahrhaben wollten. Die Generale mußten die Hemmungen überwinden, die der Gehorsamspflicht gegenüber dem Obersten Kriegsherrn und aus dem Treueid entsprangen. Die gänzlich unpreußische Verderbung des Gehorsams zur willenlosen Ausführung von Befehlen hatte manche Offiziere nicht einmal davor bewahrt, die Mitverantwortung für Verbrechen zu tragen. Um wieviel schwieriger mußte es sein, Gefolgschaft für einen Aufruhr zu finden.

Die Generale mußten aber auch immer fürchten, daß ein Bürgerkrieg die Front zerbrechen werde und daß der Feind dann Deutschland überschwemmen werde. Das war ein für deutsche Offiziere unerträglicher Gedanke. Schließlich fragten sie sich auch, ob wirklich ein breiter Volkswille die Erhebung tragen werde. Sie kannten die Macht, die Hitlers Propaganda auf die Massen ausübte. Gerade weil diese Generale gelernt hatten, den Volkswillen mehr zu respektieren, als es ihre Väter im Kaiserreich getan hatten, zögerten sie.

In der Zeit der Siege Hitlers resignierten sie, nicht weil Hitler sie durch seine Erfolge überzeugt hätte, sondern weil sie annahmen, jetzt werde ein Aufstand vom Volke nicht verstanden werden. Die sich häufenden Niederlagen drängten sie dann zwar zur Eile, aber sie mußten nun wieder fürchten,

die ohnehin überbeanspruchte Kraft des Heeres an der Front könne nicht
noch die Belastung durch einen Bürgerkrieg ertragen.

Und nicht einmal technisch war es leicht, einem so wohlbehüteten
Staatsoberhaupt wie Hitler mit einer Verschwörung beizukommen. Wo es
gelungen war, die Sicherheitsvorkehrungen zu umgehen, mißlang der Anschlag dennoch auf schicksalhafte Weise. Einmal hatte eine Bombe im Flugzeug nicht gezündet, ein anderes Mal hatte wieder Hitler mit seiner unheimlichen Witterung für kommende Gefahren im letzten Augenblick eine
Besichtigung abgesagt.

Der 20. Juli 1944

Im Sommer 1944 aber hatten sich die verschiedenen Verschwörergruppen
in der Überzeugung zusammengefunden, daß es nun nicht mehr möglich
sei zu warten, daß auf jeden Fall gehandelt werden müsse. Auch jetzt wollten nur wenige den Tod Hitlers. Carl Goerdeler, eines der Häupter der Verschwörung, hegte noch immer den Plan Halders von 1938: Verhaftung,
Gericht, Überzeugung der Nation durch die öffentliche Bekanntgabe der
Schandtaten des Regimes. Andere waren zum Letzten entschlossen. Sie
glaubten, daß keine Erhebung gelingen werde, solange der Tyrann lebe.

In der Verschwörung hatten sich alle Stände, Gruppen und Stämme vereinigt. Der Schatten des Unterganges stand schon über dem Reich. Da fand
sich zum ersten- und zum letztenmal in seiner Geschichte die Gemeinschaft
des Volkes zusammen, von der edle Geister so oft geträumt hatten. Jetzt
war sie geschaffen, aber schon von den Zügen tragischen Mißlingens ge-
zeichnet. Nur wenige ihrer Glieder haben das Scheitern überlebt.

Sie kamen aus Heer, Verwaltung und Diplomatie, aus den Kirchen und
aus den Gewerkschaften und aus den Kreisen der Unternehmer. Dabei
waren Pfarrer und Rechtsanwälte, Großgrundbesitzer und Arbeiter, Adlige
und Bürgerliche. Bei einer so umfangreichen und weitverzweigten Verschwörung waren natürlicherweise auch einige schwächere Personen zu
finden. Von der Gesamtheit läßt sich sagen, daß sie zusammengefügt war
durch das Band des leidenschaftlichen Willens, aus Deutschland wieder
einen Staat des Rechts, der Ehre und der Menschlichkeit zu machen. Gemeinsam war ihnen auch die Überzeugung, daß das Reich zerbrechen müsse,
wenn nicht in letzter Stunde seine Verderber gestürzt würden.

Für die erste Zeit nach dem Gelingen des Aufstandes war geplant, den
verabschiedeten Generalobersten Beck zum Staatsoberhaupt, Goerdeler
zum Reichskanzler, den Gewerkschaftsführer Leuschner zum Vizekanzler
zu machen. Über Einzelheiten des neuen Staatsaufbaues dachten die Verschwörer verschieden. Reaktionär gesinnt war keiner von ihnen. Auch
Goerdeler wollte den sozialen Volksstaat mit starken Rechten der Gewerkschaften.

Am 20. Juli 1944 legte der Oberst Claus Schenk Graf von Stauffenberg im Hauptquartier Hitlers eine Aktentasche mit einer Zeitbombe unter den Tisch und entfernte sich dann. Stauffenberg hatte im Kriege ein Auge, die rechte Hand und die halbe linke verloren. Er war ein Nachkomme Gneisenaus, und seine Freunde spürten in ihm das Feuer des Vorfahren. Auch dieser vom Willen zum Edlen durchglühte Mann war einmal ein begeisterter Hitlerjunge gewesen. Jetzt wollte er einen neuen und sozialen Staat. Seinen väterlichen Freund sah der schwäbische Graf in Julius Leber, einer der stärksten Gestalten unter den sozialdemokratischen Mitgliedern der Verschwörung.

Die Bombe explodierte zwar und tötete einige Offiziere in der Umgebung Hitlers, verletzte ihn aber nur leicht. Damit war der Anschlag gescheitert. In Berlin und Paris, wo man Hitler zunächst tot glaubte, waren die Verschwörer nur für Stunden die Herren der Lage. Dann setzte die Gegenwehr ein. Am Abend war der Aufstand zusammengebrochen, Stauffenberg und Beck getötet, die anderen verhaftet oder mit der Verhaftung bedroht.

Viele hundert, vielleicht einige tausend, eine nie mehr genau festzustellende Zahl von Gegnern Hitlers fiel in den nächsten Monaten dem Henker zum Opfer. Dem Generalfeldmarschall Rommel wurde ein Giftfläschchen überbracht. Ein deutscher General gab sich dazu her, es ihm zu übergeben.

Das Scheitern der Erhebung bedeutete ein düsteres Verhängnis für das deutsche Volk. Es fehlt zwar nicht an Versuchen, dem Mißlingen einen tröstlichen Sinn zu geben. Der Versuch habe gemacht werden müssen, so meint man, damit der Welt bewiesen werde, daß Deutschland und Hitler nicht gleichbedeutend seien. Es sei aber auch gut, daß er nicht gelungen sei, sonst hätte eine neue Dolchstoßlegende unser Volk vergiftet. Was besagt das gegenüber der Möglichkeit, daß die Erhebung gelungen wäre und damit Aussichten geschaffen hätte, die, von heute aus gesehen, ganz fern, als ungeheures Glück erscheinen und doch im nächsten Bereich der Wirklichkeit lagen?

Hunderttausende von tapferen Soldaten aller Völker hätten nicht mehr auf den Schlachtfeldern zu fallen brauchen. Hunderttausende von Frauen und Kindern wären nicht mehr in den Luftschutzkellern erstickt und verbrannt. Hunderttausende von Wehrlosen wären nicht mehr in den Konzentrationslagern ermordet worden. Friedensverhandlungen wären aufgenommen worden in einer Lage, in der noch kein russischer Soldat auf deutschem Boden stand, in der die Beschlüsse von Jalta noch nicht gefaßt worden waren. Eine gesamtdeutsche Regierung hätte verhandelt, die Einheit des Vaterlandes wäre erhalten geblieben. Und die Deutschen hätten vor der Geschichte als ein Volk dagestanden, das sich mit eigener Kraft von der Tyrannei befreit hätte, statt sich durch fremde Bajonette die Demokratie bringen zu lassen.

Das alles ist verschüttet. Dafür müssen wir nun in unserem öffentlichen Leben die unendliche Fülle von bedeutenden Persönlichkeiten entbehren, die nach dem Scheitern dem Henker zum Opfer gefallen sind. Ihre Tatkraft, ihre Erfahrung, ihre Autorität, ihr praktischer Idealismus fehlen dem Nachkriegsdeutschland bitter.

So überfällt den Nachlebenden tiefe Schwermut, wenn er sich dieses Tages erinnert.

Jalta

Als die Erhebung mißlungen war, war auch der Untergang des Reiches besiegelt. Immer weiter drangen die Heere der Feinde vor. Die letzten deutschen Angriffskräfte raffte Hitler im Westen zusammen, statt sie gegen den gefährlichsten Feind, die Russen, zu werfen. In den Ardennen errangen noch einmal Tapferkeit und Führungskunst Anfangserfolge, dann blieb der Angriff vor der Übermacht des Feindes liegen. Die Kraft aber, mit der dieses schon geschlagene und der Vernichtung nahe Heer sich noch einmal aufgerafft und dem Gegner schwere Schläge versetzt hatte, bestärkte die Westmächte in ihrer Überzeugung, daß man sich die russische Freundschaft erhalten müsse, daß aber auch die Macht eines so unheimlichen Volkes wie des deutschen für immer zu zerbrechen sei.

Im Januar 1945 waren sich in Jalta auf der Krim Churchill und Roosevelt mit Stalin darüber einig, daß der vorher schon in Teheran gefaßte Beschluß bestätigt und daß Deutschland zerstückelt werden müsse. Das ganze Gebiet sollte besetzt werden, an den Besatzungszonen sollte auch Frankreich teilhaben. Die endgültige deutsche Ostgrenze wurde nicht festgelegt, doch sollte Polen das Gebiet östlich von Oder und Neiße verwalten. Die dort lebenden Deutschen sollten ausgetrieben werden. Churchill hätte gern die östliche Neiße als Grenze gewählt, was einen Teil Niederschlesiens beim Reiche gelassen hätte. Aber er vermochte sich nicht durchzusetzen.

Im Frühjahr 1945 drangen die feindlichen Heere tief in Deutschland ein. Die Trümmer der deutschen Armeen suchten den Heimatboden zu verteidigen, aber sie waren längst ausgehöhlt und ausgebrannt, durch schwere Verluste geschwächt und am Rande ihrer Kraft.

Die Russen vor Berlin

In diesen Monaten, da die militärische Macht Deutschlands an allen Fronten zusammenzubrechen begann, überwältigte einen der Sieger schwere Sorge. Seit fünf Jahren waren dies die bittersten Monate für den britischen Premierminister, den jeder auf der Höhe seines Triumphes glaubte.

Die Binde des Hasses, die ihm während der ersten Kriegsjahre den Blick für die kommenden Gefahren verdunkelt hatte, war nun längst von seinen Augen gefallen. Die alte, halbvergessene Furcht vor dem Bolschewismus war wieder erwacht. Und in diesem Vorfrühjahr 1945 spürte Churchill vollends, welche Folgen die deutsche Katastrophe für Europa haben konnte. In ihm war die Erfahrung eines Volkes erwacht, das viele Koalitionskriege geführt hatte. Er sah, wie leicht die Bundesgenossen von heute die gefährlichen Gegner von morgen sind. Er ahnte, daß Westen und Osten bald in tödlicher Feindschaft einander gegenüberstehen würden. Die Russen sollten nicht zu stark werden, deshalb wollte er, daß sie nicht zu weit in Deutschland eindrangen, deshalb schlug er vor, daß die westlichen Truppen möglichst viele und möglichst wichtige Gebiete Deutschlands besetzten.

Sein Feldmarschall Montgomery, von ähnlichem Geist beseelt wie der Premierminister, strebte in diesen Monaten eine Strategie an, die Berlin, Wien und Prag in die Hände der Westmächte gebracht hätte, bevor die Sowjets heran waren. Die Briten wollten den Bolschewiken erst dann die ihnen zugesagten Besatzungszonen einräumen, wenn sichergestellt war, daß die Russen auch ihrerseits ihre Zusage wahrmachten und daß sie nun überall dort demokratische Zustände schafften, wo Hitler seine Herrschaft aufgeben mußte.

Aber als wenn Deutschland nicht mit der Person Hitlers genug geschlagen gewesen wäre, erwies sich Roosevelt als ein weiteres Verhängnis. Er war ein bedeutender Mann, seine innenpolitischen Schöpfungen, seine neue Sozialpolitik überdauern ihren Begründer. Aber von Europa verstand er womöglich noch weniger als Wilson. Gegen Hitler und das militärische Deutschland hegte er einen ganz ursprünglichen Haß, der keine Unterschiede machte. Er ahnte nicht, wie sehr er sich mit Hitler zusammenfand in der Abneigung gegen den deutschen Generalstab. Er bewunderte dafür Stalin. Er glaubte, daß die Sowjetunion der mächtigste Staat Europas werden würde. Gerade deshalb wollte er Freundschaft mit ihr halten, und er glaubte, daß dies möglich sei. Für ihn waren Churchills Anregungen nur die Irrtümer eines ehrgeizigen Querkopfes.

Wie Montgomery mit seinem Premierminister alte politische Erfahrungen im Blut hatte, so teilte der General Eisenhower mit seinem Präsidenten die weltpolitische Unerfahrenheit seines Volkes. Er dachte rein militärisch. Für ihn war Berlin ein geographischer Begriff, nicht mehr. Die Bedeutung dieser Stadt für die kommende Entwicklung begriff er nicht.

So konnten nicht die Westmächte, sondern die Russen im April einen eisernen Ring um die Stadt legen. Nur noch der Funk und hin und wieder Flugzeuge bildeten die Verbindung der Reichskanzlei mit dem Rest des kämpfenden Heeres.

Das Ende

Hitler hatte sich in den letzten Jahren geweigert, dem Rat verantwortungsbewußter Generale zu folgen und den aussichtslosen Krieg zu beenden. Sogar jetzt noch überfiel ihn gelegentlich eine verstiegene Hoffnung auf den Sieg. Aber allmählich drang auch in sein Hirn die Erkenntnis, daß der Krieg verloren und seine eigene Herrschaft zu Ende sei. Seiner Natur nach konnte die Folge nur sein, daß der Wille zur Zerstörung sich ohne Hemmungen entfaltete.

Er befahl dem Rüstungsminister Albert Speer, beim Rückzug alle Brücken, alle Eisenbahnwagen, alle Fabriken zu zerstören. Durch Bomben und in den Kämpfen war ohnehin viel vernichtet worden. Hitler wollte nun, daß die letzten industriewirtschaftlichen Möglichkeiten den Siegern wie dem eigenen Volk genommen würden. Dieses Volk hätte nicht weiterexistieren können, wenn der Befehl ausgeführt worden wäre. Hitler hatte so oft beteuert, daß er die Deutschen mehr liebe als sein Leben. Jetzt wollte er ihm nicht mehr das nackte Dasein gestatten; es sollte in seinen eigenen Untergang hineingezogen werden.

Als Speer ihm entgegenhielt, welches die Folgen sein müßten, erwiderte Hitler: „Wenn der Krieg verloren geht, wird auch das Volk verloren sein. Es ist nicht notwendig, auf die Grundlagen, die das Volk zu seinem primitiven Weiterleben braucht, Rücksicht zu nehmen. Im Gegenteil, es ist besser, diese Dinge selbst zu zerstören. Denn das Volk hat sich dann als das Schwächere erwiesen, und dem stärkeren Ostvolk gehört ausschließlich die Zukunft. Was nach dem Kampfe übrigbleibt, sind ohnehin die Minderwertigen, denn die Guten sind gefallen."

Speer hatte einmal zu den Gläubigen gehört. Jetzt waren auch ihm die Augen aufgegangen. Er tat alles, um zu verhindern, daß der Befehl ausgeführt werde. Er rettete so dem Volk wenigstens das nackte Dasein.

In der letzten Aprilwoche erregten zwei Nachrichten noch einmal Hitler zu seinen alten Wutausbrüchen. Göring und Himmler hatten Friedensverhandlungen angeknüpft. Göring hatte sie Hitler mitgeteilt, Himmler aber hatte insgeheim verhandelt. Die Ratte wollte das sinkende Schiff verlassen. Hitler tobte, befahl Verhaftung und Erschießung, dann klagte er, er begegne überall dem Verrat. „Es gibt kein Unrecht, das man mir nicht zugefügt hätte." Ohne Erbarmen hatte er jahrelang Millionen von Menschen geopfert, jetzt empfand er, wohl zum erstenmal in seinem Leben, Mitleid. Aber dieses Gefühl hatte er für sich selber aufgespart.

Ende April 1945 hatten sich die Russen bis in das Berliner Regierungsviertel vorgekämpft. Hitler wollte ihnen nicht in die Hände fallen. Er wollte das Los seiner Soldaten nicht teilen. Er beschloß, sich das Leben zu nehmen. Seine letzten Kundgebungen zeigten noch einmal den wahren

Hitler. In seinem politischen Testament forderte er das deutsche Volk auf, nicht abzulassen vom Haß gegen die Juden. In einem letzten Brief an den Generalfeldmarschall Keitel erwies er die Ehre seiner Beschimpfung noch einmal den Männern, deren Welt er immer als feindlich empfunden hatte. Der Generalstab, so sagte er, habe versagt.

Am 30. April 1945 schoß sich Hitler eine Kugel in den Kopf. Seine Frau, die er am Tage vorher geheiratet hatte, nahm Gift. Wahrscheinlich wurden dann die beiden Leichen von der Wache mit Benzin übergossen und verbrannt. Wo ihre Asche geblieben ist, weiß niemand.

Wie gerne möchte man, auch das Andenken an Hitler könne in die Winde verweht werden wie seine Asche. Aber das Gedächtnis an ihn wird bleiben, das Gedächtnis an die furchtbarste Kraft der Zerstörung unserer Geschichte. Er hatte versprochen, sein Volk zur Größe zu führen. Als er sich das Leben nahm, standen die Feinde im Herzen Deutschlands, zeichnete sich das Schicksal der Spaltung des Reiches ab. Der Bolschewismus, den er vernichten wollte, steht an der Elbe und an der Werra. Das von freien Deutschen bewohnte Gebiet ist beängstigend schmal geworden. Der Historiker sieht mit Erschütterung die Karten, in denen die Gebietsverluste des Reiches in den letzten Jahrhunderten eingetragen sind. Hitler hat sie vermehrt, wie es nie zuvor der Fall war.

Er hat drei Millionen deutscher Soldaten, ebensoviel deutsche Zivilisten und unzählige Millionen Menschen anderer Völker dem Tode geweiht. Er hatte der deutschen Jugend die Ehre versprochen, und er hat Schande auf den deutschen Namen gehäuft.

Er war das größte Verhängnis der deutschen Geschichte.

SIEBENTES KAPITEL

DAS GESPALTENE DEUTSCHLAND

Bedrückt und in schwerer Sorge hatten die Deutschen am 1. September 1939 erfahren, daß der Krieg ausgebrochen war. Später hatten sie einige Male Gelegenheit zum Jubel gehabt, nach dem Sieg über Frankreich und nach den ersten Erfolgen in Rußland hatten sie geglaubt, daß bald der Friede kommen werde. Nun ruhten die Waffen, aber wieder waren die Deutschen bedrückt. Sie waren glücklich, daß das Blutvergießen aufgehört hatte, aber sie sahen, daß das Ende ihrer Leiden noch nicht gekommen war. Und ihr Gewissen war beschwert, als sie nun nach und nach erfuhren, wer der Mann eigentlich gewesen war, der sie zwölf Jahre lang geführt hatte.

Dönitz

Hitler hatte vor seinem Tode bestimmt, daß der Großadmiral Dönitz das Staatsoberhaupt werden solle. Dönitz war ein fähiger Soldat, aber ganz unpolitisch. Von dem eigentlichen Wesen Hitlers hatte er nichts begriffen; so war er sein Anhänger geworden und Hitler hatte ihm vertraut.

Dönitz setzte den Krieg fort. Seit Stalingrad und El Alamein war der Kampf auch militärisch sinnlos geworden. Aber in diesen acht Tagen, in denen unter dem Oberbefehl von Dönitz noch gefochten wurde, lagen Vernunft und Verantwortung. Diese Woche reichte aus, noch Millionen von Soldaten und Zivilisten von den Russen weg an die westliche Front zu bringen und sie so der rohen Hand der Bolschewiken zu entziehen. Eine Woche nach Hitlers Tod aber war jede Möglichkeit zum Widerstand geschwunden. Die deutsche Wehrmacht nahm die Aufforderung an, bedingungslos zu kapitulieren.

Als am 8. Mai 1945 der Generalfeldmarschall Keitel vor dem Marschall Schukow und den anderen alliierten Generalen erschien, um die Urkunde der deutschen Kapitulation zu unterzeichnen, hob er grüßend den Marschallstab. Es war eine sehr romantische Handlung; der Feldmarschall glaubte noch immer, daß ein Krieg alter Art geführt werde, in dem auch der Unterlegene ritterliche Behandlung erwarten dürfe. Ihm dämmerte nicht, wieviel er selber dazu beigetragen hatte, dieses Bild zu zerstören. Aber welcherart sein und seines Volkes Schicksal sein werde, begann er wohl zu begreifen, als die alliierten Offiziere seinen Gruß mit Blicken voller Erstaunen und eisiger Verachtung beantworteten.

Dies war mehr als ein verlorener Krieg, dies war für lange Zeit das Ende staatlichen Daseins der Deutschen überhaupt, ein Hineintaumeln in Elend und Demütigung.

Am 23. Mai 1945 verhafteten alliierte Soldaten den Großadmiral Dönitz und seine engsten Mitarbeiter in Flensburg. Vierzehn Tage lang hatte man sie noch mit gemessener Höflichkeit behandelt, weil man sie brauchte, um die deutsche Verwaltung in die Hände der Sieger überzuleiten. Nun war die Zeit der Schonung vorbei. Soldaten trieben die Gefangenen in die Keller der Marineschule, wo man sie zwang, sich zu entkleiden. Man suchte wohl verborgene Waffen oder Gifte bei ihnen. Himmler und Goebbels hatten Selbstmord begangen, diese Männer wollte man lebend haben. Man nahm ihnen ihre Brieftaschen ab, die sie nie mehr wiedersehen sollten. Dann trieb man sie in den Hof, wo sie sich in halber Bekleidung mit erhobenen Händen wie Schwerverbrecher den grinsenden Photographen stellen mußten.

Ein weises Gemüt hätte sich dadurch nicht entehrt gefühlt. Ehre und Unehre liegen immer nur in dem, was ein Mensch tut, nicht in dem, was einem angetan wird. Aber das ist eine zivilistische Moral, und man muß verstehen, daß Offiziere anders denken. Der Oberbefehlshaber der Kriegsmarine, der Admiral Friedeburg, ertrug das Gefühl nicht, besudelt zu sein, und er nahm sich das Leben. Er gab damit seinem Volk und der Welt das Rätsel auf, das vor ihm schon so viele seiner Art der Welt aufgegeben hatten: wie man selber ein hochgespanntes Ehrgefühl haben und doch jahrelang mit einem Mann zusammenarbeiten kann, unter dessen Oberbefehl namenlose Untaten begangen werden.

Bei Friedeburg ist die Lösung genauso einfach wie bei seinem Vorgänger und damaligen Staatsoberhaupt Dönitz: sie waren so in die Enge ihres militärischen Kreises von Befehlen und Gehorchen eingespannt, daß sie wirklich nichts wußten von all den Scheußlichkeiten, die jahrelang begangen worden waren. Wer auch nur eine blasse Ahnung von diesen Dingen hatte, dem war seit langem klar, daß sie sich eines Tages furchtbar an der Nation rächen würden. Friedeburg hatte dieses Wissen nicht, für ihn brach an jenem Tag in der Marineschule zu Flensburg eine Welt zusammen. Er verstand das Geschehen nicht mehr, so wie es Millionen von Deutschen nicht mehr verstanden.

Die Verachtung, die dem Großadmiral Dönitz und seinen Mitarbeitern entgegenschlug, empfanden die Sieger auch gegenüber dem deutschen Volk. Die Leidenschaften des Kampfes waren noch aufgewühlt, in den Herzen hatte Großmut sowenig Platz wie Nachdenken in den Gehirnen. In den Augen der Welt war das deutsche Volk in seiner Gesamtheit schuldig, in seiner Gesamtheit sollte es nun büßen.

Dies war die Zeit, in der ein amerikanischer Soldat öffentlich schreiben konnte, ihn ergreife jedesmal wütender Haß, wenn er eine schwangere deutsche Frau sehe. „Wird nicht aus ihrem Bauch ein Wesen entstehen, das meinen Sohn zwanzig Jahre später zwingen wird, in einen widerlichen Krieg zu ziehen?" So wie er dachten ganze Völker.

Sühne

Bestrafen, zur Sühne zwingen, erziehen, das waren die Leitbilder der alliierten Regierungen, deren Generale die Regierungsgewalt in Deutschland übernahmen, da es keinen deutschen Staat mehr gab. Die Offiziere, die nach diesen Leitbildern handelten, glaubten aufrichtig, einem großen sittlichen Zweck zu dienen. Auch sie waren Menschen, und sie konnten nicht hindern, daß sich in ihre Beweggründe unedle Gefühle mischten, Haß, Rachbegierde und Hochmut.

Am meisten dürsteten nach Erziehen und nach dem Anblick der deutschen Sühne die Amerikaner. Das deutsche Volk hatte zweimal die idealistischen Wurzeln des amerikanischen Handelns unterschätzt. Es hatte nicht begriffen, welche Gewähr des Sieges diese Nation nicht nur aus ihren überwältigenden materiellen Hilfsmitteln, sondern auch aus ihrem befeuernden Glauben zog, daß sie dem Guten diene und das Böse bekämpfe. Aber das puritanische Erbe in den Amerikanern enthüllte auch bedenkliche Seiten. Die Zuversicht, mit der sie die Völker in Gut und Böse zu scheiden gedachten, die Selbstgewißheit, mit der sie die Welt in tiefes Schwarz und leuchtendes Weiß getrennt sahen, erlaubte ihnen keinen Blick in die Verflechtungen und die Verwicklungen des deutschen Schicksals.

Selbstgerechtigkeit herrschte nicht nur bei ihnen, sondern bei allen Siegern. Dieses Gefühl ließ ihnen keine Möglichkeit, zu überlegen, ob ihre Irrtümer nicht vielleicht mit daran schuld gewesen waren, daß Hitler an die Macht gekommen und so lange an der Macht geblieben war. Erst recht gestattete dies Gefühl der sittlichen Überlegenheit nicht, daß sie ihr eigenes Gewissen befragten, etwa wenn sie an den eingestürzten Kellern der Wohnviertel vorübergingen, unter denen oft noch die verbrannten oder phosphorvergifteten Leichen von Frauen und Kindern lagen. Ihr sittliches Gesetz blieb hart: Strafen, zur Sühne zwingen, erziehen.

So begann die Geschichte eines der grandiosesten Irrtümer der Weltgeschichte: ein Volk von siebzig Millionen sollte dadurch gebessert werden, daß es ins Elend gestürzt wurde und daß man versuchte, seine geschichtliche Überlieferung und seine innere Substanz auszulöschen.

Hunger

Das erste Erziehungsmittel hieß Hunger. Die Deutschen, soweit sie vernünftig waren, begriffen angesichts der im Hitlerkriege zerstörten Brücken,

Fabriken und Wohnhäuser sehr wohl, daß die bittersten Einschränkungen notwendig waren und daß man nicht damit rechnen dürfe, bald wieder zum Wohlstand des Friedens zurückzukehren. Aber als das Leiden länger dauerte, keimte der Verdacht auf, die Not sei nicht nur die Folge eines langen, mörderisch geführten und schließlich verlorenen Krieges. Die Vermutung wuchs, daß die Entbehrungen mit Absicht verhängt worden seien; und sie war berechtigt.

Die alliierten Militärregierungen waren nicht frei in ihren Handlungen. Der amerikanische Oberbefehlshaber etwa war ausdrücklich gebunden durch die Anweisung der Stabchefs in Washington, die in den Akten des amerikanischen Kriegsministeriums das Zeichen ICS 1997 trägt. Sie gab nur wieder, was die amerikanische Regierung und das amerikanische Volk dachten.

In ihr hieß es: „Deutschland wird nicht mit dem Ziel der Befreiung besetzt werden, sondern als eine besiegte feindliche Nation zur Durchsetzung wichtiger alliierter Interessen." In der Anweisung war noch die ganze bittere Feindschaft zu spüren, die Hitler mit seinem Angriffskrieg und seiner Grausamkeit in der Welt gegen Deutschland erweckt hatte. Ihren gefährlichen Höhepunkt, der das Elend von vielen Millionen in sich schloß, fand die Anweisung in dem Satz, daß der Oberbefehlshaber keine Maßnahme ergreifen dürfe, „die den wirtschaftlichen Wiederaufstieg Deutschlands und die Stärkung der deutschen Wirtschaft zum Ziele hat".

Es fand sich kein weiser Mann in den alliierten Regierungen, der seinen Kollegen aus allgemeiner menschlicher Erfahrung gesagt hätte, daß Hunger ein miserables Mittel ist, Selbsteinkehr zu erreichen. Die Deutschen hatten viel Grund, darüber nachzudenken, was in den letzten Jahrzehnten geschehen war und welchen Anteil sie an dem Bösen hatten, das über die Welt hereingebrochen war. Aber wer sich von morgens bis abends überlegen muß, wie er noch einen Kohlkopf oder einen Brotlaib ergattert, um das nackte Leben zu fristen, der hat keine rechte Kraft mehr zu solchen Gedanken. Auch war die Atmosphäre ständiger Gesetzesübertretung durch das ganze Volk – denn anders wäre es verhungert – nicht dazu geschaffen, zur Achtung vor dem Gesetz zu erziehen.

Nürnberg

Das zweite Mittel, mit der Bestrafung auch die Besserung zu erwirken, waren die Gerichtsverfahren gegen die Hauptschuldigen des nationalsozialistischen Regimes. Ungeheuerliche Verbrechen waren begangen worden, sie schrien nach Sühne. Die Sieger hatten kein Vertrauen zum deutschen Volk, so nahmen sie die Aburteilung selber in die Hand. Mit dem Namen

Nürnberg verbindet sich eines der kühnsten Unternehmen der Geschichte, der Versuch, nach einem Kriege das Recht dadurch wiederherzustellen, daß man die Schuldigen einem ordentlichen Gerichtsverfahren zuführt und sie dann bestraft.

In vielen Fällen wurde dem verletzten Recht Genüge getan. Menschen, die jahrelang grausam und tückisch gehandelt hatten, wurden dem Tode durch den Strang oder dem Kerker überliefert. Unter den alliierten Anklägern und Richtern waren Zierden ihres Berufs mit genauer Kenntnis des Rechts und des Tatbestandes, von dem ernsten Willen beseelt, Gerechtigkeit zu schaffen und die Wiederkehr der schrecklichen Ereignisse zu verhindern. Da die Verhandlungen öffentlich geführt wurden, konnte das deutsche Volk aus dem Munde der Verantwortlichen erfahren, welche Untaten im Namen Deutschlands begangen worden waren. Die Deutschen hörten es schaudernd; manchem ging nun auf, wem er jahrelang gefolgt war.

Wenn dennoch die Wirkung nicht so tief ging, wie man es hätte wünschen mögen, so lag das einfach daran, daß die Richter keine Deutschen waren. Ein ähnliches Mißtrauen wie die Alliierten gegen die deutsche Justiz hatten die Deutschen gegen die alliierte Rechtsprechung. Sie vermochten nicht zu glauben, daß es der reine Wille zur Gerechtigkeit sei, der die Richter leitete.

In der Tat machte sich allmählich eine bestimmte Absicht bei den Verfahren immer störender bemerkbar: der ausgeprägte Wille, nicht nur die Häupter des Nationalsozialismus, sondern die deutsche Führungsschicht überhaupt, Diplomaten, Wirtschaftler, Offiziere als verbrecherisch, grausam und eroberungslüstern darzustellen. Der Wille zum Recht wurde offensichtlich von dem Willen überschattet, dem deutschen Volk das Selbstbewußtsein zu nehmen und sein Rückgrat zu brechen, gemäß der Auffassung, daß dieses Volk in seinen Wurzeln verderbt sei und daß deshalb die Wurzel ausgerottet werden müsse.

Und dann saßen da, wenigstens im Anfang bei dem „großen" Nürnberger Prozeß, unter den Richtern auch Beamte eines Staates, von dem die einfachen deutschen Staatsbürger schon damals etwas mehr wußten als die meisten westlichen Politiker. Der Wille zum Angriffskrieg wurde verurteilt durch Männer, die auf ihre Weise teilgehabt hatten an dem russisch-deutschen Pakt von 1939, dem Zünder für den Angriffskrieg Hitlers.

So wurden die Deutschen hin und her gerissen, wenn sie von den Verhandlungen in Nürnberg hörten. Sie begannen den Umfang des Grauens zu erkennen, das die zwölf Jahre der Herrschaft Hitlers bedeutet hatten. Aber sie fragten sich auch immer wieder: „Ist das alles Recht, was hier gesprochen wird? Ist das alles auch wahr, was hier ausgesagt wird?" Erst lange nachher, als die Rechtsprechung gegen Kriegsverbrecher in deutsche Hände gelegt worden war, schwanden diese Zweifel, aber inzwischen war viel kostbare Zeit verlorengegangen.

Entnazifizierung

Das dritte jener Mittel, Sühne und Erziehung miteinander zu verbinden, war die Entnazifizierung. War das deutsche Volk im ganzen schuldig, so waren es die Mitglieder der nationalsozialistischen Partei, vor allem aber ihre Führer im besonderen Maße. Wieder wirkte sich die selbstgewisse Zuversicht der Sieger aus, die nicht daran zweifelten, daß es ihnen möglich sein werde, die verschiedenen Maße von Schuld genau zu erkennen.

So fanden sich in den Internierungslagern uniformierte Verbrecher, bösartige Fanatiker, willfährige Opportunisten und glühende Idealisten zusammen mit Männern, die mitgegangen waren, weil es anders nicht möglich gewesen wäre, in dem einmal erwählten Beruf zu bleiben. Dasselbe bunte Gemisch stand vor den Gerichten, die sich Entnazifizierungskommissionen nannten und die vor der nicht zu bewältigenden Aufgabe standen, den Menschen ins Herz zu schauen. Die summarische Verurteilung oder Freisprechung von Millionen von Angeklagten, ihre Verdammung zur Haft oder Verlust ihrer Existenz, ihre mildere Beurteilung oder gar ihre Rehabilitierung nach politischen Gesichtspunkten, das alles war in der europäischen Geschichte noch nicht dagewesen.

Sehr bald erwies sich, was jeder Menschenkenner vorhergesagt hatte, daß die Entnazifizierung ein völliger Fehlschlag war; vorausgesetzt, daß man mit ihren Urhebern daran geglaubt hatte, in schuldigen Menschen damit Reue erwecken zu können. Der Lehrer oder Briefträger, der sich seiner Existenz beraubt sah, weil er geglaubt hatte, was auch draußen viele eine Zeitlang geglaubt hatten, daß nämlich der Führer den Frieden bewahren und Europa vor dem Bolschewismus retten werde, fragte sich verzweifelt, ob sein Irrtum nicht doch zu teuer bezahlt war. Sein Herz verhärtete sich.

Es wurden auch viele Schuldige getroffen. Aber mindestens ebensooft wurde das Wesen des Rechtsstaates verletzt. Wir können nicht mehr mit Gewißheit sagen, wie weit der Wille zur inneren Umkehr gewachsen war in den Monaten nach dem Zusammenbruch. Auf jeden Fall wurde er nun erdrückt durch den drängenden Wunsch, dem in der Retorte amerikanischen Denkens gezüchteten Ungeheuer des Fragebogens zu entgehen, sei es durch Ableugnen, sei es durch Beschönigen oder sei es durch die Zeugnisse gefälliger Freunde. Was als Mittel zur sittlichen Wiedergeburt gedacht war, führte nur in den Wunsch zum Verschweigen und Vertuschen und in eine neue moralische Verwirrung.

Die Alliierten haben alles Recht darauf, daß man ihr Handeln verstehe.

Das Problem, mit einer Massenorganisation fertig zu werden, die mit den Familienmitgliedern ein Drittel oder die Hälfte eines ganzen Volkes umfaßte, war tatsächlich unlösbar. Wenn man sich nicht damit begnügen wollte, nur wirkliche Verbrechen zu bestrafen, das Verkünden von Gesinnungen aber straflos zu lassen, so mußte jener Versuch scheitern. Aber gescheitert ist er, das ist sicher.

Umerziehung

Als viertes Mittel, diesmal nicht der Bestrafung, sondern der inneren Erneuerung und Umkehr, erschienen den Alliierten Aufklärung und Propaganda. Wieder mischte sich Kluges und Edles mit Törichtem und Verwirrendem. Daß die Deutschen die volle Wahrheit darüber erfuhren, wie Hitler den Angriffskrieg gewollt hatte und wie tückisch und grausam das Regime gewesen war, hatte eine heilsame Wirkung. Gewiß vergeht eine Anschauung wie der Nationalsozialismus, der Millionen von Menschen angehangen haben, nicht über Nacht. Aber die Zahl derer, die sich mit Entsetzen von ihm abwandten, war größer als die der Unbelehrbaren.

Es war auch eine psychologische Notwendigkeit, vorzustoßen bis zu den Wurzeln des Nationalsozialismus, die schon vor Hitler in unserem Volksleben wirksam gewesen waren und seinen Sieg über das deutsche Volk erleichtert hatten. Verherrlichung der eigenen Nation und Verherrlichung des Krieges wurden mit Recht gebrandmarkt. Aber die Alliierten begnügten sich nicht damit. Es war wohl auch schwer für Ausländer, zu unterscheiden, was ehrenhafte Gesinnung und was bösartige Auswucherung und Verzerrung war. In ihrem Bemühen, die Wurzeln des Nationalsozialismus auszurotten, brandmarkten die Alliierten auch Gesinnungen, die in ihren eigenen Ländern für beispielhaft und vorbildlich galten: Vaterlandsliebe, Aufopferung für die Gemeinschaft, Bekenntnis zum Verteidigungswillen.

So verfemten sie die militärische Geschichte der Deutschen überhaupt. Wohl hörten die Deutschen von ihnen noch Lippenbekenntnisse, in denen tapferes Soldatentum und blutdürstiger Militarismus geschieden wurden. Der Berufssoldat aber, der jahrelang ohne einen Pfennig Pension auskommen mußte und sich und seine Familie dem Hungertode ausgeliefert sah, spürte besser die innere Absicht der neumodischen Propaganda: jeden soldatischen Geist aus dem deutschen Volk zu vertreiben, den Soldaten zu einer verachteten Gestalt zu machen, die Erinnerung an die militärische Geschichte der Deutschen auszurotten.

Das blieb nicht ohne Wirkung. Dieser Teil der Umerziehung gelang ziemlich gut. Die Spuren sind heute noch nicht geschwunden. Als später die Sieger darangingen, die Deutschen wieder zu bewaffnen, spürten sie Widerstände, mit denen sie vorher nicht gerechnet hatten. Sie hatten sie selber entfachen helfen.

Oben: Die Befehlshaber der vier Besatzungszonen als Mitglieder des Kontrollrats: v. l. n. r.: Bernhard L. Montgomery (Großbritannien), Dwight D. Eisenhower (USA), Georgij K. Schukow (UdSSR), Jean Lattre de Tassigny (Frankreich).
Unten: Der alliierte Kontrollrat tritt am 28. 12. 1945 in Berlin für Deutschland zusammen.

Oben: Berlin-Blockade 1948/49. Alle 62 Sekunden landete ein »Rosinenbomber« in Berlin-Tempelhof.

Unten: Luise Schröder auf der Münchner Konferenz 1947.

Oben: Dr. Konrad Adenauer führt den Vorsitz bei der konstituierenden Versammlung des Parlamentarischen Rates im September 1948.

Unten: Im Mai 1949 tagt in Bonn der Parlamentarische Rat. Es wird
über das Grundgesetz abgestimmt.

Oben: Professor Dr. Theodor Heuss bei seiner Ansprache nach der Wahl zum Bundespräsidenten am 12. 9. 1949.

Links: Dr. h. c. Heinrich Lübke wird am 1. 6. 1959 zum Bundespräsidenten gewählt.

Aber nicht nur die militärische, die ganze jüngste deutsche Geschichte sollte den Deutschen verächtlich und verwerflich erscheinen. Die Reue, die man von ihnen verlangte, sollte sich auch auf die Taten der Vorfahren erstrecken. Wenn diesem Volk erlaubt sein sollte, daß sein Schuldgefühl sich mildere, dann nur um den Preis, daß es seine Vergangenheit verdamme. Es sollte einen halben Trost darin finden, daß es schon seit zwei Jahrhunderten in den Händen einer Schar von größenwahnsinnigen Eroberungsbestien gewesen war.

Die Sieger brauchten sich nicht allein um dieses Ziel zu bemühen. Auch in Deutschland wurden genug Stimmen gehört, die Hitler zu einer Ausprägung des Geistes erklärten, der schon Jahrhunderte vorher geherrscht habe. Der große Aufstand der Kammerdiener begann. Wie eine Horde betrunkener Lakaien in das verlassene Schloß ihrer Herren zieht, überall die Bilder der Ahnen aus ihren kostbaren Rahmen reißt und über die Erde schleift, so zertrümmerte man jetzt die Bilder Friedrichs, Scharnhorsts, Gneisenaus und Bismarcks.

Das Bemühen der Sieger kam einer tiefen Geschichtsmüdigkeit der Deutschen entgegen. Hitler hatte das Staats- und Geschichtsdenken der Deutschen ebenso überanstrengt wie ihre Opferbereitschaft und ihre militärischen Kräfte. Jetzt, wo alles zusammengebrochen war, wandten sich Millionen vom Staat und seiner Geschichte ab. Vielen wurde in diesen Jahren das nationale Rückgrat gebrochen. Die alte Neigung der Deutschen zur Maßlosigkeit zeigte wieder ihre verhängnisvollen Folgen.

In den letzten Jahrzehnten hatte sich das nationale Empfinden der Deutschen bösartig verzerrt, es war krankhaft ausgewuchert. In seinem Namen war ein schrecklicher Krieg entfesselt worden, in seinem Namen war die Überlegenheit der Herrenrasse über minderwertige Völker gepredigt worden, ja in seinem Namen waren Verbrechen begangen worden. Nun bebte die Nation vor dem Bilde zurück, das ihr im Spiegel begegnete. Nun begann die Zeit, in der die Deutschen sich in ihren eigensten Angelegenheiten an Fremde wandten, in der ihr Selbstvertrauen schwächer wurde als das der anderen Völker.

Wie die Deutschen in diesen Jahren nach 1945 im einzelnen dachten, ist mit völliger Genauigkeit nicht mehr festzustellen; die Urteile aus der Erinnerung schwanken. Aber ein ungefähres Bild kann man sich doch machen, wenn man im Gedächtnis die Gespräche aus jener Zeit festzuhalten versucht.

Eine kleine Schar von geistigen Menschen fand die Kraft, auf die kommende Zeit zu hoffen, in der Deutschland den Menschen das Beispiel einer verwandelten Welt geben würde, voller Brüderlichkeit und Wärme, innerer Freiheit und strahlenden, wenn auch einfachen Lebens. Das waren diejenigen, die nach 1948 bitter enttäuscht waren, als sie sahen, wie ihr Volk sich mit leidenschaftlicher Tatkraft auf das Ziel stürzte, seine Lebenshaltung zu verbessern, und wie im übrigen die alte Machtpolitik, persönliche Ränke und diplomatische Kniffe wieder die Ereignisse bestimmten, wie sie das immer getan haben und wohl immer tun werden.

Die große Masse der Deutschen hatte keine Zeit zu so tiefschürfenden Überlegungen. Sie mußte schauen, wie sie mit den Gefahren des schwarzen Marktes fertig wurde und einige Scheite Holz in die Küche bekam. Auch schlug sich ungefähr die Hälfte der Deutschen mit den Entnazifizierungsbescheiden herum, mit den eigenen oder denen der Freunde und Verwandten. Gelegentlich lasen die Deutschen in der Zeitung etwas von der neuen Zeit der Menschenwürde und der gegenseitigen Achtung, die nun angebrochen war. Aber sie glaubten nicht recht daran.

Byrnes in Stuttgart

Wohin diese seelische Entwicklung geführt hätte, wäre sie weitergegangen, ist nicht schwer zu sagen. Sie hätte nach der jammervoll gescheiterten Überspannung des rauschhaften Denkens in einem allgemeinen Zustand des Nihilismus geendet. Aber es war den Deutschen bestimmt, daß wenigstens ihr materielles Leiden nicht endlos sein werde. Im September 1946 sprach der amerikanische Außenminister James F. Byrnes in Stuttgart Worte der Versöhnungsbereitschaft. Die Wende der westlichen Politik kündigte sich an.

Die Zeit hatte manche Wunde vernarben lassen. Der alte amerikanische Idealismus, der die Deutschen so heftig befehdet hatte, wandte sich ihnen nun zu. Die Amerikaner begannen zu begreifen, daß die Ideale des Rechts und der Freiheit auf den bisherigen Wegen nicht zu verwirklichen waren. Die amerikanischen Soldaten berichteten nach Hause, daß die Deutschen keineswegs alle jene barbarischen Untiere seien, zu denen Himmler, Höß und Eichmann sie in den Augen der Welt gestempelt hatten.

Auch war die Begeisterung für die Bolschewiken verschwunden, die so lange den Blick für die Wirklichkeit getrübt hatte. Die Amerikaner fanden die besiegten Deutschen, die sich zur Demokratie bekannten, sympathischer als die Mitbürger Josef Stalins. Die Zeit begann, in der das frühere Opfer amerikanischer Abneigung zum verhätschelten Schoßkind der amerikanischen Politik wurde.

Aber nur der westliche Teil Deutschlands hatte einen Gewinn davon. Mitteldeutschland war dem übrigen Volk bereits mit Gewalt entfremdet worden. Die deutsche Spaltung warf ihre Schatten über die Nation und über die Welt.

Als am 8. Mai 1945 der deutsche Staat aufhörte zu bestehen, war es noch nicht entschieden, daß die Deutschen auch ihre staatliche Einheit verlieren würden. Es stand nicht in den Sternen geschrieben, daß die siebzig Millionen neben vielem anderen Unglück auch noch das Unheil einer lange andauernden Spaltung erdulden sollten. Erst am Ende einer Kette von menschlichen Entscheidungen, Irrtümern und Unterlassungen vollzog und verhärtete sich die Trennung.

Wohl hatten sich Amerikaner, Briten und Russen zuerst in Teheran und dann in Jalta mit Wohlgefallen ausgemalt, wie sie das besiegte Land zerstückeln würden. Aber als sie sich im Juli 1945 wieder in Potsdam trafen, schien die Erinnerung an die alten Beschlüsse verblaßt. Gerade weil nun der Sieg errungen war, schwanden die Erbitterung und der Wille zur Aufteilung.

Man sprach noch eine Weile von der Notwendigkeit aufzuteilen, aber diesen Absichten fehlte die äußerste Entschlossenheit. Und schließlich einigte man sich darauf, daß den Deutschen wenigstens gemeinsame Staatssekretariate für die Wirtschaft, den Verkehr und die Finanzen gegeben werden sollten. Über ihnen sollte der alliierte Kontrollrat die Oberaufsicht ausüben.

Auch Österreich war in diesen Monaten besetzt worden. Über seine staatliche Zukunft war man sich nicht einig. In ihrer Besatzungszone machten die Russen beträchtliche Anstrengungen, ihre besonderen gesellschaftspolitischen Ziele zu erreichen, die Bolschewisierung zu fördern. Das war ein Zeichen dafür, welche Pläne die Russen für die Zukunft des österreichischen Gesamtstaates hegten. Aber die einheitliche österreichische Verwaltung wurde der von außen kommenden Spaltungstendenzen Herr. Auch unter fremder Besatzung blieb dem Land ein beträchtliches Maß an Einheit erhalten.

Es ist möglich, daß sich in Deutschland eine ähnliche Entwicklung durchgesetzt hätte. Auch hier hätte vielleicht eine Verbindung von Klugheit und Geschmeidigkeit bei den deutschen Staatssekretären die Einheit erhalten. Voraussetzung wäre gewesen, daß die Deutschen eine ähnlich hohe Staatsmannskunst gezeigt hätten, wie sie in diesen Jahren der verwandte Stamm an der Donau zeigte. Das läßt sich freilich nicht beweisen, sowenig wie es sich beweisen läßt, daß es im Kontrollrat trotz deutschen Staatssekretariaten doch zu Zerwürfnissen gekommen wäre und daß die Einheit der deutschen Verwaltung diesen Streit nicht ertragen hätte.

Die Geschichte wird so leicht nicht geruhen, eine Antwort auf die Fragen zu geben, die uns bedrängen, wenn wir an die ungenutzten Möglichkeiten von Potsdam denken. Es zeigte sich jetzt, daß der deutschen Einheit in Jalta Schlimmeres auferlegt war als das Bekenntnis zur Zerstückelung: Die

Konferenz hatte dem Drängen der Franzosen nachgegeben und sie als Besatzungsmacht anerkannt.

Die Franzosen konnten sich nicht vorstellen, daß die Sicherheit Frankreichs gewährleistet bliebe, wenn Deutschland nur im Osten Gebiete verlöre. Dies war die Zeit, in der Charles de Gaulle sich noch ganz als Nachfolger Richelieus fühlte. Er erhob die alten Ansprüche Frankreichs auf das Saarland und forderte auch wieder die Abtrennung des Rheinlandes. Sogar das Ruhrgebiet sollte der deutschen Oberherrschaft entzogen werden. Frankreich war jedoch, anders als die Russen, nicht Herr über die begehrten Gebiete; seine Ansprüche wurden von den anderen Alliierten zurückgewiesen. Nur das Saarland wurde mit beschränkter Selbstverwaltung als französisches Einflußgebiet anerkannt.

Aber wenn Frankreich auch seine alten Gebietsansprüche in Westdeutschland nicht durchsetzen konnte, so hatte es doch die Macht, wenigstens die Reste staatlicher Einheit im Rumpfdeutschland zu zerstören. Die französische Regierung erhob entschiedenen Einspruch gegen den Plan, deutsche Staatssekretariate zu errichten. Sie berief sich darauf, daß sie an die Potsdamer Beschlüsse nicht gebunden sei, weil sie nicht daran mitgewirkt habe. Die übrigen Alliierten gaben nach.

Bolschewisierung

So brauchten die Russen keine Gegenwirkung deutscher Zentralstellen mehr zu fürchten, als sie darangingen, ihr Gesellschaftssystem auf die Zone zu übertragen. Im Lichte der späteren Ereignisse erscheint es vielen Beobachtern als sicher, daß die Sowjets von Beginn an die Absicht gehabt hätten, ihr Besatzungsgebiet zu bolschewisieren. Das mag so sein, schlüssige Beweise fehlen noch.

Die Berichte der Deutschen, die damals mit den Sowjets verhandelten, sind nicht einheitlich. Auch gibt es von Stalin eine Bemerkung gegenüber dem Polenführer Mikolajczyk, die sehr verächtlich gemeint war: „Die Deutschen passen zum Kommunismus wie der Sattel zur Kuh." Wie dem auch sei, der französische Einspruch schwemmte die juristischen Hemmnisse hinweg, die noch gegen die Bolschewisierung der Zone und damit gegen die Spaltung bestanden.

Im September 1945 wurden die landwirtschaftlichen Besitzungen aller „Kriegsverbrecher", dazu alle anderen Güter mit einer Größe über vierhundert Morgen enteignet. Die Eigentümer, zum großen Teil Adlige mit alten Namen, wurden vertrieben, soweit sie nicht vorher schon erschossen oder verhaftet worden waren. Die Gesellschaftsschicht, die das mittlere und östliche Deutschland seit dem Mittelalter geführt hatte, war als Stand ausgelöscht.

Ähnliches wie über die landwirtschaftlichen wurde über die industriellen Betriebe verfügt. Der meisten von ihnen bemächtigte sich der Staat. Sinngemäß war damit verbunden eine wachsende Bevorzugung der Kommunistischen Partei. Nicht umsonst setzten die Russen in ihrer Zone das Parteiwesen früher in Tätigkeit als die westlichen Mächte. Hier sahen sie Ansatzpunkte dazu, ihre alleinige und endgültige Herrschaft aufzurichten.

Aber in der gleichen Zeit, in der sie das deutsche Land östlich von Elbe und Werra als feste Bastion des Leninschen Erbes auszubauen begannen, verloren sie eine andere Möglichkeit, die sie weit eher hätte verlocken müssen: ganz Deutschland als Bundesgenossen zu gewinnen.

Der Bolschewikenschreck

Als der Krieg zu Ende ging, waren viele Menschen in Deutschland zwiespältig in ihrer Haltung zu den Russen. Die große Masse hatte den Kommunismus immer abgelehnt, und was die deutschen Soldaten in Rußland gesehen hatten, hatte keine Anziehungskraft ausgeübt. Aber viele Deutsche waren auch erbittert über den Westen. Den militärischen Sinn der Angriffe gegen Wohnviertel hatten selbst die leidenschaftlichsten Gegner Hitlers nicht begreifen können. Und jetzt lag auch die Hand der westlichen Besatzungsmächte hart auf den Deutschen. Dazu kam in breiten Kreisen der Arbeiterschaft die Überzeugung, daß Hitler und mit ihm der Krieg nie gekommen wären, wenn nicht der Streit der beiden Linksparteien die Einheit der Arbeiterklasse zerstört hätte. Diese seelische Lage hätte günstige Möglichkeiten für einen weitblickenden und eiskalten Politiker im Kreml gewähren können, der sich überlegt hätte, daß die Besiegten von heute manchmal die Bundesgenossen von morgen sind.

Zum Unheil für das Leben und die Freiheit von Millionen Deutscher, aber zum Heil für die Zukunft des Westens war der leitende Staatsmann Rußlands diesmal kein nüchterner Schachspieler auf dem Brett der Weltpolitik, sondern ein siegestrunkener Triumphator, der sich von Haß und Rachsucht treiben ließ.

Er hatte einmal das Nationalkomitee „Freies Deutschland" aus gefangenen deutschen Soldaten gründen lassen. Hätte er jetzt die Karte mit dem großen Namen des Generals von Seydlitz ausgespielt, er hätte wohl Millionen in Westdeutschland schwankend gemacht. Aber er warf die Karte fort, bevor sie wirken konnte.

Seine Soldaten überschwemmten das besiegte Land wie einst die Tataren das russische. Das Stöhnen der geschändeten Frauen drang durch Deutschland. In Buchenwald und den anderen Konzentrationslagern wiederholte sich in schreckenerregender Eintönigkeit, was zur nationalsozialistischen

Zeit geschehen war. Die menschliche Kreatur litt unter Hammer und Sichel nicht weniger qualvoll als vorher unter dem Hakenkreuz. Auf die eindringlichste Weise lernte die Bevölkerung die Verwandtschaft des braunen mit dem roten totalen Staat kennen.

Dem deutschen Volk wurden alte Provinzen genommen. Auch sickerte durch, welchen Leiden die Kriegsgefangenen in Rußland ausgesetzt waren; und die Russen behielten sie viel länger bei sich zurück als die Westmächte.

Das alles erregte Furcht und Abscheu. Die Deutschen erinnerten sich nicht gern daran, daß kein Volk außer dem deutschen so unter dem Krieg gelitten hatte wie das russische, daß Millionen Russen gefallen waren, daß Tausende von russischen Kriegsgefangenen in deutschen Lagern durch Hunger oder durch Genickschüsse ermordet worden waren, daß riesige Strecken russischen Landes beim Rückzug planmäßig verwüstet worden waren. Die Deutschen argumentierten, daß sie von diesen Greueln nichts gewußt hätten oder, wenn sie sie gekannt hätten, sie doch nicht hätten verhindern können. Was aber jetzt geschehe, sei verursacht durch die Gegner Hitlers, die gekommen seien, ein neues Zeitalter heraufzuführen. In diesen Monaten meinte mancher, wenn man mit ihm über die nationalsozialistischen Greueltaten sprach, nun sei man wohl quitt.

Denn inzwischen drang auch der Jammer der vierzehn Millionen Vertriebener durch das Land. Was ihnen geschah, hätte der Phantasie Himmlers entsprungen sein können. Fast ohne Habe wurden sie über die Grenze geschickt. Hunderttausende, vielleicht Millionen, eine nie genau festzustellende Zahl, kamen dabei um, niedergeschossen, niedergestochen oder als lebende Fackeln verbrannt, in den Konzentrationslagern durch Hunger oder in den eisigkalten Zügen durch Erfrieren ermordet.

Die östlichen Völker waren daran soviel oder sowenig schuld wie das deutsche an den Hitlerschen Greueln. Es gibt unzählige Beweise edlen Menschentums bei Polen und Tschechen gegenüber den Bedrohten. Die Grausamkeit des Verfahrens war das Werk einer kalten und brutalen Minderheit. Auch bestand sie keineswegs nur aus Kommunisten. Aber die Freunde der Bolschewiken regierten in Warschau und Prag, so fiel der Abscheu, den die Vertreibung erregte, auf die Bolschewiken.

In diesen Monaten begann eine Saat von geschichtlicher Kraft in dem deutschen Volke zu keimen. In den Gemütern der Deutschen wuchs der große Russenschreck auf. Die Sowjets behaupteten später, er sei die Folge der amerikanischen und hochkapitalistischen Propaganda. Aber sie haben ihn selbst geschaffen. Das schwerste Hemmnis gegen ihre Diplomatie haben sie selber aufgebaut, den größten Anreiz zum Mißtrauen gegen ihre späteren Beteuerungen haben sie selbst gegeben.

Aber ehe sich das alles ausgewirkt hatte, schwankte die Schale noch, in der die Gewichte des Ostens und des Westens lagen. Die Sowjets hatten

Helfer in der Gelähmtheit vieler Deutschen, sie hatten aber auch offene Helfer in den Stäben der westlichen Militärbefehlshaber. Die Zeit der großen Ernüchterung war 1945 noch nicht gekommen. Noch hingen viele der Alliierten den Träumen von der einen, unteilbaren und brüderlichen Welt an.

Die Parteien

Die sowjetische Militärverwaltung hatte schon vor der Potsdamer Konferenz beschlossen, sich Werkzeuge in den deutschen Parteien zu schaffen. Der Westen hätte es vorgezogen, und er hätte wahrscheinlich recht daran getan, mit der Neugründung zu warten, bis sich die verstörten Gemüter der Deutschen beruhigt hatten. Der blütenweiße Fragebogen, der jetzt als wichtigstes Zeugnis beim Aufbau der neuen Parteien verlangt wurde, konnte sich mit politischer Einsicht und mit Tatkraft und mit Verantwortungsgefühl vereinigen; aber es brauchte nicht so zu sein.

Wahrscheinlich wäre es am richtigsten gewesen, wenn aus der örtlichen Selbstverwaltung in der Arbeit von ein oder zwei Jahren die intelligentesten und verantwortungsfreudigsten politischen Führer herangewachsen wären. Aber dazu waren die Russen zu ungeduldig.

In Berlin wurden die Kommunistische Partei, die Sozialdemokratische und die Liberal-Demokratische Partei gegründet. Auch vollzog sich dann eine Neuschöpfung, deren Tragweite damals nur wenige ahnten und die am wenigsten von den Russen verstanden wurde: Katholiken und Protestanten fanden sich in der Christlich-Demokratischen Union zusammen. Sie sahen ein, daß die alten Parteien der Deutschnationalen und des Zentrums überlebt waren und daß außerdem die Nation weder gewillt noch imstande war, konfessionellen Zwiespalt länger zu ertragen. Der Partei traten auch einige führende Liberale bei, die nicht mehr an den Sinn einer eigenen politischen Organisation des Liberalismus glaubten.

Es war zum ersten Male seit der Reichsgründung, daß politische Führer die politischen Folgen der Glaubensspaltung bewußt überwanden. Es war der Partei später beschieden, nicht nur zur größten deutschen Partei zu werden, sondern auch am häufigsten und härtesten nein zu sagen zu allen sowjetischen Angeboten. Aber davon ahnte man damals in Karlshorst bei der Sowjetischen Militärverwaltung noch nichts.

Kurz nach den Neugründungen holten die Sowjets zu einem Meisterstreich bolschewikischer Taktik aus. Sie gingen an die Vereinigung der Sozialdemokratischen und der Kommunistischen Partei. Der Druck der Sieger in der russischen Zone war stark genug, die Vereinigung zu erzwingen. Die neue Partei, die Sozialistische Einheitspartei Deutschlands, erwies sich als williges Instrument in der Hand der bolschewikischen Führer.

Ihr Name enthielt eine bösartige Täuschung. Sie war nichts als eine Fortsetzung der Kommunistischen Partei, wenn auch Sozialdemokraten dem Scheine nach führende Stellungen erhielten. Den sogenannten bürgerlichen Parteien gestattete die bolschewikische Führung noch eine Zeitlang Selbständigkeit und Eigenart. Etwa vom Jahre 1948 an wurden sie Zweigstellen der Kommunistischen Partei, die sich von dieser nur dadurch unterschieden, daß sie die leninistische Spielart des Marxismus nicht Arbeitern, sondern Mittelständlern, Intellektuellen, Bauern, früheren Offizieren und Nationalsozialisten predigten.

Bald nach der Vereinigung der beiden Arbeiterparteien wurden Landtagswahlen in der Zone abgehalten. Trotz oder wegen der Begünstigung durch die Sowjets errang die Sozialistische Einheitspartei nirgendwo die absolute Mehrheit. Das war ein eindrucksvolles Zeugnis für den Widerstand und den Freiheitswillen der Bevölkerung.

Aber schon die erzwungene Vereinigung der beiden Linksparteien war im Grunde eine moralische Niederlage der Sowjets. Sie hatten sich ursprünglich nicht damit begnügen wollen, nur in ihrer Zone diese Vereinigung herbeizuführen. Sie hatten ihre Freunde und Handlanger in ganz Deutschland unter dem Tarnnamen der Einheitspartei wirken lassen wollen. Aber damit waren sie gescheitert.

Kurt Schumacher

Wohl schienen die Aussichten nicht schlecht zu sein. Die Erinnerung der Arbeiterschaft an die Einheit ihrer Klasse in der Zeit vor 1914 wurde heimlich oder offen unterstützt von den Kommunisten und von den Kommunistenfreunden in den alliierten Stäben des Westens, wo man damals noch inbrünstig an die Rooseveltsche Botschaft vom „guten alten Joe" (Stalin) glaubte.

Bei den deutschen Arbeitern hatten die Berichte über das Wüten der Kommunisten in der Zone und über das Schicksal der Vertriebenen noch nicht die volle Wirkung tun können. In Karlshorst hatte man das Recht, zuversichtlich zu sein. Am Ende mußte man aber doch erkennen, daß die Planung zusammenbrach. Das lag daran, daß in der westdeutschen Arbeiterschaft die Kräfte des Widerstandes doch wuchsen. Es war aber auch das Werk einer bedeutenden Persönlichkeit, auf die sich nun die Augen der Welt richteten. Der Stern Kurt Schumachers war über dem trüben Himmel des deutschen Nachkriegselends aufgegangen.

Der Sohn eines freisinnigen Bürgers aus Westpreußen war den Älteren bekannt geworden aus dem Reichstag von 1930, als er vor den atemlos lauschenden Abgeordneten seinen Vorredner Joseph Goebbels moralisch ohrfeigte, so daß der Gedemütigte vor Wut zitterte. Schumacher hatte seinen Mut mit zwölf Jahren Haft im Konzentrationslager büßen müssen, wo der Schwerkriegsverletzte, des einen Arms Beraubte, den Keim seiner späteren tödlichen Krankheit empfing und wo ihn nichts aufrecht erhielt als die Stärke des Charakters. Jetzt, im Sommer 1945, horchten auch die Jüngeren auf, wenn sie diese männliche Sprache, diesen beißenden Witz, diese Beschwörung der Tapferkeit und des Zukunftsglaubens vernahmen.

Schumacher war einer der wenigen Deutschen, die vom Wirbel bis zur Zehe durchglüht sind von politischer Leidenschaft. Seine moralische Autorität, seine Schlagfertigkeit, seine Entschlossenheit kennzeichneten den geborenen Führer. Erst allmählich wurde deutlich, daß dieser hochfliegende Sinn an einer schweren Belastung zu tragen hatte, die ihm die Früchte vielen heißen Ringens verdarb: der Maßlosigkeit, der Verbitterung, der Verkrampftheit, die oft genug zur Blindheit wurde.

Wenn man etwa zwei Stunden mit ihm beisammensaß, war man wohl fast betäubt von dem Feuerwerk des Geistes und des Hohnes, mit dem er in immer neuen Vergleichen, Wendungen, Bildern von seinem Gegner Adenauer sprach. Man bewunderte die unerschöpfliche Fülle der Einfälle, aber man begriff auch, warum ein so von Leidenschaft Getriebener am Ende von dem kühleren Gegner überspielt wurde. Schumacher hat zweimal seinem Lande einen großen Dienst geleistet, und dennoch war er vom Beginn der Nachkriegszeit an ein Gezeichneter, ein Mann, dem die Glücklosigkeit an der Stirn geschrieben stand, ein von tragischem Schicksal Verfolgter.

Es war ein großes Wort, als gerade der sozialdemokratische Vorsitzende seinen Hörern zurief, die Aufgabe der Partei sei es jetzt geworden, der Nation die Selbstachtung wiederzugeben. In dem einen Wort enthüllte sich seine Verwurzelung mit dem Schicksal nicht nur der Klasse, der sich der Bürgersohn zugesellt hatte, sondern auch mit der Nation, in die er hineingeboren war und an deren Schuld und Spaltung er schwerer trug als viele andere.

Kein Vorwurf ist ihm häufiger gemacht worden als der des Nationalismus. Er zeigte dann wohl wehmütig auf seinen leeren Ärmel: „Das habe ich dem Nationalismus zu verdanken; und ich soll ihn predigen? Aber unsere Partei tritt für Freiheit und Gerechtigkeit in allen Ländern ein, in Amerika und Liberia und wo immer sonst. Sollte sie aufhören das zu tun, wenn es sich um Deutsche handelt?" Freiheit und Gerechtigkeit für seine Nation‘ darum ging es ihm und dafür stritt er erbittert, zäh und verbissen. Aber es ist wahrscheinlich, daß ihn auch die Überlegung des Parteiführers trieb. Er litt schwer unter der Erinnerung an die Weimarer Zeit. Damals hatten die Nationalsozialisten bei den Wählern große Erfolge mit der Parole errungen, daß die Sozialdemokraten kein Nationalgefühl hätten. Das sollte nicht noch einmal geschehen.

Hätte Schumacher nicht ein so heißes Herz gehabt, hätte er kühler gerechnet, er hätte wohl gesehen, wie trügerisch diese Überlegung war. Nach einem berühmten Wort bereiten die Generale immer den Krieg von gestern vor; so bereitete Schumacher nach 1945 den innenpolitischen Kampf von 1925 vor. In der neuen Generation war nicht nur das sengende Feuer des Nationalismus für immer erstickt, sondern auch das ganz elementare Nationalgefühl bedroht. Die jungen Menschen genierten sich, das Wort Vaterland zu gebrauchen. Bereitwillig wandten sie sich dem leuchtenden Bilde der europäischen Gemeinsamkeit zu. In einer solchen Zeit konnte keine nationalistische Welle noch einmal den Staat bedrohen. Aber in einer solchen Zeit konnte auch keine sozialdemokratische Partei Erfolge mit einem Aufruf an das Nationalgefühl gewinnen. Schumacher scheiterte, als er es versuchte.

Damals aber kannten nur wenige den Zug tragischen Mißlingens im Bilde Schumachers. Wer die hochgewachsene Gestalt daherschreiten sah, jeder Zoll ein Herr, wer seine schneidende Stimme hörte, wer diesen kämpferischen Willen spürte, der ließ sich wohl willig davon überzeugen, daß er hier den künftigen Reichskanzler vor sich habe. Den Siebzigjährigen in Köln, der sein altes Oberbürgermeisteramt wieder übernommen hatte, kannte von den Jüngeren außerhalb seiner engeren Heimat kein Mensch. In- und Ausland hörten damals auf Kurt Schumacher.

Zum Glück hörte ihn auch die eigene Partei, als er sich aufrüttelnd, drohend, ermunternd, beschwörend gegen die Verschmelzung mit den Kommunisten wandte. Wären die Karlshorster Pläne gelungen und wären in die Parlamente nun Fraktionen von einem Drittel und mehr Kommunisten eingezogen (wenn sie sich auch nicht so nannten), die Geschicke Deutschlands hätten eine schlimme Wendung nehmen können. Aber Schumacher haßte den totalitären Staat des Bolschewismus nicht anders als den des Nationalsozialismus mit dem ganzen nach Taten drängenden Grimm, zu dem diese leidenschaftliche Seele fähig war. Auch die bisher Schwankenden gingen willig mit dem überlegenen Kämpfer. Die westdeutsche Partei bereitete den kommunistischen Werbern eine vernichtende Niederlage.

In Berlin, unter den Augen der östlichen Besatzungsmacht, hatte die Partei den schwersten Kampf zu führen. Aber auch hier wandte sie sich, geführt von Franz Neumann, entschlossen gegen den bolschewikischen Plan. Die schwerste innenpolitische Gefahr des Jahres 1945 war abgeschlagen.

Europäische Gemeinsamkeit

Die Jahre 1946 und 1947 bedeuteten für die Deutschen eine Zeit der Unsicherheit, des Fragens, der Angst und der ersten aufkeimenden Hoffnung. Im September 1946 hielt der amerikanische Außenminister Byrnes in

Stuttgart jene Rede, in der er sich lossagte von dem Willen, zu strafen, niederzuhalten, Rache zu üben. Wer auf die großen Überlieferungen der Staaten schaute, der hätte am ehesten von Großbritannien erwartet, es werde jetzt an die Stelle der Vergeltung das Bestreben setzen, den Überwundenen wieder aufzurichten und damit zu sich herüberzuziehen. So hatten Wellington und Castlereagh nach 1815 Frankreich wieder aufgerichtet, denselben Staat, der Großbritannien in dreiundzwanzig Kriegsjahren mehr als einmal an den Rand der völligen Niederlage gebracht hatte. Aber die Labour-Regierung hielt die aristokratische Haltung für unpassend.

Der Außenminister Ernest Bevin bekannte öffentlich, er könne die deutschen Bomben aus der Kriegszeit nicht vergessen. Zur gleichen Zeit holten die Beauftragten der britischen Regierung vor den Augen der deutschen Klassengenossen Bevins wertvolle Maschinen aus den noch erhaltenen Betrieben fort. Demontage nannte man das damals. Was für lange Zeit demontiert wurde, war die in der deutschen Demokratie überlieferte Bewunderung für den britischen Weitblick. Durchaus nüchterne und erfahrene Männer hatten es 1945 ernsthaft für möglich gehalten, daß Deutschland ein Teil des britischen Weltreichs werde mit Georg dem Sechsten als Herrscher. Wenige Jahre später hielten sie das für ausgeschlossen.

Es war der Führer der britischen Opposition, der versuchte, den Ruhm ererbter britischer Staatsweisheit zu bewahren. Winston Churchill hatte seinem leidenschaftlichen Kampfeswillen gegen Deutschland im Kriege keine Zügel angelegt. Aber nun war der Krieg vorbei, die Deutschen lagen am Boden, nun schwand der Haß, und an seine Stelle trat die Sorge des großen Mannes um die gemeinsame Zukunft Europas, um die Zukunft der freien Welt.

In Zürich führte er am 9. September 1946 aus, was er schon in der kanadischen Stadt Fulton angedeutet hatte: daß man Deutschland in den Kreis der freien Nationen aufnehmen müsse und daß zu den Grundlagen eines neuen Europas die deutsch-französische Freundschaft gehöre. Vor den Zuhörern stieg, von der Hand des bedeutendsten Staatsmanns des Westens entworfen, das Bild der Vereinigten Staaten von Europa auf. Sie sollten aus freien und gleichberechtigten Völkern bestehen, ihr Zusammenhalt sollte in gemeinsamen Idealen der Freiheit und der menschlichen Würde liegen.

Die Züricher Rede Churchills zündete in den Herzen der Deutschen, vornehmlich in denen der Jugend. Die Überzeugung von der Notwendigkeit einer europäischen Gemeinschaft, die in Jahrzehnten allmählich gewachsen war, nahm nun feste Gestalt an. Auf den Trümmern von Deutschlands Städten, seinem Glück und seinen alten Idealen keimte das Grün einer neuen Hoffnung.

Die Vergötzung der Nation, das gefährliche Erbe der Französischen

Revolution, war nirgendwo so inbrünstig und opferbereit, so verzerrt und übersteigert und leidenschaftlich geübt worden wie in Deutschland. Das Ergebnis waren Zusammenbruch, Armut und Schande gewesen. Aber der Mensch muß wohl an etwas glauben, wenn er nicht in die Nähe des Tieres rücken will. Da viele Menschen in Deutschland nicht mehr im religiösen Bereich zu glauben vermochten, hatten sie begonnen, Staat, Rasse, Nation anzubeten. Nun war das alles zerschlagen. Um so mehr wandte sich der Rest von Glaubensbereitschaft und Idealismus der neuen, der sanft leuchtenden und wärmenden Flamme des europäischen Gedankens zu. In keinem Volke lebte die Bereitschaft, die Fahne des Vereinigten Europas aufzupflanzen, so stark wie in diesem Deutschland der Jahre von 1947 bis 1954.

Kein Volk hat es freilich auch so leicht wie das deutsche, auf diese Fahne zu schwören. Die deutsche Jugend wurde in diesen Jahren ungeduldig, wenn sie aus den benachbarten Ländern zwar herzliche Worte über das neue Ideal hörte, wenn sie aber im Handeln der Regierenden die alte nationalstaatliche Selbstsucht wirksam sah. Sie dachte zuwenig darüber nach, daß andere Völker um Europas willen mehr opfern mußten als Deutschland, das nichts besaß als seine Trümmer.

Die anderen waren die Sieger. Sie erfreuten sich einer ununterbrochenen nationalstaatlichen Geschichte. Sie brauchten sich nicht schaudernd von einem ganzen Zeitraum ihrer Vergangenheit abzuwenden. Sie besaßen die nationale Unabhängigkeit und deren Sinnbild, das nationale Heer. Sie besaßen eine im wesentlichen unversehrte Wirtschaft. Auch bei ihnen war freilich der nationalstaatliche Gedanke nicht mehr von dem Feuer durchglüht wie früher. Um nationalstaatlicher Ziele willen beginnt keine europäische Nation mehr einen Krieg. Aber es gibt noch einen Spätnationalismus, dessen wirkende Kraft den Deutschen noch oft genug peinvoll ins Bewußtsein gerückt werden sollte.

Doch das wollte man in diesem Deutschland der Jahre um 1947 nicht hören. Es hatte das tiefe Bedürfnis, an das vereinigte Europa zu glauben, und deshalb glaubte es daran.

Der seelische Untergrund der neuen europäischen Bewegung war das Hinschwinden des alten Nationalgefühls. Wahrscheinlich werden die Nachlebenden in ihm die bedeutsamste Wirkung des Zusammenbruchs erkennen. „Das Vaterland ist für uns kein erlebbarer Begriff mehr." Aus diesen Worten eines Zwanzigjährigen spricht das verwandelte Lebensgefühl. Von den Älteren fiel es vielen schwer, sich von den Vorstellungen zu trennen, in denen sie aufgewachsen waren. Aber auch ihnen bedeutet die Nation nicht mehr, was sie ihnen in den Tagen von Langemarck und im Weimarer Staat bedeutet hatte.

Als die Paulskirche 1848 daranging, die deutsche Einheit zu bauen, handelte sie aus leidenschaftlichem Nationalgefühl. Keinem Deutschen käme es heute in den Sinn, die Wiedervereinigung zu erstreben um des Ruhmes und der Größe der Nation willen. Wer solch große Worte in einer Volksversammlung aussprächte, riefe Befremden, ja Gelächter hervor. Man will siebzehn Millionen aus der Unfreiheit helfen, das ist das Entscheidende. Wo das Nationalgefühl noch mitschwingt, da geschieht es in dem einfachen und natürlichen Empfinden, daß eine große Familie nicht künstlich getrennt werden dürfe. Und auch die leidenschaftlichsten Anhänger der Wiedervereinigung wissen, daß die geeinte Nation nicht für sich leben kann, sondern sich in eine größere Gemeinschaft einfügen muß.

Die Konferenz in Moskau

Aber das Jahr 1947 machte es auch wieder bestürzend deutlich, wie weit der Weg noch war bis zu der Wirksamkeit eines allumfassenden Gemeinschaftsgefühls. In Moskau kamen am 10. März 1947 die Außenminister der vier Großmächte zusammen. Für einen schwachen Augenblick flackerte die Hoffnung auf, daß die Deutschen in das neue Europa so wie die anderen Völker ungeteilt und ungespalten eingehen könnten. Aber schnell erlosch die schwache Flamme wieder; sie wurde erstickt unter der nationalstaatlichen Interessenpolitik.

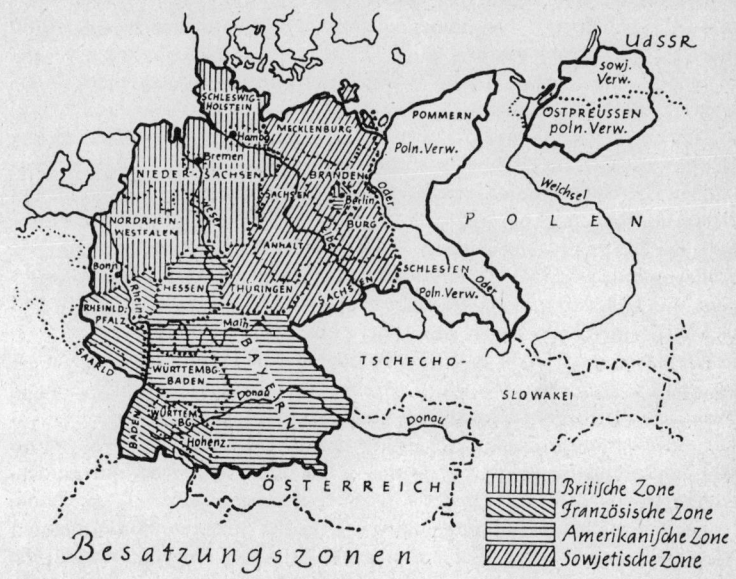

Besatzungszonen

||||||| Britische Zone
\\\\\ Französische Zone
≡≡≡ Amerikanische Zone
/// Sowjetische Zone

Die Sowjets hatten stärker unter dem Kriege gelitten als die westlichen Völker. Sie wollten für ihren Wiederaufbau von Deutschland Leistungen, die sie mit zehn Milliarden bezifferten. Aus diesem sowjetischen Verlangen ergab sich eine große Möglichkeit für die Deutschen. Denn die Russen schlossen richtig, daß eine gesamtdeutsche Regierung leichter als die Behörden der wirtschaftlich schwächeren Gebiete ihrer Besatzungszone in der Lage sein werde, die Kriegsentschädigung aufzubringen. Gewiß wird hinzugekommen sein, daß sie in einem einheitlich verwalteten Deutschland hoffen konnten, ihre Hand auch bei der Aufsicht über das Ruhrgebiet im Spiel zu haben.

Wie dem auch immer sei, in Moskau forderte Molotow eine gesamtdeutsche Regierung, deren Befugnisse durch eine freie Volksabstimmung klarzulegen seien. Er wandte sich heftig gegen die Wünsche der Westmächte, die eine gesamtdeutsche Regierung möglichst schwach und die Länderregierungen möglichst stark machen wollten. Er empfahl die Weimarer Verfassung als Grundlage des neuen Deutschlands, nur sollte der Reichspräsident geringere Rechte haben.

Die westlichen Mächte lehnten die freie Volksabstimmung ab. Sie fürchteten das Ergebnis, sie waren, und dies sicherlich zu Recht, davon überzeugt, daß eine solche Abstimmung eine starke gesamtdeutsche Regierung bringen werde. Um das zu verhindern, gaben sie gerne und ohne Zögern eine demokratische Grundforderung preis. Die Erinnerung an die letzten Jahrzehnte war nicht erloschen, in denen eine starke gesamtdeutsche Regierung die Welt ins Unglück gestürzt hatte. Die alliierten Minister hatten keine genügende Vorstellung von dem Wandel, der sich in der deutschen Volksseele vollzogen hatte. Deshalb lehnten sie den sowjetischen Vorschlag ab.

Bei den Beratungen mag auch die Sorge eine Rolle gespielt haben, die Sowjets könnten politisch zu weit nach Westen vordringen. Gelehrte Überfeinheit der Betrachtung hat darin den entscheidenden Beweggrund für das westliche Handeln gesehen. Sie wird schneidend widerlegt durch die Protokolle der Sitzungen. Ernest Bevin führte unter dem Beifall seiner westlichen Kollegen aus, es sei ihm ganz gleichgültig, ob die gesamtdeutsche Regierung monarchistisch, demokratisch oder kommunistisch sei, auf jeden Fall werde sie eine Gefahr bedeuten.

Wir haben kein Recht dazu, Bevin oder seine Freunde moralisch anzuklagen. Sie handelten so, wie Vertreter von Nationalstaaten zu handeln pflegen. Es ist begreiflich, daß sie nach den jüngsten Erfahrungen Furcht vor einer gesamtdeutschen Regierung hatten. Sie stellten die Staatsräson sehr hoch, und sie glaubten, für das Wohl ihrer Völker zu entscheiden. Aber erst von dem Verlauf der Moskauer Konferenz aus wird ein unbefangenes Urteil darüber möglich, was von der späteren Forderung der Westmächte nach freien Wahlen zu halten sei. Sie lehnten in Moskau die freie Abstimmung ab, weil sie glaubten, aus ihr könne Schaden erwachsen. Sie forderten später die freien Wahlen, weil sie glaubten, sie könnten ihnen nützen. Mit dem demokratischen Ethos hat das eine sowenig zu tun wie das andere.

Jenseits von moralischer Anklage oder Rechtfertigung hätten sich für eine künftige deutsche Diplomatie wichtige Lehren aus der Haltung der Mächte in Moskau ergeben müssen. Es genügt offenbar nicht, von dem Naturrecht der Deutschen auf ihre Einheit zu sprechen. Wer diese Einheit schaffen will, muß die Sieger, und zwar die Sieger im Westen wie im Osten, davon überzeugen, daß die deutsche Einheit in ihrem eigensten staatlichen Interesse liegt.

Blockade über Berlin

Die Moskauer Konferenz ging schnell vorüber. Die Erinnerung daran beschäftigt nur noch die Historiker. Um so mehr brannte sich das große Ereignis des kommenden Jahres in die Herzen der Deutschen. Es verstärkte noch den Abscheu und die Furcht vor den Sowjets, es erhöhte die Zuneigung, die der Westen seit der Stuttgarter Rede von Byrnes in Deutschland gewonnen hatte.

Die Amerikaner hatten sich davon überzeugt, daß ein verarmtes Europa durch kommunistische Propaganda besonders gefährdet sein würde. Unter der moralischen Führung ihres Außenministers Marshall beschlossen sie, dem geschlagenen Erdteil wirtschaftlich zu helfen. Und so weit hatten sie sich inzwischen zu den Besiegten hingewandt, daß Marshall auch die Deutschen in die Segnungen des Planes einbeziehen wollte. Die Sowjets aber erlaubten es ihren Satelliten nicht, westliche Hilfe anzunehmen. So bereitete man zunächst in Westdeutschland eine Geldreform vor, die den Beginn des wirtschaftlichen Wiederaufbaues darstellen sollte. Dahinter zeichnete sich der werdende westdeutsche Staat ab, wie in der Öffentlichkeit des Westens immer klarer gesagt wurde.

Die Sowjets wollten verhindern, daß ein solcher Staat entstehe. Sie schreckten auch vor einem schweren Konflikt nicht zurück. Zum Ansatzpunkt ihres Vorgehens wählten sie Berlin. Unter nichtigen Vorwänden sperrten sie vom 24. Juni 1948 an die Zufuhr nach der Stadt, wo nach den Übereinkünften von 1945 die westlichen Mächte drei Teile des Gebiets, die Russen einen vierten Teil besetzt hielten.

Die russische Außenpolitik lief auf zwei Gleisen. Die Russen versicherten den westlichen Alliierten, sie würden die Blockade sofort aufheben, wenn nur der westliche Staat nicht geschaffen werde, ja, sogar wenn nur ihre eigene Ostmark in ganz Berlin Zahlungsmittel werde. Sie rechneten sich aber auch wohl noch mehr aus. Wenn es ihnen nicht gelinge, die westdeutsche Staatwerdung zu verhindern, dann könnten sie auf jeden Fall auf den freien Teil von Berlin einen solchen Druck ausüben, meinten sie, daß die Berliner um der Erhaltung des nackten Lebens willen sich unterwerfen und sich in den sowjetischen Machtbereich eingliedern müßten.

In den Hauptstädten des Westens begriff man, was auf dem Spiel stand. Berlin wurde ein Sinnbild dafür, daß der Westen bereit war, seine Ideale zu verteidigen. Eine Luftbrücke wurde eingerichtet. Tag und Nacht flogen amerikanische, britische, französische Piloten Lebensmittel, Arzneien, Bücher, Rohstoffe nach Berlin. Ein Jahr dauerte der Kampf. Als endlich der amerikanische Präsident Truman – so berichtet er wenigstens – mit dem Einsatz seiner Militärflugzeuge drohte, gaben die Russen nach. Am 12. Mai 1949 wurde die Blockade aufgehoben.

Die Freiheit hatte einen strahlenden Sieg errungen. Der Westen hatte sich den Anspruch auf den Dank aller Deutschen erworben. Aber der Sieg wäre nicht gewonnen worden, hätten nicht die Berliner länger als ein Jahr tapfer und unbeirrt ausgehalten, hätten sie nicht Entbehrungen über Entbehrungen auf sich genommen und hätten sie nicht allen russischen Drohungen widerstanden.

Einst hatte Leopold von Ranke von einem anderen Berliner rühmend gesagt: ,,Was war es, das Friedrich den Großen schließlich den Erfolg davontragen ließ? Daß er sich moralisch aufrecht erhielt." Die Berliner hatten sich moralisch aufrecht erhalten; das ist ihr bleibendes Verdienst.

Die Menschen draußen hatten in dem Glauben gelebt, die Deutschen seien von Natur aus Sklaven, nur deshalb sei Hitler an die Macht gekommen. Jetzt zeigten ihnen zwei Millionen Deutsche, daß ihnen die Freiheit höher stand als materielles Wohl, daß sie lieber in der Armut als in der Knechtschaft leben wollten. Sie begannen nachdenklich zu werden. Wenn in den folgenden Jahren innerhalb der westlichen Welt den Deutschen Gleichberechtigung zugestanden wurde, so geschah das in der öffentlichen Meinung der alliierten Ländern selten, ohne daß man auf das tapfere Beispiel der Berliner hingewiesen hätte.

Die Bundesrepublik

Das Vorgehen der Russen gegen Berlin brachte im Westen die Pläne zum Reifen, gegen die sich die Russen mit Gewalt hatten wenden wollen. Die westlichen Sieger und die westdeutschen Politiker beschlossen, einen eigenen Staat zu errichten. Die westdeutsche Bevölkerung stimmte zu. Viele taten es erst nach langer und reiflicher, oft qualvoller Überlegung. Sie sahen, daß der Graben zwischen Mitteldeutschen und Westdeutschen noch tiefer werden würde, wenn die Zonengrenze nun auch zur Staatsgrenze würde. Aber sie trösteten sich damit, daß, wenn erst einmal eine deutsche Regierung verhandelte (auch wenn es nur eine westdeutsche war), sie für die Wiedervereinigung mehr tun könnte, als es bisher den Länderregierungen möglich gewesen war.

In Bonn versammelte sich am 1. September 1948 zum erstenmal der Parlamentarische Rat. Er setzte sich aus Vertretern der einzelnen Länder zusammen. Am 8. Mai 1949 war seine Arbeit vollendet. Er gab den Westdeutschen eine Verfassung, die er das Grundgesetz nannte. Schon in dem schlichteren Namen sollte sich ausdrücken, daß das werdende staatliche Gebilde nur vorläufigen Charakter habe. Der Parlamentarische Rat wollte unzweideutig sagen, daß der neue Staat nicht als das Vaterland der Deutschen angesehen werden dürfe, das unmöglich an der Elbe und an der Werra enden könne.

Aber der Parlamentarische Rat gab dem neuen Gemeinwesen den Namen „Bundesrepublik Deutschland". Er verkündete damit feierlich, daß allein dieser Staat Anspruch darauf habe, im Namen aller Deutschen zu sprechen. Er versagte dieses Recht den Behörden der sowjetischen Zone. Er durfte das tun im Namen der Demokratie wie im Namen Deutschlands. Wer östlich der Elbe regierte, war nicht aus dem freien Willen der Bewohner in das Amt berufen worden, war nicht mehr als der Beauftragte der Besatzungsmacht.

Das Grundgesetz übernahm manche Züge der Weimarer Verfassung, aber in wichtigen Einzelheiten unterschied es sich auch von ihr. Auf dem Parlamentarischen Rat lastete wie ein Alpdruck die Erinnerung daran, wie Hitler zur Macht gekommen war. So erhielt der Bundespräsident weniger Befugnisse, als sie der Reichspräsident gehabt hatte. So unterband man die Möglichkeiten eines Volksentscheides, so führte man das konstruktive Mißtrauensvotum ein. In Zukunft sollte ausgeschlossen werden, daß eine Regierung so leichtsinnig gestürzt würde, wie es in Weimar gelegentlich der Fall gewesen war. Damals war es möglich gewesen, daß ein Bündnis einander widerstrebender Kräfte, nur einig in der Gegnerschaft gegen die Regierung, ihren Rücktritt erzwang und das Staatsleben lähmte. Seit der Verkündigung des Grundgesetzes muß der kommende Kanzler im gleichen Augenblick gewählt werden, in dem der alte gestürzt wird.

Das konstruktive Mißtrauensvotum war ein genialer Einfall der Staatsrechtler. Aber in elf Jahren ihres Bestehens hat die Bundesrepublik nicht zu erleben brauchen, daß dieser Verfassungsartikel angewendet worden wäre. Die Stetigkeit des staatlichen Lebens, die durch das konstruktive Mißtrauensvotum geschaffen werden sollte, ist auf andere Weise verwirklicht worden. Das überragende Ansehen des Kanzlers Konrad Adenauer reichte aus, jeden Gedanken an einen Regierungssturz im Keim zu ersticken.

Es zeigte sich aber auch, daß die Bevölkerung die Vorzüge der Stetigkeit besser zu schätzen wußte als in der Weimarer Zeit. Damals hatte die Zersplitterung der Parteien den Regierungssturz leicht und das Regieren schwer gemacht. Viele Beobachter hatten diese Auseinanderspaltung des Parteilebens auf das Verhältniswahlrecht zurückgeführt. Zu ihrem Leidwesen wurde das Verhältniswahlrecht jetzt nicht abgeschafft und nicht durch die Mehrheitswahl ersetzt. Dennoch sammelte sich der politische Wille der Westdeutschen in wenigen großen oder mittleren Parteien. Bestimmungen der Wahlgesetze, wonach Splitterparteien keine Aussicht mehr hatten, in den Bundestag zu kommen, wirkten dazu mit. Aber auch in der Bevölkerung selber erwies sich die Erinnerung an Weimar als wirkungskräftig genug, den Willen der Wähler in das Bett weniger Parteien zu lenken.

Ein folgenreiches Nein

Noch türmte sich vor der westdeutschen Staatwerdung ein schweres Hindernis auf. Bei den Siegern war die Abneigung gegen eine starke Herrschgewalt in Deutschland nicht erloschen. Sie wollten den Staat nur als einen lockeren Bund aufbauen, in dem die Länder fast alles und die Zentralgewalt sehr wenig zu bestimmen haben sollten. Ihre Wünsche kamen einer Stimmung entgegen, deren Wortführer in Deutschland sehr laut waren, wenn auch ihr Anhang geringer war, als sie glaubten. Sie führten das Unheil Deutschlands darauf zurück, daß es seit langem zentralistisch regiert worden sei. Zu ihrer Überraschung erfuhren die Deutschen von ihnen, daß auch der Erzföderalist Bismarck ein Zentralist gewesen war. Die Deutschen, so vernahm man, seien von ihrer Natur aus zum Föderalismus bestimmt.

Aber der Föderalismus hatte bereits viel von seiner Macht über die Gemüter der Deutschen eingebüßt. Die deutschen Länder waren schon immer künstliche Gebilde gewesen, durch Herrscherhäuser geschaffen. Im November 1918 hatten die Umstürzler einen entscheidenden Schlag gegen den deutschen Föderalismus geführt, als sie die Herrscher verjagten. Zwei Jahrzehnte später kam der Zweite Weltkrieg. Den heimkehrenden Soldaten, die am Nordkap und am Kaukasus, in den wolhynischen Sümpfen und in der Libyschen Wüste marschiert waren, erschienen die heimatlichen Länder als zu eng für einen Staatsaufbau.

Die Vertriebenen sprengten vollends die Anhänglichkeit an den überlieferten Föderalismus. Von den Söhnen der masurischen Wälder und der Oderniederungen konnte man nicht erwarten, daß sie die staatlichen Rechte Württembergs oder Hessens mit Eifer verteidigten.

Es ist bitter für einen überzeugten Föderalisten, solche Feststellungen niederschreiben zu müssen. Aber die Tatsachen sind stärker als unsere Wünsche.

Gleichviel, die Westmächte wollten einen entschiedenen, einen für den werdenden Staat lebensgefährlichen Föderalismus. Darüber kam es zum Streit mit den Deutschen. Er entzündete sich an den Aufgaben der Bundesfinanzverwaltung. Wäre es nach den Wünschen der Sieger gegangen, der Bund wäre sterbensmatt geworden. Das sahen die Deutschen sehr wohl, auch Anhänger des Föderalismus äußerten ihre Bedenken. Aber was sollten die Deutschen tun? Die Sieger hatten die Macht. Wenn man überhaupt den neuen Staat bauen wollte, mußte man dann nicht ihren Wünschen willfahren?

In diesem geschichtlichen Augenblick erwies sich die Macht der großen Persönlichkeit. Alles, was männlicher Mut und Freiheitswille in Kurt Schumacher war, bäumte sich auf gegen das Verlangen der Alliierten. Wieder eilte er durch die Lande, beschwörend, anfeuernd, die Lauen aufrüttelnd, die Starken ermutigend. Wenn ein Staat geschaffen werden sollte, so überzeugte er seine Anhänger, mußte er lebensfähig sein.

Schumacher rechnete damit, daß die Alliierten es nicht wagen würden, gegen den Willen einer großen Partei eine Verfassung durchzusetzen. Alles kam darauf an, daß seine Partei nein sagte. Und wieder folgten seine Genossen dem Beispiel ihres Vorsitzenden. Die Partei lehnte den Vorschlag der Alliierten ab.

Und wirklich gaben sie nun nach. Später wurde bekannt, daß sie es sozusagen nur hatten erproben wollen. Wenn, so hatten sie ausgemacht, die Deutschen nein sagten, waren sie zum Entgegenkommen bereit. Nach dem Nein Schumachers kam der Kompromiß zustande. Der neue Staat konnte leben. Es war der Höhepunkt in der politischen Laufbahn Schumachers.

Dann kamen, am 14. August 1949, die Wahlen zum Bundestag. Der Abend sah einen Besiegten: Kurt Schumacher. Die Mehrheit der Westdeutschen hatte ihm die Gefolgschaft versagt. Er und seine Freunde mochten damals hoffen, eine künftige Wahl werde die Entscheidung dieses Tages aufheben. Wir wissen heute, daß von nun an der Stern Schumachers zu sinken begann.

Heuss und Adenauer

Zum Staatsoberhaupt wählte die Bundesversammlung den Führer der Freien Demokraten, Theodor Heuss. Zehn Jahre lang führte er die Deutschen mit moralischer und politischer Autorität. Er verkörperte das Idealbild eines deutschen Bürgers, der seine Heimat im Geistigen hat und doch seinen Weg zu der gröberen und rauheren Welt des Staates findet, beides innig miteinander vereinigend. Allein durch sein Sein und Beispiel trug er dazu bei, das deutsche Ansehen in der Welt wiederherzustellen. Im September 1959 folgte ihm der Christliche Demokrat Heinrich Lübke.

Mit nur einer Stimme über die von der Verfassung vorgeschriebene Mindestzahl der abgegebenen Stimmen wählte der Bundestag am 15. September 1949 den Führer der Christlichen Demokraten Konrad Adenauer zum Bundeskanzler. Es war die wichtigste Entscheidung, die ein deutsches Parlament seit Kriegsende gefaßt hat.

Konrad Adenauer war anderthalb Jahrzehnte lang Oberbürgermeister von Köln gewesen. Viele sahen in ihm deshalb nur den Verwaltungsfachmann. Aber er hatte schon in der Weimarer Zeit politischen Führungsehrgeiz gezeigt. Er war Vorsitzender des Preußischen Staatsrats gewesen und hatte auf der Liste der Kanzlerkandidaten gestanden. Nur an Stresemanns Einspruch war seine Berufung gescheitert. Aber das alles hatten die meisten vergessen.

Nach dem Kriege war er innerhalb seiner Partei mit schnellen Schritten nach vorn gekommen. Um 1945 war es freilich noch nicht sicher, daß er einmal die Partei führen werde. Das lag nicht nur daran, daß Adenauer seine überragende Autorität erst gewinnen mußte. Es lag auch daran, daß er dem rechten Flügel der Partei angehörte. Kurz nach dem Kriege waren viele Deutsche von der Notwendigkeit überzeugt, den neuen Staat sozialistisch aufzubauen. Redner der Christlichen Demokraten traten für den christlichen Sozialismus ein, und das Ahlener Programm der Partei forderte die Verstaatlichung der Grundstoffindustrie.

Aber 1948 kam die Geldreform, mit ihr die Stunde Ludwig Erhards. Der bayerische Professor führte in der werdenden Selbstverwaltung der westlichen Besatzungszonen die Wirtschaftspolitik. Er war ein echter Liberaler, aber er trat der Christlich-Demokratischen Partei bei. Erhard öffnete der Marktwirtschaft und nicht dem Sozialismus die Pforten. Es wurde für die Politik der Bundesregierung von der größten Bedeutung, daß auf diesem Wege die Wirtschaftsnot beseitigt und eine unerwartete Blüte der Wirtschaft eingeleitet wurde. Damit entschied sich auch, daß der Weg der stärksten Partei in der Bundesrepublik nicht zum Sozialismus führen werde. Damit wurde es dann auch möglich, daß Adenauer die beherrschende Gestalt seiner Partei wurde.

Dieser Aufstieg beruhte freilich ebensosehr auf seiner Persönlichkeit. Außer Konrad Adenauer gab es damals in Deutschland nur einen Mann mit ausgeprägtem Instinkt für Macht, das war sein großer Gegner Kurt Schumacher. Aber bei Schumacher war dieser Instinkt umgebogen und verzerrt zu Bitterkeit und Maßlosigkeit, bei Adenauer war er nach außen hin gedämpfter und mit Humor vereinigt (den Schumacher nur in der Form des galligen Witzes kannte) und darum um so wirksamer.

Das Geheimnis von Adenauers Aufstieg enthüllte sich vielleicht am deutlichsten in dem berühmten Ereignis von Herford im Jahre 1945. Es war in den Gründungsmonaten der Partei. Dr. Holzapfel hatte in die westfälische Stadt eingeladen. Die Versammelten standen noch umher, als Adenauer zum leeren Platz des Vorsitzenden schritt, sich hier niederließ und mit freundlicher Bestimmtheit erklärte, er sei der Alterspräsident, und deshalb werde gewiß niemand etwas dagegen haben, wenn er die Versammlung leite. Holzapfel und seine Freunde fragten sich noch immer, was sie tun sollten, als die Diskussion unter der festen und geschmeidigen Hand Adenauers bereits in vollem Gange war.

Zu der unaufdringlichen Selbstverständlichkeit bei der Ausübung der Macht kamen andere Fähigkeiten: die Begabung, verwickelte Dinge seinen Zuhörern so einfach darzustellen, daß jeder sie versteht (zum mindesten so versteht, wie es der Redner wünscht); die Kunst der Menschenbehandlung; das zähe Festhalten an dem einmal als richtig Erkannten; der Mut zur Verantwortung; schließlich die tiefe Verwandtschaft seiner politischen Neigungen mit der Grundstimmung bei den Deutschen. Wie das Volk wünschte er den festen Anschluß an den Westen; wie das Volk sah er Deutschland in unüberbrückbarem Gegensatz zur Sowjetunion; wie das Volk wünschte er den Zusammenschluß Europas; wie das Volk mochte er das nationale Pathos nicht mehr, ohne daß er doch die deutsche Geschichte verspottete. So wurde Konrad Adenauer, indem er das Wesen des Bürgers von 1950 eindrucksvoll verkörperte, zum Führer der Deutschen.

Streit mit Schumacher

Als er 1949 sein Amt antrat, war die Kluft noch nicht so tief, die ihn später von der Opposition trennen sollte. Eine der ersten Aufgaben jedes leitenden westdeutschen Politikers wurde von beiden Teilen des Parlaments klar gesehen: die Deutschen aus einem Zustand minderen Rechts in die Gleichberechtigung hinüberzuführen. Das Besatzungsstatut, unter dem die Deutschen damals lebten, ließ ihnen nur eine beschränkte Selbstverwaltung, etwa der einer britischen Kronkolonie vergleichbar. Es war die staatsrechtliche Form der Fremdherrschaft, die jeder Deutsche abzuschütteln versuchte.

Aber der Kanzler wünschte, friedlich und ohne Kampf Deutschland in die westliche Gemeinschaft hineinzuführen. So sah er seine Aufgabe nicht im erbitterten Kampf gegen den Westen, sondern in der Verständigung mit ihm. Er rang oft und zäh mit den Westmächten; er gab nicht eines der Rechte Deutschlands leichtfertig preis; schließlich fand er sich doch immer mit den Alliierten auf einer Linie.

Er verständigte sich mit den Westmächten zuerst im Abkommen vom Petersberg. Es räumte den Deutschen Rechte ein, die sie bisher nicht gehabt hatten. Die Bundesrepublik durfte konsularische Vertretungen einrichten, auch kündigte sich das Ende der Demontagen an. Aber zugleich wurde von der Bundesrepublik gefordert, daß sie durch Vertrag das Recht der Alliierten anerkenne, das Ruhrgebiet zu verwalten.

Hier setzte der erbitterte Widerstand Schumachers und seiner Freunde ein. Er glaubte, daß sich die Bundesrepublik mit einer solchen Anerkennung auf die schiefe Bahn begebe. Er war sicher, daß man die Alliierten dazu bewegen könne, den Deutschen größere Rechte zu gewähren, auch ohne daß man die alliierte Herrschaft über das Ruhrgebiet ausdrücklich anerkenne. Er wollte den Widerstand des Sommers 1949 gegen die Schwächung der bundesrepublikanischen Zentralgewalt wiederholen.

Die Geschichte hat nicht erprobt, ob er auch diesmal recht gehabt hätte. Aber sie hat Adenauer recht gegeben in seiner Hoffnung, daß mit der Zeit den Deutschen immer mehr Regierungsbefugnisse zugestanden würden. Der Kampf Adenauers mit Schumacher um die richtige Taktik gegenüber dem Westen hat sich noch oft wiederholt. Aber ein Jahrzehnt, nachdem er begonnen hatte, war die Bundesrepublik gleichberechtigt und souverän, mit keinen anderen Einschränkungen als denen, die sie freiwillig um Europas willen auf sich genommen hatte oder die jeder mittlere Staat im Angesicht der Kolosse der Weltmächte hinnehmen muß.

Eigentlich waren es nur Unterschiede des Verfahrens, die Regierung und Opposition trennten. Aber sie erhielten eine vergiftende Schärfe durch die Art, wie die Opposition gegen die Pläne der Regierung zu Felde zog. Die gallige Bitterkeit, die tief in Schumachers Charakter lag und die im Konzentrationslager nur verhärtet, nicht erst hervorgerufen worden war, hatte schon immer ebenso viele Staatsbürger abgestoßen, wie seine schöpferische Leidenschaft sie angezogen hatte. Jetzt zeigten sich die Schattenseiten dieses bedeutenden Mannes offen vor den Augen der erschrockenen Nation. Er begnügte sich nicht damit, seine abweichenden Ansichten darzulegen, die staatspolitischem Verantwortungsgefühl entsprungen waren, er griff das Haupt der Regierung auch persönlich an.

In der nervösen Überreiztheit der langen Nachtsitzung zum 25. November 1949 fielen die letzten Hemmungen, die er bisher in der Öffentlichkeit einer menschlichen Abneigung gegen den Kanzler noch angelegt hatte. Er schleuderte ihm das Wort „Kanzler der Alliierten" entgegen. Der Zwischenruf kennzeichnete den unüberbrückbaren, für die Nation gefährlichen Graben, den er gezogen hatte.

Es begann die traurige Geschichte der tiefen Verfeindung von Regierung und Opposition, wie sie in anderen demokratischen Ländern unbekannt ist. Auch der Kanzler sparte mit Vorwürfen gegen die Opposition nicht, die diese ähnlich verletzen mußten wie Schumachers ungezügelte Angriffe die Anhänger des Kanzlers. Einmal warf er Unterführern der Sozialdemokratie im Wahlkampf vor, sie bekämen Geld von den Sowjets. Als der Wahlkampf vorbei war, konnte nachgewiesen werden, daß er fahrlässig Behauptungen weitergetragen hatte. Auch die Freunde des Kanzlers behaupten nicht, daß er bei solchen Gelegenheiten auf der Höhe seiner staatsmännischen Aufgabe gestanden hätte.

Aus der Sicht späterer Jahre fällt dennoch ein versöhnender Schimmer über den Kampf zwischen Regierung und Opposition um das Abkommen vom Petersberg oder um die anderen Verträge dieser Zeit. Die Regierung hatte den Instinkt für das Kommende und das Mögliche. Aber es war ein Glück für Deutschland, daß im Parlament und in der Öffentlichkeit ein unermüdlicher Wächter wirkte, daß Schumacher immer wieder seine Warnrufe ausstieß, wenn er berechtigte Wünsche unerfüllt sah. Von ihm ging eine heilsame Hemmung auf die Alliierten aus, wenn sie in ihren Forderungen zu weit gehen wollten. Sie fürchteten, eine „nationale Opposition" könne wieder aufleben, die ähnlich wie zur Weimarer Zeit die Zusammenarbeit mit dem Westen hätte sprengen können. So wurden sie in wichtigen Fragen eher zum Entgegenkommen bestimmt, als es sonst der Fall gewesen wäre. Es war ähnlich wie sechs Jahre später beim Kampf um die Saar. In einem ganz unbeabsichtigten Zusammenspiel zwischen Regierung und Opposition wurde das Beste erreicht, was für die Deutschen zu gewinnen war.

Das Werk, die staatliche Unabhängigkeit zurückzugewinnen, ging weiter, manche Jahre lang, bis zum gewünschten Ziel. Aber es war niemals Adenauers Wunsch gewesen, diese Unabhängigkeit in dem alten Sinne der unbeschränkten eigenstaatlichen Rechte zurückzugewinnen. Hätte er dieses Ziel erstreben wollen, die Westmächte wären ihm dabei nicht gefolgt. Er hatte nie etwas anderes im Sinn, als einen Teil der staatlichen Hoheitsrechte freiwillig hinzugeben für die größere europäische (oder westeuropäische) Gemeinschaft. Nur deshalb fand er bei den Siegern des Westens Gehör. So ist der Aufstieg der Bundesrepublik verknüpft mit ihrer Eingliederung in die westeuropäische Vertragsgemeinschaft.

Der Schuman-Plan

In Straßburg versuchte man mühsam, zu einem politischen Zusammenschluß zu kommen. Das Werk gelang noch nicht recht. Es zeigte sich, daß die alten nationalstaatlichen Mächte wohl besiegt waren und zurückwichen, daß sie aber immer wieder vorstießen. So begann man auf wirtschaftlichem Gebiete an der Einigung zu arbeiten, in einer (die Geschichte freilich verschönernden) Erinnerung an den Deutschen Zollverein, den man als Vorläufer der politischen Einigung der Deutschen ansah.

Der Schuman-Plan, nach seinem wirkungsvollsten Verfechter, dem französischen Außenminister Robert Schuman, benannt, wollte die Schwerindustrie der sechs westeuropäischen Länder in einer Wirtschaftsgemeinschaft, der Montanunion, miteinander vereinigen. Die westdeutsche Schwerindustrie ging nur zögernd mit, ebenso die Gewerkschaften. Beide hatten später noch oft Gelegenheit, ihre wirtschaftlichen Bedenken bestätigt zu sehen.

Für den Kanzler aber und seinen beredtesten Helfer, den Staatssekretär Hallstein, ging es auch nicht um wirtschaftliche Vorteile. Das Verhältnis des Kanzlers zu wirtschaftlichen Dingen ging nie über ein aufmerksames, aber kühles Interesse hinaus. Wie Napoleon hätte er sagen können: „Die Politik ist das Schicksal." Gerade darum griff er oft in wirtschaftliche Auseinandersetzungen ein, nämlich immer dann, wenn er seine politische Linie oder seinen Wahlerfolg bedroht sah. Jetzt focht er für die Montanunion, weil er in ihr eine Vorbereitung für den Zusammenschluß zu den Vereinigten Staaten von Europa sah.

Von Europa? Es war einer der wirkungsvollsten Gegengründe der parlamentarischen Opposition, daß sie über das Kleinst-Europa spottete, das nun entstehen sollte. Die deutsche Sozialdemokratie konnte sich darauf berufen, daß sie die Notwendigkeit übernationaler Einrichtungen schon gepredigt hatte, als die meisten ihrer Gegner noch von der Größe und dem Ruhm des Nationalstaates träumten. Gerade darum konnte sie es auch wagen, sich lustig zu machen über einen Begriff von Europa, der vier Fünftel der Europäer ausschloß.

Und da der Schuman-Plan von den christlich-demokratischen Ministern in den künftigen Mitgliedsstaaten gefördert wurde, kam bald der böse Verdacht auf, hier werde gar nicht Europa angestrebt, sondern eine Wiederbelebung des Reiches Karls des Großen unter der Fahne des klerikalen Katholizismus.

Die Gegenargumente der Regierung waren einfach, aber wirkungsvoll: Die Russen erlaubten ihren Satellitenstaaten nicht, der werdenden Gemeinschaft beizutreten. Die protestantischen Briten aber wollten ebenfalls nicht dabei sein. Ihre Abneigung gegen den Schuman-Plan entsprang nicht gefühlsseliger Erinnerung an Cromwellschen „Antipapismus", nicht der Feindschaft gegen klerikale Bestrebungen, sondern der unüberwindbaren Überzeugung, ihr Weltreich stehe ihnen näher als das festländische Europa.

Das Verhalten der Bonner Regierung entsprang der Volksstimmung. Das Parlament drückte den Willen der Nation aus, als es sich am 11. Januar 1952 mit großer Mehrheit für den Schuman-Plan aussprach.

Die Bundeswehr

Aber nun waren inzwischen von einer anderen Seite für den Kanzler Gefahren aufgestiegen. Zum ersten Male hatte er die Volksströmung gegen sich. Die Zeit der Wiederbewaffnung kam.

Die Alliierten waren sich 1945 in Potsdam darüber einig gewesen, daß die Deutschen nie wieder Waffen tragen sollten. Aber der Politiker soll niemals „niemals" sagen. Wenige Jahre waren vergangen, da waren die feierlichen Beteuerungen von Potsdam verweht wie Spreu im Winde. Am frühesten begannen die Russen, den Deutschen wieder Gewehre in die Hand zu geben. In der kasernierten Volkspolizei schufen sie sich ein Werkzeug, das einem Heer alter Art zum Verwechseln ähnlich sah.

Die westlichen Alliierten verlangten 1949 im Abkommen vom Petersberg, daß die Bundesregierung der Arbeit des Koblenzer Sicherheitsamtes zustimme. Dieses Amt sollte den Militarismus in Deutschland bekämpfen und es unmöglich machen, daß jemals wieder eine deutsche Wehrmacht entstehe. Aber dann brach der Koreanische Krieg aus, der im Westen von der öffentlichen Meinung so verstanden wurde, daß die Sowjets versucht hätten, sich des Landes zu bemächtigen. Im Westen erhob sich die Sorge, die Sowjets könnten gegen seine Welt mit Waffengewalt vorgehen. Die Mächte suchten nach Bundesgenossen, und ihre Augen fielen dabei auf die Deutschen, die von ihrer soldatischen Tüchtigkeit so viele Beweise gegeben hatten und die entschlossene Gegner des Bolschewismus waren.

In ihrem Verhältnis zu der deutschen Wiederbewaffnung zeigten die Westmächte dieselbe innere Haltung wie zu den freien Wahlen. Solange sie von freien Wahlen ungünstige Ergebnisse für den Westen erwarteten, waren sie schroff dagegen. Später, als sie sicher waren, daß freie Wahlen ihnen eine ihnen angenehme Regierung bringen würden, traten sie mit Wärme und demokratischem Pathos dafür ein.

Solange sie von der deutschen Wiederbewaffnung eine Gefahr fürchteten, verfemten sie jeden Gedanken an ein deutsches Heer. Als sie Vorteile davon erhofften, verfemten sie jeden, der an der Weisheit der Wiederbewaffnung zweifelte. Nur politische Weltfremdheit wird sie deshalb anklagen. Solange es Staaten gibt, haben Regierungen ihre Meinungen gewechselt, je nachdem, ob sie das Wohl ihrer Staaten gefährdet oder gefördert sahen.

Mit dem Wunsch des Westens, möglichst bald wieder ein deutsches Heer aufgestellt zu sehen, trat eine schwere Aufgabe an den Kanzler heran. Er sollte einem nicht nur entmachteten Staat, sondern auch einem durch wirkungsvolle Propaganda seines militärischen Selbstgefühls beraubten Volk wieder Waffen geben. Er selber hatte nie ein Gewehr getragen, ihm war der Stolz auf den Ruhm der Fahnen fremd, er hatte sich noch in den letzten Jahren mehr als einmal gegen ein deutsches Heer ausgesprochen.

Dennoch griff er mit beiden Händen zu, als er die Möglichkeit erblickte, die Deutschen in die Reihen der Militärmächte einzugliedern. Mancherlei Überlegungen flossen bei ihm zusammen. Entscheidend war der stärkste Antrieb in ihm, der Instinkt für die politische Macht. Der Kanzler spürte, was jeder echte Politiker spürt, daß es sich leichter verhandeln läßt, wenn man am Verhandlungstisch einige Divisionen hinter sich weiß. Wie oft hatte Adenauers großer Gegner Stresemann beklagt, daß er Diplomatie treiben müsse ohne militärische Kraft! Adenauer wollte in eine günstigere politische Lage kommen, deshalb gab er seinem Volke die Gewehre zurück.

Aber da war noch ein anderer Beweggrund, der aus der Tiefe seiner Überzeugungen kam. Wenn die Alliierten den Besiegten die Waffen zurückgaben, so sollte das nicht geschehen in den Formen einer nationalen Armee. Deutsche Soldaten nur, wenn sie eingeschmolzen würden in eine übernationale, eine europäische Armee. Diese Bedingung entsprach den stärksten Wünschen des Kanzlers. Ob eine europäische Armee den vollen militärischen Wert hätte, kümmerte ihn nur am Rande. Es beschäftigte ihn nicht mehr als die Frage, ob die Montanunion den höchsten wirtschaftlichen Wirkungsgrad erreichen würde. Er wollte ein vereinigtes (West-) Europa, deshalb wollte er deutsche Waffen.

Adenauers Festigkeit

Aber nun stand das Volk gegen ihn auf. Dieser Aufruhr erscheint uns heute kläglich und schwach, damals nahm er sich bedrohlich aus. Die Deutschen waren nie ganz so militärbegeistert gewesen, wie das Ausland sie hatte sehen wollen. Es hatte schon immer eine starke wehrfeindliche Stimmung gegeben. Nun lagen die Trümmer der Städte aus dem letzten Kriege vor aller Augen, die Erinnerung an die Gefallenen war nicht vergessen, Millionen von Verletzten und Hinterbliebenen bangten um ihre karge Rente, die Alliierten hatten den Deutschen lange gesagt, die Geschichte des deutschen Soldatentums sei eine Geschichte von Räubern. Dennoch erwartete man den Sprung über den Graben, man erwartete von uns, wir sollten das wieder anbeten, was zu verbrennen man uns gestern noch befohlen hatte. Das war zuviel für Millionen.

Bei den Landtagswahlen der Jahre 1951 und 1952 erlitt die Christlich-Demokratische Union schwere, fast lebensgefährliche Verluste. Wenn die Entwicklung weitergegangen wäre, so hätte Adenauer sein Amt aufgeben müssen. Die enttäuschten Wähler, die sich von der Kanzlerpartei zur sozialdemokratischen Opposition wandten, wußten freilich nicht, was sie taten. Der Führer der Sozialdemokraten, dem sie sich jetzt für kurze Jahre zuwandten und der die Pläne des Kanzlers so leidenschaftlich bekämpfte, war kein Gegner der Wiederbewaffnung. Er knüpfte sein Einverständnis an gewisse Bedingungen, das war alles. Er wollte beispielsweise die Wiederbewaffnung mit der Gleichberechtigung verbinden. Er vertraute nicht wie Adenauer auf den natürlichen Gang der Entwicklung, der es nicht zulassen würde, daß die eine waffentragende Nation schlechter behandelt würde als die andere.

Aber er hatte mit dem Kanzler den Instinkt für die Macht gemeinsam, und deshalb war er für die Wiederbewaffnung. Er war ein Pazifist in dem Sinne, wie heute wohl alle Deutschen es sind, daß wir den Krieg hassen und den Frieden für eines der höchsten irdischen Güter erachten. Aber er war kein Pazifist in dem Sinne, daß er einem möglichen Gegner wehrlos gegenüberstehen wollte. Er fühlte sich als Nachfolger Scharnhorsts oder, wem dieser Vergleich zu königlich-preußisch ist, als Nachfolger Carnots. Es war ihm ernst mit der Versicherung, daß es unter einer sozialdemokratischen Regierung keine Kriegsdienstverweigerer geben werde.

Im Augenblick aber kam der Kanzler in große Gefahr. Ein Schwächerer als Konrad Adenauer hätte jetzt die Segel nach dem Winde gestellt und auf einen Plan verzichtet, der so wenig volkstümlich war. Jetzt aber bewährten sich Zähigkeit und Selbstvertrauen.

Konrad Adenauer war kein Mann, der mit dem Kopf durch die Wand ging. Wenn er einen Verhandlungspartner fand, der sich seinem Willen entgegenstemmte und mit der größeren Macht auch die stärkere Willenskraft verband, so wich er zurück wie jeder verständige Mensch in seinem privaten Leben und jeder bedeutende Politiker in seinem Amtsbereich. Aber wo war jetzt die Verbindung von Macht und Willenskraft bei denen, die seinen Plan ablehnten? Adenauer musterte die Reihen der Gegner eines deutschen Verteidigungsbeitrags, und er fand nichts, was ihm Eindruck machte. Er sah keine mächtige und einflußreiche Persönlichkeit, kein Geld, kein überlegtes Programm, nur unklare „Ohne-mich"-Äußerungen einer schwankenden Masse.

Vielleicht imponierte ihm der Kern, eine Minderheit derjenigen, die ihm entgegentraten. So versagte er wohl auch seinem bisherigen Innenminister Heinemann nicht die Achtung, als dieser sein Amt um seiner Überzeugung willen niederlegte. Heinemann fürchtete, wenn eine bewaffnete Bundesrepublik sich in das Militärbündnis mit dem Westen eingliederte, so würde die Wiedervereinigung gefährdet. Heinemanns Rücktritt war ein mutiger Schritt, der tiefen Eindruck machte. Aber die Wähler? Adenauer vertraute darauf, daß es wenige Dinge gibt, an die man die Deutschen nicht gewöhnen kann, wenn man ihnen nur Zeit läßt. Er vertraute darauf, daß die Furcht vor dem Bolschewismus tief im Herzen jedes freiheitsliebenden Deutschen sitzt. Er vertraute darauf, daß die Zeit kommen werde, in der eben diese Wähler jeden Gegner der Wiederbewaffnung als mit einem Makel behaftet ansehen würden, weil sie Schutz vor der drohenden roten Flut wollten.

Heute wissen wir, daß er mit seiner Beurteilung des Wählers recht hatte. Die überwältigende Mehrheit der Deutschen wurde nach einigen Jahren der Meinung, daß auch sie zur Verteidigung gegen die östliche Gefahr beitragen müßten. Aber damals war das nicht selbstverständlich. Der größte Dienst, den Konrad Adenauer seiner Nation leistete, hat seine Wurzeln im Charakter dieses Mannes.

Das russische Angebot

Die Bundesrepublik hatte noch keine Waffen, Konrad Adenauer hatte sein Werk noch nicht vollendet, da errang er schon bei den Anfängen dieses Unternehmens seinen großartigsten Erfolg.

Am 10. März 1952 richtete die Sowjetunion eine Note an die Westmächte, in der sie vorschlug, Deutschland wieder zu vereinigen und ihm eine nationale Armee zu gewähren. Die Sowjetunion stellte wesentliche Bedingungen: das künftige Gesamtdeutschland dürfe keinem militärischen Bündnis angehören, die Oder-Neiße-Linie müsse anerkannt werden, undemokratische Organisationen müßten verboten werden.

Dem alternden Herrscher im Kreml saß die Erinnerung an die Wintertage von 1941 tief im Herzen. Damals hatten sich die deutschen Panzerdivisionen Moskau genähert. Ihm standen auch die Erlebnisse seiner ersten Mannesjahre um 1919 vor Augen. Damals waren die vom Westen unterstützten gegenrevolutionären Heere gegen Moskau im Anmarsch gewesen. Er hatte im Zweiten Weltkrieg die militärische Macht der Vereinigten Staaten kennengelernt, zum Teil durch die amerikanische Unterstützung mit Kriegsmaterial mit eigenen Augen, und er fürchtete, sie werde sich mit der soldatischen Tüchtigkeit der Deutschen vereinigen. Das wollte er verhindern, und er bot einen hohen Preis dafür, nämlich die deutsche Einheit, die Freiheit auch für die siebzehn Millionen östlich der Elbe.

Der Wunsch, daß Deutschland keinem Bündnis angehören dürfe, war keine Erfindung des Ostens. Der Westen hatte ihn vorher ausgesprochen, am beredtesten Konrad Adenauer. Die Sowjetunion war niemals darauf eingegangen. Die Gründe für ihre bisherige Ablehnung waren klar. Wenn Deutschland keinem Bündnis angehörte, mußten sich auch die Russen aus Deutschland zurückziehen, und das hätten sie nur ungern getan. Sie sahen natürlich auch, daß sich ihre politische Stellung in Mitteleuropa verschlechtern würde, wenn erst die Wellen der Freiheit bis an die Grenzen Polens und der Tschechoslowakei schlugen. Jetzt aber glaubten sie sich offensichtlich gezwungen, in die ihnen unerwünschte Lösung der deutschen Neutralität einzuwilligen. Anders konnten sie es, wie sie meinten, nicht verhindern, daß deutsche Divisionen die Streitkräfte der Amerikaner verstärkten.

Die Überzeugung des Kanzlers, daß Deutschland in künftige Gespräche stärker hineingehen werde, wenn er deutsche Divisionen aufgebaut habe, war auf das glänzendste gerechtfertigt. Seine staatsmännischen Fähigkeiten hatten sich nie eindringlicher bewiesen. Weitblickende Beobachter begriffen denn auch sofort die volle Größe seines Erfolges. Einer seiner Minister, der oft anderer Meinung war als er, Jakob Kaiser, beglückwünschte den Kanzler aus vollem Herzen zu dem Errungenen. Das Ende der schlimmsten politischen Not der Deutschen, ihrer staatlichen Aufspaltung, zeichnete sich ab.

Aber der führende Politiker der Bundesrepublik sah in der sowjetischen Note nur eine Gefahr, und der übrige Westen mit ihm. So kam es überhaupt nicht zu Verhandlungen über das russische Angebot. Spätere Beobachter haben dies damit zu erklären versucht, daß die schlimmen Absichten der Sowjets allzu offenkundig gewesen seien. In dem Verlangen beispielsweise, nur rein „demokratische" Organisationen zuzulassen, habe sich, nach vielen traurigen Erfahrungen, der sowjetische Wunsch enthüllt, Einfluß auch auf Westdeutschland zu gewinnen, auch den Westen für den Bolschewismus reif zu machen.

Wäre diese Besorgnis wirklich der Grund dafür gewesen, daß über die Note überhaupt nicht verhandelt wurde, so wäre das ein armseliges Zeugnis für das Selbstvertrauen der Führer des Westens gewesen. Männer, die Weltreiche regierten, an ihrer Seite ein so entschlossener Mann wie der Bundeskanzler, sollten gefürchtet haben, das Schicksal von tschechischen Agrarministern zu erleiden? Sie sollten es sich nicht zugetraut haben, in den Gesprächen die Russen entweder zum Nachgeben zu bewegen oder, wenn dies nicht gelang, ihnen ein hartes Nein entgegenzusetzen, schließlich unter solchen Umständen die Verhandlungen ganz scheitern zu lassen? Wäre das geschehen, der Kanzler wäre der überwältigenden Zustimmung der Nation sicher gewesen. Keine Stimme des Zweifels und des Tadels hätte sich erhoben, und der vergiftende Streit der nächsten Jahre wäre vermieden worden.

Klarheit konnte nur in Verhandlungen gewonnen werden. Daß es zu ihnen nicht kam, lag natürlich nicht daran, daß die Minister des Westens so klein gewesen wären, wie es jene zweifelhaften Rechtfertigungsversuche darzustellen pflegen. Man wollte das russische Angebot auch dann ablehnen, wenn es ernst gemeint war, und dann erst recht. Der Kern lag in der russischen Forderung, Gesamtdeutschland müsse ausgeklammert werden aus irgendwelchen militärischen Zusammenschlüssen. Dies wollte der Westen auf keinen Fall zugestehen.

Seitdem der amerikanische Außenminister Marshall aus Moskau heimgekommen war, voll trüber Ahnungen über den sowjetischen Ausdehnungsdrang, hatte sich in Amerika der Gedanke durchgesetzt, daß man die Bundesgenossenschaft der Deutschen brauche. Niemand aber war tiefer von der Notwendigkeit des Militärbündnisses überzeugt als der Kanzler. Er hatte seine früheren Auffassungen, daß die Neutralität einen Vorzug für Deutschland bedeuten würde, ganz aufgegeben. Die Einschmelzung in die Gemeinschaft mit dem Westen war das Herzstück seiner Politik geworden. Aus solcher Haltung mußte er die sowjetische Note verneinen.

Doch lag hier nicht der einzige Grund für seine Haltung. Der Kanzler sah wohl das Entgegenkommen der Sowjets, aber es ging ihm nicht weit genug. Er war nicht unempfindlich gegenüber der Tatsache, daß er einen großen Erfolg errungen hatte, aber er wollte ihn noch vermehren. Konrad Adenauer hatte immer nur ein kühles Verhältnis zu Bismarck gehabt. In dieser Stunde hätte er von ihm lernen können, wie man einen Erfolg erringt, ohne ihn wieder zu gefährden durch Maßlosigkeit.

Freie Wahlen

Damals bereitete sich in den Vereinigten Staaten John Foster Dulles auf das hohe Amt des amerikanischen Außenministers vor. Für ihn war es ein Leitsatz, daß man ganz Deutschland in das militärische Bündnissystem des Westens einbeziehen müsse. Davon werde eine unwiderstehliche Wirkung auf die Satelliten Rußlands ausgehen. So werde das „rolling back", das Zurückdrängen Rußlands aus dem östlichen Mitteleuropa möglich sein. In der Bundesrepublik fand er in Konrad Adenauer einen Mann, der seine Auffassung mit aller Kraft unterstützte.

Der Westen forderte, daß die Russen in ganz Deutschland freie Wahlen zugeständen. Was man ihnen 1947 abgeschlagen hatte, darin sollten sie nun einwilligen. Eine aus freien Wahlen hervorgehende Regierung sollte das Recht haben, zu entscheiden, ob Deutschland einem Bündnissystem angehören solle, und wenn ja, welchem. Der außenpolitische Sinn dieser Forderung war leicht zu sehen. Angesichts der Grundhaltung der Deutschen und angesichts ihrer tiefen Sehnsucht nach Geborgenheit hätte eine solche Regierung den Weg zum Bündnis mit dem Westen beschritten. Damit konnte sich keine russische Regierung abfinden, ob sie nun zaristisch, demokratisch oder kommunistisch war. Freie Wahlen werde man zugestehen, so antworteten die Russen, aber erst, wenn feststehe, daß Gesamtdeutschland dem westlichen Bündnis nicht angehöre.

Der Kanzler und seine Freunde glaubten, daß man diesen Preis nicht zu zahlen brauche. Sie waren sehr zuversichtlich. Wenn erst die Bundesrepublik der militärischen Gemeinschaft mit dem Westen angehöre, so glaubten sie, dann werde man es erreichen können, daß die Sowjetunion auch darin einwilligen werde, Gesamtdeutschland im Bündnis mit dem Westen zu sehen. Wenn Stresemann solche Äußerungen noch erlebt hätte, so würde er, wie er es nach 1925 häufig getan hatte, Wilhelm Raabe zitiert haben: „Unsere tägliche Illusion gib uns heute!" Aber Stresemann war tot, und fröhliche Zuversicht beherrschte die Politik des Westens.

Während der nun folgenden Jahre blieb die Ansicht der Bundesregierung die gleiche, wie sie der Kanzler sechs Tage nach der Überreichung der russischen Note dargelegt hatte. In Siegen hatte er damals ausgeführt: „Ziel der deutschen Politik ist es nach wie vor, daß der Westen so stark wird, daß es mit der Sowjetunion zu einem vernünftigen Gespräch kommt. Ich bin fest davon überzeugt und auch die letzte Note der Sowjetunion ist wieder ein Beweis dafür, daß, wenn wir auf diesem Wege fortfahren, der Zeitpunkt nicht mehr fern ist, an dem Sowjetrußland sich zu einem vernünftigen Gespräch bereit erklärt."

Der Meinungsstreit darüber, ob im März 1952 eine Sternstunde der deutschen Geschichte vorübergegangen sei, unbemerkt von den Mächtigen, wird noch lange andauern. Mathematische Beweise für die Richtigkeit seiner Überzeugung kann niemand beibringen. Nur eines ist klar zu sehen: Die Hoffnungen von 1952 haben sich nicht erfüllt. Wunschbilder hatten den Blick für die Wirklichkeit getrübt. Der Geist Bismarcks war sehr ferne.

Schumachers Tod

Drei Jahre nach der Gründung der Bundesrepublik starb Kurt Schumacher. Sein Tod war ein Verlust für Deutschland. Ob auch für seine Partei, ist nicht sicher. In den folgenden Jahren, als die Sozialdemokratie oft ermüdet schien, richteten sich die Erinnerungen mancher ihrer Anhänger sehnsüchtig auf sein Bild. Aber in diesem unklaren Gefühl, Schumacher hätte die Niederlagen der Partei verhindert, lag ein Mißverständnis. Wer so dachte, sah die Wirkung nicht recht, die Schumacher auf die Öffentlichkeit ausgeübt hatte. Er hatte sie immer bewegt, selten gewonnen. Die Schicht, die sich von dieser starken Persönlichkeit angezogen fühlte und die schneidenden Schroffheiten seines Wesens als unvermeidlich hinnahm, war hauchdünn. Das Bittere und Überreizte in seiner Art hatte viel mehr Menschen zurückgestoßen.

Die Tragik im Leben Schumachers lag darin, daß er ein großer Unzeitgemäßer war. Er war ein Vierteljahrhundert zu spät geboren. Als Scheidemann Reichskanzler und Noske Reichswehrminister war, kannte kaum jemand in Deutschland den jungen schwerverletzten Doktor der Nationalökonomie. Hätte er damals die Partei geführt, hätte er wohl die Arbeiterschaft mit Staat, Nation und Reichswehr versöhnt. Er hätte aber auch keine Schwäche gegenüber den Gegnern gezeigt. Man kann sich nicht vorstellen, daß gegen einen Mann wie diesen Hitler zur Macht gekommen wäre. Bei einem Staatsstreich in Preußen hätte Schumacher nicht den Staatsgerichtshof, sondern die Maschinengewehre angerufen.

Aber was wollte ein Mann mit seiner Leidenschaft in einer Zeit, in der nach ungeheuren Anspannungen sich alles nach Ruhe sehnte, am meisten das Bürgertum, das Schumacher für die Partei gewinnen wollte? Mit Schumacher waren keine Wahlen zum Erfolg zu führen. Als Parteistratege wäre er gescheitert. Aber Deutschland verlor in ihm einen unermüdlich spähenden Wächter um sein Wohl, in einer Zeit, in der es der leidenschaftlichen Sorge eines großen Mannes immer wieder bedurfte.

Keine europäische Armee

Im August 1953 verzeichneten die wissenschaftlichen Geräte in der ganzen Welt ein Ereignis, das nachhaltige Folgen für Deutschland haben sollte. Im fernen Asien brachten die Russen ihre erste Wasserstoffbombe zur Explosion. Die Anhänger einer tätigen Politik der deutschen Wiedervereinigung erschraken. Es hatte sich gezeigt, daß die Hoffnungen der Bundesregierung vom März 1952 getrogen hatten. Die Zeit arbeitete nicht für, sondern gegen Deutschland. Es war zu erwarten, daß die Sowjets nicht „vernünftiger", sondern härter würden, je mehr ihre militärische Stärke zunahm. Die Stunde drängte.

Noch einmal erhob sich dann wieder eine Hoffnung. Sie entsprang einem Ereignis, das viele Gemüter in der Bundesrepublik bedrückte, dem aber auch günstige Seiten abgewonnen werden konnten. Die französische Nationalversammlung lehnte im August 1954 die europäische Verteidigungsgemeinschaft und damit auch die Teilnahme der Bundesrepublik daran ab. Der Stolz auf die große Überlieferung der französischen Armee und das Bekenntnis zur nationalstaatlichen Unabhängigkeit waren stärker als der Wille zur europäischen Gemeinsamkeit.

Die Auswirkung dieses Ereignisses in Deutschland ging in die Tiefe. Die deutsche Jugend hatte in den Trümmern ihres Landes das Ideal des künftigen Zusammenschlusses der Europäer gefunden. Jetzt zeigte sich, daß der westliche Nachbar nicht so bereit war wie sie, diesem Ideal die Träume einer großen Vergangenheit zu opfern. Zu welchem Stern sollte sie nun noch aufblicken? Erst jetzt wurde die deutsche Jugend vollends die kühle, die illusionslose, die sorgfältig abwägende, die „skeptische Generation", wie Schelsky sie beschreibt.

Am schmerzlichsten war das französische Nein für den Bundeskanzler. Der Einbau der Bundesrepublik in eine enge Gemeinschaft mit dem Westen und ein Zusammenwachsen mit den Franzosen waren die Hauptziele seiner Politik. Die Macht, von der er am meisten erwartet hatte, zerbrach ein Stück seiner Hoffnungen.

Aber statt dessen schien sich für das Hauptverlangen der Deutschen noch einmal eine Erfüllungsmöglichkeit zu öffnen. Fünf Wochen nach der Abstimmung in der Pariser Nationalversammlung schlug Molotow ein kollektives Sicherheitssystem in Europa vor. Er erklärte sich bereit, über freie Wahlen in Deutschland zu verhandeln.

Aber wieder stieß sein Vorschlag auf den unbeugsamen Willen des Westens, an der Eingliederung der Bundesrepublik in das westliche Bündnissystem festzuhalten. Nur verzichtete man jetzt auf die enge Gemeinschaft, in der die einzelnen Armeen miteinander verschmolzen werden sollten. An ihre Stelle sollte das atlantische Bündnis treten, die Zusammenarbeit nationaler Armeen zu einer Koalition. Darauf wollte der Westen, darauf wollte auch die Bundesregierung nicht verzichten. So verhallten Molotows Worte.

Einen letzten Versuch, die Eingliederung der Bundesrepublik in das Waffensystem des Westens aufzuhalten, machte die sowjetische Regierung am 15. Januar 1955. Noch einmal bot sie freie Wahlen an, diesmal sogar unter internationaler Kontrolle. Sie stellte eine einzige Bedingung: der Westen müsse das Haupthindernis beseitigen: die Einbeziehung Deutschlands in die militärischen Gruppierungen des Westens. Das kommende Wahlgesetz sollte die Wahlgesetze der Bundesrepublik wie die der „Deutschen Demokratischen Republik" berücksichtigen.

Wie ein solches Wahlgesetz ausgesehen hätte, diese Frage wird so leicht nicht geklärt werden können, denn zu Verhandlungen darüber kam es nicht. Der Westen bezweifelte den Ernst der sowjetischen Vorschläge. Er bezweifelte auch den Ernst der Worte, die nun von Moskau herüberklangen: wenn die Bundesrepublik in das atlantische Bündnis gehe, dann würden Verhandlungen zwischen den Mächten über die Wiedervereinigung Deutschlands gegenstandslos.

Der Kanzler behielt seinen unerschütterlichen Optimismus. In Frankfurt legte er zu Beginn des Jahres 1955 dar, es sei völlig sicher, daß die Sowjetunion zu fruchtbaren Verhandlungen bereit sein werde, man müsse ihr gegenüber nur fest bleiben. Die Mehrheit der Bevölkerung nahm solche Erklärungen mit Zuversicht, ja mit Jubel auf. Es war nur eine Minderheit, die bedrückt beiseite stand. Am 9. Mai 1955 wurde die Bundesrepublik in das atlantische Bündnis aufgenommen.

In Genf

Wenige Wochen später legte Molotow in Genf kühl dar, dieser Akt habe eine neue Lage geschaffen. Gespräche über die Wiedervereinigung seien von nun an „unrealistisch". Und Nikita Chruschtschow verkündete am 27. Juli 1955 in Ostberlin, die Deutsche Demokratische Republik werde auf ihre wirtschaftlichen und sozialen Errungenschaften nicht verzichten.

Der damalige französische Ministerpräsident Edgar Faure, der sein Land auf der Gipfelkonferenz in Genf vertrat, führte damals ein Gespräch mit Molotow. Er gewann dabei die feste Überzeugung, Deutschland könne die Einheit haben, wenn es auf das Bündnis verzichte. Der britische Premierminister Eden hatte in einem Gespräch mit Molotow diesen Eindruck nicht. Faure ist sicher, daß Eden seinen Gesprächspartner mißverstanden habe. Wer von beiden recht hatte, wird vorläufig nicht festzustellen sein. Das wäre nur in Verhandlungen möglich gewesen, und dazu kam es nicht.

Sicher aber ist, daß von 1956 an das große diplomatische Tauschgeschäft nicht mehr möglich war, von dem man vier Jahre lang gesprochen hatte. Es hätte darin bestehen sollen, daß Deutschland seine Beteiligung am Bündnis aufgab und dafür die Einheit erhielt. Von 1956 an erklärten die Russen, sie würden ein solches Tauschgeschäft nicht mehr abschließen. In Moskau regierte jetzt weder der alternde, um den Bestand seiner Macht besorgte Stalin noch der um seine Konsumgüterindustrie besorgte Malenkow. Der viel kräftigere, viel selbstbewußtere Chruschtschow hatte die Macht. Eine Zeitlang sprach er noch als Wortführer jener Strömung im Kreml, deren Ausdruck die Note vom März 1952 gewesen war. Dann aber ging er zu einer lärmenden und drohenden Politik über, die seinem Wesen besser entsprach.

Die militärische Entwicklung schien ihm eine solche Haltung zu erlauben. Die Lage der Sowjetunion verbesserte sich schnell und stetig. Zu der Wasserstoffbombe kamen die Erfolge in der Raketentechnik. Die Sowjetunion wurde von Jahr zu Jahr mächtiger und bemühte sich, der Welt zu beweisen, daß die Politik der Stärke kein Privileg des Westens sei.

Im Jahre 1956 brachen Aufstände in Polen und Ungarn aus. Der Sowjetunion mußte noch klarer werden als bisher, was es bedeutete, wenn sie ihre Truppen aus der Zone abzöge. Schon darum war von nun an ein Abkommen über die deutsche Einheit nur noch schwer denkbar, wenn es allein von Deutschland handelte. Die Notwendigkeit wuchs, eine allgemeine europäische Konzeption zu finden, die alle ost- und mitteleuropäischen Völker einschloß. Die Wiedervereinigung Deutschlands war nach einem glücklichen Wort von Hans Zehrer nur noch möglich im Rahmen der Wiedervereinigung Europas.

Im Frühjahr 1952 hatte der Kanzler davon gesprochen, es sei sein Ziel, auch die ostmitteleuropäischen Probleme zu lösen. Mit diesem Ausspruch war er dicht am Kern des Problems. Aber er stellte sich als Hauptmittel dieser Politik das Gewicht vor, das von der militärischen Aufrüstung auf die allgemeinen Weltverhältnisse ausgeübt wurde. Die Erfahrungen eines Jahrzehnts haben gezeigt, daß er die Verhältnisse nicht richtig eingeschätzt hatte. So bitter notwendig der Bundesrepublik und überhaupt dem Westen militärische Stärke ist, sowenig kann sich eine weitblickende westliche oder deutsche Politik damit begnügen. Erst hinter dem, was selbstverständlich ist, erst hinter der militärischen Stärkung beginnt die schöpferische Politik.

Wie um 1900

Eine umfassende europäische Konzeption fand der Westen nicht. Wohl bemühten sich Privatleute darum. So sprach der damals nicht amtierende amerikanische Diplomat Chester Bowles 1957 mit Chruschtschow über ein vereinigtes bündnisfreies Europa, und er fand Verständnis für seine Vorschläge. Er führte auch ein Gespräch mit dem russischen Marschall Schukow, der es für möglich hielt, daß seine Truppen das östliche Mitteleuropa räumten, wenn dafür eine Gegenleistung geboten würde. Aber diese Anregungen wurden von den westlichen Regierungen nicht aufgenommen, und ein Jahr später war Schukow gestürzt.

Die Politik der Bundesregierung läßt sich in diesen Jahren nicht trennen von der allgemeinen westlichen Politik, namentlich nicht von der amerikanischen. Sie beschränkte sich im wesentlichen auf die Hoffnung, eine militärische Stärkung und Einigung des Westens werde auf die Sowjetunion ihren Eindruck nicht verfehlen und sie zum Nachgeben bewegen.

Die bundesrepublikanisch-westliche Politik wirkte in diesen Jahren, als solle die wilhelminische Außenpolitik noch einmal ablaufen. Zweimal war der Westen gegen den deutschen Militarismus zu Felde gezogen, aber dabei hatte er sich selber von der Krankheit infizieren lassen, die in der Überwucherung der Diplomatie durch das militärische Denken liegt. Verhängnisvolle Elemente des Wilhelminismus kehrten um 1950 wieder: das gleiche naive Vertrauen darauf, die Zeit werde für uns arbeiten; die gleiche Unterschätzung des Verhandlungspartners; der gleiche Verzicht der Diplomatie auf ihr Königsrecht zugunsten militärischer Überlegungen.

Und vollends ins Düstere gewandt wird der Blick auf die Ähnlichkeiten, wenn man die militärische Entwicklung dieser Jahre betrachtet. Der letzte Kaiser hatte von der schimmernden Wehr und der gepanzerten Faust gesprochen; aber er hatte zugesehen, wenigstens bis 1912, wie die Franzosen und die Russen immer stärker wurden. John Foster Dulles und Konrad Adenauer sprachen zuversichtlich von der kommenden militärischen Stärke. Währenddessen waren es die Sowjets, deren Macht sich vermehrte. Als man sich schließlich im Westen überlegte, ob man nicht von der begrenzten Zahl amerikanischer Atomwaffen der Bundesrepublik einige abgeben könnte, vermehrte man damit zwar das außenpolitische Gefahrenfeld, erhöhte aber die militärische Gesamtmacht des Westens um keinen Deut. Wie hätte da die Zeit für uns arbeiten können?

Im Herbst 1955 wurde der Bundesrepublik ein großer außenpolitischer Erfolg zuteil. Ein Stück Wiedervereinigung wurde Wirklichkeit. Das war nur möglich, weil das Gefühl einer Million Deutscher stärker war als die verwickelten Überlegungen der Politiker.

Das Streben Frankreichs nach der Saar war jahrhundertealt. Nach 1945 glaubte die Pariser Regierung, es endgültig erfüllen zu können. Das Saargebiet wurde, ähnlich wie 1919, von Deutschland getrennt und durch willkürliche Anordnung noch um einige deutsche Gebietsteile vergrößert. Das Ziel der französischen Regierung war klar. Die Saar sollte für immer von Deutschland abgeschnitten und französischem Einfluß geöffnet werden.

Aber dieses Streben paßte nicht zu dem europäischen Gemeinsamkeitsgefühl und zu der deutsch-französischen Gemeinschaft, zu der sich beide Völker bekannten. So glaubte die Regierung Adenauer, die Franzosen davon überzeugen zu können, daß die Saar um der höheren europäischen Ziele willen nach Deutschland zurückkehren müsse. Aber die Bundesregierung scheiterte bei ihrem Bemühen. Eine französische Regierung nach der anderen lehnte ab.

Schließlich erfanden die Politiker die sogenannte europäische Lösung der Saar, die in Wirklichkeit den europäischen Gedanken bloßstellte. Nach dem Saarstatut, über das man sich in Paris und Bonn einig wurde, sollte das Saarland von Deutschland abgetrennt werden, aber dann zusammen mit Deutschland und Frankreich den europäischen Einrichtungen angehören. In der übergeordneten Einheit Europa sollte die Einheit Deutschland-Saar wiederhergestellt werden.

Die europäische Lösung war ein böses Spiel mit großen Worten. Das neue Europa sollte damit beginnen, daß erst einmal ein Teil eines Volkes von seinem Mitvolke getrennt wurde. Grausamer konnte der europäische Gedanke nicht mißbraucht und beleidigt werden. Aber die Bundesregierung sah nach ihren langen Verhandlungen keine andere Möglichkeit mehr als diese, und sie empfahl den Saarländern, für das Statut zu stimmen.

Widerstand dagegen übte nicht nur die eigentliche parlamentarische Opposition in Bonn, sondern auch ein Teil der Regierungskoalition unter der Führung von Thomas Dehler. Sie stellten sich das neue Europa anders vor, nämlich als ein Zusammenwachsen gleichberechtigter und darum unzertrennter Völker. Sie konnten sich auch nicht dadurch beruhigen lassen, daß die Entscheidung in die Hände des Saarvolkes gelegt wurde.

Angesichts des harten Druckes, der jahrelang über dem kleinen Land gelegen hatte und der nur kurz vor der Abstimmung gelockert wurde, sahen sie das Saarvolk nicht mehr frei in seinen Entschlüssen. Sie fürchteten, die Saarbevölkerung werde sich für das Statut entscheiden und damit die

Lostrennung von Deutschland besiegeln. Eine Abstimmung, unter solchen Umständen vollzogen, hätte die Deutschen nicht beruhigt, sie hätte die nationalen Gegensätze nicht versöhnt, sondern die Leidenschaften weiter entfacht und die Gemüter vergiftet.

Einige tapfere Männer an der Saar, an der Spitze Heinrich Schneider und Hubert Ney, nahmen den Kampf für eine vernünftige Lösung auf. Sie hatten Erfolg. Zur Überraschung von ganz Europa sprachen sich am 23. Oktober 1955 zwei Drittel der Bevölkerung für die Rückkehr zum Mutterlande aus. Das deutsche Gemeinsamkeitsgefühl war nicht erloschen, nicht nach dem militärischen Zusammenbruch und nicht in der Hochschätzung von Wohlstand und Steuererleichterungen.

Die Saar kehrte ohne Rausch und Überschwang zurück. Eine Familie wollte zusammenbleiben, das war alles. Mit der Abstimmung war keine Kampfhaltung gegen Frankreich und keine Gegnerschaft gegen Europa verbunden. Auch wer mit Deutschland vereint sein wollte, bejahte die europäische Gemeinschaft und bejahte die Freundschaft mit Frankreich. Die Saarländer waren auch zu Opfern für diese Freundschaft bereit, nur nicht zu dem, vom Mutterlande getrennt zu bleiben.

Der Abstimmungstag an der Saar bedeutet möglicherweise das Ende der überlieferten Feindschaft zwischen Deutschland und Frankreich. Denn Frankreich erkannte die neuen Tatsachen ehrlich an. Damit war ein schweres Hindernis gefallen, das bisher vor der dauernden Zusammenarbeit zwischen den beiden Ländern gelegen hatte.

Mit dem Tage der Rückkehr des Saargebietes konnte auch in Bonn ein Mann sein Werk als gekrönt ansehen. Dem für das Schicksal der Saar verantwortlichen Minister, Jakob Kaiser, war es nicht immer leicht gemacht worden, seiner Aufgabe nachzukommen. Als er es ablehnte, das Saarstatut gutzuheißen, hatte er sich in Gegensatz zum Kanzler gestellt. Aber er hatte sich nie lähmen lassen. Was ein Mann tun konnte, die Deutschen an der Saar zu ermutigen, ihnen vielfältig zu helfen und die Verbindung mit den Gleichgesinnten in der größeren Heimat aufrechtzuerhalten, hatte er getan. Jetzt war seine Aufgabe gelöst. Er hatte bewiesen, was auch ein einzelner Mann unter widrigen Umständen zu tun vermag, wenn ihn ein hohes Ideal beflügelt und wenn seine Zähigkeit auch unter widrigen Umständen nicht erlahmt.

Die geknechtete Zone

Die Deutschen jenseits von Elbe und Werra waren nicht so glücklich wie die an der Saar. Unerbittlich ging die Woge des Bolschewismus über das Land zwischen Elbe und Oder. Am Ende war das Land von der Ostsee bis zum Erzgebirge zu einem Herrschaftsgebiet der Unfreiheit geworden.

Das Schicksal des verzweifelten Kampfes, den die Bevölkerung um ihr Recht führte, läßt sich am Schicksal der Parteien ablesen. Als die Kommunistische und die Sozialdemokratische Partei durch Zwang miteinander verschmolzen wurden, achteten die Machthaber sorgfältig darauf, daß in den Spitzenstellungen die beiden Arbeiterparteien gleichmäßig vertreten waren. Später aber wurden mehr und mehr Sozialdemokraten von ihren Posten entfernt, soweit sie sich nicht unterwarfen. Der erste Mann der Deutschen Demokratischen Republik wurde nach schlechtem altem bolschewikischem Brauch ein Funktionär, der nicht in der Regierung saß und der doch die eigentliche Regierungsgewalt ausübte, der Erste Sekretär der Sozialistischen Einheitspartei Walter Ulbricht. Mit Hilfe der nach russischem und nationalsozialistischem Muster aufgebauten Geheimen Staatspolizei und mit Hilfe einer fanatischen kommunistischen Juristin, Hilde Benjamin, wurde ein ausgeklügeltes Spitzel- und Verfolgungssystem aufgebaut, das jeden Versuch eines geistigen Widerstandes im Keime ersticken sollte.

Die Christlich-Demokratische-Union in der sowjetischen Zone lehnte sich nicht gegen den Grundgedanken der Bodenreform auf. Wohl aber wandte sie sich dagegen, daß überhaupt keine Entschädigung gewährt wurde. Sie spürte den Verstoß gegen die Idee des Rechtsstaates, der darin lag. Ihre Führer drangen mit ihrem Einspruch gegenüber den Russen nicht durch. Walter Schreiber und Andreas Hermes wurden ihrer Ämter enthoben. An ihre Stelle traten Jakob Kaiser und Ernst Lemmer. In aufopferungsvoller Arbeit versuchten sie noch einmal in ständigen Auseinandersetzungen über vielerlei Fragen des öffentlichen Lebens, die Grundidee der menschlichen Würde zu retten. Um die Wende zum Jahre 1948 mußten auch sie erkennen, daß ihr Versuch an der Willkür der Mächtigen gescheitert war. Sie gingen nach dem Westen, nicht weil sie verzagten, sondern weil sie von hier aus den Kampf um die Vereinigung der Deutschen und damit auch um die Freiheit ihrer ostelbischen Landsleute führen wollten.

Politischer Druck, geistige Eintönigkeit, Verfolgung durch die Staatspolizei, wirtschaftliche Sorge, Angst um die nackte Existenz, Haß gegen Bevormundung, all das trieb jeden Monat Tausende von Deutschen über die Zonengrenze nach Westen. Der Strom der Flüchtlinge riß nicht ab. Insgesamt drei Millionen verließen in fünfzehn Jahren das Land, eine schwere Anklage gegen das Regierungssystem.

Der geistige Widerstand wurde am 17. Juni 1953 zu gewaltsamer Auflehnung. Mit den bloßen Fäusten gingen die Menschen gegen die Panzerwagen an. Hätten nicht russische Truppen eingegriffen, an diesem Tage wären Ulbricht und seine Freunde vom Zorn des Volkes hinweggeschwemmt worden.

Die Welt aber horchte noch stärker auf als bei der Blockade von Berlin. Wieder hatte sich erwiesen, daß Freiheitswille auch im deutschen Volk lebendig ist. Freilich machte der Ausgang dieses Junitages sichtbar, daß im Zeitalter der modernen Militärtechnik ein Aufstand von Volksmassen nicht zum Ziele führen kann. Die Aufgabe, den siebzehn Millionen Menschen, die östlich der Elbe und Werra wohnen, die Freiheit zu bringen, ruhte seitdem noch mehr als bisher auf den Diplomaten.

Adenauer in Moskau

Nur zögernd aber tastete sich der Westen an sie heran. Als im Herbst 1955 der Kanzler Moskau besuchte, erwachte in manchen Herzen neue Hoffnung. Konrad Adenauer vertrat in Gesprächen mit den Gastgebern die deutschen Forderungen mit Würde und Nachdruck: „Die Teilung Deutschlands ist abnorm, sie ist gegen göttliches und menschliches Recht und gegen die Natur. Ich kann es nicht nützlich finden, mit ihr als einer ‚Realität‘ zu argumentieren, denn das Entscheidende, was daran ‚real‘ ist, ist die Überzeugung aller, daß sie nicht von Bestand bleiben kann und darf. Es gibt keine echte Sicherheit in Europa ohne Wiederherstellung der deutschen Einheit.“

Aber der Erste Sekretär der Kommunistischen Partei der Sowjetunion, Nikita Chruschtschow, antwortete: „Wir haben die deutsche Seite ehrlich und klar gewarnt, daß die Pariser Verträge und der Beitritt der deutschen Bundesrepublik zum atlantischen Bündnis die Wege zur Lösung dieser Frage in der nächsten Zeit versperren würde . . .“

Und dann: „. . . uns bläst der Wind nicht ins Gesicht.“ Das Wort war gebraucht im Zusammenhang mit diplomatischen Beziehungen, aber dahinter stand das erstarkte Selbstgefühl der Sowjets in allen Verhandlungsfragen.

Der Kanzler brachte nicht nur die Zusicherung nach Hause, daß Tausende von bisher noch festgehaltenen Kriegsgefangenen frei werden würden, sondern auch diplomatische Beziehungen mit der Sowjetunion. Es mußte in Zukunft leichter sein als bisher, mit den eigentlichen Herren der Zone Verhandlungen über die Zukunft dieses Gebiets anzuknüpfen.

Aber über ein zögerndes Tasten kamen solche Versuche nicht hinaus. Das führte zum Bruch zwischen dem Kanzler und einer Gruppe seiner Verbündeten. Die Freien Demokraten verließen im Frühjahr 1956 die Koalition. Der äußere Anlaß dazu waren Pläne der stärksten Regierungspartei, der Christlichen Demokraten, ein neues Wahlsystem einzuführen. Wäre es Gesetz geworden, so hätte es den Bestand der Freien Demokraten gefährdet.

Die tiefere Wurzel der Gegnerschaft waren langschwelende Meinungsverschiedenheiten über die äußere Politik. Die Freien Demokraten lehnten den Streit darüber ab, ob Einheit oder Freiheit den Vorrang hätte. Sie wollten eine Politik, die beide verwirkliche. Sie meinten, es müsse möglich

sein, die Freundschaft mit dem Westen zu erhalten und doch Wege zu finden, auch mit den Sowjets über die praktischen Wege zur Wiedervereinigung Deutschlands zu sprechen. Darüber gerieten sie mit dem Kanzler
in Streit.

Atombewaffnung

Der Kanzler beharrte in unerschütterlicher Gelassenheit auf seiner Annahme, bei genügender Festigkeit des Westens werde die Stunde von selber
kommen, in der die Russen nachgäben und der Wiedervereinigung zu-
stimmten. Das war auch der Hintergrund der Kämpfe um die Ausrüstung
der Bundeswehr mit Atomwaffen. Eine leidenschaftliche innerpolitische
Auseinandersetzung entbrannte. Ihren Höhepunkt fand sie im Winter 1957
auf 1958. Die Anhänger der Ausrüstung mit Atomwaffen, an der Spitze der
Bundeskanzler und der Bundesverteidigungsminister Franz Joseph Strauß,
warben für die Überzeugung, ohne solche Waffen sei die Bundeswehr nur
ein unvollkommenes militärisches Instrument. Nur mit ihrer Hilfe könne
man die Sowjets genügend von Angriffsabsichten abschrecken. Auch sie
traten dafür ein, die Atomwaffen abzuschaffen, aber erst im Rahmen einer
allgemeinen Abrüstung.

Die Gegner setzten sich aus verschiedenen Gruppen zusammen. Die einen
verdammten die Atomwaffen als Massenvernichtungsmittel überhaupt. Für
sie bedeutete ein Krieg mit Atomwaffen eine solche Steigerung des un-
menschlichen und unchristlichen Charakters aller Kriege, daß man schon
aus sittlichen Beweggründen diese Bewaffnung ablehnen müsse.

Andere Gruppen urteilten mehr von der Staatsräson aus. Sie verwarfen
eine Ausrüstung mit Atomwaffen nicht für immer und nicht für jeden Fall.
Wenn etwa Frankreich, die Schweiz und vor allem die Polen und Tschechen
solche Waffen besäßen, so würde nach ihrer Meinung eine neue Lage entstehen. Im Augenblick aber, da alle ostmitteleuropäischen Staaten und
auch die Zone solche Waffen nicht besaßen, sahen sie in einer Atom-
bewaffnung der Bundesrepublik eine gefährliche Verhärtung. Sie fürchteten,
die internationale Lage werde dadurch weiter verschärft, die Wiedervereinigung weiter hinausgeschoben.

Sie hätten eine Lösung nach der Art bevorzugt, wie sie der polnische
Außenminister Rapacki vorschlug. Danach sollte nicht nur die Bundesrepublik, sondern auch ein geographisch weit ausgedehnter Teil des Ost-
blocks auf Atomwaffen verzichten. Diese Kreise hofften, daß mit einer solchen Lösung eine Entspannung in Europa beginnen und allmählich voran-
schreiten werde, ohne daß der Westen dabei militärisch geschwächt werde.
Damit würden Voraussetzungen für eine fruchtbare Politik der Wiedervereinigung geschaffen.

Sie glaubten im Geiste Karl Georg Pfleiderers zu handeln. Dieser schwäbische Diplomat war einer der bedeutendsten außenpolitischen Köpfe des ersten Jahrzehnts der Bundesrepublik. Er kannte Rußland aus seiner Tätigkeit, war aber nach dem Kriege vorübergehend aus dem Dienst ausgeschieden und ins Parlament gegangen. Schon im Jahre 1952 hatte er mit scharfem Blick erkannt, daß als Voraussetzung der Wiedervereinigung erst einmal die Mächte militärisch auseinanderrücken müßten. Seine Ideen sind dann als „verdünnte Zone", „Disengagement", „atomwaffenfreie Zone" Bestandteil der internationalen Diskussion geblieben.

Später ging Pfleiderer als Botschafter nach Belgrad und warb von dort aus dafür, daß die Bundesrepublik diplomatische Beziehungen zu den Staaten des mitteleuropäischen Ostens behalten oder aufnehmen solle, damit sie ein Tor zum Osten offen habe. Er drang nicht durch und starb in seinem Gram über die deutsche Spaltung.

In seinem Vermächtnis lag die unüberhörbare Aufforderung, gegenüber den rein militärischen Gesichtspunkten das Vorrecht der Diplomatie zu wahren. Polen, die Tschechoslowakei, die sowjetische Besatzungszone und die Bundesrepublik zu Vertragspartnern für eine atomwaffenfreie Zone zu machen, hätte bedeutet, Brücken zwischen Ost und West zu schlagen und die westslawischen Völker an eine selbständigere Politik gegenüber den Sowjets zu gewöhnen. Mehr war für den Augenblick nicht zu gewinnen. Aber in diesem Buche hat schon öfters die Rede davon sein müssen, daß es eine große und bedeutende diplomatische Überlieferung ist, Schritt um Schritt vorzugehen und aus Verträgen über Einzelfragen langsam größere Entwicklungen heranreifen zu lassen.

Gegenüber den politisch gedachten Vorschlägen führten die offiziellen Kreise militärische Gutachten ins Feld. Und wieder gewann der Kanzler den innenpolitischen Kampf. Er hatte schon im September 1953 und dann wieder im September 1957 bei den Bundestagswahlen die absolute Mehrheit für seine Partei errungen. Mitten in der heftigsten Auseinandersetzung über die Atomwaffen siegte er bei den Wahlen des größten deutschen Landes. Die Wahlen in Nordrhein-Westfalen erbrachten im Frühjahr 1958 eine starke Mehrheit für die Kanzlerpartei. Es war deutlich, daß die Nation, wie immer der einzelne über Atomwaffen denken mochte, nicht gewillt war, dem Kanzler in den Arm zu fallen, wenn er dem Heere diese stärkste aller Waffen geben wollte.

Im November 1958 hielt Nikita Chruschtschow, nun Ministerpräsident, eine Rede, in der sich ein diplomatischer Vorstoß gegen Berlin ankündigte. Die alte Hauptstadt des Reiches geriet wieder in unmittelbare Gefahr. Sie abzuwehren, fanden sich alle Gruppen der Bundesrepublik zusammen.

Mit der Rede Chruschtschows hatte ein neuer Abschnitt der Weltpolitik begonnen. Die Bundesrepublik hatte eine weite Strecke zurückgelegt seit den Tagen ihrer Gründung, aber die Schatten über ihr waren nicht geschwunden.

Größe und Gefahren

Wie steil der Weg war, den die westdeutsche Bevölkerung seit dem Zusammenbruch durchschritten hat, wird jungen Menschen heute nur schwer sichtbar zu machen sein. Damals lebte sie in Armut und unter Fremdherrschaft, anderthalb Jahrzehnte später war sie frei, und Wohlstand begann sich auszubreiten. Ihr Aufstieg war über die Hoffnungen der meisten Staatsbürger hinausgegangen.

Aber es gab auch Erwartungen, die sich nicht erfüllten. In den ersten Jahren hofften Millionen mit Zuversicht darauf, das gespaltene Volk werde bald den Tag erleben, an dem es wieder zusammenwachse. Es waren nicht Träumer und Romantiker, die diese Zuversicht hegten. Der als Verkörperung nüchterner Politik angesehene Bundeskanzler bekannte sich mehrfach zu dieser zuversichtlichen Erwartung.

Aber anderthalb Jahrzehnte nach dem Zusammenbruch war nicht nur der Eiserne Vorhang an der Elbe und an der Werra dichter als zuvor. Am 13. August 1961 ließ Ulbricht eine Mauer quer durch Berlin ziehen. Beim Versuch, über sie hinweg in die Freiheit zu gelangen, sind zahlreiche Deutsche getötet worden. Auch aus der inneren Entwicklung der Bundesrepublik zogen Bedrohungen herauf. Eine schweizerische Zeitung machte sie im Sommer 1959 aller Welt sichtbar. Damals rechnete man einige Wochen damit, daß der Bundeskanzler sein Amt mit dem des Bundespräsidenten vertausche. Jenes Schweizer Blatt nahm das zum Anlaß, den Westdeutschen zu empfehlen, sie sollten die Stunde erkennen und nun endlich darangehen, ein eigenes bundesrepublikanisches Staats- und Nationalgefühl zu entwickeln.

Schwere Gefahren wurden sichtbar. Wir müssen fürchten, daß die „normative Kraft des Faktischen", die fortbestimmende Macht des einmal Geschaffenen, eines Tages als selbstverständlich erscheinen lassen könnte, was heute noch undenkbar erscheint.

Hermann Heimpel hat einmal gewarnt davor, sich täuschen zu lassen durch Wünsche. Er hat daran erinnert, wieviel von Deutschland schon abgesplittert ist. Er hat uns aufgefordert, einer möglichen Zukunft ins Auge zu sehen, in der es ein mitteldeutsches und ein westdeutsches Nationalgefühl geben könnte, wie sich schon ein österreichisches Nationalgefühl herausgebildet hat und wie schon lange ein niederländisches Nationalgefühl besteht. Wenn jene Aufforderung des Schweizer Blattes verwirklicht würde, dann würde auch Heimpels Sorge Wirklichkeit, dann hätte sich der Zusammenbruch vollendet.

Unsere Väter hätten sich aufgebäumt gegen den Gedanken, daß es einmal ein Europa geben könnte ohne Deutschland. Sie hätten das für unmöglich gehalten. Nach den schrecklichen Erfahrungen unserer Generation dürfen wir den Blick nicht mehr abwenden auch vor der letzten, der äußersten Gefahr.

Einer, der klüger war als wir alle und frömmer als die meisten von uns, hat in stillen Stunden darüber nachgedacht, wie die Welt weiterlaufen würde ohne Deutschland, und er war bereit, auch dieses Schicksal gläubig hinzunehmen: „Wie Gott es will", das war die Stimmung des demütigen Verzichts, die über Bismarck kam, wenn die Leidenschaft des Kämpfens abgeklungen war, wenn er sich ergriffen beugte vor dem Walten, das über den Sternen thront.

Unsere Aufgabe

Man wägt ab, was aus dem seelischen Zustand dieser Jahre nach 1945 an zukunftzeugender Kraft erwachsen könnte. Da richten sich die Blicke auf das wirtschaftliche Werk, das in dieser Zeit geschaffen worden ist und das nur Griesgrämigkeit oder geistiger Hochmut geringzuschätzen vermag.

Fünzig Millionen sind aus dem Elend und dem Hunger herausgeführt worden. Es ist gelungen, den meisten von ihnen wieder Behagen und Lebensfreude zu geben. In dieser großartigen Leistung enthüllt sich eine ungewöhnliche Verbindung von Arbeitskraft, Phantasie und Planung. Auch das Wirtschaften ist ein Teil der menschlichen Kultur. Es gehört keine geringere schöpferische Kraft dazu, aus Trümmern ein bedeutendes Unternehmen aufzubauen, als ein großes Orchester zu leiten. Insofern beweist die Geschichte der Bundesrepublik, daß die bauenden Kräfte der Deutschen noch nicht erschöpft sind.

Im staatlichen Bereich haben wir Ordnung und Freiheit miteinander versöhnen wollen und sind auf diesem Wege ein großes Stück vorangekommen. Daß dem neuen Staatswesen die Seele fehlt, bleibt freilich erschütternd wahr. Aber das ist weniger unsere Schuld als die Folge eines tragischen Schicksals. Wie kann ein deutscher Staat eine Seele haben, der an der Elbe endet? Alle unsere Energien müssen schließlich blaß werden und ins Leere laufen, solange unser Volk gespalten bleibt.

Die deutsche Wiedervereinigung wird auf lange das Herzstück deutscher Politik bleiben müssen. Indem sich die Deutschen dazu bekennen, streben sie mehr an als ein Ziel für ihre eigene Nation. Was auch immer in den ersten Jahren der Bundesrepublik möglich gewesen sein mag, seit langem muß jede Wiedervereinigungspolitik gesamteuropäische Politik sein. Die siebzehn Millionen werden nicht frei, wenn nicht die europäische Zukunft im ganzen gesichert ist.

Nach einem Wort Leopold von Rankes ist es das höchste Glück des Menschen, wenn er mit seinen eigenen Zielen zugleich die großen Ziele der Allgemeinheit verfolgt, wenn beides ineinander verschmilzt. Es ist das Größte im Leben einer Nation, wenn sie mit ihren nationalen Zielen zugleich die Ziele der übernationalen Gemeinschaft verfolgt, wenn beides ineinander verschmilzt. So steht vor den Deutschen eine Aufgabe von königlichem Rang.

| 1815 | Schlußakte des Wiener Kongresses: Begründung des Deutschen Bundes (35 Fürstentümer, 4 freie Städte). Heilige Allianz zwischen Österreich, Rußland, Preußen. |

1815   Schlußakte des Wiener Kongresses: Begründung des Deutschen Bundes (35 Fürstentümer, 4 freie Städte).
          Heilige Allianz zwischen Österreich, Rußland, Preußen.

1818   Preußisches Zollgesetz (einheitliches Wirtschaftsgebiet, Handelsfreiheit).

1819   Ermordung des Staatsrates Kotzebue. Karlsbader Beschlüsse gegen die nationale Bewegung.

1830   Revolution in Paris (Juli), Brüssel (August), Polen (November), in einigen Staaten des Deutschen Bundes werden Staatsgrundgesetze erzwungen.
          Herzog von Braunschweig abgesetzt.

1833   Deutscher Zollverein. Zusammenschluß des preußisch-hessischen Zollvereins (1828) und des Süddeutschen Zollvereins (Bayern und Württemberg, 1828). 1836 treten Baden, Nassau und Frankfurt/Main, 1842 Braunschweig und Luxemburg bei.

1840(—1861) Friedrich Wilhelm IV., König von Preußen.

1847   Tagung süddeutscher Liberaler in Heppenheim, Ablehnung des Deutschen Bundestages.

1848   (12. Februar) Bassermann fordert ein allgemeines deutsches Parlament. Heinrich von Gagern beantragt, ein vorläufiges Bundeshaupt mit einem verantwortlichen Kabinett zu ernennen.
          (März) Revolution in Wien, Sturz Metternichs.
          (18. März) Revolution in Berlin (Abzug der königlichen Truppen).
          (18. Mai) Zusammentritt der deutschen Nationalversammlung in der Paulskirche.
          (26. April) „Dahlmann-Verfassung": Deutscher Bundesstaat (mit den deutschen Teilen des Habsburger Reiches), erblicher Kaiser, dem Parlament verantwortliche Bundesregierung.
          Krieg gegen Dänemark. Waffenstillstand von Malmö.
          (18. Dez.) Antrag von Gagern, das deutsche Reich ohne die deutschen Länder Österreichs zu gründen.
          (31. Okt.) Erstürmung Wiens durch Windisch-Grätz, Erschießung Robert Blums.
          (10. Nov.) Einmarsch Wrangels in Berlin.
          (24. Dez.) Nationalversammlung beschließt die Grundrechte des deutschen Volkes.
          (5. Dez.) Preußische Verfassung oktroyiert. In den größeren Städten bilden sich „Vereine zur Wahrung der Volksrechte".

1848(—1918)	Kaiser Franz Joseph I., Regierungsprogramm ein einheitlicher österreichischer Staat.
1849	(28. März) Nationalversammlung verabschiedet eine Gesamtverfassung für das nichtösterreichische Deutschland mit dem König von Preußen als Kaiser. (28. April) König Friedrich Wilhelm IV. lehnt ab. (5. April) Fürst Schwarzenberg ruft die österreichischen Vertreter aus der Paulskirche zurück. Auflösung der Paulskirche. Am 18. Juni gewaltsame Auflösung des Rumpfes der Nationalversammlung in Stuttgart. Ausbruch der Aufstände in Baden und Sachsen. (26. Mai) Dreikönigsbündnis (Preußen, Sachsen, Hannover). Geplant als Entwicklungsform der „Union" von Sachsen und Hannover unter dem Vorbehalt des Beitritts Bayerns.
1850	(31. Jan.) Verfassung als Staatsgrundgesetz vom Abgeordnetenhaus angenommen. (März) Parlament der „Union" in Erfurt. (29. Nov.) Vertrag von Olmütz, Verzicht Preußens auf „Union", Wiederherstellung des Deutschen Bundes unter österreichischer Führung. Aufhebung der von der Paulskirche beschlossenen Grundrechte. (23. Aug. 1851 Einsetzung des Reaktionsausschusses).
1850	Manteuffel preußischer Ministerpräsident (bis 1858). Machtposition der Kamarilla. Zunehmende Reaktion (Zurückschrauben der Verfassungspositionen, Ausbau der politischen Polizei, Verschärfung des Versammlungs- und Vereinsrechts, reaktionäre Schulpolitik („Stiehlsche Regulative"), 1854 erläßt der Bundestag Richtlinien für das Pressewesen im Deutschen Bund. Parallel zur politischen Reaktion während des Konjunkturaufschwungs der 50er Jahre weitgehende wirtschaftspolitische Liberalisierung (Konzessionswesen, liberale Handhabung des Aktiengesetzes), in der Landwirtschaft Ablösungsgesetze. Kapitalistische Integration (Take-off) und Konsolidierung des Zollvereins als ein von Österreich getrennter Markt.
1853	Krimkrieg. Gegensätze Österreich—Rußland brechen auf.
1858	Kurswechsel („Neue Ära") der preußischen Politik. Am 7. Okt. wird gegen den Widerstand der Kamarilla Wilhelm Prinzregent (bis 1861) Schwerpunkt Heeresreform (v. Roon).
1859	Krieg Sardiniens und Frankreichs gegen Österreich in Oberitalien. Sieg Napoleons III. bei Solferino (24. Juni). Frieden von Zürich (10. Nov.).

Gründung des Nationalvereins (Hermann Schulze-Delitzsch, Rudolf von Bennigsen, Friedrich Hammacher, Johannes Miquel).
Coburger Nationalversammlung (1860) fordert deutschen Bundesstaat unter preußischer Führung.

1861	Preußische Heeresreform abgeschlossen (81 Infanterieregimenter, 48 Kavallerieregimenter, 18 Artillerieregimenter), Einführung des Zündnadelgewehres. König Wilhelm I. (bis 1888). Gründung der Fortschrittspartei (9. Juli Wahlprogramm: nationale Einigung unter Preußens Führung, Reform des Herrenhauses, zweijährige Dienstzeit). (Dez.) Sieg der Fortschrittspartei bei den Wahlen zum preußischen Abgeordnetenhaus.
1862	(24. Sept.) Bismarck Ministerpräsident (bis 1890). Wurde berufen, nachdem das preußische Abgeordnetenhaus die provisorische Zustimmung für die Ausgaben zur Heeresreform zurückgezogen hatte. Regierung ohne gesetzliches Budget (Verfassungskonflikt). Übernimmt nationale Einigung unter Preußens Führung.
1863	Polnischer Aufstand gegen Rußland. Frankreich, England und Österreich stellen sich gegen Rußland. Bismarck nähert sich durch Konvention Alvensleben Rußland an.
1864	Preußisch-österreichischer Krieg gegen Dänemark um Schleswig und Holstein. Die Herzogtümer kommen unter gemeinsame preußisch-österreichische Verwaltung. 1865 regelt der Vertrag von Gastein (14. Aug.) die Einflußbereiche neu, Frage bleibt Konfliktherd. (Okt.) Erneuerung des Zollvereins ohne Österreich. Ein Handelsvertrag (11. 4. 1865) mit Österreich besiegelt die wirtschaftspolitische Ausschließung Österreichs.
1866	Krieg Preußens gegen Österreich, Hannover und die deutschen Südstaaten. Niederlage Österreichs bei Königsgrätz (23. Aug.) Friede von Prag: Ausscheiden Österreichs aus Deutschen Bund, Annexion Hannovers, Kurhessens, Frankfurts und Schleswig-Holsteins durch Preußen. Geheimer Bündnisvertrag mit süddeutschen Staaten. (3. Sept.) Beendigung des Verfassungskonfliktes (Indemnitätsvorlage), Spaltung der Konservativen Partei (Freikonservative Partei: von Kardorff, von Stumm) und der Fortschrittspartei (Nationalliberale Partei: Bennigsen).
1867	Norddeutscher Bund (Verfassungsentwurf am 24. 2. im Konstituierenden Norddeutschen Reichstag, am 16. 4. angenommen, am 1. 7. in Kraft getreten).

Bismarck Kanzler des Norddeutschen Bundes (bis 1871).
Luxemburgkrise (Luxemburg Mitglied des Deutschen Bundes,
nicht in den Norddeutschen Bund aufgenommen). Versuch
Napoleons III., Luxemburg zu kaufen. Konferenz von London (7.—11. Mai) beschließt Neutralisierung Luxemburgs.

1869   Sozialdemokratische Arbeiterpartei (Eisenach).

1869/70   Krise um die spanische Thronfolge. Kandidatur des Erb-
            prinzen Leopold von Hohenzollern-Sigmaringen. Der Anlaß
            wird sowohl von Frankreich wie von Preußen zu einem auf
            Krieg abzielenden Kollisionskurs benutzt.

1870   (2. Sept.) Kapitulation Napoleons III. bei Sedan.

1871   (18. Jan.) Ausrufung des Deutschen Reiches in Versailles,
            Wilhelm I. zum Deutschen Kaiser proklamiert.
            Wirtschaftliche Hochkonjunktur (Aufschwung seit Krise
            1866). Industrieproduktion 1870—1872 +30 %. „Gründer-
            jahre".

1872   Kulturkampf (bis 1887) (Preußisches Schulaufsichtsgesetz,
            Ausnahmegesetze gegen Jesuiten).
            Dreikaiserzusammenkunft. Besprechungen zwischen Bis-
            marck, Andrassy und Gortschakow.

1873   Beginn der Wirtschaftskrise. Starke Konzentrationsvorgänge.
            Tendenzen zur Abkehr vom Wirtschaftsliberalismus (ab 1875
            Schutzzollpolitik).
            (6. Mai) Deutsch-russische Militärkonvention.
            (23. Okt.) Dreikaiserabkommen.

1875   Sozialistische Arbeiterpartei.
            Orientkrise. Russisch-österreichischer Gegensatz, Belastung
            des Dreikaiserabkommens. Russisch-türkischer Krieg (Frie-
            den von San Stefano 1878).

1878   Berliner Kongreß (13. Juni—13. Juli). Aufbrechen deutsch-
            russischer Gegensätze.

1879   Schutzzollgesetze. Ablösung der nationalliberalen Regierung.
            Sozialistengesetz. Beginnende Kolonialpropaganda.
            (7. Okt.) Zweibund zwischen Deutschland und Österreich.

1881   Erneuerung des Dreikaiserabkommens im Dreikaiserbund
            (18. Juni).

1882   Dreibundvertrag Deutschland, Österreich, Italien (20. Mai).
            Gründung des Deutschen Kolonialvereins.

1883   Geheimer Bündnisvertrag Österreich, Rumänien, Deutsch-
            land (30. Okt.).

1884	Verlängerung des Dreikaiserbündnisses. Erwerbung eines Großteils der deutschen Kolonialgebiete (Südwestafrika, Togo, Kamerun, Ostafrika, Neu-Guinea). Deutsch-englischer Interessengegensatz.
1885/86	Bulgarische Krise. Verschlechterung der Beziehungen zu Rußland. Französischer Revanchismus.
1886	Verlängerung der Sozialistengesetze um zwei Jahre. (25. Nov.) Militärvorlage. Vom Reichstag abgelehnt. Auflösung des Reichstags. Neuwahlen (heftige chauvinistische Propaganda).
1887	Der neue Reichstag nimmt Militärvorlage an. Nichtverlängerung des Dreikaiserbündnisses. (18. 6.) Rückversicherungsvertrag. Sammlung einer Anti-Bismarck-Fronde (v. Waldersee, v. Holstein).
1888	Tod Kaiser Wilhelms I. (9. März). Kaiser Friedrich III. (9. März—15. Juni). Wilhelm II. (bis 1918).
1890	Sturz Bismarcks. Reichskanzler Caprivi (bis 1894). Miquelsche Steuerreform. Deutsch-englisches Kolonialabkommen (1. Juli).
1891	Bündnisvertrag zwischen Frankreich und Rußland. Gründung des Alldeutschen Verbandes. 1893 Bund der Landwirte.
1894	Reichskanzler Fürst Hohenlohe (bis 1900).
1897	Konservative „Sammlungspolitik". Regierungsumbildung, Kommission zur Vorbereitung schutzzöllnerischer Handelsverträge (Zolltarif 1902), 1. Tirpitzsche Flottenvorlage 1898, Ablehnung des englischen Verständigungsangebots 1898, Flottendemonstration von Manila, Orientreise Wilhelms II., 1899 Zuchthausvorlage, 1898 Deutscher Flottenverein, 1899 Heeresvorlage, 1900 2. Flottenvorlage.
1900	Wirtschaftskrise. Monopolisierung und internationale Kartellbildung. Reichskanzler Fürst Bülow (bis 1909). Zunehmende außenpolitische Isolierung Deutschlands (Vertrag zwischen Italien und Frankreich über gegenseitige Neutralität 1902, Entente cordiale 1904).
1905/06	Erste Marokkokrise (1906 Konferenz von Algeciras).
1907	Englisch-russische Annäherung.
1908	Österreich annektiert Bosnien. Daily-Telegraph-Affäre.

1909	Reichskanzler von Bethmann-Hollweg (bis 1917).
1911	Zweite Marokkokrise.
1912	Erster Balkankrieg.
1913	Zweiter Balkankrieg.
1914	Attentat von Sarajewo (28. Juni), Ultimatum Österreichs an Serbien (23. Juli), Kriegserklärung an Serbien (28. Juli), Russische Mobilmachung (29. Juli), Deutsches Ultimatum an Rußland (31. Juli), Kriegserklärung an Rußland (1. Aug.), Französische Mobilmachung (1. Aug.), Deutsche Kriegserklärung an Frankreich (3. Aug.), Einmarsch in Belgien, Kriegserklärung Englands an Deutschland (4. Aug.), Rückzug an der Marne (10.—12. Sept.).
1915	U-Bootkrieg gegen England. Italienische Kriegserklärung an Österreich (23. 5.) und Deutschland (28. 8.).
1916	Angriff auf Verdun (21. 2.—21. 7.). Abspaltung der USPD von der SPD. 29. August Hindenburg Chef des Generalstabs, Ludendorff Erster Generalquartiermeister. Einstellung des U-Bootkrieges.
1916	Kaiser Karl I. von Österreich (bis 1918).
1917	Unbeschränkter U-Bootkrieg (1. 2.). Kriegseintritt der USA (6. 4.). Reichskanzler Michaelis (15. 7.—30. 10.). Friedensresolutionsmehrheit im Reichstag (19. 7.). Reichskanzler Graf Hertling (30. 10.—29. 9. 1918). Friedensverhandlungen von Brest-Litowsk.
1918	„Vierzehn-Punkte-Programm" Präsident Wilsons (8. 1.). Frieden von Brest-Litowsk (3. 3.). OHL verlangt Waffenstillstand (29. 9.). Reichskanzler Prinz Max von Baden (3. 10. bis 9. 11.). Waffenstillstandsersuchen des Reichs (3. 10.). Matrosenaufstand in Kiel (3. 11.), Revolution in München (8. 11.), Abdankung Wilhelms II. (9. 11.), Ausrufung der Republik durch Scheidemann (9. 11.), Rat der Volksbeauftragten (SPD und USPD). Waffenstillstand (11. Nov.). Formeller Rücktritt Wilhelms II. (28. 11.). Zentralrat der Arbeiter- und Soldatenräte Deutschlands (16. 12.). USPD verläßt Rat der Volksbeauftragten (23. 12.).
1919	Gründung der KPD (1. 1.), Januaraufstand in Berlin, Freikorpsverbände.

Beginn der Friedensverhandlungen in Versailles (18. 1.), Wahlen zur deutschen Nationalversammlung (19. 1.), Reichspräsident Ebert (11. 2.—1925), Reichskanzler Scheidemann (13. 2.—20. 6.). Reichskanzler Gustav Bauer (22. 6.—27. 3. 1920). Annahme des Versailler Vertrages durch Nationalversammlung (22. 6.).

1920   Kapp-Putsch (13.—17. 3.). Reichskanzler Hermann Müller (27. 3.—23. 6.).
Wahlen zum Reichstag (Niederlage der Regierungsparteien SPD, DDP und Zentrum) (6. 6.). Reichskanzler Fehrenbach (24. 6.—4. 5. 1921). Spaltung der USPD (Parteitag in Halle), Mehrheit in die KPD (16. 10.).

1921   Londoner Reparationskonferenz (1.—7. 3.), Reparationsforderungen der Entente werden nicht angenommen. Sanktionen (15. 3. Besetzung von Düsseldorf, Duisburg, Ruhrort). Volksabstimmung in Oberschlesien (20. 3.). Kommunistischer Aufstand in Mitteldeutschland (März). Generalstreik. Zunehmende Tätigkeit rechtsradikaler Geheimbünde. Bei Volksabstimmungen in Salzburg und Tirol sprechen sich überwiegende Mehrheiten für Anschluß aus (April/Mai). Londoner Ultimatum (5. 5.), Rücktritt der Regierung Fehrenbach. Am 11. 5. Annahme des Ultimatums durch das Kabinett Wirth (von der Rechten als „Erfüllungspolitik" bekämpft). 26. 8. Ermordung Erzbergers. 20. 10. Teilung Oberschlesiens.

1922   Abschluß des Rapallovertrages durch Außenminister W. Rathenau (17. 4.). Am 24. 6. Ermordung Rathenaus durch Rechtsradikale. 21. 7. Verordnung des Reichspräsidenten zum Schutz der Republik. Reichskanzler Cuno (22. 11. bis 12. 8. 1923).
Index der Lebenshaltungskosten steigt auf 15040 (1913 = 100).

1923   Einmarsch französischer und belgischer Truppen in das Ruhrgebiet zur Erzwingung der Reparationsforderungen; passiver Widerstand, Streiks. (11. 1.). 12. 8. Generalstreik, Rücktritt Cunos, Kabinett Stresemann (Große Koalition aus DVP, Z, SPD, DDP). 20. 10. Vereidigung der bayerischen Reichswehr auf bayerische Regierung. Oktober: Reichsexekution gegen kommunistische Unruhen in Sachsen, Thüringen und Hamburg. 21. 10. Ausrufung der „Rheinischen Republik" in Aachen und der „Pfälzischen Republik", Separatismus scheitert an Widerstand der Bevölkerung.
Hitlerputsch (8./9. 11.). 15. 11. Stabilisierung der Währung durch Einführung der Rentenmark. 23. 11. Sturz der Regierung Stresemann, Minderheitskabinett Marx (Zentrum). Dezember: Arbeitslose über 2,5 Millionen.

1924	14. 2. Dritte Steuernotverordnung. 9. 4. Fertigstellung des Dawesplanes. 4. 5. Reichstagswahlen, Verluste der Mittelparteien. Annahme des Dawesplans (29. 8.). 20. 10. Auflösung des Reichstags wegen Auseinandersetzung um Annahme des Dawesplans. 7. 12. Reichstagswahlen.
1925	15. 1. Kabinett Luther (parteilos) aus Zentrum, DVP und DNVP. 28. 2. Tod des Reichspräsidenten Ebert. 26. 4. Hindenburg Reichspräsident. 14. 7. Räumung des Ruhrgebiets. 5.—16. 10. Konferenz von Locarno, außenpolitische Entspannung. 26. 10. Austritt der DNVP aus Regierung aus Protest gegen Locarnoverträge.
1926	Januar/Februar: Räumung der 1. Besatzungszone. 24. 4. Deutsch-sowjetischer Freundschafts- und Neutralitätsvertrag („Berliner Vertrag"). Reichskanzler Marx (17. 5. bis 17. 12). 20. 6. Volksentscheidung über Enteignung der Fürsten. 8. 9. Aufnahme Deutschlands in den Völkerbund. 6. 10. Entlassung des Chefs der Heeresleitung General v. Seeckt wegen Einladung eines Hohenzollernprinzer. zu Manövern. 12. 12. Beendigung der Rüstungskontrolle durch Alliierte. Oktober: unter 2 Millionen Arbeitslose.
1927	31. 1. Kabinett Marx (bis 12. 6. 1928, mit DNVP). 17. 5. Verlängerung des Republikschutzgesetzes. 16. 7. Einführung der Arbeitslosenversicherung. September: 867 000 Arbeitslose.
1928	Januar: Geplante Reichsreform scheitert. 20. 5. Reichstagswahlen. Verluste der Regierungsparteien. SPD und KPD zusammen 42 %. Kabinett H. Müller (28. 6.—27. 3. 1930). 27. 8. Beitritt zum Kellog-Pakt. 22. 10. Alfred Hugenberg Vorsitzender der DNVP. Dezember: 2,55 Millionen Arbeitslose.
1929	Februar: 3,1 Millionen Arbeitslose. 3. 5. Verbot des Roten Frontkämpferbundes. 3. 10. Tod Stresemanns. Nachfolger Curtius. 3. 11.Volksbegehren der „Nationalen Front" Hugenbergs und Hitlers gegen Youngplan. 22. 12. Volksentscheid scheitert. 25. Oktober Beginn der Weltwirtschaftskrise.
1930	Annahme des Youngplans durch Reichstag (11. 3.). Sturz des Kabinetts Müller. Reichskanzler Brüning (29. 3.—30. 5. 1932). Notverordnungen. Aufhebung einer Notverordnung durch Reichstag, Auflösung des Reichstags (16. 7.). Reichstagswahlen (14. 9.), Anwachsen der NSDAP von 12 auf 107 Mandate. Dezember: 4,38 Millionen Arbeitslose.
1931	Zollunionsplan mit Österreich (scheitert an Widerspruch Frankreichs). Osthilfegesetz (31. 3.). Aufkündigung des Youngplans durch Reichsregierung (5. 6.). 11. 10. Bildung

der „Harzburger Front" durch Deutschnationale. Stahlhelm und NSDAP. 16. 12. SPD, Gewerkschaften und Reichsbanner schließen sich zur „Eisernen Front" zusammen. Dezember: 5,66 Millionen Arbeitslose.

1932   2. 2. Internationale Abrüstungskonferenz in Genf. 10. 4. Wahl Hindenburgs zum Reichspräsidenten (19,4 Millionen Stimmen, Hitler 13,4 Millionen Stimmen). 13. 4. Verbot der SA und SS. 30. 5. Entlassung Brünings durch Hindenburg. 1. 6. Kabinett v. Papen (Kabinett der nationalen Konzentration ohne parlamentarische Mehrheit, autoritäre Präsidialregierung). 20. 7. Absetzung der sozialdemokratischen Regierung von Preußen durch Reichsregierung. 31. 7. Reichstagswahlen (NSDAP 230 Mandate). 13. 8. Hitler bei Hindenburg, Ablehnung des Vizekanzlerpostens. September: Streiks gegen Notverordnung, 12. 9. Auflösung des Reichstags. 6. 11. Reichstagswahlen, Verluste der NSDAP, Gewinne der DNVP und KPD. 2. 12. Regierung v. Schleicher (bis 28. 1. 1933). Dezember: Auseinandersetzungen in NSDAP, Rücktritt G. Strassers. Über 6 Mill. Arbeitslose.

1933   4. 1. Treffen Hitler—v. Papen. Bruch Papens mit Schleicher. 25. 1. Kommunistische Massendemonstrationen in Berlin. 28. 1. Rücktritt Schleichers nach Verweigerung von Sondervollmachten (Art. 48) durch Hindenburg. 30. 1. Hindenburg ernennt Hitler zum Reichskanzler. 5. 3. Reichstagswahlen (NSDAP 44 %, knappe Mehrheit für Regierung Hitler). 6. 3. Auflösung der Länderregierungen. 24. 3. Ermächtigungsgesetz. Reichsstatthalter in Ländern (7. 4.). Ausschaltung von Nichtariern und Gegnern des Regimes aus Staatsdienst (11. 4.). Göring preußischer Ministerpräsident (11. 4.). Gründung der Preußischen Geheimen Staatspolizei (28. 4.). Besetzung der Gewerkschaftshäuser (2. 5.). Auflösung der Parteien (27. 6.—15. 7.). Reichskonkordat (8. 7.). Austritt des Reiches aus Völkerbund, Verlassen der Abrüstungskonferenz (14. 10.).

1934   26. 1. Nichtangriffspakt und Freundschaftsvertrag mit Polen. Auflösung der Länderparlamente (30. 1.). Liquidierung der rivalisierenden SA-Führung (30. 6.). Nationalsozialistischer Umsturzversuch in Wien (25. 7.). Tod Hindenburgs (2. 8.). Hitler Staatsoberhaupt. Vereidigung der Reichswehr auf Hitler.

1935   13. 1. Volksabstimmung im Saarland für Anschluß. 16. 3. Allgemeine Wehrpflicht. 18. 6. Deutsch-englisches Flottenabkommen. 15. 9. Nürnberger Gesetze (Verbot von Beziehungen zwischen Juden und „Staatsangehörigen deutschen Blutes", Aberkennung der Staatsbürgerschaft für Juden).

1936   7. 3. Besetzung des Rheinlands durch deutsche Truppen. 18. 6. Spanischer Bürgerkrieg. Unterstützung Francos. 11. 7. Freundschaftsvertrag mit Österreich, 25. 10. Achse Berlin—Rom.

1937   5. 11. Hossbach-Protokoll.

1938   Regierungsumbildung (Sturz Außenministers von Neurath, des Reichskriegsministers von Blomberg, des Oberbefehlshabers des Heeres von Fritsch, Ernennung Ribbentrops zum Außenminister, Hitler Oberbefehlshaber der Wehrmacht) (4. 2.). Einmarsch in Österreich (11. 3.). Hitler in Rom (3. bis 9. Mai). Besuch Chamberlains (15. 9.). Konferenz von München (29. 9.). Einmarsch deutscher Truppen ins Sudetengebiet (1. 10.). Reichskristallnacht (9. 9.).

1939   Besetzung der Tschechoslowakei durch deutsche Truppen (15. 3.). Britisch-französische Garantie für Polen (31. 3.). Militärpakt mit Italien (22. 5.), Freundschaftsvertrag mit der Sowjetunion, Geheimvertrag über Aufteilung Polens (23. 8.). 1. 9. Kriegsbeginn (Überfall auf Polen), 3. 9. Kriegserklärung durch Großbritannien und Frankreich.

1940   Waffenstillstand von Compiègne (22. 6.), Dreimächtepakt mit Italien und Japan (27. 9.), Weisung Nr. 21 (Rußlandfeldzug) (18. 12).

1941   Angriff gegen Sowjetunion (22. 6.), Beginn der systematischen Judenvernichtung (23. 9.), Kriegserklärung an die Vereinigten Staaten (11. 12.).

1942   Luftangriffe auf deutsche Städte (März), Attentat auf Heydrich durch tschechische Partisanen (26. 5.), Einschließung der deutschen Truppen bei Stalingrad (22. 11.).

1943   Kapitulation bei Stalingrad (31. 1.—2. 2.), Kapitulation in Nordafrika (13. 5.), Kapitulation Italiens (8. 9.), Konferenz von Teheran (28. 11.—1. 12.).

1944   Landung alliierter Truppen in Frankreich (6. 6.), Attentat auf Hitler (20. 7.), Einzug de Gaulles in Paris (25. 8.), Alliierte an der Reichsgrenze (11. 9.), Morgenthauplan (15. 9.).

1945   Konferenz von Jalta (4.—11. 2.), „Nero"-Befehl Hitlers (19. 3.), Tod Roosevelts (12. 4.), Sowjetische Offensive gegen Berlin (17. 4.), Kapitulation des Ruhrgebiets (18. 4.). Amerikanischer Einmarsch in Leipzig (19. 4.), Kapitulationsangebot Himmlers (23. 4.), Selbstmord Hitlers (30. 4.), Regierung

Dönitz (2. 5.), Kapitulation Berlins (2. 5.), Gesamtkapitulation (7. 5.).
Übernahme der obersten Regierungsgewalt durch Siegermächte (5. 6.). Konferenz von Potsdam (17. 7.), Beginn der Kriegsverbrecherprozesse (20. 11.).

1946   Stuttgarter Rede des amerikanischen Außenministers Byrnes (6. 9.).

1947   Auflösung Preußens (25. 2.), Truppen-Doktrin (12. 4.), Marshall-Plan (5. 6.).

1948   Währungsreform in den Westzonen (18. 6.), Blockade Berlins (18. 6.), Zusammentreten des Parlamentarischen Rates (1. 9.), Internationale Ruhrbehörde (29. 12.).

1949   Unterzeichnung des Nordatlantikvertrages (4. 4.), 23. Mai: Verkündung des Grundgesetzes, Bundestagswahlen zum 1. Bundestag (14. 8.), Adenauer Bundeskanzler (15. 9.), Theodor Heuss Bundespräsident (12. 9.), Inkrafttreten des Besatzungsstatuts (21. 9.), Gründung der „Deutschen Demokratischen Republik" (7. 10.), Petersburger Abkommen (22. 11.).

1950   Koreakrieg (25. 6.), Denkschrift Adenauers über Wiederbewaffnung der BRD (29. 8.), Rücktritt des Bundesinnenministers Heinemann (31. 8.), Grotewohl-Vorschlag eines Gesamtdeutschen Konstituierenden Rates (30. 11.), Beschluß der NATO über Beteiligung Deutschlands (13. 12.).

1951   Montanunion (18. 4.), Vertrag mit Israel (Wiedergutmachung) (27. 9.), Aufhebung des Ruhrstatuts (21. 12.).

1952   Vorbeugende Normenkontrollklage der Opposition (31. 1.), Note der Sowjetregierung an die drei Westmächte zur Frage eines Friedensvertrages (10. 3.), Deutschlandvertrag (26. 5.), Unterzeichnung des EVG-Vertrags (27. 5.), Gesetz über den Lastenausgleich (15. 8.).

1953   Tod Stalins (5. 3.), Aufstand in der DDR (17. 6.), Wahlen zum 2. Bundestag (6. 9.).

1954   Ablehnung des EVG-Vertrags durch französische Nationalversammlung (30. 8.).

1955   Aufhebung des Besatzungsstatuts, Souveränität der BRD (5. 5.), Diplomatische Beziehungen zur Sowjetunion, Hallstein-Doktrin (9. 12.).

1956   Wehrpflichtgesetz (7. 7.), Bundesverfassungsgericht erklärt KPD für verfassungswidrig (17. 8.), Aufstand in Ungarn (23. 10.).

1957	EWG-Verträge in Rom (25. 3.), Erklärung der 18 Wissenschaftler gegen Atomrüstung der BRD (12. 4.).
1958	Berlin Hauptstadt der DDR (Erklärung Ulbrichts) (27. 10.), Berlin-Ultimatum der Sowjetunion (27. 11.).
1959	Bundespräsident Lübke (1. 9.), Godesberger Programm der SPD (10. 9.).
1961	Berliner Mauer (13. 8.).

LITERATUR

1. Empfehlungen

Das nachfolgende Verzeichnis hat nicht den Sinn, Belege für den Gang der Erzählung zu geben. Infolgedessen wird der Fachmann manches wichtige Buch vermissen. Entsprechend dem Ziel, das der Verfasser sich gesetzt hat, soll die Liste dem nichtgelehrten Leser eine Hilfe sein. Nach seinen Erfahrungen fürchtet der Verfasser, daß diese Liste eher zu umfangreich als zu kurz sei.

Er hat von seiner Absicht Abstand genommen, auch die wichtigsten Quellenwerke aufzuführen. Ihre Zahl ist unübersehbar; auch bringen die meisten der unten genannten Darstellungen ein genaues Verzeichnis der Quellen. Doch sei hier darauf hingewiesen, daß die kleinen Hefte, die in den Verlagen von Diesterweg, Klett und Schöningh erschienen sind, aufschlußreiche Auszüge aus den wichtigsten Quellen geben. Für die Zeit des Nationalsozialismus geben eine treffliche Einführung in die Quellen die Bücher von Walther Hofer: „Der Nationalsozialismus" und „Die Entfesselung des Zweiten Weltkrieges" (in der Fischer-Bücherei).

Aus den neueren Darstellungen der in diesem Buch behandelten Zeit ragt heraus die „Deutsche Geschichte des 19. und 20. Jahrhunderts" von Golo Mann. Sie ist von hohem geistigen Rang, ausgezeichnet durch glänzenden Stil und Meisterschaft des Zeichnens in großen Linien. An dem Buche stört nur, daß Mann sich die Reichsgründung doch wohl etwas leichter vorstellt, als sie wirklich war. Tiefe Einblicke in die Beziehungen zwischen Geistes- und staatlicher Geschichte gewährt die noch unveraltete Geschichte der deutschen Literatur seit Goethes Tod von Oskar Walzel.

Das grundlegende Werk für die Revolution wird noch lange bleiben die „Geschichte der deutschen Revolution" von Veit Valentin. Kleinere, aber ausgezeichnete Darstellungen sind die von Theodor Heuss, Wilhelm Mommsen und Rudolf Stadelmann. Die „Reichsgründung" von Erich Brandenburg umfaßt auch das Revolutionszeitalter.

„Das Zeitalter Bismarcks" hat Walter Bussmann mit eindrucksvoller Beherrschung des Stoffes und dem Willen zur strengen Unparteilichkeit erzählt. Die Gestalt Bismarcks, verehrt und bewundert, aber nicht blind vergöttert, steht im Mittelpunkt des zweibändigen Werkes von Erich Marcks über den „Aufstieg des Reiches", das leider nur bis 1878 reicht. Gegensätzliche Auffassungen vertritt Heinrich von Srbik in der vierbändigen „Deutschen Einheit", die sich um gesamtdeutsches Geschichtsbewußtsein bemüht, das Österreichertum des Verfassers freilich nicht verleugnen kann, aber auch den Preußen gerecht werden will.

Ein lebhafter Meinungsstreit hat sich an der dreibändigen Biographie Bismarcks aus der Feder von Erich Eyck entzündet. Eyck breitet in fesselnder Erzählung ein reiches Material aus. Das Buch macht freilich mehr den Eindruck eines Plädoyers (gegen Bismarck) als einer unbefangenen Lebensbeschreibung. Mit Schwung und Temperament, übrigens auch mit unzähligen, oft amüsanten Quellenauszügen, erzählt ist das zweibändige, nur bis 1870 reichende Bismarckwerk von Ludwig Reiners, ein Plädoyer diesmal für Bismarck. Uns fehlt noch immer die große, wissenschaftliche, von keiner anderen Leidenschaft als der für die Wahrheit beherrschte, die neueren Erkenntnisse unbefangen verwertende Biographie des Reichsgründers. Den Anfang dazu macht Wilhelm Mommsen. Sein Buch ist zu schmal, als daß es unsere Ansprüche in allen Einzelheiten erfüllen könnte. Doch gibt es einen Hinweis auf die Aufgabe, die vor der gegenwärtigen Generation der deutschen Historiker liegt.

Eine wichtige Hilfe, Bismarck zu verstehen, kann die in der Hand federleicht wiegende, nach ihrem Gehalt gewichtige Broschüre von Wilhelm Schüssler „Königgrätz" werden. Mit den Fragen, die sich aus Bismarckscher, überhaupt aus deutscher Machtpolitik für unsere Zeit ergeben, setzt sich Gerhard Ritter in „Europa und die deutsche Frage" auseinander. Die Gestalten Bismarcks und Wilhelms II. macht Theodor Oettli zum Gegenstand geistreicher Plauderei in „So kann man es auch sehen".

Die nachbismarcksche Zeit bis zur Gegenwart wird von Martin Göhring in „Bismarcks Erben" dargestellt. Adalbert Wahl erzählt die „Deutsche Geschichte von 1871 bis 1914" in vier Bänden mit genauen Quellenangaben und offenherzigem Bekenntnis zur konservativen Gesinnung, Johannes Ziekursch die „Politische Geschichte des Neuen Deutschen Kaiserreichs" in drei Bänden, mit dem Bekenntnis zur liberaldemokratischen Staatsauffassung. Beide Werke sind in Einzelheiten überholt, aber als solide untermauerte Gesamtdarstellungen der wilhelminischen Zeit immer noch wichtig. Erich Eyck beschreibt auch das Leben und Wirken Wilhelms des Zweiten mit allen Vorzügen seiner Bismarckbiographie. Im übrigen fällt auf, wie gering die Neigung der deutschen Historiker ist, die Gestalt des letzten Kaisers zum Gegenstand einer wissenschaftlichen Biographie zu machen.

Die verhängnisvollen Linien wilhelminischer Machtpolitik sind in einer auch den Laien erregenden Weise scharf herausgearbeitet in Ludwig Dehios Buch „Deutschland und die Weltpolitik". Ludwig Reiners faßt in seinem Werk „In Europa gehen die Lichter aus" die Ereignisse der Forschung über den Ersten Weltkrieg zusammen. Noch immer unentbehrlich ist die Broschüre des Generals Marx „Die Marne — Deutschlands Schicksal?", in der zum erstenmal das Tabu durchbrochen wurde, das die Schlieffen-Schule um den Operationsplan von 1914 errichtet hatte.

Karl Dietrich Erdmann gibt eine wohlabgewogene, da, wo es notwendig ist, auch entschieden urteilende Geschichte der Zeit von 1914 bis in unsere Tage (als vierten Band des Handbuchs der deutschen Geschichte von Bruno Gebhard).

Die Geschichte der Weimarer Republik ist zuerst von zwei Mithandelnden, Ferdinand Friedensburg und Friedrich Stampfer, beschrieben worden. Auch Erich Eyck hat diese Zeit in einem Werk zum Gegenstand der Untersuchung gemacht. Eine hohen wissenschaftlichen Ansprüchen genügende Darstellung gibt Albert Schwarz. Die „Auflösung der Weimarer Republik" schildert Karl Dietrich Bracher in allen Einzelheiten. Die Außenpolitik dieser Zeit hat einen genauen Berichterstatter in Ludwig Zimmermann gefunden.

Einen ersten und schnellen, aber zuverlässigen Überblick über die Hitlerzeit gibt die „Deutsche Geschichte 1933 bis 1945" von Hermann Mau und Helmut Krausnick. Die Hitlerbiographien von Alan Bullock, Konrad Heiden und Walter Görlitz (diese zusammen mit Herbert A. Quint) sind zugleich Darstellungen der Geschichte dieser Zeit. Selbständig im Urteil und reich an Material über den zweiten Weltkrieg sind die Werke von Walter Görlitz, Kurt v. Tippelskirch und Günther Dams. Unentbehrlich für das Verständnis der Zeit ist die großartige Biographie Carl Goerdelers aus der Feder von Gerhard Ritter. Sie sprengt den Rahmen einer Lebensbeschreibung und wird zu einem erschütternden Gesamtbild der Zeit, vor allem der deutschen Widerstandsbewegung mit ihren großen Antrieben und ihren Schwächen. Eine ähnliche Wirkung geht von den beiden Bänden aus, in denen Annedore Leber durch Bild und Text Porträts einer großen Zahl von Widerstandskämpfern gibt.

Die Geschichte der jüngsten Vergangenheit 1945 bis 1955 hat Wilhelm Cornides geschrieben. Kritischer als er gegenüber der bundesrepublikanischen Außenpolitik steht Paul Sethe in den beiden Büchern „Zwischen Bonn und Moskau" (mit zahlreichen Auszügen aus diplomatischen Noten) und „Die großen Entscheidungen".

2. Weiterführende Literatur

(Die Auswahl erfolgte vor allem unter dem Gesichtspunkt, mit den angegebenen Werken reichhaltige Bibliographien zu erschließen.)

Benz, W., Quellen zur Zeitgeschichte. (Deutsche Geschichte seit dem Ersten Weltkrieg. Band III), Stuttgart 1973.
Bergstraesser, L., Geschichte der politischen Parteien in Deutschland, München 1965.
Böhme, H. (Hg.), Probleme der Reichsgründungszeit 1849—1879, Köln 1968.
Bosl, K. (Hg.), Bayern im Umbruch. Die Revolution von 1918. München 1969.
Born, K. E., Von der Reichsgründung bis zum Ersten Weltkrieg, in: Gebhardt, Handbuch der deutschen Geschichte, Band III, Stuttgart 1960.
—, Moderne deutsche Wirtschaftsgeschichte, Köln 1966.
Conze, W., Staat und Gesellschaft im deutschen Vormärz, Stuttgart 1962.
Deuerlein, E., Deutschland nach dem Zweiten Weltkrieg 1945—1955, Konstanz 1963/64.
Engelberg, E., Deutschland 1849—1871 (Lehrbuch der deutschen Geschichte, Beiträge, Bd. 7), Berlin 1965.
—, Deutschland 1871—1897 (Lehrbuch der deutschen Geschichte, Beiträge, Bd. 8), Berlin 1967.

Fischer, W., Deutsche Wirtschaftspolitik 1918—1945, Opladen 1968.

Hillgruber, A., Probleme des Zweiten Weltkriegs, Köln 1967.

Jasper, G. (Hg.), Von Weimar zu Hitler 1930—1933, Köln 1968.

Kehr, H., After Hitler. Germany 1945—1963. (The Wiener Library Catalogue Series. 4.), London 1963.

Kocka, J., Klassengesellschaft im Krieg 1914—1918, Göttingen 1973.

Kolb, E., Vom Kaiserreich zur Weimarer Republik, Köln 1972.

Ritter, G. A. (Hg.), Die Parteien vor 1918, Köln 1973.

Schieder, Th., Vom Deutschen Bund zum Deutschen Reich, in: Gebhardt, Handbuch der deutschen Geschichte, Band III, Stuttgart 1960.

Stolper, G., Deutsche Wirtschaft seit 1870, Tübingen 1966.

Stürmer, M. (Hg.), Das Kaiserliche Deutschland, Politik und Gesellschaft 1870—1918, Düsseldorf 1970.

Wehler, H. U. (Hg.), Imperialismus, Köln 1970.

—, Moderne deutsche Sozialgeschichte, Köln 1966.

einandersetzungen mit Bismarck, die 1874 zur Abberufung führen. Erbitterte öffentliche Auseinandersetzung, bei der sich A. offizieller Dokumente bedient. Verurteilung zu Zuchthaus. Flucht. Um das von der Rechtslage wacklige Urteil zu stützen, wird 1876 der § 353 a in das Reichsstrafgesetzbuch aufgenommen. *134*

Asquith, Lord Henry (1852—1928), führender liberaler Politiker. 1908 bis 1916 Premierminister. *237, 255, 257*

Attolico, Bernardo (1880—1942), ital. Diplomat, 1920—1921 Völkerbundkommissar in Danzig, 1922 Untergeneralsekretär des Völkerbundes, 1935 Botschafter in Berlin (bis 1940). *386*

Auerswald, Adolf von (1792—1848), preußischer General, am 18. 9. 1848 zusammen mit Fürst Felix Lichnowsky in Frankfurt ermordet. *41*

Augusta (1811—1890), Gemahlin Wilhelms I., Gegnerin Bismarcks. *69 f.*

Auguste Viktoria (1858—1921), Gemahlin Wilhelms II. *69*

Bach, Alexander (1813—1893, 1854 Freiherr), Anwalt, in der liberalen Opposition, Juli 1848 Justizminister. Schwenkt ins Lager der Reaktion, Innenminister im Kabinett Schwarzenberg, Ausbau eines österreichischen Einheitsstaates („System Bach"). 1859 entlassen. 1859—1865 Gesandter am Vatikan. *52 f.*

Badoglio, Pietro (1871—1956), Chef des Generalstabs im Äthiopienfeldzug (1936), stürzte 1943 Mussolini und war bis Juni 1944 Regierungschef. Kapitulation Italiens durchgeführt. *382*

Barmat, Julius, Salomon und Henry, *308 f.*

Barthou, Louis (1862—1934), seit 1889 Abgeordneter, 1922 Senator, 1896 bis 1898 Innenminister, 1921—1922 und 1930—1931 Kriegsminister. 1913 Ministerpräsident (Einführung der 3jährigen Dienstzeit), 1922—1926 Präsident der Reparationskommission (Verfechter des harten Kurses Poincarés), 1934 Außenminister (Versuch der diplomatischen Isolierung des Dritten Reichs). *344 f.*

Bassermann, Friedrich Daniel (1811—1855), verlegt 1847/48 die gemäßigt liberale „Deutsche Zeitung". 1841 Mitglied der II. Kammer des badischen Landtags, 1847 für Umwandlung des Deutschen Bundes in einen konstitutionellen Bundesstaat, 1848 badischer Vertrauensmann im 17er-Ausschuß beim Frankfurter Bundestag (Verfassungsentwurf), Abgeordneter im Vorparlament, im 50er-Ausschuß und in der Nationalversammlung (Vorsitzender des Verfassungsausschusses). Unterstaatssekretär im Reichsministerium des Innern. Nach dem Scheitern der Nationalversammlung und des Erfurter Parlaments Rückzug ins Privatleben. *17*

Bazaine, François Achille (1811—1888), französischer General, 1863—1867 Oberbefehlshaber in Mexiko, 1870 der Rheinarmee, verliert Metz, 1873 zum Tod verurteilt, zu Haft begnadigt. 1874 Flucht nach Spanien. *122 f.*

Beaconsfield, Lord Benjamin (Disraeli) (1804—1881), ursprünglich liberaler Politiker, später an der Spitze der Konservativen gegen liberale Wirtschaftspolitik (seit 1848 Führer der konservativen Partei), mehrfach Schatzkanzler und Ministerpräsident, forcierte imperialistische Politik. *160 f.*

Minister der Auswärtigen Angelegenheiten. 1917 auf Druck der OHL entlassen. *46, 56, 206, 225, 228 ff., 246*

Bethusy-Huc, Graf von (1829—1893), Mitglied des preußischen Abgeordnetenhauses (seit 1862) 1866 Gründung der Freikonservativen Partei, 1867 Mitglied des Norddeutschen Reichstags. Unitarier. *117*

Beust, Graf Ferdinand von (1809—1886), 1830 im sächsischen diplomatischen Dienst, 1849 sächsischer Außen- und Kulturminister, 1853 Außen- und Innenminister. Seit 1866 österreichischer Außenminister, 1867 österr. Ministerpräsident, Minister des Äußern, Innern, Unterricht und Polizei. 1867—1871 österr.-ung. Reichskanzler. Danach Botschafter London und Paris. *118 f.*

Bevin, Ernest (1881—1951), englischer Politiker, gründet 1922 die englische Transportarbeitergewerkschaft (bis 1946 Generalsekretär), seit 1935 Führer der Labour Party, 1940—1945 Arbeitsminister, 1945—1951 Außenminister. *269, 411, 414*

Bismarck, Fürst Otto von (1815—1898), 1849 II. Kammer des preußischen Landtags, 1850 Erfurter Parlament, 1851 preußischer Gesandter am Bundestag (gestützt von Leopold v. Gerlach und Kamarilla), 1859 Gesandter in Petersburg, 1862 Gesandter in Paris. Am 8. 10. Ministerpräsident und Minister des Auswärtigen. 1871—1890 Reichskanzler. *13, 30, 32, 34, 37, 40, 48 f., 52, 55, 58, 60, 62 ff., 67, 75 ff., 78 ff., 81, 83 ff., 188 f., 192 f., 195, 197 f., 201, 211, 213, 227, 230, 235, 246, 250 f., 254, 271, 275, 289 f., 301, 329, 401, 418, 430 f., 443*

Blomberg, Werner von (1878—1946), im Ersten Weltkrieg Generalstabsoffizier, 1919/20 Reichswehrminister, seit 1929 Befehlshaber im Wehrkreis I. Am 30. 1. 1933 Reichswehrminister, 1935 Reichskriegsminister und Oberbefehlshaber der Wehrmacht. 1936 Generalfeldmarschall. Mitverantwortlich für eine frühe Konsolidierung der Position Hitlers (Mitwirken an der Vorbereitung des 30. 6. 1934, Verordnung zur persönlichen Verpflichtung auf Hitler 2. 8. 1934). *339, 341, 343, 346, 348 f.*

Blome, Graf Gustav (1829—1906), 1849 Eintritt in österreichischen diplomatischen Dienst, verhandelt 1865 den Gasteiner Vertrag. Tritt für Ausgleich Österreich—Preußen ein. Bei Ernennung Beusts zum Außenminister quittiert er den Dienst, wendet sich der Sozialpolitik zu (Forderungen: 10 Stundentag, Unfallversicherung). *103*

Blum, Robert (1807—1848), Schriftsteller, Herausgeber des „Allgemeinen Theaterlexikons", seit 1839 Führer der liberalen Opposition in Sachsen, 1848 Vizepräsident des Frankfurter Vorparlaments, Mitglied der Nationalversammlung (Verfassungsausschuß), Führer der radikalliberalen Fraktion. Oktober 1848 in Wien Widerstand gegen Windischgrätz, standrechtlich erschossen. *28, 42*

Bonin, Eduard von (1793—1865), während der Befreiungskriege Leutnant, 1842 Oberst, 1848 Führer eines Truppenkorps gegen Dänemark. Nach Waffenstillstand von Malmö Kommandierender General in den Herzogtümern Schleswig-Holstein. 1852 und 1858/59 kurzzeitig Kriegsminister

Oben: Die erste deutsche Bundesregierung: Erste Reihe v. l. n. r.:
Anton Storch, Prof. Ludwig Erhard, Dr. Konrad Adenauer, Franz
Blücher, Jakob Kaiser, Dr. Thomas Dehler, Dr. Hans Lukaschek.
Zweite Reihe v. l. n. r.: Wilhelm Niklas, Eberhard Wildermuth. Dritte
Reihe v. l. n. r.: Heinrich Hellwege, Hans Schubert, Dr. Dr. Gustav
Heinemann, Dr. Fritz Schäffer, Dr. Hans-Christoph Seebohm.
Unten: Das zweite Kabinett Adenauer. Erste Reihe v. l. n. r.: Albert
Schäfer, Jakob Kaiser, Anton Storch, Professor Dr. Theodor Heuss,
Dr. Konrad Adenauer, Dr. Gerhard Schröder, Waldemar Kraft.
Zweite Reihe v. l. n. r.: Dr. Heinrich Lübke, Heinrich Hellwege, Dr.
Theodor Oberländer, Viktor Emanuel Preusker, Dr. Ludwig Erhard,
Robert Tillmann. Dritte Reihe v. l. n. r.: Franz-Josef Würmeling,
Dr. Hans-Christoph Seebohm, Fritz Neumayer, Franz Josef Strauß,
Dr. Fritz Schäffer.

Oben: Unterzeichnung des abgeänderten Deutschlandvertrages. Pariser Konferenzen vom 19.–23. Oktober 1954.
Unten: Hinterlegung der Verträge über die Wiederherstellung der Souveränität der Bundesrepublik Deutschland am 20. 4. 1955 durch die Vereinigten Staaten und die BRD. V. l. n. r.: Hochkommissar James B. Conant, Bundeskanzler Dr. Konrad Adenauer, Ministerialdirektor Dr. Berger.

Oben: *Professor Dr. Theodor Heuss' erster Staatsbesuch am 20. 10. 1948 in London. Heuss mit der englischen Königin.*

Unten: *Feierliche Unterzeichnung des Deutschlandvertrages und der Zusatzverträge am 26. 5. 1952 durch die Außenminister der drei Westmächte und Bundeskanzler und Außenminister Dr. Konrad Adenauer.*

Dr. Konrad Adenauer 1955 in Moskau. V. l. n. r.: Nikolai Alexandro-witsch Bulganin, Dr. Konrad Adenauer, Nikita Chruschtschow.

(Reform des Heeres durch Organisation eines Reservesystems). Ab 1859 Kommandierender General in Koblenz. *62 f.*

Boulanger, George (1837—1891), General, 1886 französischer Kriegsminister, Wortführer der Revanchisten, 1887 abgesetzt, Kommandeur von Clermont-Ferrand. 1888 in Ruhestand versetzt. 1889 des Staatsstreiches angeklagt. Flucht nach Brüssel. *163*

Bowles, Chester (*1901), amerikanischer Diplomat, 1949—1951 Gouverneur von Connecticut, 1951—1953 Botschafter in New Delhi, seit 1960 außenpolitischer Berater Kennedys, Unterstaatssekretär im Außenministerium, 1961 Sonderberater Kennedys. *435*

Brahm, Otto (1856—1912), ab 1879 in Berlin einer der führenden Theaterkritiker, Verfechter Ibsens, gründet 1899 den Verein „Freie Bühne" (Erste Inszenierungen: Ibsens „Gespenster" und Hauptmanns „Vor Sonnenaufgang"). *309*

Brandenburg, Graf Friedrich Wilhelm von (1792—1850), Sohn Königs Friedrich Wilhelm II., im Haus des Hofmarschalls v. Massow erzogen. 1807 Regiment Gardes du Corps, Adjutant Yorcks, 1826 Inspekteur der Gardekavallerie, 1848 Kommandierender General des VIII. Armeekorps in Koblenz und Oberbefehlshaber im Westen. 2. 11. 1848 preußischer Ministerpräsident, oktroyiert die Verfassung vom 5. 12. 1948. Verfechter der „Union", muß in der Olmützer Punktation (1850) einlenken. *36, 46*

Brauchitsch, Walter von (1881—1948), 1909 Oberleutnant, 1912 Großer Generalstab, Erster Weltkrieg im Generalstab. Ab 1921 Major in der Reichswehr, 1929 Leiter der Heeresausbildungsabteilung, 1932 Inspekteur der Artillerie. 1. Februar 1933 Kommandeur der 1. Division und Befehlshaber im Wehrbereich I, 1937 General der Artillerie, Befehlshaber des Gruppenkommandos 4 (motorisierten Verbände des Heeres), 1938 an Stelle v. Fritschs Oberbefehlshaber des Heeres. 1940 Generalfeldmarschall. Hitler gibt B. die Schuld am Scheitern des russischen Winterfeldzuges, am 19. 12. 1941 entlassen. Hitler übernimmt selbst den Oberbefehl. In einem Artikel im „Völkischen Beobachter" vom 20. 8. 1944 bezeichnet B. den 20. Juli als Dolchstoß. *350, 353 f., 368*

Braun, Otto (1872—1955), SPD-Politiker, seit 1911 im Parteivorstand, seit 1913 Mitglied des preußischen Abgeordnetenhauses, Mitglied der Weimarer Nationalversammlung, 1920—1933 Mitglied des Reichstags. Nov. 1918 preußischer Landwirtschaftsminister, 1920 preuß. Ministerpräsident bis zur Wahlniederlage 1932, Preußenputsch der Reichsregierung v. Papen (20. Juli 1932), 6. Februar 1933 durch Verordnung des Reichspräsidenten des Amtes enthoben. 1933 Emigration. *130, 287, 324, 328*

Brecht, Bert (1898—1956) *309*

Briand, Aristide (1862—1932), seit 1902 Abgeordneter, mehrmals Ministerpräsident, 1925 bis 1932 Außenminister, sucht Verständigung mit Deutschland, trägt zusammen mit Stresemann die Locarnopolitik, 1926 zusammen mit Stresemann Friedensnobelpreis. *302 f., 315 f., 318, 371*

Brockdorff-Ahlefeld, Erich Graf von 271 f., 329

Brockdorff-Rantzau, Ulrich Graf von (1869—1928), 1888—1891 juristisches

Studium, 1891 Fahnenjunker, 1894 Attache im Auswärtigen Amt, Karriere im diplomatischen Dienst (1912 Gesandter in Kopenhagen), Anfang Januar 1919 Staatssekretär, Februar Minister des Auswärtigen. Leiter der deutschen Delegation auf Pariser Friedenskonferenz, widerspricht der These der Alleinschuld Deutschlands, nach dem Diktat des Friedensvertrages am 20. 6. Abschied. Arbeitet weiter an Revision des Friedensvertrages, warnt Ebert vor dem Vertrag von Rapallo (1922). Nov. 1922 Botschafter in Moskau. Hauptbeteiligter am Berliner Vertrag mit der Sowjetunion (1926). *271 f., 329*

Bruck, Karl Ludwig (1798—1860), seit 1849 Freiherr), Kaufmann, gründet 1832 in Triest den Österreichischen Lloyd, 1848 Mitglied der Frankfurter Nationalversammlung, unter Schwarzenberg 1848—1851 Handelsminister, 1850 Aufhebung der Zollschranken zwischen Österreich und Ungarn. Seit 1855 Finanzminister. *53*

Brüning, Heinrich (1885—1970), Kriegsfreiwilliger, 1919 Referent von A. Stegerwald, Ende 1920 Geschäftsführer des christlichen Deutschen Gewerkschaftsbundes, seit 1924 Reichstagsabgeordneter des Zentrums, 1929 Fraktionsführer. Am 30. 3. 1930 Reichskanzler (deflationäre Haushaltspolitik), Koalition der bürgerlichen Mitte, ab Sept. 1930 mit Duldung der SPD Präsidialregierung (Notverordnungen), im Mai 1933 durch Hindenburg entlassen. Löst am 5. Juli 1933 das Zentrum auf. *312 ff., 360*

Brussilow, Alexaj (1853—1926), russischer General, leitet 1916 an der Südwest-Front die Offensive in Galizien und Wolynien, 1917 Oberbefehlshaber des Heeres, stellt sich 1920 (Polenangriff) der Sowjetregierung zur Verfügung, Vorsitzender des Militärrates. *245 f.*

Büchner, Ludwig (1824—1899), Arzt und Philosoph. Hauptvertreter des Materialismus im „Materialismusstreit" der 50er Jahre. *66*

Bülow, Fürst Bernhard von (1849—1929), ab 1874 diplomatische Laufbahn, 1894 Botschafter in Rom, Okt. 1897 Staatssekretär des Auswärtigen Amtes. Okt. 1900 Reichskanzler („Platz an der Sonne"). 1909 Abschied (vom Kaiser wegen der Daily-Telegraph-Affäre fallengelassen). Dez. 1914 Sonderbotschafter in Rom. 1917 scheitert eine Rückkehr als Reichskanzler (Nachfolger Bethmann-Hollwegs) am Widerstand des Kaisers. *183, 189, 206 f., 209 ff., 230, 233, 246, 248, 257*

Bülow, Karl von (1846—1921), preuß. Generalfeldmarschall. 1877 Hauptmann im Generalstab, 1894 Kommandeur des 4. Garde-Regiments zu Fuß, 1897 Direktor des Zentral-Departements im Kriegsministerium, 1903 Kommandierender General des III. Armeekorps, 1912 Generaloberst, Inspekteur der III. Armeeinspektion. Im 1. Weltkrieg Oberbefehl über 1. und 2. Armee. Januar 1915 Generalfeldmarschall, April 1915 Ruhestand. *241*

Bunsen, Christian Karl von (1791—1860), Diplomat, Posten in Rom, Bern, London. Bemüht sich während des Krimkrieges eigenmächtig, Preußen an die Seite Englands zu bringen. 1854 zurückberufen und verabschiedet. *62 f.*

466

Buol, Graf Karl Friedrich (1797—1865), österreichischer Diplomat, seit 1816 im diplomatischen Dienst, österr. Gesandter in Karlsruhe (1828), Stuttgart (1838), Turin (1844), Petersburg (1848), London (1851). 1852 Außenminister (bis 1859). *62 f. 75*

Burckhardt, Carl J. (1891—1974), seit 1918 Attache in Wien, 1932 Professor für Geschichte in Genf, 1937—1939 Hoher Kommissar des Völkerbundes in Danzig, 1944—1948 Präsident des Internationalen Kommitees vom Roten Kreuz, 1945—1950 Gesandter in Paris. *386*

Byrnes, James F. (1879—1972), amerikanischer Politiker (Demokrat), 1911 bis 1925 Mitglied des Repräsentantenhauses, 1931—1941 Senator, 1941/42 Richter am Obersten Bundesgericht, 1945—1947 Außenminister, Verständigungspolitik gegenüber Deutschland (Stuttgarter Rede vom 6. 9. 1946), 1951—1955 Gouverneur von South Carolina. *402, 410 f.*

Caprivi, Graf Leo von (1831—1899), 1870 Oberstleutnant und Chef des Generalstabes des X. Armeekorps, 1871 Abteilungsleiter im Kriegsministerium, 1883 Chef der Admiralität, 1888 Kommandierender General des X. Armeekorps. Am 20. 3. 1890 Ernennung zum Reichskanzler. Gibt den Rückversicherungsvertrag mit Rußland auf. 1890 Abkommen mit England (Sansibar—Helgoland). Betreibt eine um Ausgleich bemühte Sozialpolitik (Gewerbegerichte, Novelle zur Gewerbeordnung), Steuerreform, Landgemeindeordnung, Handelsverträge, 1893 Heeresreform. 1894 entlassen. *213, 215, 230 f.*

Carnot, Lazare (1753—1823), Ingenieuroffizier, 1793 Wohlfahrtsausschuß, Schöpfer des Revolutionsheeres. Seit 1795 Mitglied des Direktoriums, Opposition zu Barras, Flucht nach Deutschland. 1800 Kriegsminister unter Napoleon, während der Hundert Tage Innenminister. Verbannung. *290, 427*

Castlereagh, Robert (1769—1822), 1805/06 und 1807—1809 britischer Kriegsminister, 1812—1822 Außenminister (Quadrupelallianz). *411*

Cavour, Graf Camillo (1810—1861), seit 1852 Minister und Ministerpräsident in Sardinien-Piemont. Bündnis mit Napoleon III. gegen Österreich. 1859 Sieg über Österreich, das Mailand und Vormacht in Oberitalien verlor. *48, 61, 77, 121*

Chamberlain, Austen (1863—1937), britischer Politiker, seit 1912 konservativer Abgeordneter, 1903—1905 Schatzkanzler, 1915—1917 Staatssekretär für Indien, 1918 Mitglied des engeren Kriegskabinetts, 1921/22 Lordsiegelbewahrer, Führer des Unterhauses. 1924—1929 Außenminister (Locarnopakt 1925). 1925 Friedensnobelpreis. *300*

Chamberlain, Houston (1855—1927), britischer Kulturphilosoph und Schriftsteller, verheiratet mit Richard Wagners Tochter Eva, vertritt im Krieg die Ziele der Alldeutschen, 1916 deutscher Staatsangehöriger, völkisch-rassistische Ideologie. *332*

Chamberlain, Joseph (1836—1914), britischer Politiker, 1895—1903 Kolonialminister (Burenkrieg), 1898—1901 beteiligt an deutsch-britischen Verhandlungen. *207 ff.*

Chamberlain, Neville (1869—1940), seit 1918 konservativer Abgeordneter, 1922 Generalpostmeister, 1923—1929 Gesundheitsminister, 1931—1937 Schatzkanzler, Mai 1937 Premierminister (Politik des Appeasement). Rücktritt am 10. Mai 1940. *355 ff., 362, 367 f., 372*

Christian IX. (1818—1906), seit 1863 König von Dänemark, 1864 Deutschdänischer Krieg. *99 f.*

Chruschtschow, Nikita (1894—1971), seit 1934 Mitglied des ZK und ab 1939 des Politbüros, 1953 1. ZK-Sekretär, März 1958 Ministerpräsident, Okt. 1964 Sturz als Partei- und Regierungschef. 1966 Verlust der ZK-Mitgliedschaft. *433 ff., 439, 441*

Churchill, Lord Randolph (1849—1895), Führer der konservativen Partei, 1885—1886 Minister für Indien, 1886 Schatzkanzler. *63, 164 f.*

Churchill, Sir Winston (1874—1965), 1895 Eintritt in Armee, Offizier in den Kolonien, Kriegsberichter im Burenkrieg. 1900 Parlamentsmitglied, 1906—1908 Unterstaatssekretär für die Kolonien, 1908—1910 Vorsitzender des Handelsamtes, 1910—1911 Home Secretary, 1911—1915 Marineminister, 1917 Munitions-, 1918—1921 Kriegs-, 1921/22 Kolonial-, 1924 bis 1929 Finanzminister. 1939 Marineminister, am 10. Mai 1940 Premierminister bis Ende 1945. Okt. 1951 Premierminister. *237, 269, 356, 372 ff., 382, 390 f., 411*

Clausewitz, Carl von (1780—1831), 1795 Leutnant, 1801—1803 an der Kriegsschule in Berlin (Leiter Scharnhorst). Adjutant des Prinzen August von Preußen während des Feldzuges 1806. 1808 in Königsberg im Kreis der Reformer um Stein. 1810 Major, Generalstab. Seit 1810 Lehrer an der Allgemeinen Kriegsschule Berlin. Nimmt 1812 Abschied, um im russischen Heer gegen Napoleon zu kämpfen. Ab 1815 wieder in preußischen Diensten. 1818—1830 Verwaltungsdirektor der Allgemeinen Kriegsschule. 1831 Chef des Generalstabes der Observationsarmee gegen Polen. 1832/34 erscheint seine Schrift „Vom Kriege". *225*

Clemenceau, Georges (1841—1929), seit 1876 Mitglied der Deputiertenkammer, Führer der Radikalsozialisten („Vollendung der großen Erneuerung von 1789"), 1902 Senator, 1906—1909 Ministerpräsident, Nov. 1917 Ministerpräsident (vertritt harte Friedensbedingungen). *122, 199, 257 f., 271, 277, 371*

Cromwell, Oliver (1599—1658), englischer Revolutionär. 1648 Republik. *290*

Cuno, Wilhelm (1876—1933), 1917 Direktorium der Hapag, 1918 Generaldirektor, Wirtschaftssachverständiger bei den Friedensverhandlungen, 1922 Reichskanzler, Ruhrkampf, am 12. 8. 1923 Rücktritt. *294 ff.*

Curtius, Julius (1877—1948), Rechtsanwalt, 1920—1932 Abgeordneter der Deutschen Volkspartei, ab 20. 1. 1926 Reichswirtschaftsminister, nach Stresemanns Tod (1929) zuerst nebenamtlich, ab 11. 11. 1929 ausschließlich Außenminister. Nach dem Scheitern des Projekts einer deutschösterreichischen Zollunion 1931 zurückgetreten. *315, 317*

Czernin, Graf Ottokar (1872—1932), 1895 diplomatische Laufbahn an österreichisch-ungarischer Botschaft Paris, 1899 Geschäftsträger Den Haag,

1903 Abgeordneter des böhmischen Landtags (altkonservativer Verfechter des monarchistischen Prinzips). Enger Berater Erzherzogs Franz Ferdinand, 1912 lebenslängliches Herrenhausmitglied, 1913 Gesandter Bukarest. Dez. 1916 Minister des Äußern (bis 1918). 1920—1923 Mitglied des österreichischen Nationalrats. *219, 232*

Dahlmann, Friedrich Christoph (1785—1860), Historiker, 1812 Professur in Kiel, seit 1815 Sekretär der schleswig-holsteinischen Ritterschaft. 1829 Professor in Göttingen, 1837 Landesverweisung (Göttinger Sieben). Führer der kleindeutschen Partei in der Frankfurter Nationalversammlung. *39 f.*

Daladier, Edouard (1884—1970), 1919—1958 Abgeordneter der Radikalsozialistischen Partei, 1927—1931 Vorsitzender, 1933/34 und 1938—1940 Ministerpräsident. Zunächst Politik des Appeasement. Erklärt am 2. 9. 1939 Deutschland den Krieg, 1940 verhaftet, 1943—1945 in Deutschland interniert. 1947—1954 Präsident der Linksrepublikanischen Sammlungsbewegung, 1957/58 Präsident der Radikalsozialistischen Partei. *355*

Darwin, Charles (1809—1882), Begründer der Selektionstheorie. *185, 332*

Dawes, Charles Gates (1865—1951), amerikanischer Politiker (Republikaner), während Präsidentschaft McKinley (1896) Währungskommissar. 1921/22 Leiter des Budgetbüros Washington, 1923 Vorsitzender der Sachverständigenkommission, die den nach ihm benannten Dawesplan entwirft, Friedensnobelpreis 1925, 1925—1929 Vizepräsident, 1932 Botschafter London. *299*

Dehler, Thomas (1897—1967), 1924 Mitbegründer des Reichsbanners. 1926 bis 1933 Vorsitzender der DDP in Bamberg, 1946—1949 Führer der bayerischen FDP, Mitglied des Parlamentarischen Rates, 1949—1967 MdB, 1949—1953 Bundesjustizminister, 1953—1956 Fraktionsvorsitzender im Bundestag, 1954—1957 Parteivorsitzender, 1960—1967 Vizepräsident des Bundestages. *436*

Delbrück, Hans (1848—1929), Historiker, übernimmt 1874—1879 Erziehung eines Sohnes des Kronprinzen Friedrich Wilhelm. 1882—1885 freikonservativer Abgeordneter im preußischen Abgeordnetenhaus, 1884—1890 Reichstag. Ab 1883 zusammen mit Treitschke Herausgeber der „Preußischen Jahrbücher", ab 1889 alleinverantwortlich. Innenpolitisch liberalfortschrittlich, vertritt er eine Großmachtposition Deutschlands nach außen (distanziert sich aber vom nationalistischen Machtanspruch der Alldeutschen). *253*

Delcassé, Theophile (1852—1923), französischer Politiker, 1893 Unterstaatssekretär für Kolonien, 1894/95 Kolonialminister, 1898—1905 Außenminister (Entente cordiale), 1911—1913 Marineminister, 1913/14 Botschafter Rußland, 1914/15 Außenminister. *220 f.*

Dernburg, Bernhard (1865—1937), im internationalen Bankgeschäft tätig, 1889—1901 Direktor der deutschen Treuhandgesellschaft, 1901 Direktor der Bank für Handel und Industrie in Berlin, 1906 Direktor der Kolonialabteilung des Auswärtigen Amtes, 1907 Staatssekretär des Reichskolonialamtes (Forcierung privater Investitionen: Privilegierung großer Kapitalgesellschaften), 1910 Rücktritt. 1918 im Führungskreis der Demokratischen Partei, April bis Juni 1919 Reichsfinanzminister und Vizekanzler im Kabinett Scheidemann, tritt aus Protest gegen Versailler Frieden zurück. 1920—1930 Reichstagsabgeordneter. *215*

Döllinger, Ignaz von (1799—1890), 1822 Priester, 1823 Professor in Aschaffenburg, 1826 in München, 1848 Wortführer der katholischen Rechten in der Paulskirche, seit 1860 zunehmender Widerstand gegen Kurie, lehnt das Unfehlbarkeitsdogma ab, Altkatholische Kirche. 1871 Exkommunikation. *136*

Dönitz, Karl (*1891), seit 1936 Aufbau der deutschen U-Boot-Waffe, 1943 Oberbefehlshaber der Kriegsmarine, 2. Mai 1945 Nachfolger Hitlers („Geschäftsführende Reichsregierung"), am 23. 5. 1945 verhaftet, Okt. 1946 vom Internationalen Militärgerichtshof verurteilt. *394*

Dollfuß, Engelbert (1892—1934), im Ersten Weltkrieg Offizier, Jurist, 1927 Direktor der Niederösterreichischen Landwirtschaftskammer, 1930 Präsident der Österreichischen Bundesbahnen, 1931 Minister für Landwirtschaft, Mai 1932 Bundeskanzler und Außenminister. März 1933 Ausschaltung des Parlaments, Anlehnung an das faschistische Italien (Römische Protokolle 1934). Bei einem Putschversuch der Nationalsozialisten im Bundeskanzleramt erschossen. *350 f.*

Droysen, Johann Gustav (1808—1884), Historiker, 1840 beim schleswigholsteinischen Aufstand, 1848 Frankfurter Nationalversammlung, Kasinopartei, kleindeutsche Lösung, Protokollführer des Verfassungsausschusses. 1859 Professor in Berlin. *58 f.*

Duesterberg, Theodor (1875—1950), 1924 2. Bundesführer des Stahlhelm (Oberstleutnant a.D.), 1932 Präsidentschaftskandidat der Kampffront Schwarz-Weiß-Rot, verliert Führung im Stahlhelm wegen Opposition gegen Beteiligung an Regierung Hitler, 1934 kurze Haft, nähert sich nationalkonservativem Kreis um Goerdeler. *319*

Dulles, John Foster (1888—1959), amerikanischer Politiker (Republikaner), 1918/19 Mitglied der amerikanischen Friedensdelegation in Paris, bis 1950 UNO-Delegierter, 1953—1959 Außenminister (1954 SEATO-Pakt, 1955 NATO-Beitritt der BRD). *430, 435*

Ebert, Friedrich (1871—1925), zunächst gewerkschaftlich tätig (1889 Schriftführer des Sattlerverbandes), häufig gemaßregelt, seit 1893 in der Lokalredaktion der Bremer Bürger-Zeitung, 1900 Bürgerschaft, Führer der sozialdemokratischen Fraktion. März 1900 Arbeitersekretär des Gewerkschaftskartells Bremen. 1904 Parteitagspräsident, 1905 Sekretär im Parteivorstand. 1912 Reichstagsmitglied, 1913 Parteivorsitzender der SPD (Nachfolger Bebels). 1916 Fraktionsvorsitzender (Nachfolger Haases). Am 9. 11. 1918 Reichskanzler. Mit Haase im Rat der Volksbeauftragten Vorsitzender. Für Nationalversammlung, Niederhaltung der linken Revolutionsversuche. Am 11. 2. 1919 wählt die Nationalversammlung Ebert zum Reichspräsidenten, vom Reichstag am 24. 10. 1922 die Amtszeit bis 1925 verlängert. *176, 214, 255, 265 ff., 279 f., 286, 296, 306, 322, 329, 336*

Eden, Sir Anthony (*1897), 1923—1957 konservativer Unterhausabgeordneter, 1926—1929 Privatsekretär des Außenministers A. Chamberlain, 1931—1933 Unterstaatssekretär im Außenministerium, 1934/35 Lordsiegelbewahrer, 1935 Minister für Völkerbundangelegenheiten, 1935 bis 1938 Außenminister, 1940 kurzzeitig Kriegsminister. 1940—1945 Außenminister, 1945—1951 stellvertretender Oppositionsführer, 1951 Außenminister (1952 Edenplan), 1955—1957 Premierminister (Suezkrise 1956). *434*

Eduard VII. (1841—1910), König von Großbritannien, wichtige Beiträge zum Zustandekommen der Entente cordiale (1904) und des Petersburger Vertrages (1907). *207, 237*

Ehrhardt, Hermann (1881—1971), Kapitän, Führer des Freikorps „Brigade Ehrhardt", 1920 Beteiligung am Kapp-Putsch. Gründet danach im Untergrund die Organisation Consul und den Bund Wiking. Als Antirepublikaner und Nationalist der NSDAP nahestehend. Nach Röhm-Putsch im Ausland. *288*

Eichendorff, Josef von (1788—1857), als Lyriker und Erzähler Repräsentant der deutschen Romantik. 1813 Teilnahme an Befreiungskriegen, 1816 preußischer Staatsdienst, bis 1844 Referent für kirchliche Angelegenheiten im Kultusministerium. *65*

Eichmann, Adolf (1906—1962), Handelsvertreter, ab 1934 SD-Hauptmann, seit 1939 Leiter des Judenreferats im Reichssicherheitshauptamt, 1941 „Endlösung". 1945 Flucht, im Mai 1960 in Argentinien aufgespürt, am 11. Dez. 1961 zum Tode verurteilt und hingerichtet. *381, 402*

Einem, Karl von (1853—1934), preußischer General und Kriegsminister. 1880 Generalstab, 1898 ins preußische Kriegsministerium, 1900 Generalmajor, Direktor des Allgemeinen Kriegsdepartements, 1903 Kriegsminister (gegen eine forcierte Heeresaufrüstung). Mit Bülow entlassen. 1907 General der Kavallerie, 1909 Kommandierender General des VII. Armeekorps, 1914 Oberbefehlshaber der 3. Armee. *230*

Eisenhower, Dwight D. (1890—1969), Ausbildung in Westpoint, 1941 Brigadegeneral, 1942 Oberbefehlshaber Europa, Oberbefehlshaber der alliierten Invasionstruppen. Juli bis November 1945 Oberbefehlshaber der amerikanischen Besatzungstruppen in Deutschland. Generalstabschef im Pentagon, 1950—1952 Leiter des NATO-Hauptquartiers, 1952 Präsident der USA (Republikaner), 1956 wiedergewählt. *378, 384, 391*

Eisner, Kurt (1867—1919), Journalist, 1889—1905 Schriftleitung des „Vorwärts", 1907—1910 Schriftleiter der „Fränkischen Tagespost" Nürnberg, Mitarbeiter der „Münchner Post". 1917 USPD, führend am Rüstungsstreik Januar 1918 beteiligt. 7./8. 11. 1918 Proklamation des republikanischen Freistaates Bayern, Ministerpräsident, am 12. Januar 1919 ermordet. *293*

Eltz-Rübenach, Paul Freiherr von (1875—1943), tätig in der preußischen Staatsbahnverwaltung, 1911—1914 technischer Sachverständiger beim deutschen Generalkonsulat in New York, 1917 im Stab des Chefs des Feldeisenbahnwesens, 1920 Reichsverkehrsministerium, 1923 Ministerialrat, 1924 Präsident der Reichsbahndirektion Karlsruhe, am 2. 6. 1932 Reichsverkehrs- und Reichspostminister im Kabinett Papen, 1937 nach Ablehnung des Goldenen Parteiabzeichens von Hitler entlassen. *340*

Engels, Friedrich (1820—1895), kaufmännische Ausbildung (davon 1842 bis 1844 in Manchester), später Philosophiestudium (Linkshegelianer), seit 1844 enge Freundschaft mit Karl Marx, in England sozialkritische Arbeiten (Die Lage der arbeitenden Klasse in England, 1845), 1849 Teilnahme an der Revolution in Baden. Mit Marx Begründer des wissenschaftlichen Sozialismus. *17, 43, 50, 74, 141 f., 145*

Erhard, Ludwig (*1897), nach Erstem Weltkrieg Studium Betriebswirtschaft und Nationalökonomie, bis 1942 Mitarbeiter am Institut für Wirtschaftsbeobachtung Nürnberg, 1942 Leiter des Instituts für Industrieforschung. Nach Zweitem Weltkrieg Wirtschaftsberater der amerikanischen Besatzungsbehörde, 1945/46 bayerischer Minister für Handel und Gewerbe. 1948 Direktor der Verwaltung für Wirtschaft der vereinigten Wirtschaftsgebiete. 1949 CDU und MdB, bis 1963 Wirtschaftsminister, 1957—1963 Vizekanzler, Oktober 1963 Bundeskanzler (bis Dezember 1966), März 1966 bis Mai 1967 Parteivorsitzender der CDU. *420*

Erzberger, Mathias (1875—1921), zuerst Volksschullehrer, 1896 Redakteur am „Deutschen Volksblatt" (Zentrum), 1903 Reichstagsabgeordneter, 1905—1906 Kampf gegen die Kolonialskandale. Budget-Kommission (Finanzreform 1909, Wehrbeitrag 1913). Im Ersten Weltkrieg Befürworter eines Verständigungsfriedens (Friedensresolution 1917). 1918 im Kabinett des Prinzen Max von Baden Minister o. P., am 6. 11. 1918 Mitglied der Waffenstillstandskommission. Im Kabinett Scheidemann (13. 2. 1919) Reichsminister o. P. mit Verantwortung für Waffenstillstandsfragen. Befürwortet Annahme des Versailler Vertrags. Im Kabinett Bauer Vizekanzler und Finanzminister. 1920 Rücktritt. 1921 ermordet. *252, 254, 270, 282, 293, 304*

Eugenie, Kaiserin (1826—1920), 1853 Heirat mit Napoleon III., 1870 für Krieg. *121*

Eulenberg, Fürst Philipp (1847—1921), Jurist, 1877 in diplomatische Laufbahn, 1881—1888 Sekretär der preußischen Gesandtschaft in München, seit 1886 enge Freundschaft mit Prinz Wilhelm. Bleibt Ratgeber im Hintergrund. 1894—1903 Botschafter in Wien, 1903 Abschied. *213, 216 f.*

Falkenhayn, Erich von (1861—1922), preußischer General und Kriegsminister, 1893 Hauptmann im Großen Generalstab, 1896 in chinesischen Diensten, 1899 wieder in preuß. Dienst, arbeitet an der kartographischen Aufnahme der deutschen Pachtgebiete in China. Im Generalstab der Ostasiatischen Brigade. 1907—1911 Generalstabschef des XVI. Armeekorps. 1913 Kriegsminister. Am 3. 11. Chef des Generalstabes des Feldheeres. 20. 1. 1915 Rücktritt als Kriegsminister. 1916 abberufen. *242, 244 ff., 259, 262*

ten, 1853—1856 Kanzler des preußischen Generalkonsulats in Spanien und Portugal. 1858 Abschied. *108 f., 160*

Franz Ferdinand, Erzherzog (1863—1914), militärische Laufbahn, 1899 General der Kavallerie, 1913 Generalinspekteur der gesamten bewaffneten Macht, besucht 1914 Manöver in Bosnien, am 28. 6. 1914 Attentat. *231 f.*

Franz Joseph I., Kaiser von Österreich (1830—1916), Nachfolger Kaiser Ferdinand I., liquidiert 1851 die Verfassungszugeständnisse. Neoabsolutistischer Zentralismus. *31, 54, 60, 75, 97, 158, 179, 184, 208, 232, 264*

Freytag, Gustav (1815—1895), Philologe (1833—1844 Dozent), Schriftsteller (realistische Romane: Soll und Haben), 1848—1870 Mitherausgeber der Zeitschrift „Die Grenzboten", 1867—1870 Abgeordneter der Nationalliberalen Partei im Norddeutschen Reichstag. *66*

Frick, Wilhelm (1877—1946), nationalsozialistischer Politiker und Reichsminister des Innern. Jurist, seit 1907 Polizeidirektion München (zeitweise Leiter der politischen Polizei), unterstützt früh zusammen mit Polizeipräsident Pöhner die NSDAP. Nach Hitler-Putsch wegen Hochverrats verurteilt. Seit 1924 Reichstag (bis 1925 Nationalsozialistische Freiheitspartei, ab 1925 NSDAP, 1928 Fraktionsvorsitz). 1930 in Thüringen Innen- und Volksbildungsminister (bis 1931), 1933 Reichsinnenminister (Gleichschaltung, Rassengesetze), vom 20. 8. 1943—Mai 1945 Reichsprotektor für Böhmen und Mähren. 1946 vom Internationalen Militärgerichtshof zum Tod verurteilt. *334*

Friedeburg, Hans Georg von (1895—1945), deutscher Admiral. Seit 1943 Kommandierender Admiral der U-Bootwaffe. 1945 Oberbefehlshaber der Kriegsmarine, führt im Auftrag von Dönitz Waffenstillstandsverhandlungen mit Montgomery und Eisenhower. Mitunterzeichner der Gesamtkapitulation der deutschen Wehrmacht (7. u. 9. 5. 1945). *395*

Friedrich, Erbprinz von Augustenburg (1829—1880), 1851 aus Schleswig-Holstein von Dänen ausgewiesen. 1859 bestätigt er in einem Brief an König Friedrich VII. von Dänemark seine Erbansprüche. Als Friedrich VII. 1863 stirbt, proklamiert sich F. als Friedrich VIII. zum Herzog von Schleswig-Holstein. *100 ff., 105*

Friedrich I., Großherzog von Baden (1826—1907), 1856 Großherzog, liberale Politik, 1866 auf Seite Österreichs, später für kleindeutsche Lösung. *127*

Friedrich VII., König von Dänemark (1808—1863), König seit 1848. *99*

Friedrich II., König von Preußen (1712—1786), König seit 1740. *10, 34, 47 f., 53, 71, 75, 173, 176, 275, 311, 401*

Friedrich III., Deutscher Kaiser und König von Preußen (1831—1888), Kaiser 1888. *82 f., 96, 107, 125, 149, 167, 169, 172*

Friedrich Karl, Prinz von Preußen (1828—1885), preußischer Generalfeldmarschall. *123*

Friedrich Wilhelm IV., König von Preußen (1795—1861), 1858 übernimmt Wilhelm I. die Regentschaft. *31 ff., 53 ff., 60 ff., 76, 84*

Fritsch, Werner Freiherr von (1880—1939), 1907—1910 Kriegsakademie, Erster Weltkrieg im Generalstab, 1920—1922 im Reichswehrministerium,

1926 Leiter der Heeresabteilung im Truppenamt, 1932 Befehlshaber Wehrkreis III, Kommando 3. Division, 1934 Chef der Heeresleitung, 1935 Oberbefehlshaber des Heeres, 1936 Generaloberst. Am 4. 2. 1938 im Zusammenhang mit dem Fall Blomberg von Hitler entlassen (Fritschprozeß). *341, 348 f.*

Gagern, Heinrich Freiherr von (1799—1880), 1812 Kadett in München, 1815 Waterloo. Studium in Heidelberg und Jena, Anschluß an die Einheits- und Reformbewegung, Mitbegründer der Allgemeinen Deutschen Burschenschaft. Eintritt in hessische Verwaltung (ab 1820), vertritt die liberale Politik des Vormärz. 1832 2. Kammer des hessischen Landtags. 1833 Austritt aus Staatsdienst. 1847 Programm der „Deutschen Zeitung". Treffen der Liberalen in Heppenheim. 5. 3. 1848 Staatsminister von Hessen und innere und äußere Angelegenheiten. 18. Dez. 1848 Leiter des Reichsministeriums (bis 21. 3. 1849). Unterstützt die preußische Unionspolitik. *38, 42, 44, 77*

Galen, Clemens August Graf (1878—1946) Bischof von Münster. 1904 Priester, 1906—1933 Kaplan bzw. Pfarrer in Berlin und Münster. 1933 Bischof von Münster. Bis 1933 zum katholisch-konservativen Flügel des Zentrums, ab 1933 offene Opposition gegen Nationalsozialismus. *358 f., 382*

Gambetta, Leon (1838—1882), Radikaldemokrat, 1869 Programm der Radikalsozialisten, 1870 + 1871 Innenminister, der „Regierung der nationalen Verteidigung", Führer der Republikaner (1876), 1879—1881 Präsident der Deputiertenkammer, Nov. 1881 bis 1882 Regierungschef. *124, 156*

Gamelin, Maurice-Gustave (1872—1958), französischer General. 1917 bis 1919 Kommandeur einer Infanteriedivision, 1925—1929 Kommandeur der französischen Truppen in Syrien, seit 1931 Chef des Generalstabs der Armee, seit Sept. 1939 Oberbefehlshaber der französischen und britischen Truppen, 19. 5. 1940 abgelöst. *366, 369*

Garibaldi, Guiseppe (1807—1882), italienischer Freiheitsheld, Seeoffizier, kämpfte als Anhänger Mazzinis in der Revolution von 1848/49, zuletzt Verteidigung Roms. 1860 führt er den Freischarenzug nach Sizilien, Sturz der Bourbonenherrschaft. 1870/71 mit seinen Freischaren auf Seite Frankreichs. *77*

de Gaulle, Charles (1890—1970), militärische Laufbahn, 1940 Unterstaatssekretär für Nationale Verteidigung, seit 1943 an der Spitze des Französischen Komitees der Nationalen Befreiung, Chef der Exilregierung. 1945 Ministerpräsident (bis Januar 1946), erfolgloser Versuch mit der RPF (1953 aufgelöst). 1958 Ministerpräsident. 21. Dezember 1958 5. Republik. 1962 Unabhängigkeit Algeriens, Deutsch-Französischer Vertrag. Am 28. April 1968 Rücktritt. *370, 404*

Gayl, Wilhelm Freiherr von (1879—1945), Jurastudium, 1908 Mitarbeiter der Ostpreußischen Siedlungsgesellschaft, 1909—1933 Mitglied der Geschäftsleitung. 1920 Reichskommissar bei der Abstimmungskommission für die Volksabstimmung in Ostpreußen. Mitglied der DNVP. Gründung der „Staatsbürgerlichen Arbeitsgemeinschaft" in Königsberg. 1925 Befürworter einer Fusion von DNVP und DVP. Mitglied des Reichsrates. 1932 im Kabinett Papen Innenminister. *320*

Geibel, Emanuel (1815—1884), deutscher Dichter, offizieller Lyriker der deutschen Einheitsbestrebungen unter preußischer Führung (Pension von Friedrich Wilhelm IV.) *67*

Georg V., König von Hannover (1819—1878), König 1851—1866, reaktionäre Politik (1855 Liquidierung der Verfassung von 1848), 1866 Hannover von Preußen annektiert. *111*

Georg VI., König von England (1895—1952), 1936 König. *411*

Gerlach, Leopold von (1790—1861), preußischer General. 1826 persönlicher Adjutant des Prinzen Wilhelm. 1844 Generalmajor, 1848 Kommandeur der 1. Gardelandwehrbrigade. 1850 Generalleutnant und Generaladjutant des Königs. 1859 General der Infanterie. Zentrale Figur der Hofkamarilla. *54 ff., 62, 84 f.*

Gerlach, Ludwig von (1795—1877), 1820 Assessor Oberlandesgericht Naumburg, 1829 Landesgerichtsdirektor Halle, 1834 Oberlandesgerichtspräsident Frankfurt/Oder. 1842 Mitglied des Staatsrates, 1844 Präsident des Oberlandes- und Appellationsgerichts Magdeburg, 1874 wegen Beleidigung Bismarcks verabschiedet. Aufbau des „christlichen Staates" politisches Leitmotiv. *54 f., 62*

Geßler, Otto (1875—1955), Jurist und Politiker, 1910 Erster Bürgermeister Regensburg, 1913 Oberbürgermeister Nürnberg, 1918 Mitgründer der DDP Nürnberg, 1919/20 Reichsminister für Wiederaufbau, 1920—1924 Mitglied des Reichstags, 1920—1928 Reichswehrminister (ab 1927 parteilos), 1931 Vorsitz im Bund zur Erneuerung des Reiches. 1944 KZ Ravensbrück. 1949 Präsident des Bayerischen Roten Kreuzes, 1950—1952 Präsident des Deutschen Roten Kreuzes. *289, 307*

Giers, Baron Nikolai (1820—1895), russischer Politiker, 1892—1895 Außenminister (1884 Dreikaiserbund, 1887 Rückversicherungsvertrag, 1893 Zweiverband mit Frankreich). *191*

Gilbert, Parker (1892—1938), amerikanischer Jurist und Finanzpolitiker, 1924—1930 Nachfolger Youngs als Generalagent für Reparationszahlungen in Deutschland. *300*

Gladstone, William (1809—1898), zunächst Konservativer, dann Führer der Liberalen in Opposition zu Disraeli (bekämpft imperialistische Politik). Zwischen 1868 und 1894 mehrmals Ministerpräsident. *161, 185, 251*

Gneisenau, Graf Neithardt von (1760—1831), zunächst abenteuerndes Soldatenleben (Amerika), 1786 Eintritt in preußische Armee, 1795 Kompaniechef. Zeichnet sich in den Napoleonischen Kriegen aus (1807 Halten der Festung Kolberg). 1808 Kommandant von Kolberg, Mitglied der Militär-Reorganisationskommission, Mitglied des Artillerie- und Ingenieurdepartements, Inspekteur aller Festungen, Chef des Ingenieurkorps, Mitglied der Kommission für neues Exerzierreglement, Mitglied der Kommission zur Untersuchung des Feldzugs 1806/07. 1809 Oberst, 1813 Generalmajor, 2. Generalquartiermeister in der schlesischen Armee

Blüchers, Generalgouverneur von Schlesien. Nach der Einnahme von Paris (1814) in Grafenstand erhoben. Kommandierender General in Koblenz (bis 1816). *34, 129, 177, 259, 401*

Gneist, Rudolf von (1816—1895), Staatsrechtler, 1841 Assessor am Berliner Kammergericht, 1845 außerplanmäßiger, 1858 ordentlicher Professor in Berlin. 1859—1893 Abgeordneter des preußischen Landtags (linkes Zentrum, ab 1870 Nationalliberale Partei), 1867—1884 Reichstag. 1872/73 Mitbegründer und erster Präsident des Vereins für Sozialpolitik. *109*

Gobineau, Graf Arthur (1816—1882), französischer Diplomat, u. a. in Deutschland, gehört dem Kreis um Richard Wagner an, in seiner Schrift „Versuch über die Ungleichheit der Menschenrassen", erschienen 1898 bis 1901, Überlegenheit der arischen Rasse. *332*

Goebbels, Josef (1897—1945), Gymnasium, Studium, 1925 Redakteur der „Nationalsozialistischen Briefe" (Strasser), Geschäftsführer der Gauleitung Elberfeld. Ende 1926 Berliner Gauleiter. 1928 Reichstag. 1933 Reichsminister für Volksaufklärung und Propaganda. *333 f., 340 f., 360, 382, 395, 408*

Goerdeler, Karl (1884—1945), Deutschnationale Volkspartei, 1930 Oberbürgermeister von Leipzig, 1931 Reichspreiskommissar, tritt 1937 als Oberbürgermeister zurück, ab 1939 im Widerstand. Nach dem 20. Juli 1944, das Attentat wurde von ihm abgelehnt, verhaftet und hingerichtet. *366, 388 ff.*

Görgey, Arthur (1818—1916), ungarischer General, Oberbefehlshaber der ungarischen Revolutionsarmee 1848, 1849 zeitweise Kriegsminister. *30*

Göring, Hermann (1893—1946), im Ersten Weltkrieg Leutnant, 1915 Fliegertruppe, Juli 1918 Kommandant des Geschwaders Richthofen. 1922 Beitritt zur NSDAP, Aufbau der SA. Nach Hitlerputsch im Ausland (Vertreter deutscher Firmen). Ende 1926 Rückkehr nach Deutschland. 1928 Reichstag, 1932 Präsident des Reichstags, 1933 preußischer Innenminister (Gründung der Gestapo), 11. 4. 1933 Preußischer Ministerpräsident, 5. 5. 1933 Reichsminister der Luftfahrt, 1935 Oberbefehl Luftwaffe, Okt. 1936 Reichsbeauftragter für den Vierjahresplan. 1940 Reichsmarschall. Nov. 1945 — Okt. 1946 vor dem Internationalen Militärgerichtshof, 1. 10. 1946 Todesurteil, Selbstmord. *334, 340 f., 348, 351, 361, 370, 372, 376, 392*

Goethe, Johann Wolfgang (1749—1832) *174, 311*

Gortschakow, Fürst Alexander (1798—1883), russischer Politiker, Karriere im diplomatischen Dienst, 1856 Außenminister (bis 1882). *98*

Gramont, Herzog Agenor (1819—1880), französischer Diplomat (1861 Botschafter Wien), Mai 1870 Außenminister (bis 9. 8. 1870). *119 ff., 155, 238*

Grey, Sir Edward (1862—1933), 1892—1895 Unterstaatssekretär im Foreign Office, 1905—1916 Außenminister. *223, 226, 228 f., 236 ff., 257*

Grimm, Hans (1875—1959), Schriftsteller. Kaufmännische Ausbildung 1895—1897 in England), Angestellter einer deutschen Importfirma in

Südafrika, ab 1900 Einfuhrkaufmann und Hafenagent der Deutschen Ost-Afrika-Linie in East London (Südafrika). 1910 Presseberichterstatter in Deutsch-Südwestafrika. Ab 1916 Soldat, wissenschaftlicher Hilfsarbeiter in der Auslandsabteilung der Obersten Heeresleitung. 1926 „Volk ohne Raum". Bewußter Förderer und Verteidiger des Nationalsozialismus (1950 „Die Erzbischofschrift, Antwort eines Deutschen"). *310 f.*

Groener, Wilhelm (1867—1939), Laufbahn in württembergischer Armee (1899 Hauptmann im Großen Generalstab, Eisenbahnabteilung), 1912 Oberstleutnant und Abteilungschef, 1915 Generalmajor, 1916 Vorstandsmitglied des Kriegsernährungsamtes, Chef des Kriegsamtes (bis 16. 8. 1917), Frontdienst (Chef des Generalstabs der Heeresgruppe Eichhorn/Kiew), 1918 Erster Generalquartiermeister. Zusammenarbeit mit Ebert. 1920—1923 Reichsverkehrsminister, 1928 Reichswehrminister, 1931 zusätzlich das Reichsinnenministerium (SA- und SS-Verbot), 13. 5. 1932 Rücktritt. *268, 319, 328*

Grynszpan, Herschel, begeht am 7. 11. 1938 ein Attentat auf den deutschen Botschaftssekretär Ernst vom Rath. Dieses wird von den Nationalsozialisten als Vorwand für das Judenpogrom vom 9./10. November 1938 (Reichskristallnacht) genommen. *359*

Guderian, Heinz (1888—1954), 1917 Generalstab, 1920 Reichswehr (Kompaniechef), 1922—1924 Inspektion der Verkehrstruppen (hier entwickelt er Pläne zum Aufbau einer Panzertruppe), 1931 Chef des Stabes der Inspektion der Verkehrstruppen, 1934 Chef des Stabes des Kommandos der Kraftfahrkampftruppen, 1935 Oberst, Kommandeur der 2. Panzer-Division, 1936 Generalmajor, 1938 Generalleutnant, Kommandierender General des XVI. Armeekorps, Nov. 1938 General der Panzertruppe. Wegen Kontroversen mit Hitler im Dez. 1941 abgelöst. 1943 Generalinspekteur der Panzertruppe, 1944 (bis März 1945) Chef des Generalstabes des Heeres. *370*

Gwinner, Arthur (1856—1931), 1888 Bankhaus Riess & Itzinger (Arthur Gwinner & Co.), 1894 Vorstandsmitglied der Deutschen Bank (Auslandsgeschäft), 1900 Nachfolger Georg v. Siemens als Vorstandsvorsitzender (bis 1919), ab 1919 stellvertretender Aufsichtsratsvorsitzender. *247*

Haase, Hugo (1863—1919), Jurist, stößt Ende der 80er Jahre zur SPD, 1907 Verteidigung Karl Liebknechts. 1897 Reichstag, 1911 Parteivorsitzender, 1913 Fraktionsvorsitz, gehört zur Gruppe der 13 Abgeordneten, die gegen die Kriegskredite sind, 1917 Vorsitzender der USPD, Nov. 1918 Zusammenarbeit mit Ebert im Rat der Volksbeauftragten, tritt für Nationalversammlung ein. Nach Gründung der KPD 1919 für Wiedervereinigung von SPD und USPD. Erliegt einem Attentat. *293*

Hacha, Emil (1872—1945), tschechoslowakischer Politiker, 1925 Präsident des Obersten Verwaltungsgerichtshofes der CSR, 1938 Staatspräsident der CSR, 15. 3. 1939 Protektoratsvertrag, bis 1945 formell Staatspräsident des „Protektorats Böhmen und Mähren". *361*

Haldane, Lord Richard (1856—1928), Jurist, 1890 Kronanwalt, 1885—1910 liberaler Unterhausabgeordneter, 1905—1912 Kriegsminister, 1912 Haldane-Mission, 1912—1915 Lordkanzler. *229*

Halder, Franz (1884—1972), 1938 Generalstabschef, 1940 Generaloberst, wegen Differenzen mit Hitler entlassen (1942), nach dem 20. Juli 1944 in KZ. *354 ff., 360, 367 ff., 375*

Hallstein, Walter (*1901), Jurist, 1930—1941 Professor in Rostock, 1941 bis 1948 Frankfurt/M., 1949/50 Leiter der deutschen UNESCO-Kommission, 1950 Staatssekretär im Bundeskanzleramt. Staatssekretär im Auswärtigen Amt (Hallsteindoktrin). 1958 Präsident der Kommission der EWG, 1968 Präsident der Europäischen Bewegung. 1969 MdB (CDU). *424*

Hammerstein, Kurt Freiherr von (1878—1943). 1907—1910 Kriegsakademie, im Ersten Weltkrieg Hauptmann und Major im Generalstab, 1918 stellt er sich der Republik zur Verfügung, tätig im Stab des Reichswehrministers Noske, 1919 1. Generalstabsoffizier beim Gruppenkommando 1 (General v. Lüttwitz), weigert sich März 1920, am Kapp-Putsch teilzunehmen. 1920—1922 Oberstleutnant, Chef des Stabes beim Gruppenkommando 2, Bataillonskommandeur. 1924—1929 Chef des Stabes beim Wehrkreiskommando III, 1929 Generalmajor, Chef des Truppenamtes, 1930 Chef der Heeresleitung, nimmt am 31. 1. 1934 den Abschied (Nachfolger v. Fritsch). Im Kontakt mit Widerstandskreisen. *367*

Hannibal (247—183), karthagischer Feldherr und Staatsmann. *223*

Harden, Maximilian (1861—1927), Publizist. 1892 Zeitschrift „Die Zukunft". Politischer Enthüllungsjournalismus (Pseudonym Apostata). 1907—1909 Skandalprozesse. Vor dem Ersten Weltkrieg Verfechter deutschen Imperialismus, während des Krieges Pazifist. 1922 Attentat von rechtsradikalen Kräften. *216 f.*

Harkort, Friedrich (1793—1880), führender rheinischer Unternehmer während der Frühindustrialisierung, 1848 Mitglied der antirevolutionären bürgerlichen Rechten in der preußischen Nationalversammlung, bis 1867 preußisches Abgeordnetenhaus, Norddeutscher Reichstag, Zollparlament. Deutscher Reichstag (Fortschrittspartei). *72*

Hassell, Ulrich von (1881—1944), Jurist, 1908 Auswärtiges Amt, 1926 bis 1930 Gesandter in Kopenhagen, 1932—1938 Botschafter in Rom, entlassen. Führender Kopf des Widerstandskreises um Goerdeler (vorgesehen als Außenminister in einer Regierung Goerdeler). Nach 20. Juli 1944 hingerichtet. *367*

Hatzfeld, Paul von (1831—1901), Jurist, 1859 diplomatischer Dienst, 1869 Ministerium für Auswärtige Angelegenheiten (Vortragender Rat in der Pol. Abt.), seit 1874 Gesandter Madrid, 1878 Botschafter Konstantinopel, 1882 Staatssekretär des Auswärtigen, Mitglied des Staatsministeriums, preußischer Bevollmächtigter im Bundesrat, 1885 Botschafter London. *207*

Hauptmann, Gerhart (1862—1946), dt. Dramatiker *10, 309*

Haushofer, Karl (1869—1946), bayerischer General. 1899 Generalstab, 1903 Lehrer für Kriegsgeschichte an der bayerischen Kriegsakademie, im Ersten Weltkrieg Stabsoffizier, zuletzt Artilleriekommandeur, 1919 Abschied. 1913 Promotion, 1919 Habilitation (Geographie), 1921 Honorarprofessor, 1933 o. Professor, 1934—1937 Präsident der Deutschen Akademie, 1938—1941 Präsident des Volksbundes für Deutschtum im Ausland. Begründet die deutsche Geopolitik („Lebensraum"). *332*

Haynau, Julius von (1786—1853), österreichischer Feldzeugmeister. 1848 Sieger der Schlacht bei Custoza, 1849 Niederwerfung des Aufstandes bei Brescia. Feldzug gegen Ungarn. Generalgouverneur in Ungarn (bis 1850). *29*

Hecker, Friedrich (1811—1881), 1830—1834 Jurastudium, 1838 Zulassung als Advokat in Mannheim, 1842 Abgeordneter der 2. Kammer des badischen Landtags, kämpft 1848 für die republikanische Staatsform. Sept. 1848 Auswanderung in die USA. *19*

Heeringen, Josias von (1850—1926), preußischer General und Kriegsminister, 1887—1890 Referent im preußischen Kriegsministerium, 1892 bis 1895 Abteilungschef im Generalstab, 1898 Generalmajor, Direktor des Armee-Verwaltungs-Departements im Kriegsministerium, 1903 Kommandeur der 22. Division, 1906 Kommandeur des II. Armeekorps, Sept. 1909 preußischer Kriegsminister (bis 1913). 1913 Generalinspekteur der II. Armeeinspektion. 1918 Ausscheiden aus aktiven Dienst. Bis 1926 Präsident des „Kyffhäuserbundes". *231*

Hegel, Georg Wilhelm Friedrich (1770—1831) *9, 14, 65 f., 141*

Heimpel, Hermann (*1901), Historiker, 1931 Professor in Freiburg, 1934 Leipzig, 1947 Göttingen. Seit 1956 Direktor des Max-Planck-Instituts für Geschichte. *442*

Heinemann, Gustav (1899—1976), Studium Nationalökonomie und Jura, 1928 Prokurist der Rheinischen Stahlwerke, 1936—1949 Vorstandsmitglied. 1930 Eintritt in Christlich-Sozialen Volksdienst, Exponent der Bekennenden Kirche. 1945—1967 Mitglied des Rats der EKD, 1949 bis 1955 Präses der Synode. 1945 CDU, 1946—1949 Oberbürgermeister von Essen, 1947—1950 Mitglied des Landtags Nordrhein-Westfalen, 1947/48 Justizminister Nordrhein-Westfalen. Erster Bundesinnenminister, tritt am 9. 10. 1950 zurück (Wiederbewaffnungspolitik Adenauers). 1951 Gründung der Notgemeinschaft für den Frieden Europas. 1952 Austritt aus CDU, Gründung Gesamtdeutsche Volkspartei. 1957 SPD, MdB. 1966—1969 Justizminister. 1969 Bundespräsident (bis 1974). *427*

Heinz, Oberstleutnant *354*

Henderson, Neville (1882—1942), britischer Diplomat, 1937—1939 Botschafter in Berlin. *366*

Henlein, Konrad (1898—1945), Führer der Sudetendeutschen Partei und Gauleiter bzw. Reichsstatthalter im Reichsgau Sudetenland. 1. 10. 1933 Gründung der Sudetendeutschen Heimatfront (SHF), 1935 Sudetendeutsche Partei (bei den Wahlen 1935 44 Mandate, zweitstärkste Fraktion). Finanzielle Abhängigkeit von Hitler, zunehmend auf Anschluß abzielende Politik. Nach dem Münchner Abkommen (1938) Gauleiter und Reichsstatthalter. *352*

Hentsch, Richard (1869—1918), sächsischer Oberst, April 1914 Oberstleutnant, Abteilungschef im preußischen Großen Generalstab, in der Marneschlacht mitverantwortlich für den Gesamtrückzug an der Marnefront. 1916 Oberquartiermeister in der Heeresgruppe Mackensen, 1917 Chef des Stabes der Militärverwaltung in Rumänien. *242*

Herbst, Eduard (1820—1892), österreichischer Politiker. Jurist, 1847 Professor in Lemberg, 1858 Prag. 1862 Mitglied des böhmischen Landtags, Mitglied des Reichsrats (Führer der deutsch-liberalen Mehrheit), seit Dez. 1867 Justizminister (bis April 1870). *185*

Herder, Johann Gottfried (1744—1803), Philosoph, Theologe, Dichter. *25*

Hermes, Andreas (1878—1964), Studium Landwirtschaft, im Ersten Weltkrieg vor allem in der Kriegsernährungswirtschaft tätig, 1919 Abteilungsleiter im Reichswirtschaftsministerium, 1920 Reichsminister für Ernährung und Landwirtschaft, 1922 Reichsfinanzminister (bis 1923). 1924 Zentrumsabgeordneter im preußischen Landtag, 1928 Reichstag, 1928 Geschäftsführender Präsident der Vereinigung der deutschen Bauernvereine, März 1933 Reichstagsmandat niedergelegt. Verhaftet und verurteilt. Emigration nach Kolumbien (kehrt bei Kriegsbeginn 1939 zurück, um Familie nachzuholen). Ab 1942 Verbindung mit Widerstand. Nach dem 20. Juli zum Tod verurteilt. 1945 Mitbegründer der CDU in Berlin und der sowjetischen Besatzungszone. Am 19. 12. 1945 von sowjetischen Behörden als Vorsitzender der CDU abgesetzt. Ende 1945 nach Westdeutschland (Gründung der „Gesellschaft für die Wiedervereinigung Deutschlands"). 1947 Mitglied des Frankfurter Wirtschaftsrates, 1948 Präsident des Deutschen Bauernverbandes, 1954—1958 Präsident des Verbandes der europäischen Landwirtschaft. *438*

Herriot, Edouard (1872—1957), französischer Politiker und Schriftsteller. 1905—1957 (ausgenommen deutsche Besatzungszeit) Bürgermeister von Lyon, 1912—1919 Senator, 1924—April 1925 Ministerpräsident und Außenminister (Räumung des Ruhrgebiets, Annahme des Dawesplans). 1944 in Deutschland inhaftiert. 1947—1954 Präsident der Nationalversammlung. *299, 318, 323*

Hertling, Georg Graf (1843—1919), 1880 in Bonn, 1882 in München Philosophieprofessor, 1875—1890 und 1896—1912 Mitglied des Reichstags, seit 1909 Vorsitzender der bayerischen Zentrumsfraktion, 1912 bayerischer Ministerpräsident (unterstützt die Wilhelminische Kolonial- und Weltmachtpolitik). Vom 1. Nov. 1917 bis 30. Sept. 1918 Reichskanzler und preußischer Ministerpräsident. *258*

Heuss, Theodor (1884—1963), Studium Kunstgeschichte und Volkswirtschaft, im Kreis um F. Naumann, 1905—1912 Schriftleiter „Die Hilfe", 1912—1918 Chefredakteur der „Neckar-Zeitung", 1920—1924 Studienleiter, 1924—1933 Dozent an der Hochschule für Politik in Berlin. 1918 Mitglied der DDP, 1924—1928 und 1930—1933 MdR. 1945/46 Kultusminister von Württemberg-Baden. 1945—1949 MdL Demokratische

Volkspartei, 1948 Vorsitzender der FDP. Mitglied des Parlamentarischen Rates. 12. September 1949 Bundespräsident (Wiederwahl 1954). *419*

Heydebrand, Ernst von der (1851—1924), Verwaltungsjurist, seit 1906 Führer der Deutschkonservativen Partei, 1888—1918 preußisches Abgeordnetenhaus, 1903—1918 MdR. Innenpolitisch angelehnt an Bund der Landwirte. *218*

Himmler, Heinrich (1900—1945), 1917 Kriegsfreiwilliger. Diplomlandwirt. Mitglied des Artamanenbundes, Teilnahme am Hitlerputsch 1923, Mitarbeiter G. Strassers. 1925 Eintritt in NSDAP und SS; Gauleiter von Nieder- und Oberbayern, 1926—1930 stellvertretender Propagandaleiter, 1930 MdR, 1929 Reichsführer SS. 1933 kommissarischer Polizeikommandant von München, Kommandant der Politischen Polizei Bayern. 1936 Staatssekretär im Reichsministerium des Innern (gesamte deutsche Polizei), 1939 Reichskommissar für Festigung deutschen Volkstums (Germanisierungspolitik), August 1943 Reichsinnenminister und Generalbevollmächtigter für die Reichsverwaltung. Juli 1944 Befehlshaber des Ersatzheeres. 1945 Selbstmord. *342 f., 348 f., 366, 380, 392, 395, 402, 406*

Hinckeldey, Carl von (1805—1856), Polizeipräsident von Berlin seit 1848 (rigorose Polizeiherrschaft). *56*

Hindenburg, Oskar von (1883—1960), Sohn Paul von Hindenburgs, dessen militärischer Adjutant, gewinnt während der Ära Brüning zunehmend politischen Einfluß, auf der politischen Linie v. Schleichers. *320*

Hindenburg, Paul von (1847—1934), Generalstabsoffizier, seit 1903 kommandierender General, seit 1911 im Ruhestand. Im Ersten Weltkrieg Kommandeur der 8. Armee (Ludendorff Generalstabschef). 1914 Generalfeldmarschall und Oberbefehlshaber im Osten. 1916 Generalstabschef des Feldheeres (Nachfolger Falkenhayns, Ludendorff Generalquartiermeister), 1925—1934 Reichspräsident. 1933 Berufung Hitlers zum Reichskanzler. *244 f., 248 f., 252 f., 259, 263, 267, 287 f., 290, 306 f., 312 ff., 334 ff.*

Hinzpeter, Georg (1827—1907), Erzieher Kaiser Wilhelms II. 1890 Mitglied des Staatsrates, 1903 Wirklicher Geheimer Rat, 1904 Mitglied des Herrenhauses. *184*

Hitler, Adolf (1889—1945), 1905 Schulabbruch; Versuche, in Wien an der Kunstakademie unterzukommen; politische Eindrücke durch v. Schoenerer und K. Lueger. 1913 München, 1914 Kriegsfreiwilliger. Sept. 1919 Deutsche Arbeiterpartei (seit 24. 2. 1920 NSDAP), Werbeobmann, 1921 Parteivorsitzender. 9. 11. 1923 Putschversuch, Auflösung der NSDAP, Festungshaft („Mein Kampf"). Ende 1924 Entlassung, Neugründung der NSDAP (27. 2. 1925), bis 1928/29 organisatorische Ausbreitung über Deutschland, Durchsetzung des Führerprinzips. 1932 deutsche Staatsbürgerschaft. Reichstagswahlen 1932 NSDAP stärkste Partei (37,4 %). 30. 1. 1933 Reichskanzler. 1934 Partei-, Regierungs- und Staatschef. *51, 177, 180, 269, 283, 288, 297 f., 308, 318 ff., 397 f., 400 f., 403, 431*

Hödel, Max (1857—1878), begeht am 11. 5. 1878 ein Attentat auf Wilhelm I. *146*

Höfle, Anton, Zentrumspolitiker, Direktor des Technikerverbandes. In der 1. Regierung Marx (1923) Postminister. *308*

Hoffmann von Fallersleben, Heinrich (1798—1874), deutscher Germanist und Lyriker, 1830 Professor in Breslau, 1842 wegen seiner nationalliberalen Haltung entlassen, 1848 rehabilitiert. Ab 1860 Bibliothekar des Herzogs von Ratibor. *50*

Hohenlohe-Ingelfingen, Prinz Adolf von (1797—1873). Seit 1854 Mitglied und Präsident des preußischen Herrenhauses, 1862 preußischer Ministerpräsident, scheitert an der Budgetfrage, die sich zum Verfassungskonflikt ausweitet. *81*

Hohenlohe-Schillingsfürst, Chlodwig zu (1819—1901), Mitglied der bayerischen Reichsrätekammer, vertritt nationalpolitische Ziele (kleindeutsche Lösung). Ab 1866 bayerischer Ministerpräsident und Außenminister (bis 1870). 1871—1881 Mitglied des Reichstags (Deutsche Reichspartei), 1874—1880 Botschafter in Paris, 1880 Staatssekretär des Auswärtigen Amtes, 1885—1894 Statthalter von Elsaß-Lothringen. 1894—1900 Reichskanzler und preußischer Ministerpräsident. *136, 196 f., 207, 212*

Holstein, Friedrich von (1837—1909), 1861—1868 Attaché in Petersburg, London, Washington. 1871—1876 an Botschaft Paris (2. Botschaftssekretär), Auswärtiges Amt (Vortragender Rat), enger Vertrauter Bismarcks. Ab 1885 Distanzierung von Bismarck, an seinem Sturz beteiligt. *198 ff., 209 f., 219 ff., 228*

Holzapfel, Friedrich (1900—1969), Deutschnationale Volkspartei, 1926 bis 1937 Hauptgeschäftsführer der Handwerkskammer Bielefeld, 1945 Oberbürgermeister von Herford, 1945 Vorsitzender der CDU Westfalen. 1947—1949 Mitglied des Frankfurter Wirtschaftsrates, 1949—1952 MdB, 1957/58 Botschafter in Bern. *420*

Hoover, Herbert (1874—1964), amerikanischer Politiker, Bergbauingenieur, 1915—1919 amerikanisches Hilfswerk für Belgien, 1917—1919 amerikanisches Kriegsernährungsamt, 1921—1928 Handelsminister, 1928 Präsident der USA (bis 1933). *317*

Höß, Rudolf (1900—1947), SS-Obersturmbannführer. 1918—1921 Freikorpsmitglied, wegen Fememord 10 Jahre Zuchthaus. Seit 1934 bei der Bewachungsmannschaft in Dachau, ab 1938 Schutzhaftlagerführer Sachsenhausen, dann Kommandant von Auschwitz. 1946 verhaftet. 1947 hingerichtet. *381, 402*

Huber, Kurt (1893—1943), Musikwissenschaftler, 1926 Professor in München. Seit Sommer 1942 in Verbindung mit „Weißer Rose", verfaßt das Flugblatt, das 1943 im Lichthof der Münchner Universität abgeworfen wird. Verhaftung und Hinrichtung. *387*

Hugenberg, Alfred (1865—1951), 1891 Alldeutscher Verband, 1909—1918 Vorsitzender des Direktoriums der Firma Krupp, ab 1916 Aufbau des Hugenbergkonzerns (Medienkonzern). 1919 Mitglied der Deutschnationalen Volkspartei, 1920 MdR, 1928 Parteivorsitz. 1929 zusammen mit Hitler gegen Youngplan. Am 30. Januar 1933 im Kabinett Hitler Reichswirtschafts- und -ernährungsminister (bis 26. Juni 1933). MdR bis 1945. *196, 268, 308, 313 f., 335, 337 f., 346, 356, 374*

Humboldt, Wilhelm von (1767—1835), deutscher Philosoph, Sprachforscher. 1809—1810 Geheimer Staatsrat und Direktor der Sektion für Kultus und Unterricht im Ministerium des Innern. *129, 177*

Iswalsky, Alexander (1856—1919), russischer Politiker, 1906—1910 Außenminister, 1910—1917 Botschafter in Paris. Er schloß 1907 den Petersburger Vertrag mit Großbritannien. *227*

v. Jahreiß (—1919), Major, Referent im bayerischen Militärministerium. Wird bei dem Attentat auf Ignaz Auer (21. 2. 1919) getötet. *293*

Jameson, Leander Starr (1853—1917), führt den englischen Angriff von Betschuanaland nach Transvaal, um die Transvaalregierung zu stürzen. Auslösung des Burenkriegs (1899). 1904—1908 Premier der Kap-Kolonie. Vertrauter von Cecil Rhodes. *200, 220*

Jellatschitsch, Joseph (Jellacic) (1801—1859), österreichischer General. 1848 Feldmarschalleutnant, Geheimer Rat, Ban von Kroatien, Slawonien und Dalmatien. Eingesetzt gegen die Revolution in Ungarn. Niederschlagung der Märzrevolution in Wien. *27 ff., 45*

Jellicoe, Lord John (1859—1935), britischer Admiral, 1914—1916 Oberbefehlshaber der Großen Flotte in der Nordsee (Skagerakschlacht), 1916 Erster Seelord (bis 1917), 1919 Admiral, 1920—1924 Generalgouverneur von Neuseeland. *249*

Joffre, Joseph Jacques (1852—1931), französischer Marschall, 1911 Chef des Generalstabs, 1914 Marneschlacht, ab Dez. 1915 Oberbefehlshaber (bis Dez. 1916). *241, 243*

Johann, Erzherzog (1782—1859), liberal, bürgerliche Heirat (1827). 1848 durch die Frankfurter Nationalversammlung zum Reichsverweser bestimmt. 1849 Rücktritt. *38*

Johann, König von Sachsen (1801—1873), König seit 1854. *98*

Johst, Hanns (*1890), deutscher Schriftsteller, 1933—1945 Präsident der Reichsschrifttumskammer. *310*

Jünger, Ernst (*1895), deutscher Schriftsteller, 1913 französische Fremdenlegion, 1914 Kriegsfreiwilliger. Im Zweiten Weltkrieg im Stab des deutschen Militärbefehlshabers von Paris. 1944 aus Armee ausgeschieden. *310*

Kahr, Gustav von (1862—1934), 1917—1924 Regierungspräsident von Oberbayern, 1920/21 bayerischer Ministerpräsident, 1923 Generalstaatskommissar (Krise um General v. Lossow), 1924—1927 Präsident des bayerischen Verwaltungsgerichtshofes. 1934 im Zusammenhang mit »Röhm-Putsch« ermordet. *298, 314*

Kaisen, Wilhelm (*1887), SPD-Politiker, 1921—1933 Mitglied der Bremer Bürgerschaft, 1927—1933 Senator für Wohlfahrt, 1933—1945 mehrfach verhaftet, 1945—1965 Senatspräsident und Bürgermeister von Bremen. *72*

Kaiser, Jakob (1888—1961), seit 1912 in der christlichen Gewerkschaftsbewegung tätig, 1933 MdR (Zentrum), 1945 Mitbegründer der CDU in Berlin und sowjetischer Besatzungszone, 1. Vorsitzender. 1947 von sowjetischen Behörden abgesetzt. 1948/49 Mitglied des Parlamentarischen Rates, 1949—1957 MdB, Minister für gesamtdeutsche Fragen. Vorsitzender der Sozialausschüsse der CDU. *429, 437 f.*

Kanitz, Hans Wilhelm Graf von (1841—1913), Mitglied des preußischen Abgeordnetenhauses 1885—1913, MdR 1869—1870 und 1889—1913. *231*

Kapp, Wolfgang (1858—1922), 1906—1916 ostpreußischer Generallandschaftsdirektor, gründet 1917 Deutsche Vaterlandspartei, März 1920 Putsch (13.—17.), ausgelöst durch Auflösungsorder für Brigade Ehrhardt. *289*

Karl Albert (1798—1849), seit 1831 König von Sardinien, 1848 „Heiliger Krieg" gegen Österreich, 1849 Abdankung. *27, 29*

Karl Anton, Fürst von Hohenzollern-Sigmaringen (1811—1885), 1850 General in der preußischen Armee. 1858 Ministerpräsident („Neue Ära"). Rücktritt Frühjahr 1862. 1859 Militärgouverneur von Westfalen, seit 1863 Rheinland. 1871 Ruhestand. Sein Sohn Leopold 1870 spanische Thronkandidatur. *67, 81*

Karl der Große (747—814), König der Franken seit 768, Römischer Kaiser 800. *424*

Karl I., Kaiser von Österreich (1887—1922), von 1916—1918 Kaiser. *264*

Karl V., Römischer Kaiser (1500—1558), 1519—1556 Kaiser. *185*

Keitel, Wilhelm (1882—1946), deutscher General. 1929—1934 Leiter der Heeresorganisationsabteilung im Reichswehrministerium, ab 1935 des Wehrmachtsamtes. 1938 Chef des Oberkommandos der Wehrmacht, 1940 Generalfeldmarschall. Unterzeichnet am 8. Mai 1945 die Kapitulation der Wehrmacht. *349, 393 f.*

Keller, Gottfried (1819—1890), schweizer Schriftsteller. *66 f.*

Kemal, Atatürk (1881—1938), 1908/09 Jungtürkische Revolution, 1920 Vorsitzender der Großen Nationalversammlung, ruft am 23. 10. 1923 Republik aus, seit 1923 Staatspräsident. *332*

Kern, Fritz (1884—1950), Historiker. Vor allem Geschichte des Mittelalters. Schreibt 1919 in enger Zusammenarbeit mit Großadmiral von Tirpitz dessen „Erinnerungen", gibt 1924—1926 dessen „Politische Dokumente" heraus. *9*

Ketteler, Wilhelm von (1811—1877), Jurist, katholischer Bischof. 1844 Priester, 1850 Bischof in Mainz. Mitglied der Frankfurter Nationalversammlung. 1871/72 MdR (Föderalist). Begründer katholischer Sozialpolitik. *212*

Keudell, Walter von (1884—1973), 1927/28 Reichsinnenminister in der Regierung Marx. 1929 wegen Opposition zu Hugenberg Austritt aus DNVP, Anschluß zuerst an die Landvolkpartei, dann an den Christlich-sozialen Volksdienst. 1924—1930 MdR. 1933—1937 Generalforstmeister und Staatssekretär. Nach 1945 Vorsitzender der Vereinigten Landsmannschaften Mitteldeutschlands. *313*

Keynes, John Maynard (1883—1946), britischer Nationalökonom und Politiker. 1913—1946 Sekretär der Royal Economic Society. 1915 Sachverständiger für Währungsfragen im Schatzamt. 1919 Mitglied der Friedenskonferenz in Paris. Grundlegender Wirtschaftstheoretiker (Einkommens- und Beschäftigungstheorie). *272*

Kiderlen-Wächter, Alfred von (1852—1912), Deutscher Gesandter in Kopenhagen, Bukarest, Konstantinopel. 1908 stellvertretender, 1910—1912 Staatssekretär des Auswärtigen Amtes. *227 f.*

Kipling, Rudyard (1865—1836), englischer Schriftsteller. *186*

Kluck, Alexander von (1846—1934), 1865 Eintritt in Armee, 1906 Kommandierender General des V. Armeekorps, 1907 des I. Armeekorps, 1913 Generalinspekteur der 8. Armeeinspektion, 1914 Oberbefehlshaber der 1. Armee, führt den rechten Flügel durch Belgien. Verantwortet den Marnerückzug. 1916 abberufen. *241*

Koch, Erich (*1896), deutscher Politiker, 1920 NSDAP, 1928 Gauleiter Ostpreußen, ab 1930 MdR, ab 1933 Oberpräsident der Provinz Ostpreußen. 1941—1944 Reichskommissar für die Ukraine. 1959 in Polen zum Tode verurteilt, nicht hingerichtet. *380*

Kolbenheyer, Erwin (1878—1962), deutscher Schriftsteller. Vertreter des Biologismus, völkische und antiindividualistische Ideologie. *310*

Köstring Hans 376

Krüger, Paulus (1825—1904), südafrikanischer Politiker, 1883—1902 Präsident der Republik Transvaal. 1884 „Südafrikanische Republik". *201*

Kübeck, Karl Friedrich Freiherr von (1780—1855), österr. Politiker, Jurist, 1814 Referent im Staatsrat für Finanzsachen, 1821 wirklicher Staatsrat. 1839 Präsident des Centralrechnungsdirektoriums, 1840 Präsident der Hofkammer (Leiter der gesamten Finanz- und Wirtschaftspolitik). 1848 Rücktritt. 1849 Vorsitzender der Zentralbundkommission in Frankfurt. 1850 Präsident des österreichischen Reichsrates (Aufhebung der Verfassung). *52*

Kudlich, Hans (1823—1917), österreichischer Abgeordneter, erreicht 1848 Bauernbefreiung, Teilnahme an der Oktoberrevolution in Wien, Flucht in die USA. *25*

Kühlmann, Richard von (1873—1948), 1900 diplomatischer Dienst, 1916/17 Botschafter in Konstantinopel, Aug. 1917 Staatssekretär im Auswärtigen Amt (Friedensvertrag von Brest-Litowsk). Juli 1918 Rücktritt wegen Differenzen mit OHL. *256 ff.*

Kutisker, Iwan 308 f.

La Marmora, Alfonso Ferrero (1804—1878), italienischer Kriegsminister (1848, 1848/49, 1856—1859), 1864 Außenminister. Bei Kriegsausbruch 1866 Generalstabschef, Niederlage bei Custoza. *106*

Lambach, Walther (*1885), DNVP, 1901—1913 Kaufmännischer Angestellter, 1910—1913 nebenamtlicher Dozent an der Höheren Handelslehranstalt in Hagen, 1914—1921 Schriftleiter des Organs des Deutschnationalen Handlungsgehilfen-Verbandes („Deutsche Handels-Wacht"). 1919 Mitglied der Verwaltung des Deutschnationalen Handlungsgehilfen-Verbandes. 1919 Mitglied des „Arbeiterrates" Groß-Hamburg, 1920 Mitglied des Reichskohlenrates. Seit 1920 MdR, Vorsitzender des Reichsabgestelltenausschusses der DNVP. *313*

Lamberg, Franz Philipp Graf (1791—1848), 1810 Armee, 1842 Feldmarschalleutnant. 1848 Palatin von Ungarn, am 28. 9. 1848 in Budapest ermordet. *29, 41*

Lansdowne, Lord William Petty (1845—1927), britischer Politiker, 1883 bis 1888 Generalgouverneur von Kanada, 1888—1893 Vizekönig von Indien, 1895—1900 Kriegsminister, 1900—1905 Außenminister (Entente cordiale), 1903 Führer der liberalen Unionisten im Oberhaus, 1917 für Verständigungsfrieden mit Deutschland. *208 ff.*

Lasker, Eduard (1829—1884), Rechtsanwalt, bis 1866 Mitglied der Fortschrittspartei, Mitgründer der Nationalliberalen Partei (trennt sich 1880). 1862—1879 Mitglied des preußischen Abgeordnetenhauses, 1867—1884 MdR. *109, 148*

Lasdalle, Ferdinand (1825—1864), entwirft Modell einer sozialistischen Gesellschaft auf Basis von Produktivassoziationen. 1863 Allgemeiner Deutscher Arbeiterverein. *74 f., 142 f., 145, 214*

Latour, Graf Theodor (1780—1848), österreichischer General, ab April 1848 Kriegsminister, militärisches Eingreifen gegen die ungarische Revolution. Bei Erstürmung des Kriegsministeriums ermordet. *26, 41*

Laval, Pierre (1883—1945), französischer Politiker. Ab 1914 Abgeordneter, 1927—1940 Senator, 1931—1940 mehrfach Ministerpräsident und Minister. In der Vichy-Regierung stellvertretender Ministerpräsident, beteiligt an der Machtübergabe an Petain. Später Distanzierung von Petain, abgesetzt, 1942 auf deutschen Druck hin Ministerpräsident. 1945 zum Tode verurteilt. *371*

Leber, Julius (1891—1945), 1913 SPD, 1921—1933 Chefredakteur des „Lübecker Volksboten", 1924—1933 MdR, 1933—1937 KZ. Kreisauer Kreis. Als Innenminister in einem Kabinett Goerdeler vorgesehen. Am 4. Juli 1944 verhaftet, 20. Okt. zum Tod verurteilt. *214, 281, 389*

Leipart, Theodor (1867—1947), Gewerkschafter, SPD-Politiker. 1919/20 württembergischer Arbeitsminister, 1920 ADGB-Vorsitzender (Nachfolger Legiens). 1946 befürwortet L. die Verschmelzung von KPD und SPD zur SED. *326*

Lemmer, Ernst (1898—1970), 1918 DDP, 1922—1933 Generalsekretär der Hisch-Dunckerschen Gewerkschaften, 1924—1933 MdR. 1945 Mitbegründer der CDU in der SBZ, 1948 (2. Vorsitzender) abgesetzt. 1950 bis 1956 Fraktionsvorsitzender der CDU in Westberlin, 1956—1961 Landesvorsitzender, 1952—1970 MdB. 1957—1962 Bundesminister für gesamtdeutsche Fragen, 1964/65 Bundesvertriebenenminister, 1965—1969 Sonderbeauftragter des Bundeskanzlers für Berlin. *438*

Lüttwitz, Walther Freiherr von (1859—1942), General, August—November 1916 Chef des Generalstabs der Heeresgruppe „Deutscher Kronprinz", Dez. 1918 Oberbefehlshaber in den Marken (Niederschlagung der Spartakisten), 1919 Befehlshaber der gesamten Truppen im Reich, 1920 Beteiligung an Kapp-Putsch. 289 f.

Luther, Hans (1879—1962), Verwaltungsjurist, 1913—1918 Geschäftsführer des preußischen und deutschen Städtetages, 1918—1922 Oberbürgermeister Essen. 1922—1923 Reichsernährungsminister, 1923—1925 Reichsfinanzminister (parteilos, der Deutschen Volkspartei nahestehend). 1924 Mitglied der Londoner Konferenz über Dawesplan. Jan. 1925 Reichskanzler (bürgerliche Rechtskoalition, bis Dez. 1925). Oktober 1925 Locarnoverträge. Austritt der deutschnationalen Minister. Minderheitskabinett (bis März 1926). April 1933—März 1937 Botschafter in Washington. 1953 Vorsitz des Ausschusses zur Neugliederung der Länder in der Bundesrepublik Deutschland. 1952 Professor an der Hochschule für politische Wissenschaften München. 1958 Vorsitzender des „Vereins für das Deutschtum im Ausland". 297, 305, 307

Luxemburg, Rosa (1871—1919) 1899 Studium der Nationalökonomie in Zürich. Mitgründerin der „Sozialdemokratischen Partei des Königreichs Polen und Litauen". 1897 nach Deutschland. Führende Vertreterin des linken Flügels der SPD. 1914 Dozentin an der Parteischule Berlin. Kriegsgegnerin, Opposition gegen Burgfriedenspolitik. Während des Krieges meist in Haft. Gründet mit Karl Liebknecht Spartakusbund und KPD. 1919 von Freikorps ermordet. 281, 292

Macchiavelli, Noccolo (1469—1527) 261

Mac Mahon, Marquis Maurice de (1808—1893), seit 1859 französischer Marschall, führt 1870/71 die Reservearmee. Mai 1871 schlägt er die Pariser Kommune nieder. 1873 Staatspräsident (bis 1879). 123

Malenkow, Georgij (*1902), 1920 Mitglied der KP, 1924 im Büro des Generalsekretärs der Partei (Stalin), seit 1938 persönlicher Sekretär Stalins, Mitglied des ZK, Chef der Kaderleitung. 1941—1945 Mitglied des Obersten Verteidigungsrats, 1943—1944 Vorsitzender des Komitees für den Wiederaufbau der im Krieg zerstörten Gebiete. 1946 Stellvertretender Ministerpräsident, Mitglied des Politbüros, 1947 Sekretär der Partei. 1953 Erster Sekretär der Partei und Ministerpräsident (Nachfolger Stalins). Am 13. 9. 1953 wird Chruschtschow Erster Sekretär, 1955 Bulganin Ministerpräsident. 1955—1957 Minister für elektrische Kraftwerke. 1957 Ausschluß aus ZK. Seitdem Kraftwerksdirektor in Ostsibirien. 434

Maltzan, Ago von, Leiter der Ostabteilung im Auswärtigen Amt (1922 Rapallo-Vertrag). 292

Mann, Thomas (1875—1955) 309

Manstein, Erich von (1887—1973), 1935—1936 Chef der Operationsabteilung, bis 1938 Oberquartiermeister I im Generalstab des Heeres, 1939 bis Februar 1940 Stabschef der Heeresgruppe von Rundstedt, Sept. 1941

Oberbefehl 11. Armee. 1942 Generalfeldmarschall. Nov. 1942—März 1944 Kommandant einer Heeresgruppe. *48*

Manteuffel, Freiherr Edwin von (1809—1885), 1857 Chef des Militärkabinetts, 1866 Kommandant der Mainarmee, 1870/71 1. Armeekorps, Okt. 1. Armee, Südarmee. Seit 1879 Statthalter von Elsaß-Lothringen. *71 f., 134, 350*

Manteuffel, Otto von (1805—1882), 1847 Mitglied des 1. Vereinigten Landtags (Gegner einer Entwicklung Preußens zum Verfassungsstaat), 1848 Innenminister. 1850 Außenminister (Olmützer Punktation). 1850—1858 Ministerpräsident. *46, 55 f., 63, 65, 71 f., 122, 134, 238, 299*

Mao Tse-tung (1893—1976), 1921 Gründungsmitglied der KP China, 1923 Mitglied des ZK, 1923 Bündnis mit Kuomintang, Bruch 1927. Niederschlagung der Kommunisten durch Tschiang Kai-schek. Guerilla, 1927 im Chiangkauschuh Gebirge Gründung des ersten chinesischen „Sowjetstaates". 1927 Ausschluß aus Politbüro (1928 wieder gewählt). Langer Marsch. 1937 japanischer Angriff 2. Einheitsfront (1937—1945) aus KP und Kuomintang. 1945 Zweiter Bürgerkrieg gegen Kuomintang. Bis 1950 Eroberung des chinesischen Festlandes. 1949 Volksrepublik China. 1954 Vorsitzender der Volksrepublik China. 1957 100-Blumen-Bewegung. „Großer Sprung". 1958 Rücktritt als Staatspräsident. 1966 Kulturrevolution. *144*

Maria Theresia (1717—1780), seit 1740 Kaiserin. *10, 176, 275*

Marschall, Freiherr Adolf von (1842—1912), badischer Justizdienst, 1890 Staatssekretär im Auswärtigen Amt, 1897—1912 Botschafter in Konstantinopel (deutsche Orientpolitik), 1907 Zweite Haager Konferenz, 1912 Botschafter London. *201 f., 206*

Marshall, George C. (1880—1959), amerikanischer General und Politiker. 1939—1945 Generalstabschef, 1945—1946 Sonderbotschafter in China, 1947—1949 Außenminister („Eindämmungspolitik", Marshallplan), 1950—1951 Verteidigungsminister. *414, 429*

Marx, Karl (1818—1883) *17, 43, 50, 66 f., 74 f., 141 ff.*

Marx, Wilhelm (1863—1946), Jurist, 1910—1918 und 1920—1933 MdR (Zentrum), 1920—1928 Parteivorsitzender, Nov. 1923—Jan. 1925 Reichskanzler, Januar—April 1925 preußischer Ministerpräsident, 1925 Präsidentschaftskandidat der Weimarer Koalition. 1926 Reichsjustizminister, Mai 1926—Juni 1928 Reichskanzler. *298, 306 f., 328*

Max, Prinz von Baden (1867—1929), 1907 badischer Thronfolger. 3. Okt. 1918 Reichskanzler. Am 5. Okt. deutsches Friedensangebot auf Grundlage der „Vierzehn Punkte" Wilsons. 28. Okt. Änderung der Reichsverfassung. 9. Nov. Abdankungserklärung Wilhelms II. Ebert Reichskanzler. *257, 263 ff., 288*

Menzel, Adolph (1815—1905), Maler und Graphiker. *66*

Metternich, Clemens Fürst (1773—1859), österreichischer Staatsmann, 1806 Botschafter in Paris, 1809 Außenminister; Wiener Kongreß. Vormacht im Deutschen Bund. 1821 Haus-, Hof- und Staatskanzler. 1835 Mitglied der Regentschaft. 1848 gestürzt. Nach 1851 wieder in Wien (Ratgeber Kaiser Franz Joseph I). *13, 21 f., 32, 84, 176*

Michaelis, Georg (1857—1936), Jurist, 1909 Unterstaatssekretär im preußischen Finanzministerium, 1915 Leiter der Reichsgetreidestelle, März 1917 preußischer Staatskommissar für Volksernährung, 14. Juli—31. Okt. 1917 Reichskanzler und preußischer Ministerpräsident. 1918/19 Oberpräsident von Pommern. *254 ff.*

Mikolajczyk, Stanislaw (1901—1966), polnischer Politiker. Seit 1918 in der Woiwodschaft Posen, 1930—1935 Abgeordneter im Sejm. 1931—1939 Vizevorsitzender der Bauernpartei; 1942—1943 stellvertretender Ministerpräsident und Innenminister, Juli 1943—Nov. 1944 Ministerpräsident der Exilregierung in London. Nov. 1945 Vorsitzender der Polnischen Bauernpartei (PSL). Juni 1945—Februar 1947 stellvertretender Ministerpräsident und Landwirtschaftsminister in der Regierung der Nationalen Einheit. 1947 Flucht in USA. *402*

Miquel, Johannes von (1828—1901), Rechtsanwalt, 1848 in der demokratischen Studentenbewegung, in den 40er Jahren Mitglied des „Bundes der Kommunisten", 1859 Mitgründer des Nationalvereins, 1867—1882 preußisches Abgeordnetenhaus (Führer des rechten Flügels der Nationalliberalen), 1867—1877 und 1887—1890 Reichstag, seit 1882 preußisches Herrenhaus (Konservativer). 1865—1870 und 1876—1880 Oberbürgermeister von Osnabrück, 1880—1890 Oberbürgermeister von Frankfurt/Main. 1870—1876 Direktor der Disconto-Gesellschaft. 1890—1901 preußischer Finanzminister (1891—1893 Finanzreform). 1897 Vizepräsident des Staatsministeriums. *57*

Moeller van den Bruck, Arthur (1876—1925), Mitarbeiter an Hardens „Zukunft". Während des Ersten Weltkrieges in der Presseabteilung des AA tätig, verfaßt den Aufruf „Das Recht der jungen Völker" (1919), gründet den „Juniklub" und gibt die Zeitschrift „Das Gewissen" heraus. 1923 erscheint das programmatische Buch „Das dritte Reich". *310*

Moleschott, Jakob (1822—1893), Physiologe. *66*

Molotow, Wjatscheslaw M. (*1890), 1906 Anschluß an Bolschewiki, Redakteur der „Prawda", 1916 Mitglied des ZK, 1921 Organisationsbüro, 1926 Politbüro, 1939—1949 und 1953—1956 Außenminister. 1957 aller Ämter enthoben. Botschafter in der Mongolischen Volksrepublik. *373, 414, 433 f.*

Moltke, Graf Helmuth (1800—1891), 1822 preußische Armee, 1833 Großer Generalstab, 1858 (bis 1888) Chef des Generalstabs. 1867—1891 konservativer Reichstagsabgeordneter, 1872 erbliches Mitglied des preußischen Heerenhauses. *47, 72, 105 f., 122 ff., 130, 172, 174, 230, 243, 250, 259, 262, 290, 353*

Moltke, Graf Helmuth (1848—1916), 1903 Generalquartiermeister, 1906 Chef des Generalstabs der Armee, Rücktritt am 14. 9. 1914. *224, 236 f., 241 ff.*

Moltke, Graf Kuno von 216 f.

Mommsen, Theodor (1817—1903), Historiker und Jurist. 1848 Professor in

Leipzig, 1850 wegen politischer Kritik entlassen. 1852 Professor in Zürich, 1854 Breslau, 1858 Berlin. 1863—1866 und 1873—1879 Mitglied des preußischen Landtags, 1881—1884 MdR. Gegner Bismarcks und Treitschkes. *58, 322*

Montgomery, Lord Bernard (*1887), 1944 britischer Feldmarschall, Befehlshaber der 8. Armee in Nordafrika (Aug. 1942—Dez. 1943). Befehlshaber der 21. Heeresgruppe bei der Landung der Alliierten (1944). 1945—1946 Oberbefehlshaber der britischen Truppen in Deutschland, Mitglied des Alliierten Kontrollrates. 1946—1948 Chef des britischen Empire-Generalstabs. 1948—1951 Vorsitzender des Ständigen Verteidigungsrates der Westeuropäischen Union, 1951—1958 Stellvertretender Oberbefehlshaber der NATO-Streitkräfte. *378, 384, 391*

Morgenthau, Henry (1891—1967), amerikanischer Politiker. 1929 Vorsitzender des Federal Farm Board, 1933 Vorsitzender der Farm Credit Administration. 1934—1945 Finanzminister, 1944 Morgenthauplan. *382*

Müller, Hermann (1876—1931), SPD-Politiker, 1899 Schriftleiter der „Görlitzer Volkszeitung", 1916—1918 und 1920—1931 MdR, 1920—1928 Fraktionsvorsitzender der SPD. Juni 1919—März 1920 Außenminister, 27. März 1920 Reichskanzler (bis 8. Juni) 28. Juni 1928—27. März 1930 Reichskanzler (Große Koalition). *272, 312, 321*

Müller, Josef (1898—1976), Rechtsanwalt, Bayerische Volkspartei. Ab 1933 Verbindungen zum Vatikan (Pacelli). Verhandelt 1939/40 mit Kurie und britischer Regierung über Möglichkeiten eines Verständigungsfriedens nach Sturz Hitlers. Tätig in der Abwehrabteilung des OKW. Seit Sept. 1944 Gestapohaft. 1945 Mitgründer der CSU, 1945—1949 Landesvorsitzender, 1947—1949 stellvertretender Ministerpräsident, 1947—1949 und 1950—1952 bayerischer Justizminister. 1959 Oberbürgermeisterkandidat in München. *367*

Müller, Ludwig (1883—1945), evangelischer Theologe. Am 5. April 1933 von Hitler zum „Vertrauensmann und Bevollmächtigten für die Fragen der Evangelischen Kirchen" berufen, 28. Juni 1933 Leitung des Deutschen Evangelischen Kirchenbundes, 6. Sept. 1933 Landesbischof von Preußen, 27. Sept. 1933 Reichsbischof. 1935 durch Reichskirchenausschuß und Landeskirchenausschuß für die Evangelische Kirche der altpreußischen Union außer Einfluß gesetzt. *357*

Münster, Graf Georg Herbert (1820—1902), 1857—1865 hannoverscher Gesandter in Petersburg, 1871—1873 MdR (Reichspartei), 1873 Botschafter in London, 1885—1900 in Paris, vertritt das Reich 1899 auf der Friedenskonferenz in Haag. *160 f.*

Mussolini, Benito (1883—1945), 1901 Lehrer, 1902 in der Schweiz, sozialistischer Journalist, 1904 Ausweisung. 1910—1912 Sekretär der sozialistischen Provinzialföderation von Forli. 1912 Kongreß der Sozialistischen Partei von Reggio Emilia. Direktor des Parteiorgans „Avanati". 1914 Parteiausschluß. 1914 Gründung der Tageszeitung „Il Popolo d'Italia" (Interventisten). 1919 Gründung der „Fasci di Combattimento", Nov. 1921 in Partito Nazionale Fascita umgewandelt. Seit 1921 Abgeordneter. 28. Okt. 1922 Marsch auf Rom, 31. Okt. Kabinettsbildung. 5. Jan. 1925 Staatsstreich (stato totalitario). Duce der Bewegung und Capo del Governo. 1926 Attribuzioni e Prerogative de Capo del Governo. 1926 Beginn der korporativistischen Sozialpolitik, 1929 Lateranverträge. 1935 Abessinienkrieg, 1936 Intervention im Spanischen Bürgerkrieg. 1936 Achse Berlin—Rom, 1939 Militärbündnis mit Deutschland (Stahlpakt), 1940 Dreimächtepakt mit Deutschland und Japan. 25. Juli 1943 gestürzt. Haft. 12. Sept. 1943 von deutschen Fallschirmjägern wieder befreit. Vor Kriegsende von italienischen Widerstandskämpfern auf der Flucht erschossen. *177, 344, 348, 355 f., 364 f., 376, 383*

Napoleon I. (1769—1821), 1804—1814/15 Kaiser der Franzosen. 1793 Brigadegeneral. Okt. 1795 von Barras mit der Niederschlagung des royalistischen Aufstands in Paris beauftragt. Oberbefehlshaber der „Armee des Innern". 1796 Oberbefehlshaber der Italienarmee. Oberitalienischer Feldzug (1796/97). Ägyptische Expedition 1798. 1799 Sturz des Direktoriums, Konsulatsverfassung. 1804 Code civil. Beendigung des 2. Koalitionskrieges (1802), Konsul auf Lebenszeit (1802). 1804 Kaiser der Franzosen. 1803—1814 Napoleonische Kriege (Niederwerfung Österreichs 1805, Preußens 1806. 1812 Russischer Feldzug. Freiheitskriege. Völkerschlacht bei Leipzig 1813). 1814 vom Senat abgesetzt. Elba. 1. 3. 1815 Herrschaft der Hundert Tage. Verbannung nach St. Helena. *15, 142, 185, 205, 247, 295, 299, 373 f., 377, 424*

Napoleon III. (1808—1873), 1852—1870 Kaiser der Franzosen. *60, 74, 76, 84, 86, 104, 116, 123*

Naumann, Friedrich (1860—1919), seit 1890 im Evangelisch-sozialen Kongreß, führt die „Jungen" in der christlich-sozialen Bewegung (Organ „Die Hilfe"), Ablösung von dem Kreis um Stoecker. 1896 Nationalsozialer Verein. 1903 Anschluß an Freisinnige Vereinigung. 1907—1918 (außer 1912/13) MdR. Zusammenschluß der linksliberalen Gruppen zur Fortschrittlichen Volkspartei 1910. 1915 Plan einer Mitteleuropäischen Wirtschaftsgemeinschaft. Nov. 1918 Mitgründer der DDP, seit Juli 1919 Vorsitzender. Mitglied der Weimarer NV (Verfassungsausschuß). *190 f., 195, 197, 332*

Neumann, Franz (*1904), 1920 SPD, 1926 Jugendfürsorger, Vorsitzender der Metallarbeiterjugend. Nach 1933 illegale Tätigkeit, KZ. Ab 1935 als Schlosser tätig. 1945 Mitbegründer und Vorsitzender der SPD im Bezirk Reinickendorf, dort seit Juli 1945 stellvertretender Bürgermeister. Ab April 1946 Erster Vorsitzender der Berliner SPD, Mitglied der Stadtverordnetenversammlung (bis 1960), Abgeordnetenhaus (Fraktionsvorsitz bis 1958). Mitglied des Parteivorstands der SPD. 1949 MdB. *410*

Neurath, Konstantin Freiherr von (1873—1956), seit 1908 diplomatischer Dienst, 1919 Gesandter in Kopenhagen, 1922 Botschafter in Rom, 1930 London. Juni 1932 bis Februar 1938 Reichsaußenminister (Kabinette Papen, Schleicher, Hitler), danach Reichsminister ohne Geschäftsbereich. 18. März 1939 Reichsprotektor von Böhmen und Mähren (27. 9. 1941

Reichskanzler (überparteiliches konservatives Präsidialkabinett). Absetzung der preußischen Minderheitsregierung Braun. 3. Dez. Rücktritt. Am 4. Jan. 1933 Unterredung mit Hitler. Sturz des Kabinetts Schleicher. 30. Jan. 1933 im Kabinett Hitler Vizekanzler und Reichskommissar für Preußen (bis 7. April 1933). Nach Röhm-Putsch Ausscheiden. Ende 1934 Gesandter in Wien, 1936—1938 Botschafter. April 1939—Aug. 1944 Botschafter in der Türkei. 1946 im Spruchkammerverfahren verurteilt. *323 ff., 335, 340, 346, 356 f.*

Payer, Friedrich von (1847—1931), Rechtsanwalt, seit 1877 MdR (Deutsche Volkspartei), 1910 Anschluß an Fortschrittliche Volkspartei. Nov. 1917 bis Nov. 1918 Vizekanzler. 1919/20 Mitglied der Weimarer NV (DDP). *257, 259*

Paskewitsch, Iwan (1782—1856), russischer Generalfeldmarschall 1829. Freiheitskriege, Kaukasuskriege (1828/29). 1831 Feldzug gegen Polen. Statthalter in Polen. 1849 Oberbefehl der russischen Armee gegen Ungarn. 1854 Oberbefehl Donauarmee. *29 f.*

Paulus, Friedrich (1890—1957), 1943 Generalfeldmarschall. Sept. 1940 bis Jan. 1942 Oberquartiermeister I im Generalstab des Heeres. Oberbefehlshaber der 6. Armee (Stalingrad). Russische Kriegsgefangenschaft (31. 1. 1943). Nach dem 20. Juli 1944 Eintritt in „Bund deutscher Offiziere". In Nürnberger Kriegsverbrecherprozeß (1945/46) Zeuge der Anklage. *378*

Persano, Carlo (1806—1883), italienischer Admiral, Befehlshaber der Flotte bei der Schlacht von Lissa, unterliegt am 20. Juli 1866 gegen Tegetthoff. *106*

Petain, Philipp (1856—1951), französischer Marschall (1918) und Staatschef. 1917 Oberbefehlshaber des französischen Heeres. 1922—1931 Generalinspekteur der Streitkräfte, Vizepräsident des Obersten Verteidigungsrates. 1934 Kriegsminister, März 1939 Botschafter in Madrid. 17. Juni 1940 Ministerpräsident (Vichy-Regierung). 1945 wegen Hoch- und Landesverrats angeklagt, verurteilt, von de Gaulle begnadigt. *371*

Pfizer, Paul von (1801—1867), 1831 bis 1838 Führer der liberalen Opposition in Württemberg, Vertreter der kleindeutschen Lösung, 1848 Kultusminister in Württemberg. *32*

Pfleiderer, Karl Georg (*1899), Jurist, 1922 Eintritt in das Auswärtige Amt. Diplomat in Mailand, Peking, Moskau, Leningrad, Paris. Juli 1943 Gesandtschaftssekretär in Stockholm, 1944 Generalkonsul. 1948 Landrat Waiblingen. 1949 MdB (FDP), Mitglied der Beratenden Versammlung des Europarates. (Ziel eines waffenfreien Mitteleuropas.) *411*

Philipp II. (1527—1598) *265*

Pilsudski, Jozef (1867—1935), polnischer Marschall (1920) und Staatsmann. 1892 Mitgründer und Führer der „Polnischen Sozialistischen Partei", bereitet seit 1908 in Galizien Kampf gegen Rußland vor. Im Ersten Weltkrieg mit der „Polnischen Legion" auf seiten Österreichs gegen Rußland. Unabhängigkeit Polens. 1918—1922 polnischer Staatspräsident und Oberbefehlshaber. Stürzt 1926 die parlamentarische Regierung, errichtet autoritäres Regime. 1934 Nichtangriffspakt mit Deutschland. *344*

Piscator, Erwin (1893—1966), Regisseur und Theaterleiter. *309*

Pitt, William (d. Ä.) (1708—1778), unterstützt während des Siebenjährigen Krieges Friedrich d. G. mit Hilfsgeldern. *185*

Pius IX. (1792—1878), vorh. Graf Mastai-Feretti, Papst von 1846—1878 (Unfehlbarkeitsdogma). *134 f., 137*

Pius XI. (1857—1939), Papst von 1922—1939. 1920 Kirchlicher Beauftragter für die ostdeutschen Abstimmungsgebiete. *358*

Poincaré, Raymond (1860—1934), Rechtsanwalt, 1887—1903 Abgeordneter, 1903—1913 und 1920—1934 Senator. 1912—1913 Ministerpräsident und Außenminister (Dreijährige Dienstzeit, Tripleentente), 1920 Vorsitzender der Reparationskommission. Jan. 1922 Ministerpräsident und Außenminister (Besetzung des Ruhrgebiets). 1926 Ministerpräsident und Finanzminister (bis 1929). *294, 299, 302*

Princip, Gabriel (1894—1918), ermordet am 28. Juni 1914 in Sarajewo den österreichisch-ungarischen Thronfolger Franz Ferdinand, 20 Jahre Festungshaft, stirbt an Tuberkulose. 1920 feierlich in Sarajewo bestattet. *232 f.*

Prittwitz, Karl von (1790—1871), 1812 Generalstab, 1818—1821 Adjutant des Prinzen Wilhelm, bis 1828 Flügeladjutant König Friedrich Wilhelm III. 1830 Oberst im Gardekorps. 1848 Kommando (Märzrevolution), 1849 General der Kavallerie, Oberbefehlshaber der Reichsexekution gegen Dänemark, 1852 Kommandierender General des Gardekorps, 1853 Abschied. *35*

Puttkamer, Johanna von (1824—1894), heiratet 1847 Otto von Bismarck. *84*

Puttkamer, Robert von (1828—1900), 1877 Oberpräsident von Schlesien, 1879 Kultusminister (Kulturkampf), 1881—1888 preußischer Innenminister. 1891—1899 Oberpräsident von Pommern. *167*

Raabe, Wilhelm (1831—1910), Schriftsteller. *140, 177 f., 430*

Radetzky, Graf Josef Wenzel (1766—1858), österreichischer Feldmarschall (1836). 1815—1831 General der Kavallerie. General-Kommando in Oberitalien. 1848/49 Sieger bei Custoza und Novara. Bis 1857 Generalgouverneur in Oberitalien. *29*

Radowitz, Josef Maria von (1797—1853), 1823 preußischer Militärdienst, 1836 Militärbevollmächtigter am Frankfurter Bundestag. Herbst 1850 Außenminister (preußische Unionspolitik). *155*

Radziwill, Prinzessin Elisa von (1803—1834), Jugendliebe Wilhelms I. *69*

Ranke, Leopold von (1795—1886), Historiker. 1834—1871 Professor in Berlin. 1841 Historiograph des preußischen Staates. Begründer der modernen Geschichtswissenschaft. *124, 416, 443*

Rapacki, Adam (1909—1970), Dez. 1948 führendes Mitglied der Polnischen Sozialistischen Partei (PPS), seit 1947 Abgeordneter des Sejm. Verschmelzung der PPS mit Kommunistischen Arbeiterpartei (PPR) zur Vereinigten Polnischen Arbeiterpartei. 1948—1968 Mitglied des Politbüros, 1949—1950 Minister für Schiffahrt, 1950—1956 Minister für Hochschulwesen, 1956—1968 Außenminister. 1957 Rapackiplan (Atomwaffenfreie Zone). *440*

Rath, Ernst von 359

Rathenau, Walther (1867—1922), 1900 Vorstand AEG, 1902 Berliner Handelsgesellschaft, 1907—1915 Vorstand der AEG, 1915 Präsident der AEG. 1914/15 Kriegsrohstoffabteilung im preußischen Kriegsministerium. Gegen Kriegsende fordert R. den „Volkskrieg" zur Abwendung der Niederlage. 1919 Mitglied des vorläufigen Reichswirtschaftsrates. 1920 Mitglied der Sozialisierungskommission. 1920 Konferenz in Spa, 1921 Vorbereitung der Londoner Konferenz. Mai bis Nov. 1921 Wiederaufbauminister, 1. Februar 1922 Reichsaußenminister (Konferenz von Genua, Rapallo). *66, 292 ff., 304, 329*

Rauschning, Hermann (*1887), 1918 Kulturarbeit der deutschen Volksgruppe in Posen, 1932 Vorsitzender des Danziger Landbundes, 1933 nach Wahlsieg der NSDAP Präsident des Senats der Freien Stadt. Konflikt mit Gauleiter Forster, 1934 (Nov.) Rücktritt, 1936 Flucht (Schweiz). *373 f.*

Rechberg, Johann Bernhard Graf von (1806—1899), 1848 österreichischer Bevollmächtigter in Frankfurt, 1851 an der Gesandtschaft in Konstantinopel, 1853 Beauftragter für die Zivilangelegenheiten in Lombardo-Venetien, 1855 Präsidialgesandter beim Bundesrat, 1859—1860 Ministerpräsident, bis 1864 Außenminister. *75, 86, 97 f.*

Reichenau, Walther von (1884—1942), deutscher Generalfeldmarschall (1940). 1. 2. 1933—12. 2. 1934 Chef des Ministeramtes, danach bis 30. 9. 1935 Chef des Wehrmachtsamtes im Reichswehrministerium. 1939—1941 Oberbefehlshaber der 6. Armee, Dez. 1941 Oberbefehlshaber der Heeresgruppe Süd im Osten. *339, 341, 354*

Reinhardt, Max (1873—1943), Schauspieler und Theaterleiter. *309*

Reinhardt, Walter (1872—1930), württembergischer General, Jan. 1919 preußischer Kriegsminister, Okt. 1919 Chef der Heeresleitung. Befürwortet den Einsatz von Reichswehreinheiten gegen Kapp-Putsch. Danach Rücktritt (mit Noske). Bis 1925 Befehlshaber des Gruppenkommandos II. *289 f.*

Rennenkampf, Paul von (1854—1918), russischer General, Reiterführer im Russisch-japanischen Krieg 1904/05, Okt. 1913 Oberbefehlshaber des Militärbezirks Wilna, im Ersten Weltkrieg Kommandant von Armeen an der NW-Front, 1918 von der revolutionären Regierung hingerichtet. *243*

Rhodes, Cecil (1853—1902), britisch-südafrikanischer Politiker, 1878 im Diamantengeschäft reich geworden, 1881 Abgeordneter, 1884 Finanzminister, 1890 Premier der Kap-Kolonie. 1884 Eroberung Betschuanalandes, 1889 Gründung der British South Africa Company, Jameson-Unternehmen gegen Transvaal. 1899/1900 Burenkrieg. *200*

Ribbentrop, Joachim von (1893—1946), Außenpolitischer Hauptberater Hitlers („Amt Ribbentrop"). 18. 6. 1935 Sonderbotschafter „Deutsch-britisches Flottenabkommen". Aug. 1936 Botschafter in London. 4. 2.

NSDAP. 17. 7. 1941—30. 4. 1945 Reichsminister für die besetzten Ost-
gebiete. 1946 zum Tode verurteilt. *365*
Rößler, Konstantin (1820—1896), 1857—1860 Professor für Staatswissen-
schaften in Jena, 1877 Direktor des offiziösen Literarischen Bureaus,
1892—1894 Legationsrat im Auswärtigen Amt. *155*
Rothschild, Salomon (1774—1858), Leiter der Wiener Niederlassung. Bis
1848 großer politischer Einfluß durch Anleihegeschäft. 1816 geadelt. *21*
Rouvier, Maurice (1842—1911), Rechtsanwalt, 1871—1903 republikanischer
Abgeordneter, 1881—1882 und 1884—1885 Handelsminister, Mai bis
Dezember 1887 Ministerpräsident, 1889 Finanzminister, 1902—1905
Finanzminister, 1905—1906 Ministerpräsident und Finanzminister, nach
Delcasses Ausscheiden auch Außenminister. *257*
Rundstedt, Gert von (1875—1953), deutscher Generalfeldmarschall (1940).
Führt zu Kriegsanfang Heeresgruppen in den Feldzügen gegen Polen,
Frankreich und Sowjetunion. 30. 11. 1941 abgelöst, 1. 3. 1942 Ober-
befehlshaber West. Nach Invasion (3. 7. 1944) abgesetzt. 5. 9. 1944
wieder berufen. *375*
Russell, Lord Odo (1829—1884), britischer Diplomat, 1850—1852 im
Außenamt, 1858 Gesandter in Florenz, Vertreter Englands bei der Kurie.
1860 Gesandter in Neapel, 1870 Unterstaatssekretär im AA. 1871 Botschafter in Berlin, 1872 Mitglied des Geheimen Rates, 1878 dritter Bevollmächtigter auf dem Berliner Kongreß. Gute Beziehungen zu Bismarck. *156*

Salisbury, Lord Robert (1830—1903), 1853 Mitglied des Unterhauses,
1866/67 und 1874—1878 Staatssekretär für Indien, 1878—1880 Außenminister, 1881 Führer der Konservativen, 1885/86, 1886—1892 und
1895—1902 Premierminister, bis 1900 zugleich Außenminister (Politik
der splendid isolation). *161, 164, 200, 207*
Samsonow, Alexej (1859—1914), führt die 2. russische Armee in eine vernichtende Niederlage. Selbstmord. *243*
Sauckel, Fritz (1894—1946), NSDAP, 1927 Gauleiter Thüringen, Aug. 1932
bis Mai 1933 Ministerpräsident und Innenminister Thüringen, 1933 bis
1945 Reichsstatthalter. März 1942 Generalbevollmächtigter für den Ar-
beitseinsatz (Verantwortlich für Massendeportationen). 1946 zum Tod
verurteilt. *371, 380*
Seeckt, Hans von (1866—1936), Erster Weltkrieg Generalstabschef der
11. Armee, dann der Heeresgruppe Mackensen, 1916/17 der österreichischen Heeresgruppe Erzherzog Karl, Jan. 1918 des türkischen Heeres.
März 1920—Okt. 1926 Chef der Heeresleitung der Reichswehr. 8. 11.
1923—28. 2. 1924 Reichskommissar. 1930—1932 MdR (DVP). 1934/35
militärischer Berater Tschiang-Kaischeks. *289 f., 292, 298, 307*
Seipel, Ignaz (1876—1932), 1921 Prälat, 1909 Professor für Moraltheologie
in Salzburg, 1917 in Wien. Okt.—Nov. 1918 Minister für soziale Fürsorge. 1919 Mitglied des Nationalrats (Christlich-soziale Partei), 1921
bis 1929 Parteiobmann. 31. 5. 1922—8. 11. 1924 und 20. 10. 1926 bis

Südekum, Albert (1871—1944), SPD. 1895—1903 Redakteur des „Vorwärts", der „Leipziger Volkszeitung" und der „Fränkischen Tagespost". 1900—1918 MdR. Gibt 1901 die Zeitschrift „Kommunale Praxis" heraus. Nov. 1918—März 1920 preußischer Finanzminister. 1926 Gründung des Deutschen Zündholz-Syndikats. *255*

Sybel, Heinrich von (1817—1895), Historiker, 1862—1864 Mitglied des preußischen Abgeordnetenhauses (Gegner Bismarcks), Norddeutscher Reichstag (Nationalliberaler), Einschwenken auf Bismarck. Im Kulturkampf scharfer Gegner des Zentrums. Seit 1875 Direktor der preußischen Staatsarchive. *95 f., 178*

Szögyeny, Ladislaus Graf von (1841—1916), 1890—1892 Minister am königlichen Hoflager, 1892—1914 österreichischer Gesandter in Berlin, befreundet mit Wilhelm II. *233*

Schacht, Hjalmar (1877—1970), 1916 Direktor der Nationalbank für Deutschland, 1922 Vereinigung mit Darmstädter Bank; 1923 Reichswährungskommissar. 1924—1930 Reichsbankpräsident, tritt aus Opposition gegen Youngplan zurück. 1930—1932 Harzburger Front. 1933 bis 1939 Reichsbankpräsident, 1934—1937 zugleich Wirtschaftsminister. 1937—1944 Minister ohne Geschäftsbereich. Wegen Konflikt mit Hitler um Rückzahlung der Mefo-Wechsel entlassen. *297, 305, 311, 314, 346, 360 f.*

Scharnhorst, Gerhard von (1755—1813), 1801 preußische Armee, 1806 Generalstabschef des Herzogs von Braunschweig. Juli 1807 Direktor des Kriegsdepartements, Chef des Generalstabs, Vorsitzender der militärischen Reorganisationskommission. 1808 Leiter des Kriegsministeriums (1813 Allgemeine Wehrpflicht). 1813 Generalstabschef Blüchers. *32, 34, 80, 129, 173, 230, 259, 311, 401, 427*

Scheer, Reinhard (1863—1928), deutscher Admiral. Mitarbeiter von Tirpitz, Jan. 1916 Chef der Hochseeflotte, Aug.—Nov. 1918 Chef des Admiralstabs. *249, 266*

Scheidemann, Philipp (1865—1939), SPD-Politiker. 1903—1918 MdR. 1911 Parteivorsitzender, seit 1913 Fraktionsvorsitzender. Okt. 1918 Staatssekretär im Kabinett Prinz Max von Baden. Ruft am 9. 11. 1918 die Republik aus, Mitglied des Rats der Volksbeauftragten, Mitglied der Weimarer Nationalversammlung, am 13. 2. 1919 Reichskanzler (bis Juni 1919). 1920—1933 MdR. 1920—1925 Oberbürgermeister von Kassel. 1933 Emigration. *267, 271, 431*

Schelling, Friedrich Wilhelm (1775—1854) *65 f.*

Schelsky, Helmut (*1912), Soziologe. *432*

Schlageter, Albert Leo (1894—1923), während der Ruhrbesetzung im Untergrund gegen französische Besatzung. 1923 standrechtlich erschossen. *295*

Schlange-Schöningen, Hans (1886—1960), DNVP, 1921—1928 MdL Preußen. 1924—1932 MdR. Gegensatz zu Hugenberg. 1930 Mitglied der Christlich-Nationalen Landvolk- und Bauernpartei. Okt. 1931—Mai 1932 Minister ohne Geschäftsbereich und Reichskommissar für die Osthilfe. 1945 Mitgründer der CDU, 1947—1949 Direktor für Ernährung und Landwirtschaft im Verwaltungsrat der Vereinigten Wirtschaftsgebiete, 1949/50 MdB, 1950—1955 Vertreter der BRD in London (seit 1953 Botschafter). *313*

Schleicher, Kurt von (1882—1934), 1918—1919 politischer Referent im Stabe Groeners, dann Truppenamt. 1926 Leiter der „Wehrmachtsabteilung" im Reichswehrministerium, 1929 Chef des Ministeramtes, Juni 1932 Reichswehrminister. Dez. 1932—Jan. 1933 Reichskanzler. *311, 319 ff., 335, 340*

Schleinitz, Graf Alexander (1807—1885), 1848, 1849/50 und 1850—1861 preußischer Außenminister, seit 1861 Minister des königlichen Hauses. Im Kreis der Kaiserin Augusta. *71*

Schlieffen, Graf Alfred von (1833—1913), 1891—1905 Chef des Generalstabs der Armee. Entwickelt 1905 den „Schlieffenplan". 1911 preußischer Genralfeldmarschall. *220, 223 ff., 236 f., 240 ff.*

Schneider, Heinrich (*1907), Rechtsanwalt, 1942—1945 im Auswärtigen Amt, 1955—1962 Vorsitzender der Demokratischen Partei Saar (DPS, seit 1957 Landesverband der FDP), 1955 Gegner des Saarstatuts, 1955 bis 1957 Präsident des Landtags, 1957—1959 Minister für Wirtschaft, Verkehr, Ernährung und Landwirtschaft. 1957—1965 MdB, 1960/61 stellvertretender Bundesvorsitzender FDP. *437*

Scholl, Hans (1918—1943) und *Sophie* (1921—1943), Widerstandsgruppe „Weiße Rose". *387*

Schmerling, Anton Ritter von (1805—1893), österreichischer Politiker, 1848 in der Frankfurter Nationalversammlung Führer der Großdeutschen, Juli 1848 Reichsinnenminister, Reichsministerpräsident und Reichsaußenminister (bis Dez. 1948). 1849—1951 österr. Justizminister. Danach Senatspräsident am Obersten Gerichtshof. 1860 Staatsminister (Februarpatent 1861; bis 1865). *40*

Schmitt, Carl (*1888), Staatsrechtler. 1933—1945 Professor in Berlin. *310 f., 332*

Schoen, Wilhelm von (1851—1933), diplomatischer Dienst, 1900 Gesandter in Kopenhagen, 1906 Botschafter in Petersburg, 1907—1910 Staatssekretär im Außenministerium. Bis 1914 Botschafter in Paris. *233*

Schönerer, Georg von (1842—1921), österreichischer Politiker, 1879 Deutschnationale Bewegung, 1873—1888 Mitglied des österreichischen Abgeordnetenhauses. Los-von-Rom-Bewegung. Alldeutsche Ideologie. *180, 333*

Schopenhauer, Arthur (1788—1860) *66 f.*

Schreiber, Walther (1884—1958), Rechtsanwalt, 1919—1933 MdL Preußen (DDP), 1925—1932 preußischer Handelsminister, 1945 Mitgründer der CDU in der SBZ, 2. Vorsitzender, von sowjetischen Behörden zum Rücktritt gezwungen. 1946 Mitglied der Berliner Stadtverordnetenversammlung, seit 1947 Vorsitzender der CDU Berlin. 1951—1953 stellv. Bürgermeister, Okt. 1953—Jan. 1955 Regierender Bürgermeister. *438*

Schukow, Grigori (1896—1974), 1941 stellvertretender Volkskommissar,

1946 Vors. des Ministerrats). *75, 362 ff., 373, 375, 390 f., 402, 404, 408, 428, 434*

Stambulow, Stephan (1854—1895), bulgarischer Politiker. 1880 Abgeordneter, 1884 Kammerpräsident. 1887—1894 Ministerpräsident. *163*

Stauffenberg, Claus Schenk Graf von (1907—1944), Generalstabsoffizier, Jan. 1943 Stabschef einer Panzer-Division in Afrika. Verwundung. 1944 Oberst, Stabschef des Befehlshabers des Ersatzheeres. Seit 1942 Widerstand. 20. Juli 1944 Attentat auf Hitler. In Berlin standrechtlich erschossen. *389*

Stein, Reichsfreiherr Karl vom und zu (1757—1831), preußischer Reformer. *32, 129, 176 f., 311*

Steinmetz, Karl Friedrich von (1796—1877), 1849 Regimentskommandeur, 1854 Kommandant von Magdeburg, 1857 Divisionskommandeur, 1863 Kommandierender General des II. Armeekorps. 1870 Kommandeur der 1. Armee. Sept. 1870 Generalgouverneur von Schlesien und Posen. *122*

Stoecker, Adolf (1835—1909), evangelischer Geistlicher und Politiker, 1874 bis 1889 Hof- und Domprediger in Berlin, 1878 Gründung der Christlich-sozialen Arbeiterpartei, 1879—1898 Mitglied des preußischen Abgeordnetenhauses, 1881—1893 MdR. Führer der Ultra-Konservativen (Kreuzzeitung). 1890 Mitgründer des Evangelisch-sozialen Kongresses, trennt sich 1896 wegen Meinungsverschiedenheiten mit F. Naumann. 1897 Gründung Kirchlich-soziale Konferenz. 1898—1908 MdR. *148*

Strafford, Lord Thomas Wentworth 96

Strasser, Gregor (1892—1934), Apotheker, Teilnahme am Hitlerputsch, 1924 Leiter der Nationalsozialistischen Freiheitsbewegung, 1925 Leiter der Organisationsabteilung der NSDAP, 1932 Reichsorganisationsleiter der NSDAP. Legt 1932 alle Parteiämter nieder, Parteiausschluß. 1934 ermordet.

Strauß, Franz Joseph (*1915), 1945 Mitgründer der CSU, 1949 Generalsekretär, 1952 stellv. Vorsitzender, seit 1949 MdB, 1953—1955 Minister für Sonderaufgaben, 1955—1956 für Atomfragen. 1956—1962 Verteidigungsminister (Spiegelaffäre). Seit 1961 Vorsitzender der CSU, 1963 bis 1966 Vorsitzender der CSU-Landesgruppe im Bundestag. 1966—1969 Finanzminister. 1971 wirtschaftspolitischer Sprecher der CDU/CSU-Fraktion im Bundestag. Seit 1969 scharfer Gegner der sozialliberalen Koalition. *440*

Stresemann, Gustav (1878—1929), 1902—1918 Syndikus des Verbandes sächsischer Industrieller, 1907—1912 und seit Dez. 1914 MdR (Nationalliberal). Mitglied des Alldeutschen Vereins. August 1918 Fraktionsführer. Verfechter eines „Siegfriedens", für unbeschränkten U-Bootkrieg. Dezember 1918 Gründung der Deutschen Volkspartei, Mitglied der Weimarer Nationalversammlung, 1920 MdR. Juni 1920 Fraktionsvorsitzender. Vorsitzender des Außenpolitischen Ausschusses des Reichstags. 13. 8. 1923 Reichskanzler und Reichsaußenminister (Große Koalition). 15. 11. Einführung der Rentenmark. Rücktritt am 22. 11. Danach Außenminister (Dawesplan), Locarnoverträge, Völkerbund). 1926 Friedensnobelpreis. *176, 196, 258, 282, 296 ff., 307, 311, 313, 315, 317 f., 322, 329, 420, 426, 430*

Stürgkh, Graf Karl (1859—1916) 1908—1911 österr. Unterrichtsminister. 1911—1916 Ministerpräsident. *264*

Taaffe, Graf Eduard (1833—1895), 1867, 1870/71 und 1879 österreichischer Innenminister, 1867 Minister für Landesverteidigung und Polizei, 1868 bis 1870 und 1879—1893 Ministerpräsident. *179*

Tegetthoff, Wilhelm Freiherr von (1827—1871), österreichischer Admiral. Sieg bei Lissa über italienische Flotte (Persano). Seit 1868 Chef der Marinesektion im Kriegsministerium. *106*

Thälmann, Ernst (1886—1944), 1903 SPD, 1918 USPD, 1920 KPD. 1924 Leitung des Roten Frontkämpferbundes. Unterstützt Bolschewisierung der Partei. Okt. 1924 Parteivorsitzender. 1924 MdR, 1925 und 1932 Kandidatur für Reichspräsident. 1933 verhaftet, KZ, 1944 im KZ Buchenwald ermordet. *318, 328*

Thiers, Adolphe (1797—1877), 1871 Präsident der Dritten Republik (bis 1873). *123 f., 160*

Thyssen, Fritz (1873—1951), Vereinigte Stahlwerke, Unterstützung der NSDAP, 1935 wegen Judenverfolgung Distanzierung, 1939 Emigration, 1941 in Frankreich verhaftet, bis 1945 in KZ. *327*

Tirpitz, Alfred von (1849—1930), 1911 Großadmiral. 1865 preußische Marine, 1892—1895 Chef des Stabes beim Oberkommando, 1897 Staatssekretär des Reichsmarineamtes. Flottenvorlagen (1898, 1900, 1912), März 1916 Abschied. 1917 mit Wolfgang Kapp Gründung der Deutschen Vaterlandspartei, 1924—1928 MdR (Deutschnational). *186, 189, 202 ff., 227, 229, 256, 260, 374*

Tocqueville, Alexis de (1805—1859), französischer Politiker und Historiker. *59*

Treitschke, Heinrich von (1834—1896), Historiker. Seit 1866 einer der wichtigsten publizistischen Mitarbeiter Bismarcks. 1874 Historiograph des preußischen Staates. 1871—1884 MdR (zunächst Nationalliberal, dann parteilos), scharfer Antisozialist und Antisemit. *58 f., 65, 127, 149, 178*

Treviranus, Gottfried (1891—1971), 1921 Direktor der Landwirtschaftskammer Lippe, 1924—1932 MdR (Deutschnational bis 1930), 1930 Gründung der Volkskonservativen Vereinigung. 1930—1932 im Kabinett Brüning als Reichsminister für die besetzten Gebiete. Okt. 1930 Reichskommissar für die Osthilfe, Okt. 1931 Reichsverkehrsminister. 1933 Emigration. *313*

Trotzki, Leo (1879—1940), 1918—1925 Volkskommissar für Krieg und Marine, nach Lenins Tod in scharfem Gegensatz zu Stalin. 1929 verbannt. 1940 ermordet. *290*

Truman, Harry (1884—1972), Präsident der USA 1945—1953. 1934—1944 Senator von Kansas, 1944 Vizepräsident unter Roosevelt, am 12. 4. 1945 dessen Nachfolger. „Politik der Eindämmung". *416*

Tschitscherin Georgi W. (1872—1936), 1918 Nachfolger Trotzkis als Volkskommissar des Äußeren. Für enge Beziehungen mit Deutschland (Rapallovertrag 1922). 1930 Rücktritt. *292*

Tucholsky, Kurt (1890—1935) *309*

Twesten, Karl (1820—1870), 1848 Republikaner, 1849 Kreisrichter in Wittstock, 1855 Stadtgerichtsrat in Berlin. 1859 erscheint seine liberale Programmschrift „Woran uns gelegen ist". 1861 „Was uns noch retten kann" (Eintreten für verfassungsmäßigen Rechtsstaat). Gegner Manteuffels, Duell. 1861 Mitglied der Abgeordnetenkammer (Fortschrittspartei). 1866 Mitgründer der Nationalliberalen Partei (linker Flügel). *109*

Ulbricht, Walter (1893—1973), 1919 KPD, 1923 ZK. 1924—1927 Komintern Moskau. 1929 Mitglied des Politbüros, 1928—1933 MdR. Ende 1933 Emigration. 1936—1938 Politischer Kommissar im Spanischen Bürgerkrieg. 1943 Aufbau des Nationalkomitees Freies Deutschland. 1945 nach Berlin („Gruppe Ulbricht"), Wiederaufbau der KPD, Zwangszusammenschluß von KPD und SPD zur SED (1946). 1949/50 ZK und Politbüro. 1950 Generalsekretär, 1949 stellvertretender, 1955 Erster stellvertretender Ministerpräsident (bis 1960). 1960 Vorsitzender des Staatsrates, 1963 Vorsitzender im Nationalen Verteidigungsrat. 1971 Rücktritt als Erster Sekretär der SED, 1972 als Vorsitzender des Nationalen Verteidigungsrates. *438*

Unruh, Hans Viktor von (1806—1886), Bauingenieur, 1839 Regierungs- und Baurat in Gumbinnen, 1843 in Potsdam (Bahnbau Berlin—Magdeburg). 1848 Mitglied der preußischen Nationalversammlung (zuerst linkes, dann rechtes Zentrum). 1859 Mitgründer des Nationalvereins und der Fortschrittspartei. 1863—1873 MdA, 1866 Nationalliberale Partei (1867 bis 1879 MdR). *87*

Venedey, Jakob (1805—1871), Burschenschaftler, Rechtsanwalt, 1832 Hambacher Fest, Flucht nach Frankreich. 1848 Mitglied des Vorparlaments und des 50er-Ausschusses, Mitglied der Paulskirche und des Stuttgarter Rumpfparlamentes. *20*

Viktor Emanuel II. (1820—1878), 1849—1861 König von Sardinien, 1861 bis 1878 König von Italien. *73, 77, 118*

Viktoria, Königin von England (1819—1901) *207*

Virchow, Rudolf (1821—1902), Pathologe. MdR, Mitgründer der Fortschrittspartei (1861), Vorsitzender. Im Verfassungskonflikt Gegner Bismarcks. *101, 135*

Vogt, Karl (1817—1895), Mediziner, 1847 Professor in Gießen, 1848 Oberst der Bürgergarde, Mitglied des Vorparlaments, der Nationalversammlung und des Rumpfparlaments, einer der fünf Reichsregenten. Flucht in die Schweiz (1849). 1878 Mitglied des Schweizer Nationalrats. *50, 65*

Voigts-Rhetz, Konstantin Bernhard von (1809—1877), preußischer General, 1864 Kommandant der Bundesgarnison in Frankfurt, 1866 Chef des Generalstabes der 1. Armee, 1870—1873 Befehlshaber des 10. Armeekorps. *122*

Waddington, William Henry (1826—1894), französischer Politiker. 1877 bis 1879 Außenminister (Berliner Kongreß), 1879 Ministerpräsident. 1883 bis 1893 Botschafter in London. *156*

Wagner, Richard (1813—1883) *67*

Waldersee, Graf Alfred von (1832—1904), 1882 Stellvertreter Moltkes, 1888 als Nachfolger Moltkes Chef des Generalstabs, 1890 maßgeblich beteiligt am Sturz Bismarcks. 1891 abberufen. 1900 + 1901 Kommando über die europäischen Truppen während des chinesischen Boxerkrieges. *212*

Weber, Max (1864—1920), Soziologe *187, 197*

Wehrenpfennig, Abgeordneter. *149*

Weinstock, Heinrich (1889—1960), Pädagoge *176*

Weizsäcker, Ernst von (1882—1951), 1920 diplomatischer Dienst, 1938 bis 1943 Staatssekretär im Auswärtigen Amt. 1943—1945 Botschafter am Vatikan. 1948 in Nürnberger Prozeß verurteilt. 1950 amnestiert. *385*

Welcker, Karl Theodor (1790—1869), 1831—1848 Mitglied der 2. badischen Kammer (liberale Opposition), März 1848 badischer Gesandter beim Bundestag, führender Abgeordneter der Frankfurter Nationalversammlung (rechtes Zentrum). *42*

Wellington, Lord Arthur (1769—1852), Sieger der Schlacht bei Waterloo. 1827 Oberbefehl über britische Landmacht, 1828—1830 Premierminister, 1834/35 Außenminister. *411*

Wels, Otto (1873—1939), SPD-Politiker, 1907 Bezirkssekretär Brandenburg, 1917 von Berlin. 1912—1918 MdR, 1913 Parteivorstand. Nov. 1918 Stadtkommandant von Berlin. 1919/20 Mitglied der Nationalversammlung, 1920 MdR. Seit 1919 Parteivorsitzender, 1933—1939 Vorsitzender der Exil-SPD. *337*

Werner, Anton von (1843—1915), bevorzugter Maler des Kaiserreiches. 1875 Direktor der Berliner Akademie. *128*

Westarp, Kuno Graf von (1864—1945), Jurist, 1908—1918 MdR (Konservativ, 1913—1918 Fraktionsvorsitz), Gegner eines Verständigungsfriedens und innerer Reformen, 1920 MdR (DNVP), 1925—1929 Fraktionsvorsitzender, 1926—1928 Parteivorsitzender. Maßgeblich beteiligt am Eintritt der DNVP in Kabinett Marx (Jan. 1927—Juni 1928). Gegensatz zu Hugenberg, 1930 Parteiaustritt, Mitgründer der Volkskonservativen Partei, MdR bis 1932. *313, 318*

Wichern, Johann Hinrich (1808—1881), evangelischer Theologe, gründet das „Rauhe Haus" zur Kinderbetreuung, 1842 Plan „Innere Mission", 1848 Gründung des Centralausschusses für die Innere Mission, 1856 Oberkonsistorialrat, Vortragender Rat im preußischen Innenministerium, Neuorganisation des Gefängniswesens. 1858 Gründung des Evangelischen Johannesstifts. *148*

Wiechert, Ernst (1887—1950), Schriftsteller, 1938 KZ Buchenwald („Der Totenwald", 1946). *385*

Wilhelm I. (1797—1888), 1861—1888 König von Preußen, 1871—1888 Deutscher Kaiser. 1848 „Kartätschenprinz", 1849 Niederwerfung des badischen Aufstandes, 1849—1854 Generalgouverneur in Koblenz. 1858

Regentschaft („Neue Ära"), 1861 Thronbesteigung, konservativer Schwenk. 1862 Berufung Bismarcks. *37, 56, 62 f., 68 ff., 134, 146, 159 ff., 167, 172, 213*

Wilhelm II. (1859—1941), 1888—1918 Deutscher Kaiser. *130, 168 ff., 181 ff., 275, 435*

Wilhelm, Kronprinz (1882—1951), Anhänger von Tirpitz, im Ersten Weltkrieg Führung der 5. Armee, seit 1916 der „Heeresgruppe Deutscher Kronprinz", 1917 für Sturz Bethmann-Hollwegs. 1918 Holland, Nov. 1923 Rückkehr. Nach 1930 vorsichtige Unterstützung der NSDAP. 1945 von Frankreich interniert. *319*

Wilhelm, Prinz von Preußen (*1906), Enkel Wilhelms II. *307, 355*

Wilson, Woodrow (1856—1924), Präsident der USA 1913—1921. Historiker, Professor in Princeton (seit 1890), 1902—1910 Präsident der Universität Princeton. 1911—1912 Gouverneur von New Jersey, Progressive Movement. 6. 4. 1917 Kriegseintritt der USA. 8. 1. 1918 „Vierzehn Punkte". 1918—1920 Intervention in Sibirien gegen Bolschewiki. *251, 264 ff., 299*

Windischgrätz, Fürst Alfred zu (1787—1862), österreichischer Feldmarschall. 1840 Generalkommandant in Böhmen, Niederwerfung des Aufstands in Prag (1848), 3. 10. 1948 Einnahme von Wien. 12. 4. 1849 als Oberkommandierender abberufen. 1859 Gouverneur der Bundesfestung Mainz, 1861 erbliches Mitglied des ö. Herrenhauses, Führer der konservativ föderalistischen Richtung des Adels. *27 ff., 33, 36, 45*

Windthorst, Ludwig (1812—1891), Rechtsanwalt, 1851—1853 und 1862 bis 1865 Justizminister des Königreichs Hannover. Seit 1867 Reichstag. 1871 Führer des Zentrums. *139, 145, 170*

Winnig, August (1878—1956), SPD-Politiker, 1913 Vorsitzender des Deutschen Bauarbeiterverbandes, Nov. 1918 Bevollmächtigter des Reichs für die baltischen Lande, Reichskommissar für West- und Ostpreußen, 1919 Oberpräsident von Ostpreußen. Anschluß an Kapp-Putsch. Amtsenthebung, Parteiausschluß. 1927 Mitgründer der Altsozialisten, 1930 Anschluß an Volkskonservative Partei. *190 f., 289*

Wirth, Joseph (1879—1956), Lehrer, 1913 MdL Baden, 1914 MdR (Zentrum). 1919 Mitglied der Nationalversammlung, 1920—1933 MdR. Nov. 1918 badischer Finanzminister, 1920 Reichsfinanzminister. 1921—1922 Reichskanzler (Annahme des Londoner Ultimatums, Republikschutzgesetz („Der Feind steht rechts"). Nach 1922 Führer des linken Flügels des Zentrums, April 1929—März 1930 Reichsminister für die besetzten Gebiete, März 1930—Okt. 1931 Reichsinnenminister. 1933—1948 Schweiz. 1953 Mitgründer und Vorsitzender des „Bundes der Deutschen". *292 ff.*

Witzleben, Erwin von (1881—1944), 1940 Generalfeldmarschall, Kommandeur der 1. Armee, bis März 1941 Kommandeur der Heeresgruppe D an der Westfront. Bis Feb. 1942 Oberbefehlshaber West. Seit 1938 Widerstand. Am 8. 8. 1944 verurteilt und sofort hingerichtet. *354 f., 368*

Wlassow, Andrej (1901—1946), russischer General. 1930 KP, 1938 Chef der sowjetischen Militärmission in China, 1941 Befehlshaber der 20. Armee. 1942 in deutsche Gefangenschaft. Gründet „Russisches Komitee" mit großrussischen antibolschewistischen Zielen. „Komitee zur Befreiung der Völker Rußlands", Anfang 1945 „Russische Befreiungsarmee", 1945 amerikanische Kriegsgefangenschaft, an UdSSR ausgeliefert, 1946 hingerichtet. *380*

Wolff-Metternich, Graf Paul (1853—1934), 1901 Botschafter in London (bis 1912, abberufen wegen Opposition gegen Flottenpolitik), 1915/16 Botschafter in Konstantinopel. *207, 210, 227 f.*

Wrangel, Friedrich Graf von (1784—1877), preußischer Generalfeldmarschall. Oberbefehl über deutsche Bundestruppen 1848, sprengt 1848 die preußische Nationalversammlung. 1864 Oberbefehl über preußisch-österreichisches Heer gegen Dänemark. *36, 105*

Wurm, Theophil (1868—1953), evangelischer Theologe, 1920 Dekan in Reutlingen, 1927 Prälat in Heilbronn, 1929 Kirchenpräsident, 1933 Landesbischof von Württemberg. Seit 1933 aktiver Kampf gegen Nationalsozialismus, 1941 Gründung des kirchlichen Einigungswerks, 1945 bis 1949 Vorsitzender des Rates der EKD. *382*

Yorck von Wartenburg, Ludwig Graf von (1759—1830), preußischer Feldmarschall. *72*

Young, Owen D. (1874—1962), Rechtsanwalt und Wirtschaftsberater, Präsident des Verwaltungsrates der General Electric Company (1922—1939 und 1942—1944). Bis 1929 Vorstand der RCA Corporation. Mitglied des Dawes-Komitees, 1929 Präsident der Internationalen Sachverständigenkommission zur Regelung der Reparationsfrage (Youngplan). *303*

Zehrer, Hans (1899—1966) Publizist. 1925—1931 außenpolitischer Redakteur der „Vossischen Zeitung", 1929—1933 Herausgeber der Zeitschrift „Die Tat", 1932—1933 Chefredakteur der „Täglichen Rundschau". 1946 Redaktion „Die Welt", 1953—1966 Chefredakteur. 1952—1961 auch „Bild-Zeitung". *310 f., 434*

ORTSREGISTER

Ahlen 420
Algeciras 222 f., 226, 236
Auschwitz 381

Baden-Baden 98
Belgrad 233, 376, 441
Berlin 34 f., 157, 229, 302, 361, 410,
   415 f., 433
Berlin-Dahlem 359
Berlin-Karlshorst 407 f., 410
Björkö 221 f.
Bonn 417
Brandenburg (Stadt) 36
Brest-Litowsk 260 f., 275
Briey 247, 252, 263, 294
Buchenwald 405

Cannae 223, 244
Casablanca 382
Chambord 48
Compiègne 270, 370
Custoza 29, 106

Dünkirchen 370, 372
Düppel 80, 162

El Alamein 378, 394
Ems 120 ff.

Fes 228
Flensburg 395
Florenz 104
Frankfurt 12, 17 ff., 37 ff., 84 ff., 97, 291,
   433
Fulton 411

Gastein 102, 105
Genf 301, 433 f.
Godesberg 214, 356, 362
Gorlice 244
Graz 352

Haag 225 f., 315
Harzburg 317
Helgoland 194 f.
Herford 420

Jalta 389 f., 403
Jena 129

Kiautschou 199
Kiel 226, 228
Königgrätz 47, 61, 80, 97, 105 ff., 118,
   121, 129, 133, 173
Konstantinopel 156 f., 193, 199
Kronstadt 192

Landsberg 332, 344
Lausanne 317, 325
Leipzig 133, 173
Leuthen 173
Linz 352
Lissa 106
Loire 243
London 22, 101, 118, 229

Magdeburg 214
Magenta 76 f., 104, 121
Malmö 38 ff., 51

Mannheim 48
Marne 240 ff.
Metz 123 f., 154, 221
Moskau 48, 364, 413 ff., 429, 439
München 355 ff., 366, 369

Neuyork 311
Nizza 48, 102
Novara 29
Noyon 259
Nürnberg 359, 398

Ofenpest 21
Olmütz 27, 46, 48, 53, 57, 61 f., 85, 122,
   238, 299

Paris 62
Petersburg 421 ff.
Petersburg 252
Poitiers 242
Posen 381
Potempa 325
Potsdam 335, 403, 407, 425
Prag 27 f., 232, 353, 361, 365, 370, 406

Rapallo 292 f.
Reval 50
Riga 50
Rotterdam 383

Saint-Germain 274
Sansibar 194 f.
San Stefano 156, 163
Sarajewo 159, 232 f.
Sedan 80, 121, 123, 129, 154 f., 163, 173,
   239, 242
Sewastopol 61
Siegen 431
Solferino 76 f., 104, 121
Somme 245, 347, 351
Spa 267 f.
Spichern 122
Schimonoseki 199
Stalingrad 378, 394
St. Privat 123
Straßburg 124, 153, 155, 199, 221, 423
Stuttgart 43, 402, 411

Tanger 220, 229
Tannenberg 243
Tarnow 244
Teheran 403
Tokio 199
Tours 242

Verdun 245, 248, 347, 351
Versailles 127, 133, 155, 268, 272 ff., 292,
   300, 347, 356
Vilagos 30
Villafranca 76 f., 113
Vionville 122

Warschau 366, 383, 406
Weimar 286
Wien 21 ff., 157, 352
Wiessee 340

Zürich 411

HEYNE GESCHICHTE

In klarer Abgrenzung zu populärwissenschaftlichen Darstellungen enthält diese neue Heyne-Taschenbuchreihe fundierte, wissenschaftlich erarbeitete Werke zur Weltgeschichte. Arbeiten über große historische Epochen erscheinen ebenso wie Einzeldarstellungen herausragender Ereignisse. – Nach Paul Sethes vorliegendem Werk erscheinen in monatlichem Abstand:

Band 1 / DM 8,80

Band 2 / DM 9,80

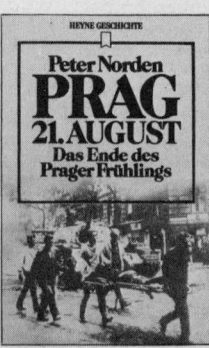

Band 3 / DM 6,80

Band 4 / DM 9,80

Band 5 / DM 6,80

Band 6 / DM 7,80

Preis- und Programmänderungen vorbehalten